CRIMES CONTRA A ORDEM TRIBUTÁRIA

O GEN | Grupo Editorial Nacional – maior plataforma editorial brasileira no segmento científico, técnico e profissional – publica conteúdos nas áreas de concursos, ciências jurídicas, humanas, exatas, da saúde e sociais aplicadas, além de prover serviços direcionados à educação continuada.

As editoras que integram o GEN, das mais respeitadas no mercado editorial, construíram catálogos inigualáveis, com obras decisivas para a formação acadêmica e o aperfeiçoamento de várias gerações de profissionais e estudantes, tendo se tornado sinônimo de qualidade e seriedade.

A missão do GEN e dos núcleos de conteúdo que o compõem é prover a melhor informação científica e distribuí-la de maneira flexível e conveniente, a preços justos, gerando benefícios e servindo a autores, docentes, livreiros, funcionários, colaboradores e acionistas.

Nosso comportamento ético incondicional e nossa responsabilidade social e ambiental são reforçados pela natureza educacional de nossa atividade e dão sustentabilidade ao crescimento contínuo e à rentabilidade do grupo.

HUGO DE BRITO
MACHADO

CRIMES CONTRA A ORDEM TRIBUTÁRIA

5.ª edição — Revista, atualizada e reformulada

- O autor deste livro e a editora empenharam seus melhores esforços para assegurar que as informações e os procedimentos apresentados no texto estejam em acordo com os padrões aceitos à época da publicação, e todos os dados foram atualizados pelo autor até a data de fechamento do livro. Entretanto, tendo em conta a evolução das ciências, as atualizações legislativas, as mudanças regulamentares governamentais e o constante fluxo de novas informações sobre os temas que constam do livro, recomendamos enfaticamente que os leitores consultem sempre outras fontes fidedignas, de modo a se certificarem de que as informações contidas no texto estão corretas e de que não houve alterações nas recomendações ou na legislação regulamentadora.

- Fechamento desta edição: *13.05.2022*

- O Autor e a editora se empenharam para citar adequadamente e dar o devido crédito a todos os detentores de direitos autorais de qualquer material utilizado neste livro, dispondo-se a possíveis acertos posteriores caso, inadvertida e involuntariamente, a identificação de algum deles tenha sido omitida.

- **Atendimento ao cliente:** (11) 5080-0751 | faleconosco@grupogen.com.br

- Direitos exclusivos para a língua portuguesa
  Copyright © 2022 *by*
  Editora Atlas Ltda.
  Uma editora integrante do GEN | Grupo Editorial Nacional
  Al. Arapoema, 659, sala 05, Tamboré
  Barueri – SP – 06460-080
  www.grupogen.com.br

- Reservados todos os direitos. É proibida a duplicação ou reprodução deste volume, no todo ou em parte, em quaisquer formas ou por quaisquer meios (eletrônico, mecânico, gravação, fotocópia, distribuição pela Internet ou outros), sem permissão, por escrito, da Editora Atlas Ltda.

- Capa: Aurélio Corrêa

- **CIP – BRASIL. CATALOGAÇÃO NA FONTE.**
  SINDICATO NACIONAL DOS EDITORES DE LIVROS, RJ.

M131c
Machado, Hugo de Brito.

Crimes contra a ordem tributária / Hugo de Brito Machado. – 5. ed. – Barueri [SP]: Atlas, 2022.

Inclui bibliografia e índice
ISBN 978-65-5977-334-3

1. Crime fiscal – Brasil. 2. Direito tributário – Disposições penais – Brasil. 3. Direito penal – Brasil. I. Título.

22-77778　　　　　　　　　　　　　　　　　　　　　　　　　CDU: 343.1(81)

Gabriela Faray Ferreira Lopes – Bibliotecária – CRB-7/6643

Sobre o Autor

Professor Titular (aposentado) de Ciência das Finanças, Direito Financeiro e Direito Tributário da Faculdade de Direito da Universidade Federal do Ceará. Desembargador Federal (aposentado) do Tribunal Regional Federal da 5.ª Região.

Sumário

Parte I – Conceitos Fundamentais

1 O ESTADO E O PODER-DEVER DE PUNIR

1 O ESTADO E O DIREITO 3
   1.1 Explicação preliminar 3
   1.2 Identidade entre Direito e Estado: a tese de Kelsen 4
   1.3 Distinção entre Direito e Estado................................... 5
   1.4 O Estado e o governante 7

2 O ILÍCITO E A SANÇÃO 8
   2.1 A sanção como consequência do ilícito 8
   2.2 As espécies de sanção 9
   2.3 Sanção e pena... 9
   2.4 As espécies de pena 10
   2.5 Distinção entre pena administrativa e pena criminal 11
   2.6 A pena e a responsabilidade 13

3 O CRIME E AS SANÇÕES PENAIS 14
   3.1 Crime e contravenção penal.. 14
   3.2 Responsabilidade e natureza da sanção 15
   3.3 Utilidade da sanção 17
   3.4 A ilusão da criminalização 17
   3.5 Criminalização e responsabilidade................................. 19

4 O ESTADO E OS CRIMES CONTRA A ORDEM TRIBUTÁRIA 20
   4.1 O Estado e a proteção dos bens jurídicos.......................... 20

4.2	Os bens jurídicos e o Direito Penal.............................	20
4.3	O Direito Penal e o combate do crime.........................	22
4.4	O bem jurídico protegido nos crimes contra a ordem tributária...	24
4.5	Direito Penal Tributário e Direito Penal.......................	25

5   O PODER-DEVER DE PUNIR 27
     5.1   Questão dos conceitos... 27
     5.2   Por que poder-dever.. 28
     5.3   As garantias do acusado.. 29

6   O PRINCÍPIO *"NE BIS IN IDEM"* 30
     6.1   A denominação do princípio.. 30
     6.2   Desprezo pelo princípio no direito brasileiro 31
     6.3   Cumulação de sanções com finalidades diversas......... 34
     6.4   Síntese do princípio no direito espanhol..................... 35
     6.5   Cumulação de sanções punitivas................................. 38
             6.5.1   Autonomia das instâncias 38
             6.5.2   Extinção da punibilidade como fórmula adequada......... 38

2   ALGUMAS NOÇÕES DE DIREITO PENAL

1   INTRODUÇÃO... 41
2   INTERPRETAÇÃO, INTEGRAÇÃO E APLICAÇÃO DA LEI PENAL...... 42
     2.1   Conceitos de Teoria Geral do Direito 42
     2.2   Interpretação, integração e aplicação da lei................ 43
             2.2.1   Interpretação e integração............................... 43
             2.2.2   Interpretação e aplicação................................ 47
     2.3   Instrumentos de defesa da liberdade 47
             2.3.1   Interpretação benigna..................................... 48
             2.3.2   Estrita legalidade.. 51
             2.3.3   Integração por analogia.................................. 53
             2.3.4   Aplicação retroativa.. 55
             2.3.5   Aplicação retroativa e lei penal em branco 57
3   TIPICIDADE PENAL.. 58
     3.1   O que é tipicidade... 58
     3.2   O tipo e seus elementos 60
             3.2.1   Noção de tipo 60

		3.2.2	As espécies de tipo	61
		3.2.3	Tipo e tipicidade	61
		3.2.4	O ilícito e o típico	62
		3.2.5	O tipo penal e a hipótese de incidência tributária	63
		3.2.6	O tipo permissivo, a isenção e a não incidência tributária	64
		3.2.7	Elementos ou aspectos do tipo	65
	3.3	Ainda os elementos do tipo		66
		3.3.1	Elementos objetivos	67
		3.3.2	Elementos objetivos materiais	67
		3.3.3	Elementos objetivos normativos	68
	3.4	Elementos subjetivos		69
	3.5	Tipicidade e elisão ou fraude à lei		69
		3.5.1	Importância da questão nos crimes contra a ordem tributária	69
		3.5.2	Revisitando a ideia de elisão e de fraude à lei	71
		3.5.3	Inadmissibilidade de norma geral antielisão	73
4	CULPABILIDADE			74
	4.1	Observações preliminares		74
	4.2	Noção de culpabilidade		74
	4.3	Culpa em sentido amplo		75
	4.4	Culpa em sentido estrito		75
	4.5	Dolo		76
	4.6	Exigência do dolo na configuração do crime		77
5	ERRO DE TIPO E ERRO DE PROIBIÇÃO			78
	5.1	Erro na interpretação da lei tributária		78
	5.2	O erro no Direito Penal		79
	5.3	Erro de tipo e erro de proibição		80
	5.4	O erro de tipo como excludente do dolo		81
	5.5	Erro de tipo nos crimes tributários e as garantias constitucionais na tributação		82
6	RESPONSABILIDADE E IMPUTABILIDADE			83
	6.1	Imputabilidade e culpabilidade		83
	6.2	Responsabilidade		84
	6.3	Responsabilidade penal e civil		85

7	RESPONSABILIDADE PENAL	87
	7.1 Evolução das ideias sobre responsabilidade penal	87
	7.2 Culpabilidade e pessoalidade..	88
	7.3 Culpabilidade, o crime e a responsabilidade...........................	89
	7.4 Coação irresistível e obediência hierárquica	90
	7.5 Responsabilidade penal da pessoa jurídica	91
	7.6 Responsabilidade exclusiva do empregado	91
8	OUTRAS EXCLUDENTES DO CRIME OU DA PUNIBILIDADE...........	92
	8.1 Elemento do crime ou pressuposto da pena...........................	92
	8.2 O princípio da insignificância	93
	8.3 Retroatividade da lei mais benigna...	96
	8.4 Estado de necessidade	96
	8.5 Inexigibilidade de outra conduta	99
9	CAUSAS DE EXTINÇÃO DA PUNIBILIDADE...................................	100
	9.1 Extinção da obrigação tributária principal...............................	100
	9.2 Outras causas de extinção da punibilidade.............................	101
	9.2.1 Morte do agente	102
	9.2.2 Anistia, graça e indulto..	102
	9.2.3 Retroatividade da lei penal que exclui o crime	104
	9.2.4 Prescrição	104
10	CONCURSOS E CRIME CONTINUADO	108
	10.1 Concurso aparente de normas	108
	10.1.1 Critério da especialidade	109
	10.1.2 Critério da subsidiariedade...	111
	10.1.3 Critério da absorção	111
	10.2 Concurso de crimes...	114
	10.2.1 Concurso material	114
	10.2.2 Concurso formal	115
	10.3 Crime continuado	116
	10.4 Concurso de pessoas	117
	10.4.1 Considerações gerais	117
	10.4.2 Autoria, coautoria e participação..................................	118
	10.4.3 Homogeneidade do vínculo subjetivo..........................	118
	10.5 Associação criminosa	118
	10.5.1 Tipo penal autônomo...	118

10.5.2 Elementos essenciais.. 119
10.5.3 Associação criminosa e crimes contra a ordem tributária 120

11 CRIME FORMAL E CRIME MATERIAL... 121
11.1 As classificações 121
11.2 Divergências doutrinárias 122
11.3 Crime material ou de resultado 123
11.4 Crime formal ou de mera conduta 125
11.5 O crime formal e a tentativa 127

12 O CRIME DE SUPRESSÃO OU REDUÇÃO DE TRIBUTO E O CONCURSO APARENTE DE NORMAS PENAIS................................... 128
12.1 Manifestações do Supremo Tribunal Federal..................... 128
12.2 O crime de sonegação fiscal e o crime de supressão ou redução de tributos 129
12.3 Os critérios da especialidade e da absorção 130
12.4 Sonegação fiscal e falsificação de documento.................... 131
12.4.1 O tipo sonegação fiscal 131
12.4.2 O critério da especialidade 131
12.4.3 A razão de ser e os efeitos da Lei nº 4.729/65 132
12.4.4 O fim específico como majorante......................... 133

3 ALGUMAS NOÇÕES DE DIREITO TRIBUTÁRIO

1 INTRODUÇÃO.. 135
2 O CONCEITO DE TRIBUTO.. 136
2.1 Na teoria geral do direito tributário................................... 136
2.2 No direito positivo brasileiro.. 137
2.2.1 Definição legal... 137

3 ESPÉCIES DE TRIBUTO 142
3.1 Gênero e espécies 142
3.2 Espécies de tributo... 143
3.2.1 Na teoria geral do direito tributário...................... 143
3.2.2 No direito positivo brasileiro 144

4 NATUREZA JURÍDICA DO EMPRÉSTIMO COMPULSÓRIO 146
4.1 Na teoria geral do Direito 146
4.1.1 A doutrina estrangeira... 146
4.1.2 Aplicação de normas constitucionais tributárias............ 148

4.2	No Direito positivo brasileiro	148
4.2.1	Fundamento constitucional	148
4.2.2	Natureza jurídica	150
4.2.3	O empréstimo compulsório e o art. 4º do Código Tributário Nacional	151
4.2.4	Voluntariedade ou restituição como nota essencial do empréstimo	152
4.2.5	O dever de restituição como integrante da relação obrigacional	152
4.2.6	O fenômeno financeiro e o seu significado jurídico	153
4.2.7	Necessidade de proteção contra a prática abusiva	154
4.2.8	Regime jurídico específico no Direito brasileiro	155

5 ORDEM TRIBUTÁRIA E COMPETÊNCIA PARA INSTITUIR TRIBUTOS 156
  5.1 Ordem tributária 156
  5.2 Competência para instituir tributos 157

6 RELAÇÃO TRIBUTÁRIA 157
  6.1 Relação jurídica 157
  6.2 Relação tributária como espécie de relação jurídica 158
  6.3 Relação e obrigação 159
  6.4 Espécies de relação tributária 159

7 OBRIGAÇÃO TRIBUTÁRIA 159
  7.1 Conceito e natureza jurídica 159
      7.1.1 Conceito 159
      7.1.2 Natureza jurídica 161
      7.1.3 Por que obrigação *ex lege* 163
      7.1.4 Igualdade de submissão dos sujeitos 165
      7.1.5 Obrigação e crédito 167
  7.2 Espécies de obrigação tributária 168
      7.2.1 Obrigação principal 168
      7.2.2 Obrigação acessória 172
      7.2.3 Obrigação acessória e acréscimos legais 173
      7.2.4 Obrigação acessória e legalidade 174
      7.2.5 Obrigação acessória e abuso do poder-dever de fiscalizar... 176

7.2.6 Obrigação acessória e direito ao silêncio 180
7.3 Suposta conversão de obrigação acessória em obrigação principal 181
    7.3.1 Consequência do inadimplemento 181
    7.3.2 Nascimento em vez de conversão 182

8 CRÉDITO TRIBUTÁRIO 183
8.1 Distinção entre obrigação e crédito no Código Tributário Nacional 183
8.2 Consequências da distinção entre obrigação e crédito 184
    8.2.1 Autonomia de regime jurídico 184
    8.2.2 Alcance da autonomia 185
    8.2.3 Reconstituição do crédito tributário com a subsistência da obrigação 186
    8.2.4 Dever de examinar a obrigação 187
    8.2.5 Prazo para reconstituição do crédito 188
    8.2.6 Natureza jurídica do lançamento 188
8.3 Legislação aplicável 189
    8.3.1 Lei tributária material 190
    8.3.2 Lei que trata das penalidades 191
    8.3.3 Lei que trata do procedimento 192
8.4 Questões relativas à irretroatividade 195
    8.4.1 Irretroatividade como garantia contra o Estado 195
    8.4.2 Retroatividade contra o Estado 195
    8.4.3 Preservação da segurança jurídica 196
    8.4.4 Leis de ordem pública 196
    8.4.5 Segurança e Justiça 199

9 ADMINISTRAÇÃO TRIBUTÁRIA 200
9.1 Administração Tributária e garantias constitucionais 200
9.2 Fiscalização 200
    9.2.1 Competência das autoridades 200
    9.2.2 Fiscalização e sigilo comercial 201
    9.2.3 Dever de informar e sigilo profissional 205
    9.2.4 Fiscalização e sigilo fiscal 207
    9.2.5 Auxílio da força pública 208

        9.2.6 Fiscalização e excesso de exação 208
    9.3 Dívida Ativa 209
    9.4 Certidões negativas.. 211
        9.4.1 Certidão negativa ou positiva com efeito de negativa..... 211
        9.4.2 Certidão negativa e perecimento de direito.................... 212
        9.4.3 Certidão negativa e tributo não vencido...................... 214
        9.4.4 Certidão negativa e consignação em pagamento........... 215
        9.4.5 Exigência de quitação de tributos e liberdade econômica... 215

10 PROCESSO ADMINISTRATIVO FISCAL.................................. 216
    10.1 Considerações iniciais.. 216
    10.2 Conceito, natureza e espécies..................................... 217
    10.3 Determinação e exigência do crédito tributário...................... 218
        10.3.1 Considerações gerais... 218
        10.3.2 O procedimento e suas fases.................................... 218
        10.3.3 A fase não contenciosa... 219
        10.3.4 A fase contenciosa.. 220
        10.3.5 O arrolamento de bens.. 221
    10.4 A consulta.. 222
    10.5 Outros processos administrativos tributários......................... 223

11 DÍVIDA ATIVA TRIBUTÁRIA... 224
    11.1 Dívida ativa na contabilidade pública.............................. 224
    11.2 Dívida ativa tributária.. 225
    11.3 Constituição regular da dívida ativa................................. 226
    11.4 Invalidade da inscrição em dívida ativa............................ 226
        11.4.1 Irregularidades mais comuns.................................... 226
        11.4.2 Adequada compreensão das garantias constitucionais.... 227
        11.4.3 Princípio da publicidade... 227

12 IMUNIDADE TRIBUTÁRIA 228
    12.1 Limitação ao poder de tributar 228
    12.2 Imunidade das instituições sem fins lucrativos 229
    12.3 Imputação de crime contra a ordem tributária 230

4 A CRIMINALIZAÇÃO DO ILÍCITO TRIBUTÁRIO

1 O FUNDAMENTO DA PENA CRIMINAL 231
   1.1 Explicação necessária 231
   1.2 Proposições justificativas da criminalização 231

2 AUSÊNCIA DE FUNDAMENTO MORAL 234
   2.1 Ausência ou má qualidade dos serviços públicos 234
   2.2 O mau exemplo dos governantes 234
   2.3 Tratamento tributário injusto 236
   2.4 Dedução do ágio nas privatizações 236

3 CONFLITO COM GARANTIAS CONSTITUCIONAIS 237
   3.1 O direito ao silêncio e o dever de informar 237
   3.2 Competência para aplicar a sanção 239
   3.3 Inviolabilidade do domicílio do contribuinte 240
   3.4 A prova ilícita 241

4 QUESTÕES RELATIVAS À AUTORIA E À RESPONSABILIDADE 242
   4.1 Oportunidade para abusos 242
   4.2 Responsabilidade penal por fato de outrem 243
   4.3 Responsabilidade penal da pessoa jurídica 244

5 INCREMENTO À CORRUPÇÃO 244
   5.1 Corrupção na atividade de fiscalização tributária 244
   5.2 Responsabilidade pessoal do agente público 245

PARTE II – O ILÍCITO PENAL E AS GARANTIAS CONSTITUCIONAIS

1 ADMINISTRAÇÃO TRIBUTÁRIA E GARANTIAS CONSTITUCIONAIS

1 O CONTROLE DA ADMINISTRAÇÃO TRIBUTÁRIA 249
   1.1 Competência tributária e poder de fiscalizar 249
   1.2 Legislação tributária e competência para fiscalizar 250
   1.3 Importância da disciplina normativa da fiscalização 252
   1.4 Limitações funcionais 252
   1.5 Limitações territoriais 253
   1.6 Limitações temporais 253
   1.7 Controle da atividade de fiscalizar 253

2	**LIMITES CONSTITUCIONAIS À AÇÃO DE FISCALIZAÇÃO**	**254**
2.1	Respeito aos direitos individuais	254
2.2	Ingresso em estabelecimento empresarial	255
2.3	Contaminação das provas colhidas no domicílio violado	256
2.4	Limitações ao poder-dever de fiscalizar	256
	2.4.1 Limites decorrentes dos direitos fundamentais	256
	2.4.2 Direito ao silêncio	257
	2.4.3 Direito de propriedade e apreensão de mercadorias	258
	2.4.4 Inviolabilidade do domicílio	259
2.5	Livros e documentos	261
	2.5.1 Poder-dever de fiscalizar e dever de exibir	261
	2.5.2 Livros e documentos obrigatórios	262
	2.5.3 Sigilo da correspondência	262
	2.5.4 Local do exame de livros e documentos	263
	2.5.5 Prazo de conservação obrigatória	264
2.6	Diligências de fiscalização	265
	2.6.1 Exercício do poder-dever de fiscalizar	265
	2.6.2 Termo de início de fiscalização	266
	2.6.3 Duração da diligência fiscal	267
	2.6.4 Valor probante dos termos e autos lavrados pela fiscalização	268
	2.6.5 Nulidade por vício formal	268
2.7	Início do procedimento e extinção do direito de lançar	269
	2.7.1 Medida preparatória do lançamento	269
	2.7.2 Perempção do direito de lançar	270
2.8	O dever de informar ao fisco	270
	2.8.1 Dever de informar e direito ao silêncio	270
	2.8.2 Direito ao silêncio como forma de defesa	271
	2.8.3 Direito ao silêncio na Constituição de 1988	272
	2.8.4 O dever de informar	273
	2.8.5 Direito de não se autoincriminar	274
	2.8.6 O conflito de normas e sua solução	274
	2.8.7 Direito ao silêncio e CPI	275
	2.8.8 O direito ao silêncio e a testemunha	276
	2.8.9 Direito ao silêncio e natureza do crime	276
	2.8.10 Direito ao silêncio e o interrogatório do réu	277

2.8.11 Direito ao silêncio e o dever de informar ao fisco 278
2.8.12 Direito a leis claras 279
2.9 Dever de informar e sigilo profissional 279
    2.9.1 Conflito aparente de normas 279
    2.9.2 Sigilo profissional e obrigações tributárias acessórias 280
    2.9.3 Violação de segredo profissional 282
    2.9.4 O profissional no desempenho de outras atividades 282
    2.9.5 Sigilo bancário e sigilo fiscal 283
    2.9.6 Sigilo fiscal como contrapartida do poder-dever de fiscalizar 284
    2.9.7 Titulares do dever de sigilo 285
    2.9.8 Violação de sigilo funcional 285
    2.9.9 Amesquinhamento do sigilo fiscal 286
2.10 Exceções ao sigilo fiscal 286
    2.10.1 Deslealdade na elaboração das leis 286
    2.10.2 Injustificável ampliação das exceções 287
    2.10.3 Exclusão do sigilo fiscal e seu desvirtuamento 288
    2.10.4 Desvirtuamento do sigilo fiscal 289
    2.10.5 Publicidade constrangedora 290
    2.10.6 O remédio jurídico adequado 291
    2.10.7 Inconstitucionalidade da exclusão do sigilo fiscal 292
2.11 Requisição de força pública 293
    2.11.1 A interpretação literal do art. 200 293
    2.11.2 A interpretação do art. 200 segundo a Constituição Federal de 1988 294
    2.11.3 Alcance do termo *domicílio* 296
    2.11.4 Os estabelecimentos comercial e profissional como domicílio 296
2.12 Ingresso de agentes do fisco no domicílio 297
    2.12.1 Consentimento do morador 297
    2.12.2 Exceções constitucionais 297
    2.12.3 Flagrante delito ou desastre, ou prestação de socorro 298
    2.12.4 Autorização judicial de busca e apreensão 298
    2.12.5 Uso indevido da força contra o contribuinte 299
    2.12.6 A prova ilícita 299
2.13 Licitude ou ilicitude da ação fiscal 301

	2.13.1 Constitucionalidade do art. 200 do Código Tributário Nacional	301
	2.13.2 Excesso de exação	302

2 O PRINCÍPIO DA LEGALIDADE TRIBUTÁRIA

1	INTRODUÇÃO	305
2	LEGALIDADE TRIBUTÁRIA E SUAS REPERCUSSÕES NO ÂMBITO PENAL	306
	2.1 Considerações iniciais	306
	2.2 O prévio exaurimento da via administrativa	307
	2.3 Erro na interpretação da lei tributária	313
3	LEGALIDADE E PLANEJAMENTO TRIBUTÁRIO	315
	3.1 Considerações iniciais	315
	3.2 Fundamento jurídico do planejamento tributário	316
	3.3 O denominado propósito negocial	317
	3.4 Planejamento tributário e tributação por analogia	318
	3.5 Planejamento tributário e fraude fiscal	319
	3.5.1 O critério cronológico ou temporal	320
	3.5.2 Critério da intenção exclusiva do agente ou falta de propósito negocial	321
	3.5.3 Critério da ilegalidade ou contrariedade à lei	322
	3.5.4 Critério do abuso de direito ou abuso de forma jurídica.	322
	3.6 Efeitos tributários e efeitos penais na glosa do planejamento tributário	323
	3.7 Posição do contabilista nos ilícitos fiscal e penal	324
	3.7.1 Responsabilidade e decisão	324
	3.7.2 Responsabilidade penal e dolo	324
	3.7.3 Dolo e erro de tipo	325
4	A NORMA GERAL ANTIELISÃO NO CÓDIGO TRIBUTÁRIO NACIONAL	326
	4.1 Dispositivo introduzido pela LC 104	326
	4.2 Procedimento específico	327
	4.3 Norma inconstitucional ou desnecessária	328

3 O DEVIDO PROCESSO LEGAL

1	INTRODUÇÃO	331
2	A GARANTIA CONSTITUCIONAL	332
	2.1 O dispositivo da Constituição	332

2.2	Direito e garantia de direitos	333
2.3	Conteúdo do princípio	333
2.4	Direito à jurisdição	334
2.5	O contraditório	335
2.6	A ampla defesa	337
2.7	Ampla defesa e a prova no processo administrativo fiscal	341
2.8	Exclusão da prova obtida ilicitamente	342
2.9	Presunção de inocência e prisão antes da condenação	343
2.10	Direito ao silêncio	344
2.11	Direito de conhecer a acusação	345
2.12	Juiz natural	347
2.13	Inviolabilidade do domicílio	350

4 CONFISCO PENAL

1	INTRODUÇÃO	353
2	AS ESPÉCIES DE CONFISCO	354
	2.1 O confisco como gênero	354
	2.2 Perda de bens para ressarcimento ao erário	355
	2.3 Perda do produto ou instrumento do crime	356
	2.4 Confisco como pena substitutiva	357
	2.5 A pena de multa	359
	2.6 Confisco como sanção penal específica	360
	2.7 Confisco penal e multa fiscal administrativa	360
	2.8 A questão da extinção da punibilidade pelo pagamento	361
	2.9 Aplicação contra a pessoa jurídica	361
3	FUNDAMENTO CONSTITUCIONAL E MANIFESTAÇÕES DOUTRINÁRIAS	362
	3.1 Fundamento constitucional	362
	3.2 Manifestações doutrinárias	363
	3.3 Nosso ponto de vista	364
4	COMINAÇÃO LEGAL	365
	4.1 Cominação legal genérica ou confisco como pena substitutiva	365
	4.2 Cominação específica para os crimes contra a ordem tributária	365
	4.3 Aplicação à pessoa jurídica	366

Parte III – Os Tipos e as Penas

1 SUPRESSÃO OU REDUÇÃO DE TRIBUTOS

1 CONCEITO E OBJETO JURÍDICO.. 369
    1.1 Conceito.. 369
    1.2 Bem jurídico protegido 370
        1.2.1 A ordem tributária como bem jurídico................. 370
        1.2.2 Importância da identificação do bem jurídico protegido 375
    1.3 Supressão ou redução de vários tributos mediante conduta única.. 376
        1.3.1 Ação meio única com resultado múltiplo..................... 376
        1.3.2 Inocorrência de concurso material................................ 377
        1.3.3 Inocorrência de concurso formal 378
        1.3.4 Inocorrência de concurso formal próprio ou impróprio.. 380

2 ELEMENTOS DO TIPO 382
    2.1 Ações núcleo do tipo... 382
    2.2 Ações-meio 386
        2.2.1 Ações-meio como elementos do tipo............................ 386
        2.2.2 Omitir informações ou prestar declaração falsa............ 387
        2.2.3 Elementos inexatos.. 390
        2.2.4 Falsificar ou alterar documento 392
        2.2.5 Elaborar, distribuir, fornecer, emitir ou utilizar documento falso.. 394
        2.2.6 Em desacordo com a legislação 395
    2.3 Elementos normativos... 397
        2.3.1 Conceitos normativos 397
        2.3.2 Tributo como um elemento normativo 397
        2.3.3 Empréstimo compulsório.. 398
        2.3.4 Supressão ou redução de tributo e entidade imune........ 400
    2.4 Elemento subjetivo 402
    2.5 Sujeitos do crime 405
    2.6 Possibilidade de configuração de organização criminosa......... 406
    2.7 Os crimes meio absorvidos pelo crime-fim...................... 407

3 CONSUMAÇÃO E TENTATIVA 408
    3.1 Crime material ou de resultado 408

	3.2	O resultado e o meio para alcançá-lo...............................	408
	3.3	Tentativa e crime impossível	409
	3.4	Distinção entre crime impossível e tentativa..................	411
	3.5	Crime consumado	412
	3.6	Limite entre tentativa e crime consumado	413
4	UNICIDADE DO TIPO SUPRESSÃO OU REDUÇÃO DE TRIBUTO.....		415
	4.1	Não atendimento de exigência da autoridade................	415
	4.2	Omissão como tipo específico	415
	4.3	Objeto jurídico protegido	419
5	AÇÃO PENAL E PENAS		419
	5.1	Ação penal	419
	5.2	Prévio exaurimento da via administrativa.....................	420
	5.3	Questão pré-judicial...	422
	5.4	Competência da Justiça e do Ministério Público	423
	5.5	As penas	426
		5.5.1 Cominação legal e individualização....................	426
		5.5.2 Circunstâncias agravantes especiais....................	427
		5.5.3 Tentativa e crime consumado	428
		5.5.4 Tentativa e crime impossível...............................	428
		5.5.5 Fixação da pena de multa....................................	429
		5.5.6 As penas substitutivas..	430
	5.6	Extinção da punibilidade pelo pagamento	431
		5.6.1 Instabilidade legislativa	431
		5.6.2 Pagamento como forma irrestrita de extinção da punibilidade	438
		5.6.3 Conversão do depósito em renda.........................	439
		5.6.4 Outras causas de extinção do crédito tributário..............	439
		5.6.5 Possível inconstitucionalidade da criminalização do ilícito tributário	440
2	**INADIMPLEMENTO FRAUDULENTO DE OBRIGAÇÃO ACESSÓRIA**		
1	CONCEITO E OBJETO JURÍDICO...		441
	1.1	Conceito..	441
	1.2	Bem jurídico protegido	444
	1.3	Crime formal..	445

2	ELEMENTOS DO TIPO	447
	2.1 Ações núcleo do tipo	447
	2.2 Elementos normativos	449
	2.3 Elemento subjetivo	450
	2.4 Sujeitos do crime	450
	2.5 Tentativa e crime impossível	451
3	AÇÃO PENAL E PENAS	453
	3.1 Ação penal	453
	3.2 Penas	454
	3.2.1 Prisional e patrimonial como penas principais	454
	3.2.2 Penas substitutivas	455
	3.3 Extinção da punibilidade pelo pagamento	455

3 NÃO PAGAMENTO DE TRIBUTO

1	CONCEITO E OBJETO JURÍDICO	457
	1.1 Conceito	457
	1.2 Questão da constitucionalidade da norma penal	457
2	PRISÃO POR DÍVIDA E APROPRIAÇÃO INDÉBITA	459
	2.1 Considerações fundamentais	459
	2.2 Prisão civil e prisão penal	461
	2.2.1 Manifestação do STF	461
	2.2.2 Crítica à manifestação do STF	466
	2.3 O fundamento da norma penal	471
	2.3.1 Limite constitucional à definição do crime	471
	2.3.2 Apropriação indébita	472
	2.3.3 A dívida como fato penalmente tipificado	474
	2.4 Interpretação conforme com a Constituição	475
	2.5 O entendimento firmado pelo STF no RHC 163.334	475
3	AÇÃO PENAL E PENAS	477
	3.1 Ação penal	477
	3.2 Penas	478
	3.2.1 Detenção e multa	478
	3.2.2 Penas substitutivas	478
	3.3 Extinção da punibilidade	478

4 DESCAMINHO

1 DEFINIÇÃO NO CÓDIGO PENAL 479
2 DISTINÇÃO ENTRE CONTRABANDO E DESCAMINHO 480
3 DESCAMINHO COMO CRIME CONTRA A ORDEM TRIBUTÁRIA 482

5 ORGANIZAÇÃO CRIMINOSA E CRIMES CONTRA A ORDEM TRIBUTÁRIA

1 INTRODUÇÃO 485
2 ASSOCIAÇÃO CRIMINOSA 486
   2.1 Tipo penal autônomo 486
   2.2 Elementos essenciais 487

3 PRÉVIO EXAURIMENTO DA VIA ADMINISTRATIVA 488
   3.1 Por que é necessário 488
   3.2 A jurisprudência do Supremo Tribunal Federal 489
   3.3 Quando e por que se estende ao crime de associação criminosa 490

4 A EXTINÇÃO DA PUNIBILIDADE PELO PAGAMENTO 491
   4.1 O entendimento manifestado pelo Supremo Tribunal Federal. 491
   4.2 Crimes contra a ordem tributária e sociedades empresariais ... 491

5 O CRIME DE ASSOCIAÇÃO CRIMINOSA E A SOCIEDADE EMPRESÁRIA 492
   5.1 A configuração do tipo 492
   5.2 O objetivo da sociedade empresária 493
   5.3 Situações excepcionais 494

6 CONCLUSÕES 495

BIBLIOGRAFIA 497

REFERÊNCIAS (OBRAS CITADAS NO TEXTO) 505

PARTE I

CONCEITOS FUNDAMENTAIS

1

O Estado e o Poder-Dever de Punir

1 O ESTADO E O DIREITO

1.1 Explicação preliminar

Poder-se-ia questionar o estudo deste assunto em monografia sobre os crimes contra a ordem tributária. Estaríamos a abordar tema de filosofia do Direito, ou de Teoria do Estado, o que não seria justificável neste livro.

Lembro-me muito bem da observação que diversas vezes ouvi de um colega professor da Faculdade de Direito da Universidade Federal do Ceará, que em tom de brincadeira me dizia, referindo-se à matéria por mim lecionada: *esse teu Direito Tributário não é Direito coisa nenhuma. Se as leis são feitas pela parte interessada...*

Poderíamos, então, dizer em relação aos crimes contra a ordem tributária que o Direito Penal deixou, ao menos nessa parte, de ser *Direito*, pois o Estado assume ao mesmo tempo a condição de titular do poder-dever de punir, enquanto é, como pessoa jurídica arrecadadora dos tributos, o interessado direto na ameaça de punição albergada pela norma penal. O legislador que elabora a norma penal seria contaminado pelo interesse na arrecadação, e assim não exerceria a sua função com a imparcialidade necessária que há de estar presente na elaboração legislativa.

Realmente, por mais que se tente separar o Estado enquanto instituição responsável pelo controle social, do qual a ordem jurídica é o principal instrumento, do Estado enquanto Fazenda Pública, pessoa jurídica titular de interesses secundários, entre os quais o de arrecadar tributos, não se pode deixar de reconhecer que se trata de uma abstração que permanece bem distante da realidade. E esta consideração nos parece mais do que suficiente para explicar por que começamos este livro com essa ligeira e talvez indevida incursão na Teoria do Estado.

1.2 Identidade entre Direito e Estado: a tese de Kelsen

Desenvolvendo sedutora argumentação, com a ordenação lógica que caracteriza sua obra, Hans Kelsen afirma existir identidade entre o Estado e o Direito. Para ele, o Direito é uma ordem normativa e

> "visto que uma comunidade apenas pode ser constituída por uma tal ordem normativa (sim, identifica-se mesmo com esta ordem), a ordem normativa que constitui o Estado apenas pode ser a ordem de coerção relativamente centralizada que nós verificamos ser a ordem jurídica estadual.
> Como comunidade social, o Estado – de acordo com a teoria tradicional do Estado – compõe-se de três elementos: população, o território e o poder, que é exercido por um governo estadual independente. Todos estes elementos só podem ser definidos juridicamente, isto é, eles apenas podem ser apreendidos como vigência e domínio de vigência (validade) de uma ordem jurídica.
> A população é constituída pelos indivíduos que pertencem a um Estado. Se se pergunta por que é que um indivíduo, conjuntamente com outros indivíduos, pertence a um determinado Estado, não poderemos encontrar outro critério para a resposta que não seja o de que ele está, conjuntamente com os outros, submetido a uma determinada ordem coercitiva relativamente centralizada".[1]

No desenvolvimento de sua tese, Kelsen identifica nos três elementos essenciais do Estado simples aspectos de uma ordem jurídica. Para ele, o *povo*, que prefere dizer população, "é o domínio pessoal de vigência da ordem jurídica estadual".[2] O *território* "apenas pode ser definido como o domínio espacial de vigência de uma ordem jurídica estadual".[3] E o *poder* "não é uma

---

[1] Hans Kelsen, *Teoria Pura do Direito*, tradução de João Baptista Machado, 3ª edição, Arménio Amado, Coimbra, 1974, p. 386-387.

[2] Hans Kelsen, *Teoria Pura do Direito*, tradução de João Baptista Machado, 3ª edição, Arménio Amado, Coimbra, 1974, p. 387.

[3] Hans Kelsen, *Teoria Pura do Direito*, tradução de João Baptista Machado, 3ª edição, Arménio Amado, Coimbra, 1974, p. 388.

força ou instância mística que esteja escondida detrás do Estado ou o do seu Direito. Ele não é senão a eficácia da ordem jurídica".[4]

Por mais sedutora que seja a tese kelseniana, todavia, ela é apenas um modo de ver, e de descrever essa realidade social, que é o Estado, mas com este o Direito na verdade não se confunde, como se pode verificar na própria Teoria Pura do Direito. Além disso, trata-se de tese inteiramente inaceitável, posto que o Direito não se reduz ao conjunto de normas produzidas pelo Estado.

1.3 Distinção entre Direito e Estado

Na própria obra de Kelsen, encontramos lições que nos autorizam a dizer que Estado e Direito não se confundem. Em suas palavras:

> "como organização política, o Estado é uma ordem jurídica. Mas nem toda a ordem jurídica é um Estado. Nem a ordem jurídica pré-estadual da sociedade primitiva, nem a ordem jurídica internacional supraestadual (ou interestadual) representam um Estado. Para ser um Estado, a ordem jurídica necessita de ter o caráter de uma organização no sentido estrito da palavra, quer dizer, tem de instituir órgãos funcionando segundo o princípio da divisão do trabalho para criação e aplicação das normas que a formam; tem de apresentar um certo grau de centralização. O Estado é uma ordem jurídica relativamente centralizada".[5]

Como se vê, o próprio Kelsen refere-se a uma ordem jurídica pré-estadual da sociedade primitiva e a uma ordem jurídica internacional supraestatal. A identidade que afirma entre Direito e Estado, portanto, diz respeito apenas à ordem jurídica estatal, vale dizer, ao conjunto de normas produzidas pelo Estado para a regulação das condutas de seu povo no plano interno.

Que o Direito seja apenas o conjunto de normas produzidas e cuja aplicação é feita pelo Estado é uma questão extremamente polêmica. Sobre o assunto existem as mais diversas opiniões. Nuno Sá Gomes resume com propriedade das duas principais correntes de pensamento a esse respeito, que denomina *Teoria Estadual* e *Teoria Social*. A primeira sustenta que ao Estado pertence o monopólio da formação e da aplicação do Direito, e a segunda, "sustenta

---

[4] Hans Kelsen, *Teoria Pura do Direito*, tradução de João Baptista Machado, 3ª edição, Arménio Amado, Coimbra, 1974, p. 390.

[5] Hans Kelsen, *Teoria Pura do Direito*, tradução de João Baptista Machado, 3ª edição, Arménio Amado, Coimbra, 1974, p. 385.

que o direito não é apenas *norma*, mas também *instituição*, e que não só o Estado, mas *outras instituições*, devem considerar-se como tendo os seus próprios *ordenamentos jurídicos*".[6] E em seguida, formula sua opinião pessoal:

> "Para nós, o Direito é o que vive e se aplica na sociedade e não o que é produzido pelo Estado. E, como vimos, nem sequer é essencial ao conceito de *Direito* a existência de uma entidade superior aos sujeitos para a aplicação do Direito (autodefesa), sendo igualmente certo que o Estado surgiu em fase relativamente avançada da humanidade.
>
> Daí que se reconheça juridicidade ao Direito não Estatal, que vigora nas sociedades infraestatais e nas supraestatais. E quando o Estado recebe, aceita parcialmente esse outro Direito, isso não significa que as regras jurídicas recebidas ou aceites tenham deixado de fazer parte da ordem jurídica menor ou maior e que passem a ser estatais. Isso é particularmente visível nos Estados que abrangem no seu seio *comunidades* sujeitas aos *chefes e ao direito tradicional*, mesmo contra a ordem jurídica estatal. O mesmo se diga do Direito Internacional Público, que é verdadeiro Direito, ainda quando certo Estado o não reconheça ou até o hostilize. O mesmo se diga do *Direito Comunitário*, vigente na União Europeia, que se impõe ao próprio Direito Estadual."[7]

Para os que sustentam que o Direito não é apenas o conjunto de normas produzidas pelo Estado, não há nenhuma dúvida de que Direito e Estado são coisas bem distintas. E mesmo para os que entendem que o Direito é apenas o conjunto de normas produzidas ou aceitas pelo Estado, a distinção é inegável, pelo menos se tivermos em vista que o Estado, além de ser um conjunto de normas, é uma organização, aliás extremamente complexa, que inclusive se coloca como sujeito de relações jurídicas, assumindo a condição de pessoa e nessa condição restando submetido, ele próprio, à ordem normativa.

Na verdade, é a organização que permite ao Estado assumir a condição de pessoa. Esta é a lição de Carré de Malberg, que no capítulo primeiro de sua notável obra expõe, em cerca de cinquenta páginas, suas ideias a respeito da personalidade do Estado:

> "Lo que convierte la colectividad en una persona con el nombre de Estado son sus órganos. Pues ella misma, la colectividad nacional, no tiene unidad, y especialmente no tiene voluntad única, real; no adquiere esa voluntad sino cuando se encuentra organizada. La orga-

---

[6] Nuno Sá Gomes, *Introdução ao Estudo do Direito*, JVS, Lisboa, 2001, p. 57.
[7] Nuno Sá Gomes, *Introdução ao Estudo do Direito*, JVS, Lisboa, 2001, p. 58-59.

nización de la colectividad es, pues, el hecho generador inmediato de la personalidad estatal. Personalidad ésta que es puramente jurídica y no ya real, en el sentido de que hubiera existido desde antes de toda organización jurídica de la colectividad. Personalidad, por consiguiente, abstracta, mas no ficticia, tiene una realidad jurídica."[8]

Não há dúvida, portanto, de que Estado e Direito são inconfundíveis. A coletividade que tem o nome de Estado tem órgãos, tem unidade e tem vontade real, que adquire ao organizar-se. E o Direito é precisamente o instrumento dessa organização que lhe confere personalidade. Personalidade jurídica, portanto, mas não simplesmente fictícia.

1.4 O Estado e o governante

Outra distinção fundamental para que se possa entender adequadamente a distinção entre Estado e Direito, e a submissão do primeiro ao segundo, é a que se há de estabelecer entre o Estado e o governante. Mesmo admitindo que o governante *presenta* o Estado, do qual é órgão insuprimível, não se pode confundir o governante com o Estado, sobretudo quando se examina a questão do interesse público, na qual se impõe a distinção entre o interesse público primário, ou interesse do Estado, e o interesse público secundário, ou interesse do governante.

Quando estudamos as questões jurídicas mais intrincadas que surgem nas relações entre o Estado e o cidadão, não podemos acreditar na pureza do Estado, exatamente porque ele é sempre *presentado* pelo governante, que muita vez apenas o utiliza como instrumento de seus interesses pessoais. No estudo das relações entre o Estado e o indivíduo, não devemos colocar o Estado isento das imperfeições dos governantes porque não existe Estado sem governante e este, como um ser humano, geralmente não escapa às deformações geradas pela titularidade do poder.

No prefácio de um livro de Marco Aurélio Greco, Ives Gandra da Silva Martins diz ser ele

"um pensador que acredita no Estado e que o coloca acima das imperfeições dos governantes, mesmo quando admite o abuso de poder e se refere aos instrumentos de defesa da cidadania quanto a tais desvios. Sua crença no Estado faz com que desloque, na sua medita-

---

[8] R. Carré de Malberg, *Teoría General del Estado*, tradución de José Lión Depetre, Facultad de Derecho/UNAM/Fundo de Cultura Económica, México, 1998, p. 78-79.

ção investigadora, sempre a 'questão tributária' para o enfoque social e comunitário, para o qual o Estado deve atentar, opondo-se à teoria daqueles que entendem que o Estado representa o Governo e que mais se serve da sociedade, do que a serve".[9]

Tem razão Ives Gandra. O Estado, levado pelo governante que o *presenta*, nem sempre atua no interesse da sociedade. Por isto é que o direito se faz indispensável como instrumento de proteção do indivíduo contra o Estado.

2 O ILÍCITO E A SANÇÃO

2.1 A sanção como consequência do ilícito

Segundo a Teoria Pura do Direito, a sanção é simplesmente a consequência do ilícito e não se pode dizer que este seja algo contrário ao direito, porque é simplesmente pressuposto deste. Nem o ilícito pode ser tido como contrário à moral. "Somente pelo facto de uma acção ou omissão determinada pela ordem jurídica ser feita pressuposto de um acto de coação estatuído pela mesma ordem jurídica é que ela é qualificada como ilícito ou delito; apenas pelo facto de um acto de coacção ser estatuído pela ordem jurídica como consequência de uma acção ou omissão por ela determinada é que este acto de coacção tem o caractáter de uma sanção ou consequência do ilícito."[10] Não nos parece, todavia, que o Direito possa ser tratado de forma absolutamente desvinculada dos valores. Por isto, entendemos que o ilícito é sempre algo indesejável, e a sanção, que realmente é dele consequência, é sempre uma reprovação.

A relatividade dos valores não impede que seja assim. Ao menos em uma ordem jurídica democrática, temos de entender que o ilícito é aquilo que a maioria, formalmente estabelecida nos parlamentos, entendeu como reprovável. E a sanção é a consequência, tida pela maioria como um mal, imposto ao responsável pelo ilícito.

Seja como for, numa visão valorativa ou não, a sanção é sempre uma consequência do ilícito. A valoração, todavia, é que nos permite não ingressar em um círculo vicioso sem saída, pois, se adotarmos uma posição purista e dissermos que a sanção é a consequência do ilícito, simplesmente, teremos de admitir que

---

[9] Ives Gandra da Silva Martins, no prefácio do livro de Marco Aurélio Greco, *Planejamento Fiscal e Interpretação da Lei Tributária*, Dialética, São Paulo, 1998.

[10] Hans Kelsen, *Teoria Pura do Direito*, tradução de João Baptista Machado, 3ª edição, Arménio Amado, Coimbra, 1974, p. 166.

o ilícito é o pressuposto da sanção, simplesmente, e isto com certeza forma um círculo vicioso que não traduz nenhuma ideia de um nem do outro.

2.2 As espécies de sanção

As sanções podem ser *executórias, indenizatórias* e *punitivas*.

Diz-se que são executórias quando se destinam simplesmente a compelir o inadimplente a cumprir o dever jurídico a cujo descumprimento correspondem. Situam-se geralmente no campo denominado cível, e em regra são de conteúdo patrimonial. As sanções executórias têm por finalidade essencial o cumprimento do dever jurídico e consubstanciam o instrumento jurídico para o uso da força com tal finalidade.

São indenizatórias as sanções quando correspondem à reparação do dano resultante do ilícito a que correspondem. Em geral, situam-se também no campo denominado cível e ostentam natureza patrimonial. Mesmo quando o dano a que corresponda seja de natureza moral, a indenização tem caráter patrimonial. As sanções indenizatórias têm dupla finalidade, pois ao mesmo tempo em que propiciam a restauração do patrimônio lesionado, de certa forma castigam o responsável pelo dano.

Punitivas, finalmente, são as sanções que visam apenas reprimir a prática do ilícito a que correspondem. Podem ter caráter patrimonial, ou pessoal. Em supra, são denominadas penalidades, ou penas, mas não são exclusivas do denominado Direito Penal. Existem também em outras áreas do Direito, especialmente no Direito Administrativo. Aliás, nesse ramo do Direito geralmente estão colocadas as sanções punitivas alheias ao Direito Penal, de sorte que podemos classificar as sanções punitivas em penais e administrativas, posto que estas últimas reúnem as sanções próprias de todas as áreas do Direito, salvo o Direito Penal.

As sanções punitivas têm por finalidade essencial castigar o responsável pelo ilícito ao qual correspondem. Finalidade que se revela mais claramente nas sanções punitivas não patrimoniais, que o alcançam de forma direta.

2.3 Sanção e pena

Embora as palavras *sanção* e *pena* muitas vezes sejam utilizadas como se fossem sinônimas, certo é que não o são. Como explicado no item precedente, a sanção é o gênero, enquanto a pena é uma espécie de sanção, também denominada sanção punitiva.

A pena, ou sanção punitiva, pode ser classificada em razão da área ou ramo do Direito no qual esteja encartada e ainda, conforme se destine a castigar diretamente o autor do ilícito, ou o faça apenas indiretamente atingindo o seu patrimônio. A distinção entre essas duas espécies de pena, vale dizer, a pessoal e a patrimonial, é de grande importância na compreensão de questões relativas à responsabilidade, como adiante se verá.

2.4 As espécies de pena

As penas caracterizam-se por terem como finalidade essencial o castigo ao responsável pelo ilícito ao qual correspondem. Esse castigo ocorre de forma direta, nas penas de natureza pessoal, e de forma indireta, nas penas de natureza patrimonial. Se tomarmos em consideração a forma pela qual atingem o responsável pelo ilícito, portanto, poderemos classificar as penas em duas espécies, a saber, *pessoais* e *patrimoniais*.

Podemos, todavia, utilizar como critério para a classificação das sanções punitivas a competência para a correspondente aplicação, e assim teremos as sanções *penais*, que somente podem ser aplicadas pelas autoridades judiciárias, e as sanções *administrativas*, que podem ser aplicadas pelas autoridades administrativas.

Note-se que tanto as sanções *penais*, como as sanções *administrativas* podem ter natureza *pessoal* ou *patrimonial*. Mesmo assim, é importante notar que as sanções penais, cuja aplicação é privativa do Poder Judiciário, exigem responsabilidade pessoal do autor do ilícito, como adiante se verá. No âmbito da relação tributária, todavia, é de grande importância a distinção entre sanções pessoais e sanções patrimoniais, para a definição da correspondente responsabilidade. Sobre o assunto, aliás, já escrevemos:

> "A questão da responsabilidade por cometimentos ilícitos deve ser equacionada a partir da distinção entre as sanções *pessoais* e as sanções *patrimoniais*.
> As primeiras são aquelas que afligem diretamente a pessoa natural, e se caracterizam pela possibilidade de serem suportadas *pessoalmente* por qualquer ser humano, independentemente de sua atividade profissional, de sua riqueza, ou qualquer outra qualificação. São as penas ditas corporais. Penas privativas de liberdade, ou de prestação de serviços à comunidade, por exemplo.
> As últimas são aquelas que só indiretamente afligem a pessoa natural, e se caracterizam por seu conteúdo patrimonial, e que por isto mesmo somente podem ser suportadas por quem disponha de riqueza.

Para ensejar sanções da primeira espécie a responsabilidade há de ser necessariamente fundada na culpa. Tais sanções, por isto mesmo, somente podem ser aplicadas a pessoas naturais, pois somente em relação a estas se pode falar em culpa.

Para ensejar sanções da segunda espécie não será necessário cogitar de dolo ou culpa. Por isto, tais sanções podem ser aplicadas às pessoas jurídicas, com fundamento na responsabilidade objetiva."[11]

2.5 Distinção entre pena administrativa e pena criminal

Questão tormentosa para a doutrina consiste na distinção entre pena administrativa e pena criminal. Pode-se dizer que a distinção entre ambas é determinada pela natureza do ilícito ao qual cada uma delas corresponde. Assim, teremos de estabelecer a distinção entre ilícito administrativo e ilícito penal. E a dificuldade continua, pois na verdade essa distinção tem sido motivo de profundas controvérsias. Houve quem sustentasse existir distinção qualitativa, mas tal distinção na verdade não existe. Como também não existe distinção quantitativa, vale dizer, distinção fundada na gravidade do ilícito.

Martinez Perez, invocando farta bibliografia, sustenta:

"A pesar de los muchos intentos realizados para establecer una distinción cualitativa entre ilícito penal e ilícito administrativo, puede afirmarse con la doctrina mayoiritaria que semejante diferenciación ontológica no existe; entre ambos ilícitos únicamente puede arbitrarse una diferencia meramente cuantitativa, atendiendo a la mayor o monor gravedad del hecho antijurídico."[12]

O próprio Martinez Perez, todavia, termina por afirmar, invocando a doutrina de Rodriguez Morullo, que a única diferença que se pode admitir entre o ilícito administrativo e o ilícito penal decorre da natureza da sanção respectiva, e que a natureza da sanção é meramente formal, posto que decorre exclusivamente da qualificação da autoridade competente para aplicá-la. Em suas palavras:

"Ahora bien, ciñendo esta problemática al Derecho positivo español, hay que reconocer que en él no se opera ni con una distinción cualita-

---

[11] Hugo de Brito Machado, *Curso de Direito Tributário*, 27ª edição, Malheiros, São Paulo, 2006, p. 499.

[12] Carlos Martinez Perez, El Delito Fiscal, Montecorvo, Madrid, 1982, p. 99.

tiva, ni con una distinción cuantitativa. La única diferenciación que se puede establecer hade basarse en el aspecto formal, es decir, el único criterio diferencial es el de la naturaleza de las sanciones: el ilícito penal se caracteriza por ser castigado mediante una pena criminal; el ilícito administrativo porque a él se asocia una sanción administrativa. Paralelamente, y seguún el criterio de la competencia, puede decirse que la pena criminal viene caracterizada por estar reservada a los Tribunales de Justicia; la sanción administrativa, en cambio, por ser impuesta por los órganos de la Administración pública."[13]

Também no ordenamento jurídico brasileiro outra distinção não pode ser estabelecida entre o ilícito administrativo e o ilícito penal, senão aquela ligada à sanção correspondente a cada um deles. E, no que concerne à sanção, também outra distinção não se pode estabelecer que não seja a que diz respeito à competência da autoridade para a respectiva aplicação. Enquanto as sanções penais só podem ser aplicadas pelo Poder Judiciário, as sanções administrativas podem ser aplicadas pelas autoridades da Administração Pública.

Realmente, as penas criminais podem ser patrimoniais e podem ser pessoais. Apenas se pode destacar que a pena privativa de liberdade é exclusiva do âmbito das sanções criminais.[14] E assim podemos afirmar que no Direito brasileiro as penas criminais distinguem-se das administrativas porque somente podem ser aplicadas pelas autoridades judiciárias e podem consistir em privação da liberdade individual, enquanto as penas administrativas podem ser aplicadas pelas autoridades administrativas e não podem consistir na privação da liberdade individual. Podemos dizer também que a aplicação da pena criminal ocorre mediante processo próprio, distinto daquele mediante o qual se dá a aplicação da pena administrativa. E, ainda, que a aplicação da pena administrativa, como é feita pela Administração Pública, comporta sempre revisão pelo Judiciário, em face da garantia constitucional de jurisdição,[15] enquanto a aplicação da pena criminal, como é feita pelo Judiciário, é definitiva.

Ressalte-se, finalmente, que no Direito brasileiro o critério da gravidade do ilícito não preside de nenhum modo a distinção entre ilícito administrativo e ilícito penal. Existem ilícitos administrativos muito mais graves do que

---

[13] Carlos Martinez Perez, *El Delito Fiscal*, Montecorvo, Madrid, 1982, p. 99-100.

[14] É o que se depreende facilmente das garantias estabelecidas pelo art. 5º, incisos LXI e LXII, da Constituição Federal de 1988.

[15] O art. 5º, inciso XXXV, da Constituição Federal de 1988, estabelece que "a lei não excluirá da apreciação do Poder Judiciário lesão ou ameaça a direito".

certos ilícitos penais e, além disso, muitos fatos constituem ao mesmo tempo ilícito administrativo e ilícito penal, ensejando a aplicação das sanções respectivas, em inadmissível duplicidade em face do princípio *ne bis in idem*, como adiante será explicado.

2.6 A pena e a responsabilidade

Diz-se que a pena, como espécie de sanção, é uma consequência do ilícito. E como ilícito entende-se o não cumprimento do dever jurídico. Poder-se-ia concluir, portanto, que, diante do inadimplemento do dever jurídico, seria sempre cabível a aplicação da penalidade correspondente. Mas não é assim. A aplicação da pena depende da presença da responsabilidade, que não se confunde com o dever jurídico. Sobre o assunto já escrevemos:

> "Embora muitos ainda não tenham percebido, na verdade o dever e a responsabilidade não se confundem. O dever jurídico decorre da incidência de uma norma, legal ou contratual, e está situado no momento da liberdade humana. Por isto se diz que o homem é livre para cumprir, ou para descumprir os seus deveres jurídicos. Já a responsabilidade surge em um segundo momento, e a seu respeito, portanto, somente se questiona em face do não cumprimento do dever, isto é, em face da *não prestação* jurídica. Por isto se diz que a *responsabilidade* é um pressuposto para a efetividade da *sanção* que resulta da não prestação.
> Da não prestação, isto é, do descumprimento do dever jurídico, decorre a sanção. Por isto muitos dizem que a sanção é a consequência da não prestação.
> Dada a não prestação, vale dizer, dada uma situação na qual alguém deixa de cumprir o seu dever jurídico, surge a questão de saber se esse alguém, que descumpriu o seu dever jurídico, é responsável.
> Ser responsável quer dizer estar juridicamente sujeito à sanção.
> Pode parecer, então, que a pessoa juridicamente irresponsável não se submete a nenhuma espécie de sanção. Não é bem assim, porém. A vida nos oferece situações as mais diversas, nas quais as relações entre as pessoas devem ser reguladas também de formas diversas, e a quase infinita multiplicidade de situações exige que o direito disponha de múltiplas formas de regulação dos interesses nelas envolvidos.
> Por isto a responsabilidade é definida em razão da sanção que o direito prescreve para a não prestação, em cada situação. Sanção que pode ser simplesmente a execução forçada da obrigação, vale dizer, a

utilização de meios coercitivos para compelir o devedor a cumprir o seu dever jurídico, ou a imposição de multa, ou do dever de indenizar, ou a privação de certos direitos, entre os quais a liberdade corporal ou física, geralmente designada na linguagem jurídica como liberdade de ir e vir.

Assim, alguém pode estar sujeito a determinada sanção, e não estar sujeito a outra. Pode ser responsável, tendo-se em vista determinada sanção, e ser irresponsável, tendo-se em vista outra espécie de sanção."[16]

A imposição da sanção não pode prescindir da verificação da responsabilidade, e a presença desta depende da natureza da sanção de cuja imposição se esteja a cogitar. Para a imposição de sanções de natureza patrimonial, a responsabilidade é mais ampla. Não é necessariamente pessoal. Pode decorrer de culpa "in eligendo" ou "in vigilando", pode ser objetiva e pode até decorrer do fato de outrem. Em se tratando, porém, de pena criminal, ou pena em sentido restrito, que tem natureza estritamente pessoal, exige-se a presença de responsabilidade pessoal que decorre sempre de conduta da pessoa, fundada em culpabilidade como elemento subjetivo indispensável à punibilidade.

Voltaremos a este assunto ao tratarmos especificamente da responsabilidade penal.

3 O CRIME E AS SANÇÕES PENAIS

3.1 Crime e contravenção penal

A sanção é sempre uma consequência do ilícito. O ilícito, porém, não se confunde com o crime. Este é uma espécie daquele. Para que uma conduta configure crime, precisa ser, além de ilícita, uma conduta típica, vale dizer, uma conduta que se enquadre precisamente na descrição de um tipo penal.

Ressalte-se que, ao menos em alguns ordenamentos jurídicos, o ilícito penal comporta divisão em duas espécies, a saber, o crime e a contravenção penal. A distinção entre ambos seria apenas quanto ao grau de reprovabilidade da conduta. Ou grau de nocividade social da conduta. O crime seria o ilícito penal mais grave, enquanto a contravenção seria o ilícito penal menos grave. As sanções legadas a um e ao outro seriam consequência desses diferentes graus de reprovabilidade. É assim no Direito Penal Brasileiro.

---
[16] Hugo de Brito Machado, *Comentários ao Código Tributário Nacional*, Atlas, São Paulo, 2004, v. II, p. 626-627.

3.2 Responsabilidade e natureza da sanção

Alguém pode ser ao mesmo tempo responsável e irresponsável, dependendo do tipo de sanção da qual se esteja a cogitar. Em outras palavras, alguém pode estar ao mesmo tempo sujeito a sanção de determinada espécie, e não estar sujeito a sanção de outra espécie. Alguém pode ser responsável pelos atos de outrem, no que diz respeito a sanções cíveis, vale dizer, sanções impostas pelo Direito Civil. Entretanto, ninguém é responsável pelos atos de outrem no que diz respeito a sanções penais.

A resposta à questão de saber se alguém é ou não responsável exige, portanto, que se esclareça previamente de qual responsabilidade se está cogitando, e a perquirição sobre a responsabilidade, por seu turno, passa pela questão de saber qual o tipo de sanção prevista para o caso.

São inúmeras as classificações possíveis, posto que são vários os critérios que podem ser adotados e a partir de cada critério se pode ter uma classificação diferente, com a indicação de diferentes espécies de sanções. Vamos cogitar aqui apenas das sanções ditas cíveis ou administrativas, e das sanções penais.

Por outro lado, a classificação das sanções, como as classificações de figuras jurídicas em geral, quando atinentes ao direito positivo, deve ser formulada em face de cada ordenamento jurídico. Assim, neste estudo fica esclarecido que estamos tomando em conta simplesmente o ordenamento jurídico brasileiro, e em face deste é que vamos distinguir as sanções cíveis ou administrativas das sanções penais.

A sanção cível, ou administrativa por excelência é a execução forçada, ou adoção de meios coercitivos para compelir o devedor à prestação jurídica a que está juridicamente obrigado. Já a sanção penal por excelência é a pena prisional, vale dizer, a privação da liberdade corporal, ou liberdade física.

As sanções cíveis ou administrativas, porém, geralmente se apresentam com conteúdo patrimonial; por isto, podemos dizer que são sanções patrimoniais. Já as sanções penais atingem mais diretamente a pessoa; por isto, podemos dizer que são sanções pessoais. Seja como for, porém, o certo é que podem existir sanções cíveis sem conteúdo patrimonial, e existem sanções penais de conteúdo patrimonial.

A distinção pode ser estabelecida em nosso sistema jurídico pelo critério da autoridade competente para a respectiva aplicação. As sanções penais, ou criminais, somente podem ser aplicadas pela autoridade judiciária, enquanto as sanções cíveis ou administrativas, em princípio, podem ser aplicadas pela autoridade administrativa. Esse critério, porém, não nos permite estabelecer distinção válida em todos os casos, pois a sanção cível por excelência, vale dizer, a execução forçada da obrigação, só pode ser aplicada pela autoridade judiciária. E por isto mesmo, as penas pecuniárias, vale dizer, multas de natureza administrativa, embora possam ser aplicadas pela autoridade administrativa que constitui o crédito respectivo, só se tornam efetivas com a intervenção da autoridade judiciária, na execução fiscal correspondente.

Afinal, a distinção entre as sanções cíveis ou administrativas e as sanções penais ou criminais é feita simplesmente pelo critério da indicação legislativa. É sanção cível ou administrativa aquela que o legislador como tal definir, e de natureza penal aquela que assim seja por ele definida. Seja como for, uma vez formulada a definição legislativa, tem-se definida a competência da autoridade e o procedimento a ser observado para a correspondente aplicação.

A aplicação das sanções penais ou criminais compete à autoridade judiciária e o procedimento a ser observado é, salvo disposição legal especial em sentido diverso, o Código de Processo Penal. Já a aplicação das sanções cíveis ou administrativas tanto pode ser atribuição da autoridade judiciária, como da autoridade administrativa. Da atribuição privativa da autoridade judiciária é a aplicação da mais importante sanção cível.[17] O procedimento a ser observado pela autoridade judiciária é o previsto na lei processual civil, para a aplicação da sanção consistente na execução forçada da obrigação, enquanto o procedimento a ser observado na aplicação das sanções cíveis ou administrativas em geral é o previsto na legislação pertinente ao processo administrativo.

É certo, porém, que o legislador não é inteiramente livre para definir as sanções em uma ou em outra das categorias mencionadas, porque em nossa Constituição existem dispositivos que tornam privativa da autoridade judiciária a competência para aplicar as sanções que consubstanciem restrições ou a privação da liberdade física,[18] e assim tais sanções não podem ser utilmente definidas como cíveis ou administrativas. Em outras palavras, as sanções que consubstanciam privação, ou restrição da liberdade física não podem ser definidas como cíveis ou administrativas, porque isto implicaria retirá-las do regime jurídico próprio dessa categoria de sanções.

As sanções de natureza patrimonial, como as multas, bem como a interdição de certos direitos, podem ser aplicadas pela autoridade administrativa.

---

[17] Com isto, certamente não se pretende excluir a autoexecutoriedade dos atos administrativos, que entretanto não autoriza, como todos sabem, a execução forçada dos créditos da Fazenda Pública, sejam decorrentes de tributos, sejam de penalidades de qualquer natureza.

[18] Constituição Federal de 1988, art. 5º, incisos LXI, LXII e LXV, entre outros.

Assim, o legislador é livre para cominar tais sanções tanto aos ilícitos cíveis ou administrativos, como aos ilícitos penais.

3.3 Utilidade da sanção

A sanção é o meio de que se vale o Direito para desestimular a conduta, ou a omissão, consistente na não prestação. Em outras palavras, a finalidade da sanção é dar maior eficácia à norma que institui o dever jurídico.

Assim, a sanção é útil na medida em que é eficaz. E a eficácia da sanção depende, em primeiro lugar e acima de tudo, de sua viabilidade, que incrementa para o seu destinatário a certeza de que ela ocorrerá. Por isto mesmo se diz que o efeito intimidativo da sanção depende mais da certeza de sua aplicação do que de sua gravidade.

Será, portanto, mais eficaz uma sanção patrimonial cuja aplicação é mais viável, porque definida como sanção cível, ou administrativa, do que uma sanção penal, mais grave, e cuja aplicação é menos provável, em face dos obstáculos decorrentes do formalismo processual que a tornam praticamente inviável.

3.4 A ilusão da criminalização

Na tentativa de coibir práticas consideradas nocivas aos interesses da sociedade, o legislador tem utilizado a criminalização dessas práticas, e o aumento das penas para aquelas já definidas como crime. É a crença na eficácia da pena criminal.

É certo que as penas criminais se mostram mais eficazes na medida em que predomina o preconceito, especialmente nas classes mais dotadas de riqueza. As penas criminais conservam sua natureza infamante, e por isto o efeito intimidativo destas se faz mais forte.

Ocorre que os obstáculos criados pelo formalismo processual praticamente inviabilizam a aplicação das sanções penais na maioria dos casos, especialmente em se tratando de penas patrimoniais, vale dizer, de multas, ou de penas prisionais de menor duração. Exatamente porque o processo penal é destinado à aplicação das penas mais severas, especialmente as penas prisionais, inclusive as de longa duração, que constituem violenta restrição ao mais importante dos direitos do homem, que é o direito à liberdade física, o processo penal oferece o máximo possível de garantias ao réu, no sentido de afastar a possibilidade de condenação injusta.

Esses formalismos processuais são de tal ordem que, nos casos de penas patrimoniais, ou de penas prisionais de curta duração, um advogado hábil não tem dificuldades para conseguir protelar o andamento do processo pelo tempo suficiente à consumação da prescrição. A menos, é claro, que o processo seja presidido por juiz também muito hábil, e sobretudo muito arbitrário.

Seja como for, tais formalismos são necessários à garantia do direito fundamental de liberdade. E não podem ser desprezados em um Estado Democrático de Direito. Na medida em que se vai tornando mais suave o preconceito contra a pena criminal, na medida em que o "homem de bem" já não se sente tão atingido em sua dignidade subjetiva pelo fato de ser réu em uma ação penal, o efeito intimidativo se vai enfraquecendo e a eficácia da pena criminal, em consequência, se vai tornando menor.

Por tudo isto, nos parece que a criminalização das condutas geralmente praticadas no âmbito das pessoas jurídicas, condutas pelas quais geralmente são responsáveis indivíduos com melhor posição social e econômica, constitui pura ilusão que se vai aos poucos esmaecer.

Por outro lado, se a criminalização produzir resultados práticos, e se é verdadeira a afirmação frequentemente feita por autoridades da administração tributária, segundo a qual para cada real pago em impostos vários reais são sonegados, teremos extremamente agravada a conhecida crise dos presídios, que ficarão ainda mais superlotados. A menos, é claro, que o efeito intimidativo da pena produza o milagre de acabar com a sonegação, milagre no qual francamente não acreditamos.

Na verdade, se fosse eficaz a norma penal, e se os presídios não estivessem mergulhados na crise em que se encontram, não estaríamos assistindo ao crescimento assustador de crimes os mais diversos, praticados quase sempre com violência, para os quais há muito tempo existe a cominação de sanção penal. Não obstante a lei penal, nós assistimos ao "aumento significativo da prática dos crimes de extorsão, e do crime de extorsão mediante sequestro, tornando-os delitos corriqueiros em nosso país, gerando insegurança em toda a sociedade brasileira".[19]

Na perspectiva que se nos afigura mais realista, a criminalização de muitos ilícitos que geralmente ocorrem no âmbito das pessoas jurídicas de direito privado, especialmente das empresas, tem produzido dois resultados igualmente lamentáveis, a saber: (a) o incremento da corrupção e (b) a discriminação injusta.

---

[19] Umberto Luiz Borges D´Durso, Crime de Extorsão e de Extorsão mediante Sequestro, em *Panorama da Justiça*, ano 4, nº 24, jun./jul. 2000, p. 50.

O incremento da corrupção existe porque o agente do poder público que, com o objetivo de tornar efetivo o cumprimento das normas pertinentes à tributação, ou à preservação do meio ambiente, ou a qualquer outra ação estatal, fiscaliza as empresas fica investido de poder para instaurar processos que poderão resultar, além das sanções administrativas de natureza patrimonial, em ação penal contra as pessoas que atuam no âmbito destas. Poder que facilmente descamba para o arbítrio à míngua de controle, pois tais agentes atuam como o guarda da esquina, que pode ver e pode não ver o cometimento ilícito.

A discriminação injusta decorre do fato de que o agente do poder público tenderá a ser mais rigoroso exatamente com os menos abastados, em relação aos quais o não ver o ilícito geralmente é menos vantajoso. E mais ainda em relação àqueles que realmente não disponham de meios para fazer com que os ilícitos praticados não sejam vistos, ou não queiram, por questão de princípio, utilizar tais meios.

3.5 Criminalização e responsabilidade

Outro grave inconveniente da criminalização de certas condutas está na questão atinente à responsabilidade. Enquanto a responsabilidade civil e administrativa, inclusive tributária, em princípio independe de elementos subjetivos e por isto pode ser atribuída tanto às pessoas físicas, ou naturais, como às pessoas jurídicas, a responsabilidade penal depende, sempre, do elemento subjetivo e por isto mesmo só pode ser atribuída às pessoas naturais.

Assim, a criminalização de certos ilícitos que geralmente ocorrem no âmbito das empresas tem provocado situações nas quais princípios e normas do direito penal, atinentes a responsabilidade, são violados a pretexto de que se precisa viabilizar a sanção penal. Não se podem, porém, admitir tais violações em um Estado Democrático de Direito. A necessidade de emprestar eficácia a certas normas jurídicas não pode justificar a violação de outras. A sanção, como instrumento capaz de incrementar a eficácia da norma, deve ser aplicada sem desobediência aos princípios e normas que regem essa aplicação.

Resulta, assim, de magna importância o estudo da responsabilidade penal no âmbito das pessoas jurídicas. Não se pode admitir seja a sanção penal aplicada com fundamento em responsabilidade objetiva, porque isto seria violar o princípio fundamental do Direito Penal em um Estado Democrático de Direito, segundo o qual não pode haver pena sem culpabilidade. Nem se pode admitir a atribuição de responsabilidade penal à pessoa jurídica porque isto faz inútil a criminalização. É o que vamos a seguir examinar.

4 O ESTADO E OS CRIMES CONTRA A ORDEM TRIBUTÁRIA

4.1 O Estado e a proteção dos bens jurídicos

Ainda é muito controvertida a explicação a respeito da origem do Estado. Qualquer que seja a explicação que se admita, porém, não se pode negar que o Estado tem o dever de proteger os bens jurídicos de todos. Os seus próprios e os de todos os que se submetem a sua soberania. Pode-se mesmo dizer que esta é a sua finalidade essencial. Garantir a eficácia do Direito e, dessa forma, preservar os bens jurídicos, assegurando o convívio das pessoas, é realmente a razão de ser do Estado.

Essa proteção manifesta-se de diversas formas e em vários momentos. Desde a elaboração do ordenamento jurídico, momento no qual são feitas as normas segundo as quais os próprios bens jurídicos são definidos, ou têm os seus contornos delimitados, e aos quais o Estado promete proteção, até a aplicação das leis, momento no qual se busca fazer efetiva aquela proteção prometida. E diversas são as formas pelas quais se manifesta tal proteção, começando com a própria norma definidora dos direitos e obrigações de cada um, seguindo com a previsão de sanção e indo até a efetiva aplicação da sanção prevista.

A sanção pode consistir simplesmente na execução forçada da obrigação. Ou no dever de reparar o dano decorrente do descumprimento da norma, imposto ao inadimplente em favor da vítima do inadimplemento. E pode consistir numa reprimenda, ou castigo, com o qual se pretende em um primeiro momento apenas dissuadir as pessoas do comportamento ilícito, e adiante, quando tal objetivo não é conseguido, castigar o autor da ilicitude.

As normas que cuidam das reprimendas, ou penalidades, constituem o que podemos denominar Direito Penal, ou punitivo, em sentido amplo. Cuidam de punições que se localizam nos mais diversos ramos do Direito, entre os quais, no que mais diretamente aqui nos interessa, no Direito Tributário e no Direito Penal.

4.2 Os bens jurídicos e o Direito Penal

Entende-se como *bens* jurídicos tudo o que é necessário à satisfação das necessidades humanas, que são objeto de proteção pelo Direito. É a lição de Muñoz Conde:

> "La necessidad de la convivencia – condensada en la idea freudiana de que la sociedad frustra, pero satisface al mismo tiempo las necessi-

dades humanas individuales – supone la protección de esa convivencia, pues sólo en ella puede la persona individual autorrealizarse. La autorrealización humana necesita de unos presupuestos existenciales que, en tanto son de utilidad para el hombre, se denominan 'bienes' y, concretamente, en tanto son objeto de protección por el derecho, 'bienes jurídicos'."[20]

A afirmação de que a finalidade do Direito Penal é proteger determinados bens jurídicos pode ser questionada. Indiscutível, porém, é que, ao cominar sanção àquele que pratica o ilícito penal, de algum modo está protegendo certos bens jurídicos, ao menos para os que acreditam no denominado efeito intimidativo da pena.

Seja como for, é importante o estudo da proteção, pelo Direito Penal, a determinados bens jurídicos porque isto nos presta significativa ajuda na tarefa de identificação das condutas que efetivamente tipificam o ilícito penal. Em outras palavras, no exame de determinada conduta para verificarmos se a mesma corresponde, ou não, a um tipo penal, temos de verificar se essa conduta implica, ou não, lesão ou perigo concreto de lesão ao bem jurídico protegido pela norma penal. É que sem lesão, ou perigo concreto de lesão, não se configura o crime. Neste sentido doutrina, com inteira propriedade, Luiz Flávio Gomes:

> "Não há crime sem lesão ou perigo concreto de lesão ao bem jurídico protegido (*nullum crimen sine injuria*). Esse lado material do delito (ofensa ao bem jurídico), que antes recebia tratamento dentro da antijuridicidade, passou a ganhar relevância também dentro da tipicidade."

Por isto mesmo é que a nosso ver o *não declarar rendimentos*, enquanto omissão imputada ao contribuinte, funcionário público que não possui outra fonte de renda, não configura o crime de supressão ou redução de tributo, porque não implica lesão nem perigo concreto de lesão à *ordem tributária*, que é o bem jurídico protegido.

Não devemos confundir a ordem tributária com o interesse imediato da Fazenda Pública, especialmente quanto à comodidade na arrecadação dos tributos. Essa comodidade pode ser eventualmente afetada sem que, todavia, ocorra lesão ou perigo de lesão à ordem tributária. E esta é o bem jurídico protegido pela norma que define os crimes contra a ordem tributária, como adiante se verá.

---

[20] Francisco Muñoz Conde, *Introducción al Derecho Penal*, 2ª edición, IB de F, Montivideo-Buenos Aires, 2001, p. 90.

4.3 O Direito Penal e o combate do crime

Definida como crime a conduta de suprimir ou reduzir tributo, por exemplo, e então cominada uma sanção penal para os que a praticarem, até para justificar a superposição de sanções, a nosso ver indevida, poder-se-á dizer que o objetivo essencial do Direito Penal é o combate ao crime. E na verdade não é. O Direito Penal pode prestar uma contribuição nesse sentido, mas o crime não pode ser eficazmente combativo apenas com esse instrumento, que não lhe atinge as causas.

Neste sentido é a lição autorizada de Moura Teles:

"Entre os bens jurídicos, alguns, os mais importantes, são colocados sob a proteção do Direito Penal, que seleciona algumas formas de ataques ou de perigo de lesões – as mais graves –, proibindo-as sob a ameaça da pena criminal.

Definindo o crime e impondo, como consequência, a pena, diz-se comumente que a tarefa do Direito Penal é a luta contra o crime, como se fosse esse o seu objetivo.

Enganam-se os que assim pensam. O crime não pode ser combatido eficazmente pelo Direito Penal, que, aliás, se volta para as consequências e não para suas causas.

Qualquer fenômeno social indesejável há de ser combatido por meio de ações sociais que ataquem suas causas, e não com as que apenas se voltem contra seus efeitos. É lição de vida elementar, velha, a de que não se cura a doença com medicamentos que alcançam apenas a dor, ou que façam tão somente ceder a febre, sem que se combata a causa da moléstia.

Querer combater a criminalidade com o Direito Penal é querer eliminar a infecção com analgésico. O crime há de ser combatido com educação, saúde, habitação, trabalho para todos, lazer, transportes, enfim, com condições de vida digna para todos os cidadãos. É, portanto, tarefa para toda a sociedade, para o Estado, para os organismos vivos da sociedade civil, e não para o Direito Penal.

[...]

É óbvio que, ao proteger os bens jurídicos, o Direito Penal, por extensão, empresta uma contribuição importante para o combate à criminalidade, como consequência, natural de sua atuação. Mas não mais que isso.

[...]

Conformado a sua missão jurídica, o Direito Penal tem muito a oferecer à sociedade que o constrói, desde que, evidentemente, sejam respeitados os seus princípios fundamentais, especialmente os que o informam como de intervenção mínima, democrática e, essencialmente, tutelar. Não pode intervir a todo momento, nem onde não seja indispensável, e só pode atuar para proteger o bem jurídico."[21]

O melhor instrumento para o combate ao crime, no que concerne especificamente aos crimes contra a ordem tributária, é o respeito ao contribuinte. Respeito que começa pela redução da enorme carga tributária a ele imposta. Passa pelo atendimento desatencioso e absolutamente inadequado e insuficiente a ele dispensado nas repartições da Administração Tributária. Vai até mesmo às interpretações inteiramente inadmissíveis, visivelmente distorcidas, das normas da legislação tributária, tendentes a lhes negar os direitos mais elementares. Enfim, a total falta de respeito na relação tributária, que induz no contribuinte o sentimento de que a lei só existe contra ele, ou pelo menos só é aplicada contra ele, posto que as disposições a ele favoráveis são sempre ignoradas pelas autoridades da Administração Tributária.

A pretensão de arrecadar tributos indevidos somada às ameaças levianas do uso da lei penal contra contribuintes somente degradam a relação tributária e terminam por banalizar o Direito Penal. E não obstante seja o Direito Penal de grande importância como elemento de controle social, realmente a sua utilização não pode ser banalizada. Na medida em que ilícitos de menor importância social, e sobretudo aqueles que menos afetam o sentimento ético das pessoas, e por isto mesmo despertam menor censura da opinião pública, são definidos como crime, o Direito Penal se banaliza e perde eficácia.

Assim, para receberem a proteção da lei penal, os bens jurídicos devem ser cuidadosamente selecionados. Só aqueles mais importantes para o convívio social, cuja proteção não seja eficaz por outros meios, para cuja proteção se revelem inadequadas as sanções de outra ordem, devem ser definidos como crime.

Essa ideia, aliás, é de grande importância também para o intérprete da lei penal. Para o seu aplicador. Nela não deve ser visto um instrumento de proteção de um bem jurídico secundário ou menos importante, quando um outro bem jurídico, mais essencial e importante para a sociedade, para a preservação do equilíbrio nas relações sociais, pode ser vislumbrado.

Por isto mesmo é que, em se tratando de interpretar e aplicar as normas de nosso Direito Penal definidoras de crimes contra a ordem tributária, não se pode ver como bem jurídico protegido o interesse da Fazenda Pública na arrecadação dos tributos, mas a eficácia das normas que integram a ordem tributária.

---

[21] Ney Moura Teles, *Direito Penal – Parte Geral*, Atlas, São Paulo, 2004, v. I, p. 46-47.

4.4 O bem jurídico protegido nos crimes contra a ordem tributária

Pode parecer que o bem jurídico protegido pelas normas que definem os crimes contra a ordem tributária é o interesse da Administração Pública na arrecadação dos tributos. Não é. Basta, aliás, ver-se que, se fosse, não haveria como justificar o crime de excesso de exação, tipificado como a conduta do funcionário público que "exige tributo ou contribuição social que sabe ou deveria saber indevido, ou, quando devido, emprega na cobrança meio vexatório ou gravoso que a lei não autoriza".[22]

Note-se que a lei penal, ao definir o crime de excesso de exação, protege tanto o direito do contribuinte de não pagar tributo indevido como o direito de não sofrer cobrança de tributo, mesmo sendo este devido, por meio vexatório ou gravoso que a lei não autoriza. Resta claro, portanto, que a lei penal protege, isto sim, *a ordem jurídica tributária* e não o interesse na arrecadação.

Rodrigo Sánchez Rios aproxima-se desta ideia quando, depois de cuidadosamente estudar a doutrina espanhola sobre o tema, afirma que nos crimes fiscais existe "um bem jurídico imaterial mediato que estaria integrado pela função tributária e um bem jurídico específico imediato com função representativa que estaria constituído pelo patrimônio do Estado". E esclarece que

> "a justificação do crime fiscal encontra-se no fato de que a conduta delituosa, além de causar um prejuízo imediato à integridade patrimonial do Erário Público (lesando a função pública da arrecadação), acaba por atingir o valor constitucional da solidariedade de todos os cidadãos na contribuição da manutenção dos gastos públicos. Esse bem jurídico, 'representado' nas funções que o tributo deva exercer de acordo com os dispositivos constitucionais, justifica amplamente sua incriminação".[23]

A nosso ver, o bem jurídico consubstanciado "nas funções que o tributo deva exercer de acordo com os dispositivos constitucionais" é o bem jurídico protegido pelas normas que definem os crimes contra a ordem tributária. Não estamos seguros de que a solidariedade social seja o sentimento que justifica o Estado. Tal sentimento pode ser o de necessidade de proteção, de segurança, em face exatamente da ausência de solidariedade humana. Seja como for, certo é que existe uma ordem tributária com a indiscutível função

---

[22] Código Penal, art. 316, § 1º, com redação que lhe deu o art. 20 da Lei nº 8.137, de 27 de dezembro de 1990.

[23] Rodrigo Sánchez Rios, *O Crime Fiscal*, Sergio Fabris, Porto Alegre, 1998, p. 50.

de garantir a existência do Estado, e essa ordem tributária constitui o bem jurídico protegido nos crimes em estudo.

Realmente, nos *crimes contra a ordem tributária*, como esta expressão bem o diz, o bem jurídico protegido é a ordem tributária e não o interesse na arrecadação do tributo. A ordem tributária, como bem jurídico protegido pela norma que criminaliza o ilícito tributário, não se confunde com o interesse da Fazenda Pública. A ordem tributária é o conjunto das normas jurídicas concernentes à tributação. É uma ordem jurídica, portanto, e não um contexto de arbítrio. É um conjunto de normas que constituem limites ao poder de tributar e, assim, não pode ser considerado instrumento do interesse exclusivo da Fazenda Pública como parte nas relações de tributação.

Na verdade, o interesse da Fazenda Pública na relação de tributação é um interesse público secundário. A ordem tributária, como objeto do interesse público primário, é que resta protegida pelas normas que definem os crimes em estudo neste livro. Por isto mesmo é que, como há pouco já o dissemos, entre esses crimes está o excesso de exação, cujo cometimento pode atender ao interesse secundário da Fazenda, mas agride o interesse público primário de preservação da ordem tributária.

Resta evidente, portanto, que a liberdade do contribuinte na busca de uma interpretação da lei tributária deve ser preservada. O erro eventualmente cometido na interpretação da lei tributária, decorrente do exercício dessa liberdade, não lesiona a ordem tributária. E será sempre muito menos nocivo do que a supressão da liberdade de interpretação, que agride a própria razão de ser da ordem tributária, ensejando a substituição desta pelo arbítrio fazendário.

4.5 Direito Penal Tributário e Direito Penal

Na doutrina estrangeira instaurou-se profunda divergência em torno da questão de saber se ao Direito Penal Tributário seriam aplicáveis os princípios do Direito Penal comum. Como ocorre com as controvérsias geralmente estabelecidas em assuntos jurídicos, parece que também esta decorre do fato de que alguns examinam o assunto do ponto de vista da lógica jurídica, enquanto outros o fazem levando em conta determinado ordenamento jurídico. Neste sentido é a advertência de Sainz de Bujanda, invocada por Osvaldo Soler, nestes termos:

"Para Sainz de Bujanda la polémica suscitada es estéril y bizantina, porque los argumentos esgrimidos en defensa de una o otra corriente de opinión, derivan de no haberse tomado en consideración dos planos diferentes para el debate; es decir por un lado el plano lógico-jurídico, el de la realidad jurídica deseable y, por el otro, el plano de la realidad jurídico-positiva, ajustada a criterios formales de delimitación.

Tal como interpretamos al distinguido profesor, muchas veces las ideas difieren en razón de que los científicos efectúan el análisis desde puntos de vista distintos. En efecto, mientras unos examinan el tema desde el plano teórico del deber ser, otros, en cambio, lo realizan desde el plano realista de lo que es. En otras palabras, si el legislador ha adoptado un determinado criterio y así lo ha plasmado en la norma represiva concreta, es claro que la conclusión a la que arribe aquel que tome como base de su análisis la delimitación forma sobre la que trabajó y le sirve de apoyo, pude ser distinta de la de aquel otro que, prescindiendo del régimen normativo tal cual es, indague con un criterio lógico jurídico separado de la realidad formal, con el propósito de establecer cómo debería ser en verdad tal régimen."[24]

Essa questão, que pode parecer desprovida de consequências práticas, na verdade tem grande relevo quando se trata de saber se os princípios do Direito Penal são aplicáveis no trato de questões concernentes aos crimes contra a ordem tributária. Na verdade, porém, não faz sentido algum a pretensão de afastar os princípios do Direito Penal. O que se tem no caso é uma relação entre o gênero e a espécie. O crime é o gênero, enquanto o crime contra a ordem tributária é a espécie. Assim, admite-se que o legislador formule regras especiais aplicáveis à espécie, mas essas regras não podem, de nenhum modo, contrariar aquelas que a Constituição estabelece como garantia do acusado. É assim no Brasil e em qualquer país que tenha um ordenamento jurídico semelhante ao nosso, estruturado hierarquicamente.

Ressalte-se que o legislador ordinário não pode, a pretexto de disciplinar uma espécie de crime, criar situações mais gravosas para o acusado. Neste sentido é inteiramente válida em nosso ordenamento jurídico a lição de Osvaldo H. Soler:

"No debe asignarse a la pretensión fiscal de recaudar tributos un nivel de interés tan superior al de otros valores jurídicos estimados por la comunidad, como para justificar el desconocimiento de valores jurídicos supremos que son patrimonio de las personas y que, adecuadamente considerados, han sido recogidos por la legislación penal.

---

[24] Osvaldo H. Soler, *Derecho Tributario*, 2ª edición, La Ley, Buenos Aires, 2005, p. 405.

En conclusión, para quines estamos enrolados en la teoría penalista, la naturaleza del ilícito tributario tiene raigambre penal y todo intento legislativo por establecer excepciones a los postulados que nutren al derecho penal, lesiona valores superiores inherentes a la naturaleza humana.

A pesar de ciertas vacilaciones, podemos afirmar que se afianza en nuestro país el criterio según el cual las infracciones y sanciones tributarias integran el denominado derecho penal especial y son aplicables las disposiciones generales del Código Penal en todo aquello que no haya sido expresamente derogado por el régimen especial. Adviértase que, de todos modos, este apartamiento de los principios generales no puede importar, en ningún caso, la violación de una garantía de rango constitucional."[25]

Com certeza é assim também em nosso ordenamento jurídico. Todas as garantias constitucionais, implícitas e explícitas, são aplicáveis no trato dos crimes contra a ordem tributária. Não obstante isso, na prática, temos observado certa tendência de algumas autoridades no sentido de darem aos acusados da prática desses crimes um tratamento diferenciado, tratamento muito mais severo, o que é inteiramente insustentável do ponto de vista jurídico.

5 O PODER-DEVER DE PUNIR

5.1 Questão dos conceitos

Fala-se de poder de punir. Dever de punir. Direito de Punir. Afinal, o Estado teria um *poder*, um *dever* ou um *direito* de punir? Frederico Marques estuda a matéria sob o título "direito de punir", mas a desdobra em "poder punitivo do Estado", "direito subjetivo de punir", "direito abstrato de punir" e "direito concreto de punir".[26] Vê-se que realmente existe uma questão inerente ao uso de conceitos, mas, sem pretender abordá-la em profundidade, propomos apenas a questão de saber se é mais adequado nos referirmos a um *poder* ou a um *dever* de punir. E a resposta a essa questão certamente depende do sentido com o qual utilizamos cada uma dessas palavras.

---

[25] Osvaldo H. Soler, *Derecho Tributario*, 2ª edición, La Ley, Buenos Aires, 2005, p. 406.

[26] José Frederico Marques, *Tratado de Direito Penal*, Bookseller, Campinas, 1997, v. 1, p. 163-169.

Se entendermos por *poder* a aptidão para fazer valer a vontade, sem quaisquer limitações, certamente não devemos admitir um *poder de punir* do Estado. Também não devemos admitir que o Estado disponha de um poder de punir, no sentido de que a ele esteja facultada a aplicação da sanção penal, quando entenda conveniente. Nesse contexto, poder não pode significar faculdade.

Por outro lado, se entendermos por *dever* uma submissão do Estado que o coloca sem alternativa que não seja a aplicação da sanção penal, também deveremos recusar a expressão *dever de punir*, posto que o dever de aplicar a sanção penal depende de pressupostos a serem examinados em cada caso. Certamente o *poder* e o *dever* de punir existem nos termos estabelecidos pela ordem jurídica, que constitui, sempre, limitação ao *poder* inerente à soberania do Estado.

5.2 Por que poder-dever

A nosso ver o Estado tem inegavelmente o poder de punir. E tem também o dever de punir. Preferimos, pois, a expressão poder-dever de punir. Tanto antes, como depois da emissão da norma penal, o Estado tem o poder de punir que se exercita em primeiro lugar com a edição da norma penal. E tem também o dever de punir, que cumpre em primeiro lugar com a edição da norma penal e depois com a aplicação desta sempre que se concretize a sua hipótese de incidência.

É claro que nos dias atuais não se deve admitir Estado sem Direito, pois este é um sistema de limites indispensável à contenção do arbítrio, gerado no ânimo do ser humano em geral quando dispõe de poder. Por isto é que o poder de punir deve ser exercido em primeiro lugar mediante a edição de uma norma estabelecendo as hipóteses nas quais estará caracterizado o ilícito penal e será, portanto, aplicável a pena.

Poderíamos dizer que o estado tem o *poder* de punir. Ocorre que o não exercício de um poder não configura um ilícito. Já o não cumprimento de um dever configura, sim, um ilícito. Por isto consideramos mais adequado falar em um *poder-dever* de punir. Poder expressa a ideia de aptidão e dever a ideia de obrigação. Na verdade o Estado está ou deve estar sempre apto a punir, e tem sempre a obrigação de punir. Evitamos a referência a *direito* de punir, não obstante tenhamos de reconhecer certa razão a Frederico Marques quando assevera:

> "A objeção de que o *jus puniendi* é antes um dever que um direito subjetivo do estado é de todo irrelevante, pois, na categoria dos direitos públicos subjetivos, muitos há que cristalizam também dever, denominando-se, por isso, 'direitos públicos obrigatórios'."[27]

---

[27] José Frederico Marques, *Tratado de Direito Penal*, Bookseller, Campinas, 1997, v. 1, p. 169.

Seja como for, parece-nos mais adequado falarmos de *poder-dever* do que de *direito obrigatório*, pois a ideia de direito subjetivo nos parece ligada à de faculdade e não à de dever jurídico. Por outro lado, é inegável que o Estado tem realmente um poder de punir. Sempre teve. O que se pode acrescentar é que não se trata apenas de poder porque este também envolve a ideia de faculdade, pois *poder* exerce quem quer. Assim, preferimos a expressão *poder--dever de punir*, para com ela indicarmos que o Estado tem o poder, e também o dever, de punir aqueles que contrariem as prescrições do Direito.

5.3 As garantias do acusado

O poder dever de punir há de ser exercido pelo Estado mediante o devido processo legal, vale dizer, em processo no qual sejam asseguradas ao acusado todas as garantias necessárias a evitar punições injustas. Nosso direito positivo, aliás, é pródigo em garantias ao acusado, colocadas em nossa Constituição Federal, no título II, "Dos Direitos e Garantias Fundamentais", Capítulo I, "Dos direitos e deveres individuais e coletivos", onde vários incisos de seu art. 5º enumeram garantias destinadas a proteger o indivíduo contra os abusos no exercício do poder-dever de punir.

Entre as garantias fundamentais prometidas ao indivíduo em nossa Constituição merecem destaque a da legalidade, a dizer que "não há crime sem lei anterior que o defina, nem pena sem prévia cominação legal";[28] a de que "ninguém será processado nem sentenciado senão pela autoridade competente";[29] a de que "ninguém será privado da liberdade ou de seus bens sem o devido processo legal";[30] a do contraditório e da ampla defesa;[31] a de que "são inadmissíveis, no processo, as provas obtidas por meios ilícitos";[32] e a de que "ninguém será considerado culpado até o trânsito em julgado de sentença penal condenatória",[33] entre outras.

Essas garantias constitucionais ao acusado serão por nós estudadas em capítulo especificamente a elas destinado, com destaque para a pertinência de cada uma delas às questões que podem ser suscitadas em se tratando de acusados do cometimento de crimes contra a ordem tributária.

---

[28] Constituição Federal de 1988, art. 5º, inciso XXXIX.
[29] Constituição Federal de 1988, art. 5º, inciso LIII.
[30] Constituição Federal de 1988, art. 5º, inciso LIV.
[31] Constituição Federal de 1988, art. 5º, inciso LV.
[32] Constituição Federal de 1988, art. 5º, inciso LVI.
[33] Constituição Federal de 1988, art. 5º, inciso LVII.

6 O PRINCÍPIO *"NE BIS IN IDEM"*

6.1 A denominação do princípio

Certamente não é o mais importante. Entretanto, em face de divergências a seu respeito, é bom que se faça referência à opção que fazemos pela expressão *ne bis in idem* como denominação do princípio que vamos estudar.

Embora não seja tema dos mais divulgados, a doutrina trata do princípio segundo o qual um único cometimento ilícito não justifica a imposição de duas sanções ao infrator. Nesse contexto há referências ao princípio *"ne bis in idem"*. Ou então ao princípio *"non bis in idem"*. É o que nos informa Francisco Javier de León Vilalba, Professor de Direito Penal da Universidade de Castilla-La Mancha, que optou pela primeira das citadas denominações. Em sua tese de doutoramento, na qual estuda o tema da cumulação de sanções com admirável profundidade, esclarece que a mencionada expressão corresponde na atualidade ao aforismo latino *"bis de eadem re ne sit actio"* ou então *"bis de eadem re agere non licet"*. E esclarece:

> "Tanto la doctrina y la legislación como la jurisprudencia de los diferentes Ordenamientos jurídicos que aquí van a ser aludidos, utilizan de forma discrecional la denominación de principio *ne bis in idem* o principio *non bis in idem*, sin que quepa establecer diferencia alguna en torno a su contenido en función de este hecho, de forma que la utilización de uno u otro obedece a la costumbre o a la mera preferencia fonética de la locución. (Alguno autor ha justificado la utilización de la partícula 'ne', por lo constante de su uso en los textos latinos legales con sentido imperativo. En este sentido vid. MAIER, B. J.: 'Inadmisibilidad de la persecución penal múltiple (*Ne bis in idem*)' (Doctrina penal nº 35, 1986, p. 415, nota 1)."[34]

Francisco Javier de León Vilalba justifica sua opção com fundamento na investigação que fez do uso dessa expressão. Além disto, mais importante do que a denominação é o exame do princípio no que concerne a sua utilidade para o aperfeiçoamento do Direito. Por isto preferimos não questionar a denominação do princípio, passando desde logo a estudá-lo.

---

[34] Francisco Javier de Leon Villalba, *Acumulación de Sanciones Penales y Administrativas*: sentido y alcance del principio "ne bis in idem", Bosch, Barcelona, 1998, p. 34-35.

6.2 Desprezo pelo princípio no direito brasileiro

Em nosso Direito positivo tem prevalecido a aplicação cumulativa de sanções administrativas e penais como consequências do mesmo ilícito. Os que defendem essa cumulação argumentam com a denominada independência das instâncias administrativa e penal.

Neste sentido o Supremo Tribunal Federal já decidiu:

"O pagamento dos tributos e demais gravames, com a finalidade de ser obtida a extinção da punibilidade no crime de descaminho (Decreto-lei 157, de 1967, art. 18, § 2º; Súmula 560, do STF), não tem o condão de elidir a pena de perda da mercadoria (Decreto-lei 1455/76, art. 23, IV, parágrafo único; Decreto-lei nº 37, de 1966, art. 105, X), ou de tornar possível a liberação da mercadoria, tendo em vista a revogação do art. 5º do Decreto-lei nº 399, de 1968, pelo art. 41 do Decreto-lei nº 1455/76, mesmo porque não é causa excludente da responsabilidade civil a decisão que julga extinta a punibilidade (Código de Processo Penal, art. 67, II)."[35]

O Ministro Francisco Rezek restou vencido naquele julgamento. Dava provimento ao recurso com a seguinte fundamentação:

"É incontroverso que se cuida, na espécie, de mercadoria de importação permitida. O único dano que sua circulação no território brasileiro pode causar ao erário é o resultante do não recolhimento dos tributos que a lei impõe. Se a administração aceita o pagamento desses tributos e direitos, não há mais suporte lógico para falar-se em dano. Assim, a pena de perda da mercadoria assume o contorno de desenganado confisco, o que terá representado afronta literal ao § 11 do rol constitucional de garantias, na redação anterior à Emenda 11.

Assim, parece-me que, recebendo o Estado os exatos valores tributários que o caso comporta, não pode seguir dando curso à sua pretensão punitiva."

Mesmo o Ministro Rezek, que entendeu descabida a pena de perda da mercadoria quando já haviam sido pagos os tributos e as penalidades pecuniárias respectivas e com isto extinta a pretensão punitiva no campo criminal, não deixou de admitir a autonomia das instâncias. Sustentou que exatamente da independência entre a responsabilidade civil e criminal é que se deduz a

---

[35] STF, 2ª Turma, Recurso Extraordinário 94.233-5, rel. Ministro Décio Miranda, julgado em 4.4.86, *DJ* de 27.6.86. Parte da ementa.

ideia do descabimento da pretensão civil quando já alcançado o seu objetivo com o pagamento dos tributos e penalidades pecuniárias.

É importante observarmos que a pena de perda da mercadoria implica total e completo desfazimento do fato gerador dos impostos de importação e sobre produtos industrializados, cujo pagamento, ainda que seja feito com o propósito de obter a extinção da punibilidade, só tem cabimento em face de ter ocorrido o fato gerador da obrigação tributária respectiva. Sem a obrigação tributária, o pagamento dos tributos é evidentemente indevido.

Por outro lado, a cumulação de penalidades implica, em regra, desproporção entre o ilícito e a sanção. Por isto, mesmo sabendo que a legislação e a jurisprudência brasileiras admitem pacificamente a cumulação de penalidades administrativa e criminal, entendemos que essa cumulação não é válida, porque afronta os princípios constitucionais da razoabilidade e da proporcionalidade. A autonomia dos vários ramos do Direito é simplesmente didática, de sorte que sua invocação é insuficiente para justificar a aplicação de sanção administrativa e sanção penal em virtude do mesmo fato. Aliás, a considerar-se a inteira autonomia das instâncias, em face da qual a aplicação das sanções é feita por autoridades diversas, nem sequer haverá como estabelecer a adequação das sanções, no conjunto, de sorte que restem proporcionais à gravidade do ilícito a que correspondem. Sobre este ponto é pertinente a observação feita por Hugo de Brito Machado Segundo, que invoca, entre outros argumentos, o princípio da proporcionalidade, afirmando:

> "É certo que alguém poderia dizer, não completamente desprovido de razão, que a proporcionalidade da punição haveria de ser dosada, nessa segunda hipótese, tomando-se em consideração as duas sanções, administrativa e penal, e aferindo se as duas, juntas, não seriam, no caso concreto, desproporcionais. Deve-se ponderar, porém, que cada uma dessas sanções (administrativa e penal) é idealizada sem a consideração de outras que poderiam ser cominadas a um mesmo fato, e, o que é pior, são aplicadas *por órgãos diferentes*. O problema da dupla punição, administrativa e penal, aliás, não está propriamente na existência de duas punições pecuniárias, ou de uma punição pecuniária e outra restritiva de direitos, ou da liberdade. O problema está na duplicidade de julgamentos, na duplicidade de órgãos punitivos, não tendo um órgão controle sobre a aplicação da sanção pelo outro. Isto faz, invariavelmente, com que não seja dosada a proporcionalidade da pena à infração, razão pela qual entendemos que o ideal seria não cumular punições administrativas e penais. Por isto mesmo, na Europa, a solução apontada pela doutrina, nos países em que há a possibilidade

de *bis in idem*, e, *de jure condendo*, precisamente a da unificação do órgão responsável pela aplicação das sanções penais e administrativas."[36]

Justificando com a autonomia das instâncias a duplicidade de penas para o mesmo ilícito, Luiz Dias Martins Filho escreve:

"Apesar do princípio da unidade ontológica do ilícito, e da relativa utilidade das costumeiras classificações entre sanções civis, penais, administrativas, tributárias etc., é possível a cumulação de sanções administrativa e penal.

Como já frisado a cumulatividade dessas sanções para um mesmo ilícito decorrem das manifestações do ordenamento punitivo do Estado, onde há normas com vigência sancionatória que visam assegurar a efetivação, a eficácia concreta e a aplicação das normas.

Assim, as instâncias administrativa, penal e civil são independentes, podendo o mesmo ato dar ensejo à responsabilidade civil, penal e administrativa, sem desrespeitar o princípio que veda o *bis in idem*, ou seja, a mesma punição pelo mesmo fato.

No Brasil, o próprio Código de Processo Penal reconhece a independência das instâncias, mas elenca casos em que a responsabilidade penal gera efeitos na instância extrapenal, como, por exemplo, o art. 65 do CPP: 'Faz coisa julgada no cível a sentença penal que reconhecer ter sido o ato praticado em estado de necessidade, em legítima defesa, em estrito cumprimento do dever legal ou no exercício regular de direito.'

O Estatuto do Servidor Público Civil da União também consagra a tese da independência das instâncias, para responsabilizar o servidor público, conforme os arts. 121 e 125 da Lei nº 8.112, de 11 de dezembro de 1990, que dizem respectivamente: 'Art. 121. O servidor responde civil, penal e administrativamente pelo exercício regular de suas atribuições', e 'Art. 125. As sanções civis, penais e administrativas poderão cumular-se, sendo independentes entre si.'

Portanto, a independência das instâncias, o sistema sancionador do ordenamento jurídico estatal, a busca da efetivação, da eficácia concreta e da aplicação das normas, a possibilidade da múltipla incidência de normas, administrativo-tributárias e criminais-tributárias, sobre um mesmo fato, fundamentam e explicam sanções diversas pelo mesmo fato."[37]

---

[36] Hugo de Brito Machado Segundo, Sanções Tributárias, em *Sanções Administrativas Tributárias*, de nossa Coordenação, Dialética/ICET, São Paulo/Fortaleza, 2004, p. 202-203.

[37] Luiz Dias Martins Filho, Infrações e Sanções Tributárias, em *Sanções Administrativas Tributárias*, de nossa Coordenação, Dialética/ICET, São Paulo/Fortaleza, 2004, p. 294.

Não nos parece, porém, que se deva atribuir à independência das instâncias tamanha amplitude. Há, na verdade, nessa linha de argumentação, uma certa confusão de conceitos. A independência das instâncias, no que concerne às sanções, existe exatamente para garantir na aplicação de cada uma delas a busca da finalidade essencial a que se destina. Na instância civil trata-se, no que aqui importa, da questão concernente às relações civis, justificando-se, portanto, que nessa instância se cuide da aplicação das sanções executórias e indenizatórias. Na instância penal, trata-se especialmente das questões concernentes ao controle social, justificando-se, portanto, que nessa instância se cuide da aplicação das sanções punitivas. Já na instância administrativa cuida-se especialmente das relações internas no âmbito da Administração Pública e das relações entre esta e os cidadãos destinatários da atividade administrativa. Embora também estejam presentes sanções de natureza punitiva, é indiscutível que deve predominar a busca da regularidade administrativa. Seja como for, a questão da possibilidade de cumulação de sanções administrativas e sanções penais é a que se oferece como o ponto de maior dificuldade, para cuja superação nos parece deve prevalecer a busca de realização da finalidade de cada sanção, sendo admissível, portanto, a cumulação de sanções com finalidades diversas. Não, porém, a cumulação de sanções com finalidade nitidamente punitiva.

6.3 Cumulação de sanções com finalidades diversas

As sanções podem ser fundamentalmente de três categorias, a saber, *executórias, indenizatórias* e *punitivas*, conforme já explicamos (seção 2.2). Cada uma dessas espécies identifica-se por sua finalidade essencial, vale dizer, pelo principal objetivo visado com a respectiva aplicação. Na sanção executória busca-se fazer eficaz a norma diretamente. O objetivo essencial dessa espécie de sanção é fazer valer a obrigação daquele que não a cumpriu voluntariamente, tornando-se inadimplente. Na sanção indenizatória busca-se a reparação dos danos decorrentes do cometimento ilícito, e nas sanções punitivas busca-se castigar o responsável pelo cometimento ilícito para com isto desestimular tais cometimentos.

Admite-se, portanto, a cumulação de sanções de espécies diferentes, vale dizer, de sanções que busquem finalidades diferentes. A sanção executória geralmente é aplicada cumulativamente com sanção de outra espécie e isto não cria nenhum problema de proporcionalidade, ou de justiça. A sanção indenizatória, ainda quando albergue certo conteúdo punitivo, que aliás é inevitável, também pode ser aplicada cumulativamente com sanção de outra espécie. Nada justifica, porém, a aplicação ao responsável pelo mesmo cometimento ilícito de duas sanções executórias, ou duas sanções indenizatórias, ou duas sanções punitivas.

A cumulação de duas sanções executórias em razão do mesmo ilícito é de tal forma inadmissível que nem se faz necessária qualquer consideração a respeito. Também não se faz necessário qualquer argumento para demonstrar que não é admissível a cumulação de sanções indenizatórias em razão do mesmo ilícito. Seria teratológico admitir dupla satisfação da mesma obrigação, e dupla indenização do mesmo dano. Em ambos os casos ter-se-ia induvidoso enriquecimento sem causa.

É razoável admitir-se, porém, a cumulação de sanções com finalidade diversa. Assim, é razoável admitir-se até três sanções, desde que de espécies distintas, vale dizer, desde que tenha cada uma delas finalidade diversa. Assim, quando se questiona a possibilidade de cumulação de sanções, resta implícito que esse questionamento diz respeito apenas à cumulação de sanções punitivas. Questionamento que, por isto mesmo, geralmente se refere a sanções administrativas e sanções penais, ambas de natureza punitiva.

6.4 Síntese do princípio no direito espanhol

Em sua obra a respeito da empresa perante a inspeção fiscal, Abajo Antón nos oferece interessante síntese do princípio que prefere denominar *non bis in idem*, no direito espanhol. É oportuna a transcrição de sua doutrina:

> "En materia de infracciones y sanciones ya hemos visto que opera el principio 'non bis in ídem' que es el que excluye la posibilidad de que un mismo hecho pueda ser sancionado en el marco del Derecho Penal y en el marco del Derecho Tributario, lo que lógicamente implica una preponderancia del procedimiento penal en los supuestos en que una conducta pueda integrar también el tipo del delito fiscal y, por lo tanto, producir la exclusión de la sanción administrativa en el caso de sanción judicial.
> El artículo 5 del RD 1930/1998 establece el procedimiento administrativo y delitos contra la Hacienda Pública, señalando:
>> 1. Que en los supuestos en que la Administración Tributaria estime que las infracciones cometidas pudieran ser constitutivas de los delitos contra la Hacienda Pública, regulados en el Código Penal, pasará, previa notificación al interesado, el tanto de culpa a la jurisdicción competente y se abstendrá de seguir el procedimien-

to administrativo mientras la autoridad judicial no dicte sentencia firme, tenga lugar el sobreseimiento o archivo de las actuaciones o se produzca la devolución del expediente por el Ministerio Fiscal.

2. A tal efecto, señala dicho artículo, los Jefes de las Unidades administrativas competentes remitirán, a los Delegados especiales de la Agencia Estatal de Administración Tributaria o a los Directores de Departamento correspondientes, todas las actuaciones practicadas y Diligentes incoadas, junto con el informe del funcionario competente sobre la presunta concurrencia en los hechos de los elementos constitutivos de un delito contra la Hacienda Pública.

Los Delegados especiales de la Agencia Estatal de Administración Tributaria y los Directores de Departamento pasarán las actuaciones a la jurisdición competente o acordarán, de forma motivada, la continuación de las actuaciones administrativas. Esto supone, sin duda alguna, que son ellos, en principio, los encargados de determinar si la conducta del sujeto pasivo pudiera estar incursa en un delito contra la Hacienda Pública.

La remisión del expediente a la jurisdicción competente producirá el efecto de interrumpir los plazos de prescripción para la práctica de las liquidaciones administrativas y la imposición de sanciones tributarias. Es decir, el hecho de la remisión, notificada al sujeto pasivo, interrumpe los plazos de prescripción, que volverán a contarse desde el sobreseimiento de las actuaciones hasta la finalización del expediente administrativo, en el caso de que la jurisdicción competente no aprecie delito fiscal.

Asimismo, esta circunstancia se considerará causa justificada de interrupción del cómputo del plazo de duración (de 12 meses) del respectivo procedimiento.

Si la autoridad judicial no aprecia la existencia de delito, la Administración Tributaria continuará el expediente practicando las liquidaciones que estime convenientes y, en su caso, tramitando los correspondientes expedientes sancionadores por infracción adminstrativa que procedan, sobre la base de los hechos que los tribunales hayan considerado probados."[38]

Opondo-se à cumulação de sanções punitivas, Francisco Javier de León Vilalba começa por destacar afirmação de Roxin, segundo a qual "a realidade

---

[38] Luis Miguel Abajo Antón, *La empresa ante la inspección fiscal*, Fundacion Confemetal, Madrid, s/d., p. 398-399.

exige terminantemente que a comunidade esteja protegida de agressões do indivíduo, mas também que o indivíduo esteja protegido da pressão excessiva por parte da sociedade".[39] E delimita na introdução de sua obra o objetivo a que se propõe:

> "En el presente estudio no pretendemos realizar un profundo análisis del panorama sancionador español, ni por supuesto construir una teoría acerca del concepto de *ius puniendi* estatal, ni siquiera de los límites en general de dicho sector del Ordenamiento, sino el estudio de una de los más importantes a través del cual se traslada al terreno normativo las desavenencias entre la seguridad formal y la búsqueda de equidad en el tratamiento de los problemas jurídicos, que se traduce en el ideal de sancionar al infractor en su justa medida, prohibiendo una respuesta excesiva por parte del Estado, garantizando al mismo tiempo, el sentimiento de seguridad y certeza jurídica del ciudadano: el llamado principio *ne bis in idem*."[40]

Javier de León conclui sua tese, com mais de 600 páginas repletas de densa doutrina fundada em riquíssima bibliografia, formulando três proposições, de *lege ferenda*, que justifica, e que estão assim enunciadas:

a) criação de um modelo único de procedimento a ser seguido nos casos de concorrência de sanções administrativa e penal;

b) atribuição a um único órgão das competências para sancionar aquelas condutas que podem configurar infração administrativa e infração penal;

c) extensão dos critérios aplicáveis na solução do concurso de normas penais como critério material para a solução dos casos em que são aplicáveis normas administrativas e normas penais, rechaçando desde logo a solução automática de aplicação inexorável da sanção penal.[41]

---

[39] Francisco Javier de León Villalba, *Acumulación de Sanciones Penales y Administrativas*: sentido y alcance del principio "ne bis in idem", Bosch, Barcelona, 1998, p. 21. Tradução livre, de nossa responsabilidade.

[40] Francisco Javier de León Villalba, *Acumulación de Sanciones Penales y Administrativas*: sentido y alcance del principio "ne bis in idem", Bosch, Barcelona, 1998, p. 22.

[41] Francisco Javier de León Villalba, *Acumulación de Sanciones Penales y Administrativas*: sentido y alcance del principio "ne bis in idem", Bosch, Barcelona, 1998, p. 584-588.

Penso que esta ideia corresponde a uma tendência universal. Com ela viabiliza-se a aplicação da sanção com o equilíbrio necessário à convivência em sociedade. Repita-se, a propósito, a advertência de Roxin, lembrada por Vilalba, segundo a qual é importante que a comunidade esteja protegida de agressões do indivíduo, mas também que o indivíduo esteja protegido da pressão excessiva da sociedade.

6.5 Cumulação de sanções punitivas

6.5.1 Autonomia das instâncias

O único fundamento para a cumulação de sanções é a autonomia das instâncias, ideia que nos parece advir do totalitarismo e haver sido desenvolvida exatamente com o propósito de justificar essa cumulação. E as instâncias administrativa e criminal, consideradas autônomas, são demarcadas formalmente pelo legislador. Se a lei denomina *crime* determinado ilícito, a sanção correspondente é tida como de natureza *criminal* e somente a autoridade judiciária pode aplicá-la, ainda que o ilícito em questão consista em conduta relacionada com a tributação, vale dizer, ainda que o ilícito esteja consubstanciado por uma não prestação tributária.

Repita-se que em nosso ordenamento jurídico apenas o direito à liberdade física não pode sofrer restrições decorrentes de sanções que não sejam aplicadas pela autoridade judiciária. Por isto se pode afirmar que as sanções de natureza patrimonial, e mesmo as de natureza pessoal que não atinjam a liberdade de ir e vir, podem ser definidas pelo legislador como sanções administrativas.

Assim, salvo no que diz respeito à sanção prisional, a distinção entre sanção administrativa e sanção penal, ou criminal, é apenas formal porque decorre simplesmente de indicação legislativa. E nada justifica sejam as duas sanções punitivas aplicadas como consequência de um único ilícito. Mas é isto que acontece. O mesmo ilícito, em nosso ordenamento jurídico, enseja a aplicação de sanção administrativa tributária e sanção penal, embora a lei tenha adotado uma fórmula que terminou por evitar a cumulação, garantindo a efetividade da sanção tributária administrativa de conteúdo patrimonial.

6.5.2 Extinção da punibilidade como fórmula adequada

A extinção da punibilidade pelo pagamento do tributo acrescido das penalidades administrativas foi objeto de vacilações do legislador, como se verá quando estudarmos essa questão. Atualmente vigora a fórmula da extinção da punibilidade pelo pagamento do crédito tributário, a qualquer tempo, consagrada pela jurisprudência do Supremo Tribunal Federal, não obstante as resistências de setores do Ministério Público.

Essa fórmula de certo modo realiza o princípio "*ne bis in idem*", posto que impede a aplicação da sanção penal desde que se tenha tornado efetiva, pelo pagamento, a sanção administrativa fiscal punitiva, vale dizer, a multa tributária. Afinal de contas o que interessa mesmo para as autoridades não é a punição, mas a arrecadação das receitas públicas. Assim, a pena criminal termina funcionando como instrumento para forçar o contribuinte ao atendimento daquele interesse.

2

Algumas Noções de Direito Penal

1 INTRODUÇÃO

Os crimes contra a ordem tributária constituem um capítulo do Direito Penal. É inegável, porém, que o estudo desses crimes situa-se numa área de fronteira entre o Direito Penal e o Direito Tributário, ou, mais exatamente, em uma área na qual são evidentes as interpenetrações desses dois ramos da Ciência Jurídica. É o estudo de Direito Penal que exige o conhecimento de noções importantes do Direito Tributário. Talvez por isto mesmo não são raros os advogados tributaristas que estão atuando em causas relativas a crimes contra a ordem tributária, seja em parceria com advogados penalistas, seja individualmente.

Ocorre que os advogados tributaristas geralmente não estão familiarizados com noções do Direito Penal, importantes para o trato das questões concernentes aos crimes contra a ordem tributária. Daí a importância deste capítulo, que dedicamos especialmente aos não penalistas interessados na temática dos crimes contra a ordem tributária. Nele cuidaremos de noções do Direito Penal muito bem conhecidas dos penalistas, que poderão considerar desnecessário o que vamos escrever aqui. Desnecessário e superficial. E até incorreto, à luz de doutrina desenvolvida por destacados penalistas nacionais e estrangeiros.

Sem nos preocuparmos com a crítica dos doutos, vamos examinar noções que podem ser úteis no trato de questões que podem surgir em casos concretos relativos aos crimes contra a ordem tributária. Noções relacionadas à interpretação e à aplicação da lei penal, como a que envolve os princípios *in dubio pro reu*, *non bis in idem*, tipicidade e especialidade do tipo, irretroatividade, insignificância, entre outros. Noções fundamentais como culpabilidade, dolo e culpa; a imputabilidade e a responsabilidade penal.

Nosso propósito não é nem poderia ser o de fazer doutrina. Nem questionar a doutrina construída por especialistas. É apenas informar sobre algumas noções de Direito Penal aos que sentirem necessidade dessas informações. Este capítulo, portanto, destina-se especialmente aos tributaristas que atuam ou pretendem atuar na área dos crimes contra a ordem tributária e pouco sabem de Direito Penal. Aos penalistas que atuam ou pretendem atuar nessa mesma área, e pouco sabem do Direito Tributário, dedicaremos também, mais adiante, um capítulo deste livro, no qual estudaremos *Algumas Noções de Direito Tributário*.

2 INTERPRETAÇÃO, INTEGRAÇÃO E APLICAÇÃO DA LEI PENAL

2.1 Conceitos de Teoria Geral do Direito

Temos afirmado insistentemente que não se pode estudar proveitosamente nenhum ramo do Direito sem que tenhamos conhecimento razoável de sua Teoria Geral. Como conjunto sistematizado de conceitos, a teoria é indispensável ao conhecimento de todo e qualquer domínio da realidade, e o Direito Penal, como uma parcela do Direito, embora sua teoria albergue alguns conceitos peculiares, não pode prescindir dos conceitos da Teoria Geral do Direito, porque não se desliga do Direito em geral. E, em se tratando de interpretação, integração e aplicação das leis, os conceitos utilizados pelo Direito Penal são quase todos encontrados na Teoria Geral, porque em princípio as questões de interpretação, integração e aplicação das normas jurídicas são comuns aos vários ramos do Direito. Por isto mesmo nos compêndios de Direito Penal geralmente o tema da interpretação da lei penal é tratado amplamente, como em qualquer manual de Direito. Assim, são estudados o próprio conceito de interpretação, sua natureza, as classes ou espécies de interpretação, os métodos ou os elementos da interpretação, sendo raras as referências a aspectos particulares do Direito Penal.[1]

Considerando os objetivos deste livro, vamos tratar resumidamente de alguns conceitos que se encontram na Teoria Geral do Direito, e em seguida

---

[1] Veja-se a este propósito, entre outros autores: Carlos Fontán Balestra, *Tratado de Derecho Penal*, Abeledo Perrot, Buenos Aires, 1995, tomo I, p. 235-261; Sebastian Soler, *Derecho Penal Argentino*, 10ª edición, Tea, Buenos Aires, 1992, tomo I, p. 167-186; Luiz Flávio Gomes, *Direito Penal*: parte geral, 2ª edição, Revista dos Tribunais, São Paulo, 2004, p. 162-172; Ney Moura Teles, *Direito Penal*: parte geral, Atlas, São Paulo, 2004, p. 129-150; Edilson Mougenot Bonfim e Fernando Capez, *Direito Penal*: parte geral, Saraiva, São Paulo, 2004, p. 153-180.

cuidaremos de aspectos da interpretação da lei que consideramos mais relevantes no Direito Penal, pressupondo conhecidas as noções mais gerais a respeito da interpretação das normas jurídicas.

2.2 Interpretação, integração e aplicação da lei

Os conceitos de interpretação, integração e aplicação das normas jurídicas nem sempre estão colocados na doutrina de forma clara, como conceitos distintos. A palavra *interpretação* muitas vezes é utilizada em sentido de tal amplitude que abrange a integração e até a aplicação da norma. Não obstante isso, e sem prejuízo da aceitação desses conceitos com significados diversos, vamos explicar o sentido específico de cada um deles, porque isto nos poderá ser útil, em algumas circunstâncias, para a compreensão mais adequada de certas afirmações.

2.2.1 Interpretação e integração

Para que se possa interpretar uma norma, com certeza é necessário que ela exista. Se não existe a norma necessária para a solução de um caso, estamos diante de uma lacuna, vale dizer, da ausência da norma que reputamos necessária para a solução adequada do caso. Temos, então, de fazer a integração do sistema jurídico.

É certo que do ponto de vista da lógica formal o sistema jurídico é sempre completo. Não se há de cogitar de lacuna porque o sistema oferece solução jurídica para todas as questões. Sobre o tema já escrevemos:

> "Nenhum caso escapa de regulação jurídica, porque sempre existe uma norma cuja generalidade cobre a questão colocada e, assim, permite uma resposta jurídica àquela questão. Assim, impõe-se maior precisão no conceito de lacuna.
>
> Diz-se, então, que a lacuna consiste na ausência de norma expressa e específica para o caso posto em questão. Afasta-se, desta forma, a possibilidade de solução do caso mediante a aplicação de uma norma geral. Mas, ainda assim, resta a questão de saber se há efetivamente necessidade de norma específica para todos os casos, ou se para alguns deles, talvez a grande maioria, é razoável buscar-se a solução na norma geral.
>
> Em outras palavras, coloca-se a questão de saber se todas as ausências de norma específica devem ser consideradas para o uso dos meios

de integração que o ordenamento jurídico oferece. Daí a interessante distinção a que se refere Karl Engisch, entre as lacunas falsas, políticas ou ideológicas, e as lacunas verdadeiras ou técnicas.

Como todo ordenamento jurídico alberga valores que o Direito procura realizar, e deve ser coerente na realização desses valores, entende-se que em sua totalidade ele corresponde a um plano. Assim, a aplicação de uma norma geral será admissível quando não signifique, para a questão colocada, uma resposta incompatível ou incongruente com aquele plano. Será, entretanto, inadmissível, quando em relação àquele plano signifique o quê, na linguagem de Engisch denomina-se um momento de incongruência.

Daí se conclui que existem dois tipos distintos de lacunas, a saber, as falsas, políticas ou ideológicas, e as verdadeiras ou técnicas.

2.2 Lacunas falsas, políticas ou ideológicas

Entendido como lacuna a ausência de uma norma específica para o caso a ser resolvido, que faria necessária a aplicação de uma norma geral, ou do princípio geral negativo, tem-se que, nos casos em que a resposta assim oferecida pelo ordenamento à questão não contrarie o plano consubstanciado no ordenamento jurídico para a realização dos valores neste albergados, a lacuna é falsa, política ou ideológica.

Ao invocar uma lacuna dessa espécie, o que na verdade pretende o aplicador da norma é fundamento para uma decisão diversa daquela que decorreria da aplicação da norma geral, ou do princípio geral negativo. Sua motivação não seria jurídica, mas política ou ideológica.

Em outras palavras, podemos dizer que as lacunas falsas, políticas ou ideológicas são aquelas cujo não preenchimento não leva a um momento de incongruência com o plano de realização dos valores albergados pelo ordenamento jurídico. Essas lacunas são, portanto, ausências de normas específicas para determinados casos, que nem podem ser consideradas falhas no sistema de normas porque o sistema oferece resposta axiologicamente satisfatória mediante a aplicação de uma norma geral, ou do princípio geral negativo, não se fazendo necessário nenhum instrumento de integração.

A falsa lacuna, portanto, embora configurada pela ausência de uma norma específica, é vista ou sentida apenas por quem gostaria de chegar a uma solução diferente em determinado caso, em lugar da solução decorrente da aplicação da norma geral ou do princípio geral negativo. A utilização de um meio de integração, não é admissível. O suprimento da ausência da norma fica a critério do legislador, que poderá editar a norma específica reclamada.

2.3 Lacunas verdadeiras ou técnicas

Diversamente, as lacunas verdadeiras, ou técnicas, são aquelas cujo não preenchimento implica um momento de incongruência com o plano de realização dos valores albergados pelo ordenamento jurídico.

Diante de uma lacuna técnica, a solução consistente na aplicação de uma norma geral, ou do princípio geral negativo, será sempre axiologicamente insatisfatória. Resolve, do ponto de visto lógico, mas a solução será insatisfatória, porque será contrária aos valores albergados pelo ordenamento jurídico. Estará em conflito com o valor justiça, o valor segurança, ou outro valor que o ordenamento jurídico consagra.

É certo que sempre se encontra uma resposta no ordenamento jurídico, com a aplicação de uma norma geral ou do princípio geral negativo. 'Mas vai-se demasiadamente longe quando secamente se enuncia um 'princípio geral negativo' segundo o qual, sempre que não esteja prevista uma consequência jurídica no Direito positivo, a aplicação desta consequência jurídica é *eo ipso* inadmissível."[2] Como o ordenamento jurídico alberga valores, entre os quais o da segurança jurídica e o da justiça, que impõe o tratamento isonômico, a aplicação do princípio geral negativo pode levar ao que Engisch denomina '*momento de incongruência com um plano*', que se revela pela contradição entre os valores albergados pelo ordenamento jurídico e a resposta a que se chega para certas questões com a aplicação pura e simples do princípio geral negativo.

Examinaremos a seguir a questão das lacunas no direito brasileiro, buscando demonstrar, com exemplos colhidos em nosso ordenamento jurídico, a importante distinção entre essas duas espécies de lacuna.

3 A questão das lacunas no Direito brasileiro
3.1 O reconhecimento de lacunas nas leis

O Direito brasileiro reconhece expressamente a existência de lacunas em nossas leis, tanto que preconiza soluções para o preenchimento ou colmatação destas. Admite claramente que na ausência de norma específica para o caso a solução das questões não deve ocorrer pela aplicação de norma geral, ou do princípio geral negativo, posto que preconiza a integração, que é instrumento complementar da interpretação jurídica, de sorte a evitar que na ausência de norma específica se tenha de aplicar, sempre, a norma geral, ou o princípio geral negativo.

---

[2] Karl Engisch, *Introdução ao Pensamento Jurídico*, trad. de J. Baptista Machado, 7ª edição, Calouste Gulbenkian, Lisboa, 1996, p. 282.

Nossa Lei de Introdução às normas do Direito Brasileiro (LINDB) alberga exemplo de norma expressa de reconhecimento da existência de lacunas. Segundo essa norma, *'quando a lei for omissa, o juiz decidirá o caso de acordo com a analogia, os costumes e os princípios gerais de direito.'*[3]

A mesma orientação era seguida pelo Código de Processo Civil de 1973, segundo o qual *o juiz não se exime de sentenciar ou despachar alegando lacuna ou obscuridade da lei. No julgamento da lide caber-lhe-á aplicar as normas legais; não as havendo, recorrerá à analogia, aos costumes e aos princípios gerais de direito.*[4] No Código de Processo Civil de 2015, ora em vigor, disposição equivalente se acha encartada em seu art. 140, segundo o qual "O juiz não se exime de decidir sob a alegação de lacuna ou obscuridade do ordenamento jurídico", esclarecendo o parágrafo único que "o juiz só decidirá por equidade nos casos previstos em lei".

Também nosso Código Tributário Nacional contém no mesmo sentido, estabelecendo que na ausência de disposição expressa, a autoridade competente para aplicar a legislação tributária utilizará sucessivamente, na ordem indicada, a analogia, os princípios gerais de direito tributário, os princípios gerais de direito público, e a equidade.[5] E cuida de estabelecer limites para o emprego da analogia, dizendo que deste não poderá resultar a exigência de tributo não previsto em lei,[6] e para o emprego da equidade, dizendo que deste não pode resultar a dispensa do pagamento de tributo devido.[7]

É importante, assim, a constatação de que se está diante de uma lacuna, para que se possa lançar mão do instrumento que o ordenamento estabelece para esse fim. E diante da lacuna, identificá-la como verdadeira ou falsa, para decidir se ela deve ser suprida pelo intérprete, ou se o seu suprimento fica a depender do legislador."[8]

No que concerne especificamente ao Direito Penal importa destacarmos dois aspectos a serem considerados quando estudamos a questão das lacunas

---

[3] Decreto-lei nº 4.657, de 4 de setembro de 1942, art. 4º.
[4] Lei nº 5.869, de 11 de janeiro de 1973, art. 126.
[5] Lei nº 5.172, de 25 de outubro de 1966, art. 108.
[6] Lei nº 5.172, de 25 de outubro de 1966, art. 108, § 1º.
[7] Lei nº 5.172, de 25 de outubro de 1966, art. 108, § 2º.
[8] Hugo de Brito Machado, *Introdução ao Estudo do Direito*, 2ª edição, Atlas, São Paulo, 2004, p. 182-185.

no ordenamento jurídico. Um, o princípio da estrita legalidade, a impedir o uso de instrumentos de integração. O outro, a possibilidade do uso da analogia em favor do réu. Voltaremos ao tema para exame desses dois importantes aspectos, depois de examinarmos a distinção que se há de ter presente entre a interpretação e a aplicação da norma jurídica.

2.2.2 Interpretação e aplicação

A aplicação da lei pressupõe sua interpretação. Existem, todavia, manifestações doutrinárias que nos levam a confundir interpretação com aplicação. É o que ocorre com a denominada Teoria Pura do Direito, quando Kelsen ensina que a interpretação da norma jurídica classifica-se em duas espécies, a saber: (a) cognoscente, realizada pelos estudiosos do sistema normativo, vale dizer, pela doutrina; e (b) a autêntica, realizada pela autoridade estatal na aplicação da norma.

Na verdade, porém, interpretação não se confunde com aplicação. Interpretação é sempre atividade de conhecimento, enquanto aplicação é a decisão da autoridade que em determinado caso concreto faz valer a norma. É certo que não pode haver *aplicação* sem *interpretação* porque quem aplica tem de conhecer a norma que está aplicando. Tem de interpretá-la. Aplicação, porém, é mais do que interpretação.

Vejamos agora alguns aspectos da interpretação das normas jurídicas que podem ser considerados mais relevantes no âmbito do Direito Penal.

2.3 Instrumentos de defesa da liberdade

O Direito Penal dispõe da sanção privativa da liberdade que, salvo a pena de morte, hoje em desuso na maioria dos países civilizados, é a que atinge bem de valor mais expressivo. Talvez por isto mesmo a lei penal seja trabalhada com muitos cuidados, desde a sua feitura até a sua aplicação. Há quem censure tais cuidados e diga mesmo que a lei penal em nosso país é feita por quem está preocupado em que um dia poderá ser preso. Não nos parece que seja assim. Os cuidados do legislador são recomendáveis, sobretudo no assegurar sempre o direito a ampla defesa, pois os que prendem, os que acusam e os que julgam não são santos. São homens e, portanto, falíveis.

Seja como for, certo é que no Direito Penal existe sempre a preocupação com a proteção da liberdade humana. Daí decorrem particularidades na interpretação, na integração e na aplicação da lei penal, como a seguir se verá.

2.3.1 Interpretação benigna

Bastante conhecido nas comunidades jurídicas e até entre os leigos é o princípio brocardo segundo o qual havendo dúvida a superação desta há de ser a favor do réu. É o princípio *in dubio pro reo*. Princípio a respeito do qual pode ser colocada a questão de saber se a dúvida a que ele diz respeito é apenas a concernente aos fatos, ou se ela também pode estar situada na interpretação da norma. Bonfim e Capez, embora não expressem opinião pessoal sobre o tema, registram, com inteira propriedade:

> "a) Para alguns autores, só se aplica no campo da apreciação das provas, nunca para a interpretação da lei (como a interpretação vai buscar o exato sentido do texto, jamais restará dúvida de que possa ser feita a favor de alguém). Nesse sentido, por todos, Roger Merle e André Vitu (*Traité de droit criminel*, 7ª ed., Cujas, Paris, 1997, t. I, p. 250): 'Le juge ne doi évidenmment pas s'écarter d'un texte dont le sens est clair et refête exactement l'intencion du législateur. Mais, dans le doute, il ne doit pas, par système, adpter toujours la solution la plus favorable à l'inculpé: il doit rechercher l'exacte volonté de l'auteur du texte. D'ailleurs, l'adage in dubio pro reo est sans valeur pour l'interpretation des lois: son rôle est différent et a pour seul but d'imposer l'lacquittemen d'un délinquant contre lequel les preuves front défaut ou sont insuffisantes pour asseoir une condamnation'.
>
> b) Para outros, esgotada a atividade interpretativa sem que se tenha conseguido extrair o significado da norma, a solução será dar interpretação mais favorável ao acusado."[9]

Sobre o tema, ao comentarmos o art. 112 do Código Tributário Nacional, escrevemos:

> "O princípio do *in dubio pro reo*, em matéria penal, tem sido entendido como orientador do aplicador da lei que tenha dúvida a respeito dos fatos. Se a prova é insuficiente, não é capaz de criar no espírito do julgador a convicção firme de que o réu efetivamente praticou o fato punível que a ele está sendo imputado, deve absolvê-lo."

Nosso Código de Processo Penal é expresso nesse sentido:

---

[9] Edilson Mougenot Bonfim e Fernando Capez, *Direito Penal*: parte geral, Saraiva, São Paulo, 2004, p. 159-160.

"Art. 386. O juiz absolverá o réu, mencionando a causa na parte dispositiva, desde que reconheça:
I – estar provada a inexistência do fato;
II – não haver prova da existência do fato;
III – não constituir o fato infração penal;
IV – estar provado que o réu não concorreu para a infração penal;
V – não existir prova de ter o réu concorrido para a infração penal;
VI – existirem circunstâncias que excluam o crime ou isentem o réu de pena (arts. 20, 21, 22, 23, 26 e § 1º do art. 28, todos do Código Penal), ou mesmo se houver fundada dúvida sobre sua existência;
VII – não existir prova suficiente para a condenação."[10]

"Pelo que está nos três primeiros incisos do art. 386 do Código de Processo Penal vê-se que o ônus da prova é do órgão acusador. Para a condenação é necessária a prova da existência do fato imputado ao réu, e além disto, é necessária a prova de ter o réu concorrido para a existência do fato que consubstancia a infração penal. E o último dos incisos do art. 386 exige ainda, para a condenação, que a prova seja suficiente, isto é, que em face da prova produzida no processo não exista dúvida nenhuma sobre a existência do fato, de que o réu concorreu para a sua existência.

Autorizados doutrinadores sustentam que a dúvida capaz de impedir a condenação é apenas aquela que reside no fato. Não a que diga respeito à norma. O princípio *in dubio pro reo* não seria concernente à interpretação da norma penal, mas tão somente relativo à prova.[11] Mesmo assim, 'a tradição doutrinária se orienta no sentido da adoção do princípio *in dubio pro reo* em matéria de interpretação.'[12]

O acolhimento do princípio segundo o qual as dúvidas na interpretação da norma penal devem ser resolvidas a favor do réu parece mais razoável e mais condizente com o princípio da presunção de inocência, albergado por nossa Constituição Federal. Para afastar a presunção de inocência é necessária a certeza quanto ao significado da norma, vale dizer, quanto a sua interpretação. Se há dúvida, deve ser considerado não configurado o tipo penal.

Realmente, a afirmação de que ocorreu um ilícito penal depende da constatação do fato, que por sua vez depende da interpretação da norma que o descreve como tipo penal. Se o princípio de Direito Penal

---

[10] O destaque não está no original.
[11] Cf. Damásio E. de Jesus, *Direito Penal*, 17ª edição, Saraiva, São Paulo, 1993, v. 1, p. 36.
[12] Damásio E. de Jesus, *Direito Penal*, 17ª edição, Saraiva, São Paulo, 1993, v. 1, p. 37.

do *in dubio pro reo* exige certeza quanto ao *fato*, pela mesma razão deve exigir certeza quanto ao *direito*, pois a verificação da incidência da norma penal depende não apenas da constatação da ocorrência do fato, mas da delimitação do alcance da norma que é indispensável para que se saiba se está aquele fato abrangido, ou não, pela hipótese de incidência, vale dizer, pelo tipo penal.

Seja como for, é certo que o art. 112 do Código Tributário Nacional resulta de influência do Direito Penal. E tem seu fundamento, tanto quanto a norma do Direito Penal, na consciência de que a injustiça na punição é extremamente odiosa. Repugna muito mais à consciência jurídica do homem médio a condenação de um inocente do que a absolvição de vários culpados."

Não se pode esquecer que na aplicação da lei penal sempre se tem de um lado o Estado, todo poderoso, e o indivíduo, geralmente a carecer de proteção contra os abusos de autoridade. Por isto a interpretação benigna da norma penal há de prevalecer sempre que houver dúvida, seja quanto ao fato imputado ao acusado, seja quanto à norma na qual a acusação pretende fazer a sua capitulação. E não se pode de nenhum modo confundir o interesse público que justifica o poder de punir, com as denominadas razões de Estado. A este propósito é notável a lição de Gordillo:

"Quando quem analisa a controvérsia concreta entre o indivíduo e o Estado se deixa levar pela comodidade da solução negativa para o primeiro; quando na dúvida condena, resolvendo contra o particular ou administrado; quando na dificuldade de problema jurídico se abstém de abordá-lo e o resolve favoravelmente ao poder público, certo de que essa simples circunstância lhe dará alguma cor de legalidade; quando cria, propaga e desenvolve supostas 'teorias' que sem fundamento nem análise dão estes e aqueles poderes ao Estado, quando desconfia, evita e nega os argumentos que em certo caso parecem reconhecer um âmbito de liberdade; quando, como débeis, se inclina para o sol dos poderosos – no caso o Estado –, está sendo destruída uma das mais belas e essenciais tarefas do direito público: a proteção da liberdade humana."[13]

---

[13] Agustin Gordillo, *Princípios Gerais de Direito Público*, tradução de Marco Aurélio Greco, Revista dos Tribunais, São Paulo, 1977, p. 50, citado por Eduardo Fortunato Bim, em seu artigo A Inconstitucionalidade das Razões de Estado e o Poder de tributar: Violação do Estado Democrático de Direito, em *Direito Tributário Atual nº 19*, IBDT/Dialética, São Paulo, 2005, p. 196, nota de rodapé nº 13.

2.3.2 Estrita legalidade

Outro instrumento de defesa da liberdade humana é o princípio da estrita legalidade em matéria penal. Nossa Constituição o consagra expressamente ao estabelecer que "não há crime sem lei anterior que o defina, nem pena sem prévia cominação legal".[14]

Ao assegurar que não há crime sem lei anterior que o defina, nem pena sem prévia cominação legal, a Constituição consagra um princípio jurídico adotado em todo o mundo civilizado, que protege o indivíduo sob três aspectos. Primeiro o que reserva à lei, com exclusividade, a definição dos tipos penais, vale dizer, das condutas que configuram crime. Segundo, o que impede a retroatividade da lei penal. Terceiro, o que proíbe a utilização da analogia na aplicação da lei penal. Nesse sentido doutrina Balestra:

> "El principio *nullum crimen sine lege* debe ser considerado en tres aspectos, a saber: el de la exclusividad; el de la irretroactividad; el de la prohibición de la analogía. Por el primero, sólo la ley puede crear delitos; por el segundo, la ley que crea el delito ha de tener vigencia anterior al hecho amenazado con pena; por el tercero, la ley debe prever las acciones punibles con límites claros y definidos, entregando así el instrumento eficaz para evitar la aplicación analógica de la ley. Se impone con ello una modalidad en la redacción de la ley penal: *previsión por medio de tipos autónomos no extensibles*."[15]

Na verdade, a garantia de estrita legalidade deve ser entendida como um verdadeiro princípio jurídico, ou norma de interpretação, no sentido de que ao interpretar a lei penal definidora de tipo devemos evitar, tanto quanto possível, a ampliação do âmbito de cada tipo para abranger condutas que não estejam nele abrangidas. Entretanto, é inegável a existência de tipos abertos, como é o caso do estelionato,[16] por exemplo. No dizer de Ney Moura Teles:

> "Os tipos legais de crime deveriam ser construídos, preferencialmente, com elementos puramente objetivos, precisos e o mais pormenorizado possível. Essa necessidade, todavia, não pode ser alcançada, pois muitas vezes é necessária a construção de tipos abertos, que devem ser completados pelo aplicador da lei. Basta pensar nos tipos culposos,

---

[14] Constituição Federal de 1988, art. 5º, inciso XXXIX.
[15] Carlos Fontán Balestra, *Tratado de Derecho Penal*, Abeledo Perrot, Buenos Aires, 1995, t. I, p. 226.
[16] Código Penal, art. 171.

cuja incidência depende da interpretação e da valoração normativa que o juiz fizer acerca da conduta do agente, sobre a verificação do preenchimento de todos os requisitos da conduta culposa, com a presença de todos os seus elementos."[17]

A mais forte indicação de que os tipos penais fechados constituem uma garantia do cidadão contra os abusos do poder tem-se na observação de que os tipos abertos constituem a tendência que predomina nos Estados totalitários, a pretexto da realização do interesse coletivo. A este propósito é notável a lição de Hungria na defesa do princípio da legalidade na definição de crimes e cominação de penas:

> "Quando se verifica que para justificar a negação de um princípio basilar do direito penal clássico, só se encontram os bizantinismos de um tribunal demasiadamente aferrado à literalidade da lei, é de todo evidente que o autoritarismo penal consagrado no 'Memorial' hitlerista não passa de caprichosa preocupação de extirpar sistemàticamente tudo quanto se apresente sob color de liberalismo. A supressão do *nullum crimen, nulla poena sine lege*, quer na Rússia, quer na Alemanha, não é mais que mero luxo da prepotência. Porque a singela verdade é que não se pode apontar um único fato sèriamente lesivo ao interêsse social que já não esteja previsto como crime no texto dos Códigos Penais. Se algum fato, fora dos quadros legais, ainda está, porventura, desafiando repressão penal, só poderia ser daqueles que o legislador costuma incluir no elenco das simples contravenções. Será, porém, que a transitória impunidade de um fato tão pouco relevante, do pondo de vista de sua antinomia com a disciplina social, que não chegou a ferir a sensibilidade do legislador, constitua uma desgraça nacional, a cuja debelação se imponha o repúdio de um mandamento formulado pela civilização jurídica?"[18]

Não temos dúvida de que o princípio da estrita legalidade na definição dos crimes e cominação das penas é uma das maiores conquistas da humanidade contra o poder dos déspotas e dele não se pode abrir mão sob nenhum pretexto. O exame do Direito Penal de diversos países bem demonstra que o menosprezo por esse princípio tem sido observado especialmente nos Estados totalitários, inclusive com a definição de tipos penais excessivamente abertos.

---

[17] Ney Moura Teles, *Direito Penal*: parte geral, Atlas, São Paulo, 2004, v. I, p. 205.
[18] Nélson Hungria, *Comentários ao Código Penal*, Rio de Janeiro, 1958, v. I, t. I, p. 22-23.

A exigência de tipos penais fechados como garantia do cidadão, todavia, comporta um certo abrandamento no que concerne aos denominados crimes de resultado. Não se mostra inconveniente certa abertura na descrição das condutas, desde que seja precisa a definição do resultado. Aliás, a descrição da conduta pode até mesmo ser propositadamente genérica. Veja-se a este propósito a lição de Frederico Marques:

> "Em outras ocasiões, a norma descreve crimes 'a forma libera', como se diz no Direito italiano, por enunciar um comportamento genérico, suscetível de compreender uma variedade infinita de ações, preferindo substancialmente pôr em destaque certo 'resultado' e a relação causal, em confronto com uma atividade qualquer produtora do dito evento. Nos crimes de forma não vinculada, entendido que se cuida de atividade de execução, aceito está também que se trata de ação ou omissão que a lei prevê como causa do evento."[19]

É o que poderia ter sido feito pelo legislador ao definir o crime de supressão ou redução de tributo. Em vez de descrever especificamente as condutas-meio, poderia ter formulado indicação genérica das mesmas, desde que aptas a produzir o resultado, vale dizer, a redução ou a supressão de tributo. Mas não o fez, e isto tem consequências na aplicação da lei penal de que se cuida.

Por outro lado, a garantia de estrita legalidade implica vedação à retroatividade, salvo quando favorável ao acusado. E impede que se considere configurado o tipo por analogia.

2.3.3 Integração por analogia

Realmente, no Direito Penal não se admite a analogia, salvo em favor do réu. A esse respeito doutrina Ney Moura Teles:

> "Tratando-se de Direito Penal, é de se perguntar: pode o juiz, diante de um fato a ele relatado, e na ausência de norma penal incriminadora, aplicar, ao fato, a norma penal que incide sobre fato parecido?
> A resposta é, com todas as letras garrafais: NÃO. O uso da analogia no que diz respeito às normas penas incriminadoras é terminantemente proibido, pelo princípio da legalidade: *nullum crimen, nula poena, sine lege*. Só a lei pode definir crimes e cominar penas.

---

[19] José Frederico Marques, *Tratado de Direito Penal*, Brookseller, Campinas, 1997, v. I, p. 186.

Se não há lei considerando o fato um crime, o juiz está impedido de, usando a analogia, aplicar uma pena à pessoa que o praticou."[20]

Não conhecemos nenhuma manifestação doutrinária sustentando a aplicação da analogia em matéria penal em desfavor do acusado. Entretanto, é quase unânime a doutrina sustentando a aplicação analógica da lei penal em favor do réu. Não é unânime porque registramos, em sentido contrário, manifestação respeitável de Nelson Hungria, nos seguintes termos:

"Com o argumento de que o *princípio da legalidade* somente diz com *incriminações e cominações de penas*, tem-se pretendido que, fora daí, o direito penal admite o emprego da analogia, desde que se atenda ao critério da *favorabilia amplianda*. Assim, poderiam ter aplicação analógica os preceitos referentes a exclusão de crime ou de culpabilidade, isenção ou atenuação de pena e extinção da punibilidade. Realmente, o *nullum crimen, nulla poena sine lege* não é infenso à analogia *in bonam partem*; mas contra a admissão desta, nos casos apontados, há a objeção de que os preceitos a êstes relativos são de caráter *excepcional*, e as exceções às regras da lei são rigorosamente limitadas aos casos a que se referem. *Exceptiones sunt strictissimi juris*. Os preceitos sobre causas descriminantes, excludentes ou atenuantes de culpabilidade ou de pena, ou extintivas de punibilidade, constituem *jus singulare* em relação aos preceitos incriminadores ou sancionadores, e, assim, não admitem extensão além dos casos taxativamente enumerados. Notadamente, é de enjeitar-se a teoria das 'causas supralegais de exclusão de crime ou de culpabilidade', excogitadas pelos autores alemães para suprir deficiências do Código Penal de sua pátria (velho de mais de meio século), não se justificando perante Códigos mais recentes, que procuram ir ao encontro de tôdas as sugestões no sentido de se obviarem os inconvenientes do *sistema fechado* da lei penal. Estaria esta exposta a sério perigo de subversão, se se atribuísse aos juízes o arbítrio de, com apoio em critérios não afiançados pela lei escrita (como o de que sempre 'é justo o meio para o justo fim', de GRAF ZU DOHNA, ou o da extensão da 'não exigibilidade' além dos casos típicos do 'estado de necessidade', segundo o pensamento de FREUDENTHAL e de MEZGER), criarem causas de excepcional licitude, de impunidade ou não culpabilidade penal.
[...]

---

[20] Ney Moura Teles, *Direito Penal*: parte geral, Atlas, São Paulo, 2004, p. 145.

A inextensibilidade por analogia das normas de exceção não precisa de figurar no corpo das leis: é um princípio apodítico de direito."[21]

Entretanto, não obstante o respeito que nos merece a doutrina de Hungria, preferimos a opinião majoritária, admitindo a aplicação, por analogia, de normas do Direito Penal que eventualmente conduzam a solução mais benigna. Não que a analogia seja por si mesma suficiente para justificar a solução favorável ao acusado. É importante para validar a aplicação analógica o exame do caso, buscando-se valorar as normas e os fatos para a realização da justiça no caso concreto. Afinal de contas, o Direito existe especialmente para realizar a segurança e a justiça, inegavelmente os dois mais importantes valores de toda a humanidade em todos os tempos.

Na prática já tivemos oportunidade de demonstrar a importância da tese da aplicação analógica da lei penal em favor do acusado no âmbito dos crimes contra a ordem tributária.[22] Voltaremos a este assunto ao estudarmos os efeitos do parcelamento e do pagamento do tributo, na Quarta Parte deste livro.

2.3.4 Aplicação retroativa

Ao instituir o princípio da legalidade, a vigente Constituição Federal estabelece que "não há crime sem lei anterior que o defina, nem pena sem prévia cominação legal".[23] Estabelece, portanto, expressamente, a garantia de irretroatividade, no que concerne à definição do crime e à cominação da pena. Entretanto, garante também expressamente que "a lei penal não retroagirá, salvo para beneficiar o réu".[24] E assim define a irretroatividade da lei penal em todos os seus aspectos, ao mesmo tempo em que estabelece sua retroatividade também em todos os seus aspectos desde que para beneficiar o réu.

Sobre o tema é interessante a síntese explicativa formulada por Luiz Flávio Gomes, nestes termos:

"10. Leis novas prejudiciais: em suma, toda lei penal nova que se apresenta como prejudicial não retroage. Entram nessa categoria:

---

[21] Nélson Hungria, *Comentários ao Código Penal*, Rio de Janeiro, 1958, v. I, t. I, p. 91-94.

[22] Hugo de Brito Machado, Efeitos do Parcelamento e do Pagamento do Tributo no Crime contra a Ordem Tributária: Hipótese de Aplicação da Lei Penal por Analogia, em *Revista Dialética de Direito Tributário*, nº 121, Dialética, São Paulo, outubro de 2005, p. 80-88.

[23] Constituição Federal de 1988, art. 5º, inciso XXXIX.

[24] Constituição Federal de 1988, art. 5º, inciso XL.

(a) a lei nova incriminadora ou *novatio legis* incriminadora: por exemplo, Lei 9.455/97 – Lei da Tortura; Lei 9.613/98 – Lei da Lavagem de Capitais etc.; e

(b) a lei nova prejudicial – *novacio legis in peius* (que aumenta a pena, que agrava regime de execução da pena etc.). A Lei 9.696/98 (que cuida da falsificação ou indevida manipulação dos alimentos e remédios) tornou a Lei dos Crimes Hediondos mais dura. Portanto, só se aplica para fatos a partir dela. E os fatos anteriores? São regidos pelas leis anteriores (mais benéficas).

11. Leis novas mais benéficas: de outro lado, toda lei penal nova que favorece o a gente é retroativa. São elas:

(a) a lei que traz algum benefício – *lex mitior ou novatio in mellius* (lei que diminui pena, que atenua a forma de execução, que permite transação penal – RJDTACRIM 30, p. 241 –, que passa a exigir representação – RT 735/539 etc.). A Lei de Tortura (Lei 9.455/97) possibilitou a progressão de regime no crime de tortura. Mas segundo jurisprudência pacífica (com a qual não concordamos, em parte) essa lei só se aplica aos crimes de tortura e não se estende a outros delitos hediondos. Lei nova mais benéfica que diminuiu o tempo da prisão favorece o réu que está preso, não há dúvida, mas não lhe permite indenização civil (porque não estava preso ilegalmente).

(b) lei penal nova que descriminaliza fato anteriormente definido como infração penal – *abolitio criminis*."[25]

O Supremo Tribunal Federal, aliás, manifestou-se já pela retroatividade a favor do réu, em questão relacionada aos crimes contra a ordem tributária. Entendeu que o parcelamento de débito correspondente a quantias descontadas dos empregados, que segundo a lei atual está proibido, tendo sido deferido e pelo contribuinte pago integralmente, extingue a punibilidade pela aplicação retroativa de lei mais benigna. Neste sentido decidiu:

"O paciente obteve o parcelamento e cumpriu a obrigação. Podia fazê-lo, à época, antes do recebimento da denúncia, mas assim não procedeu. A lei nova permite que o faça depois, sendo portanto, *lex mitior*, cuja retroação deve operar-se por força do art. 5º, XI, da Constituição do Brasil.

---

[25] Luiz Flávio Gomes, *Direito Penal*: parte geral, 2ª edição, Revista dos Tribunais, São Paulo, 2004, p. 177-178.

Ordem concedida. Extensão a paciente que se encontra em situação idêntica."[26]

Mesmo contra a coisa julgada, a lei penal retroage em benefício do réu. Neste ponto é notável a lição de Hungria, que se reportando à Constituição de 1946 ensinou:

"Segundo penso, deve entender-se, em face do preceito constitucional, cancelada a restrição que fazia o Código: tôda vez que a lei nova beneficiar, de qualquer modo, o réu, fará marcha atrás, pouco importando a coisa julgada. Voltou-se, assim, ao critério do Código de 90, segundo a interpretação liberal que se lhe dava.
CARLOS MAXIMILIANO faz uma velada censura à indiscrição do legislador penal brasileiro, que, ao admitir a retroatividade *in mitius*, desatente ao princípio de santidade da *res judicata*, ainda quando não se trata de *abolitio criminis*. Não lhe assiste razão. Nos *altares* do direito penal, a coisa julgada é *santa* de prestígio muito relativo."[27]

A imodificabilidade da coisa julgada é uma garantia constitucional. Essas garantias são instituídas, em princípio, para a proteção do indivíduo contra o Estado. Por outro lado, a retroatividade da lei penal benigna é uma determinação constitucional. Assim, o dispositivo que a consubstancia funciona como lei especial, em relação ao dispositivo que assegura a imodificabilidade da coisa julgada.

2.3.5 Aplicação retroativa e lei penal em branco

No que concerne à questão da aplicação retroativa da lei penal benéfica, coloca-se a questão de saber se essa regra, vale dizer, a regra da retroatividade da lei penal em benefício do réu aplica-se no caso em que a lei nova mais benéfica não é a lei penal definidora do tipo, mas a lei não penal que o completa. Dessa questão cuidaremos a seguir, ao estudarmos a tipicidade penal e nesse âmbito examinarmos o que se deve entender por lei penal em branco.

---

[26] STF, 1ª Turma, parte da ementa do HC 85.452-4, julgado em 17-5-2005, Rel. Ministro Eros Grau, *DJU* I, de 3-6-2005, p. 45 e *RDDT*, Dialética, São Paulo, nº 120, setembro de 2005, p. 221.

[27] Nélson Hungria, *Comentários ao Código Penal*, Rio de Janeiro, 1958, v. I, t. I, p. 110-111.

3 TIPICIDADE PENAL

3.1 O que é tipicidade

A palavra *tipicidade* tem, como ocorre com as palavras em geral, diversos significados. Quando falamos em *tipicidade* no Direito Penal estamos designando o estudo dos tipos penais, da exigência de que a lei penal defina o crime com a descrição de fatos típicos. É interessante, porém, que se tenha uma noção mais ampla do que quer dizer *tipicidade* em um âmbito mais abrangente, em que pelo menos três significados são albergados por essa palavra, como registra Maria Helena Diniz com inteira propriedade. Vejamos:

> "TIPICIDADE. 1. Teoria geral do direito. Nota de que o fato individual apresenta o geral determinado conceito normativo abstrato, podendo ser nele enquadrado por subsunção. 2. Direito penal. Qualidade de um fato real que reúne os elementos da definição legal de um delito. 3. Direito tributário. Adequação do fato à norma, donde o surgimento da obrigação tributária se condiciona ao evento da subsunção.
> Trata-se da plena correspondência entre o fato jurídico tributário (fato gerador) à hipótese de incidência tributária (Eduardo Marcial Ferreira Jardim)."[28]

Tipicidade é a qualidade específica, a nota característica do fato que o faz correspondente à descrição do tipo albergada pela norma jurídica. O princípio da tipicidade, ou princípio segundo o qual a conduta, para configurar crime, há de ser típica, é portanto um desdobramento, ou um aperfeiçoamento, do princípio da legalidade. Tanto no Direito Penal quanto no Direito Tributário esse desdobramento é de grande importância. No primeiro diz-se que a lei consubstancia condutas típicas, ou tipos penais. No segundo diz-se que a lei consubstancia hipóteses de incidência tributária. No primeiro diz-se que a conduta, para configurar crime, há de corresponder exatamente à descrição do tipo penal. No segundo diz-se que para o nascimento da obrigação tributária o fato ocorrido há de corresponder exatamente à descrição legal da hipótese de incidência.

Além de ser *ilícita*, para que a conduta configure crime é preciso que seja *típica*. Ser ilícita não basta. Para configurar um crime a conduta há de ser típica, vale dizer, há de corresponder a uma descrição feita pela lei ao definir o crime. Por isto mesmo nossa Constituição Federal diz que não há crime sem lei anterior que o defina. Definição que tem a função de garantia do indivíduo contra

---
[28] Maria Helena Diniz, *Dicionário Jurídico*, Saraiva, São Paulo, 1998, v. 4, p. 563.

o arbítrio da autoridade e, ao mesmo tempo, a função de indicar a ilicitude de conduta. Sobre o tema é eloquente e precisa a lição de Moura Teles:

> "O tipo é a descrição concreta da conduta proibida. É o modelo de conduta que a lei considera crime, proibida pela norma penal. Tipo de furto: 'subtrair, para si ou para outrem, coisa alheia móvel'. Tipo de estupro: 'constranger mulher[29] a conjunção carnal, mediante violência ou grave ameaça'.
>
> Na lei penal, encontra-se o tipo, a descrição de um fato que deve ser evitado, porque proibido sob a ameaça de pena.
>
> O tipo tem duas funções da mais alta importância: a de garantia e a indiciária da ilicitude. Todos os cidadãos, tomando conhecimento da existência dos tipos, sabem, previamente, que só poderão ser perseguidos penalmente e sofrer a pena criminal se realizarem um comportamento exatamente ajustado a um tipo. Sua liberdade, portanto, só poderá ser coarctada na hipótese de que venha a realizar um comportamento exatamente correspondente a um tipo.
>
> O cidadão fica, assim, protegido contra o arbítrio estatal, que não poderá exercer sua autoridade sobre a liberdade do indivíduo na ausência de uma prévia definição legal do crime, que se dá por meio dos tipos.
>
> A segunda função dos tipos é indicar que a conduta por ele definida é proibida, ilícita, contrária ao ordenamento jurídico. Diz-se, pois, que sua função é indiciária da ilicitude. Os tipos são portadores da ilicitude, trazendo-a em seu interior. Dado um fato típico, tem-se que ele é, a princípio, ilícito, pois a relação de contrariedade ao direito está em seu interior. Contrariedade essa que pode ser afastada, mas que vem contida no interior dos tipos."[30]

A rigor, tem o tipo uma tríplice função no Direito Penal:

a) uma função selecionadora que nos permite classificar os comportamentos puníveis e estabelecer padrões de pena;

b) uma função de garantia, no sentido de que somente os comportamentos que se enquadram no tipo são penalmente puníveis;

c) uma função motivadora, ou de advertência, pois com a descrição dos comportamentos nos tipos penais o legislador indica os que estão

---

[29] Ressalte-se que o tipo transcrito na citação (que é de 2004) foi alterado em 2009, pela Lei 12.015, reportando-se hoje não só a "mulher", mas a "alguém".

[30] Ney Moura Teles, *Direito Penal*: parte geral, Atlas, São Paulo, 2004, v. I, p. 204.

proibidos, motivando, com a cominação das penas, a abstenção das condutas descritas, ou, dito de outro modo, advertindo as pessoas para que se abstenham de realizar aqueles comportamentos proibidos.[31]

A moderna doutrina do Direito Penal preconiza a intervenção mínima deste no regramento da conduta humana. Assim, ilícito é um conceito bem mais amplo, bem mais abrangente, do que o crime. Por isso mesmo ensina Muñoz Conde:

> "De la amplia gama de comportamientos antijurídicos que se dan en la realidad, el legislador selecciona conforme al principio de intervención mínima aquellos más intolerables y más lesivos para los bienes jurídicos más importantes y los amenaza con una pena, decribiéndolos en el supuesto de hecho de una norma penal, cumpliendo así, además, las exigencias del principio de legalidad o de intervención legalizada."[32]

A palavra *tipicidade* designa a qualidade daquilo que é típico, e designa também o estudo da parte do Direito Penal que se ocupa desse importante desdobramento do princípio da legalidade.

3.2 O tipo e seus elementos

3.2.1 Noção de tipo

Entre outros significados, o termo *tipo* quer dizer *modelo* ou *padrão*, conjunto de caracteres que identificam uma classe de objetos. "É utilizado em todas as áreas do conhecimento para separar e agrupar em classes objetos particulares que apresentam algo de comum."[33] Em Direito Penal tem o sentido de modelo de conduta para um fim específico. Pode ser para o fim de punir o autor da conduta que a lei considera indesejável e por isto atribui uma sanção a quem a pratica. E pode ser para excluir a punibilidade em relação a certas condutas que, em regra, a ensejariam. Podemos dizer, portanto, que o *tipo* é a descrição de conduta punível, ou da conduta que, sendo punível em princípio, não o é em face de certas circunstâncias.

---

[31] Cf. Francisco Muñoz Conde, *Teoría general del delito*, 2ª edição Tirant lo Blanch, Valencia, 1991, p. 48.

[32] Francisco Muñoz Conde, *Teoría general del delito*, 2ª edición, Tirant lo Blanch, Valencia, 1991, p. 47.

[33] Francisco de Assis Toledo, *Princípios Básicos de Direito Penal*, 5ª edição, Saraiva, São Paulo, 1994, p. 126.

Tanto no Direito Penal, como no Direito Tributário, prevalece o princípio da legalidade, que em sua forma apurada, requintada, em vez do princípio da legalidade geral, segundo o qual ninguém é obrigado a fazer ou a deixar de fazer alguma coisa senão em virtude de lei.

Em homenagem ao princípio da segurança jurídica, no Direito Tributário exige-se que a lei descreva especificamente uma situação de fato que, se e quando acontece no mundo fenomênico, concretiza o poder-dever do Estado de lançar e cobrar, e faz nascer o correlato dever jurídico de pagar tributo. Pela mesma razão, no Direito Penal exige-se que a lei descreva o tipo penal, vale dizer, a conduta que, se e quando acontece no mundo fenomênico, concretiza o poder-dever do Estado de punir o autor daquela conduta que concretiza a hipótese legalmente descrita, e faz nascer o estado de sujeição à pena, para o autor daquela conduta.

Por outro lado, também é necessária a descrição, na lei, das circunstâncias que excluem o caráter criminoso de certas condutas que, não fora a presença de certas circunstâncias, seriam puníveis.

3.2.2 As espécies de tipo

Da mesma forma, e pela mesma razão que no Direito Tributário, empresta-se grande importância do princípio da legalidade; também no Direito Penal esse princípio constitui uma garantia importantíssima do cidadão, especialmente para preservar o direito à liberdade deste.[34] Mas não é apenas o direito à liberdade que há de ser preservado. Também a segurança jurídica. Por isto recomenda-se a estrita legalidade, em face da qual também as hipóteses nas quais a conduta que, em princípio, merece reprimenda, está penalmente justificada, devem constar de tipos, vale dizer, de modelos legalmente estabelecidos.

Assim, existem duas espécies de *tipo* no Direito Penal. O tipo *punível* e o tipo *permissivo*. O primeiro é a descrição da conduta cuja realização enseja a pena. O segundo é a descrição da conduta que contém todos os elementos da conduta punível, e algo mais. Alguma circunstância que, presente, torna a conduta justificada penalmente.

3.2.3 Tipo e tipicidade

Enquanto o tipo é a descrição da conduta que o legislador coloca como suposto da pena, ou da exclusão desta, a tipicidade é a qualidade da conduta,

---

[34] Veja-se, a propósito do princípio da legalidade, o capítulo dedicado em que estudamos "o ilícito penal e as garantias constitucionais".

em concreto, que se ajusta ao tipo. É a qualidade da conduta que realiza, ou concretiza, a descrição do tipo correspondente.

A tipicidade pode ser considerada também como um princípio jurídico complementar do princípio da legalidade. Neste sentido, dele se cogita também no âmbito do Direito Tributário, como o princípio da estrita legalidade, ou da legalidade cerrada, ou até mesmo com a designação de princípio da tipicidade.

3.2.4 O ilícito e o típico

Todas as condutas interessam ao Direito, e se dividem em dois conjuntos, o das condutas *lícitas*, isto é, aquelas condutas que o Direito prescreve, ou admite, e o das condutas *ilícitas*, isto é, aquelas que violam alguma prescrição jurídica e podem ser, por isto mesmo, consideradas contrárias ao Direito. Nem toda conduta ilícita, porém, é uma conduta típica, e se não é típica não configura *crime*. Nenhum fato, por antijurídico e culpável que seja, pode chegar à categoria de delito se, ao mesmo tempo, não é típico, quer dizer, não corresponde à descrição contida em uma norma penal.[35]

Por isto mesmo se fala em ilícito penal e ilícito civil. Como assevera Damásio, reproduzindo lição de Nelson Hungria, "podemos dizer que ilícito penal é a violação do ordenamento jurídico, contra a qual, pela sua intensidade ou gravidade, a única sanção adequada é a pena, e ilícito civil é a violação da ordem jurídica, para cuja debelação bastam as sanções atenuadas da indenização, da execução forçada, da restituição *in specie*, da breve prisão coercitiva, da anulação do ato etc."[36]

Fala-se igualmente de ilícito administrativo, e aqui também a distinção nos é dada pela sanção que a lei estabelece para a conduta considerada ilícita.

Um ilícito tributário pode ser, ou não ser, também um ilícito penal. Será ilícito penal, ou crime, apenas se estiver descrito como um tipo penal, vale dizer, se à conduta estiver ligada uma sanção penal. E neste ponto é importante ressaltar que se a lei definiu determinada conduta e a esta ligou uma sanção administrativa, sem qualquer ressalva, deve entender-se que tal conduta não configura crime. A aplicação cumulativa das sanções administrativa e penal

---

[35] Francisco Muñoz Conde, *Teoría general del delito*, 2ª edición, Tirant lo Blanch, Valencia, 1991, p. 47. No original: *Ningún hecho, por antijurídico y culpable que sea, puede llegar a la categoría de delito si, al mismo tiempo, no es típico, es decir, no corresponde a la descripción contenida en una norma penal.*

[36] Damásio E. de Jesus, *Direito Penal*, 17ª edição, Saraiva, São Paulo, 1993, v. 1, p. 142.

depende sempre de ressalva expressa na lei, como ensina Damásio, mais uma vez apoiado no Mestre Nelson Hungria.[37]

Assim, para que um fato seja *crime* não basta ser *ilícito*. Há de ser também um fato penalmente *típico*. Há de estar descrito em uma lei penal como pressuposto da aplicação de determinada pena a quem o praticar.

Por outro lado, existem os fatos típicos que não configuram crime. "O Direito Penal, às vezes, através das normas permissivas justificantes, considera justa, em algumas circunstâncias, a prática de certos fatos que o mesmo Direito Penal proíbe, e que são definidos como crime."[38]

De todo modo, quando se fala em tipo, no Direito Penal, a ideia que surge desde logo é a ideia de tipo punível. Só um exame mais atento da doutrina é que nos mostra que a palavra tipo pode também significar um modelo de conduta com especial relevância para excluir o caráter criminoso do fato. Fala-se, então, de tipos permissivos, ou causas típicas de exclusão do crime, como a legítima defesa, o estado de necessidade, entre outras.[39]

3.2.5   O tipo penal e a hipótese de incidência tributária

A noção de *tipo*, no Direito Penal, é semelhante à noção de *hipótese de incidência*, no Direito Tributário. Da mesma forma que não existe tributo sem que a lei tenha definido uma hipótese cuja concretização faz nascer a obrigação tributária, não há crime sem que a lei tenha definido o *tipo* respectivo.

O *tipo penal* está para o *crime* como a hipótese de incidência tributária está para o *fato gerador* da obrigação de pagar determinado tributo. Assim, fala-se de tipo penal para designar a descrição, constante da lei, da conduta que uma vez concretizada constitui o crime, da mesma forma que se fala de hipótese de incidência para designar a descrição, constante da lei, da situação de fato que, uma vez concretizada, constitui o fato gerador da obrigação tributária.

É da maior importância observar-se que o fato gerador do tributo pode considerar-se consumado em face de presunções, e o lançamento do tributo pode ser feito com base nessas presunções, como acontece, por exemplo, com o lançamento do imposto de renda fundado no lucro presumido, ou no lucro arbitrado, embora este seja possível apenas em situações excepcionais.

---

[37]   Cf. Damásio E. de Jesus, *Direito Penal*, 17ª edição, Saraiva, São Paulo, 1993, v. 1, p. 143.
[38]   Ney Moura Teles, *Direito Penal*, LED, São Paulo, 1996, v. 1, p. 185.
[39]   Francisco de Assis Toledo, *Princípios Básicos de Direito Penal*, 5ª edição, Saraiva, São Paulo, 1994, p. 127.

Realmente, o Superior Tribunal de Justiça já decidiu que o arbitramento do lucro para fins de cobrança do imposto de renda "é ato extremado que só pode ocorrer em face da real impossibilidade de apuração do lucro real do empreendimento."[40] E neste ponto é enorme a importância da distinção entre o ilícito tributário e o ilícito penal. A pessoa jurídica que em face de prejuízo sofrido em determinado período deixa de prestar declaração de rendimentos comete ilícito tributário, mas não comete ilícito penal, pois não existe o tributo – imposto de renda e CSLL – atingido pela omissão de declarar, vale dizer, pela ocultação dos fatos relativos a sua atividade.

E se o lançamento do tributo é feito com base no arbitramento de lucro, o que se tem é a cobrança fundada na presunção de que ocorreu o lucro, que é o fato gerador do IR e da CSLL. Tal lançamento, portanto, não pode prestar-se como suporte para a ação penal por crime de supressão ou redução de tributo, pois não significa a afirmação da autoridade administrativa quanto a existência de um *tributo devido*, que é um elemento normativo essencial para a formação do tipo penal.

Embora a presunção do lucro seja suficiente para autorizar a cobrança do tributo, não é suficiente para a formação do tipo penal, pois em Direito Penal vigora o princípio da presunção de inocência, que não admite a condenação sem prova da ocorrência do crime.

No caso concreto, aliás, existem indícios muito fortes da não ocorrência de lucro, entre os quais se destaca a obsolescência do produto com o qual a empresa operava e o encerramento das atividades desta. Tais indícios, que se contrapõem à presunção da ocorrência de lucro, são mais do que suficientes para afastar a possibilidade de ação penal por crime de supressão ou redução de tributo.

3.2.6 O tipo permissivo, a isenção e a não incidência tributária

O tipo penal, repita-se, é a descrição da conduta que enseja a punição, e que corresponde, como se viu, à hipótese de incidência tributária. O tipo *permissivo* é a descrição da conduta que contém todos os elementos do tipo penal, e algo mais, uma circunstância que exclui o caráter criminoso da conduta, e que corresponde ao que em Direito Tributário se conhece como isenção.

---

[40] STJ, 1ª Turma, AgRg no AI 894.173-SP, rel. Ministra Denise Arruda, julgado em 27.11.2007, *Boletim Juruá*, nº 451, 16 a 31 de janeiro de 2008, p. 23.

A isenção, como temos afirmado, é exceção feita por lei à regra jurídica de tributação.[41] Na norma isentiva têm-se todos os elementos da norma de tributação, e algo mais, a ensejar a isenção. Da mesma forma, no tipo permissivo têm-se todos os elementos do tipo penal, e algo mais, a ensejar a justificativa penal.

A isenção, conhecida dos tributaristas, assemelha-se ao que os penalistas chamam causa de exclusão da ilicitude, ou *justificativas*. No dizer de Costa Júnior, as causas de exclusão da ilicitude ou de antijuridicidade, igualmente chamadas justificativas (por justificarem a conduta) ou discriminantes (por elidirem o caráter criminoso do comportamento), são três situações previstas pelo art. 23, do vigente Código Penal, de maneira taxativa, a saber: a legítima defesa, o estado de necessidade e o estrito cumprimento do dever legal. Tais causas, denominadas com menor propriedade, pelo Código Penal antes da reforma de sua parte geral,[42] causas de exclusão de criminalidade, legitimam a conduta, tornando-a conforme o Direito.[43]

Por exclusão, tem-se a *conduta penalmente atípica*, vale dizer, a conduta que não enseja a aplicação de pena porque não reúne os elementos do tipo penal. Da mesma forma, na *não incidência* tributária tem-se uma situação na qual não comparecem os elementos da hipótese de incidência, e por isto mesmo se diz que é uma hipótese de não incidência tributária.

O que os tributaristas denominam hipótese de *não incidência* do tributo, vale dizer, uma hipótese na qual não incide a norma de tributação, corresponde ao que em Direito Penal denomina-se *fato penalmente atípico*.

3.2.7 Elementos ou aspectos do tipo

Tal como a hipótese de incidência tributária é formada de elementos, também de elementos é formado o tipo penal. Em relação à obrigação tributária, embora não haja uniformidade terminológica na doutrina, fala-se de elementos material, quantificador, dimensível, temporal e subjetivo. Fala-se de aspectos da hipótese de incidência, e a propósito desses elementos, ou aspectos da hipótese de incidência, os tributaristas estudam a descrição, feita pela lei, da situação de fato que, uma vez concretizada, faz concreto o poder--dever do Estado de lançar e exigir o tributo, vale dizer, quantificar a obri-

---

[41] Hugo de Brito Machado, *Curso de Direito Tributário*, 14ª edição, Malheiros, São Paulo, 1998, p. 156.

[42] Essa reforma operou-se com a Lei nº 7.209, de 11.6.84.

[43] Cf. Paulo José da Costa Jr., *Curso de Direito Penal*, 2ª edição, Saraiva, São Paulo, 1992, v. 1, p. 105.

gação tributária, e fazer a respectiva cobrança. Fala-se, também, de critérios da hipótese de incidência, indicados como: material, espacial e temporal.[44]

No direito penal, cogita-se dos elementos que integram o tipo penal, vale dizer, os elementos cuja presença considera-se indispensável à existência do crime, a desencadear a ação punitiva do Estado. Tais elementos são divididos em duas grandes categorias, a saber, *elementos objetivos* e *elementos subjetivos*. Os primeiros são pertinentes à materialidade da infração penal, no que concerne à forma de sua execução, e às circunstâncias de tempo, de lugar etc. São também chamados elementos descritivos.[45]

Embora a doutrina em geral não o faça, preferimos dividir esses elementos objetivos em duas categorias, a saber, os elementos *materiais*, integrados pelos conceitos não jurídicos, ou naturais, colhidos em outros setores do conhecimento, e os elementos *normativos*, integrados pelos conceitos previamente estabelecidos pelo sistema jurídico.

Essa distinção não se faz necessária para o estudo do erro, e sua relevância no Direito Penal, na medida em que se desprezou a distinção entre erro *de fato* e erro *de direito*. Talvez por isto mesmo não seja objeto de atenção dos doutrinadores. Ocorre que o abandono da distinção entre erro de fato e erro de direito ainda é recente. Os tributaristas, cujo conhecimento do Direito Penal geralmente se limita ao que aprenderam nas faculdades, ainda a conservam e com ela raciocinam, de sorte que se faz, conveniente estabelecer como que uma ponte entre as duas concepções doutrinarias, para que melhor se compreenda a distinção entre erro de tipo e erro de proibição.

Assim parece mais fácil compreender a mudança que no Direito Penal operou-se com a Lei nº 7.209, de 11 de julho de 1984. Pelo menos para os que, como eu, estudaram o Direito Penal em face da concepção anterior. Afinal, este capítulo não é destinado aos penalistas, cujo conhecimento se pressupõe sempre atualizado.

3.3 Ainda os elementos do tipo

Moura Teles divide os elementos do tipo em três categorias, a saber, os elementos objetivos, os normativos e os subjetivos,[46] e estabelece clara dis-

---

[44] Cf. Paulo de Barros Carvalho, *Curso de Direito Tributário*, 7ª edição, Saraiva, São Paulo, 1995, p. 166-167.

[45] Cf. Damásio E. de Jesus, *Direito Penal*, 17ª edição, Saraiva, São Paulo, 1993, v. 1, p. 239.

[46] Ney Moura Teles, *Direito Penal*, LED, São Paulo, 1996, v. 1, p. 252-257.

tinção entre eles como adiante se verá. Damásio também cuida do elemento normativo como uma terceira categoria, dividindo os elementos do tipo em objetivos, normativos e subjetivos. Ocorre que na definição que oferece dos elementos objetivos, como "os que se referem à materialidade da infração penal, no que concerne à forma de sua execução, tempo, lugar etc.", e diz que estes "são também chamados descritivos",[47] nos dá definição na qual cabem perfeitamente os elementos *normativos*.

Preferimos, assim, por nos parecer mais lógico, dividir os elementos objetivos em duas subespécies, a saber, os *materiais*, que correspondem ao que na doutrina anterior se considerava simples *fatos*, e os normativos, que na doutrina anterior podiam ser chamados elementos de direito não penal. Isto nos ajuda a compreender a antiga distinção entre erro *de fato*, erro *de direito penal* e erro *de direito não penal*.

3.3.1 Elementos objetivos

Os elementos objetivos do tipo são concernentes à conduta legalmente descrita como delituosa, objetivamente considerada. No dizer preciso de Moura Teles, "são facilmente identificáveis porquanto não pertencem ao âmbito do psiquismo do homem, o agente do fato, mas perceptíveis pelos nossos sentidos, independentemente de qualquer valoração normativa".[48]

Tais elementos descritivos da conduta delituosa, alheios ao *querer* do agente, podem ser divididos em duas subespécies, a saber, os elementos objetivos *materiais* e os elementos objetivos *normativos*.

3.3.2 Elementos objetivos materiais

Quando a lei utiliza, na definição do tipo, conceitos existentes em outras áreas do conhecimento, que designam fatos, aqui entendida a palavra no sentido de algo que não está juridicamente qualificado, diz-se que se trata de elementos *materiais*.

É possível que o legislador utilize, na definição do tipo, conceitos jurídicos, mas o faça sem dar importância ao significado especificamente jurídico do objeto contido na descrição. Importará, no caso, a mera faticidade do objeto, o seu sentido comum, não especificamente jurídico, e não o seu sentido jurí-

---

[47] Cf. Damásio E. de Jesus, *Direito Penal*, 17ª edição, Saraiva, São Paulo, 1993, v. 1, p. 239.
[48] Ney Moura Teles, *Direito Penal*, LED, São Paulo, 1996, v. 1, p. 253.

dico. Assim, por exemplo, se a lei utiliza o termo *nota fiscal*, na descrição de um tipo penal, embora se saiba que a *nota fiscal* é um objeto juridicamente definido, entra este na descrição do tipo como elemento material.

Note-se, a propósito desse exemplo, o que está no art. 1º, incisos III e V, da Lei nº 8.137/90. No inciso III o legislador refere-se a nota fiscal, fatura, duplicata, *ou qualquer outro documento relativo a operação tributável*, e no inciso V refere-se a nota fiscal *ou documento equivalente*. Ao referir-se a qualquer outro documento relativo a operação tributável, e ao referir-se a *documento equivalente*, o legislador quis dizer que não importa o conceito jurídico de nota fiscal, porque está se reportando a um papel que tenha a finalidade de documentar um fato relevante do ponto de vista tributário. Não importa, neste caso, o conceito jurídico de nota fiscal, pois esta, aqui, é um elemento objetivo *material*, e não um elemento objetivo *normativo* do tipo.[49]

3.3.3 Elementos objetivos normativos

A lei também utiliza, na definição do tipo, conceitos existentes em outras áreas do Direito. Conceitos jurídicos, portanto, que são tomados como fatos juridicamente qualificados, que não dizem respeito ao Direito Penal. Temos, então, elementos objetivos normativos. Objetivos porque não dizem respeito ao psiquismo do autor da conduta definida como crime. Normativos porque se trata de fatos juridicamente qualificados, fatos cujo conhecimento é especificamente jurídico.

Elementos *objetivos normativos*, portanto, são os dados utilizados pelo legislador na definição do tipo, cuja adequada compreensão depende do conhecimento *especificamente jurídico*, porque esses dados são conceitos estabelecidos pelo Direito. Tem-se elemento objetivo normativo no tipo penal quando, por exemplo, a lei estabelece como tipo penal "aplicar, em finalidade diversa da prevista em lei ou contrato, recursos provenientes de financiamento concedido por instituição financeira oficial ou por instituição credenciada para repassá-lo".[50] Neste caso, o conhecimento do tipo penal depende de se saber o que estabelece a lei aplicável, ou o contrato respectivo. E ainda, de se saber o que é uma instituição financeira oficial.

---

[49] Por isto mesmo o crime previsto no art. 1º, integrado pela ação-meio descrita em seu inciso V, não se desfigura pelo fato de não ser o documento em questão uma nota fiscal, em seu rigoroso sentido jurídico-tributário.

[50] Lei nº 7.492, de 16 de junho de 1986, que define os crimes contra o Sistema Financeiro Nacional e dá outras providências.

No art. 1º da Lei nº 8.137, de 27 de dezembro de 1990, que define crimes contra a ordem tributária, temos um tipo penal com elementos normativos. Conhecer o que é um *tributo* ou uma *contribuição social* certamente depende de conhecimento especificamente jurídico. O assunto será melhor examinado quando cuidarmos especificamente do tipo supressão ou redução de tributos, um dos tipos mais relevantes entre os classificados como crimes contra a ordem tributária.

Essa compreensão dos elementos objetivos do tipo, que compreendem os elementos objetivos *materiais* e os elementos objetivos *normativos*, é importante para a compreensão do denominado *erro de tipo*, que merece especial atenção no estudo dos crimes contra a ordem tributária. A distinção entre o *erro de tipo* e o *erro de proibição* nos permite explicar por que a ignorância ou indevida interpretação da lei tributária têm sido admitidas pelo Supremo Tribunal Federal como razões para a não configuração de crimes contra a ordem tributária. Dessa explicação cuidaremos adiante, depois de estudarmos a culpabilidade.

3.4 Elementos subjetivos

São elementos *subjetivos* aqueles que dizem respeito ao psiquismo humano. São aqueles que, no dizer de Moura Teles, "vivem no interior do psiquismo do sujeito, na esfera de seu pensamento, em sua motivação, em sua intenção, em seu intuito, em seu ânimo, em sua consciência, na cabeça do homem". É a consideração desse elementos, ou da ausência deles, que nos permite qualificar uma conduta como simples acidente ou como crime. E em sendo um crime, classificá-lo como culposo ou doloso. Voltaremos ao tema logo adiante, ao cuidarmos da culpabilidade.

3.5 Tipicidade e elisão ou fraude à lei

3.5.1 *Importância da questão nos crimes contra a ordem tributária*

A questão da elisão ou fraude à lei tem grande importância no estudo do Direito em geral. No campo do Direito Penal, todavia, podemos afastar desde logo essa questão em virtude da flagrante incompatibilidade que existe entre a ideia de fraude à lei e o princípio da estrita legalidade, como tal entendida a exigência de tipicidade para que um ilícito possa ser considerado crime. No campo do Direito Tributário, todavia, há quem sustente ser possível a existência de uma norma geral antielisão, que seria destinada ao combate das práticas definidas como elisão, ou como fraude à lei.

A propósito, a Lei Complementar nº 104, de 10 de janeiro de 2001, entre outras alterações feitas no Código Tributário Nacional introduziu no seu art. 116 um parágrafo único estabelecendo que:

> "A autoridade administrativa poderá desconsiderar atos ou negócios jurídicos praticados com a finalidade de dissimular a ocorrência do fato gerador do tributo ou a natureza dos elementos constitutivos da obrigação tributária, observados os procedimentos a serem estabelecidos em lei ordinária."

Quando estudamos os crimes contra a ordem tributária estamos nos situando numa área perigosa do Direito Penal, que é a fronteira entre este o e Direito Tributário. Assim, devemos estar atentos para que as questões geralmente colocadas no âmbito deste não nos toldem a mente e nos levem a admitir soluções que podem ser viáveis no Direito Tributário mas, ainda assim, jamais podem ser admitidas no Direito Penal. Mesmo os que admitem que o Juiz ou a própria Administração podem, em tese, desqualificar certos atos ou negócios realizados pelo contribuinte por considerarem configurada hipótese de fraude à lei, recusam essa postura no âmbito do Direito Penal. Godoi, por exemplo, mesmo admitindo o combate à elisão fiscal e a cobrança de tributo fundada em "una extención analógica de la norma eludida", afirma categoricamente que:

> "Esta operación no puede desarrollarse en el Derecho penal sustantivo (donde la tipicidad alcanza su mayor grado de exigencia), y en las otras ramas del Derecho debe utilizarse con cautela pues supone una tensión con las fuerzas conservadoras del sistema – tipicidad, certeza e seguridad jurídica –, especialmente transcendentes en el Derecho tributario."[51]

Entendemos que em nosso Direito Tributário está consagrado o princípio da tipicidade. A definição da hipótese de incidência tributária representa para este o que a definição do tipo representa para o Direito Penal. Entretanto, esta é uma tese polêmica. Muitos admitem a norma geral antielisão. Daí por que se faz da maior importância essa questão quando estudamos os crimes contra a ordem tributária. Não, evidentemente, porque devamos dela cogitar no Direito Penal mas, precisamente, para que tenhamos consciência de que se trata de uma questão que deve ser de pronto afastada, porque inteiramente incompatível com o princípio da tipicidade.

---

[51] Marciano S. Godoi, *Fraude a la Ley y Conflicto en la Aplicación de las Leyes Tributarias*, IEF, Madrid, 2005, p. 259.

3.5.2 Revisitando a ideia de elisão e de fraude à lei

A palavra *elisão* tem diversos significados. A expressão *fraude à lei* também tem vários significados. Aqui estamos nos referimos à *elisão* como sinônimo de *fraude à lei*, sendo necessária, portanto, uma explicação a respeito do significado dessa expressão, com o que ficará claro também o sentido da palavra *elisão* neste contexto.

Podemos considerar que a *fraude à lei* configura-se pela conduta de quem se aproveita da expressão literal da lei, fazendo-a prevalecer sobre a interpretação sistêmica ou teleológica, e neste caso a fraude à lei pode ser repelida mediante o simples uso dos elementos da hermenêutica jurídica, sem que se precise apelar para a analogia ou outros métodos de integração do Direito. Neste sentido a fraude à lei seria simplesmente um problema de interpretação jurídica.

Podemos também considerar que a *fraude à lei* configura-se pela prática de atos ou negócios jurídicos com o propósito de evitar a incidência de norma desfavorável, posto que descaracteriza o pressuposto de fato dessa norma, sem que tenha presente nenhum ilícito, e neste caso a fraude à lei já não pode ser repelida simplesmente pela via da interpretação jurídica.

Podemos, ainda, considerar que a *fraude à lei* somente se configura pela conduta de quem pretende fazer parecer lícito o que na verdade é ilícito, furtando-se com isto à aplicação da sanção jurídica. Pontes de Miranda deixa bastante clara a ideia de que a fraude à lei pressupõe regra jurídica proibitiva ou impositiva cuja inobservância implica sanção. Regras jurídicas cogentes, portanto, que impõem ou proíbem certa conduta sob pena de sanção. Não apenas a sanção de nulidade do ato, mas qualquer sanção. Em suas palavras:

> "Por outro lado, se bem que os juristas soem sòmente tratar da fraude à lei estando em causa regra jurídica sobre nulidade, ou pena, quaisquer sanções podem ser objeto de tentativa de evitamento por *fraus legis*. Daí não se dever confinar na teoria da nulidade dos atos jurídicos a teoria da fraude à lei."[52]

E explica, citando o exemplo do médico que prescreve indevidamente ópio, substância cuja venda é proibida, esclarece que este "frauda a lei, afir-

---

[52] Pontes de Miranda, *Tratado de Direito Privado*, 3ª edição, Borsói, Rio de Janeiro, 1970, t. I, p. 45.

mando ter-se de aplicar a regra jurídica permissiva, em espécie em que incidiu a regra jurídica proibitiva".[53]

É também lição do mestre Pontes de Miranda:

> "Se o sistema jurídico tem como categoria jurídica a fraude à lei, ou se não a tem, depende, tão só, de sua concepção da violação da lei (isto é, se abrange a direta e a indireta, ou se só se refere àquela). Nada tem com o método de interpretação das leis que ele adote. *De jure condendo*, é tão grave só se considerar violação da lei a violação direta, que se há de entender, sempre, que se tem como infração assim a indireta como a direta. Não se precisa, para isto, toldar-se o assunto com alusões à equidade, à moral e aos bons costumes."[54]

Colocada a *fraude à lei* como simples questão de interpretação, o seu combate é possível e deve ocorrer na própria atividade do intérprete, em qualquer área do Direito. Colocada, porém, com o seu significado mais elaborado, indicando simples opção por forma lícita, juridicamente autorizada e que não configura no caso nenhuma anomalia ou abuso, o seu combate no âmbito da tributação é problema do legislador e não do aplicador da lei.

Vítor Faveiro, depois de dizer que ao Estado não cabe através da lei fiscal comandar a vida econômica e sim aproveitar desta a capacidade contributiva fazendo incidir o tributo sobre certos atos que, a critério do legislador, são reveladores desta, conclui:

> "De onde resulta que, na actual concepção de Estado, não há que falar em evasão legítima, pois que a opção legítima e livre, do contribuinte, por situações não tributáveis, não é evasão mas sim, e apenas, puro comportamento legal dentro da ordem jurídica. Evasão será, e sempre ilegítima, a acção de violação da lei por procedimentos que afastem da sua aplicabilidade realidades efectivamente correspondentes aos tipos de incidência nela estabelecida, omitindo na sua declaração, ocultando ou deturpando os seus termos e caracteres tributariamente relevantes por forma a ocultar os dados da efectiva capacidade contributiva que a ordem legal tributária lhe reconheceu. O que está em causa, sempre que ocorra a necessidade de qualificação de uma situação como de eventual evasão, é, por um lado, a exacta interpretação da lei

---

[53] Pontes de Miranda, *Tratado de Direito Privado*, 3ª edição, Borsói, Rio de Janeiro, 1970, t. I, p. 45.

[54] Pontes de Miranda, *Tratado de Direito Privado*, 3ª edição, Borsói, Rio de Janeiro, 1970, t. I, p. 52.

quanto ao preciso conteúdo da norma e dos seus tipos de incidência; e a qualificação dos factos reais por forma a verificar se correspondem, ou não, a esses mesmos tipos; em caso afirmativo, ocorre uma situação de falta de cumprimento da lei, por erro eventualmente qualificativo como não infracional, mas não ilisivo da tributação, ou uma situação de evasão punível como contra ordenação ou mesmo como crime fiscal; e em caso negativo, uma conduta inteiramente lícita e sem quaisquer efeitos tributários."[55]

Na legislação específica de cada tributo pode haver norma que estenda a hipótese de incidência a determinadas situações para evitar a prática de elisão. Não se pode, porém, no Direito Tributário brasileiro vigente, admitir norma geral antielisão com o significado que alguns pretendem atribuir ao parágrafo único do art. 116 do Código Tributário Nacional.

3.5.3 Inadmissibilidade de norma geral antielisão

Norma geral antielisão é uma *norma* que vem qualificada como *geral* porque se aplica aos tributos em geral, e se qualifica como *antielisão* porque se presta para coibir a prática denominada *elisão fiscal*, ou *elisão tributária*. A palavra *elisão* tem diversos significados. Mesmo no âmbito do Direito Tributário. No sentido com o qual compõe a expressão *norma geral antielisão*, a palavra *elisão* designa o procedimento adotado pelo contribuinte para, sem violação da lei tributária, excluir ou reduzir o tributo.

Assim, norma geral antielisão é uma norma que tem por finalidade autorizar providências no sentido de evitar a prática da elisão fiscal ou tributária, ou, em outras palavras, autorizar a cobrança do tributo que, como consequência da elisão, não seria devido. Em nosso Direito Tributário positivo é como tal conhecida a norma albergada pelo parágrafo único, do art. 116, do Código Tributário Nacional, neste introduzida pela Lei Complementar nº 104, de 10 de janeiro de 2001.

Essa norma, todavia, se interpretada de conformidade com a Constituição, é inútil, porque a jurisprudência já vem admitindo a glosa de certos atos ou negócios praticados pelo contribuinte com evidente intuito de excluir ou reduzir tributo. Se, todavia, for interpretada como autorização para a cobrança de tributo fundado em analogia, será flagrantemente inconstitucional, além de estar em aberto conflito com o art. 108, § 1º, do próprio Código Tributário Nacional.

---

[55] Vítor Faveiro, *O Estatuto do Contribuinte*, Coimbra Editora, Coimbra, 2002, p. 900-901.

4 CULPABILIDADE

4.1 Observações preliminares

A noção de culpabilidade tem sua compreensão bastante dificultada pela existência de diversas doutrinas que a enfocam de modos os mais diversos. Não nos move o propósito de examinar as diversas concepções doutrinárias da culpabilidade, não nos sentimos a tanto habilitados nem nos parece que seja aqui o lugar adequado para tarefa dessa ordem. Pretendemos apenas oferecer a nossos leitores uma noção singela que lhes permita compreender a linguagem mais comum dos denominados operadores do Direito, no âmbito do Direito Penal e especialmente no que diz respeito aos crimes contra a ordem tributária.

Em todos os setores do Direito, inclusive no Direito Penal, o legislador faz opções. Escolhe entre as formulações doutrinárias. Nem sempre é fiel em todos os pontos a uma doutrina. Mas suas opções restam afinal consubstanciadas na lei e esta deve ser o elemento básico nas posteriores elaborações da doutrina jurídica, de sorte que no concernente ao Direito Positivo o jurista não se deve afastar das concepções nela albergadas. Por isto mesmo optamos aqui pelos conceitos adotados pelo legislador brasileiro, ainda que eventualmente não correspondam ao que poderíamos considerar a melhor doutrina dos penalistas mais destacados aqui e em outros países.

As noções de culpabilidade, e de responsabilidade penal, são de enorme importância no estudo dos crimes contra a ordem tributária, especialmente quando se tem em vista a definição da responsabilidade penal por cometimentos ilícitos ocorrentes no âmbito da empresa, em que o lícito pode ter ocorrido sem que os dirigentes desta sequer tenham conhecimento dos fatos. A respeito dessa questão é da maior relevância a distinção existente entre a responsabilidade penal e a responsabilidade civil.

4.2 Noção de culpabilidade

Culpabilidade é o gênero no qual se encartam o dolo e a culpa, em suas diversas espécies. Não é fácil definir culpabilidade, e talvez por isto mesmo a doutrina em geral evita fazê-lo. Algumas afirmações, todavia, podem ser encontradas na doutrina que nos fornecem uma noção razoavelmente precisa. Nelson Hungria afirma que o reconhecimento de um crime exige que se tenha presente "uma relação subjetiva ou de causalidade psíquica vinculando o fato ao agente (culpabilidade, culpa *sensu lato*)". E esclarece:

"O agente deve ter querido livremente a ação ou omissão e o resultado (dolo), ou, pelo menos, a ação ou omissão (culpa *stricto sensu*). Ainda mais: é indispensável que o agente tenha procedido com a consciência da injuricidade ou ilicitude jurídica da própria conduta (crime doloso) ou com inescusável inadvertência quanto ao advento do resultado antijurídico [...]. O direito penal moderno repeliu a chamada responsabilidade objetiva."[56]

Para a compreensão adequada da não culpabilidade é importante que se parta das noções de *responsabilidade por atos ilícitos* e de *causa*. Responsabilidade por atos ilícitos é o estado de sujeição no qual alguém se coloca relativamente às consequências de seus atos ilícitos. Pode ser *objetiva*, e *subjetiva*. Para que exista responsabilidade *objetiva* basta que exista uma relação de causalidade entre a conduta de alguém e o ilícito de que se esteja cogitando. Para que exista responsabilidade *subjetiva* é necessária a presença da *culpabilidade*.

Assim, podemos afirmar que a *culpabilidade* é o vínculo psicológico que se estabelece entre aquele que pratica um ato ilícito e a consequência deste. Vínculo que alberga o juízo de reprovação quanto ao ato definido como ilícito. Ato que é culpável, vale dizer, ato cuja prática enseja a censura do Direito Penal.

4.3 Culpa em sentido amplo

A palavra *culpabilidade* pode ser considerada sinônimo da palavra *culpa* se tomada esta em sentido amplo. Neste caso abrange o *dolo* e a *culpa em sentido estrito*.

Quando se diz que não existe crime sem culpa, ou que nosso Direito Penal adota a culpa como pressuposto da pena, a palavra *culpa* está sendo utilizada em seu sentido amplo, sendo assim equivalente a *culpabilidade*.

Culpa em sentido amplo, repita-se, abrange a *culpa em sentido estrito* e o *dolo*.

4.4 Culpa em sentido estrito

Em sentido estrito, *culpa* é a relação psicológica entre alguém e o resultado de sua conduta, em razão da imperícia, da negligência ou da imprudência.

---

[56] Nelson Hungria, *Comentários ao Código Penal*, 4ª edição, Forense, Rio de Janeiro, 1958, v. I, t. II, p. 25.

Nosso Código Penal adota essa noção quando estabelece que o crime se diz culposo quando o agente deu causa ao resultado por imprudência, negligência ou imperícia.[57]

A culpa em sentido estrito pode ser de duas espécies, a saber, inconsciente e consciente.

Diz-se culpa inconsciente quando o agente não prevê o resultado de sua conduta. E consciente quando o agente prevê o resultado que poderá decorrer de sua conduta, mas acredita sinceramente que o mesmo não ocorrerá. A culpa consciente fica muito próxima do dolo indireto, ou eventual, mas não se confunde com este, embora na prática seja muito difícil a comprovação do elemento diferenciador, que se situa no psiquismo do agente. Sobre o assunto doutrina Mirabete:

> "A *culpa inconsciente* existe quando o agente não prevê o resultado previsível, não tendo o agente conhecimento efetivo do perigo que sua conduta provoca para o bem jurídico alheio. Na *culpa consciente*, ou culpa com previsão, o agente prevê o resultado, mas acredita que conseguirá evitá-lo por sua habilidade. A culpa consciente avizinha-se do dolo eventual, mas com ele não se confunde, porquanto naquela o agente, embora prevendo o resultado, não o aceita como possível, e neste, prevendo o resultado, não se importa que venha ele a ocorrer."

Os penalistas desenvolvem várias outras considerações a respeito da culpa, formulando distinções entre diversas espécies, e graus. Não nos parece, todavia, que o aprofundamento do assunto seja cabível aqui, no âmbito deste livro, onde pretendemos oferecer apenas noções elementares do Direito Penal, necessárias à compreensão do que vamos expor na análise dos crimes contra a ordem tributária.

4.5 Dolo

Na linguagem vulgar diz-se frequentemente: "*eu não tive culpa*", para dizer-se que não agiu com *dolo*. A noção de dolo ainda não se fez conhecida fora dos domínios da Ciência Jurídica, e seu conhecimento mais seguro parece ser ainda privilégio dos que estudam Direito Penal.

O dolo é a forma mais grave de culpabilidade, ou de culpa em sentido amplo. Consiste na vontade consciente de praticar a ação ou a omissão ilícita.

---

[57] Código Penal, art. 18, inciso II.

Em outras palavras, o dolo é a vontade dirigida para o resultado ilícito. É a lição de Aníbal Bruno:

> "No dolo, o indivíduo sabe o que quer e decide realizá-lo, consciente de que o seu querer é ilícito. Dêste momento psicológico passa o agente a realização no mundo exterior, e só então penetra no domínio do Direito Penal. A simples vontade ilícita, sem manifestação externa, é indiferente para o Direito. O dolo é, portanto, representação e vontade em referência a um fato punível, que o agente pratica sabendo ser o mesmo ilícito."[58]

Nosso Código Penal estabelece que o crime se diz doloso quando o agente quis o resultado ou assumiu o risco de produzi-lo.[59] E Mirabete comenta:

> "Como a conduta é um comportamento voluntário e o conteúdo da vontade seu fim, este é inseparável da ação. Assim, no comportamento que causa um resultado é indispensável verificar-se o conteúdo da vontade do autor do fato, ou seja, o fim que estava contido na ação. Toda ação consciente é dirigida pela consciência do que se quer e pela decisão de querer realizá-la, ou seja, pela vontade. Como a vontade é o querer alguma coisa, o dolo é a vontade dirigida à realização do tipo penal."[60]

O dolo pode ser de duas espécies, a saber, direto e indireto ou eventual. Note-se que o Código Penal refere-se a querer o resultado e a assumir o risco de produzi-lo. Quando o agente quer o resultado, diz-se que há dolo direto. Quando o agente prevê que o resultado, pode ocorrer, embora não o deseje, diz-se que há dolo indireto ou eventual.

O dolo *indireto* ou *eventual* é muito próximo da culpa consciente, mas ao menos no plano teórico não se confundem. Na culpa consciente o agente prevê o resultado mas acredita, sinceramente, que o mesmo não ocorrerá. No dolo *indireto* ou *eventual* o agente prevê o resultado, não o deseja, mas assume o risco de produzi-lo.

4.6 Exigência do dolo na configuração do crime

Na configuração do crime exige-se, em regra, o dolo. Só excepcionalmente o crime pode configurar-se com a presença da culpa em sentido estrito.

---

[58] Aníbal Bruno, *Direito Penal*, 2ª edição, Forense, Rio de Janeiro, 1959, t. 2, p. 60.
[59] Código Penal, art. 18, inciso I.
[60] Julio Fabbrini Mirabete, *Código Penal Interpretado*, Atlas, São Paulo, 2000, p. 166-167.

Por isto mesmo o Código Penal estabelece que, salvo os casos expressos em lei, ninguém pode ser punido por fato previsto como crime, senão quando o pratica dolosamente.[61]

Assim, se a lei define um tipo penal e nada estabelece quanto ao aspecto subjetivo do tipo respectivo, esse crime só estará configurado se a conduta descrita em seu tipo ocorrer de forma dolosa. É o que ocorre com os crimes contra a ordem tributária, previstos na Lei nº 8.137, de 27 de dezembro de 1990, que não se reporta a nenhum tipo de crime culposo. Todos os crimes contra a ordem tributária somente se caracterizam quando se trate de conduta dolosa. Assim, e como o erro sobre elemento constitutivo do tipo legal de crime exclui o dolo, é inegável a relevância da distinção existente entre erro de tipo e erro de proibição, no estudo dos crimes contra a ordem tributária.

5 ERRO DE TIPO E ERRO DE PROIBIÇÃO

5.1 Erro na interpretação da lei tributária

Manifestou-se já o Supremo Tribunal Federal no sentido de que *descabe confundir interpretação errônea de normas tributárias, passível de ocorrer quer por parte do contribuinte ou da Fazenda, com o ato penalmente glosado, em que sempre se presume o consentimento viciado e o objetivo de alcançar proveito sabidamente ilícito.*[62]

No mesmo sentido manifestou-se o Chefe do Ministério Público Federal, quando requereu o arquivamento de inquérito que, por envolver um Deputado Federal, era da competência do Supremo Tribunal, que acolheu, por despacho de seu Presidente, aquele pedido de arquivamento. A justificar o pedido, argumentou o Procurador Geral da República:

---

[61] Código Penal, art. 18, parágrafo único.

[62] HC nº 72.584-8, Rel. p/acórdão: Min. Marco Aurélio, *Informativo STF* nº 29, 8.5.96, p. 3; *DJU* I 3.5.96, p. 13.900; *Repertório IOB Jurisprudência* nº 12/96, p. 197, texto nº 3/12098, com a seguinte ementa:
"CRIME CONTRA A ORDEM TRIBUTÁRIA – ICMS – ALÍQUOTAS DIFERENCIADAS – CREDITAMENTO – FRAUDE. A fraude pressupõe vontade livre e consciente. Longe fica de configurá-la, tal como tipificada no inciso II do artigo 1º da Lei nº 8.137, de 27 de dezembro de 1990, o lançamento de crédito, considerada a diferença das alíquotas praticadas no Estado de destino e no de origem. Descabe confundir interpretação errônea de normas tributárias, passível de ocorrer quer por parte do contribuinte ou da Fazenda, com o ato penalmente glosado, em que sempre se presume o consentimento viciado e o objetivo de alcançar proveito sabidamente ilícito."

"Sem dúvida, é elementar à caracterização do delito de sonegação fiscal a fraude, absolutamente inexistente no caso presente.

Os réus, ora pacientes, podem não ter feito enfoque juridicamente correto do cálculo do ICMS devido. Mas evidentemente não cometeram fraude contra o Fisco. Não falsificaram documentos, ainda que sejam passíveis da culpa, no ângulo puramente fiscal, de não terem dado o enfoque jurídico adequado no cálculo do tributo. Do exame detido destes autos, chego à conclusão de que o presente processo nada mais é do que um subproduto da guerra fiscal que está grassando entre os Estados – como aliás a imprensa vem noticiando. Mas ausente o elemento fraude, não há como se entender configurado o delito de sonegação fiscal."[63]

O erro na interpretação da lei tributária, ou a ignorância desta, não se confunde com o erro ou a ignorância da lei penal. Por isto mesmo o vigente Código Penal cuida de *erro sobre elementos do tipo*[64] e de *erro sobre a ilicitude do fato*,[65] atribuindo a cada qual consequências penais distintas. Da maior importância é a distinção entre erro de tipo e erro de proibição, como a seguir vamos demonstrar.

5.2 O erro no Direito Penal

A doutrina do Direito Penal registra notável evolução no tratamento do erro. Antes, referia-se ao erro de fato, como capaz de elidir a responsabilidade penal, e ao erro de direito, que tinha como irrelevante para esse fim, fundada no princípio de que ninguém pode descumprir a lei alegando que a desconhece.

A doutrina moderna, porém, já não cogita de *erro de fato* e *erro de direito*, mas de *erro de tipo* e *erro de proibição*. E como adverte Assis Toledo, "não se trata de substituição meramente terminológica, como se o erro de fato passasse a denominar-se erro de tipo e o de direito, erro de proibição. É muito mais que isso, pois o erro de tipo abrange situações que, antes, eram classificadas ora como erro de fato, ora como de direito".[66]

---

[63] *Revista Dialética de Direito Tributário*, Dialética, São Paulo, nº 1, outubro de 1995, p. 115.
[64] Código Penal, art. 20.
[65] Código Penal, art. 21.
[66] Francisco de Assis Toledo, *Princípios Básicos de Direito Penal*, 5ª ed., Saraiva, São Paulo, 1994, p. 267.

Neste sentido, doutrina Cezar Roberto Bitencourt:

"O erro que vicia a vontade, isto é, aquele que causa uma falsa percepção da realidade, tanto pode incidir sobre os elementos estruturais do delito – erro de tipo – quanto sobre a ilicitude da ação – erro de proibição.

Para uma melhor compreensão do atual tratamento do erro jurídico-penal recomenda-se que se ignorem os velhos conceitos romanísticos de erro de direito e erro de fato. Não se trata, como pode parecer, simplesmente, de uma nova linguagem jurídica, mas, em verdade, de institutos diferentes que não guardam, necessariamente, exata correspondência aos antigos 'erro de direito' e 'erro de fato'. O 'erro de tipo' e o 'erro de proibição' não representam uma simples renovação de normas, mas uma profunda modificação conceitual. São novas concepções, com novas e maiores abrangências. O erro de tipo abrange situações que, outrora, eram classificadas ora como erro de fato, ora como erro de direito. Por outro lado, o erro de proibição, além de incluir situações novas (como, p. ex., a existência ou os limites da legítima defesa), antes não consideradas, abrange uma série de hipóteses antes classificadas como erro de direito."[67]

Considerando-se que a lei utiliza, *na definição dos tipos* de crimes contra a ordem tributária, conceitos que estão nas leis tributárias e não nas leis penais, entende-se que o erro na interpretação da lei tributária, que no entendimento do Chefe do Ministério Público Federal, acolhido em alguns julgados da Corte Maior, é capaz de excluir a configuração do crime de supressão ou redução de tributo, ganha explicação coerente, e consistente, no âmbito da doutrina dos penalistas, como um *erro sobre elementos constitutivos do tipo* (Código Penal, art. 20). Já o erro que, em princípio, não tem esse relevo, é o denominado *erro de proibição*, ou erro sobre a ilicitude do fato (Código Penal, art. 21), consistente no errado entendimento do próprio preceito penal.

5.3 Erro de tipo e erro de proibição

O erro diz-se *de tipo* quando reside na incorreta compreensão de elementos utilizados na definição do tipo, sejam fatos ou normas não penais. Esse erro que exclui o dolo e consequentemente o crime que o tenha como

---
[67] Cezar Roberto Bitencourt, *Erro de Tipo e Erro de Proibição*, 2ª edição, Saraiva, São Paulo, 2000, p. 70-80.

elemento essencial, reside na compreensão de elementos objetivos do tipo penal. Já o erro *de proibição* reside na incorreta compreensão da própria lei penal, na ignorância ou incorreta interpretação da própria norma incriminadora da conduta.

No âmbito dos crimes contra a ordem tributária, podemos dizer que o erro de tipo é o situado nas questões de Direito Tributário, como as de saber se determinado tributo deve ser calculado desta ou daquela forma, com esta ou aquela base de cálculo, ou alíquota, ou de saber se em uma venda ao consumidor é obrigatória a emissão da nota fiscal, ou se é válida a nota fiscal simplificada, ou mesmo o cupom de máquina registradora, ou outro equipamento. Já o erro de proibição reside apenas nas questões de Direito Penal, como as de saber se é crime, ou não, a supressão ou a redução do tributo, ou se o crime de a falsificação de um documento fiscal é ou não elemento do crime de supressão ou redução do tributo.

A distinção, que pode parecer sutil, é na verdade da maior importância e pode ser estabelecida sem grandes dificuldades. O erro residente nas questões de saber se determinados fatos são, ou não, relevantes do ponto de vista tributário, e qual o significado deles na relação de tributação, é para o Direito Penal um *erro de tipo*. Incide nos elementos integrativos do tipo penal. Nessa espécie de erro não importa a distinção entre questões de fato, e questões de direito, ou entre *erro de fato* e *erro de direito*. Havendo erro, seja de fato ou de direito, o tipo penal não se configura, à míngua do elemento subjetivo, da culpabilidade.

As normas definidoras do tipo supressão ou redução de tributo, albergadas pelo art. 1º, e seus incisos, da Lei nº 8.137/90, albergam elementos normativos vários, entre os quais o mais importante é o elemento *tributo*. Um erro a respeito de qualquer desses elementos é um *erro de tipo*, que impede a configuração do crime de supressão ou redução do tributo.

O erro residente nas questões de saber se determinados fatos adequadamente conhecidos do autor, configuram, ou não, o tipo penal, ou se determinada norma definidora de um tipo penal tem um determinado alcance, é um erro de proibição. É um erro que reside na questão essencial de saber se determinada conduta é, ou não é, proibida, vale dizer, sancionada, pelo Direito Penal.

5.4 O erro de tipo como excludente do dolo

O erro quanto a elementos objetivos do tipo, sejam eles materiais ou normativos, exclui o dolo. Não se pode dizer que o agente quis suprimir tributo se ele não sabia ser o tributo devido, ou não, na situação por ele vivenciada.

E como no crime de supressão ou redução de tributo o dolo é essencial, o tipo penal em questão não se completa.

Neste sentido é a lição autorizada de Mirabete que assevera:

> "O erro é uma falsa representação da realidade e a ele se equipara a ignorância, que é o total desconhecimento a respeito dessa realidade. No caso de erro de tipo, desaparece a finalidade típica, ou seja, não há no agente a vontade de realizar o tipo objetivo. Como o dolo é querer a realização do tipo objetivo, quando o agente não sabe que está realizando um tipo objetivo, porque se enganou a respeito de um dos seus elementos não age dolosamente: há erro de tipo."[68]

Se o agente pratica a conduta de suprimir, ou reduzir o tributo, consciente de que realmente está suprimindo, ou reduzindo um tributo devido, embora na suposição de que não está cometendo um crime, tem-se um erro residente na própria relação de Direito Penal, na própria questão de saber se existe, ou não, no Direito Penal, a *proibição* da conduta de suprimir, ou de reduzir o tributo, proibição que se expressa pela definição do tipo e cominação da pena respectiva. O elemento subjetivo, neste caso, está presente em relação a conduta, que foi desejada pelo agente, exatamente como descrita na norma penal. O agente quis a conduta. Configura-se, portanto, o dolo. Este não é excluído pelo fato de se haver o agente equivocado na questão de saber se tal conduta é ou não penalmente reprovada.

Situação diversa ocorre se o agente pratica uma conduta supondo que a mesma é lícita do ponto de vista tributário, porque não implica a supressão, ou a redução de um tributo *devido*, e está equivocado. O erro, neste caso, não ocorre no conhecimento da lei penal. O agente sabe que suprimir tributo é crime, mas acredita que sua conduta não realiza o tipo penal, porque entende que não está suprimindo nem reduzindo tributo devido. Não se pode afirmar existente o dolo, porque o agente não quis realizar o tipo.

5.5 Erro de tipo nos crimes tributários e as garantias constitucionais na tributação

Nos crimes contra a ordem tributária, tem especial relevo essa nova postura doutrinária a respeito do erro. Se não adotarmos o entendimento segundo o qual o erro na interpretação da lei tributária, como erro de tipo,

---

[68] Julio Fabbrini Mirabete, *Manual de Direito Penal*, Atlas, São Paulo, 1995, v. 1, p. 167.

exclui o dolo, estaremos excluindo inteiramente as garantias constitucionais da tributação, especialmente a garantia consubstanciada no princípio da legalidade. Se o erro na interpretação das leis tributárias não fosse capaz de elidir a configuração do crime, a relação de tributação deixaria de ser uma relação jurídica, para voltar a ser como foi em sua forma primitiva, uma relação simplesmente de poder.

Realmente, o tributo deixaria de ser devido nos termos da lei e passaria a ser devido nos termos da interpretação dada à lei pela Administração Tributária. Toda vez que o contribuinte tivesse dúvida teria de consultar a autoridade administrativa, e adotar o entendimento por esta preconizado. Quando tivesse entendimento diverso teria de pedir a proteção judicial antes de concretizá-lo em conduta, sem o que estaria sempre correndo o risco de a final ser acusado do cometimento de crime.

Não há dúvida, portanto, de que a evolução da doutrina do Direito Penal em torno do erro, efetivamente se deu positivamente, de sorte a contribuir para o aperfeiçoamento do Direito como sistema, e para o aprimoramento da Ciência Jurídica.

6 RESPONSABILIDADE E IMPUTABILIDADE

6.1 Imputabilidade e culpabilidade

Já nos reportamos à dificuldade com a qual se deparam os doutrinadores para definir culpabilidade. O exame da culpabilidade, da responsabilidade e da imputabilidade deve ser feito no mesmo contexto porque a compreensão de um desses conceitos ajuda na compreensão das outras. Na verdade, os conceitos em referência estão estreitamente ligados.

A imputabilidade constitui pressuposto da culpabilidade e esta constitui pressuposto da responsabilidade. A imputabilidade é uma qualidade do agente, que resulta da capacidade deste de entender o caráter ilícito do fato e de determinar-se de acordo com esse entendimento. Diz nosso Código Penal:

> "É isento de pena o agente que, por doença mental ou desenvolvimento mental incompleto ou retardado, era, ao tempo da ação ou da omissão, inteiramente incapaz de entender o caráter ilícito do fato ou de determinar-se de acordo com esse entendimento."[69]

---
[69] Código Penal, art. 26.

Comentando esse dispositivo da lei penal ensina Mirabete:

> "Admitindo-se que a culpabilidade é um juízo de reprovação e assentado que somente pode ser responsabilizado o sujeito pela prática de um fato ilícito quando poderia ter agido em conformidade com a norma penal, a imputação exige que o agente seja capaz de compreender a ilicitude de sua conduta e de agir de acordo com esse entendimento. Essa capacidade só existe quando tiver ele uma estrutura psíquica suficiente para querer e entender, de modo que a lei considera inimputável quem não a tem."[70]

A culpabilidade, como juízo de reprovação, só existirá em relação às pessoas imputáveis, vale dizer, as pessoas dotadas de imputabilidade. Vê-se, pois, que se trata de conceitos absolutamente inseparáveis, que na verdade dizem respeito a aspectos da mesma realidade, vale dizer, da conexão inevitável entre imputabilidade, culpabilidade e responsabilidade.

Assevera Aníbal Bruno:

> "Sendo a imputabilidade o elemento que se destaca desde logo na estrutura da culpabilidade, admitida mesmo, por muitos, como o seu pressuposto, se ela falta ou se mostra imperfeita, por ausência ou debilidade dos seus componentes, com ela se exclui ou se atenua a culpabilidade e, portanto, a responsabilidade penal."[71]

A imputabilidade é, portanto, o aspecto da culpabilidade que diz respeito diretamente às condições pessoais do agente. Já a culpabilidade é o juízo de reprovação feito por terceiros que constitui condição para a responsabilidade penal do agente. Se o agente não é imputável não é justo que se estabeleça, em relação a ele, o juízo de reprovação.

6.2 Responsabilidade

A responsabilidade, finalmente, é o estado de sujeição no qual se coloca o agente que, sendo imputável, tenha em relação ela estabelecido o juízo de reprovação do seu ato. Responde pelo ato ilícito, portanto, aquele que sendo imputável agiu com culpabilidade, vale dizer, agiu de forma a submeter-se ao juízo de reprovação.

---

[70] Julio Fabbrini Mirabete, *Código Penal Interpretado*, Atlas, São Paulo, 2000, p. 218.
[71] Aníbal Bruno, *Direito Penal*, 2ª edição, Forense, Rio de Janeiro, 1959, t. 2º, p. 129.

Responsabilidade, em Teoria Geral do Direito, é a sujeição à sanção. Em nosso direito positivo, todavia, tem sido estabelecida a distinção entre a sanção penal, geralmente de cunho pessoal e aplicada com exclusividade pelo Poder Judiciário, e a sanção civil, que envolve também a sanção administrativa. Assim, como *responsabilidade* é a sujeição à *sanção*, estabeleceu-se também a distinção entre a responsabilidade penal e a responsabilidade civil.

6.3 Responsabilidade penal e civil

Realmente, a responsabilidade *penal* distingue-se nitidamente da responsabilidade *civil*. Embora essa distinção nem sempre seja compreendida pelas pessoas em geral, o operador do direito não pode ignorá-la.

Entendida a expressão responsabilidade civil no sentido de responsabilidade patrimonial, ou responsabilidade por danos ao patrimônio, tem-se que tal responsabilidade pode ser subjetiva e também pode ser objetiva, como ocorre, por exemplo, com a responsabilidade civil do Estado. A responsabilidade civil, por outro lado, não se limita àquele que pessoalmente tenha causado o dano. Não tem caráter pessoal, portanto. Assim, por exemplo, os pais respondem por danos causados por seus filhos menores, a empresa pode ser responsabilizada por danos causados por seus empregados, e assim por diante. A responsabilidade pela indenização de dano causado por um cometimento criminoso não é pessoal. "A indenização do prejuízo causado pelo condenado é sanção civil, e por isso pode ser estendida aos sucessores e contra eles executada, é óbvio, até o limite do valor do patrimônio transferido."[72]

A responsabilidade civil é bem mais ampla do que a responsabilidade penal. Primeiro porque abrange a responsabilidade objetiva, em certos casos admitida por nosso ordenamento jurídico. Depois, porque, mesmo no que concerne à responsabilidade subjetiva, tem alcance bem mais amplo do que a responsabilidade penal, na medida em que o conceito de culpa, no Direito Civil, é bem mais abrangente do que no Direito Penal.

A responsabilidade objetiva decorre da simples relação de causa e efeito entre a conduta imputada ao responsável e o dano sofrido por quem a reclama. Essa forma de responsabilidade é inadmissível no Direito Penal de nossos dias. É consagrada no cível, onde as sanções são de natureza patrimonial. Assim é, por exemplo, a responsabilidade das pessoas jurídicas de direito público e das pessoas jurídicas de direito privado, prestadoras de serviços públicos,

---

[72] Ney Moura Teles, *Direito Penal*: parte geral, Atlas, São Paulo, 2004, v. I, p. 83.

pelos danos que seus agentes, nessa qualidade, causarem a terceiros.[73] E a responsabilidade dos empregadores em geral pelos danos decorrentes de acidentes do trabalho.

Além disto, a responsabilidade civil é bem mais ampla do que a responsabilidade penal, porque no Direito Civil temos diversas formas de culpa não admitidas no Direito Penal. A culpa, no Direito Civil, pode decorrer não apenas de atos ou omissões do próprio culpado, mas também de atos de terceiros a ele relacionados. De Plácido e Silva, reportando-se à denominada culpa *aquiliana*, esclarece que,

> "segundo o princípio *neminem laedere*, em que assenta a *culpa aquiliana*, o *dever* não consiste simplesmente em não ofender, por ato próprio, direito alheio.
> Tal dever atinge a vigilância sobre coisas, ou animais, pertencentes a quem deles deve cuidar, sobre as pessoas, em sua dependência, ou das que escolheu para desempenho de misteres de sua responsabilidade.
> E assim temos a culpa *in vigilando* e a *in eligendo*.
> A culpa *in eligendo* (resultante da escolha), é a que se atribui ao proprietário, patrão, empregador, amo, etc., pelas faltas cometidas por seus serviçais, empregados ou prepostos, na execução de atos ou omissões que possam causar danos a outrem, desde que ocorridos no exercício do trabalho que lhe é cometido.
> A culpa *in vigilando* (falta de vigilância), é a que se imputa à pessoa, em razão de prejuízos ou danos causados a outrem, por atos de pessoas, sob sua dependência, ou por animais de sua propriedade, consequentes da falta de vigilância ou atenção que deveria ter, de qual resultaram os fatos, motivadores dos danos e prejuízos. Decorre, assim, do dever dessas pessoas (pais, tutores e proprietários) de vigiar os filhos ou de impedir que seus animais venham causar danos a outrem".[74]

Em síntese, podemos dizer que a responsabilidade penal é sempre pessoal e subjetiva, enquanto a responsabilidade civil pode ser transmitida por sucessão, nos limites do patrimônio transmitido ao sucessor, pode decorrer de atos de outrem e pode ser objetiva. Essas ideias, é importante ressaltar, são de grande importância no estudo dos crimes contra a ordem tributária, especialmente para os tributaristas e outros estudiosos não suficientemente familiarizados com o Direito Penal. Elas nos permitem explicar porque a pes-

---

[73] Constituição Federal de 1988, art. 37, § 6º.
[74] De Plácido e Silva, *Vocabulário Jurídico*, Forense, Rio de Janeiro, 1987, v. I.

soa jurídica tem responsabilidade tributária mas não tem responsabilidade penal, e, ainda, porque nem sempre um diretor ou sócio da pessoa jurídica tem responsabilidade por um crime contra a ordem tributária praticado no âmbito da empresa que dirige ou da qual participa, embora tenha responsabilidade tributária decorrente dos mesmos fatos.

7 RESPONSABILIDADE PENAL

7.1 Evolução das ideias sobre responsabilidade penal

A responsabilidade penal nem sempre foi pessoal e nem sempre teve como pressuposto a culpabilidade. Reportando-se às características do Direito Penal primitivo, Soler assevera:

"La responsabilidad no es siempre individual y ni siquiera exclusivamente humana. No consiste en una relación entre el sujeto y su acción, sino en *un estado*, en una impureza, atribuible tanto a un hombre, como a un animal, como a una cosa. Por otra parte, es un hecho conocido que las formas antiguas de venganza más se parecían a guerras que a actos individuales, lo que hace decir a E. Garçon que la venganza y la composición, en sus orígenes primeros, no son sino una especie de derecho internacional. La infracción producida por un individuo e de determinada *totem* podía ser vengada contra cualquiera perteneciente al mismo *totem*."

Em monografia sobre o tema, Fernando Gutierrez conclui:

"Ha habido, a grandes rasgos, cinco grandes concepciones de la responsabilidad penal:
a) De la causalidad material: el 'autor' del acto está obligado a seguir todas las consecuencias del mismo. Solo hay que saber que tal acto ha sido realizado por tal 'autor', una vez descubierto, sufrirá sin discusión y sin límite todo el peso de la vindicta pública.
b) De la libertad del agente. El influjo del Cristianismo, el resurgir del Derecho Romano y el desarrollo del Derecho Canónico abren en la Edad Media el período de la responsabilidad moral. Por obra de los teólogos, el libre arbitrio se convierte en el alma del Derecho Penal, y esta formulación llega hasta nuestros días recogida por la Escuela Clásica.
c) De la negación responsabilidad-libertad. Fatalidad del crimen. Se pasa de la responsabilidad moral a la legal y social. Hay un re-

greso a la noción primitiva del acto, pero no por las mismas causas. Positivismo-Determinismo.

d) De la oposición entre libre arbitrio y determinismo. Surgen tendencias jurídicas, tributarias de un sistema u otro, o de los dos a la vez: Neoclasismo, Positivismo crítico, Pragmatismo.

e) Del 'sentimiento íntimo de la responsabilidad'. Descubrimiento psicológico, que va ser aplicado en el campo jurídico por la Nueva Defensa Social."[75]

Seja como for, certo é que nos dias atuais, ao menos nos países ditos civilizados, a responsabilidade penal é pessoal e subjetiva, vale dizer, fundada na culpabilidade.

7.2 Culpabilidade e pessoalidade

Culpabilidade é conceito abrangente, no qual estão incluídos o *dolo* e a *culpa*. Como é pressuposto indispensável da responsabilidade penal a culpabilidade, diz-se que tal responsabilidade é pessoal. A pessoalidade pode parecer assim simplesmente uma consequência da culpabilidade. Entretanto, a rigor é mais que isto. A pessoalidade, presente como pressuposto da responsabilidade penal, impõe que se estabeleça uma distinção entre esta e a responsabilidade civil, conforme já explicado (seção 5.3).

Em nosso Direito positivo não se pode admitir a responsabilidade penal por fato de outrem, salvo, é claro, quando o outro age a mando de autor intelectual do fato.

René Ariel Dotti doutrina, com inteira propriedade:

> "O princípio da culpabilidade é extraído da norma constitucional que proclama a dignidade da pessoa humana como um dos princípios fundamentais da República (art. 1º, III)."[76]

E adiante acrescenta:

> "No terreno da dogmática e também no quadro da antiga e renovada discussão a respeito do livre-arbítrio e do determinismo da conduta humana, a exigência da responsabilidade penal em função da culpa

---

[75] Fernando Gutierrez, S. J., *Vision Histórica de La Responsabilidad Penal*, Universidad Central de Venezuela, Caracas, 1972, p. 90.

[76] René Ariel Dotti, *Curso de Direito Penal*: parte geral, 2ª edição, Forense, Rio de Janeiro, 2004, p. 64.

deve ser fortalecida como expressão da liberdade e da dignidade do homem."[77]

Segundo Ariel Dotti a culpabilidade não é elemento do crime, mas um pressuposto da pena. Para ele,

> "o crime, visto como ação tipicamente ilícita é um fenômeno distinto e separável da pena cuja imposição depende dos pressupostos da imputabilidade, consciência da ilicitude e exigibilidade de conduta diversa, *i.e.*, da culpabilidade".[78]

E no que diz respeito aos crimes contra a ordem tributária, os previstos na Lei nº 8.137/90, Ariel Dotti ensina que, também em relação a eles, a culpabilidade deve ser investigada para se determinar o grau de participação de cada um dos agentes. Em suas palavras:

> "Um dos generosos princípios da ciência penal e Direito Penal consiste no reconhecimento de que não pode haver pena criminal sem culpabilidade: *nula pena sine culpa*. O chamado *dogma da culpabilidade* é expressamente enunciado pelo art. 19 do CP e o primeiro dos elementos a serem examinados pelo juiz para a individualização da pena – 'conforme seja necessário e suficiente para reprovação e prevenção do crime' – é, justamente, a culpabilidade (CP, art. 59). Também no quadro do concurso de pessoas, a culpabilidade deve ser investigada para se determinar a natureza e o grau de participação (CP, art. 29). Essa averiguação também se efetiva quando o concurso se verifica em crime previsto em lei especial (Lei nº 8.137/90, art. 11, e Lei nº 9.605/98, art. 2º)."[79]

7.3 Culpabilidade, o crime e a responsabilidade

É da maior importância no contexto dos crimes contra a ordem tributária, especialmente em se tratando de crimes cometidos no âmbito da empresa, a questão de saber se quem age na condição de subordinado, como ocorre com

---

[77] René Ariel Dotti, *Curso de Direito Penal*: parte geral, 2ª edição, Forense, Rio de Janeiro, 2004, p. 64.

[78] René Ariel Dotti, *Curso de Direito Penal*: parte geral, 2ª edição, Forense, Rio de Janeiro, 2004, p. 337.

[79] René Ariel Dotti, *Curso de Direito Penal*: parte geral, 2ª edição, Forense, Rio de Janeiro, 2004, p. 339.

o empregado que obedece a determinações do empregador. Quem não age por vontade própria, certamente, não pode ser responsabilizado penalmente. Não tem culpa, em sentido amplo, e por isto não pode ser apenado. Em outras palavras, podemos dizer que não é penalmente responsável.

Parte da doutrina não se reporta à responsabilidade penal, limitando-se a tratar da imputabilidade. Embora não se deva desconhecer a distinção, bastante sutil, entre responsabilidade penal e imputabilidade, certo é que nosso Código Penal seguiu a doutrina que apenas se reporta à imputabilidade. Por outro lado, preferiu referir-se ao dolo e à culpa no próprio capítulo em que trata do crime. E neste também cuidou da obediência hierárquica e da coação, circunstâncias que a nosso ver excluem a culpabilidade.

Seja como for, certo é que em nosso Direito Penal sem culpabilidade não existe crime e sem crime não tem sentido, ao menos no terreno prático, cogitar-se de imputabilidade nem de responsabilidade.

Com estes esclarecimentos, que nos permitem compreender adequadamente a questão, vejamos como deve ser qualificada, no âmbito do Direito Penal, a prática por um empregado de fato descrito como crime contra a ordem tributária.

7.4 Coação irresistível e obediência hierárquica

O Código Penal, ao cuidar do crime, estabelece que "se o fato é cometido sob coação irresistível ou em estrita obediência a ordem, não manifestamente ilegal, de superior hierárquico, só é punível o autor da coação ou da ordem".[80] Em outras palavras, diz o Código que não é punível aquele que pratica o fato sob coação irresistível ou por ordem não manifestamente ilegal de superior hierárquico. Não ser punível significa, ao menos para efeitos práticos, não ser imputável ou não ser penalmente responsável.

O empregado atua, em regra, sob as ordens do empregador. A subordinação é um dos elementos essenciais do contrato de trabalho, de sorte que indiscutivelmente existe na atuação do empregado. Ocorre que o Código exige, para a exclusão da responsabilidade penal, que o fato seja praticado por ordem não *manifestamente* ilegal. Assim, a responsabilidade penal pela prática de certos fatos definidos como crime contra a ordem tributária – emissão de nota fiscal calçada, por exemplo – dificilmente pode ser afastada pela existência de ordem do empregador. Outros fatos, entretanto, quando praticados por ordem do empregador sem que tal ordem se mostre como manifestamente ilegal, e neste caso é possível que o empregado não seja punível.

---

[80] Código Penal, art. 22.

A punibilidade é também excluída se o fato é praticado sob coação *irresistível*. Enquanto a ordem do superior hierárquico, para excluir a punibilidade, há de ser *manifestamente* ilegal, a coação, para excluir a punibilidade, há de ser *irresistível*. Essas qualificações são, ambas, de difícil definição. Só em face de cada caso concreto se pode avaliar uma ordem para saber se a mesma é ou não manifestamente ilegal. Depende inclusive das condições intelectuais de quem recebe a ordem. Já o saber se a coação é ou não irresistível também depende das circunstâncias de cada caso.

Seja como for, em face do elevado nível do desemprego, é razoável admitir-se que a ordem do empregador, ainda quando se possa questionar se é ou não manifesta a sua ilegalidade, em regra configura coação irresistível. O medo de perder o emprego geralmente leva o empregado a submeter-se às ordens do empregador. Assim, se pratica um crime contra a ordem tributária, não é razoável admitir-se que seja penalmente responsável.

7.5 Responsabilidade penal da pessoa jurídica

Sendo o fato praticado por um empregado, no âmbito de uma empresa, pode ocorrer que fique bastante difícil identificar-se o responsável pela ordem, vale dizer, a pessoa natural a quem possa ser atribuída a responsabilidade penal. Dificuldade que, em virtude da complexidade dos fatos que se passam no âmbito das empresas, pode decorrer também de outras razões. Por isto alguns doutrinadores preconizam a responsabilidade penal da pessoa jurídica, como fórmula capaz de superar tais dificuldades.

Consideramos que o Direito Penal é próprio das pessoas naturais. Além disto, porque a sanção mais importante no seu âmbito ainda é a privação da liberdade, alberga peculiaridades que fazem inadmissível a responsabilidade penal da pessoa jurídica.

7.6 Responsabilidade exclusiva do empregado

É importante insistirmos em que, no Direito brasileiro, a responsabilidade penal está ligada à culpabilidade. E em se tratando de crimes contra a ordem tributária a Lei nº 8.137/90 é expressa:

> "Art. 11. Quem, de qualquer modo, inclusive por meio de pessoa jurídica, concorre para os crimes definidos nesta Lei, incide nas penas a estes cominadas, na medida de sua culpabilidade."

Esse dispositivo legal exclui definitivamente a ideia de responsabilidade penal da pessoa jurídica, e afasta também a ideia de responsabilidade por fato de outrem. Se no âmbito de uma pessoa jurídica ocorre um crime de supressão ou redução de tributo é necessária a apuração dos fatos de sorte a que reste identificada a pessoa natural responsável pelo cometimento. E essa pessoa pode ser, ou não, sócio ou diretor. Pode ser um empregado agindo em proveito próprio.

É possível, portanto, a ocorrência de situação na qual a responsabilidade penal seja exclusivamente de um empregado. Temos convicção absoluta disso porque em nossa vida profissional, ainda trabalhando como contabilista, nos deparamos com uma situação na qual estava configurado um cometimento ilícito no âmbito de uma empresa e os diretores desta nem ao menos sabiam do fato. Situação na qual a responsabilidade penal era exclusiva de um empregado.

Insistimos na distinção que se há de ter presente, em situações assim, entre a responsabilidade civil e a responsabilidade penal. No plano da responsabilidade civil a pessoa jurídica é, sim, responsável pelos ilícitos cometidos por seus empregados, em face da denominada culpa *in eligendo*. No plano da responsabilidade penal, todavia, a responsabilidade é pessoal do agente, e não existe sem a presença da culpabilidade deste. Não temos dúvida, portanto, de que nos casos nos quais um empregado pratica ilícitos tributários por sua própria conta, geralmente em proveito próprio, a responsabilidade penal é exclusivamente sua.

8 OUTRAS EXCLUDENTES DO CRIME OU DA PUNIBILIDADE

8.1 Elemento do crime ou pressuposto da pena

A doutrina dos penalistas diverge quanto à posição na qual deve ser colocada a culpabilidade. Uns sustentam ser ela característica do crime. Não há crime sem culpa. Outros a colocam como um pressuposto da pena. Sem negar a possibilidade de influência remota dessa ou daquela doutrina, quanto a eficácia do Direito Penal como instrumento de controle social, preferimos admitir que se trata de questão sem consequência no plano prático.

Segundo Moura Teles,

> "não é correto dizer que a culpabilidade é apenas um pressuposto da pena, pois tanto a tipicidade como a ilicitude são, igualmente, pressupostos da aplicação da sanção penal. São pressupostos da aplicação da pena as três notas características do crime. Este sim, é pressuposto da pena".[81]

---
[81] Ney Moura Teles, *Direito Penal*: parte geral, Atlas, São Paulo, 2004, v. I, p. 312.

Na verdade o crime é o pressuposto da pena. Cada um dos seus elementos, ou características essenciais, é pressuposto da pena. Mas é razoável admitir-se que além do crime existam outros pressupostos da pena, que estejam fora do crime. A questão está em saber, portanto, se a culpabilidade deve ser considerada como algo que não integra o próprio tipo penal, embora seja um pressuposto inafastável da pena. Diríamos que, neste caso, o crime não seria o único pressuposto essencial da pena.

Não pretendemos negar a relevância da questão, sobretudo como um elemento de coerência na elaboração doutrinária. Nem podemos afirmar que a preferência por uma ou por outra das posturas doutrinárias, não possa ter consequências a longo prazo no concernente à eficácia do Direito Penal, como instrumento de controle social. Entretanto, ao menos do ponto de vista dos efeitos práticos imediatos, repetimos que não nos parece relevante a questão de saber se a culpabilidade é elemento do crime ou apenas um pressuposto da pena, que não integra o fato típico. Por isto é que nos referimos a *causas excludentes do crime* – conceito que atende aos que sustentam ser a culpabilidade um elemento deste – e acrescentamos a alternativa, *ou da punibilidade*, conceito que atende aos que sustentam ser a culpabilidade apenas um pressuposto da pena.

Por outro lado, com a expressão *causas excludentes da punibilidade* estamos abrangendo outras causas que não se incluem no âmbito da *culpabilidade*, como a seguir se verá.

8.2 O princípio da insignificância

A divergência doutrinária pode ser instaurada, também, na questão de saber se o *princípio da insignificância* deve ser estudado como causa de exclusão da tipicidade, ou como causa de exclusão da punibilidade. Quem o considerar excludente da tipicidade dirá, por exemplo, que não configura o tipo penal do furto, definido no art. 155 do Código Penal, não está configurado quando a coisa alheia móvel subtraída for de valor econômico insignificante. Quem sustentar que o princípio da insignificância é excludente da punibilidade, dirá que o tipo está configurado, qualquer que seja o valor econômico da coisa furtada, mas não se justifica punir o seu autor quando esse valor econômico for insignificante. Qualquer dessas duas posições doutrinárias conduz ao mesmo resultado. A pena não deve ser aplicada quando o tipo, embora formalmente configurado, não envolver um valor econômico significativo.

Como se trata de causa extralegal, nem se pode dizer que o legislador adotou essa ou aquela posição doutrinária. Seja como for, é indiscutível o acerto do princípio segundo o qual não se deve punir aquele que pratica fato sem conteúdo economicamente significativo, em se tratando de um crime contra o patrimônio. Resta, porém, a questão de saber se é também assim em se tratando do crime contra a ordem tributária.

Justifica-se a questão porque, nos crimes contra a ordem tributária, o objeto jurídico protegido não é propriamente a arrecadação, vale dizer, não é o patrimônio do Estado, e sim a ordem tributária. Assim, pode-se argumentar que o diminuto valor econômico do tributo suprimido, ou da diferença daquele indevidamente reduzido, não deveria ser considerado.

Não se pode, todavia, deixar de lado o aspecto prático das questões jurídicas. É certo que o objeto jurídico protegido nos crimes contra a ordem tributária não é o patrimônio do Estado, mas a ordem jurídica tributária. A realização do tipo penal destrói de algum modo a eficácia do sistema normativo e degrada a ordem tributária. Mas daí não se pode concluir que o valor econômico do resultado obtido com o cometimento ilícito seja irrelevante. Muito pelo contrário, especialmente quando no sistema jurídico são introduzidas normas dispensando até o agente público de promover a cobrança do tributo de até certo montante, à consideração de que o dispêndio de recursos financeiros com a ação de cobrança supera o valor que a Fazenda Pública pretende receber.

A 5ª Turma do TRF da 2ª Região já decidiu que não configura crime contra o INSS o não recolhimento de contribuições descontadas de empregados, de valor inferior a R$ 1.000,00. Invocou a Lei nº 9.441/97, que extingue todos os créditos do INSS, de um mesmo devedor, com valor inferior a essa importância. Entendeu que se o valor é baixo para o juízo cível, com maior razão tem-se que a lesão para a ordem jurídico penal não tem a gravidade suficiente para justificar a movimentação da máquina estatal repressiva.[82]

Embora invocando, a nosso ver indevidamente, a falta de lesividade aos cofres públicos, como a dizer que o bem jurídico protegido não teria sido afetado, o Superior Tribunal de Justiça também já decidiu acolher o princípio da insignificância. E assim decidiu que "a dívida sobrevinda do descaminho cujo valor encontra-se no limite estatuído pelo art. 20, da Lei nº 10.522/02, com redação da Lei nº 11.033/04, impede a condução da ação penal, porquanto compreende a falta de lesividade aos cofres públicos em ordem a deflagrar a 'persecutio criminis'".[83]

---

[82] Apelação nº 1999.02.01.050472-5, *Boletim Informativo Juruá*, ano 9, nº 282, p. 1.

[83] STJ, 5ª Turma, RES 675.989/RS, rel. Ministro José Arnaldo da Fonseca, julgado em 3.2.2005, *DJU* I de 21.3.2005, e *Boletim Informativo Juruá*, 1º a 15 de abril de 2005, p. 29,

Não obstante as divergências na doutrina e na jurisprudência, e com o devido respeito pelos que sustentam opiniões diversas, a nosso ver o princípio da insignificância aplica-se aos crimes contra a ordem tributária, em virtude da razão de ser desse importante princípio, cujo limite adotado pela Fazenda Nacional para a propositura da execução fiscal deve ser considerado o limite para sua aplicação.

Outro aspecto interessante da questão reside em saber se a insignificância é afastada pela repetição da conduta, cuja tipicidade não se perfez exatamente em virtude daquela. Como registra Tiago do Carmo Martins, o Superior Tribunal de Justiça já decidiu que circunstâncias de caráter pessoal, tais como reincidência, maus antecedentes e, também, o fato de haver processos em curso visando a apuração da mesma prática delituosa, não interferem no reconhecimento de hipóteses de desinteresse penal específico, vale dizer, não interferem no reconhecimento da caracterização da insignificância.[84] E o Supremo Tribunal Federal também já se pronunciou no sentido de que a consideração do ato como penalmente insignificante não comporta considerações relacionadas ao sujeito da conduta. Ou o ato é objetivamente insignificante, ou não é. E sendo, torna-se atípico, impondo-se o trancamento da ação penal por falta de justa causa.[85] Entretanto, mais recentemente, tanto o Superior Tribunal de Justiça[86] como o Supremo Tribunal Federal[87] passaram a entender que a reiteração da conduta é, sim, um fato hábil a que se afaste a aplicação do princípio da insignificância.

---

texto nº 35.3576. Esse entendimento, que aplica o princípio da insignificância a partir do limite legal fixado para a propositura de execução fiscal, tem sido mantido no âmbito do STJ. Veja-se, a propósito: AgRg no HC 361.798/SP, 5ª Turma, Rel. Ministro Ribeiro Dantas, julgado em 6.2.2020, DJe 12.2.2020.

[84] STJ, 5ª Turma, HC 34.827/RS, relator para o acórdão Ministro Felix Fischer, *DJU* de 17.12.2004, citado por Tiago do Carmo Martins, em Contrabando e Descaminho e o Princípio da Insignificância, em *Revista Dialética de Direito Tributário*, Dialética, São Paulo, nº 135, dezembro de 2006, p. 50.

[85] Cf. Tiago do Carmo Martins, em Contrabando e Descaminho e o Princípio da Insignificância, em *Revista Dialética de Direito Tributário*, Dialética, São Paulo, nº 135, dezembro de 2006, p. 51.

[86] "... a Terceira Seção desta Corte, no julgamento do EREsp 221.999/RS, de minha relatoria, DJe 10.12.2015, estabeleceu que a reiteração criminosa inviabiliza a aplicação do princípio da insignificância, ressalvada a possibilidade de, no caso concreto, a verificação da medida ser socialmente recomendável" (AgRg no AREsp 2.053.225/SC, 5ª Turma, Rel. Ministro Reynaldo Soares da Fonseca, julgado em 19.4.2022, *DJe* 25.4.2022).

[87] "... A orientação deste Supremo Tribunal, confirmada pelas duas Turmas, é firme no sentido de não se cogitar da aplicação do princípio da insignificância em casos nos quais o réu incide na reiteração delitiva" (HC 131.205, 2ª Turma, Rel. Cármen Lúcia, julgado em 6.9.2016, DJe-202, Divulg. 21.9.2016, Public. 22.9.2016).

8.3 Retroatividade da lei mais benigna

A aplicação retroativa da lei mais benigna em matéria de crime contra a ordem tributária pode também ser considerada uma causa de exclusão da punibilidade. Não apenas da lei que define o tipo penal, mas de qualquer dispositivo legal cuja aplicação ao caso concreto assegure tratamento vantajoso para o acusado.

Assim, o Tribunal Regional Federal da 2ª Região já aplicou retroativamente dispositivo legal relativo à prescrição, decidindo:

> "SONEGAÇÃO FISCAL – Modalidade do art. 2º, I, da L. 8.137/90. Lei mais benigna. Extinção da punibilidade pela prescrição da pretensão punitiva. Arts. 109 e 107 do CP. rejeição da denúncia. Considerado o especial fim de agir dos denunciados – eximirem-se (ou desobrigarem-se) do pagamento de tributo, mediante fraude –, a sua conduta é de ser enquadrada no tipo do art. 2º, I da L. 8.137/90, por força do princípio da retroatividade da *lex mitior* (art. 2º, parágrafo único, do CP), ainda que estivesse capitulada nos arts. 293, V e 171, § 3º, do CP à época em que eles fizeram uso das GRP's (Guias de recolhimento da Previdência Social) fraudulentas. Sendo de 4 anos o prazo prescricional da pretensão punitiva estatal no delito em questão, o decorrido, entre a data dos fatos e a do oferecimento da denúncia, tempo muito superior, encontra-se extinta a punibilidade dos agentes. Correta a sentença que rejeitou a denúncia com fulcro no art. 107, IV, do CP."[88]

8.4 Estado de necessidade

Diz o Código Penal que não há crime quando o agente pratica o fato em estado de necessidade.[89] E define:

> "Considera-se em estado de necessidade quem pratica o fato para salvar de perigo atual, que não provocou por sua vontade, nem podia de outro modo evitar, direito próprio ou alheio, cujo sacrifício, nas circunstâncias, não era razoável exigir-se."[90]

---

[88] TRF da 2ª Região, 4ª Turma, RCr. 97.02.35639-3/RJ, Rel. Juiz Júlio Martins, *DJU* de 13.10.98.
[89] Código Penal, art. 23, inciso I.
[90] Código Penal, art. 24.

Como se vê, nosso Código Penal trata o estado de necessidade como excludente da ilicitude. Diz que *não há crime* quando o agente pratica *o fato* em *estado de necessidade*. O fato praticado em estado de necessidade não chega a ser ilícito. Haveria exclusão da culpabilidade, e esta excluiria o caráter ilícito do fato? Ou seria o estado de necessidade excludente da ilicitude, vale dizer, uma causa de justificação da conduta? O assunto está longe de ser pacífico na doutrina dos penalistas.[91] Mas é uma instituição antiga que não pode ser descartada em face do elevado interesse que suscita.

Damásio doutrina, com inteira propriedade:

> "O estado de necessidade apresenta-se no campo do Direito Penal com a particularidade sugestiva de ser uma instituição antiga na História, modelada através dos anos pela doutrina, que a enfoca sob o ângulo do mais agudo interesse, dando lugar a debates e controvérsias de grande alcance. É por isso que os juristas empregam empenho no estudo dessa figura e os legisladores esmeram-se em delineá-la nos moldes da mais atual pesquisa científica.
>
> Tem como fundamento um estado de perigo para certo interesse jurídico, que somente pode ser resguardado mediante a lesão de outro. Há uma colisão de bens juridicamente tutelados causada por forças diversas, como um fato humano, fato animal, acidente ou forças naturais. Em tais casos, para proteger interesse próprio ou alheio, o Direito permite a lesão de outro bem, desde que seu sacrifício seja imprescindível para a sobrevivência daquele. Se há dois bens em perigo de lesão, o Estado permite que seja sacrificado um deles, pois diante do caso concreto a tutela penal não pode salvaguardar a ambos."[92]

Caracteriza-se o estado de necessidade com a situação na qual existe perigo grave e iminente de lesão a um bem juridicamente protegido, não causado intencionalmente pelo agente e que só poderá ser afastado com a lesão a outro bem juridicamente protegido. Defronta-se o agente com uma situação na qual terá de escolher um, entre dois bens juridicamente protegidos. E não lhe resta outro remédio que não seja a violação de um deles.

---

[91] Veja-se a propósito das divergências em torno da natureza do estado de necessidade, entre outros, Luis Jiménez de Asúa, *Principios de Derecho Penal*: la ley e el delito, Abeledo-Perrot, Buenos Aires, 1990, p. 302-309; e Damásio E. de Jesus, *Direito Penal*, 17ª edição, Saraiva, São Paulo, 1993, v. 1, p. 320-321.

[92] Damásio E. de Jesus, *Direito Penal*, 17ª edição, Saraiva, São Paulo, 1993, v. 1, p. 319.

Coloca-se então a questão de saber se o estado de necessidade pode caracterizar-se quando um desses bens jurídicos é a ordem tributária. Cuéllar García assim se manifesta:

> "La concurrencia de la circunstancia eximente completa o incompleta de estado de necesidad no es incompatible con el delito contra a Hacienda Publica, aunque sea de difícil apreciación, especialmente como eximente completa. El Tribunal Supremo se pronunció en un caso de crisis empresarial con la siguiente doctrina. La STS 3 de diciembre de 1991 afirma que: 'aunque no es incompatible el estado de necesidad con el delito fiscal por elusión del IGTE y del IVA, es difícil apreciar urgencia e necesidad en las situaciones de crisis empresarial, dificultades de tesorería o de precaria situación financiera, porque tales situaciones son resultados de factores antecedentes que atraen paulatinamente el déficit y desequilibrio económico; no consta haberse agotado las posibilidades de financiación externa, ni la de obtener de la Hacienda moratorias o fraccionamiento de pagos, ni que todos los intereses anudados a la subsistencia de la empresa, en especial los laborales, dependieran sustancial y principalmente de los impuestos evadidos, lo que inclina a negar la existencia de una situación de necesidad justificante o exculpatoria'."[93]

Não negamos a dificuldade que em certos casos pode existir para que se considere caracterizado o estado de necessidade como causa excludente da criminalidade em se tratando de crime contra a ordem tributária. Mesmo assim entendemos que em muitas situações o empresário que cometido um ilícito penal tributário pode ser considerado em estado de necessidade. Pode ocorrer que o não recolhimento do tributo seja a única opção viável, à disposição do diretor de uma empresa, para ter condição de pagar o salário dos empregados. Tal situação pode configurar o estado de necessidade e, assim, impedir que se configure o crime contra a ordem tributária definido no art. 2º, inciso II, da Lei nº 8.137/90.

As circunstâncias que podem configurar o estado de necessidade podem também caracterizar a situação de inexigibilidade de outra conduta, causa supra legal de exclusão da culpabilidade, que vamos a seguir examinar.

---

[93] Antonio González-Cuéllar García, Defraudaciones a la Hacienda Pública en el Ámbito Empresarial, en *Empresa y Derecho Penal* (I), Consejo General del Poder Judicial, Madrid, 1999, p. 45.

8.5 Inexigibilidade de outra conduta

A doutrina praticamente unânime dos penalistas afirma que não é *culpável*, portanto não é punível, quem pratica o fato em condições tais que não lhe podia ser razoavelmente exigível outra conduta. Constrói, assim, uma causa extralegal de exclusão da culpabilidade, conhecida como *inexigibilidade de outra conduta*, ou *inexigibilidade de conduta diversa*. No sentido de que outra conduta, que não a adotada, não poderia ser razoavelmente exigível. Ou ainda, dito o mesmo de outra forma, só haverá culpabilidade quando nas circunstâncias do caso concreto seja exigível do autor uma conduta diversa daquela que configura o tipo penal.

Neste sentido doutrina Damásio:

> "Não é suficiente que o sujeito seja imputável e tenha cometido o fato com possibilidade de lhe conhecer o caráter ilícito para que surja a reprovação social (culpabilidade). Além dos dois primeiros elementos, exige-se que nas circunstâncias do fato tivesse possibilidade de realizar outra conduta, de acordo com o ordenamento jurídico. A conduta só é reprovável quando, podendo o sujeito realizara comportamento diverso, de acordo com a ordem jurídica, realiza outro, proibido."[94]

Moura Teles, apoiado na doutrina de Assis Toledo, ensina:

> "A mais importante das excludentes da culpabilidade não está escrito no ordenamento jurídico. E não está, em verdade, porque não é uma simples causa de exclusão de culpabilidade. É, como diz Assis Toledo, um 'princípio fundamental que está intimamente ligado com o problema da responsabilidade pessoal e que, portanto, dispensa a existência de normas expressas a respeito'.
> Como tal, não precisa estar contido em norma penal permissiva, mas tem plena incidência sobre os casos concretos. Não apenas porque diz respeito à responsabilidade pessoal, à liberdade de agir, que é o fundamento da culpa, mas também porque é muito mais ainda do que um princípio de exclusão, é um verdadeiro princípio geral de direito, excludente não só da culpabilidade, mas, igualmente, da ilicitude e da tipicidade, princípio que preside e fundamenta toda e qualquer causa de exclusão de crime."[95]

---

[94] Damásio E. de Jesus, *Direito Penal*, 17ª edição, Saraiva, São Paulo, 1993, v. 1, p. 419.
[95] Ney Moura Teles, *Direito Penal*: parte geral, Atlas, São Paulo, 2004, v. I, p. 309.

A nosso ver, a *inexigibilidade de conduta diversa* é uma excludente natural da tipicidade, por ser um princípio geral de Direito que se contrapõe aos fins da sanção penal. Abrange a situação definida como estado de necessidade, entre outras excludentes do crime ou da pena, e realmente independe de previsão legal, prestando-se para resolver situações que à luz de interpretação restritiva de certos institutos do direito positivo poderiam levar a uma punição inteiramente injusta. A este respeito doutrina José Frederico Marques:

> "Em determinadas situações, a inexigibilidade de outra conduta torna esta lícita, excluindo assim a antijuridicidade do fato típico: é o que ocorre com o estado de necessidade, o qual existe, consoante se vê do artigo 24, do Código Penal, quando *não era razoável exigir-se* do agente, o sacrifício de direito próprio ou alheio."[96]

9 CAUSAS DE EXTINÇÃO DA PUNIBILIDADE

9.1 Extinção da obrigação tributária principal

Em face da evolução legislativa e jurisprudencial, tornou-se pacífico o entendimento segundo o qual o pagamento do tributo devido extingue a punibilidade nos crimes contra a ordem tributária. Entretanto, a rigor não é apenas o pagamento que extingue a punibilidade. Todas as formas de extinção do crédito tributário, que implicam extinção da obrigação tributária correspondente, extinguem a punibilidade nessa espécie de crimes, conforme já tivemos oportunidade de demonstrar.[97]

O Superior Tribunal de Justiça já acolheu esse nosso entendimento, decidindo pela impossibilidade de condenação na hipótese em que se havia consumado a decadência do direito de constituir o crédito tributário, em acórdão que porta a seguinte ementa:

> "Processual Penal. Habeas Corpus. Crime contra a Ordem Tributária. Crédito Fiscal. Decadência do Direito de Lançamento. Condenação

---

[96] José Frederico Marques, *Tratado de Direito Penal*, 1ª edição atualizada, Bookseller, Campinas, 1997, v. II, p. 295.

[97] Hugo de Brito Machado, Extinção do Crédito e Extinção da Punibilidade nos Crimes contra a Ordem Tributária, em *Revista Dialética de Direito Tributário*, Dialética, São Paulo, nº 137, fevereiro de 2007, p. 65-82.

pela Prática do Delito de Sonegação Fiscal. Constrangimento Ilegal. Ordem Concedida.
1. A consumação dos crimes previstos no art. 1º da Lei 8.137/1990, que são considerados materiais ou de resultado, depende do lançamento definitivo do crédito tributário.
2. Como consectário lógico, a ausência do lançamento do crédito fiscal pela Administração Pública, em virtude da fluência do prazo decadencial, verificado pelo transcurso de mais de cinco anos do fato gerador do tributo (art. 150, § 4º, do CTN), obsta a condenação pela prática do delito de sonegação fiscal.
3. Ordem concedida."[98]

Extingue a punibilidade, nos crimes contra a ordem tributária, o adimplemento da obrigação tributária principal, vale dizer, o pagamento do tributo com os acréscimos legalmente devidos. Nessa matéria diversas alterações já ocorreram na lei, que ora admite, ora não admite, o pagamento do tributo como causa de extinção da punibilidade. E, quando admite, ora exige seja o anterior à própria ação fiscal, ora exige seja apenas o anterior ao recebimento da denúncia, e finalmente a jurisprudência evoluiu, especialmente no Supremo Tribunal Federal, no sentido de afastar certas restrições relativas ao tempo do pagamento como causa de extinção da punibilidade.

Os que sustentam que o pagamento não deve ser uma causa de extinção da punibilidade, argumentam que a pena deve ter fundamento ético, e que tal fundamento resta amesquinhado, passando a pena a ter caráter meramente utilitarista. A ação penal passaria a ser simples instrumento da arrecadação de tributo.

Como se trata de uma causa extintiva da punibilidade que pode ser considerada específica dos crimes contra a ordem tributária, a matéria será estudada na Quarta Parte deste livro, onde cuidaremos de questões do Direito Penal, mais especificamente pertinentes a esses crimes ou que em relação a eles despertam maior interesse.

9.2 Outras causas de extinção da punibilidade

Também são causas de extinção da punibilidade que podem ocorrer nos crimes contra a ordem tributária as previstas no art. 107, incisos I a IV, do Código Penal, a saber:

---

[98] STJ, HC 77.986 – MS, rel. Ministro Arnaldo Esteves Lima, julgado em 13.9.2007, *DJU* de 7.4.2008 e *Revista Dialética de Direito Tributário*, nº 154, p. 205.

a) morte do agente;

b) anistia, graça e indulto;

c) a retroatividade de lei que não mais considera o fato como crime; e

d) a prescrição.

Dessas causas de extinção da punibilidade merecem especial consideração a retroatividade da lei que deixa de considerar o fato como crime, e a prescrição que no Direito Penal apresenta-se com disciplina diversa da que tem no âmbito do Direito Tributário.

9.2.1 Morte do agente

Em nosso Direito Penal, ao menos enquanto não se admite a responsabilidade penal das pessoas jurídicas, o agente é sempre uma pessoa física, ou natural. Sua morte, portanto, extingue a punibilidade porque a responsabilidade penal é pessoal. A pena não se transmite. A morte do agente, portanto, é por assim dizermos uma causa natural de extinção da punibilidade. Sobre o assunto manifesta-se Paulo José da Costa Júnior:

> "No direito moderno, instaurou-se definitivamente o princípio segundo o qual *mors omnis solvit*. A morte do réu põe termo à ação penal, se iniciada, e impede a propositura de processo que não tiver sido ainda intentado. Comprovada a morte, mediante exibição do atestado de óbito, ouvido o Ministério Público, o juiz declarará extinta a punibilidade (CPP, art. 62)."[99]

A morte do agente extingue os efeitos da condenação. Não os efeitos civis do crime. Mas pela pena pecuniária, que não é um efeito civil e sim uma sanção penal, se imposta e não paga não responderão os herdeiros porque a responsabilidade penal é sempre pessoal.

9.2.2 Anistia, graça e indulto

A *anistia* é como que o esquecimento, pelo Estado, do fato criminoso. É a renúncia de exercitar o poder-dever de punir. Nada tem a ver com a ilici-

---

[99] Paulo José da Costa Jr., *Curso de Direito Penal*, 2ª edição, Saraiva, São Paulo, 1992, vol. 1, p. 228.

tude, nem com a culpabilidade, nem com a responsabilidade. Pressupõe a existência do crime e a possibilidade de aplicação da pena, que até pode já estar em curso. Uma vez concedida implica automaticamente a extinção da punibilidade.

Sobre essa causa de extinção da punibilidade, ensina Moura Teles:

> "Dispõe o art. 48, VIII, da Constituição Federal que a anistia será concedida pelo Congresso Nacional, com a sanção do Presidente da República, por meio de uma lei cujo efeito será apagar o crime, extinguindo a punibilidade e os efeitos penais, já que os de natureza civil não são alcançados pela renúncia estatal.
>
> A anistia é geralmente concedida para crimes de natureza política, como gesto de pacificação dos espíritos de um país, um podo, como o aconteceu recentemente no Brasil após o regime autoritário instaurado com o golpe militar de 1964. Atingiu, é sabido, os crimes políticos e os com eles conexos. Nada impede, todavia, que a anistia seja concedida para crimes outros.
>
> A anistia é geral, alcançando os fatos por ela referidos e, de consequência, as pessoas neles envolvidas.
>
> O inciso XLIII do art. 5º da Constituição Federal mandou a lei considerar insuscetíveis de anistia a prática de tortura, o tráfico ilícito de entorpecentes e drogas afins, o terrorismo e os crimes chamados hediondos."[100]

A anistia é concedida através de lei ordinária, consubstanciando a vontade do Congresso Nacional e do Presidente da República. Nos termos do art. 48, inciso VIII, da Constituição Federal, diversamente do que ocorre com as leis ordinárias em geral, a lei que concede anistia depende, sempre, da sanção do Presidente da República. Não se admite sanção tácita nem derrubada de veto presidencial.

Graça, também denominada *indulto individual*, é uma forma de indulgência ou clemência que pode ser concedida pelo Presidente da República,[101] atendendo a pedido do próprio condenado, ou a sugestão do Ministério Público, ou do Conselho Penitenciário, a quem cabe opinar nas hipóteses de não ser sua a provocação ao Presidente da República.[102]

---

[100] Ney Moura Teles, *Direito Penal*, Atlas, São Paulo, 2004, v. I, p. 520.
[101] Constituição Federal de 1988, art. 84, inciso XII.
[102] Cf. Damásio E. de Jesus, *Direito Penal*, 17ª edição, Saraiva, São Paulo, 1993, v. 1, p. 605.

Diversamente do que ocorre com a anistia, a graça apenas libera o condenado do cumprimento da pena, não apagando os demais efeitos penais do crime. Tal como ocorre em relação à anistia, a graça não pode ser concedida aos condenados pela prática de tortura, do tráfico ilícito de entorpecentes e drogas afins, do terrorismo e dos crimes chamados hediondos.[103]

A graça pode ser plena, quando extingue inteiramente a pena, e pode ser parcial, quando somente reduz a pena, ou a comuta, substituindo-a por outra menos grave.

Indulto é também uma forma de indulgência ou clemência, só que concedida em razão do fato e não da pessoa do condenado e por isto mesmo não é individual, mas coletiva. Tal como ocorre com a graça, o indulto também pode ser pleno ou total, e parcial. Pode implicar, portanto, a extinção da pena ou simplesmente sua redução ou comutação. Em qualquer caso atinge somente a pena. Não o crime.

A concessão do indulto não depende de provocação. É um gesto espontâneo do Presidente da República, mas sobre ele deve ser ouvido o Conselho Penitenciário.

Tanto a graça, como o indulto, em regra não atingem a pena de multa. É possível, porém, que o ato de concessão da anistia, da graça ou do indulto seja expresso no sentido da extinção também da pena pecuniária. Não havendo dispositivo expresso neste sentido, só atinge a pena prisional. Não a penalidade pecuniária.

9.2.3 Retroatividade da lei penal que exclui o crime

Se um fato deixa de ser considerado crime por lei posterior a sua prática, dá-se a retroatividade da lei penal benigna. Qualquer que seja a fase processual, a punibilidade estará extinta. Mesmo que exista sentença com trânsito em julgado.

9.2.4 Prescrição

A prescrição, no âmbito do Direito Penal, tem disciplina diversa daquela adotada no Direito Tributário. Assim, especialmente para os tributaristas, o estudo da prescrição como causa extintiva da punibilidade é da maior importância.

Os prazos de prescrição dependem da pena, cominada ou aplicada, e a determinação desses prazos é feita em função de critérios diferentes conforme se esteja antes ou depois do trânsito em julgado da sentença penal condenatória.

---

[103] Constituição Federal, art. 5º, inciso XLIII.

9.2.4.1   Os prazos de prescrição

Em se tratando de crimes para os quais é cominada pena privativa de liberdade, ou restritiva de direitos, antes do trânsito em julgado da sentença condenatória, o prazo de prescrição é fixado em função do máximo da pena cominada, verificando-se:[104]

   a) em 20 (vinte) anos, se o máximo da pena é superior a 12 (doze) anos;

   b) em 16 (dezesseis) anos, se o máximo da pena é superior a 8 (oito) e não excede a 12 (doze) anos;

   c) em 12 (doze) anos, se o máximo da pena é superior a 4 (quatro) e não excede a 8 (oito) anos;

   d) em 8 (oito) anos, se o máximo da pena é superior a 2 (dois) e não excede a 4 (quatro) anos;

   e) em 4 (quatro) anos, se o máximo da pena é igual a 1 (um) ou, sendo superior, não excede a 2 (dois) anos;

   f) em 3 (três) anos, se o máximo da pena é inferior a 1 (um) ano.

Depois do trânsito em julgado da sentença condenatória, os prazos de prescrição dependem da pena aplicada. Em outras palavras, onde acima se fez referência ao máximo da pena prevista em lei para o caso, entenda-se a pena concretizada na sentença, vale dizer, a pena aplicada. Esses prazos, todavia, são aumentados de um terço se o condenado é reincidente.[105]

Pode ocorrer que a sentença tenha transitado em julgado para a acusação, por não ter havido recurso desta contra a sentença condenatória, embora tenha havido recurso da defesa. Neste caso, a prescrição é contada em função da pena aplicada na sentença.[106]

Quando a pena de multa for a única cominada, ou aplicada, a prescrição ocorre no prazo de dois anos. Quando a pena de multa for alternativa ou cumulativamente cominada, ou cumulativamente aplicada, a prescrição ocorre

---

[104] Código Penal, art. 109 e seu parágrafo único.
[105] Código Penal, art. 110.
[106] Código Penal, art. 110, § 1º.

no mesmo prazo previsto para a pena privativa de liberdade ou restritiva de direitos.[107]

Os prazos de prescrição ficam reduzidos para a metade quando o criminoso era, ao tempo do crime, menor de 21 (vinte e um) anos, ou, na data da sentença, maior de 70 (setenta) anos.[108]

Ocorrendo a fuga do condenado, assim como no caso de ser revogado o seu livramento condicional, o prazo de prescrição é fixado em razão do tempo restante da pena que lhe fora aplicada.

9.2.4.2 O início dos prazos de prescrição

Antes de transitar em julgado a sentença condenatória, a prescrição começa a correr:[109]

  a) do dia em que o crime se consumou;

  b) no caso de tentativa, do dia em que cessou a atividade criminosa;

  c) nos crimes permanentes, do dia em que cessou a atividade criminosa;

  d) nos crimes de bigamia ou nos de falsificação ou alteração de assentamento do registro civil, da data em que o fato se tornou conhecido;

  e) nos crimes contra a dignidade sexual de crianças e adolescentes, previstos neste Código ou em legislação especial, da data em que a vítima completar 18 (dezoito) anos, salvo se a esse tempo já houver sido proposta a ação penal.

Depois de transitar em julgado a sentença condenatória, a prescrição começa a correr:

  a) do dia em que a sentença condenatória transita em julgado para a acusação, ou transita em julgado a sentença que revoga a suspensão condicional da pena ou o livramento condicional;

  b) do dia em que se interrompe a execução, salvo quando o tempo da interrupção deva computar-se na pena.

---

[107] Código Penal, art. 114.
[108] Código Penal, art. 115.
[109] Código Penal, art. 111.

No caso de fuga do condenado, ou de ser revogado o seu livramento condicional, o prazo de prescrição é determinado em função do tempo que lhe resta da pena.

9.2.4.3 Causas que impedem a prescrição

Diz a lei que, antes de passar em julgado a sentença final, a prescrição não corre em duas situações, a saber: (a) enquanto não resolvida, em outro processo, questão de que dependa o reconhecimento da existência do crime; e (b) enquanto o agente cumpre pena no estrangeiro. A primeira dessas duas situações pode ser frequente nos crimes contra a ordem tributária.

Realmente, se o contribuinte, vencido na esfera administrativa, ingressa em juízo para anular o lançamento tributário, pode ocorrer que esteja colocando em disputa a questão de saber se ocorreu, ou não, o fato do qual depende a existência do tributo cuja supressão ou redução teria configurado o crime. Em sendo assim, se a definição da existência ou não de elementos do tipo fica a depender da decisão judicial, não tem curso a prescrição.

Depois de passada em julgado a sentença condenatória, a prescrição não corre durante o tempo em que o condenado está preso por outro motivo.[110] A razão é simples. Se não é possível a execução da pena prisional, posto que o condenado está preso por outro motivo, a pretensão executória da sentença penal condenatória não pode ser atingida pela prescrição.

9.2.4.4 Causas que interrompem a prescrição

Pode ocorrer que esteja em curso o prazo de prescrição e surja uma causa para que esse curso seja interrompido. O Código Penal estabelece as causas de interrupção da prescrição, e algumas das quais, pelas circunstâncias que envolvem, não podem ocorrer no âmbito dos crimes contra a ordem tributária. A pronúncia, por exemplo, jamais ocorre em relação aos crimes contra a ordem tributária, por ser um instituto processual que não diz respeito a esse tipo de crime. No que concerne ao âmbito dos crimes contra a ordem tributária, o curso da prescrição, da ação ou da execução, conforme o caso, interrompe-se:

a) pelo recebimento da denúncia;

b) pela sentença condenatória recorrível;

---

[110] Código Penal, art. 116, parágrafo único.

c) pelo início ou continuação do cumprimento da pena;

d) pela reincidência.

Note-se a diferença marcante que existe entre a prescrição no âmbito *tributário* e a prescrição no âmbito *penal*. A prescrição, como causa de extinção do direito de cobrar o tributo, já não terá curso se proposta a ação de execução. Se exercitado o direito de ação pela Fazenda Pública não mais se cogitará de prescrição. Salvo, é claro, se for o caso de prescrição intercorrente, da qual se pode cogitar no caso de inércia da Fazenda que, por não praticar atos do processo, provoque a paralisação deste. Se a demora no andamento do processo não decorre de causas imputáveis à Fazenda, não se cogitará de prescrição. Já no âmbito penal é diferente. Mesmo que o Ministério Público venha promovendo e praticando todos os atos do processo, regularmente a prescrição tem curso. O recebimento da denúncia apenas *interrompe* a prescrição. Apaga-se, digamos assim, o efeito do tempo já decorrido. A partir do recebimento da denúncia, porém, a prescrição tem curso ainda que os atos do processo sejam praticados regularmente. E, ainda que a demora decorra de causas imputadas à defesa do réu, ainda assim tem curso o prazo de prescrição.

Nova interrupção acontece com a publicação da sentença ou acórdão condenatórios recorríveis. E com o início ou a continuação do cumprimento da pena. E, finalmente, pela reincidência.

10 CONCURSOS E CRIME CONTINUADO

10.1 Concurso aparente de normas

Depois de se reportar à multiplicidade de fatos delituosos praticados pelo mesmo agente, José Frederico Marques esclarece:

> "Mas a pluralidade de crimes pode derivar da incidência de diversas normas incriminadoras sobre um único comportamento humano, visto que este pode ser integrado por condutas que se aglutinam, mas que, separadamente, constituiriam, cada uma de per si, um delito autônomo. Ou então, nessa conduta há um *quid pluris* que a transforma em crime diverso daquele que existiria sem o elemento que ali se acresce. Liga-se, desta forma, à teoria do concurso de crimes, o problema do concurso de normas que se referem a um só comportamento humano. É que, em tais casos, surge a primeira dúvida a respeito do assunto, visto que deve ficar esclarecido se uma 'realidade jurídica eminentemente' complexa

deve ser 'interpretada como unidade ou, ao contrário, como pluralidade de crimes'. É por isso, que alguns escritores tratam do problema do concurso aparente de normas – que deveria localizar-se no estudo da norma penal – no capítulo do concurso de crimes."[111]

No estudo dos crimes contra a ordem tributária, este assunto assume enorme importância, posto que na descrição dos respectivos tipos, especialmente no tipo de supressão ou redução de tributos, existem condutas que podem configurar também outros tipos penais. Haveria um concurso de normas que estariam incidindo sobre os mesmos fatos. Esse concurso, todavia, é apenas aparente, pois existem critérios estabelecidos pela doutrina do Direito Penal no sentido de determinar qual das normas é a que se aplica, vale dizer, qual das normas efetivamente incide. São os critérios da especialidade, da subsidiariedade e o da absorção, que muitos penalistas preferem denominar princípios, em vez de critérios, terminologia que nos parece mais adequada e por isto aqui adotamos.

10.1.1 Critério da especialidade

Pode ocorrer que entre as duas normas que aparentemente se aplicam ao fato exista uma relação de gênero e espécies. O critério a ser utilizado no caso para determinar qual delas efetivamente incide é o da *especialidade*. Critério, aliás, presente na Teoria Geral do Direito para a superação de antinomias entre normas jurídicas. Sobre o tema, aliás, apoiado na doutrina de Norberto Bobbio, já escrevemos:

> "Pelo critério da especialidade tem-se que as prescrições gerais convivem com as especiais, e estas prevalecem sobre aquelas.
> Pode parecer que o critério da especialidade se faz desnecessário pela consideração de que a antinomia própria somente se configura quando as normas em conflito tem o mesmo suporte fático. Na verdade, porém, não é assim. Ao tratarmos do suporte fático dissemos que este pode ser visto sob quatro aspectos, a saber, o *temporal*, o *espacial*, o *pessoal* e o *material*. E asseveramos que não havendo coincidência quanto ao suporte fático, em todos os seus aspectos, não se há de falar em antinomia.
> Aqui, quando falamos do critério da especialidade, temos como pressuposto que o suporte fático das prescrições jurídicas em conflito

---

[111] José Frederico Marques, *Tratado de Direito Penal*, Bookseller, Campinas, 1997, v. II, p. 436.

é o mesmo, no sentido há coincidência sob todos os aspectos, vale dizer, o temporal, o espacial, o pessoal, e o material. Apenas no que diz respeito a um desses aspectos, ou a mais de um deles, uma norma é mais geral do que a outra. Uma abrange a generalidade do suporte fático, enquanto a outra abrange apenas parte dele."[112]

Sobre o que denomina princípio da especialidade ensina Frederico Marques:

> "Se a norma onde vem definido o tipo especial tem aplicação sobre o fato exclui-se a aplicação daquela onde se encontra descrito o tipo geral. Afasta-se, assim, o *bis in idem*, pois a conduta do agente só será incriminada em função de uma das figuras legais, muito embora também se enquadre na de caráter geral. Matar sob a influência de estado puerperal é fato delituoso que se enquadra no homicídio ('Matar alguém'), diz o art. 121, *caput*) e no texto que descreve o infanticídio (art. 123, do Cód. Penal); todavia só se aplicará o art. 123, porque o preceito de catárte geral deve ceder lugar ao de caráter especial.
>
> *Lex specialis derogat legem generalem* é um princípio de natureza eminentemente lógica, cujo reconhecimento, ao demais, independe de mandamento legislativo: para que haja a especialidade basta que a lei especial, por necessidade lógica, contenha todos os elementos da lei geral com o acréscimo dos elementos especiais que lhe justificam a existência. A norma especial, por isso mesmo, pode considerar-se um setor da norma geral, particularmente caracterizado. O enquadramento da conduta humana num tipo especial exclui, de plano, a aplicação da norma geral, porquanto é intuitivo que o preceito especial e particular apresenta 'maggiore aderenza ai fatti, contenuti in quel particolare settore, da regolare', como bem exprime ALDO MORO.
>
> O princípio da especialidade, segundo acentua a doutrina, tem de peculiar o seguinte: por seu conteúdo lógico, ele permite uma comparação em abstrato sobre as leis a serem aplicadas, enquanto que os demais exigem um confronto *in concreto* das normas que incidem sobre o fato (ALDO MORO, Unità e Pluralità di Reati, 1951, p. 58)."[113]

---

[112] Hugo de Brito Machado, *Introdução ao Estudo do Direito*, 2ª edição, Atlas, São Paulo, 2004, p. 168.

[113] José Frederico Marques, *Tratado de Direito Penal*, 1ª edição atualizada, Bookseller, Campinas, 1997, v. II, p. 438-439.

O que há de peculiar no critério da especialidade é o seu conteúdo lógico, que permite a comparação entre as normas penais incriminadoras, vale dizer, entre os tipos penais enquanto normas, no plano da abstração, sem que se faça necessária a análise de uma situação concreta.

10.1.2 Critério da subsidiariedade

Pode haver entre duas normas incriminadoras relação de subsidiariedade. Ambas descrevem conduta que atinge o mesmo bem jurídico, mas a conduta descrita em uma delas atinge o bem jurídico de forma mais grave. Diz-se então que apenas uma delas deve ser aplicada. A norma que protege o bem jurídico contra lesão mais grave. Depois de abordar o critério da especialidade, doutrina Moura Teles:

> "Em outros casos, a relação existente entre duas normas penais incriminadoras não seria de gênero para espécie, mas de subsidiariedade. Uma norma seria subsidiária da outra, primária, quando descrevesse grau de violação do bem jurídico de menor gravidade que a descrita na norma primária, principal.
> A subsidiariedade chega a ser, em alguns casos, explícita, como no tipo do art. 132 do Código Penal: 'Expor a vida ou a saúde de outrem a perigo direto e iminente: Pena – detenção, de 3 meses a 1 ano, se o fato não constitui crime mais grave.' Essa norma é subsidiária em relação a várias outras, pois descreve violação menos grave dos bens jurídicos: vida e saúde, que podem ser atacados de formas mais graves – tentativa de homicídio e abandono de incapaz (art. 133), por exemplo.
> Noutras situações, a subsidiariedade seria implícita, com um tipo constituindo uma circunstância de outro, como ocorre com o tipo do art. 147, de ameaça, que é subsidiário do tipo do art. 146, de constrangimento ilegal."[114]

10.1.3 Critério da absorção

Pelo critério da absorção supera-se o concurso aparente de normas à consideração de que o tipo descrito em uma delas é parte daquele descrito na outra, ou é meio para a sua realização. No dizer de Moura Teles, o concurso aparente de normas superado pelo critério da absorção "é a existência de

---
[114] Ney Moura Teles, *Direito Penal*, Atlas, São Paulo, 2004, v. I, p. 226-227.

normas que guardam entre si relação de conteúdo e continente, de parte a todo, de meio a fim, de fração a inteiro, ou seja, um tipo é parte integrante de outro, ou meio para sua realização".

Pelo critério da absorção entende-se que o crime todo absorve o crime--parte, ou o crime-fim absorve o crime-meio. No dizer de Moura Teles:

> "Por esse princípio, o tipo-fim, continente, todo, absorve o tipo-meio, o conteúdo, o tipo-parte. O furto absorve a violação do domicílio, o homicídio absorve a tentativa, a lesão corporal e o porte ilegal de arma. O agente responderá apenas por um crime."[115]

Diversamente do que ocorre com o critério da especialidade, cujo conteúdo lógico permite a comparação entre as normas penais incriminadoras, vale dizer, entre os tipos penais enquanto normas, no plano da abstração, sem que se faça necessária a análise de uma situação concreta, a aplicação do critério da absorção pode exigir o exame do caso concreto. É que na relação meio e fim, continente e conteúdo, podem ocorrer situações nas quais o crime que seria meio mostra-se como um crime autônomo, e em tais situações não se dará a absorção.

Pode ocorrer que alguém falsifique um documento, utilizando-o para a prática de uma única conduta fraudulenta que configura o crime de estelionato, e as circunstâncias do caso deixam evidente que tanto a falsificação (art. 297 do Código Penal), como o uso do documento falso (Código Penal, art. 304) foram crimes-meio que serão absorvidos pelo crime-fim, o estelionato. Entretanto, pode também ocorrer que o documento falsificado seja utilizado para a prática de diversos crimes de estelionato. Neste caso somente o crime de uso do documento falso será absorvido pelo de estelionato. Existirão vários crimes de estelionato. Cada um deles absorverá o de uso de documento falso. Mas o crime de falsificação de documento não será absorvido. Será um crime autônomo.

Veja-se, a propósito, a lição de Moura Teles:

> "Se Marcos falsifica a cédula de identidade de Geraldo para, exclusivamente, com ela apresentar-se ao notário público e vender a única propriedade da vítima a terceira pessoa, obtendo, com isso, vantagem ilícita, terá realizado o tipo do art. 297, do Código Penal, 'falsificar, no todo ou em parte, documento público, ou alterar documento público verdadeiro', em seguida o do art. 304, do Código Penal, 'fazer uso de qualquer dos papéis falsificados ou alterados, a que se referem os arts. 297 a 302', e finalmente, o tipo do art. 171, estelionato, Código Penal:

---

[115] Ney Moura Teles, *Direito Penal*, Atlas, São Paulo, 2004, v. I, p. 227.

'Obter para si ou para outrem, vantagem ilícita, em prejuízo alheio, induzindo ou mantendo alguém em erro, mediante artifício, ardil ou qualquer outro meio fraudulento'.
Responderá pelos três crimes?
Óbvio que não, pois a falsificação e o uso do documento falso foram meios necessários para a realização do tipo-fim, o do estelionato que, por isso, absorve os demais.
Se Marcos, todavia, falsificar um documento público para usá-lo para a realização de mais de uma fraude, para cometer outros crimes, é óbvio que a falsificação não será absorvida pelo primeiro dos crimes--fim. Nesse caso, serão dois ou mais crimes cometidos, e cada crime fim absorverá o uso. A cada crime novo, apenas o uso será absorvido, permanecendo íntegro e autônomo o crime de falsificação. Marcos responderá por uma falsificação, e tantos quantos estelionatos vier a praticar com o mesmo documento falso."[116]

O Superior Tribunal de Justiça tem jurisprudência sumulada afirmando que "quando o falso se exaure no estelionato, sem mais potencialidade lesiva, é por este absorvido".[117] Mas a constatação de que o falso se exauriu no estelionato evidentemente só pode ser feita em face das circunstâncias do caso.

Há quem entenda que em se tratando de crime formal não se deve cogitar de absorção. Um crime formal, porque se consuma independentemente do resultado, não seria absolvido como crime-meio. O Supremo Tribunal Federal, por sua 1ª Turma, adotando esse entendimento decidiu que:

"A suspensão do processo relativo ao crime de sonegação fiscal, em consequência da adesão ao REFIS e do parcelamento do débito, não implica ausência de justa causa para a persecução penal quanto ao delito de formação de quadrilha ou bando, que não está compreendido no rol taxativo do art. 9º da Lei nº 10.684/03. O delito de formação de quadrilha ou bando é formal e se consuma no momento em que se concretiza a convergência de vontades, independentemente da realização ulterior do fim visado. A conclusão é da 1ª Turma, relator o Min. Eros Grau, no HC 84.223."[118]

Não nos parece que seja assim. O crime formal, não obstante consumado independentemente do resultado, evidentemente pode ligar-se a um objetivo

---

[116] Ney Moura Teles, *Direito Penal*, Atlas, São Paulo, 2004, v. I, p. 227-228.
[117] Superior Tribunal de Justiça, Súmula 17.
[118] *Boletim Informativo Juruá*, nº 374, 1º a 15 de setembro de 2004, p. 1.

determinado, como se vê no exemplo acima citado por Moura Teles. Só com o exame das circunstâncias do caso concreto é que se poderá afirmar com segurança se o crime foi praticado exclusivamente como meio para a prática de um outro crime. Voltaremos ao assunto adiante, ao examinarmos a classificação dos crimes em *formais* ou de mera conduta e *materiais* ou de resultado.

10.2 Concurso de crimes

Afastada a hipótese de concurso aparente de normas, que acabamos de estudar, teremos o denominado concurso de crimes, ou de penas, que pode ser material ou formal. "Quando existe pluralidade de ações, não se fala em concurso aparente de normas penais, pois a questão é de concurso de crimes."[119]

O concurso de crimes divide-se em concurso *material* e concurso *formal*. E a seu lado deve ser estudado, ainda, o denominado *crime continuado*.

10.2.1 Concurso material

Diz-se que há concurso material quando o agente, mediante mais de uma ação ou omissão, pratica dois ou mais crimes, idênticos ou não. Neste caso devem ser aplicadas ao agente, cumulativamente, as penas privativas de liberdade, cominadas aos crimes por ele cometidos.[120] As penas devem ser individualizadas em relação a cada um dos crimes, e depois somadas.[121]

O concurso material é homogêneo, quando composto de dois ou mais crimes idênticos, ou heterogêneo, quando composto de crimes diversos.

O concurso material de crimes configura-se pela pluralidade de condutas. As palavras *ação* e *omissão*, nesse dispositivo legal, devem ser entendidas como conduta. É a lição de Damásio:

> "Os termos *ação* e *omissão* devem ser entendidos no sentido de *conduta*. Suponha-se que o agente subtraia uma dúzia de frutas do pomar do vizinho. Cometeu doze atos, mas uma só conduta ou fato. Responde por um só crime de furto. Para que haja concurso material é

---

[119] Damásio E. de Jesus, *Direito Penal*, 17ª edição, Saraiva, São Paulo, 1993, v. 1, p. 519.

[120] Código Penal, art. 69.

[121] Cf. Julio Fabbrini Mirabete, *Manual de Direito Penal*, 18ª edição, Atlas, São Paulo, 2002, v. I, p. 315.

preciso que o sujeito execute duas ou mais condutas (fatos, realizando dois ou mais crimes. Exs.:

a) o agente ingressa na residência da vítima, furta e comete estupro;

b) praticado o estupro o agente mata a vítima a fim de obter a impunidade."[122]

O reconhecimento do concurso material é importante porque define o critério de aplicação da pena. Critério sobre o qual escreve Damásio:

"No concurso material as penas são cumuladas. Nos termos do art. 69, *caput*, quando o agente realiza o concurso real de crimes, 'aplicam-se cumulativamente as penas em que haja incorrido'. Assim, se comete furto e estupro, as penas privativas de liberdade devem ser somadas. A duração das penas, entretanto, obedece ao disposto no art. 75: não pode exceder a 30 anos.[123] Tratando-se de penas de reclusão e de detenção, executa-se primeiro aquela (art. 69, *caput*, 2ª parte). Essa recomendação é inútil.

Reconhecido o concurso material e aplicada pena privativa de liberdade em relação a um dos crimes, porém negado o *sursis*, no tocando aos demais não é possível a imposição de pena restritiva de direitos, nos moldes do art. 44, em substituição à detentiva (art. 69, § 1º).

Impostas penas restritivas de direitos, as compatíveis entre si devem ser cumpridas simultaneamente; se incompatíveis, sucessivamente (art. 69, § 2º). Assim, o condenado pode cumprir simultaneamente uma pena de prestação de serviços à comunidade e uma limitação de fim de semana; hão de ser cumpridas, entretanto, sucessivamente, duas penas de limitação de fim de semana."[124]

10.2.2 Concurso formal

Diz-se que há concurso formal de crimes quando o agente, mediante uma única conduta, realiza mais de um crime. Enquanto no concurso material o agente comete dois ou mais crimes mediante duas ou mais condutas, no concurso formal o agente comete dois ou mais crimes mediante uma só con-

---

[122] Damásio E. de Jesus, *Direito Penal*, 17ª edição, Saraiva, São Paulo, 1993, v. 1, p. 521-522.

[123] A Lei 13.964/2019 alterou o art. 75, referido na citação de Damásio, aumentando o limite para 40 anos.

[124] Damásio E. de Jesus, *Direito Penal*, 17ª edição, Saraiva, São Paulo, 1993, v. 1, p. 522.

duta. É importante, então, a distinção entre o concurso formal, no qual existe apenas uma conduta, e o concurso aparente de normas penais (seção 10.1).

No concurso formal os crimes são autônomos, embora sejam resultantes da mesma conduta. Já no concurso aparente de normas penais os crimes estão intimamente ligados. Um deles é uma forma especial do outro, caso em que o concurso se resolve pelo critério da especialidade. Ou um deles é subsidiário do outro, porque atingem o mesmo bem jurídico, um de forma menos grave e o outro de forma mais grave, e neste caso o concurso se resolve pelo critério da subsidiariedade. Ou, finalmente, um dos crimes se subsume no outro, porque um é meio e o outro é fim, caso em que o concurso se resolve pelo critério da absorção.

10.3 Crime continuado

Considera-se configurado o crime continuado quando o agente, mediante duas ou mais ações ou omissões, pratica dois ou mais crimes da mesma espécie, vale dizer, e pelas circunstâncias de tempo, lugar, maneira de execução, e outras presentes nos casos concretos, deduz-se que os subsequentes são a continuação do primeiro. Neste caso, aplica-se a pena de um só dos crimes, se idênticas, ou a mais grave, se diversas, aumentada, em qualquer caso, de um sexto a dois terços.

Ensina Mirabete, com propriedade:

> "São vários os elementos ou requisitos do crime continuado. Em primeiro lugar é necessário que o mesmo sujeito pratique duas ou mais condutas. Existindo apenas uma ação, ainda que desdobrada em vários atos, haverá concurso formal. Num roubo, por exemplo, com pluralidade de vítimas, aplica-se o disposto no art. 70, e não a continuidade delitiva.
>
> Em segundo lugar, deve existir pluralidade de resultados, ou seja, crimes da mesma espécie. Delitos da mesma espécie, segundo alguns, são os previstos no mesmo dispositivo penal. Tal interpretação, porém, esbarra no próprio texto do dispositivo que se refere a penas 'diversas' e, portanto, correspondente a tipos penais diferentes. Há continuação, portanto, entre crimes que se assemelhem em seus tipos fundamentais, por seus elementos objetivos e subjetivos, violadores também do mesmo interesse jurídico. Nada impede o reconhecimento da continuação entre as forma simples e qualificada de um ilícito, entre crimes tentados e consumados ou entre crimes culposos.

Por fim, é indispensável que se reconheça o nexo de continuidade delitiva, apurado pelas circunstâncias de tempo, lugar, maneira de execução e outras semelhantes. O limite tolerado para o reconhecimento da continuidade, em consonância com a jurisprudência, é de o lapso temporal não ser superior a trinta dias. Quanto ao lugar, tem-se admitido inclusive a prática de crimes em cidades diversas, desde que integrados na mesma região sociogeográfica e com facilidade de acesso. Quanto à maneira de execução, exige-se a presença do mesmo *modus operandi*. Há necessidade, pois, de homogeneidade de circunstâncias, sem o que não se aperfeiçoa o crime continuado. Por isso, não se tem reconhecido a continuidade delitiva quando há variedade de comparsas na prática dos ilícitos. Entretanto, não há critérios rígidos para a apuração da continuidade delitiva e nenhuma das circunstâncias é decisiva nessa apreciação, quer para reconhecer, quer para excluir a continuação."[125]

No estudo dos crimes contra a ordem tributária a questão que se coloca é a de saber se em determinadas circunstâncias tem-se um só crime, ou a figura do crime continuado. A jurisprudência tem se posicionado no sentido de que, por exemplo, quando o contribuinte falsifica certos documentos fiscais repetidamente, por anos a fio, a continuidade delitiva resta configurada.[126]

10.4 Concurso de pessoas

10.4.1 Considerações gerais

A doutrina dos penalistas não é pacífica ao tratar do cometimento de um crime por várias pessoas. Entretanto, não nos parece oportuno cuidar aqui das várias teorias a respeito deste assunto. Pretendemos apenas apontar o que existe de essencial, posto que a expressão *concurso de pessoas*, mesmo tomada em seu sentido comum, por quem nada sabe do Direito Penal, já está a indicar a pluralidade de pessoas envolvidas em um cometimento criminoso.

Nos termos do expressamente estabelecido em nosso Código Penal, "quem, de qualquer modo, concorre para o crime incide nas penas a este cominadas, na medida de sua culpabilidade". Como se vê, o concurso de pessoas está definido em sentido amplo, no qual se incluem a coautoria e a participação.

---
[125] Julio Fabbrini Mirabete, *Manual de Direito Penal*, 18ª edição, Atlas, São Paulo, 2002, v. I, p. 317-318.
[126] REsp 1.848.553/MG, 6ª Turma, Rel. Ministra Laurita Vaz, julgado em 2.3.2021, *DJe* 11.3.2021.

10.4.2 Autoria, coautoria e participação

A autoria do crime se configura pela realização da conduta expressa no verbo que constitui o núcleo do tipo penal respectivo. E assim, tendo-se em vista o conceito de autor, pode-se dizer o que constitui a coautoria, e distingui-la da participação não obstante tanto uma, como a outra, configurem o concurso de pessoas.

Realmente, diz-se que há coautoria quando duas ou mais pessoas contribuem para a ocorrência do crime, praticando a conduta expressa pelo verbo que lhe compõe o tipo. Já a participação é configurada pela presença de duas ou mais pessoas no cometimento do crime, sem que todas elas pratiquem a conduta descrita pelo verbo que lhe compõe o tipo. No dizer de Fernando Capez, "partícipe é quem concorre para que o autor ou coautores realizem a conduta principal, ou seja, aquele que, sem praticar o verbo (núcleo) do tipo, concorre de algum modo para a produção do resultado".

Importante para que se configure o concurso de pessoas é a homogeneidade do vínculo subjetivo, vale dizer, a culpa ou o dolo, com que atuam os coautores ou partícipes.

10.4.3 Homogeneidade do vínculo subjetivo

É importante na configuração do concurso de pessoas que exista homogeneidade do vínculo subjetivo que as une na prática do delito. Assim, diz-se que não há coautoria nem participação culposa em crime doloso. E isto é importante no contexto dos crimes contra a ordem tributária. Como estes são crimes dolosos, resta clara a impossibilidade de se considerar alguém que não tenha agido como coautor, ou partícipe, em qualquer desses crimes.

10.5 Associação criminosa

10.5.1 Tipo penal autônomo

Quando se estuda o concurso de pessoas, ou, mais precisamente, quando se estuda o cometimento de crime por uma pluralidade de agentes, surge imediatamente a ideia da quadrilha ou bando, ou, como se conhece atualmente, associação criminosa. Entretanto, a configuração de uma associação criminosa é crime autônomo. Estabelece o Código Penal:

"Art. 288. Associarem-se 3 (três) ou mais pessoas, para o fim específico de cometer crimes:
Pena – reclusão, de 1 (um) a 3 (três) anos.
Parágrafo único. A pena aumenta-se até a metade se a associação é armada ou se houver a participação de criança ou adolescente."

Como se vê, o próprio fato de se associarem três ou mais pessoas com o objetivo de cometer crimes constitui um tipo penal autônomo, cujo aperfeiçoamento independe do cometimento de outros crimes. Basta a finalidade da associação de três ou mais pessoas.

10.5.2 Elementos essenciais

São elementos essenciais para a configuração do crime de associação criminosa: (a) a quantidade de membros igual ou superior a três; (b) a finalidade da associação, vale dizer, a associação para o cometimento de crimes; e, ainda, (c) a ideia de continuidade, pois não constitui associação criminosa a reunião de três ou mais pessoas com a finalidade de praticar um determinado crime.

Sobre o assunto doutrina Mirabete, que se reportava ao crime em sua rotulação anterior (quadrilha ou bando), mas em lição no todo aplicável à associação criminosa:

"Não basta que se reúnam essas pessoas para o cometimento de um crime determinado, existindo aí simples concurso de agentes se o ilícito for ao menos tentado. É necessário que haja um vínculo associativo permanente para fins criminosos, uma predisposição comum de meios para a prática de uma série de crimes. Exige-se, assim, uma estabilidade ou permanência com o fim de cometer crimes, uma organização de seus membros que refere acordo sobre a duradoura atuação em comum."[127]

Como se vê, Mirabete considera ser irrelevante que a associação tenha outras finalidades. Magalhães Noronha também assim entende, e vai além, doutrinando:

"Desnecessário também que a reunião tenha, desde sua constituição, o fim de delinquir. Pode ela degenerar e transformar-se em criminosa, e pode, além do fim lícito que lhe deu origem, juntar-se o de cometer crimes: haverá o tipo em questão."[128]

---

[127] Julio Fabbrini Mirabete, *Código Penal Interpretado*, Atlas, São Paulo, 2000, p. 1.548.
[128] E. Magalhães Noronha, Direito Penal, 19ª edição, Saraiva, São Paulo, 1992, p. 94.

A maioria dos autores limita-se a afirmar que a finalidade ilícita, vale dizer, o objetivo de cometer crimes é elemento essencial do tipo.[129] Não enfrenta a questão de saber se esse objetivo há de ser o único, ou pelo menos o objetivo principal. E essa questão a nosso ver é da maior importância, especialmente quando nos ocupamos dos crimes contra a ordem tributária.

10.5.3 Associação criminosa e crimes contra a ordem tributária

O Supremo Tribunal Federal, por sua Primeira Turma, ao denegar o HC 84.223, do qual foi relator o Min. Eros Grau, decidiu que o pagamento do débito tributário, assim como o seu parcelamento, não interferem na ação penal em que aos réus é imputado o crime de quadrilha ou bando (então denominação do crime de associação criminosa), posto ser este um crime autônomo.[130] Não há dúvida de que o crime de associação criminosa é um crime autônomo, e por isso a causa de suspensão da ação, e da extinção da punibilidade de um crime que tenha sido praticado pela associação criminosa não afeta o crime que a associação, em si mesma, configura.

Questão diversa, porém, é a de saber se associar em uma sociedade comercial para fins lícitos pode configurar o crime de associação criminosa pelo fato de terem os instituidores da empresa a intenção de praticarem, em seu âmbito e proveito, crimes contra a ordem tributária. Em outras palavras, a questão que se coloca é a de saber se o fim de cometer crimes, a que se refere o art. 288 do Código Penal, há de ser o fim principal ou essencial da sociedade, ou se pode ser também um fim acessório.

A nosso ver quem constitui uma sociedade comercial, para a prática de atividade lícita, seja o comércio, a indústria, a prestação de serviços, ou outra qualquer, ainda que tenha a intenção de suprimir tributos, ou praticar outro crime contra a ordem tributária, não comete o crime de associação criminosa. A configuração do tipo penal em questão pressupõe o fim ilícito como fim essencial, ou principal, se não o fim único da associação.

É possível que, excepcionalmente, ocorra a constituição de uma sociedade comercial com o fim principal, e até único, de suprimir ou reduzir tributos. Especialmente em face da malsinada não cumulatividade do ICMS, é possí-

---

[129] Assim, entre outros: Nelson Hungria, *Comentários ao Código Penal*, Forense, Rio de Janeiro, 1959, v. IX, p. 174-181; Damásio E. de Jesus, *Direito Penal*, Saraiva, São Paulo, 1993, v. 3, p. 393-397; Paulo José da Costa Jr., *Curso de Direito Penal*, 8ª edição, DPJ, São Paulo, 2005, p. 680-682; Ney Moura Teles, *Direito Penal*, Atlas, São Paulo, 2004, v. III, p. 292-295; Carlos Fontán Balestra, *Tratado de Derecho Penal*, 2ª edición, Abeledo-Perrot, Buenos Aires, 1994, t. VI, p. 473-474.

[130] *Boletim Informativo Juruá*, nº 374, 1º a 15 de setembro de 2004, p. 1.

vel que uma empresa seja constituída apenas para vender notas fiscais frias. Sem comercializar qualquer mercadoria, ou o fazendo apenas como forma de tentar mascarar a verdadeira razão de ser da empresa, sua atividade essencial é vender notas fiscais frias que ensejam aos adquirentes a utilização de créditos para reduzir o valor do ICMS que lhes cabe pagar. Nesse caso, sim, pode configurar-se o crime de associação criminosa.

Ocorre que nas sociedades comerciais, como nas empresas em geral, o fim é lícito. É uma atividade econômica. É a produção ou o comércio de bens, ou a prestação de serviços. O tributo é apenas um elemento acessório. A prática de crimes contra a ordem tributária, ainda que prevista e desejada pelos sócios da empresa, não passa de um acontecimento acessório. Não é a finalidade da associação. Não é o seu motivo, ou sua razão de existir.

É certo que os doutrinadores em geral não enfrentam essa questão, como já registramos. Mas em muitos deles a ideia de que a configuração do tipo do art. 288 do Código Penal exige seja a prática de crimes a finalidade essencial da associação está implícita, tanto na explicação que oferecem a respeito do bem jurídico tutelado pela norma penal em questão e da origem dessa prática associativa, como nos exemplos de formação de associação criminosa com os quais demonstram suas lições.

11 CRIME FORMAL E CRIME MATERIAL

11.1 As classificações

As classificações não são verdadeiras nem falsas, mas úteis ou inúteis. Neste sentido é a lição de Genaro Carrió e de Eduardo Garcia Maynez, colhidas por Marco Aurélio Greco.[131] No mesmo sentido, invocando lição de Gordilho,[132] ensina Carrazza que as classificações não são certas, nem erradas, mas mais úteis ou menos úteis. Para o eminente Professor da PUC de São Paulo, nada nos impede, por exemplo, de classificar os tributos em muito rendosos e pouco rendosos para a Fazenda Pública, e tal classificação não seria errada, mas pouco útil, pelo menos nos patamares do Direito.[133]

---

[131] Marco Aurélio Greco, *Contribuições: uma figura "sui generis"*, Dialética, São Paulo, 2000, p. 88. A citação é da 1ª edição da obra de Carrió, onde a lição sobre classificações está nas p. 72-73. Na 4ª edição, a mesma lição está nas p. 99-100.

[132] Agustín Gordillo, *Tratado de derecho administrativo*, t. 1, p. I-11.

[133] Roque Antonio Carrazza, *Curso de Direito Constitucional Tributário*, 11ª edição, Malheiros, São Paulo, 1998, p. 320-321. Nota de rodapé nº 34.

Também no mesmo sentido é a lição de Eurico de Santi:

"Goza de grande acolhida na doutrina nacional a célebre frase de Agustín Gordillo, segundo a qual *'não há classificações certas ou erradas, mas classificações mais úteis o menos úteis'*. A assertiva do renomado administrativista argentino tem suporte na clássica obra de Genaro Carrió 'Notas sobre o direito e a linguagem', um dos principais fundadores da escola analítica de Buenos Aires, na qual o jusfilósofo portenho adverte que grande parte das divergências jurídicas centram-se em classificações de enorme prestígio e herdadas de tradição milenar: *'Los juristas creen que esas clasificaciones constituyen la verdadera forma de agrupar las reglas y los fenómenos, en lugar de ver en ellas simples instrumentos para una mejor comprensión de estós. Los fenómenos – se cree – deben acomodarse a las clasificaciones e no a la inversa'*.

Colaciona a seguir, a festejada lição: *'Las clasificaciones no son ni verdaderas ni falsas, son serviciales o inútiles; sus ventajas o desventajas están supeditadas al interés que guía a quien las formula, y a su fecundidad para presentar un campo de conocimiento de una manera más fácilmente comprensible o más rica en consecuencias prácticas deseables.'* Ideia que representa a projeção da doutrina de John Hospers no campo do direito, no também clássico *An Introduction to Philosophical Analysis*."[134]

Seja como for, a nosso ver a classificação dos crimes em *formais* ou de mera conduta e *materiais* ou de resultado ganhou grande prestígio na doutrina. Por isto as expressões *crime formal* e *crime material ou de resultado* são frequentemente utilizadas nos textos dos penalistas, e na jurisprudência dos tribunais, de sorte que não podemos desconsiderar tal classificação, nem desconhecer o sentido das expressões *crime formal* e *crime material*.

Além disto e por isto mesmo, essa classificação é útil, especialmente no estudo da questão relacionada à tentativa, vale dizer, à possibilidade de se apresentar o crime como simples tentativa e como crime consumado. E também no estudo do concurso aparente de normas penais, quando se examina o critério da absorção.

11.2 Divergências doutrinárias

Não desconhecemos as divergências doutrinárias que existem a respeito da classificação dos crimes em *formais* ou de mera conduta e *materiais* ou de

---

[134] Eurico Marcos Diniz de Santi, *Lançamento Tributário*, 2ª edição, Max Limonad, São Paulo, 2001, p. 209-210.

resultado. São diversos os critérios que a doutrina tem utilizado para distinguir crimes de mera conduta de crimes de resultado, e vários os significados que atribui ao termo *resultado*, de sorte que é praticamente impossível uma sistematização exaustiva do assunto, como é impossível uma classificação a todos satisfatória.[135] Por isto mesmo, porém, é não apenas útil, mas necessária à adequada compreensão da classificação que adotamos, a indicação do significado em que empregamos o termo *resultado*, para distinguir uma da outra espécie de crimes.

Pelo menos duas são as significações mais frequentemente atribuídas pelos penalistas ao termo *resultado*. "A teoria naturalística o considera como um ente concreto, a modificação do mundo causada pela conduta, ao passo que a teoria normativa entende que resultado é a lesão do bem jurídico protegido pela norma penal."[136] A lesão ao bem jurídico protegido em certos casos pode implicar apenas perigo de lesão a um bem material, daí por que se fala em lesão ou perigo de lesão.

Para a teoria normativista, portanto, todo crime tem um *resultado*. Assim, seria inviável a classificação dos crimes em crime de mera conduta e crime de resultado. Como nos parece que tal classificação é de grande importância no estudo dos crimes contra a ordem tributária, preferimos, neste particular pelo menos, a postura preconizada pela teoria naturalística, que nos permite a distinção entre essas duas espécies de crime.

Estamos conscientes das objeções que nos podem ser colocadas. Não é fácil trabalhar com conceitos, porque as palavras geralmente são insuficientes para expressar as ideias, de sorte que o doutrinador muitas vezes tropeça nessa dificuldade e termina por não conseguir o seu objetivo. Na verdade, toda e qualquer conduta provoca de certa forma modificação do mundo, de sorte que a apontada distinção termina por não ficar bem clara. Seja como for, preferimos dizer que existem crimes nos quais o tipo penal se completa independentemente de ser ou não atingido um determinado resultado que o legislador, na definição do tipo, pode eleger como sendo da essência deste.

11.3 Crime material ou de resultado

Diz-se que o crime é *material*, ou de resultado, quando além da conduta ilícita o tipo penal inclui o resultado como elemento essencial. Em certos casos

---

[135] Cf. Patricia Laurenzo Copello, *El resultado en Derecho Penal*, Tirant lo Blanch, Valencia, 1992, p. 17.

[136] Ney Moura Teles, *Direito Penal*, LED, São Paulo, 1996, Parte I, p. 238.

a ação, ou conduta humana, está estreitamente ligada ao resultado, e pode para os menos atentos com ele confundir-se. Em qualquer caso, porém, tem-se um resultado material, ou alteração da realidade, que pode ocorrer, ou não, mesmo tendo se completado a ação do agente. Tem-se um efeito separável da ação e que surge dela.[137] O resultado, no sentido em que empregamos este termo, consiste em um acontecimento que está além da realização da própria conduta.[138] Nos crimes materiais, esse resultado, que não se confunde com a conduta humana integrativa do tipo penal, também integra o tipo como elemento essencial.

A ideia de resultado, portanto, deve ser examinada a partir da descrição legal do tipo penal. Nesta é que se verá se o legislador colocou, ou não, um determinado resultado, que em princípio pode ser ou não alcançado mediante a conduta descrita. A distinção aparece em Carrara, que a coloca nos seguintes termos: "São formais aqueles delitos que se consumam por uma simples ação do homem, que basta, por si mesma, para violar a lei, são materiais aqueles que necessitam, para ser consumados, que se produza um certo resultado, o qual se considera como infração da lei."[139]

Nos crimes contra a ordem tributária a distinção entre crime de mera conduta e crime de resultado pode ser colocada com bastante clareza. Quando a lei descreve condutas como falsificar uma nota fiscal, ou omitir o registro de um fato em livro ou documento exigido pela legislação tributária, tem-se que poderá o legislador colocar, ou não, como elemento do tipo, a supressão do tributo. Se colocada, tem-se um tipo de crime de resultado. Se não, tem-se um tipo de crime de mera conduta.

O crime de sonegação fiscal, previsto pelo art. 1º da Lei nº 4.729, de 14 de julho de 1965, era um crime formal, ou de mera conduta, porque a descrição do tipo albergava apenas as condutas arroladas em seus cinco incisos. Não

---

[137] Cf. Patricia Laurenzo Copello, *El resultado en Derecho Penal*, Tirant lo Blanch, Valencia, 1992, p. 17: "*un efecto separable de la acción y que surge de ella*".

[138] Cf. Patricia Laurenzo Copello, *El resultado en Derecho Penal*, Tirant lo Blanch, Valencia, 1992, p. 18: "*un suceso que va más allá de la propia realización de la acción*".

[139] Carlos Fontán Balestra, *Tratado de Derecho Penal*, 2ª edición, Abeledo-Perrot, Buenos Aires, 1995, t. I, p. 489: "La distinción aparece en Francisco Carrara, quien la funda sobre estas bases: son formales aquellos delitos que se consumam por una simple acción del hombre, que basta, por si misma, para violar la ley; son materiales los que necesitan, para ser consumados, que se porduzca un cierto resultado, que es lo que únicamente se considera como infracción de la ley."

estava incluído como elemento do tipo a efetiva sonegação, ou supressão, total ou parcial do tributo.[140]

É certo que a referência ao valor do tributo, feita no dispositivo em que era cominada a pena de multa, podia levar a entender-se que o tipo penal somente estaria configurado com a efetiva supressão do tributo. Tem prevalecido, porém, o entendimento de que o crime de sonegação fiscal, previsto na Lei nº 4.729/65, era um crime de mera conduta.[141]

11.4 Crime formal ou de mera conduta

Diz-se o crime *formal*, ou de mera conduta, quando o tipo penal descreve apenas uma conduta como suficiente à sua configuração. São exemplos de crime formal, entre muitos outros: a) o de *falsificação de documento público*, cujo tipo consiste em "*Falsificar, no todo ou em parte, documento público, ou alterar documento público verdadeiro*";[142] b) o de *falsificação de documento particular*, cujo tipo consiste em "*Falsificar, no todo ou em parte, documento*

---

[140] A Lei nº 4.729, de 14 de julho de 1965, estabelecia:

"Art. 1º Constitui crime de sonegação fiscal:

I – prestar declaração falsa ou omitir, total ou parcialmente, informação que deva ser produzida a agentes das pessoas jurídicas de direito público interno, com a intenção de eximir-se, total ou parcialmente, do pagamento de taxas e quaisquer adicionais devidos por lei;

II – inserir elementos inexatos ou omitir, rendimentos ou operações de qualquer natureza em documentos ou livros exigidos pelas leis fiscais, com a intenção de exonerar-se do pagamento de tributos devidos à Fazenda Pública;

III – alterar faturas e quaisquer documentos relativos a operações mercantis com o propósito de fraudar a Fazenda Pública;

IV – fornecer ou emitir documentos graciosos ou alterar despesas, majorando-as, com o objetivo de obter dedução de tributos devidos à Fazenda Pública, sem prejuízo das sanções administrativas cabíveis;

V – exigir, pagar ou receber, para si ou para o contribuinte beneficiário da paga, qualquer percentagem sobre a parcela dedutível ou deduzida do Imposto sobre a Renda como incentivo fiscal.

Pena – detenção de seis meses a dois anos, e multa de duas a cinco vezes o valor do tributo."

[141] Veja-se a esse respeito os diversos estudos constantes do livro *Crimes contra a ordem tributária*, apresentado no XIX Simpósio Nacional de Direito Tributário, coord. por Ives Gandra da Silva Martins, Pesquisas Tributárias – Nova Série, nº 1, 3ª edição, Editora Revista dos Tribunais, São Paulo, 1998.

[142] Código Penal, art. 297.

particular ou alterar documento particular verdadeiro";[143] o de *uso de documento falso*, cujo tipo consiste em "*Fazer uso de qualquer dos papéis falsificados ou alterados, a que se referem os arts. 297 a 302*".[144]

Citamos como exemplo de crime formal o de *uso de documento falso* porque isto nos permite examinar um caso julgado Supremo Tribunal Federal, no qual se questionou a ocorrência da absorção do referido crime pelo crime de supressão ou redução de tributo previsto no art. 1º, da Lei nº 8.137, de 27 de dezembro de 1990. Voltaremos ao assunto logo adiante, ao estudarmos a questão da absorção do crime-meio pelo crime-fim (item 11.6).

No crime formal o tipo pode fazer referência a um resultado, mas se o faz coloca esse resultado apenas como finalidade da conduta e não como elemento essencial do tipo. O crime de extorsão, por exemplo, consiste em "*constranger alguém, mediante violência ou grave ameaça, e com o intuito de obter para si ou para outrem indevida vantagem econômica, a fazer, tolerar que se faça ou deixar de fazer alguma coisa*".[145]

O crime *formal* é também conhecido na doutrina como crime *de mera conduta*, ou de perigo, enquanto o crime *material* é também conhecido como crime de resultado, ou crime de dano. Há, todavia, quem distinga o crime *formal* do crime *de mera conduta*, utilizando-se, para a distinção, da existência, no tipo, de referência a um resultado. Seria crime *formal* aquele cujo tipo faz referência a um resultado, embora não o coloque como elemento essencial e sim como simples objetivo visado pelo agente, e cuja obtenção é irrelevante para a consumação do crime. E seria crime *de mera conduta* aquele cujo tipo descreve simplesmente um comportamento ou conduta. É a lição de Moura Teles:

> "De mera conduta ou de mera atividade são os crimes cujos tipos descrevem pura e simplesmente um comportamento, uma conduta, sem qualquer menção a qualquer consequência, qualquer resultado. Consumam-se tais crimes com o simples comportamento do sujeito, como na violação do domicílio (art. 150), no crime de desobediência (art. 330), no de infração de medida sanitária preventiva (art. 268), e na maior parte das contravenções penais."[146]

---

[143] Código Penal, art. 298.
[144] Código Penal, art. 304.
[145] Código Penal, art. 158.
[146] Ney Moura Teles, *Direito Penal*, LED, São Paulo, 1996, Parte I, p. 230.

Seja como for, parece-nos que a distinção entre crime *formal*, e crime *de mera conduta*, não é relevante para o estudo dos crimes contra a ordem tributária. Podemos, sem qualquer prejuízo, considerar que os conceito de crime *formal* e crime *de mera conduta* abrangem tanto aqueles crimes em cujos tipos é descrita simplesmente a conduta do agente, sem qualquer referência a um *resultado*, como aqueles em cujos tipos é feita referência a um *resultado*, mas este não constitui elemento essencial do tipo e, assim, sua efetiva ocorrência é irrelevante para a configuração do crime.

11.5 O crime formal e a tentativa

No crime *formal* não é possível a tentativa, posto que a simples conduta do agente já configura o crime. Por isto mesmo, repita-se, a classificação dos crimes em *formais* ou de mera conduta, e *materiais*, ou de resultado, assume grande relevo quando se busca estabelecer a possibilidade de ocorrência da *tentativa*. É a lição de Noronha:

> "O momento da consumação varia conforme a natureza do delito. Nos crimes materiais em que há ação e resultado, o instante consumativo é o do evento. Nos delitos de mera atividade a realização desta marca a consumação."[147]

Para bem entendermos o porquê de nos crimes formais ou de mera conduta não existir tentativa, é importante sabermos o que se considera como tal. Depois de esclarecer que não existem os tipos penais descritos como tentativa, Moura Teles esclarece:

> "A norma que define a tentativa está no art. 14, II, do Código Penal: *'Diz-se o crime: tentado, quando, iniciada a execução, não se consuma por circunstâncias alheias à vontade do agente.'* E, mais importante, a regra que manda punir a tentativa está inscrita no parágrafo único do mesmo artigo: *'Salvo disposição em contrário, pune-se a tentativa com a pena correspondente ao crime consumado, diminuída de um a dois terços.'*
>
> Quem tentar cometer um crime será punido com a pena do crime, se tivesse sido consumado, diminuída de 1/3 a 2/3. Assim, para se verificar a tipicidade de um fato, é necessário conjugar-se a norma do tipo com a norma do art. 14, II, parágrafo único."[148]

---

[147] E. Magalhães Noronha, *Direito Penal*, 29ª edição, Saraiva, São Paulo, v. 1, p. 121.
[148] Ney Moura Teles, *Direito Penal*, Atlas, São Paulo, 2004, v. I, p. 210.

E em seguida define a tentativa como a execução incompleta, inacabada, do procedimento típico, por circunstâncias alheias à vontade do agente.[149] Para haver tentativa tem de haver sido iniciada a execução. A prática de simples atos preparatórios não configura a tentativa. Tem de haver início da execução da conduta típica.

Embora em regra não existam os tipos de tentativa de crime, existem situações nas quais na própria descrição do tipo penal coloca-se a possibilidade de tentativa, vale dizer, diz-se que a simples tentativa equivale ao crime consumado. Neste sentido doutrina Moura Teles:

> "Há exceções, entre elas a do tipo legal do art. 352 do Código Penal, que descreve, como crime autônomo, com pena idêntica ao consumado, a tentativa de fuga: '*evadir-se ou tentar evadir-se o preso ou o indivíduo submetido a medida de segurança detentiva, usando de violência contra pessoa.*' A pena é igual para o crime consumado e para sua tentativa. Isso porque a tentativa de fuga é crime consumado."

A tentativa, portanto, pode estar equiparada ao crime consumado no próprio tipo penal, embora em regra não seja assim. Em regra, nos crimes cuja execução pode ser frustrada por causa alheia à vontade do agente, e assim o tipo não se completa, tem-se a tentativa que é punível com a pena cominada para o crime consumado, reduzida de um a dois terços.

Assim, ao menos em princípio não é possível haver tentativa nos crimes *formais* ou *de mera conduta*, porque nestes o tipo se completa com a simples conduta típica, independentemente de ser alcançado, ou não, um resultado.

12 O CRIME DE SUPRESSÃO OU REDUÇÃO DE TRIBUTO E O CONCURSO APARENTE DE NORMAS PENAIS

12.1 Manifestações do Supremo Tribunal Federal

Apreciando casos que envolviam crimes contra a ordem tributária, o Supremo Tribunal Federal manifestou-se a respeito da questão do concurso aparente de normas penais, em pelo menos duas decisões cujo exame é aqui muito oportuno. Primeiro porque dizem respeito a crimes contra a ordem tributária em situações concretas cuja ocorrência pode ser frequente. Segundo porque, data máxima vênia, parece que as não apontaram uma diretriz firme sobre o assunto, deixando em aberto aspectos essenciais do questionamento doutrinário.

---

[149] Ney Moura Teles, *Direito Penal*, Atlas, São Paulo, 2004, v. I, p. 210.

Na primeira das referidas decisões o Supremo Tribunal Federal, por sua 2ª Turma, no HC 83.115-0/SP, relator o Ministro Gilmar Mendes, julgado em 4 de maio de 2004, denegou a ordem requerida, ao entendimento de que, existindo contra o paciente inquérito no Superior Tribunal de Justiça, no que estava sendo apurado enriquecimento ilícito no desempenho da função de magistrado, seria prematuro concluir, no julgamento do *habeas corpus*, que o crime de falso não pode ser tratado como crime autônomo.[150]

Na segunda das referidas decisões o Supremo Tribunal Federal, por sua 1ª Turma, em 3 de agosto de 2004, no julgamento do HC 84.223, relator o Ministro Eros Grau, entendeu que:

> "A suspensão do processo relativo ao crime de sonegação fiscal, em consequência da adesão ao REFIS e do parcelamento do débito, não implica ausência de justa causa para a persecução penal quanto ao delito de formação de quadrilha ou bando, que não está compreendido no rol taxativo do art. 9º da Lei nº 10.684/03. O delito de formação de quadrilha ou bando é formal e se consuma no momento em que se concretiza a convergência de vontades, independentemente da realização ulterior do fim visado."[151]

É oportuno, portanto, o exame de alguns conceitos envolvidos nessa questão, para que se possa tratar adequadamente o concurso aparente de normas, especialmente no âmbito dos crimes contra a ordem tributária.

12.2 O crime de sonegação fiscal e o crime de supressão ou redução de tributos

A primeira observação que se impõe neste contexto diz respeito à distinção essencial entre o crime de sonegação fiscal, que era previsto na Lei nº 4.729, de 14 de julho de 1965, e o crime de supressão ou redução de tributos, previsto no art. 1º da Lei nº 8.137, de 27 de dezembro de 1990. O primeiro era um crime formal. Configurava-se por uma das condutas descritas nos incisos do art. 1º da Lei nº 4.729/65. Já o segundo é um crime material, ou de resultado, que se configura com a supressão ou a redução do tributo obtida mediante uma das condutas descritas nos incisos do art. 1º da Lei nº 8.137/90.

---

[150] STF, 2ª Turma, HC 83.115-0/SP, rel. Ministro Gilmar Mendes, rel. para o acórdão Ministro Carlos Velloso, julgado em 4.5.2004, *DJU* de 18.3.2005, e *RDDT* nº 116, maio de 2005, p. 213.

[151] *Boletim Informativo Juruá*, nº 374, 1º a 15 de setembro de 2004, p. 1.

Esta observação é importante porque, data vênia, não é raro ver-se em manifestações de eminentes magistrados confusão entre essas duas figuras penais, como se não existisse a distinção que acabamos de apontar. E porque a distinção entre esses dois tipos penais é relevante na medida em que se utiliza a classificação dos crimes em formais e materiais para, a partir dela, tratar a questão do concurso aparente de normas.

Fica esclarecido, portanto, que o crime de sonegação fiscal era um crime formal, enquanto o crime de supressão ou redução do tributo é um crime material.

12.3 Os critérios da especialidade e da absorção

Já vimos a distinção que existe entre o critério da especialidade e o critério da absorção. Vimos que a aplicação do primeiro pode ser defendida no plano da abstração jurídica, pois se trata de verificar a relação entre duas normas. E que a aplicação do segundo, diversamente, exige o exame de situação concreta, porque na relação meio e fim, continente e conteúdo, podem ocorrer situações nas quais o crime que seria meio mostra-se como um crime autônomo, e em tais situações não se dará a absorção, enquanto em outras situações o crime-meio é claramente uma forma de realização do crime-fim, não havendo dúvida razoável de que a absorção ocorre e não resta, no crime-meio, nenhuma potencialidade ofensiva que justifique sua consideração como crime autônomo (seção 10.1.3).

Realmente, o critério da especialidade é um critério de lógica jurídica que se presta para a superação das antinomias entre as normas jurídicas em geral. Critério que se presta para justificar a convivência entre normas gerais e normas específicas, em qualquer setor do Direito. Já o critério da absorção, pelo qual o crime-fim absorve o crime-meio, só pode ser aplicado com segurança em face de cada caso concreto. Não obstante, existem situações que se manifestam de tal sorte relacionadas, uma configurando o crime-meio e a outra configurando o crime-fim, que se pode, com segurança, afirmar a ocorrência da absorção mesmo sem um exame da situação concreta. É o que parece ocorrer em certas situações em relação ao crime de falsificação de documento e o de crime de supressão ou redação de tributo, como será explicado ao estudarmos esse crime, cujo tipo está definido no art. 1º, da Lei nº 8.137/90, com ação nuclear descrita em sua cabeça, e ações meio descritas em seus cinco incisos, de modo a que nenhuma dúvida possa restar sobre a natureza instrumental de cada uma delas. Nesse contexto, o Superior Tribunal de Justiça deferiu *habeas corpus* para trancamento da ação penal, que considerou sem justa causa.[152]

---

[152] STJ, 6ª Turma, HC 94; 452/SP, Rel. Ministra Jane Silva (Desembargadora convocada do TJ/MG), *DJ* de 9.9.2008.

O critério da especialidade parece adequado para a superação do concurso de normas penais em se tratando do crime de falsificação de documento, e o crime de sonegação fiscal. Isto, aliás, tornou-se pacífico na jurisprudência do antigo Tribunal Federal de Recursos.

12.4 Sonegação fiscal e falsificação de documento

12.4.1 O tipo sonegação fiscal

Na vigência da Lei nº 4.729, de 14 de julho de 1965, o crime de sonegação fiscal era um crime formal, assim definido:

> "Art. 1º Constitui crime de sonegação fiscal:
> I – prestar declaração falsa ou omitir, total ou parcialmente, informação que deva ser produzida a agentes das pessoas jurídicas de direito público interno, com a intenção de eximir-se, total ou parcialmente, do pagamento de tributos, taxas e quaisquer adicionais devidos por lei;
> II – inserir elementos inexatos ou omitir, rendimentos ou operações de qualquer natureza em documentos ou livros exigidos pelas leis fiscais, com a intenção de exonerar-se do pagamento de tributos devidos à Fazenda Pública;
> III – alterar faturas e quaisquer documentos relativos a operações mercantis com o propósito de fraudar a Fazenda Pública;
> IV – fornecer ou emitir documentos graciosos ou alterar despesas, majorando-as, com o objetivo de obter dedução de tributos devidos à Fazenda Pública, sem prejuízo das sanções administrativas cabíveis;
> V – exigir, pagar ou receber, para si ou para o contribuinte beneficiário da paga, qualquer percentagem sobre a parcela dedutível ou deduzida do Imposto sobre a Renda como incentivo fiscal."

Como se vê, com exceção do inciso V, acrescentado pela Lei nº 5.569, de 25 de novembro de 1969, com o intuito de coibir a cobrança de comissão pela aplicação de incentivos fiscais ao desenvolvimento regional, os demais incisos descrevem condutas que tipificam claramente o crime de falsidade documental, com pena superior à cominada para o crime de sonegação fiscal.

12.4.2 O critério da especialidade

A aparente antinomia entre o dispositivo legal que definia o crime de sonegação fiscal, e aquele que define o crime de falsificação de documento, teria de ser resolvida pelo critério da especialidade. O fim específico para o qual se dava a falsificação. Assim é que a jurisprudência do antigo Tribunal Federal de Recursos firmou-se no sentido de dar prevalência ao tipo de sonegação fiscal.

Curioso é observar-se que o Ministério Público Federal ofereceu diversas denúncias contra sonegadores de impostos imputando a estes o crime de falsificação de documento. Tal opção deveu-se ao fato de que, sendo a pena de multa a única cominada em se tratando de réu primário, a prescrição estava consumada em dois anos. E assim, na tentativa de evitar a extinção da punibilidade pela prescrição, o Ministério Público Federal imputou aos sonegadores o crime de falsificação de documentos. Os defensores dos réus, entretanto, alegaram que seus clientes eram eméritos sonegadores de tributos. Não falsários. E o Tribunal Federal de Recursos lhes deu razão, aplicando àqueles casos o critério da especialidade.

12.4.3 A razão de ser e os efeitos da Lei nº 4.729/65

A Lei nº 4.729, de 14.7.1965, repita-se, definiu como crime de sonegação fiscal comportamentos que descreveu de forma casuística, relacionados com o dever tributário. Com isto as autoridades pretenderam intimidar os contribuintes que sonegavam tributos. Do ponto de vista jurídico, porém, os autores dos comportamentos na referida lei definidos foram favorecidos, em face do princípio da especialidade.

Realmente, todos aqueles comportamentos podiam ser capitulados no art. 171, que define o estelionato, ou nos arts. 297, 298 ou 299 do Código Penal, que definem os crimes de falsidade material ou ideológica de documentos. A pena mínima cominada seria de um ano, e a máxima de seis anos de reclusão. A Lei nº 4.729/65 cominou pena de detenção de seis meses a dois anos. Além disto, admitiu a extinção da punibilidade pelo pagamento do tributo devido, e para os réus primários cominou pena exclusivamente de multa, com o que fez extinguir-se a punibilidade em apenas dois anos, pela prescrição.

Os dispositivos do Código Penal não eram aplicados. As autoridades da Administração Tributária, por desconhecimento ou por razões políticas, não acionavam o Ministério Público para esse fim. A Lei nº 4.729/65 foi editada por razões demagógicas. Pretendeu o governo intimidar os contribuintes com a ameaça penal. A rigor os favoreceu com o abrandamento de pena e o encurtamento do prazo de prescrição. Sua razão de ser foi a intimidação. Seu efeito efetivo foi o favorecimento do sonegador.

12.4.4 O fim específico como majorante

Mais adequada teria sido a inserção, no Código Penal, de um dispositivo no capítulo que trata dos crimes de falsidade documental, estabelecendo que as penas cominadas àqueles crimes teriam um aumento de metade, ou de um terço, quando o autor agisse com a finalidade de suprimir ou de reduzir tributo.

3

Algumas Noções de Direito Tributário

1 INTRODUÇÃO

O estudo dos crimes contra a ordem tributária situa-se numa área de fronteira entre o Direito Penal e o Direito Tributário. Nesse estudo, precisamos do conhecimento do Direito Penal, com certeza. Mas precisamos também de algum conhecimento do Direito Tributário. Talvez por isto mesmo, não são raros os advogados tributaristas que estão atuando em causas relativas a crimes contra a ordem tributária. Seja em parceria com advogados penalistas, seja individualmente.

Por outro lado, temos ouvido de advogados penalistas que sentem muitas dificuldades para atuar em processos relativos a crimes contra a ordem tributária porque não conhecem suficientemente o Direito Tributário.

Ao projetarmos a elaboração deste livro pensamos sobretudo em oferecer nossa modesta contribuição aos tributaristas, discorrendo sobre algumas noções do Direito Penal. Foi o que fizemos no Capítulo 2. Neste, vamos oferecer nossa modesta contribuição aos penalistas, discorrendo sobre algumas noções do Direito Tributário. Pode parecer que muitas delas são desnecessárias. Não são. Delas depende o conhecimento seguro de aspectos relevantes de muitas questões que podem ser suscitadas em questões relativas aos crimes contra a ordem tributária.

Na verdade, o Direito é um só. A vida prática é que nos levou a aceitar a especialização profissional porque esta nos permite trabalhar com mais segurança na medida em que as teses com as quais trabalhamos repetem-se com mais frequência e isto nos leva a dominá-las com facilidade. Isto, porém, não quer dizer que possamos em nosso trabalho, em qualquer das especialidades jurídicas, prescindir sempre de boas noções concernentes a outras especialidades.

Com essa crença, vamos examinar, ainda que de modo bastante superficial, as noções do Direito Tributário que nos parecem úteis para facilitar a compreensão e o tratamento de questões relativas aos crimes contra a ordem tributária.

2 O CONCEITO DE TRIBUTO

2.1 Na teoria geral do direito tributário

O conceito de tributo pode ser definido em função de determinado ordenamento jurídico positivo. Será o tributo como concebido em um determinado Estado. Não o tributo na Teoria Geral do Direito. Ocorre que nos diversos ordenamentos jurídicos existem traços comuns, presentes em todos eles, ou pelo menos nos ordenamentos jurídicos atuais, na maioria dos países.

Tendo em vista o modelo de Estado que conhecemos, pode-se dizer que todo Estado necessita de recursos financeiros para o desempenho de suas atividades. Recursos que obtém de seu povo, compelindo as pessoas, os contribuintes, a entregar dinheiro aos cofres públicos. Daí já é possível concluir-se que o tributo é uma prestação pecuniária compulsória.

Ocorre que o Estado também pode obter recursos financeiros por outros meios, aplicando aos que cometem atos ilícitos penalidades pecuniárias. Ou, então, fornecendo às pessoas bens ou serviços cuja aquisição ou utilização não seja obrigatória. Daí decorrem dois elementos a mais para o conceito de tributo, que são a irrelevância da ilicitude e o caráter compulsório da prestação tributária.

Aplicando penalidade pecuniária, tem-se que esta constitui prestação pecuniária compulsória, tal como o tributo, mas distingue-se dele em razão do pressuposto essencial da penalidade, que é precisamente a ilicitude. Só diante de um comportamento ilícito é possível a penalidade, enquanto o tributo pode ser exigido ainda que a pessoa obrigada a seu pagamento não tenha cometido nenhum ilícito. Assim, embora o tributo possa ser cobrado em razão de um fato em que a ilicitude eventualmente esteja presente, certo é que essa ilicitude não é necessária para justificar a exigência. Disso decorre um elemento essencial para o conceito de tributo, que é a irrelevância da ilicitude. Elemento que faz do tributo uma prestação distinta da penalidade pecuniária, consubstanciada por uma prestação pecuniária compulsória que tem como pressuposto essencial a ilicitude.

Oferecendo às pessoas bens ou serviços cuja aquisição ou utilização não seja obrigatória, o Estado obtém dessas pessoas prestação pecuniária que se distingue do tributo exatamente pela ausência do caráter compulsório. Essa prestação é um preço, ou tarifa.

Do que foi dito já podemos extrair um conceito de tributo: *uma prestação pecuniária compulsória que não constitui sanção de ato ilícito nem contraprestação específica pelo uso voluntário de bens ou serviços.* Expliquemos os elementos desse conceito.

Ser uma *prestação pecuniária compulsória* significa ser uma prestação em dinheiro que resulta da soberania do Estado. O dever de pagar tributo nasce independentemente da vontade daquele a quem é atribuído pelo Estado.

Não constituir *sanção de ato ilícito* significa dizer que o dever de pagar tributo não se confunde com as penalidades. Ele nasce em virtude da ocorrência de um fato que em princípio é lícito, e mesmo quando ocorra envolvido por circunstâncias ilícitas não é da ilicitude que decorre o dever de pagar. É esta, ressalte-se, a diferença essencial entre o tributo e a pena pecuniária. A ilicitude é irrelevante para o nascimento do tributo, e essencial para o nascimento da penalidade.

O não constituir *contraprestação específica pela aquisição ou uso voluntário de bens ou serviços* quer dizer que o dever de pagar tributo não se liga ao fato de o Estado fornecer ao contribuinte um bem ou um serviço cuja aquisição ou uso dependa do querer do contribuinte. Este elemento é muito importante porque nos permite distinguir o tributo que eventualmente pode estar embutido no preço de bens, ou de serviços. O tributo oculto, de que nos ocuparemos adiante. Por enquanto, é importante destacar que, se a aquisição do bem, ou o uso do serviço, resulta de imposição estatal, porque o contribuinte não dispõe de liberdade para satisfazer sua necessidade por outro meio, a contrapartida ou preço que se paga é um tributo.

Até aqui não colocamos como elemento essencial do tributo a legalidade, admitindo que ainda existem povos submetidos a governos não democráticos, que exercem o poder de tributar por outros meios, diversos da lei. Se considerarmos o conceito de tributo no denominado Estado Democrático de Direito, então, teremos de acrescentar que a vontade do povo, expressa na lei, é um elemento necessário para compor o conceito de tributo.

2.2 No direito positivo brasileiro

2.2.1 *Definição legal*

Em princípio a lei não deve conceituar. Deve estabelecer regras de comportamento. Entretanto, em face de controvérsias às vezes define conceitos. Isto aconteceu com o conceito de tributo que é atualmente, no Brasil, legalmente definido. Afastando divergências da doutrina, o legislador disse que *"tributo é toda prestação pecuniária compulsória, em moeda ou cujo valor nela se possa exprimir, que não constitua sanção de ato ilícito, instituída em lei e cobrada mediante atividade administrativa plenamente vinculada"* (Código Tributário Nacional, art. 3º).

Assim, já agora se mostra de nenhuma utilidade, no plano do direito positivo vigente, o exame dos diversos conceitos de tributo formulados pelos juristas e pelos financistas. Prevalece sobre todos eles o conceito definido pelo legislador, restando-nos apenas analisá-lo, examinando os seus diversos elementos, a saber:

a) Toda *prestação pecuniária*. Cuida-se de prestação tendente a assegurar ao Estado os meios financeiros de que necessita para a consecução de seus objetivos, por isto que é de natureza pecuniária. Não há mais nos sistemas tributários modernos o tributo *em natureza*, pago em serviços ou em bens diversos do dinheiro.

Destaca-se, todavia, a existência de opiniões em contrário, pelas quais toda e qualquer imposição do Estado tem o caráter de tributo, sendo, assim, forma de tributo o serviço militar obrigatório, a participação no tribunal do júri, a entrega de bens requisitados pelo Estado, e tantas outras imposições do Poder Público.

Mas, se tal posição podia ser acatada antes, depois do Código Tributário nos parece inteiramente superada.

Note-se, porque relevante, que o tributo é *toda* prestação pecuniária que atenda aos demais requisitos da definição legal. Esta observação é importante para a determinação da natureza jurídica de certas imposições, como as contribuições parafiscais, por exemplo.

b) *Compulsória*. A prestação tributária é obrigatória. Nenhum tributo é pago voluntariamente, mas em face de determinação legal, de imposição do Estado. Não são tributos as prestações de caráter contratual, pois a compulsoriedade constitui sua característica marcante. É da essência do tributo.

É certo que as prestações contratuais também são obrigatórias, mas a obrigatoriedade, neste caso, nasce diretamente do contrato, e só indiretamente deriva da lei. Na prestação tributária, a obrigatoriedade nasce diretamente da lei, sem que se interponha qualquer ato de vontade daquele que assume a obrigação.

c) *Em moeda ou cujo valor nela se possa exprimir*. A prestação tributária é pecuniária, isto é, seu conteúdo é expresso em moeda. O Direito brasileiro não admite a instituição de tributo em natureza, vale dizer, expresso em unidade de bens diversos do dinheiro, ou em unidade de serviços. Em outras palavras, nosso Direito desconhece os tributos *in natura e in labore*.

Tributo *in natura* seria aquele estabelecido sem qualquer referência a moeda. Por exemplo, um imposto sobre a importação de trigo, cuja lei instituidora determinasse que, por cada tonelada de trigo importado o importador entregaria, a título de tributo, 100 quilos de trigo à União. Ou um imposto sobre a comercialização do ouro, cuja lei instituidora determinasse que, para cada quilo de ouro negociado, cem gramas seriam entregues à entidade tributante.

Tributo *in labore* seria aquele instituído também sem qualquer referência a moeda. Por exemplo, um imposto sobre a atividade profissional, cuja lei instituidora determinasse que todo profissional liberal seria obrigado a dar um dia de serviço por mês à entidade tributante.

Diversa da questão de saber se existe em nosso Direito o tributo em natureza é a questão de saber se o sujeito passivo da obrigação tributária principal tem o direito subjetivo de extinguir o crédito respectivo mediante a entrega de bens diversos do dinheiro. Parece-nos que tal questão deve ser respondida negativamente. A dívida de tributo há de ser satisfeita *em moeda*. Apenas em circunstâncias especiais é possível a satisfação da obrigação tributária mediante a entrega de bens outros cujo valor possa ser expresso em moeda.

Parece-nos que a expressão "em moeda ou cujo valor nela se possa exprimir" não tem qualquer significação no art. 3º do Código Tributário Nacional. Serve apenas para colocar o conceito de tributo em harmonia com a possibilidade excepcional de extinção do crédito respectivo mediante dação em pagamento, como acima explicado.

d) *Que não constitua sanção de ato ilícito*. O tributo se distingue da *penalidade* exatamente porque esta tem como hipótese de incidência um ato *ilícito*, enquanto a hipótese de incidência do tributo é sempre algo *lícito*.

Não se conclua, por isto, que um rendimento auferido em atividade ilícita não está sujeito ao tributo. Nem se diga que admitir a tributação de tal rendimento seria admitir a tributação do ilícito. É importante, neste particular, a distinção entre *hipótese de incidência,* que é a descrição normativa da situação de fato, e *fato gerador* do tributo. A hipótese de incidência é a descrição da situação de fato que, se ocorrer, fará nascer a obrigação tributária. O fato gerador do tributo é a concretização de sua hipótese de incidência.

Quando se diz que o tributo não constitui sanção de ato ilícito, isto quer dizer que a lei não pode incluir na *hipótese de incidência* tributária o elemento ilicitude. Não pode estabelecer como necessária e suficiente à ocorrência da obrigação de pagar um tributo uma situação que não seja lícita. Se o faz, não está instituindo um tributo, mas uma penalidade. Todavia, um *fato gerador* de tributo pode ocorrer em circunstâncias ilícitas, mas essas circunstâncias são estranhas à hipótese de incidência do tributo, e por isso mesmo irrelevantes do ponto de vista tributário.

Demonstrando o dito acima, tomemos o exemplo do Imposto de Renda: alguém percebe rendimento decorrente da exploração do lenocínio, ou de casa de prostituição, ou de jogo de azar, ou de qualquer outra atividade criminosa, ou ilícita. O tributo é devido. Não que incida sobre a atividade ilícita, mas porque a *hipótese de incidência* do tributo, no caso, que é *a aquisição da disponibilidade econômica ou jurídica dos rendimentos*, ocorreu. Só isto. A situação prevista em lei como necessária e suficiente ao nascimento da obrigação tributária no Imposto de Renda é a aquisição da disponibilidade econômica ou jurídica da renda ou dos proventos de qualquer natureza (CTN, art. 43). Não importa como. Se decorrente de atividade lícita, ou ilícita, isto não está dito na descrição normativa, vale dizer, isto não está na hipótese de incidência, sendo, portanto, irrelevante. Para que o Imposto de Renda seja devido é necessário que ocorra *aquisição de disponibilidade econômica ou jurídica de renda ou de proventos de qualquer natureza*. E isto é suficiente. Nada mais se há de indagar para que se tenha como configurado o *fato gerador* do tributo em questão.

A vigente Constituição Federal, entretanto, autoriza a instituição de um tributo que tem nítida natureza penal. É o imposto sobre a propriedade predial e territorial urbana, progressivo no tempo, com a finalidade de obrigar o proprietário de solo urbano não edificado, subutilizado ou não utilizado, a promover o seu adequado aproveitamento (CF, art. 182, § 4º, II).

Pode parecer que se trata apenas de um tributo extrafiscal proibitivo, mas a leitura do dispositivo constitucional em referência leva à conclusão de que na verdade tem-se aí o IPTU com natureza de sanção.

e) *Instituída em lei.* Só a *lei* pode instituir o tributo. Isto decorre do princípio da legalidade, inerente ao Estado de Direito. Nenhum tributo será exigido sem que a lei o estabeleça, conforme assegura o art. 150, item I, da Constituição Federal.

A lei instituidora do tributo é, em princípio, a lei *ordinária*. Só nos casos expressamente previstos pela Constituição é que se há de exigir lei *complementar* para esse fim. Note-se, ainda, que embora a lei complementar possa criar tributo, porque quem pode o mais pode o menos, o fato de haver uma lei complementar, em atendimento ao disposto no art. 146, inciso III, alínea "a", da Constituição Federal, traçado normas gerais a respeito do fato gerador de um imposto, não pode ser entendido como a criação desse imposto.

Instituir um tributo não é apenas dizer que ele fica criado, ou instituído. Sua criação depende da definição da hipótese ou hipóteses em que o mesmo será devido, vale dizer, da definição da hipótese de incidência, dos sujeitos da obrigação correspondente, e ainda da indicação precisa dos elementos necessários ao conhecimento do valor a ser pago, vale dizer, da base de cálculo e da alíquota, bem como do prazo respectivo. Em se tratando de tributo fixo, obviamente não se cogitará de base de cálculo, nem de alíquota, pois a lei já refere o próprio valor devido, independentemente de qualquer cálculo, como acontece com o ISS dos profissionais liberais. Seja como for, importante é saber que, segundo o princípio da legalidade, todos os elementos necessários a que se saiba quem deve, a quem deve, quanto deve e quando deve pagar residem na lei, em sentido estrito.

Note-se que tal princípio, no que concerne à instituição do tributo, não comporta qualquer exceção. As ressalvas da regra constitucional só dizem respeito à majoração do tributo, não a sua instituição. Coerente com este entendimento é o art. 97 do Código Tributário Nacional, no qual está previsto, com especificações, o princípio da legalidade, com explicitação do que está contido no art. 150, item I, da Constituição Federal.

Questionou-se, na vigência da Constituição anterior, a validade do Decreto-lei que institui ou aumenta tributo. Alguns autores sustentaram que o Decreto-lei não é instrumento válido para criação nem aumento de tributos, tendo em vista que o art. 153, § 29, da Constituição de 1967, com redação dada pela Emenda nº 1, de 1969, somente se referia à lei. Outros, porém, sustentaram a tese contrária, com fundamento no art. 55, item II, da mesma Constituição. E, do ponto de vista pragmático, a razão terminou com estes últimos, visto como a jurisprudência do Supremo Tribunal Federal orientou-se neste sentido.

f) *Cobrada mediante atividade administrativa plenamente vinculada*. Em geral os administrativistas preferem dizer *poder vinculado*, em lugar de *atividade vinculada*. Em virtude, porém, da terminologia utilizada pelo Código Tributário Nacional, faremos referência, aqui, a *atividade*, que se classifica, evidentemente, de acordo com a natureza do *poder* de que disponha a autoridade administrativa. Esta observação tem por fim apenas evitar equívocos por parte daqueles que, a este propósito, consultem os compêndios de Direito Administrativo, a cujo campo pertence o disciplinamento da atividade em geral desenvolvida pela Administração Pública.

A atividade administrativa pode ser classificada em *arbitrária, discricionária* e *vinculada*, conforme o grau de liberdade atribuída à autoridade no seu desempenho.

Atividade arbitrária é aquela em cujo desempenho a autoridade não sofre qualquer limite. Sua liberdade é absoluta. Não deve obediência a qualquer regra jurídica. Esse tipo de atividade é evidentemente incompatível com o Estado de Direito e nele, quando é praticada, representa violação da ordem jurídica.

Atividade discricionária é aquela em cujo desempenho a autoridade administrativa dispõe de liberdade para decidir sobre a conveniência e a oportunidade de agir e sobre como agir. A lei estabelece um *fim* a ser alcançado, a *forma* a ser observada e a *competência* da autoridade para agir.

Atividade vinculada é aquela em cujo desempenho a autoridade administrativa não goza de liberdade para apreciar a *conveniência* nem a *oportunidade* de agir. A lei não estabelece apenas um *fim* a ser alcançado, a *forma* a ser observada e a *competência* da autoridade para agir. Estabelece, além disto, o momento, vale dizer, o quando agir, e o conteúdo mesmo da atividade. Não deixa margem à apreciação da autoridade, que fica inteiramente *vinculada* ao comando legal.

Dizendo o Código Tributário Nacional que o tributo há de ser cobrado mediante atividade administrativa *plenamente* vinculada, quer significar que a autoridade administrativa não pode preencher com seu juízo pessoal, a indeterminação normativa, buscando realizar em cada caso a finalidade da lei. Esta deve ser precisa, prefigurando com rigor e objetividade os pressupostos para a prática dos atos e o conteúdo que estes devem ter. Deve descrever o fato gerador da obrigação tributária, a base de cálculo, a alíquota, o prazo para pagamento, os sujeitos da relação tributária e tudo o mais. Nada fica *a critério* da autoridade administrativa, em cada caso. Quando a lei contenha comandos indeterminados, vagos ou ambíguos, a indeterminação deve ser superada pela edição de ato normativo, aplicável a todos quantos se encontrem na situação nele hipoteticamente prevista. Assim, a atividade de determinação e de cobrança do tributo será sempre vinculada a uma norma.

3 ESPÉCIES DE TRIBUTO

3.1 Gênero e espécies

O tributo é um gênero, integrado por pelo menos duas espécies. Todas estas albergam os elementos do gênero, que as identificam como tributo. E, além destes, pelo menos um elemento que não está no gênero, e integra a espécie para lhe conferir identidade específica.

Examinemos, então, as espécies do gênero tributo, tanto na Teoria Geral do Direito, como no Direito Positivo brasileiro.

3.2 Espécies de tributo

3.2.1 Na teoria geral do direito tributário

Vimos que na Teoria Geral do Direito tributo é *uma prestação pecuniária compulsória que não constitui sanção de ato ilícito nem contraprestação específica pelo uso voluntário de bens ou serviços.*

Todas as espécies de tributo são prestações pecuniárias compulsórias e não constituem sanção de ato ilícito. O que distingue as espécies, que são apenas duas, na Teoria Geral do Direito, é o modo de ser do respectivo fato gerador. O fato que gera o dever de prestar pode ser *não vinculado* a uma atividade estatal específica relativa ao obrigado, e pode ser *vinculado* a uma atividade estatal específica relativa ao obrigado. A primeira dessas duas espécies denomina-se *imposto*, e a segunda denomina-se *taxa*.

Cogita-se, ainda, de uma terceira espécie de tributo, denominada contribuições. Na verdade, porém, só a contribuição de melhoria pode ser apresentada como verdadeira espécie de tributo, distinta do imposto e distinta também da taxa. Seu elemento identificador específico é a valorização imobiliária decorrente de obra pública.

Não me parece, porém, que no âmbito da Teoria Geral do Direito possamos colher elementos seguros para caracterizar essa espécie tributária, que está muito bem caracterizada no Direito brasileiro mas não é albergada com traços identificadores assim tão claros em muitos outros países. Por isto, preferimos dizer que nesse âmbito só existem duas espécies, a saber, o *impostos* e as *taxas*.

O *imposto* é um tributo cujo fato gerador é uma situação independente de qualquer atividade estatal específica relativa ao obrigado. Não é nem se liga necessariamente a um agir do Estado. Pelo contrário, o fato gerador do dever de pagar imposto é uma situação relativa ao próprio obrigado, geralmente um fato signo presuntivo de capacidade contributiva.

A *taxa* é um tributo cujo fato gerador é sempre uma atuação do Estado. Uma atividade tipicamente estatal, relacionada ao obrigado.

Adotada essa classificação, a contribuição de melhoria deve ser classificada como taxa. Seria uma taxa, porque o seu fato gerador decorre diretamente de uma atividade estatal. Não pode existir sem um agir do Estado.

3.2.2 No direito positivo brasileiro

O tributo, como conceituado no art. 3º do Código Tributário Nacional, é um gênero, do qual o art. 5º do mesmo Código indica como espécies os impostos, as taxas e as contribuições de melhoria.

O art. 217 do Código Tributário Nacional, com a redação que lhe deu o Decreto-lei nº 27, de 14.11.1966, estabeleceu que as disposições do Código não excluem a incidência e exigibilidade de outras contribuições, que indica. Isto tornou evidente a existência de uma quarta espécie de tributo, integrada pelas *contribuições sociais*. Tal conclusão restou reforçada pelos arts. 149 e 195 da Constituição Federal de 1988.

Assim, podemos afirmar que no direito positivo brasileiro temos quatro espécies de tributo, a saber: (a) impostos; (b) taxas; (c) contribuição de melhoria; e (d) contribuições sociais. A seguir, vamos examinar, ainda que sumariamente, a noção de cada uma dessas espécies de tributo.

a) *Imposto*

Temos definição em lei. "Imposto é o tributo cuja obrigação tem por fato gerador uma situação independente de qualquer atividade estatal específica, relativa ao contribuinte" (CTN, art. 16). Diz-se, por isto, que o imposto é uma exação não vinculada, isto é, independente de atividade estatal específica.

A expressão *não vinculada*, com que se qualifica o imposto, nada tem a ver com a qualificação da atividade administrativa *vinculada*, na definição legal de tributo. Quando se diz que o imposto é uma exação não vinculada, o que se está afirmando é que o fato gerador do imposto não se liga a atividade estatal específica relativa ao contribuinte. Quando se fala de atividade administrativa vinculada, no art. 3º do Código Tributário Nacional, o que se quer dizer é que a atividade administrativa tributária é sempre vinculada à lei, não se admitindo discricionarismo da autoridade administrativa na cobrança de tributos.

Os impostos distinguem-se uns dos outros pelos respectivos *fatos geradores* e com base nessa distinção, nos países de organização federativa, como o nosso, são atribuídos às diversas entidades entre as quais se divide o Poder Político. A atribuição constitucional da competência para a instituição do imposto é feita com a referência ao que temos denominado âmbito constitucional do imposto, que é a situação de fato dentro da qual deve ser definido pelo legislador da entidade competente o fato gerador respectivo.

b) *Taxa*

De acordo com o estabelecido no art. 77 do Código Tributário Nacional, taxa é o tributo que tem como fato gerador o exercício regular do poder de polícia, ou a utilização, efetiva ou potencial, de serviço público específico e divisível, prestado ao contribuinte. Distingue-se, por isto, nitidamente, do imposto. Conforme demonstraremos ao estudar, mais adiante, a *taxa*, não nos parece útil, no Direito positivo brasileiro, a ideia de contraprestacionalidade para caracterização das espécies tributárias.

c) *Contribuição de Melhoria*

É o tributo cuja obrigação tem como fato gerador a valorização de imóveis decorrente de obra pública. Distingue-se do imposto porque depende de atividade estatal específica, e da taxa porque a atividade estatal de que depende é diversa. Enquanto a taxa está ligada ao exercício regular do poder de polícia, ou a *serviço* público, a contribuição de melhoria está ligada à realização de *obra* pública. Caracteriza-se, ainda, a contribuição de melhoria, por ser o seu fato gerador instantâneo e único.

d) *Contribuições Sociais*

São aquelas que a União Federal institui com fundamento nos arts. 149 e 195, da Constituição Federal. Dividem-se em duas subespécies, a saber, as do art. 149, denominadas *contribuições de intervenção no domínio econômico, contribuições de interesse de categorias profissionais ou econômicas, e as contribuições de seguridade social.*

As contribuições sociais caracterizam-se pela finalidade. A elas não se aplica a norma do art. 4º do Código Tributário Nacional.

As contribuições de seguridade social caracterizam-se por serem o instrumento pelo qual a sociedade financia, diretamente, a seguridade social, nos termos do art. 195 da Constituição Federal.

Há quem sustente que os empréstimos compulsórios são tributo. Seriam, então, uma quinta espécie. Admitimos, para fins didáticos, tratar do empréstimo compulsório como tributo. Só para fins didáticos, pois na verdade o empréstimo compulsório não é tributo. E no contexto dos crimes contra a ordem tributária a questão de saber se o empréstimo compulsório é, ou não, uma espécie de tributo, tem enorme importância. Como o *tributo* é um elemento normativo dos tipos, saber se o *empréstimo compulsório* é, ou não é, *tributo* será decisivo para saber se ocorreu, ou não, o crime, sempre que os fatos integrantes do tipo penal digam respeito ao empréstimo compulsório. Se entendermos que o empréstimo compulsório é uma espécie de tributo, teremos de concluir pela configuração do crime. Se entendermos que o empréstimo compulsório não é um tributo, a conclusão terá de ser negativa, vale dizer, teremos de concluir que o crime não está configurado.

Na verdade o empréstimo compulsório não é tributo. Nem na Teoria Geral do Direito, nem no direito positivo brasileiro. A colocação de dispositivos na Constituição Federal, cuidando do empréstimo compulsório, teve apenas a finalidade de proteger o cidadão contra a instituição frequente de empréstimos compulsórios. Seja como for, certo é que estes não têm natureza jurídica tributária, como a seguir vamos demonstrar.

4 NATUREZA JURÍDICA DO EMPRÉSTIMO COMPULSÓRIO

4.1 Na teoria geral do Direito

4.1.1 A doutrina estrangeira

Em todos os países nos quais existe atividade econômica de iniciativa privada, o tributo é a fonte de recursos financeiros para o Estado. É uma receita pública. Receita no sentido econômico, vale dizer, instrumento de transferência de riqueza do setor privado para o setor público.

Assim é que Soares Martínez assevera que o imposto "tem por fim a realização de uma receita pública e não depende de outros vínculos jurídicos, nem determina para o sujeito ativo respectivo qualquer dever de prestar específico".[1] E no mesmo sentido manifesta-se o Professor Nuno de Sá Gomes:

> "A prestação satisfeita a título de *imposto* é *definitiva* e sem contrapartida no sentido de que não dá direito ao devedor que a pagou a *restituição, reembolso, retribuição* ou *indemnização*, a cargo do credor tributário.
>
> Esta característica, como vamos ver, leva-nos a distinguir o imposto dos *empréstimos públicos*, mesmo *forçados*, da *requisição administrativa*, da *nacionalização*, da *expropriação por utilidade pública*, que sempre darão origem a *prestações* desse tipo, conforme os casos, a que o ente público ficará adstrito."[2]

---

[1] Soares Martinez, *Direito Fiscal*, 7ª edição, Almedina, Coimbra (Portugal), 1995, p. 27
[2] Nuno de Sá Gomes, *Manual de Direito Fiscal*, Rei dos Livros, Lisboa, março 1998, p. 63.

José Casalta Nabais também qualifica o imposto como uma prestação definitiva, que não dá lugar a qualquer reembolso, restituição ou indenização.[3]

Dino Jarach, estudando os empréstimos forçados, admite o caráter tributário destes, que surge precisamente da coerção, posto que a lei estabelece um pressuposto de fato que, uma vez concretizado, faz nascer a obrigação de conceder o empréstimo. Mesmo assim, esclarece que a diferença entre o empréstimo e o imposto consiste em que no primeiro, e não no segundo, o governo assume as obrigações referentes aos juros, amortização e extinção da dívida em seu vencimento. Em suas palavras:

> "El carácter tributario surge precisamente de la coerción de la suscripción, a través de la ley que lo estabelece. Como en el impusto, hay un presupuesto de hecho definido en el texto legal que, al verificarse en la realidad de los hechos del caso concreto, da nacimiento a la obligación de suscribir el empréstimo en la cantidad, precio y demás condiciones que la ley fije o autorice al poder público a fijar.
> La diferencia entre el empréstimo forzoso y el impuesto consiste en que en el primero, y no en el segundo, el gobierno asume las obligaciones referentes a intereses, amortización y extinción de la deuda a su vencimento."[4]

No sentido de que o tributo opera a transferência de recursos financeiros do contribuinte para o ente público é também a lição de Tulio Rosembuj, que ensina:

> "La prestación tributaria es un comportamiento positivo, das sumas de dinero, que establece el simétrico empoblecimiento patrimonial del obligado y el enriquecimiento del ente público, y debido, en el sentido de la absoluta prevalencia de la ley sobre la autonomía de voluntad del sujeto obligado."[5]

Já faz algum tempo temos sustentado que o empréstimo compulsório não é tributo exatamente porque não transfere riqueza do contribuinte para o Estado. Não é uma receita pública.[6]

---

[3] José Casalta Nabais, *O Dever Fundamental de Pagar Impostos*, Almedina, Coimbra, 1998, p. 224.

[4] Dino Jarach, *Finanzas Públicas y Derecho Tributario*, 2ª edição, Abeledo-Perrot, Buenos Aires, 1996, p. 249.

[5] Tulio Rosembuj, *Elementos de Derecho Tributario*, Barcelona, Editorial Bleme, Barcelona, 1982, p. 114.

[6] Hugo de Brito Machado, *O Conceito de Tributo no Direito Brasileiro*, Forense, Rio de Janeiro, 1987, p. 23-24.

4.1.2 Aplicação de normas constitucionais tributárias

Houve época em que a natureza tributária do empréstimo compulsório chegou a ser defendida com fundamento na norma segundo a qual *a União pode instituir empréstimos compulsórios, nos casos especiais definidos em lei complementar, aos quais se aplicarão as disposições constitucionais relativas aos tributos e às normas gerais do direito tributário.*[7] Essa norma da Constituição então vigente, porém, ao contrário do que se chegou a sustentar, deixou evidente que o empréstimo compulsório na verdade não é tributo. Se fosse, certamente não seria necessária uma norma na Constituição para determinar que a ele fossem aplicadas as disposições constitucionais relativas aos tributos e às normas gerais de Direito Tributário.

Poder-se-ia dizer, então, que ao menos no direito positivo brasileiro o empréstimo compulsório ganhou a natureza de tributo. Disso vamos cuidar adiante. Aqui nos importa demonstrar que, do ponto de vista de uma Teoria Geral do Direito, ele não é tributo. Não é nem mesmo receita pública no sentido econômico. Não transfere recursos do setor privado para o setor público. Os recursos arrecadados a título de empréstimo compulsório não se integram no patrimônio público, como ocorreria se de tributo se tratasse. A inclusão na Constituição Federal de norma determinando que aos empréstimos compulsórios *se aplicarão as disposições constitucionais relativas aos tributos e às normas gerais do direito tributário* teve apenas o propósito de contornar a jurisprudência do Supremo Tribunal Federal em sentido contrário.

Na vigente Constituição, o empréstimo compulsório está colocado no capítulo do Sistema Tributário. Poder-se-á então sustentar que o constituinte de 1988 lhe atribuiu a natureza de tributo. Não é assim, porém, como se vai a seguir demonstrar.

4.2 No Direito positivo brasileiro

4.2.1 Fundamento constitucional

Até o advento da Emenda Constitucional nº 18 à Constituição Federal de 1946 não se conhecia no Brasil norma da Constituição cuidando dos empréstimos compulsórios, embora estes já fossem praticados até com certa frequência. A referida Emenda, editada em 1965, estabeleceu que *somente*

---

[7] Constituição Federal de 1967, com redação dada pela Emenda nº 1, de 1969, art. 21, § 2º, inciso II.

a União, em casos excepcionais definidos em lei complementar, poderá instituir empréstimo compulsório.[8]

Com fundamento na referida Emenda foi editado o Código Tributário Nacional, e este estabeleceu que somente a União, nos seguintes casos excepcionais, poderá instituir empréstimos compulsórios: (a) guerra externa, ou sua iminência; (b) calamidade pública que exija auxílio federal impossível de atender com os recursos orçamentários disponíveis; e (c) conjuntura que exija a absorção temporária de poder aquisitivo.[9] Com o advento da Constituição de 1967 esse dispositivo perdeu, em parte, a vigência, porque não foi totalmente recepcionado.

A Constituição Federal de 1988 estabelece que a União, mediante lei complementar, poderá instituir empréstimos compulsórios: (a) para atender a despesas extraordinárias, decorrentes de calamidade pública, de guerra externa ou sua iminência, e ainda, (b) no caso de investimento público de caráter urgente e de relevante interesse nacional, neste último caso com obediência ao princípio da anterioridade tributária.[10]

Esse dispositivo, como se vê, dá fundamento constitucional às normas dos incisos I e II, do art. 15, do Código Tributário Nacional, que estabelecem como hipóteses de instituição do gravame a guerra externa ou sua iminência, e a calamidade pública. Resta sem fundamento constitucional a norma do inciso III, sendo inadmissível falar-se, portanto, em empréstimo compulsório em face de *conjuntura que exija a absorção temporária de poder aquisitivo*.

Ressalte-se que na proposta de emenda constitucional enviada pelo Poder Executivo ao Congresso Nacional, para reforma do Sistema Tributário, consta dispositivo restabelecendo a hipótese de *conjuntura que exija a absorção temporária de poder aquisitivo*, para a instituição de empréstimo compulsório. Este ponto da proposta, porém, parece ter sido objeto de pronta rejeição no Congresso. Por outro lado, o relator da matéria, Deputado Mussa Demes, acolheu proposta do Deputado Delfim Netto segundo a qual fica a União proibida de instituir empréstimo compulsório enquanto estiver inadimplente em relação ao anterior. Cuida-se de solução inteligente, porque preserva o empréstimo compulsório, que na verdade é um valioso instrumento para a administração das finanças públicas, e faz com que ele seja o que realmente é, um *empréstimo*, em vez de um *imposto*, como na prática tem sido.

---

[8] Emenda Constitucional nº 18, de 1965, art. 4º.
[9] Código Tributário Nacional, art. 15.
[10] Constituição Federal de 1988, art. 148.

4.2.2 Natureza jurídica

Definir a natureza jurídica de alguma coisa é definir quais as normas jurídicas a esta aplicáveis. É definir o seu regime jurídico. Assim, definir a natureza jurídica do empréstimo compulsório nada mais é do que definir quais as normas de nosso sistema jurídico a este são aplicáveis.

A natureza jurídica do empréstimo compulsório tem sido objeto de profundas divergências, e a maioria dos tributaristas brasileiros tem afirmado ser tributária. O Supremo Tribunal Federal, todavia, entendeu não se tratar de tributo e essa orientação foi consagrada na súmula de sua jurisprudência predominante.[11] Também o antigo Tribunal Federal de Recursos adotou o mesmo entendimento quando sumulou sua jurisprudência no sentido de que "o empréstimo compulsório instituído pelo Decreto-lei nº 2.047 de 1983, não está sujeito ao princípio da anterioridade".[12]

A vigente Constituição Federal, no capítulo dedicado ao Sistema Tributário, estabelece que a União poderá instituir empréstimos compulsórios, (a) para atender a despesas extraordinárias, decorrentes de calamidade pública, de guerra externa ou sua iminência; e (b) no caso de investimento público de caráter urgente e de relevante interesse nacional. Neste último caso, a instituição do empréstimo há de respeitar o princípio da anterioridade. Estabelece ainda que a aplicação dos recursos provenientes de empréstimo compulsório será vinculada à despesa que fundamentou sua instituição.[13] Vê-se, portanto, que os empréstimos compulsórios, no Direito positivo brasileiro, têm regime jurídico constitucional próprio. Não se confundem com nenhum dos tributos que integram nosso sistema tributário, sendo razoável, assim, concluir-se que na verdade não são tributo.

Podemos concluir, portanto, que o empréstimo compulsório tem regime jurídico específico, que não se confunde com o regime jurídico do imposto, nem de qualquer outro tributo. Esse regime jurídico o faz essencialmente diferente do regime jurídico da receita pública. Kiyoshi Harada aponta, com propriedade, essa distinção, ensinando:

> "O empréstimo público não se confunde com a receita pública, que pressupõe o ingresso de dinheiro aos cofres públicos, sem qualquer

---

[11] Estabelece a Súmula nº 418, do Supremo Tribunal Federal:

"O empréstimo compulsório não é tributo e sua arrecadação não está sujeita à exigência constitucional da prévia autorização orçamentária."

[12] Tribunal Federal de Recursos, Súmula 236.

[13] Constituição Federal, art. 148, parágrafo único.

contrapartida, ou seja, corresponde a uma entrada de dinheiro que acresce o patrimônio do Estado. O empréstimo público não aumenta o patrimônio estatal, por representar mera entrada de caixa com a correspondência no passivo. A cada soma de dinheiro que o Estado recebe, a título de empréstimo, corresponde uma contrapartida no passivo, traduzida pela obrigação de restituir dentro de determinado prazo."[14]

Não temos dúvida de que a natureza jurídica do empréstimo compulsório é específica. Seu regime jurídico é próprio e não se confunde com o regime jurídico da receita pública, muito menos com o regime jurídico dos tributos. É um *empréstimo compulsório* simplesmente. E não existe razão alguma que nos leve a buscar qualificá-lo de outro modo.

4.2.3 O empréstimo compulsório e o art. 4º do Código Tributário Nacional

Os autores que afirmam ser o empréstimo compulsório um tributo utilizam geralmente o art. 4º do Código Tributário Nacional, argumentando ser irrelevante para a determinação da natureza específica do tributo a destinação do produto de sua arrecadação. Não nos parece aceitável tal argumento, pelo menos por duas razões.

Primeira, a de que a norma do art. 4º do Código Tributário Nacional não se refere à determinação da natureza tributária de uma receita, mas à determinação da natureza jurídica específica do tributo, o que é coisa bem diferente. Essa norma, que afirma ser irrelevante a destinação do produto da arrecadação, aplica-se ao caso em que se esteja buscando definir um tributo como imposto, como taxa, ou como contribuição de melhoria, que são as três espécies de tributo indicadas no art. 5º, do Código. Não aos casos nos quais se esteja buscando definir a natureza jurídica de um ingresso de dinheiro nos cofres públicos, posto que alguns desses ingressos podem ter destinação especificamente estabelecida, que integra o seu regime jurídico.

Segunda, a de que não se pode confundir a destinação de recursos que entram no patrimônio público com o dever de restituir o que foi recebido a título de empréstimo. Uma coisa é dizer-se que os valores recebidos a título de empréstimo compulsório devem ser restituídos. Outra, bem diversa, é dizer-se que os valores recebidos a título de empréstimo compulsório devem ser destinados às despesas, ou aos investimentos, que justificaram a sua ins-

---

[14] Kiyoshi Harada, *Compêndio de Direito Financeiro*, Resenha Tributária, São Paulo, 1994, p. 82.

tituição, como faz o parágrafo único do art. 148 da Constituição Federal. O dever de restituir os valores tomados por empréstimo não se confunde com a aplicação que o Estado vai fazer desses valores.

4.2.4 Voluntariedade ou restituição como nota essencial do empréstimo

Há quem indique como nota essencial de qualquer empréstimo a voluntariedade. Empréstimo compulsório seria, para os que assim entendem, uma contradição em termos. Ou alguém empresta, e o faz voluntariamente, ou alguém sofre uma imposição, e de empréstimo portanto não se cuida.

Não nos parece, porém, que seja assim. Empréstimo, registra De Plácido e Silva, tem sentido bem mais abrangente:

> "Derivado do latim *promutuari* (emprestar), é indicativo para exprimir toda espécie de cedência de uma coisa ou bem, para que outrem a use ou dela se utilize, com a obrigação de restituí-la, na forma indicada, quando a pedir o seu dono ou quando terminado o prazo da concessão."[15]

O empréstimo é a cedência temporária de uma coisa, bem ou direito. Como geralmente se opera mediante um contrato, pode parecer que a voluntariedade seja elemento essencial seu. Ocorre que a palavra empréstimo pode designar o contrato, mas pode designar também a própria cedência, que é o objeto do contrato. Neste caso, o empréstimo, significando a própria cedência, não tem a voluntariedade como elemento essencial. Embora seja, em regra, voluntária, vale dizer, contratual, a voluntariedade não é de sua essência. O que é essencial para que se configure é na verdade o não ser uma transferência definitiva da coisa, bem ou direito, mas uma transferência temporária, na qual se faz presente, sempre, o dever de restituição. O entregar para, mais adiante, receber de volta, é que na verdade caracteriza o empréstimo, que pode ser voluntário, como geralmente é, ou forçado, como eventualmente pode ser.

4.2.5 O dever de restituição como integrante da relação obrigacional

A obrigação do contribuinte, nos empréstimos compulsórios, é na verdade uma obrigação *ex lege*. Tal como a obrigação tributária, decorre do fato pre-

---

[15] De Plácido e Silva, *Vocabulário Jurídico*, Forense, Rio de Janeiro, 1987, v. II, p. 158.

visto em lei como necessário e suficiente a seu nascimento. Não se confunde, porém, com a obrigação tributária porque contém necessariamente o dever do ente público de restituir os valores emprestados. Esse dever de restituir é elemento integrante da própria relação jurídica, que se estabelece em razão da ocorrência da hipótese legalmente prevista.

A obrigação tributária é o vínculo jurídico em virtude do qual o particular é obrigado a entregar dinheiro ao ente público. Essa entrega de dinheiro, vale dizer, o pagamento do tributo, extingue o vínculo, extingue a relação obrigação tributária.

A obrigação de emprestar dinheiro ao ente público, de que se cuida nos empréstimos compulsórios, é o vínculo jurídico em virtude do qual o particular é obrigado a entregar dinheiro ao ente público e este é obrigado a devolvê-lo, no prazo, nas condições e com os encargos estabelecidos na lei. A entrega do dinheiro, pelo particular, não extingue a relação obrigacional, que subsiste até que o ente público o devolva.

4.2.6 O fenômeno financeiro e o seu significado jurídico

Todos os fatos da atividade do Estado, concernentes aos recursos financeiros que recebe, administra e aplica, compõem o que se costuma denominar *fenômeno financeiro*. Esse fenômeno financeiro é o objeto de estudos da Ciência das Finanças Públicas, que dele se ocupa tendo em vista um conhecimento não especificamente jurídico. Um conhecimento no qual o significado dos fatos, no que importa ao financista, não é atribuído pela norma jurídica, formando-se a partir da realidade fática, vale dizer, a partir daquilo que *é*, e não a partir daquilo que *deve ser* segundo um determinado sistema de normas.

O financista, embora sem poder ignorar as normas jurídicas, ocupa-se do fenômeno financeiro dando ênfase ao fato e às leis *naturais*, ou leis de causalidade, que o regem, tais como a lei segundo a qual quanto maior seja a alíquota do tributo maior será a resistência oferecida pelo contribuinte. Em outras palavras, o financista observa o fato em seu significado objetivo, e não em seu significado especificamente jurídico. Por isto mesmo a Ciência das Finanças Públicas tende a ser universal, no sentido de que são sempre as mesmas as leis de causalidade que regem o fenômeno financeiro em qualquer País.

Do ponto de vista da Ciência das Finanças Públicas é inegável a distinção entre o *tributo* e o *empréstimo* que o Estado obtém, seja contratualmente, seja coativamente. Enquanto o empréstimo opera uma transferência simplesmente financeira, o tributo opera a transferência econômica, ou patrimonial, de recursos do particular, que fica mais pobre, para o Estado, que fica mais rico. Por isto, mesmo os que afirmam que o empréstimo compulsório é um tributo terminam por reconhecer que ele pode ser considerado como crédito público do ponto de vista da Ciência das Finanças.[16] É que no âmbito da Ciência das Finanças Públicas ele é tomado em seu significado objetivo, não jurídico. Significado que resulta da realidade dos fatos, na qual é visto como uma entrada temporária de recursos nos cofres públicos, sem acréscimo do patrimônio líquido do Estado porque este, na medida em que os recebe, tem acrescido o seu passivo com a dívida correspondente.

O ordenamento jurídico pode, é certo, alterar o significado objetivo dos fatos, dando-lhes significado jurídico diverso. Não pode, todavia, dar a um fato o sentido jurídico atribuído a outro fato, sem que esteja submetendo ambos esses fatos ao mesmo regime jurídico. Não pode dizer que o empréstimo compulsório é um tributo sem submeter o empréstimo compulsório ao mesmo regime jurídico do tributo. Tudo fica a depender, então, das normas que compõem o regramento de cada uma dessas figuras. E como ao empréstimo compulsório aplicam-se normas diversas daquelas que se aplicam aos tributos em geral, é óbvio que as duas figuras não se confundem. São realidades jurídicas diversas, além de serem coisas diversas na ótica da Ciência das Finanças.

4.2.7 Necessidade de proteção contra a prática abusiva

A tese doutrinária segundo a qual o empréstimo compulsório é um tributo na verdade decorre muito menos de uma análise rigorosa dessa figura jurídica do que da necessidade de proteção contra práticas abusivas.

A não restituição de empréstimo compulsório tornou-se prática comum no País. Como temos afirmado, a autoridade geralmente age de forma irresponsável. Sabe que nada lhe acontece como consequência da violação dos direitos do cidadão. Assim, o deixar de restituir as quantias recolhidas a título de empréstimo compulsório figura como conduta ordinária.

Daí por que a doutrina cuidou de construir a tese segundo a qual o empréstimo compulsório é um tributo, buscando com isto garantir pelo menos ao contribuinte que a sua cobrança fica sujeita aos princípios aplicáveis aos tributos. Ocorre que essa tese não oferece de fato a proteção desejada, nem é necessária a que se efetive tal proteção.

Realmente, a melhor proteção está na responsabilização dos agentes públicos pelo eventual descumprimento dos dispositivos da Constituição e das leis concernentes aos empréstimos compulsórios.

---

[16] Kiyoshi Harada, *Compêndio de Direito Financeiro*, Resenha Tributária, São Paulo, 1994, p. 89.

4.2.8 Regime jurídico específico no Direito brasileiro

No Direito brasileiro, convém insistirmos nesse ponto, os regimes jurídicos do empréstimo compulsório e do tributo têm algumas semelhanças, mas são inegavelmente distintos. São semelhantes quanto ao princípio da legalidade, pois tanto um quanto o outro só por lei podem ser estabelecidos. São semelhantes, também, quanto ao caráter coativo e quanto à natureza pecuniária da prestação exigida. Mas são distintos em vários pontos, a saber:

a) O tributo destina-se ao custeio das despesas ordinárias do Estado, enquanto o empréstimo compulsório destina-se ao custeio de despesas extraordinárias, decorrentes de calamidade pública, guerra externa ou sua iminência,[17] ou, ainda, para fazer face a investimento público de caráter urgente e de relevante interesse nacional. Em outras palavras, o tributo existe ordinariamente, enquanto o empréstimo compulsório é de existência excepcional.

b) A aplicação dos recursos provenientes de empréstimo compulsório é vinculada à despesa que fundamentou sua instituição, enquanto nada obriga a vinculação da receita de tributos a determinadas despesas, sendo tal vinculação inclusive vedada no que diz respeito a impostos, salvo as exceções constitucionalmente admitidas.

c) As normas e princípios do Direito Tributário se aplicam a todos os tributos, salvo exceções previstas expressamente, enquanto para a aplicação dessas normas e princípios ao empréstimo compulsório se faz necessária norma que o determine expressamente, como fez o parágrafo único do art. 15 do Código Tributário Nacional.

d) Finalmente, o tributo ingressa no patrimônio público definitivamente, sem qualquer correspondência no passivo, enquanto o empréstimo compulsório deve ser restituído ao contribuinte no prazo e nas condições que devem constar obrigatoriamente da lei que o houver instituído.

É certo que o regime jurídico do empréstimo compulsório o faz bem diferente do mútuo, que é um contrato de direito privado. Aliás, os que afirmam ser o empréstimo compulsório um tributo parece que o fazem porque

---

[17] É certo que a Constituição admite a instituição do imposto extraordinário de guerra (art. 154, II). Trata-se, porém, de uma exceção que não invalida a afirmação de que os tributos em geral se destinam ao custeio das despesas ordinárias dos entes públicos.

consideram empréstimo sinônimo de mútuo,[18] o que não nos parece exato, porque o mútuo é uma categoria jurídica com regime jurídico próprio, que não se confunde com o *empréstimo*, embora às vezes essas palavras sejam utilizadas uma pela outra. Mesmo no campo do direito privado o empréstimo pode não ser mútuo, mas comodato, que tem regime jurídico diverso, sem deixar de ser empréstimo.

Dúvida não há, portanto, de que o empréstimo compulsório tem regime jurídico específico no Direito brasileiro, que não se confunde com o regime jurídico do *mútuo*, em que a voluntariedade é essencial, mas também não se confunde com o regime jurídico do *tributo*.

5 ORDEM TRIBUTÁRIA E COMPETÊNCIA PARA INSTITUIR TRIBUTOS

5.1 Ordem tributária

Na expressão *ordem tributária* a palavra *ordem* tem o mesmo sentido que tem na expressão *ordem jurídica*. Enquanto a expressão *ordem jurídica* designa o conjunto sistematizado de normas que compõem o direito positivo de um Estado, a expressão *ordem tributária* designa o conjunto das normas que disciplinam o exercício do seu poder de tributar.

Assim como a ordem jurídica brasileira é uma só, compreendendo as leis federais, as estaduais e as municipais, a ordem tributária também é uma só, composta pelas normas da Constituição, das leis federais, complementares e ordinárias, das leis estaduais e das leis municipais. E ainda das normas de hierarquia inferior, editadas no âmbito de todos os entes públicos que exercem atividade de tributação.

A ordem tributária brasileira tem sua base na Constituição Federal. É o regramento jurídico do poder de tributar, inerente ao Estado. O poder de tributar é inerente à soberania e assim é indivisível. Nada impede que o seu exercício seja atribuído a entidades de direito público que integram o Estado. O que se atribui mediante norma da Constituição é competência. Não o poder, que é aspecto da soberania estatal. Com a Constituição, tem-se, no plano interno, a limitação do poder de tributar que, assim delimitado, denomina--se competência tributária. Esta é que resta a final atribuída a cada uma das pessoas jurídicas de direito público interno.

---

[18] Kiyoshi Harada, *Compêndio de Direito Financeiro*, Resenha Tributária, São Paulo, 1994, p. 93.

5.2 Competência para instituir tributos

O poder de tributar, como aspecto da soberania estatal, é indivisível. Depois de delimitado juridicamente, deixa de ser poder, no verdadeiro sentido da palavra, passando a ser competência, e como tal pode ser dividido. No caso brasileiro, a competência para instituir tributos está dividida entre os entes públicos que compõem a Federação, vale dizer, a União, os Estados e os Municípios.

Assim, a competência para instituir tributos é que se mostra dividida. Não o poder de tributar. Nem a ordem tributária, que constitui o bem jurídico protegido pelas normas penais que definem os *crimes contra a ordem tributária*. Esta concepção doutrinária tem consequência jurídica da maior relevância, pois nos permite refutar a afirmação de que a mesma conduta, uma única conduta, pode configurar mais de um crime contra a ordem tributária quando implique a supressão de mais de um tributo, sendo um federal e outro estadual ou municipal.

6 RELAÇÃO TRIBUTÁRIA

6.1 Relação jurídica

A expressão *relação jurídica*, como tantas outras, tem diversos significados. Mesmo na Teoria Geral do Direito, Maria Helena Diniz registra pelo menos cinco, dos quais o mais usual parece ser o de *vínculo entre duas pessoas. Geralmente uma delas com o poder de exigir e a outra com o dever de prestar alguma coisa.*[19]

Sobre o que se deve entender por relação jurídica registra Acquaviva:

> "Ao longo de sua vida, o homem vai se envolvendo em relações de natureza pessoal, familiar, patrimonial ou econômica, que o fazem ingressar plenamente na ordem jurídica, de modo a ser absorvido por esta.
> Assinala José Tavares que 'toda a vida social é invadida e dominada pelo direito, nas suas mais humildes como nas suas mais solenes manifestações, sendo infinitas as relações que ele origina e disciplina, quer essas relações sejam apenas de homem para homem, quer sejam entre o indivíduo e os diferentes agregados sociais, como a família. O município, o Estado e as múltiplas agremiações ou instituições coletivas, quer de utilidade particular, quer de utilidade pública, ou ainda somen-

---

[19] Maria Helena Diniz, *Dicionário Jurídico*, Saraiva, São Paulo, 1998, v. 4, p. 120-121.

te entre estes diferentes agrupamentos' (*Os Princípios Fundamentais do Direito Civil*, 1ª parte, v. 1, p. 6).

Daí a oportuna afirmação de Giorgio Del Vecchio, de que a sociedade é, antes de mais nada, um complexo de relações (Lições de Filosofia do Direito, v. 2, p. 161).

Imperioso observar, a esta altura que, dentre a gama infinita de relações sociais, destaca-se uma espécie que interessa, diretamente, à preservação da ordem social, e que tutela um mínimo ético de conveniência, a bem da própria preservação da sociedade. Estamos nos referindo à relação jurídica, que pode ser conceituada, no plano objetivo, como toda relação social disciplinada pelo direito e, no plano subjetivo, como o vínculo entre dois ou mais indivíduos dotado de obrigatoriedade. No dizer abalizado de Orlando Gomes, a relação jurídica pode ser encarada sob dois aspectos: 'No primeiro, o vínculo entre dois ou mais sujeitos de direito que obriga um deles, ou os dois, a ter certo comportamento, ou, simplesmente, o poder direto de uma pessoa sobre uma determinada coisa. No segundo, é o quadro no qual se reúnem todos os efeitos atribuídos por lei a esse vínculo ou a esse poder. Em outras palavras, é o conjunto dos efeitos jurídicos que nascem de sua constituição, consistentes em direitos e deveres – com estes, entretanto, não se confundindo.' Mais adiante: '[...] a relação jurídica tem como pressuposto um fato que adquire significação jurídica se a lei o tem como idôneo à produção de determinados efeitos estatuídos ou tutelados. Assim todo evento, já um acontecimento natural, já uma ação humana, converte-se em fato jurídico, se em condições de exercer essa função' (Introdução ao Direito Civil, Rio de Janeiro, Forense, 7ª ed., 1983, pp. 81 e 85)."[20]

6.2 Relação tributária como espécie de relação jurídica

A relação tributária é uma espécie de relação jurídica. É o vínculo que se instaura entre a entidade tributante e a pessoa que se coloca na condição de sujeito passivo de obrigações tributárias. É o vínculo jurídico que liga a entidade pública titular de competência tributária e a pessoa, natural ou jurídica, que se coloca na condição de sujeito passivo efetivo ou potencial de obrigações tributárias. Em muitas situações a expressão *relação tributária* confunde-se com a expressão *obrigação tributária*. Há, todavia, uma distinção. Relação tributária é uma expressão bem mais abrangente. Nela podem

---

[20] Marcus Cláudio Acquaviva, *Dicionário Jurídico Brasileiro Acquaviva*, Jurídica Brasileira, São Paulo, 2004, p. 1171.

estar albergadas diversas obrigações tributárias. Obrigação tributária é uma relação jurídica tributária especificamente considerada.

6.3 Relação e obrigação

A expressão *relação tributária* presta-se para designar situações mais genéricas ou imprecisas nas quais se vislumbra algum tipo de ligação entre a pessoa jurídica de direito público titular da competência para instituir tributos e uma pessoa natural ou jurídica que tem ou terá o dever de pagar um tributo ou de fazer, ou deixar de fazer alguma coisa para instrumentalizar a arrecadação tributária. Já a expressão *obrigação tributária* é mais adequada para designar um vínculo jurídico específico que se estabelece entre a entidade credora e a pessoa devedora de um determinada prestação tributária, seja o próprio tributo, seja um fazer ou não fazer, ou tolerar alguma coisa como forma de instrumentalizar a arrecadação do tributo.

A distinção entre relação tributária e obrigação tributária parece estar em que a primeira dessas expressões é mais abrangente e imprecisa, enquanto a segunda designa algo mais específico e determinado.

6.4 Espécies de relação tributária

As relações tributárias podem ser de duas espécies, a saber, continuativa e instantânea.

Diz-se que uma relação jurídica é continuativa quando esta se estabelece e perdura no tempo, albergando indefinido número de obrigações tributárias. Diz-se que a relação jurídica é instantânea quando esta se instaura e se extingue em um momento determinado, envolvendo apenas uma obrigação tributária e às vezes uma ou algumas obrigações acessórias àquela relacionadas.

7 OBRIGAÇÃO TRIBUTÁRIA

7.1 Conceito e natureza jurídica

7.1.1 Conceito

Clóvis Beviláqua ensina que obrigação é "relação transitória de direito que nos constrange a dar, fazer ou não fazer alguma coisa economicamente apreciável, em proveito de alguém que, por ato nosso, de alguém conosco juridicamente relacionado ou em virtude de lei, adquiriu o direito de exigir de nós essa ação ou omissão".[21]

Na definição de Clóvis, como na de muitos outros autores, vê-se a referência ao conteúdo econômico da obrigação. O objeto da obrigação seria sempre algo economicamente apreciável. E nisto se apoiam alguns tributaristas para dizer que a obrigações tributárias acessórias não são a rigor uma obrigações, mas simples deveres administrativos.

Preferimos admitir que existem *obrigações* com objeto desprovido de valor econômico, ou por outras palavras, *obrigações* cujo objeto não é economicamente apreciável. Preferimos aceitar, portanto, a terminologia adotada pelo Código Tributário Nacional, segundo a qual a obrigação tributária é principal ou acessória, incluindo assim no conceito jurídico de *obrigação* o vínculo jurídico desprovido de conteúdo patrimonial. Adotamos o entendimento segundo o qual o conceito de obrigação há de ser entendido à luz do nosso direito positivo, colhendo a lição de Souto Borges, que ensina:

> "Em face do direito positivo brasileiro, não há como extrair a conclusão pela patrimonialidade genérica da obrigação tributária, precisamente porque ele distingue – inauguralmente no CTN – entre obrigação tributária principal, suscetível de avaliação econômica (art. 113, § 1º), e obrigação tributária acessória, insuscetível de valoração econômica (art. 113, § 2º). Assim sendo, tanto as prestações de cunho patrimonial, quanto às prestações que não o têm, são, pelo direito positivo brasileiro, caracterizadas como obrigacionais."[22]

Souto Borges invoca em apoio de sua opinião a doutrina de Pontes de Miranda, segundo a qual mesmo no âmbito do Direito Privado não se deve sustentar que a natureza patrimonial seja da essência da obrigação. E na verdade Pontes de Miranda afirma:

> "Longe vai o tempo em que se não atendia ao interêsse sòmente moral da prestação, em que se dizia que a prestação tinha de ser patrimonial. O que se deve pode não ter qualquer valor material, como se A obtém de B que o acompanhe ao teatro por ser B de alta família. Nem o interêsse é patrimonial, nem a prestação é de valor patrimonial, nem há ilicitude na promessa. Diz-se que é preciso ser suscetível de valoração econômica o que se presta. Se foi estabelecida pena convencional, nem

---

[21] Maria Helena Diniz, *Dicionário Jurídico*, Saraiva, São Paulo, 1998, v. 3, p. 407.
[22] José Souto Maior Borges, *Obrigação Tributária*, Saraiva, São Paulo, 1984, p. 70.

por isso se deu valor econômico à prestação: estipulou-se pena para o caso de inadimplemento. No direito brasileiro, não há regra jurídica que exija às prestações prometidas o serem avaliáveis em dinheiro."[23]

O uso de terminologia adequada é de fundamental importância na doutrina jurídica, mas não nos parece que possa haver qualquer prejuízo em admitir-se o termo *obrigação* para designar o vínculo jurídico desprovido de conteúdo patrimonial. Por isto escrevemos:

"Na obrigação tributária existe o *dever* do sujeito passivo de pagar o tributo, ou a penalidade pecuniária (obrigação principal) ou, ainda, de fazer, de não fazer ou de tolerar tudo aquilo que a legislação tributária estabelece no interesse da arrecadação ou da fiscalização dos tributos. Essas prestações, todavia, não são desde logo exigíveis pelo sujeito ativo. Tem este apenas o direito de fazer contra o sujeito passivo um lançamento, criando, assim, um crédito. O crédito, este sim, é exigível.

Com estes esclarecimentos, podemos tentar definir a obrigação tributária. Diríamos que ela é a *relação jurídica em virtude da qual o particular* (sujeito passivo) *tem o dever de prestar dinheiro ao Estado* (sujeito ativo), *ou de fazer, não fazer ou tolerar algo no interesse da arrecadação ou da fiscalização dos tributos, e o Estado tem o direito de constituir contra o particular um crédito*."[24]

7.1.2 Natureza jurídica

Identificar a natureza jurídica de alguma coisa nada mais significa do que determinar o seu regime jurídico, isto é, determinar quais são as normas de Direito que lhe são aplicáveis. Assim, definir a natureza jurídica da obrigação tributária é relevante na medida em que com isto se esclarece que normas se aplicam e que normas não se aplicam a essa obrigação.

Considerando que as obrigações estão há muito catalogadas na teoria jurídica, vamos examinar em qual das categorias existentes pode ser colocada a obrigação tributária, esclarecendo que a classificação ou catalogação das obrigações tem sido feita a partir do objeto e a partir da fonte da qual resultam.

---

[23] Pontes de Miranda, *Tratado de Direito Privado*, 3ª edição, Borsoi, Rio de Janeiro, 1970, v. 22, p. 40.

[24] Hugo de Brito Machado, *Curso de Direito Tributário*, 22ª edição, Malheiros, São Paulo, 2003, p. 110.

Quanto ao objeto, as obrigações em geral podem ser de dar e de fazer, compreendidas nestas últimas as positivas e as negativas, isto é, as obrigações de fazer, não fazer e tolerar. Esta é a classificação feita pela doutrina, especialmente no âmbito do direito privado.

A obrigação tributária *principal* corresponde a uma obrigação de dar. Seu objeto é o pagamento do tributo, ou da penalidade pecuniária. Já as obrigações *acessórias* correspondem a obrigações de fazer (emitir uma nota fiscal, por exemplo), de não fazer (não receber mercadoria sem a documentação legalmente exigida) e de tolerar (admitir a fiscalização de livros e documentos).

Há, todavia, uma particularidade na obrigação tributária principal que deve ser esclarecida. A obrigação tributária principal, para ser exigível, depende de sua liquidação, vale dizer, da determinação do valor do seu objeto. E uma vez operada essa determinação, pelo lançamento, não mais se fala de obrigação tributária e sim de crédito tributário, como logo adiante se verá. Por isto mesmo existe uma certa dificuldade na determinação da natureza jurídica da obrigação tributária, que na verdade assume característica incompatível com os moldes do direito privado. Não chega a ser uma obrigação, em rigoroso sentido jurídico privado, mas uma situação de sujeição do contribuinte, ou responsável tributário, que corresponde ao direito potestativo do fisco de efetuar o lançamento.

Quem admitir esse raciocínio dirá que a obrigação tributária principal ou acessória é simples situação jurídica de sujeição. Quem preferir ficar com o pensamento geralmente difundido nos compêndios da matéria dirá que *a obrigação tributária principal é obrigação de dar, desprovida de liquidez,* enquanto *a acessória é obrigação de fazer, não fazer e tolerar.*

Mais importante, porém, é o exame da natureza jurídica das obrigações tributárias levando-se em consideração as suas fontes. Podemos dizer que as obrigações tributárias decorrem da lei, ou de ato ilícito. Jamais elas são decorrentes da vontade. E isto já nos permite excluir do trato das obrigações tributárias as normas relativas a obrigações contratuais, ou decorrentes de atos de vontade. E nos permite também distinguir as obrigações às quais se aplicam, daquelas às quais não se aplicam, as normas próprias do denominado direito punitivo, ou sancionador.

Entre as normas aplicáveis às obrigações decorrentes de atos de vontade merecem especial referência aquelas relativas aos efeitos da confissão. As normas segundo as quais a confissão da dívida afasta a possibilidade de questionamento não se aplicam às obrigações tributárias.

Ainda em decorrência da natureza *ex lege* da obrigação tributária justifica-se a desnecessidade de capacidade civil das pessoas naturais para que se vinculem à referida obrigação, ou mais exatamente, para que sejam alcançadas pelo vínculo jurídico obrigacional tributário. Isto explica a norma do art. 126 do Código Tributário Nacional, segundo a qual a capacidade tributária passiva independe da capacidade jurídica das pessoas naturais.

Às obrigações decorrentes de ato ilícito, que têm a natureza jurídica de sanção, em geral aplicam-se as normas do denominado direito punitivo, entre as quais as do art. 106, inciso II, que se reportam à retroatividade benigna da lei que define infrações ou lhes comina penalidades, e do art. 112 do Código Tributário Nacional, que se reportam à interpretação da lei que define infrações ou lhes comina penalidades.

Em síntese, as obrigações tributárias em geral resultam da lei e por isto a elas não se aplicam as normas próprias para a regulação das obrigações voluntárias ou contratuais. As obrigações tributárias, porém, dividem-se em duas categorias, a saber: aquelas em cuja formação a ilicitude é irrelevante (os tributos) e aquelas em cuja formação o ilícito é elemento essencial (as penalidades). Essa distinção, repita-se, é de fundamental importância na definição do regime jurídico dessas obrigações. Tanto no que diz respeito ao direito intertemporal, como no que diz respeito à diretriz interpretativa, posto que predominam em tais situações os princípios do direito penal.

7.1.3 Por que obrigação ex lege

Já explicamos que a obrigação tributária deve ser qualificada como uma obrigação *ex lege*, ou obrigação decorrente da lei, e apontamos até as consequências jurídicas que disso resultam. Entretanto, em face das objeções doutrinárias postas por autores de nomeada a essa qualificação, e tendo em vista a sua relevância na determinação do regime jurídico da obrigação tributária, como já demonstrado, consideramos oportuno oferecer mais alguns esclarecimentos a esse respeito.

É certo que toda e qualquer obrigação, em sentido jurídico, em última análise resulta da lei. Ocorre que o nascimento de algumas obrigações pressupõe, além da lei, sua fonte mediata, a manifestação da vontade daquele que a ela se vincula, sua fonte imediata. Assim, por exemplo, quando compramos um objeto qualquer, assumimos o dever de pagar o preço respectivo. Esse dever de pagar o preço do bem adquirido decorre da lei, mas o seu nascimento depende da nossa vontade, que se manifesta no ato de comprar. Já a obrigação tributária nasce independentemente de qualquer manifestação de vontade, e até quando se desconheça a possibilidade de seu nascimento, ou se não queira que o mesmo ocorra. Na gênese da obrigação tributária a vontade dos que a ela são vinculados é inteiramente irrelevante. Não é relevante a vontade de quem assume a dívida tributária, nem a vontade de quem assume o crédito tributário. A vontade do Estado manifesta-se com a lei tributária, a lei que institui o tributo e define sua hipótese de incidência. Depois, basta a ocorrência do fato descrito como hipótese de incidência da referida lei para que surja, inexoravelmente, a obrigação tributária que vincula a autoridade administrativa obrigando-a a lançar e a cobrar o tributo respectivo. O nascimento da obrigação tributária, portanto, independe da vontade do seu sujeito ativo (o fisco) e do seu sujeito passivo (o contribuinte e o responsável). A este respeito Luciano Amaro, mencionando a tese dos que sustentem serem todas as obrigações decorrentes de lei, doutrina, com inteira propriedade:

> "O nascimento da obrigação tributária independe de uma manifestação de vontade do sujeito passivo dirigida à sua criação. Vale dizer, não se requer que o sujeito passivo queira obrigar-se; o vínculo obrigacional tributário abstrai a vontade e até o conhecimento do obrigado: ainda que o devedor ignore ter nascido a obrigação tributária, esta o vincula e o submete ao cumprimento da prestação que corresponda ao seu objeto. Por isso, a obrigação tributária diz-se *ex lege*. Do mesmo modo, a obrigação de votar, de servir às Forças Armadas, de servir como jurado, entre outras, são obrigações *ex lege*, que dispensam, para o seu aperfeiçoamento, o concurso da vontade do obrigado.
>
> Alfredo Augusto Becker censura a qualificação de certas obrigações (entre as quais a tributária) como obrigações *ex lege*, dizendo que todo e qualquer dever jurídico é, sempre e necessariamente, *ex lege*, porque nasce como efeito de incidência de uma regra jurídica.
>
> Contudo, ao afirmar-se que certas obrigações (entre as quais a tributária) são *ex lege*, não se quer dizer que somente elas sejam obrigações jurídicas ou obrigações legais. A fonte das obrigações (civis, comerciais, trabalhistas etc.) é a lei, pois, obviamente, não se cuida, no campo do direito, de obrigações simplesmente morais ou religiosas. Todas as obrigações jurídicas são, nesse sentido, legais. O direito do vendedor de receber o preço devido pelo comprador (ambos partícipes de uma obrigação privada) também se funda na lei, que, ao reconhecer o direito de propriedade e regular o contrato de compra e venda, reveste de *legalidade* as obrigações assumidas pelas partes.
>
> A diferença está em que o nascimento de certas obrigações (entre as quais a tributária) prescinde de manifestação de vontade da parte que se obriga (ou do credor) no sentido de dar-se nascimento. A vontade manifestada na prática de certos atos (eleitos como fatos geradores da obrigação tributária) é abstraída. O indivíduo pode querer auferir renda e não querer pagar imposto (ou até mesmo ignorar a existência do tributo); ainda assim, surge a obrigação, cujo nascimento não depende

nem da vontade nem do conhecimento do indivíduo. Aliás, independe, também, de estar o sujeito ativo ciente do fato que deu origem à obrigação. É óbvio que o efetivo *cumprimento* da obrigação tributária vai depender de as partes tomarem conhecimento da existência do vínculo. O que se quer sublinhar é que o nascimento da obrigação não depende de nenhuma manifestação de vontade das partes que passam a ocupar os pólos ativo e passivo do vínculo jurídico. Basta a ocorrência do fato previamente descrito na lei para que surja a obrigação."[25]

Para bem entendermos que a vontade é irrelevante na gênese da obrigação tributária basta que se realce a diferença entre o querer praticar um ato, participar de um contrato e querer obrigar-se ao pagamento do tributo. Ou, em outras palavras, com Afonso Cortina, basta que se perquira a respeito da intenção ou propósito daquele que pratica o ato. Nas palavras de Cortina:

"Un acto de consumo tiene como intención y propósito el de usar el objeto de que se trate; una operación de compraventa se efectúa para adquirir el objeto comprado; cuando se obtiene un ingreso, es éste el que se desea. Y es por una ley, es decir, por la voluntad del legislador y no del contribuyente, que del acto de consumo, de contrato de compra-venta, de la actividad productora del ingreso, derivan los impuestos relativos a esos hechos jurídicos.
Por lo anterior, podemos afirmar que la fuente del derecho tributario es la ley, el acto-regla, para emplear la terminología de Duguit, distinto del acto-condición y del acto subjetivo."[26]

Ressaltem-se, mais uma vez, as consequências que decorrem da natureza *ex lege* da obrigação tributária. Muitos equívocos são cometidos, especialmente no que diz respeito a questões relativas à confissão de dívida tributária, por falta de atenção à irrelevância da vontade na gênese da obrigação tributária.[27]

7.1.4 Igualdade de submissão dos sujeitos

Quando se diz que a relação de tributação é uma relação jurídica e não uma relação simplesmente de poder, o que se está afirmando é que não obstante seja o Estado o sujeito ativo dessa relação, e seja ele próprio que elabora

---

[25] Luciano Amaro, *Direito Tributário Brasileiro*, 4ª edição, Saraiva, São Paulo, 1999, p. 232-233.

[26] Alfonso Cortina, *La obligación tributaria y su causa*, Porrúa, México, 1976, p. 33-34.

[27] Veja-se a propósito nosso artigo Confissão de Dívida Tributária, em *Temas de Direito Tributário*, RT, São Paulo, 1993, p. 143-149.

a lei, uma vez editada esta cessa qualquer supremacia do Estado sobre o particular. Pelo menos é assim que deve ser em um Estado de Direito democrático.

Existente a lei, o que faz nascer a obrigação tributária não é mais nenhum ato de soberania, ou de império, mas a simples ocorrência do fato previsto na lei como necessário e suficiente ao nascimento da obrigação tributária, vale dizer, do dever jurídico de pagar o tributo. E desde o nascimento até a extinção da obrigação tributária os sujeitos ativo e passivo estão por ela vinculados, ambos igualmente submetidos à lei. Nas palavras de Macedo Oliveira:

> "A obrigação tributária equivale a uma relação jurídica, porque nascida e regulada pela lei, pelo direito, vinculadora do Estado e das pessoas físicas ou jurídicas. Não estiola tal asserto a circunstância de as leis tributárias serem editadas pelo próprio Estado, em decorrência de uma relação de soberania. Isto porque este poder esgota-se aí, i. e., com a elaboração das normas legais, cessam os efeitos da soberania, pois o estado de direito (democrático), justamente por não ser autoritário, submete-se ele próprio àquelas leis. Corolário disso é que, face à lei tributária, há perfeita igualdade jurídica entre o credor e o devedor: este obrigando-se a pagar o tributo na forma da lei; aquele desenvolvendo o mister da cobrança, também nos estritos limites legais."[28]

O caráter jurídico da relação de tributação há muito tempo vem sendo adotado no mundo inteiro, embora aqui e ali ocorram situações que revelam ainda estar a realidade bem distante do dever. Os que atuam em nome do Estado ainda não estão convencidos, ou estão deslembrados, de que autoridades são apenas alguns, e só durante algum tempo, enquanto cidadãos somos todos nós e durante toda nossa vida. Por isto nem sempre colaboram para que o dever-ser, por todos preconizado, na realidade seja. Utilizam-se do poder para demolir o Direito.

Mas, se no plano prático o poder muita vez se faz valer, em detrimento do Direito, no plano do dever ser não há dúvida: a relação de tributação é uma relação jurídica e, assim, os seus sujeitos, ativo e passivo, nela estão vinculados e igualmente submetidos à lei. E a aproximação da realidade a esse dever ser depende mais de nós cidadãos do que dos que corporificam o Estado. Quem tem poder tende a abusar dele. Nós é que temos de lutar para que isto não aconteça. A efetividade dos nossos direitos depende da consciência jurídica que nos cumpre construir, com a certeza de que a final a prevalência do Direito é sempre melhor para todos.

---
[28] José Jayme de Macedo Oliveira, *Código Tributário Nacional*, Saraiva, São Paulo, 1998, p. 287.

7.1.5 Obrigação e crédito

Em respeito à terminologia adotada pelo Código Tributário Nacional, é importante esclarecer que, no âmbito deste, *obrigação tributária* e *crédito tributário* não se confundem. Embora designem a mesma relação jurídica obrigacional, designam essa relação em situações diversas. *Obrigação* designa a relação obrigacional tributária desde o seu nascimento, com o fato gerador respectivo, até quando se consuma o lançamento. Crédito tributário designa essa mesma relação obrigacional a partir do lançamento, quando à obrigação tributária são acrescidas a liquidez e a consequente exigibilidade.

A esse respeito já escrevemos:

> "É sabido que *obrigação* e *crédito*, no Direito privado, são dois aspectos da mesma relação. Não é assim, porém, no Direito Tributário brasileiro. O CTN distinguiu a *obrigação* (art. 113) do *crédito* (art. 139). A obrigação é um primeiro momento na relação tributária. Seu conteúdo ainda não é determinado e o seu sujeito passivo ainda não está formalmente identificado. Por isto mesmo a *prestação* respectiva ainda não é exigível. Já o *crédito* tributário é um segundo momento na relação de tributação. No dizer do CTN, ele decorre da obrigação principal e tem a mesma natureza desta (art. 139). Surge com o lançamento, que confere à relação tributária liquidez e certeza.
>
> Para fins didáticos, podemos dizer que a *obrigação* tributária corresponde a uma obrigação ilíquida do Direito Civil, enquanto o *crédito* tributário corresponde a essa mesma obrigação depois de liquidada. O lançamento corresponde ao procedimento de liquidação."[29]

Na terminologia adotada pelo Código Tributário Nacional, a expressão *obrigação tributária* designa a relação jurídica tributária que nasce com a ocorrência do fato previsto em lei como hipótese de incidência tributária, atribuindo ao sujeito passivo o dever de pagar o tributo e ao sujeito ativo o poder-dever, ou direito potestativo de fazer o lançamento tributário, vale dizer, de constituir o *crédito tributário*, expressão que designa a mesma relação jurídica tributária depois de sua liquidação pela autoridade administrativa.

A compreensão dessa terminologia nos ajuda a entender por que não sendo o tributo sanção de ato ilícito, no crédito tributário podem ser incluídas

---

[29] Hugo de Brito Machado, *Curso de Direito Tributário*, 22ª edição, Malheiros, São Paulo, 2003, p. 110.

as penalidades pecuniárias, que resultam precisamente de atos ilícitos, como adiante se verá.

7.2 Espécies de obrigação tributária

7.2.1 Obrigação principal

O Código estabelece que a obrigação tributária é principal ou acessória, e que a obrigação principal surge com a ocorrência do fato gerador, tem por objeto o pagamento do tributo ou penalidade pecuniária e extingue-se juntamente com o crédito dela decorrente. Resta-nos esclarecer qual a distinção essencial entre a obrigação principal e a obrigação acessória.

Toda e qualquer obrigação jurídica nasce com a ocorrência de um fato, previsto em uma norma jurídica como capaz de produzir esse efeito. Assim, o surgir com a ocorrência do fato gerador nada nos diz sobre se a obrigação é principal, ou acessória. Ter por objeto o pagamento do tributo ou penalidade pecuniária, porém, é uma peculiaridade da obrigação tributária principal, como também é uma característica desta o extinguir-se juntamente com o crédito dela decorrente.

Repita-se que o crédito tributário e a obrigação tributária são uma só e mesma relação obrigacional, só que em momentos distintos. Denomina-se *obrigação tributária* o momento da relação de tributação anterior ao lançamento tributário, ao acertamento destinado a conferir liquidez, certeza e exigibilidade à relação obrigacional. Denomina-se crédito tributário o momento da relação de tributação posterior ao lançamento.

Ocorre que o Código Tributário Nacional incluiu na relação de tributação as penalidades pecuniárias, ao dizer que a obrigação tributária principal tem por objeto o pagamento do tributo ou penalidade pecuniária, o que seria um equívoco, segundo Barros Carvalho que, a propósito da norma do art. 113, § 1º, assevera:

> "É na segunda parte da cláusula que topamos com o manifesto equívoco legislativo da inclusão da penalidade, como objeto possível da obrigação tributária. Incoerência vitanda e deplorável, que macula a pureza do conceito legal, sobre ferir os cânones da lógica. Para notá-la, não é preciso ter partes de bom jurista, muito menos promover estudos aprofundados de Direito Tributário. Basta acudir à mente com a definição de tributo, fixada no art. 3º, desse Estatuto, em que uma das premissas é, precisamente, não constituir a prestação pecuniária

sanção de ato ilícito. Ora, a prosperar a ideia de que a obrigação tributária possa ter por objeto o pagamento de penalidade pecuniária, ou multa, estará negando aquele caráter e desnaturando a instituição do tributo. O dislate é inconcebível, e todas as interpretações que se proponham respeitar a harmonia do sistema haverão de expungi-la da verdadeira substância do preceito.

Se é certo asseverar que a relação jurídica que se instala em virtude do acontecimento de um ilícito apresenta grande similitude com a obrigação tributária, na hipótese das multas, posto que em ambas há de prestar o sujeito passivo um valor pecuniário, não menos evidente que o próprio legislador do Código Tributário Nacional traçou fronteiras que separam as duas entidades, associando-as a fatos intrinsecamente distintos: fato lícito para a obrigação tributária; fato ilícito para a penalidade pecuniária."[30]

Essa crítica é feita também por Adelmo Emerenciano, que escreve:

"Importa salientar que descumprido qualquer dever tributário incide, inexoravelmente, a norma sancionatória consistente em penalidade de caráter pecuniário. A essa obrigação, todavia, não se pode denominar também de obrigação tributária, embora presente a verdadeira atecnia da linguagem do legislador, ao abranger com a mesma denominação realidades tão distintas, quando estipula, no art. 113 do Código Tributário Nacional, que a obrigação tributária 'principal' engloba a penalidade pecuniária, em absoluta afronta ao conceito estipulado no art. 3º do mesmo diploma. Ao dever que se instala consistente em pagar a penalidade, embora possa denominar-se também de obrigação, certamente não lhe poderá acrescentar o qualificativo *tributária*."[31]

Sacha Coelho também critica o § 3º do art. 113 do Código Tributário Nacional, asseverando:

"Em não sendo paga a multa, o dinheiro dela decorrente 'se integra' ao dinheiro decorrente do tributo. É isso o que se quer dizer com a redação do § 3º, predicando uma conversão (absurda) de multa em tributo, serem deonticamente distintos. Tudo para que ao débito dos tributos se ajuntasse o débito das multas fis-

---

[30] Paulo de Barros Carvalho, *Curso de Direito Tributário*, 13ª edição, Saraiva, São Paulo, 2000, p. 288-289.
[31] Adelmo da Silva Emerenciano, *Procedimentos Fiscalizatórios e a Defesa do Contribuinte*, Copola, Campinas, São Paulo, 1995, p. 94.

cais, objetivo pragmático conseguido às expensas de uma péssima redação, incitadora de descaminhos doutrinários. Autores de direito tributário, por indução do próprio CTN, chegam a falar em 'tributação penal' ou 'agravamento penal de alíquotas', numa algaravia conceitual inaceitável. Temos como certo que o artigo e parágrafos ora sob crivo serão alterados para melhor na próxima revisão do CTN."[32]

A nosso ver, data máxima vênia, o legislador apenas exerceu uma opção de política jurídica que em nada prejudica a pureza dos institutos e dos conceitos jurídicos, nem causa qualquer transtorno ao aplicador da lei.

Na verdade a relação jurídica obrigacional que se estabelece como decorrência do ato ilícito não é uma relação jurídica obrigacional *tributária*. Entretanto, ao qualificar como *tributária* a obrigação de pagar a penalidade, o legislador não o fez em afronta ao conceito de tributo, estabelecido no art. 3º do Código. A penalidade não se confunde com o tributo. Seu regime jurídico é diverso do regime jurídico do tributo, especialmente no que concerne ao direito intertemporal, o que é muito importante e há de ser levado em conta na atividade de apuração do valor do crédito que o ente público tem contra o infrator da norma. Concluída a apuração, vale dizer, terminado o procedimento de aplicação da sanção, tem-se um crédito do qual o sujeito ativo é o fisco, e o sujeito passivo é o responsável pela infração.

Por outro lado, ninguém afirma existir grave desvio terminológico na expressão *penalidade tributária*. Pelo contrário, a qualificação tributária para a penalidade cominada para a infração da lei tributária é pacificamente aceita pela doutrina. Assim, se a penalidade pode ser qualificada como tributária, porque cominada em lei pertinente à tributação, não há por que criticar essa mesma qualificação para a obrigação decorrente do cometimento ilícito. Afinal, o qualificativo *tributário* pode ser entendido como relativo ao tributo, mas ser relativo ao tributo não é o mesmo que ser tributo.

A referência doutrinária à denominada "tributação penal" ou ao "agravamento penal de alíquotas" pode ser feita independentemente do que está dito no § 3º do art. 113 do Código Tributário Nacional. Aliás, *tributação penal* nada tem a ver com penalidade pecuniária pelo descumprimento da legislação tributária. Adequada, ou não, essa expressão, certo é que com ela alguns doutrinadores designam o tributo com função extrafiscal, geralmente muito elevado, destinado a desestimular condutas, como acontece, por exemplo,

---

[32] Sacha Calmon Navarro Coelho, *Comentários ao Código Tributário Nacional*, coordenado por Carlos Valder do Nascimento, 5ª edição, Forense, Rio de Janeiro, 2000, p. 260.

com o incidente sobre cigarro. Designa a denominada tributação extrafiscal proibitiva, ou ainda "os impostos do pecado", como prefere Sérgio Vasques.[33]

Seja como for, certo é que ninguém apontou inconvenientes de ordem prática na terminologia adotada pelo Código Tributário Nacional, nem expressão mais adequada para substituir a utilizada pelo legislador.

Como o Código adotou denominações distintas para os dois momentos da relação jurídica obrigacional tributária, dando ao momento anterior à liquidação o nome de obrigação e ao momento posterior à liquidação o nome de crédito, a inserção do valor da penalidade pecuniária na relação obrigacional, depois da liquidação, tem apenas a finalidade de ordem prática de viabilizar a reunião desse valor ao valor do tributo, também já devidamente liquidado, para que o total seja objeto de um único procedimento de cobrança, vale dizer, da mesma execução fiscal.

As diferenças quanto aos regimes jurídicos do tributo e da penalidade justificam a separação entre o valor de um e o valor da outra no procedimento de liquidação ou acertamento, que o Código denominou lançamento tributário. Antes, portanto, da existência do crédito que decorre tanto do tributo, como da penalidade. Separação que há de persistir até que seja concluída a apuração dos correspondentes valores. Depois desta, porém, a reunião dos valores apurados sob o nome de crédito tributário, embora não seja perfeita do ponto de vista terminológico, não causa nenhum transtorno ao aplicador da lei, nem qualquer prejuízo às partes a ela submetidas.

Obrigação tributária principal, portanto, tem exatamente o mesmo conteúdo do crédito tributário. É a relação jurídica obrigacional de conteúdo pecuniário. Seu objeto é um crédito da Fazenda Pública, seja ele decorrente do tributo, seja decorrente da aplicação de penalidade pecuniária. Por isto mesmo diz o § 1º do art. 113 do Código que a obrigação tributária principal extingue-se juntamente com o crédito dela decorrente.

Observe-se, porém, que o crédito tributário somente passa a existir com o lançamento. Isto é da maior importância, especialmente quando se questiona o direito a certidão negativa. Antes de constituído o crédito tributário pelo lançamento, seja em face de um tributo devido, seja em face de uma penalidade pecuniária, não é válida a recusa da certidão negativa. Voltaremos a este assunto nos comentários ao art. 205, ao examinarmos o direito à certidão negativa de dívidas tributárias.

---

[33] Sérgio Vasques, *Os Impostos do Pecado*: o álcool, o tabaco, o jogo e o fisco, Almedina, Coimbra, 1999.

Quando se fala de obrigação tributária principal se está automaticamente admitindo a existência de uma obrigação tributária que não o seja. E ela realmente existe, e tem o nome de obrigação tributária acessória, figura que a seguir vamos examinar, formulando desde logo a advertência de que a qualificação *acessória*, na terminologia do Código Tributário Nacional, não tem a mesma significação com a qual é conhecida no âmbito do direito privado.

7.2.2 Obrigação acessória

A obrigação acessória tem como objeto um *fazer*, um *não fazer*, ou um *tolerar* que se faça alguma coisa, diferente, obviamente, da conduta de levar dinheiro aos cofres públicos. Caracteriza-se, especificamente, pelo objeto não pecuniário, e pelo caráter de acessoriedade, visto como não tem razão de ser isoladamente, totalmente desligada da obrigação principal, cujo adimplemento por seu intermédio é controlado.

Há quem afirme ser imprópria a denominação *obrigação acessória*, e prefira a expressão *deveres administrativos*. Pode parecer que se trata de simples preferência por palavras diferentes, para designar a mesma realidade jurídica. Não é assim, porém. A visão privatista, o hábito de manejar conceitos de Direito privado têm levado a tal insatisfação com a expressão usada pelo Código Tributário Nacional. Todavia, é importante insistir em que a obrigação tributária *acessória* não é apenas um dever que a Administração impõe ao sujeito passivo da obrigação tributária principal. É essencialmente um dever de natureza instrumental, que nenhuma finalidade pode ter, além daquela de viabilizar o controle do adimplemento da obrigação principal. Esse caráter de acessoriedade, nem sempre bem compreendido, é fundamental para a adequada compreensão dessa espécie de obrigação jurídica.

Não se trata de acessoriedade no sentido de ligação a uma determinada obrigação outra, da qual dependa. Por isto mesmo a obrigação acessória subsiste ainda quando a obrigação principal à qual se liga, ou parece ligar-se imediatamente, é inexistente em face de imunidade, não incidência ou de isenção tributária.[34] O caráter de acessoriedade há de ser entendido no sentido próprio que tem a obrigação no campo do Direito Tributário. Uma acessoriedade em relação à obrigação de pagar tributo, vista globalmente. Não em relação à obrigação de pagar determinado tributo, exigível em razão de um determinado e específico fato tipo, que realiza uma hipótese de

---

[34] É certo que em se tratando de imunidade subjetiva, como acontece com as pessoas jurídicas de direito público, por exemplo, inexistirá também a obrigação acessória.

incidência em determinada situação isolada. Acessoriedade no sentido de ser uma obrigação instrumento da outra, que só existe para instrumentalizar a outra. Que não teria sentido de existir sem a outra.

De fato, não teria sentido algum obrigar o comerciante, ou o industrial, a manter escrituração de todas as compras, e de todas as vendas, em livros especificamente a este fim destinados, e a emitir notas fiscais, nem a manter registros contábeis de todos os fatos relativos a seus patrimônios se não existissem tributos incidentes sobre a produção e a circulação de mercadorias e sobre a renda de tais pessoas.

Os registros de compras, e de vendas, a emissão de notas fiscais, e a contabilização de todos os fatos patrimoniais, são instrumentos de controle do cumprimento da obrigação das Pessoas Jurídicas, e somente por isto, com tal finalidade, são exigidos pela legislação tributária.

Luciano Amaro esclarece:

> "A acessoriedade da obrigação dita 'acessória' não significa (como se poderia supor, à vista do princípio geral de que o acessório segue o principal) que a obrigação tributária assim qualificada dependa da existência de uma obrigação principal à qual necessariamente se subordine. As obrigações tributárias acessórias (ou formais ou, ainda, instrumentais) objetivam dar meios à fiscalização tributária para que esta investigue e controle o recolhimento de tributos (obrigação principal) a que o próprio sujeito passivo da obrigação acessória, ou outra pessoa, esteja, ou possa estar, submetido. Compreendem as obrigações de emitir documentos fiscais, de escriturar livros, de entregar declarações, de não embaraçar a fiscalização etc."[35]

Na teoria das obrigações tributárias, a obrigação tributária acessória classifica-se como uma obrigação de fazer. São obrigações acessórias, por exemplo, a inscrição no cadastro de contribuintes, a escrituração de livros, a emissão de documentos, a prestação de informações ao fisco.

7.2.3 Obrigação acessória e acréscimos legais

Por tudo o que se disse no item precedente está claro que os geralmente denominados acréscimos legais não constituem obrigações acessórias na terminologia do Código Tributário Nacional, embora sejam verdadeiras obrigações acessórias na terminologia do direito privado. Por isto mesmo, reportando-se ao § 1º do art.

---

[35] Luciano Amaro, *Direito Tributário Brasileiro*, 4ª edição, Saraiva, São Paulo, 1999, p. 235.

113 do Código, Roque Joaquim Volkweiss adverte quanto ao erro de se pensar que os acréscimos legais constituem obrigação acessória. Em suas palavras:

> "Por esse parágrafo vê-se que, tanto o tributo como a multa ou penalidade pecuniária (nos casos de infração), já passam a ser legalmente devidos com a prática ou consumação dos respectivos fatos geradores (tanto o tributo como a multa possuem seus geradores, legalmente definidos: o desta é a prática de infração ou ato contrário à lei e, o daquele, é a prática de um fato, de conteúdo econômico, capaz de ensejar o nascimento de uma obrigação tributária). O pagamento do montante respectivo, contudo, se dará na época própria, também prevista em lei, devendo, em alguns casos, ser apurado pelo próprio devedor, sujeitando-se à posterior conferência pelo sujeito ativo, e, em outros casos, ser previamente apurado e documentado (lançado) pelo fisco para, só então, ser exigido ou cobrado.
>
> Erra, pois, quem, diante da regra expressa do transcrito § 1º, raciocina no sentido de que a multa (ou penalidade) pecuniária, quando devida em razão da falta de pagamento de tributo, seja uma obrigação acessória. Esse erro é muito comum em concursos públicos, porque o candidato parte do raciocínio de que, se houve descumprimento da lei em razão da falta de pagamento do tributo devido, a multa será uma consequência, um adicional um 'plus', um acessório. Ser um acréscimo ou acessório ao tributo, e ser uma obrigação acessória, são situações distintas. A verdade é que, para a obrigação tributária principal, todo e qualquer pagamento que se deva fazer (seja tributo, seja multa ou penalidade pecuniária), integra seu objeto, que podemos resumir em pagar (seja tributo, seja penalidade pecuniária)."[36]

7.2.4 Obrigação acessória e legalidade

Há quem sustente que as obrigações acessórias "deverão decorrer de previsões legais em estrito senso, ou seja, de leis em sentido formal e material, até porque ninguém está obrigado a fazer ou deixar de fazer senão em virtude de lei, a teor da Constituição da República".[37] Tal assertiva, porém, é evidente exagero, e revela compreensão inteiramente diversa do que seja uma obrigação tributária acessória.

---

[36] Roque Joaquim Volkweiss, *Direito Tributário Nacional*, Livraria do Advogado, Porto Alegre, 2002, p. 222-223.

[37] Sacha Calmon Navarro Coelho, *Comentários ao Código Tributário Nacional*, Coord. Carlos Valder do Nascimento, Forense, Rio de Janeiro, 1997, p. 260.

Exagero porque se o *ninguém está obrigado a fazer algo ou deixar de fazer algo senão em virtude de lei* tivesse alcance absoluto, seriam totalmente inúteis todas as prescrições normativas infralegais, de tal sorte que poderiam ser atirados na cesta de lixo todos os regulamentos, portarias, e tantos outros atos normativos, sem que isto qualquer falta fizesse ao ordenamento jurídico.

Revela diversa compreensão do que seja a obrigação tributária acessória, porque deixa de colocá-la como dever de natureza meramente instrumental, que apenas indiretamente decorre da lei. A acessoriedade, repita-se, no sentido de ser instrumental, que não tem sentido de existir sem a existência da obrigação tributária principal.

É certo que muitas obrigações tributárias acessórias estão hoje previstas em lei, mas isto não quer dizer que uma obrigação tributária acessória deva estar, necessariamente, prevista em lei no sentido estrito. A Constituição atribui ao Presidente da República competência para "sancionar, promulgar e fazer publicar as leis, bem como expedir decretos e regulamentos para sua fiel execução".[38] O decreto e o regulamento certamente criam, validamente, algum tipo de obrigação, pois a não ser assim não teriam sentido nenhum. Criam obrigações instrumentais, cuja finalidade, cuja razão de ser, é exatamente tornar a lei exequível.

A lei institui a obrigação de pagar Imposto de Renda para quem auferir rendimentos superiores a certo montante durante o ano. É evidente que o regulamento pode estabelecer para tais pessoas a obrigação de declarar os rendimentos auferidos. Essa obrigação de declarar é instrumental. Sem ela não haveria como tornar efetiva a obrigação de pagar o imposto. É instituída *para fiel execução da lei*.

Por isto é que se diz que "ao contrário da obrigação principal, que só pode ser prevista em lei (CTN, art. 3º, 97, I), as obrigações acessórias podem ser instituídas pela legislação tributária, com o largo alcance que lhe dá o art. 96 do CTN".[39]

A ausência de adequada compreensão desse aspecto da fenomenologia jurídica tem levado juristas eminentes a posições opostas igualmente equivocadas. Uma, sustentando que somente a lei, em sentido estrito, pode instituir obrigações tributárias acessórias. Outra, sustentando que todos os deveres impostos ao contribuinte configuram obrigações acessórias e por isto independem de lei. Demonstrado acima o equívoco da primeira, vejamos o equívoco da segunda.

---

[38] Constituição Federal, art. 84, inciso IV.
[39] Celso Cordeiro Machado, *Tratado de Direito Tributário*, Forense, Rio de Janeiro, v. VI, p. 181.

É necessário, pois, distinguirmos as obrigações tributárias acessórias de outros deveres administrativos instituídos por lei no interesse da Administração Tributária, porque estes somente por lei podem ser instituídos. Embora aquelas, como estes, sejam instituídas no interesse da arrecadação ou da fiscalização do pagamento de tributos,[40] existe uma distinção em face da qual se admite sejam as típicas obrigações tributárias acessórias instituídas pela *legislação*, como diz o art. 113, § 2º, do Código, e não apenas por lei. Só em face dessa distinção é que se admite que o inciso III do art. 97 refira-se somente ao fato gerador da obrigação tributária *principal*.

Na verdade nem todos os deveres administrativos impostos a contribuintes e a terceiros no interesse da Administração Tributária configuram obrigações tributárias acessórias. Estas, porque acessórias, instrumentais, necessárias para viabilizar o cumprimento da obrigação principal, podem ser instituídas por normas de natureza simplesmente regulamentar. Não os outros deveres administrativos que embora possam ser úteis no controle do cumprimento de obrigações tributárias, não são inerentes a estas e assim não se caracterizam como obrigações tributárias acessórias.

7.2.5 Obrigação acessória e abuso do poder-dever de fiscalizar

A cobrança do tributo é ato de *poder-dever*. Poder, do Estado. Dever, da autoridade da Administração Tributária que corporifica ou presenta o Estado.

Como observa Oliveira Rocha, com inteira propriedade, "a Administração está obrigada a cobrar o tributo criado".[41] As autoridades que compõem a Administração Tributária não são titulares de *poder*, no exato sentido do termo. A elas a lei atribui o *dever* de cobrar o tributo que tenha sido por lei instituído. O *poder* de criar o tributo, este quem tem é o Estado. Poder que se expressa em dois níveis, primeiro como verdadeira expressão de poder, através da Constituição, e segundo, já delimitado e por isto mesmo mais adequadamente denominado competência, através da lei, que é forma de manifestação do poder estatal.

À falta de expressão mais adequada, diz-se que a autoridade administrativa exerce um poder-dever, quando cobra o tributo. E assim também quando fiscaliza os atos do sujeito passivo de obrigações tributárias.

---

[40] Código Tributário Nacional, art. 113, § 2º.
[41] Valdir de Oliveira Rocha, *Determinação do Montante do Tributo*, Dialética, São Paulo, p. 49.

A lei atribui às autoridades da Administração Tributária o dever de fiscalizar os atos dos sujeitos passivos de obrigações tributárias. Para que possam cumprir esse dever, as autoridades recebem da legislação tributária a necessária competência, que lhes é atribuída em caráter geral ou especificamente em relação a cada tributo.[42]

No exercício de suas atividades as autoridades da Administração Tributária exercitam *poder*, que é inerente à competência a elas atribuída. E como quem exercita poder tende a dele abusar, é importante que se estabeleça um critério para a delimitação do que se deve entender como regular exercício da competência, e como abuso do poder de fiscalizar. Essa delimitação tem tudo a ver com a adequada compreensão do que seja uma *obrigação tributária acessória*, e de como pode ser esta validamente instituída.

Por isto Cordeiro Machado doutrina, com propriedade:

> "Observados os limites territoriais, ainda no plano horizontal, impõe-se o delineamento de círculos próprios de atuação das autoridades, em cada uma das áreas de inserção dos tributos.
> No plano vertical, será necessário atentar na linha hierárquica das várias autoridades e nas atribuições outorgadas a cada uma delas.
> No que toca aos princípios informativos do sistema, é preciso indagar, previamente, se a competência ou o poder, dados a uma autoridade, não conflitam, por exemplo, com as normas gerais do sistema impositivo ou com as garantias e os direitos dos contribuintes."[43]

Embora possa parecer difícil em certas situações a determinação da fronteira entre o que constitui objeto das obrigações acessórias e o que consubstancia cumprimento do dever de fiscalizar, é importante o estabelecimento de um critério que, pelo menos em princípio, permita identificar os abusos no exercício da competência atribuída às autoridades da Administração Tributária.

Existem abusos contra o contribuinte, consubstanciados em exigências previstas na legislação, que se caracterizam por evidentes desvios de finalidade, dos quais é exemplo a exigência de certidão de quitação das Fazendas Públicas como condição para a concessão do "habite-se" de um imóvel. Ao conceder o "habite-se" a Administração Pública apenas afirma que o imóvel está em condições de ser habitado. Exerce o seu poder de polícia, nessa área. Nada mais. Só é válida, pois, a denegação do "habite-se" no caso em que inexistam tais condições.

---

[42] Código Tributário Nacional, art. 194.
[43] Celso Cordeiro Machado, Tratado de Direito Tributário, Forense, Rio de Janeiro, v. VI, p. 174-175.

Tais abusos estão muita vez autorizados em lei, cuja inconstitucionalidade, portanto, é evidente. Não é deles, porém, que estamos cuidando aqui. Interessa-nos especialmente o abuso cometido pelo agente fiscal no específico exercício da fiscalização, relacionado com as obrigações acessórias.

Tem se tornado comum, especialmente no âmbito da fiscalização federal, a intimação de contribuintes para que forneçam aos fiscais demonstrativos os mais diversos, verdadeiros relatórios de certas atividades, para que os fiscais não tenham o trabalho de extrair dos livros e documentos mantidos pelo contribuinte, por exigência legal, as informações que desejam.

Os contribuintes estariam obrigados a atender a tais exigências, porque estariam cumprindo obrigação acessória, ou o dever de informar. Importa, pois, determinar-se o que constitui objeto de uma obrigação acessória, e o que configura abuso do poder-dever de fiscalizar.

Obrigação tributária acessória é aquela prevista na legislação tributária. A escrituração de livros e a emissão de documentos, por exemplo. Inexistem obrigações acessórias instituídas caso a caso pelos agentes fiscais. Resta a obrigação acessória consistente no dever de informar, ou de prestar esclarecimentos, e nesta é que se concentra a questão de saber até onde vai a obrigação tributária acessória e onde começa o dever de fiscalizar, certo de que "o sistema de fiscalização dos tributos repousa, fundamentalmente, na tessitura das obrigações acessórias".[44]

É comum a solicitação, por parte de agentes do fisco federal, de verdadeiros relatórios de certas atividades, ao argumento de que o contribuinte tem o dever de prestar informações e, portanto, tem o dever de lhes fornecer os dados dos quais necessitam para o desempenho da tarefa de fiscalização.

Evidente, porém, que o dever de prestar informações, que configura obrigação tributária acessória, é diverso de um suposto dever, absolutamente inexistente, de fornecer ao agente do fisco as informações que este normalmente pode obter com o exame dos livros e documentos que o contribuinte é obrigado a manter à disposição das autoridades da Administração Tributária. "O regime geral de fiscalização é o que se exercita através dos dados e das informações obtidas no documentário fiscal, tomada essa expressão como o repositório de tudo o que deflui do cumprimento das obrigações acessórias, impostas ao contribuinte, de um modo geral, ou, em particular, a contribuintes de determinados tributos: posse e escrituração de certos livros, emissão de notas fiscais, prestação periódica de informações aos agentes fazendários, etc."[45]

---

[44] Celso Cordeiro Machado, *Tratado de Direito Tributário*, Forense, Rio de Janeiro, v. VI, p. 181.
[45] Celso Cordeiro Machado, *Tratado de Direito Tributário*, Forense, Rio de Janeiro, v. VI, p. 185.

A prestação de informações que configura obrigação acessória é aquela que a legislação tributária estabelece para ser ordinariamente cumprida pelo sujeito passivo, periodicamente. Exemplo, a declaração de rendimentos que as pessoas naturais, ou físicas, e as pessoas jurídicas em geral são obrigadas a fazer anualmente.

A obrigação acessória de prestar informações é sempre prevista normativamente, em caráter geral, exigível de todos os contribuintes que se encontrem na mesma situação fática. Não pode resultar de determinação do agente fiscal, em cada caso, até porque o tributo há de ser cobrado mediante atividade administrativa plenamente vinculada.[46]

O documentário fiscal existe exatamente para que nele os agentes do fisco colham as informações das quais necessitam. Exigir do sujeito passivo da obrigação tributária que as colham e organizem, segundo a conveniência dos agentes do fisco, é puro abuso do poder-dever de fiscalizar. Cabe ao agente fiscal colher no documentário fiscal as informações das quais necessita para o desempenho de suas tarefas. Para isto é que existe e percebe remuneração, que a final é paga pelo contribuinte, não sendo razoável, pois, onerá-lo duplamente.

Por outro lado, se o fisco pudesse exigir do contribuinte verdadeiros e extensos relatórios, demonstrativos de contas diversas, ter-se-ia instituído, por simples manifestação do agente fiscal em cada caso, verdadeiros documentos, cuja elaboração a lei não impõe ao sujeito passivo.

Em síntese, tem-se como critério para a distinção entre o objeto da obrigação tributária de prestar informações, e o objeto do cumprimento do dever de fiscalizar, a generalidade e a periodicidade constantes da previsão normativa. As obrigações acessórias são somente aquelas normativamente estabelecidas, de observância periódica e para os sujeitos passivos em geral.

A lei atribui ao agente público o dever de fiscalizar, e ao contribuinte o de tolerar tal fiscalização, mesmo invadindo a sua privacidade, examinando mercadorias, livros e documentos.[47] E estabelece que *os livros obrigatórios de escrituração comercial e fiscal e os comprovantes dos lançamentos neles efetuados serão conservados até que ocorra a prescrição dos créditos tributários decorrentes das operações a que se refiram*.[48]

Não pode a norma infralegal atribuir ao contribuinte os deveres que a lei atribuiu aos agentes fiscais. Ninguém de bom senso admite que uma norma

---

[46] Código Tributário Nacional, art. 3º.
[47] Código Tributário Nacional, art. 195.
[48] Código Tributário Nacional, art. 195, parágrafo único.

inferior modifique uma lei. Desprovida, pois, de validade, é a norma inferior que, a pretexto de instituir obrigação acessória, atribui ao contribuinte o dever de oferecer ao agente fiscal dados que ele pode obter examinando a escrituração, ou os documentos que lhe servem de base. Mais evidente, ainda, é a invalidade do ato do agente fiscal que, sem norma alguma que o autorize, exige do contribuinte aqueles dados, que por comodismo não busca obter na escrituração ou nos documentos que este tem o dever de lhe exibir.

7.2.6 Obrigação acessória e direito ao silêncio

Para concluir, relevante é lembrar que uma das consequências da definição como crime de condutas inerentes à relação tributária consiste na necessidade de ser assegurado ao contribuinte o direito de se recusar a prestar informações ao fisco, capazes de constituir prova contra ele em eventual processo por crime contra a ordem tributária.

Em quase todas as questões jurídicas que albergam conflito entre o indivíduo e a autoridade geralmente surgem os plantonistas do arbítrio, sempre prontos para elaborar teses em defesa do poder. Também no que diz respeito à implicação do direito ao silêncio, constitucionalmente assegurado, no terreno das denominadas obrigações tributárias acessórias, existem juristas eminentes que adotam tese autoritária. Seixas Filho, por exemplo, sustenta:

> *"O dispositivo constitucional permite ao preso não se autoacusar, permanecendo calado, é verdade. Porém esse direito é concedido à pessoa que já está submetida à prisão e perante as autoridades criminais, não sendo esta situação jurídica idêntica, ou até mesmo semelhante, à do contribuinte que deve prestar informações à autoridade fiscal.*
>
> *Mesmo no caso de contribuinte submetido ao regime prisional, o seu silêncio, para não se autoincriminar, poderá ser prejudicial à sua defesa, pois, convenhamos, se já está preso, é porque no inquérito policial existem provas que convenceram a autoridade judicial a decretar a sua prisão.*
>
> *Nestas condições, o seu silêncio, isto é, a sua recusa de oferecer contraprovas, servirá para demonstrar que o contribuinte-preso está omitindo informações, está se recusando a prestar declarações que foram sonegadas, sendo uma confissão tácita da prática dos delitos previstos nos arts. 1º e 2º da Lei nº 8.137/90."*[49]

---

[49] Aurélio Pitanga Seixas Filho, *Comentários ao Código Tributário Nacional*, coord. Carlos Valder do Nascimento, Forense, Rio de Janeiro, 1997, p. 492.

Essa tese, porém, *data maxima venia*, não tem a menor consistência. No texto constitucional em questão à palavra *preso* não se pode atribuir um sentido literal, até porque o direito ao silêncio, como ali colocado, não aproveita àqueles que estejam presos porque já condenados. O direito ao silêncio faz parte do conjunto de meios integrantes do que se costuma chamar ampla defesa, constitucionalmente assegurada a todos quantos sejam acusados de algum ilícito, seja em processo judicial, ou administrativo.

Se por *autoridades criminais* entendermos as autoridades policiais, é evidente a similitude que há entre a ação destas, nos crimes em geral, e a das autoridades da Administração Tributária, em se tratando de crimes contra a ordem tributária. Toda vez que é instaurada ação fiscal contra determinado contribuinte, ele é colocado na mesma situação em que se coloca o suspeito do cometimento de crime em geral, no inquérito policial. Toda vez que o fiscal de tributos vai ao domicílio do contribuinte, fiscalizá-lo, está buscando elementos para incriminá-lo, ainda que essa verdade possa ser dissimulada com eufemismos vários.

Admitir-se que o contribuinte, mesmo preso, ainda assim não tem direito ao silêncio, é ainda mais absurdo. É negar a este um direito que o Mundo Civilizado reconhece em favor do mais hediondo dos criminosos.

Em matéria criminal, exatamente em razão do direito ao silêncio, não se pode falar em confissão tácita. O calar jamais poderá ser interpretado em prejuízo da defesa. Por isto mesmo tem-se como inconstitucional o dispositivo do Código de Processo Penal, que ao cuidar do interrogatório do acusado diz que o Juiz deve advertir o depoente de que o seu silêncio poderá ser interpretado em prejuízo de sua própria defesa. Dispositivo que é fruto da ditadura Vargas, e não foi recepcionado pelas constituições posteriores, especialmente pela de 1988.

7.3 Suposta conversão de obrigação acessória em obrigação principal

7.3.1 Consequência do inadimplemento

A consequência do inadimplemento das obrigações é a sanção. O inadimplemento das obrigações tributárias em geral tem como consequência a sanção pecuniária, a multa que, uma vez definitivamente aplicada faz nascer o crédito a favor da Fazenda Pública.

Não obstante severamente criticado, como já nestes comentários se mostrou, certo é que o Código Tributário Nacional inseriu o crédito da Fazenda Pública, decorrente da imposição de multas previstas na legislação tributária, na categoria de obrigação tributária principal, ou, mais exatamente, na categoria de crédito tributário, posto que a inserção se dá exatamente no momento do lançamento.

Seja como for, certo é que em razão do inadimplemento da obrigação tributária surge para a Fazenda Pública o poder-dever, ou direito potestativo, de constituir um crédito tributário cujo conteúdo é a penalidade pecuniária correspondente. Sobre isto já escrevemos:

> "A obrigação acessória é instituída pela *legislação*, que é lei em sentido amplo (art. 96). Sempre no interesse da arrecadação ou fiscalização dos tributos (art. 113, § 2º). Não implica para o sujeito ativo (fisco) o direito de exigir um comportamento do sujeito passivo, mas o poder jurídico de criar contra ele um crédito, correspondente à penalidade pecuniária. Por isto diz o Código que 'a obrigação acessória, pelo simples fato de sua inobservância, converte-se em obrigação principal relativamente à penalidade pecuniária' (art. 113, § 3º). Na verdade o inadimplemento de uma obrigação acessória não a converte em obrigação principal. Ele faz nascer para o fisco o direito de constituir um crédito tributário contra o inadimplente, cujo conteúdo é precisamente a penalidade pecuniária, vale dizer, a multa correspondente."[50]

Há, como facilmente se vê, impropriedade terminológica no § 3º do art. 113 do Código Tributário Nacional. Impropriedade que em nada prejudica sua compreensão e que pode ser facilmente superada pelo intérprete.

7.3.2 Nascimento em vez de conversão

Assim, a norma albergada pelo § 3º do art. 113 do Código Tributário Nacional, ao dizer que a obrigação acessória, pelo simples fato de sua inobservância converte-se em obrigação principal relativamente à penalidade pecuniária, deve ser entendida em termos. Impõe-se a interpretação sistemática dessa norma, para que se possa dela extrair um significado compatível com o contexto no qual está encartada.

Como a penalidade pecuniária é a consequência lógico-jurídica do inadimplemento, entende-se que a inobservância da obrigação acessória faz nascer uma obrigação principal relativamente à respectiva penalidade pecuniária. Nasce uma obrigação principal cujo acertamento leva à constituição de um crédito tributário.

Note-se que isto não acontece apenas com a inobservância de obrigação acessória. Acontece também, é claro, com o inadimplemento de obrigações principais. O não pagamento do tributo, nos termos determinados por lei,

---

[50] Hugo de Brito Machado, *Curso de Direito Tributário*, 22ª edição, Malheiros, São Paulo, p. 111.

implica o nascimento de outra obrigação principal cujo objeto é a penalidade pecuniária correspondente.

A este propósito já escrevemos:

> "Aliás, o inadimplemento de uma obrigação tributária, seja ela principal ou acessória, é, em linguagem da Teoria Geral do Direito, uma *não prestação*, da qual decorre uma *sanção*. Assim, o § 3º do art. 113 do Código Tributário Nacional, dizendo que 'a obrigação acessória, pelo simples fato de sua inobservância, converte-se em obrigação principal relativamente à penalidade pecuniária,' apenas quis dizer que, ao fazer um lançamento tributário, a autoridade administrativa deve considerar o inadimplemento de uma obrigação acessória como *fato gerador* de uma obrigação principal, a fornecer elemento para a integração do crédito tributário."[51]

Repita-se que, ao inserir no conceito de obrigação tributária a relação decorrente do cometimento de infração à lei tributária, o Código não invalida a definição de tributo, albergada por seu art. 3º, a dizer que este não constitui sanção de ato ilícito. Tributo não se confunde com obrigação tributária. São figuras jurídicas distintas, não obstante estreitamente ligadas. O tributo não constitui sanção de ato ilícito, mas a obrigação tributária, vale dizer, a relação jurídica que se estabelece entre o Estado, como sujeito ativo, e o particular como sujeito passivo, pode ter como objeto o tributo e também a penalidade pecuniária decorrente do ilícito consubstanciado na violação das leis tributárias.

8 CRÉDITO TRIBUTÁRIO

8.1 Distinção entre obrigação e crédito no Código Tributário Nacional

Para os não afeitos à terminologia do Código Tributário Nacional parece incorreto dizer-se que o *crédito* decorre da *obrigação,* pois ambos seriam a mesma realidade jurídica, um vínculo ou relação que liga o titular do dever jurídico ao titular do direito subjetivo correspondente.

Ocorre que o Código Tributário Nacional denominou *obrigação* esse vínculo, quando ainda não devidamente quantificado, e denominou crédito esse mesmo vínculo, depois de devidamente quantificado.

---

[51] Hugo de Brito Machado, *Curso de Direito Tributário*, 22ª edição, Malheiros, São Paulo, p. 111.

No Direito privado o vínculo jurídico que liga o devedor ao credor também pode surgir dependente de uma quantificação, e neste caso denomina-se *obrigação ilíquida*. Assim, por exemplo, se ocorre o abalroamento de dois automóveis, sabe-se que, em princípio, o guiador de um deles tornou-se devedor, e o do outro, credor, da reparação dos danos correspondentes. Ainda não se sabe, porém, qual dos dois guiadores é o devedor, e qual é o credor, nem se sabe qual o valor da indenização devida. Definida a responsabilidade pelo evento, e feita a avaliação dos danos, tem-se definido o devedor, o credor e o valor da indenização, tendo-se então uma *obrigação líquida*, vale dizer, que foi devidamente *liquidada*.

No Direito Tributário, a ocorrência do fato gerador do tributo faz nascer o vínculo obrigacional tributário, que o Código Tributário Nacional denomina *obrigação*. Esse vínculo surge, mas fica a depender da identificação de seu sujeito passivo e da quantificação de seu objeto ou conteúdo econômico. Com o lançamento, que estudaremos em comentários ao art. 142, tem-se identificado o sujeito passivo da *obrigação* e devidamente quantificado o seu conteúdo econômico. O vínculo obrigacional então muda de nome, passando a denominar-se *crédito* tributário. A obrigação, exatamente porque ainda não identificado o seu sujeito passivo, nem devidamente quantificado o seu objeto, não é líquida, nem certa e nem por isto mesmo exigível.

Recorde-se, por outro lado, que na terminologia adotada pelo Código Tributário Nacional a obrigação tributária pode ser de duas espécies, a saber, a obrigação principal, que tem conteúdo pecuniário, e a obrigação acessória, que não tem conteúdo pecuniário, como vimos nos comentários ao art. 113 e seus parágrafos.

É fácil, agora, entendermos por que o Código diz que *o crédito tributário decorre da obrigação principal e tem a mesma natureza desta*. Decorre porque sem a preexistência de uma obrigação tributária não se pode ter um crédito tributário, e tem a mesma natureza da obrigação porque na verdade é o mesmo vínculo obrigacional. Mesmo assim, algumas explicações doutrinárias têm sido oferecidas para o dispositivo legal em tela, que vamos a seguir examinar, ainda que muito sucintamente.

8.2 Consequências da distinção entre obrigação e crédito

8.2.1 Autonomia de regime jurídico

A primeira consequência da distinção entre obrigação tributária e crédito tributário, reconhecida e adotada pelo Código Tributário Nacional, é a possibilidade de relativa autonomia nos regimes jurídicos respectivos, que permite, por exemplo, manter-se íntegra a obrigação, não obstante tenha sido anulado o crédito tributário. Neste sentido o art. 140 do Código esclarece: "*as circunstâncias que modificam o crédito tributário, sua extensão ou seus efeitos, ou as garantias ou os privilégios a ele atribuídos, ou que excluem sua exigibilidade não afetam a obrigação tributária que lhe deu origem*".

Como a autonomia de regimes jurídicos é simples consequência da distinção que se estabelece entre obrigação e crédito em decorrência dos acréscimos introduzidos na relação obrigacional tributária pelo lançamento, temos de entender que a autonomia prevista no art. 140 do Código Tributário Nacional só pode dizer respeito àqueles acréscimos. Em outras palavras, a referida autonomia só diz respeito ao que resultou do acertamento.

8.2.2 Alcance da autonomia

A norma do art. 140, afirmativa da autonomia dos regimes jurídicos da obrigação e do crédito tributário, há de ser entendida em seus devidos termos porque é inegável a identidade de conteúdo da relação obrigacional tributária antes e depois de constituído o crédito tributário pelo lançamento.

Ocorre que o lançamento acrescenta à relação obrigacional tributária os requisitos de liquidez, certeza e exigibilidade. Cria uma realidade jurídica nova, formalmente diversa da realidade precedente.

Como o lançamento, seja ato ou procedimento administrativo, há de ser praticado com observância de formalidades legais necessárias à sua validade, pode ocorrer que a não observância dessas formalidades provoque a sua nulidade. Entretanto, pode ocorrer que o lançamento venha a existir, embora nulo.

Pode ocorrer que o lançamento, embora nulo, expresse com fidelidade o conteúdo da obrigação tributária da qual decorre. Ou que não expresse com fidelidade aquele conteúdo. Ou que expresse conteúdo falso, vale dizer, expresse conteúdo de uma obrigação tributária inexistente.

É isto que justifica a norma do art. 140, a dizer que as circunstâncias que modificam o crédito tributário, sua extensão ou seus efeitos, ou as garantias ou os privilégios a ele atribuídos, ou que excluem sua exigibilidade não afetam a obrigação tributária que lhe deu origem. E justifica também a norma do art. 173, inciso II, segundo a qual o prazo de decadência começa da data em que se tornar definitiva a decisão que houver anulado, por vício formal, o lançamento anteriormente efetuado.

Aliás, a norma do art. 173, inciso II, do Código Tributário Nacional, é bastante esclarecedora do alcance da autonomia entre os regimes jurídicos da obrigação e do crédito tributário. Esse alcance diz respeito, em última análise, aos aspectos formais que do lançamento decorrem para a relação jurídica obrigacional tributária. Qualquer modificação do crédito tributário, ou exclusão de sua exigibilidade, que diga respeito a aspectos substanciais, afeta, sim, a obrigação tributária da qual decorre.

A norma do art. 140, portanto, tem finalidade de evitar que se entenda afetada a obrigação tributária sempre que o crédito tributário da mesma decorrente tenha sua exigibilidade excluída, vale dizer, sempre que o lançamento que o constituiu seja anulado por qualquer razão.

Sobre o assunto já escrevemos:

> "O crédito tributário como realidade formal pode ser afetado sem que o seja a sua substância. Assim, se na constituição do crédito tributário, vale dizer, se no procedimento administrativo de lançamento, não foi assegurada oportunidade de defesa ao sujeito passivo, o lançamento é nulo, é de nenhuma validade. Pode ocorrer, então, o anulamento do crédito tributário. Não obstante, a obrigação tributária respectiva não foi afetada. Tanto que poderá ser feito um novo lançamento e assim constituído validamente o crédito tributário respectivo."[52]

Nos casos em que o desfazimento do crédito tributário não afeta a obrigação tributária da qual decorre, pode dar-se a reconstituição do crédito, posto que se reabre para a Fazenda Pública a oportunidade de lançar, nos termos do art. 173, inciso II.

8.2.3 Reconstituição do crédito tributário com a subsistência da obrigação

Insista-se em que a constituição do crédito tributário deve ser válida tanto sob o aspecto formal como sob o aspecto substancial. Em outras palavras, a autoridade administrativa deve constituir o crédito tributário mediante o procedimento legalmente estabelecido, com observância de todas as formalidades legais, e tendo como suporte uma obrigação tributária realmente existente e considerada de modo adequado quanto a seu aspecto quantitativo.

O lançamento tributário pode ser nulo por vício substancial e por vício formal. Será nulo por vício substancial quando constituído sem que exista a obrigação tributária de cuja liquidação ou acertamento se diga decorrente. Ou quando essa obrigação não tenha a dimensão econômica que no acertamento

---

[52] Hugo de Brito Machado, *Curso de Direito Tributário*, 23ª edição, Malheiros, São Paulo, 2003, p. 164.

lhe tenha sido atribuída. E será nulo por vício formal quando no acertamento do qual resultou não tenha sido observado o devido processo legal, em todos os seus termos.

O lançamento é a formalização da relação obrigacional. A distinção entre a obrigação e o crédito, repita-se, decorre de acréscimos de natureza formal. O crédito tem a mais, relativamente à obrigação, apenas forma. Em se tratando de anulamento por vício formal, portanto, esse anulamento diz respeito ao crédito. Não à obrigação, relativamente à qual o crédito desfruta de autonomia.

O sentido do art. 140 do Código Tributário Nacional é de, reconhecendo essa autonomia ao crédito e, assim, desligando-o da obrigação, permitir que em face da obrigação tributária subsistente seja constituído novo crédito tributário, não obstante anulado o anterior, por vício formal.

8.2.4 Dever de examinar a obrigação

É possível que em determinado lançamento ocorra vício formal e também vício substancial. Assim, tendo em vista que o exame da existência de vício formal ocorre como preliminar, em princípio poderia haver a constatação de vício formal e, consequentemente, vir a ser anulado o lançamento por vício formal, mesmo quando no mesmo está presente também vício substancial.

Não é razoável, porém, admitir-se que a autoridade administrativa aprecie a impugnação oferecida pelo sujeito passivo desligando inteiramente as questões preliminares das questões de mérito. Em outras palavras, não é razoável que a autoridade administrativa se limite ao exame da questão de haver, ou não, nulidade por vício formal, deixando sem qualquer exame a questão da existência, ou não, de vício substancial.

Por isto mesmo o art. 59, § 3º, do Decreto nº 70.235, de 6 de março de 1972, estabelece:

> "Quando puder decidir do mérito a favor do sujeito passivo a quem aproveitaria a declaração de nulidade, a autoridade julgadora não a pronunciará nem mandará repetir o ato ou suprir-lhe a falta."

Tem-se, desta forma, estabelecido que o crédito tributário só deve ser anulado por vício formal se houver possibilidade de subsistência da obrigação tributária da qual decorre. Cuida-se na verdade de uma inversão da ordem processual, posto que as questões preliminares devem ser examinadas antes das questões de mérito. Entretanto, é razoável que seja assim.

Nos órgãos colegiados essa inversão pode causar estranheza porque os membros do colegiado votarão quanto ao mérito sem saber ainda como serão decididas as preliminares. Mas isto não causa problema porque se a maioria manifestar-se a favor do sujeito passivo quanto ao mérito efetivamente as preliminares ficam sem objeto. E se a maioria manifestar-se quanto ao mérito pela subsistência da obrigação tributária, aí então passarão todos a votar as preliminares.

Cuida-se de norma de cunho prático para a qual o sujeito passivo deve estar sempre muito atento, devendo invocá-la sempre, para evitar a declaração de nulidade do lançamento por vício formal sem manifestação quanto ao mérito, com o que a questão poderia ficar desde logo resolvida. É sempre conveniente obter-se desde logo a manifestação de todos os membros do colegiado quanto ao mérito, posto que existe a possibilidade de reconstituição do crédito tributário e quando, alguns anos depois, o caso voltar a julgamento, a constituição do órgão julgador pode ter sido modificado.

É evidente, portanto, que a um novo julgamento só deve ser submetido o lançamento quando daquela mudança na composição do órgão julgador puder decorrer nova chance de vitória para o sujeito passivo. Se no primeiro julgamento a maioria já lhe é favorável, quanto ao mérito, o caso deve ser desde logo encerrado.

8.2.5 Prazo para reconstituição do crédito

Anulado o lançamento por vício formal, pode a Fazenda Pública fazer novo lançamento no prazo de cinco anos. É o que estabelece o art. 173, inciso II, do Código Tributário Nacional, segundo o qual o prazo de decadência começa "*da data em que se tornar definitiva a decisão que houver anulado, por vício formal, o lançamento anteriormente efetuado*".

8.2.6 Natureza jurídica do lançamento

Embora esteja hoje praticamente superada, a divergência doutrinária a respeito da natureza jurídica do lançamento já foi tema de grande destaque entre os tributaristas. Ao tratar a obrigação tributária e o crédito tributário como realidades distintas, o Código Tributário Nacional contribuiu valiosamente para a superação definitiva daquela divergência, posto que permitiu atribuir-se ao lançamento a natureza *declaratória* da obrigação e *constitutiva* do crédito.

Essa consequência do modo como o Código Tributário Nacional tratou obrigação e crédito na relação jurídica tributária chegou a ser notada no estrangeiro, como se constata na lição de Fonrouge:

> "Por su parte, la doctrina brasileña y algunos códigos tributarios latinoamericanos, establecen una nítida separación entre 'obligación' y 'exigibilidad de la obligación'. Según esta tendencia, la obligación de pagar u obligación tributaria principal nace al producirse el hecho generador, en tanto que la determinación (*lançamento*) tiene por fin constituir el crédito tributario, de modo que este acto tiene un efecto mixto: declarativo en cuanto al *naciminto* de la obligación y constitutivo con respecto al crédito fiscal."[53]

Na verdade, como assevera Luciano Amaro, "parece inegável que o lançamento acrescenta efeitos jurídicos novos na relação entre credor e devedor do tributo".[54] Adequada, portanto, é a solução adotada pelo Código Tributário Nacional, tratando obrigação tributária e crédito tributário como realidades jurídicas distintas. E mais uma consequência importante dessa distinção reside em superar aquela divergência entre os que afirmam ter o lançamento natureza constitutiva e os que sustentam ter este natureza simplesmente declaratória da obrigação tributária.

Outra consequência importante da distinção entre a obrigação tributária e o crédito tributário, reconhecida e adotada pelo Código Tributário Nacional, é a de permitir solução adequada para questões de direito intertemporal que podem ser suscitadas na feitura do lançamento.

Realmente, tendo-se em vista que ao efetuar o lançamento a autoridade administrativa pode deparar-se com leis que tenham sido alteradas depois da ocorrência do fato gerador do tributo, ou depois do cometimento do ilícito cuja sanção esteja a aplicar, dúvidas podem ser suscitadas sobre qual das leis, se a antiga ou a nova, deve ser aplicada. Questão idêntica pode também ser suscitada a respeito da lei que regula a própria atividade de lançamento.

8.3 Legislação aplicável

Tudo o que está no mundo passa por constantes mudanças. Pode-se mesmo afirmar sem exagero que a única coisa nele permanente é a mudança. Com

---

[53] Giuliani Fonrouge, *Derecho Financiero*, 2ª edición, Depalma, Buenos Aires, 1970, v. 1, 487.
[54] Luciano Amaro, *Direito Tributário Brasileiro*, 4ª edição, Saraiva, São Paulo, 1999, p. 320.

as leis não poderia ser diferente. Elas sofrem mudanças, e as leis tributárias, especialmente nos países ainda em desenvolvimento, sofrem mudanças muito frequentes. Por isto mesmo na feitura do lançamento tributário geralmente surgem questões de Direito intertemporal, isto é, questões concernentes em saber qual das leis, se a anterior ou a que está em vigor, deve ser aplicada.

A solução dessas questões de direito intertemporal que se colocam na atividade de lançamento tributário há de ser diferente conforme se trate de lei tributária material ou de lei sobre infrações e penalidades, ou ainda de lei tributária formal, vale dizer, lei a respeito do procedimento. Assim, vamos examinar separadamente, conforme a natureza da lei, a questão de saber se é aplicável a lei anterior ou aquela que está em vigor na data do lançamento tributário.

8.3.1 Lei tributária material

Lei tributária *material* é aquela que estabelece os elementos essenciais da obrigação tributária. É a lei que define o fato gerador da obrigação tributária, seu elemento nuclear, seus sujeitos ativo e passivo, a base de cálculo e a alíquota aplicável na determinação do valor do tributo.

Tendo ocorrido mudança na lei tributária material, a questão de saber qual a lei aplicável na feitura do lançamento, na constituição do crédito tributário, resolve-se com a regra geral do direito intertemporal. Será aplicável a lei vigente na data da ocorrência do fato gerador da obrigação tributária. É a regra albergada pela cabeça do art. 144 do Código Tributário Nacional, a dizer que *"o lançamento reporta-se à data da ocorrência do fato gerador da obrigação e rege-se pela lei então vigente, ainda que posteriormente modificada ou revogada".* "O lançamento apura e reconhece uma situação de fato num momento no tempo, o do dia do fato gerador, segundo a lei em vigor nesse dia. Este é o princípio geral."[55]

Baleeiro aponta situações excepcionais em que a jurisprudência admitiu ser o imposto calculado com base no valor dos bens na data da avaliação. E explica haver sido essa jurisprudência provocada pela inflação quase vertiginosa somada ao fato de ser notória a protelação dos inventários.[56] Pensamos ter havido equívoco dos julgadores em tais casos. Melhor remédio para evitar

---

[55] Aliomar Baleeiro, *Direito Tributário Brasileiro*, 11ª edição, Forense, Rio de Janeiro, 1999, p. 792.

[56] Aliomar Baleeiro, *Direito Tributário Brasileiro*, 11ª edição, Forense, Rio de Janeiro, 1999, p. 792.

a distorção causada pela inflação e pela protelação seria a correção monetária do valor do imposto, pura e simplesmente. Teria este de ser apurado com aplicação da lei vigente na data da abertura da sucessão, e considerados os fatos então existentes. A atualização monetária do valor do imposto é que evitaria a distorção, sem quebra da regra geral de direito intertemporal que, a rigor, não comporta exceções.

Neste sentido é a lição de Misabel Derzi que, comentando o art. 144 do Código Tributário Nacional, assevera com inteira propriedade:

> "A regra do art. 144, *caput*, que é regra de direito material, regente do conteúdo substancial do lançamento e que deve refletir a estrutura fundamental do tributo, não encontra nenhuma exceção, nem mesmo, como reiteradamente vem decidindo o STF, em relação à correção monetária. E nem poderia, uma vez que é simples desdobramento, no direito tributário, do princípio da irretroatividade das leis, tão insistentemente consagrado na Constituição de 1988. Assim, mesmo que, à época da efetuação do lançamento, esteja totalmente revogada a lei vigente na data do fato jurídico, dar-se-á ultratividade plena da lei ab-rogada, não se podendo aplicar lei nova, de vigência posterior à ocorrência do fato jurídico."[57]

8.3.2 Lei que trata das penalidades

No que diz respeito à lei que define infrações e lhes comina penalidades, a questão de direito intertemporal deve ser resolvida à luz dos princípios do Direito Penal. É invocável no caso o princípio segundo o qual a lei penal aplicável é sempre a mais benigna.

Neste sentido é a norma do art. 106, inciso II, do Código Tributário Nacional, que estabelece:

> "Art. 106. A lei aplica-se a ato ou fato pretérito:
> [...]
> II – tratando-se de ato não definitivamente julgado:
> a) quando deixe de defini-lo como infração;
> b) quando deixe de tratá-lo como contrário a qualquer exigência de ação ou omissão, desde que não tenha sido fraudulento e não tenha implicado em falta de pagamento de tributo;

---

[57] Misabel Abreu Machado Derzi, *Comentários ao Código Tributário Nacional*, coordenador Carlos Valder do Nascimento, 5ª edição, Forense, Rio de Janeiro, 2000, p. 367.

c) quando lhe comine penalidade menos severa que a prevista na lei vigente ao tempo de sua prática."

Assim, se a lei vigente ao tempo do fato gerador é mais favorável ao sujeito passivo da obrigação tributária do que a lei nova, no que diz respeito às penalidades, prevalece o princípio geral e se aplica aquela lei, contemporânea ao fato, porque não se pode admitir a retroatividade da lei nova mais severa. Se, porém, a lei nova é mais favorável, será esta a lei aplicável, pois a lei nova mais favorável em matéria de penalidades é sempre retroativa. É a denominada *retroatividade benigna*, que se inspira nos princípios do Direito Penal e da qual tratamos nos comentários ao art. 106, no v. II destes Comentários ao Código Tributário Nacional.[58]

8.3.3 Lei que trata do procedimento

Tendo havido mudança da lei que trata do procedimento de lançamento, depois da ocorrência do fato gerador da obrigação tributária, a lei aplicável quanto a este aspecto formal é a vigente na data do lançamento.

A rigor não se trata de exceção ao princípio geral do direito intertemporal. O lançamento, como procedimento, é o fato que está a ocorrer. A lei aplicável, portanto, segundo o princípio geral, há de ser a que está em vigor na data em que esse fato ocorre, e não aquela que estava em vigor na data do fato gerador da obrigação tributária.

Por isto, o § 1º do art. 144 do Código Tributário Nacional diz que se aplica ao lançamento a legislação que, posteriormente à ocorrência do fato gerador da obrigação tributária, tenha instituído novos critérios de apuração ou processos de fiscalização, ampliando os poderes de investigação das autoridades administrativas, ou outorgando ao crédito tributário maiores garantias e privilégios. Limita, porém, o alcance dessa ampliação de garantias e privilégios, ressalvando que não prevalece a lei nova para o efeito de atribuir responsabilidade tributária a terceiro. E o faz precisamente para evitar que se aplique retroativamente norma que a rigor diz respeito a aspectos materiais da obrigação tributária.

Não se deve interpretar a norma do § 1º do art. 144 do Código Tributário Nacional, dando-lhe conteúdo que permita a retroatividade de leis que digam respeito a aspectos materiais ou substanciais da obrigação tributária. Assim,

---

[58] Hugo de Brito Machado, *Comentários ao Código Tributário Nacional*, Atlas, São Paulo, 2004, v. II, p. 177-181.

a expressão *novos critérios de apuração* não deve ser entendida como novos critérios de determinação de qualquer dos elementos substanciais da relação obrigacional tributária, mas simplesmente como novos critérios de *descoberta* dos elementos. Em outras palavras, não devemos confundir critérios de *apuração* com critérios de *determinação*.

Na verdade, às vezes é difícil a definição da fronteira entre o que é *substancial* e o que é simplesmente *formal*. Talvez por isto o legislador tenha preferido afastar expressamente a possibilidade de se responsabilizar alguém pelo crédito tributário com fundamento em lei nova, vale dizer, em lei que não existia na data do fato gerador da obrigação tributária. A atribuição de responsabilidade pelo crédito tributário a quem não a tinha segundo a lei vigente na data do fato gerador da obrigação tributária implica alteração de elemento substancial, vale dizer, implica a inclusão de um sujeito passivo que não estaria presente em face da lei anterior.

Reportando-se ao § 1º do art. 144 do Código Tributário Nacional, ensina Misabel Derzi:

> "Ele disciplina a lei aplicável ao procedimento de lançar, os aspectos formais e as garantias e privilégios do crédito tributário, consagrando outra regra, qual seja, a da aplicação imediata da legislação vigente ao tempo do lançamento. Como dispõe o Código de Processo Civil, as normas processuais (ou procedimentais) têm imediata executoriedade e aplicação aos processos pendentes. Assim, o lançamento será regido pela legislação nova, posterior à data da ocorrência do fato jurídico que:
> a) instituir novos critérios de apuração ou de fiscalização;
> b) ampliar os poderes de investigação das autoridades administrativas; ou
> c) outorgar maiores garantias ou privilégios ao crédito tributário."[59]

E logo adiante observa, com inteira razão, que:

> "A ressalva em relação à responsabilidade de terceiros não significa diferença de tratamento jurídico em relação ao contribuinte. É que a expressão garantia é muito ampla, incluindo até mesmo as distintas espécies de reforço do crédito, como a responsabilidade de terceiros, os quais não são partícipes do pressuposto. E como a sujeição passiva – contribuintes e responsáveis tributários, natureza e extensão da responsabilidade – compõe a estrutura fundamental do tributo e conteúdo

---

[59] Misabel Abreu Machado Derzi, *Comentários ao Código Tributário Nacional*, coordenador Carlos Valder do Nascimento, 5ª edição, Forense, Rio de Janeiro, 2000, p. 377-378.

substancial do lançamento, era necessária fazer a ressalva no final do § 1º do art. 144. Assim, a questão da sujeição passiva – contribuintes e responsáveis – continua disciplinada pelo *caput* do art. 144 e regida pela lei em vigor no momento da ocorrência do fato gerador da obrigação tributária."[60]

Deve o intérprete, todavia, ter cuidado para não admitir a inclusão, na norma que manda aplicar ao lançamento a lei posterior ao fato gerador do tributo, de qualquer elemento que implique inovação nos aspectos substanciais da relação tributária. Essa norma deve ser interpretada sempre como norma dirigida aos aspectos processuais ou procedimentais, simplesmente.

Essa questão foi posta perante o Judiciário a propósito de normas que admitiram a utilização de informações bancárias para o lançamento de tributo. E o Superior Tribunal de Justiça entendeu que tais normas podem ser aplicadas no lançamento relativo a fatos geradores pretéritos, decidindo que:

> "6. A teor do que dispõe o art. 144, § 1º, do Código Tributário Nacional, as leis tributárias procedimentais ou formais têm aplicação imediata, ao passo que as leis de natureza material só alcançam fatos geradores ocorridos durante a sua vigência.
> 7. A norma que permite a utilização de informações bancárias para fins de apuração e constituição de crédito tributário, por envergar natureza procedimental, tem aplicação imediata, alcançando mesmo fatos pretéritos.
> 8. A exegese do art. 144, § 1º, do Código Tributário Nacional, considerada a natureza formal da norma que permite o cruzamento de dados referentes à arrecadação da CPMF para fins de constituição de crédito relativo a outros tributos, conduz à conclusão da possibilidade da aplicação dos artigos 6º da Lei Complementar 105/2001 e 1º da Lei 10.174/2001 ao ato de lançamento de tributos cujo fato gerador se verificou em exercício anterior à vigência dos citados diplomas legais, desde que a constituição do crédito em si não esteja alcançada pela decadência.
> 9. Inexiste direito adquirido de obstar a fiscalização de negócios tributários, máxime porque, enquanto não extinto o crédito tributário

---

[60] Misabel Abreu Machado Derzi, *Comentários ao Código Tributário Nacional*, coordenador Carlos Valder do Nascimento, 5ª edição, Forense, Rio de Janeiro, 2000, p. 378.

a Autoridade Fiscal tem o dever vinculativo do lançamento em correspondência ao direito de tributar da entidade estatal.
10. Medida Cautelar improcedente."[61]

8.4 Questões relativas à irretroatividade

8.4.1 Irretroatividade como garantia contra o Estado

A irretroatividade das leis em geral é uma garantia que se impõe como forma de realização do princípio da segurança jurídica. As leis em geral produzem os seus efeitos em relação a fatos que acontecem depois que estão em vigor. Operam, portanto, para o futuro. Não atingem fatos que, ao serem publicadas, já aconteceram. Essa é a regra, e as exceções geralmente dizem respeito a situações nas quais a aplicação retroativa favorece o cidadão.

Na verdade a irretroatividade é uma garantia do administrado, que não faz leis, contra o Estado, que faz as leis. Por isto mesmo não se admite a retroatividade contra os interesses do administrado, mas admite-se a retroatividade no interesse do administrado contra o Estado. Neste sentido é a orientação jurisprudencial do Supremo Tribunal Federal, assim expressa:

> "Enquanto garantia do indivíduo contra o Estado, a regra que assegura a intangibilidade do direito adquirido e do ato jurídico perfeito (CF, art. 5º, XXXVI) não impede o Estado de dispor retroativamente, mediante lei ou simples decreto, em benefício do particular. Com base nesse entendimento, a Turma confirmou acórdão do Tribunal de Justiça do Distrito Federal que, fundado em decreto do Executivo local (Decreto 10.349/87), determinou correção monetária do valor do contrato firmado com a Administração em dezembro de 1986, a despeito da inexistência de cláusula de reajuste."[62]

8.4.2 Retroatividade contra o Estado

É evidente, porém, a possibilidade de aplicação retroativa de lei contra o Estado. Isto, aliás, é uma decorrência lógica inexorável do princípio da retroatividade benigna, vale dizer, da retroatividade a favor do administrado.

---

[61] STJ, 1ª Turma, Medida Cautelar nº 7.513-SP, rel. Ministro Luiz Fux, *DJU* de 30.8.2004, e revista *Interesse Público*, nº 27, Notadez, Porto Alegre, 2004, p. 171.

[62] STF, Recurso Extraordinário nº 184.099-DF, relator Ministro Octavio Gallotti, julgado em 10.12.96, noticiado no *Informativo STF* nº 57.

O Supremo Tribunal Federal consolidou essa ideia em sua Súmula 654, que dispõe: "A garantia da irretroatividade da lei, prevista no art. 5º, XXXVI, da Constituição da República, não é invocável pela entidade estatal que a tenha editado".

Aliás, não fosse possível a aplicação retroativa contra o Estado estariam varridos do mundo jurídico institutos como o da remissão, da anistia, entre outros. Tanto a remissão como a anistia são institutos que, por natureza, implicam aplicação retroativa de lei em favor do administrado e contra a Administração Pública.

8.4.3 Preservação da segurança jurídica

A irretroatividade das leis não é apenas uma garantia constitucional que tenha valia porque albergada pelo direito positivo. É um problema essencial do Direito. Sem o princípio da irretroatividade não há Direito, porque não há segurança jurídica, que é um dos valores fundamentais que a este cumpre preservar.

Não há dúvida, portanto. A irretroatividade é da essência do fenômeno jurídico.

8.4.4 Leis de ordem pública

Os pseudojuristas, todavia, a serviço do autoritarismo cuidam de sustentar teses contrárias à irretroatividade das leis, e entre estas se coloca a que sustenta serem retroativas as leis de ordem pública.

Entretanto, é inadmissível o argumento que sustenta a retroatividade de certas leis fundado na ideia de ordem pública, como ensina o Ministro CARLOS MÁRIO VELLOSO:

> "Costuma-se ouvir que, quando se trata de normas de ordem pública, a questão da irretroatividade da lei seria encarada noutros termos.
> Isto, entretanto, não é verdade, pois nenhuma lei tem, no sistema constitucional brasileiro, efeito retroativo.
> Tentemos visualizar o problema, ainda que em síntese apertada.
> Essa questão, a da retroatividade das leis de ordem pública, é encarada sob tríplice aspecto, cada um deles consubstanciando uma corrente doutrinária, esclarece Limongi França: a) a que sustenta o efeito retroativo; b) a que entende que deve ser respeitado o direito adquirido; c) a corrente que propugna pelo efeito imediato da norma de ordem pública.

Na primeira corrente, informa Limongi França, alinham-se os Espínolas, Beviláqua, e, em posição radical, Carvalho Santos; na segunda, Eduardo Theller, Oscar Tenório e Caio Mário da Silva Pereira; na terceira, Pontes de Miranda, Vicente Rao e Washington de Barros Monteiro.

Na verdade, nenhuma lei tem efeito retroativo. Certa é a lição de Caio Mário da Silva Pereira:

'Costuma-se dizer que as leis de ordem pública são retroativas. Há uma distorção de princípio nesta afirmativa. Quando a regra da não retroatividade é de mera política legislativa, sem fundamento constitucional, o legislador, que tem o poder de votar leis retroativas, não encontra limites ultralegais à sua ação, e, portanto, tem a liberdade de estatuir o efeito retrooperante para a norma de ordem pública, sob o fundamento de que esta se sobreopõe ao interesse individual. Mas, quando o princípio da não retroatividade é dirigido ao próprio legislador, marcando os confins da atividade legislativa, é atentatória da Constituição a lei que venha a ferir direitos adquiridos, ainda que sob inspiração da ordem pública. A tese contrária encontra-se defendida por escritores franceses ou italianos, precisamente porque, naqueles sistemas jurídicos, o princípio da irretroatividade é dirigido ao juiz e não ao legislador.'

O que deve ser entendido é que as leis têm efeito imediato, mas com respeito ao direito adquirido. Este nasce do fato, que pode ser simples ou complexo, já falamos e não custa repetir. Se o fato é simples, basta a ocorrência do acontecimento para que o direito tenha nascimento. Se é composto de diversos acontecimentos, influem todos para que o fato complexo se torne jurígeno, certo que os acontecimentos se regem na forma da lei vigente por ocasião de suas respectivas ocorrências.

A respeito do efeito imediato das normas de ordem pública, ensina Pontes de Miranda que 'a cada passo se diz que as normas de direito público – administrativo, processual e de organização judiciária – são retroativas, ou contra elas não se podem invocar direitos adquiridos. Ora, o que em verdade acontece é que tais regras jurídicas, nos casos examinados, não precisam retroagir, nem ofender direitos adquiridos. Ora, o que em verdade acontece é que tais regras jurídicas, nos casos examinados, não precisam retroagir, nem ofender direitos adquiridos, para que incidam desde logo. O efeito, que se lhes reconhece, é normal, o efeito no presente, o efeito imediato, pronto, inconfundível com o efeito no passado, o efeito retroativo, que é anormal. Já no direito privado, o efeito imediato nos deixa, por vezes, a ilusão da retroatividade. O que se passa no direito público é que esses casos de ilusória retroatividade são os que mais acontecem'.

Acrescenta, a seguir, o jurista maior, a completar o seu raciocínio:
'A regra jurídica de garantia é, todavia, comum ao direito privado e ao direito público. Quer se trate de direito público, quer se trate de direito privado, a lei nova não pode ter efeitos retroativos (critério objetivo), conforme seja o sistema adotado pelo legislador constituinte. Se não existe regra jurídica constitucional de garantia, e sim, tão só, regra dirigida aos juízes, se a cláusula de exclusão pode conferir efeitos retroativos, ou ofensivos dos direitos adquiridos, a qualquer lei.'
A lição de Pontes de Miranda teve o endosso de Vicente Ráo."[63]

Mesmo a corrente doutrinária que entende possível a aplicação retroativa da lei de ordem pública ressalva que *"normalmente são irretroativas as leis reguladoras das relações originadas pelo exercício da atividade particular do Estado e de outras pessoas jurídicas de direito Público"*. Essa é a lição de Bento de Faria:

"Advirta-se, porém, que, normalmente, são irretroativas as leis reguladoras das relações originadas pelo exercício da atividade particular do Estado e de outras pessoas jurídicas de direito público.
Nessa esfera a sua posição iguala-se a dos particulares.
Consequentemente, dentro della podem estes reclamar a rigorosa observância dos respectivos atos e o respeito pelos seus efeitos, invocando para isso as leis vigentes ao tempo da respectiva formação, sem que ao Estado, méro contratante, seja licito se prevalecer da qualidade de – entre público – para, no seu exclusivo interesse, destruir, por nova lei, os direitos daqueles com quem contrata, quer atribuindo consequências diversas ao fato jurídico passado, quer impedindo ou modificando os seus efeitos."[64]

No mesmo sentido da doutrina manifesta-se a jurisprudência.

O Supremo Tribunal Federal, por seu Plenário, já decidiu:

"Se a lei alcançar os efeitos futuros de contratos celebrados anteriormente a ela, será essa lei retroativa (retroatividade mínima) porque vai interferir na causa, que é um ato ou fato ocorrido no passado.
– O disposto no art. 5º, XXXVI, da Constituição Federal se aplica a toda e qualquer lei infraconstitucional, sem qualquer distinção entre

---

[63] Carlos Mário da Silva Velloso, *Temas de Direito Público*, Del Rey, Belo Horizonte, 1993, p. 294-295 e 296.

[64] Bento de Faria, *Aplicação e Retroatividade da Lei*, A. Coelho Branco Filho, Editor, Rio de Janeiro, 1934, p. 28-29.

lei de direito público e lei de direito privado, ou entre lei de ordem pública e lei dispositiva. Precedente do STF.

– Ocorrência, no caso, de violação de direito adquirido. A taxa referencial (TR) não é índice de correção monetária, pois, refletindo as variações do custo primário da captação dos depósitos a prazo fixo, não constitui índice que reflita a variação do poder aquisitivo da moeda. Por isso, não há necessidade de se examinar a questão de saber se as normas que alteram índices de correção monetária se aplicam imediatamente, alcançando, pois, as prestações futuras de contratos celebrados no passado, sem violarem o disposto no art. 5º, XXXVI, da Carta Magna.

– Também ofendem o ato jurídico perfeito os dispositivos impugnados que alteram o critério de reajuste das prestações nos contratos já celebrados pelo sistema do Plano de Equivalência Salarial por Categoria Profissional (PES/CP).

– Ação direta de inconstitucionalidade julgada procedente, para declarar a inconstitucionalidade dos arts. 18, 'caput' e parágrafos 1º e 4º; 20; 21 e parágrafo único; 23 e parágrafos; e 24 e parágrafos, todos da Lei nº 8.177, de 1º de março de 1991."[65]

Decidiu também o Supremo Tribunal Federal, desta feita por sua Segunda Turma, pela impossibilidade de aplicação retroativa de lei que estabeleceu critérios de correção monetária diversos dos previstos em contrato firmado antes de sua vigência, afirmando que:

"A existência de cláusula contratual prevendo a correção monetária de forma tarifada afasta a incidência da Lei 6.899, de 1981, no que a disciplina considerada perda do poder aquisitivo da moeda.

Descabe distinguir os períodos situados antes e depois do vencimento da dívida, sob pena de transgressão ao ato jurídico perfeito e ao direito adquirido."[66]

8.4.5 Segurança e Justiça

A preservação dos valores *segurança* e *justiça* constitui a razão de ser essencial do Direito e por isto mesmo um deles não deve suprimir o outro. A aplicação das leis deve ser feita de forma a conciliar, tanto quanto possível, esses dois valores fundamentais.

---

[65] STF, Pleno, ADIn 493-0-DF, rel. Ministro Moreira Alves, *DJU*-I de 4.9.92, p. 14089.
[66] STF, 2ª Turma, RE 121.966-1-DF, rel. Ministro Marco Aurélio, em ADV nº 25/92, p. 397.

Em certas situações, portanto, justifica-se a aplicação retroativa para corrigir grave injustiça criada em relações jurídicas já constituídas. Isto, porém, não ocorre nas relações jurídicas entre a Administração Pública e o administrado, posto que em tais relações tem-se de considerar que o Estado é perene, duradouro, e sempre dispõe de meios para recompor os seus direitos, não se havendo portanto de invocar um critério de justiça a seu favor, contra o administrado, que tem vida curta e geralmente não tem como recompor os seus direitos.

Na relação de tributação, portanto, o princípio da irretroatividade das leis como proteção do administrado deve prevalecer sempre, ainda que eventualmente pareça produzir situação de injustiça contra a Administração Pública.

Corroborando esse entendimento tem-se de considerar que as leis são obra do Estado e este não pode, portanto, reclamar de eventual injustiça decorrente da não aplicação da lei nova, posto que a lei anterior também é obra sua.

9 ADMINISTRAÇÃO TRIBUTÁRIA

9.1 Administração Tributária e garantias constitucionais

O tema da Administração Tributária está estreitamente ligado com as garantias constitucionais do contribuinte e o Código Tributário Nacional foi editado com fundamento na Emenda Constitucional nº 18 à Constituição de 1946. Alguns de seus dispositivos, portanto, podem não estar de acordo com a Constituição de 1988 e por isto não foram recepcionados, ou devem ser interpretados de conformidade com a vigente Constituição.

Estudaremos aqui a Administração Tributária de forma superficial, tendo em vista apenas os dispositivos do Código Tributário Nacional que tratam do assunto, deixando para abordar o tema à luz da Constituição Federal na segunda parte deste livro, onde estudaremos o ilícito penal e as garantias constitucionais.

9.2 Fiscalização

9.2.1 Competência das autoridades

A competência das autoridades administrativas em matéria de fiscalização é regulada na legislação tributária. Assim como a validade dos atos jurídicos em geral exige a *capacidade* de quem os pratica, a validade dos atos administrativos requer a *competência* da autoridade ou agente público. Indispensável, portanto, que a fiscalização tributária seja feita por pessoas às quais a legislação atribua competência para tanto, em caráter geral, ou especificamente, em função do tributo de que se tratar. A lavratura de um auto de infração, o julgamento de impugnação do mesmo pelo sujeito passivo, assim como todo e qualquer ato da Administração Tributária, só têm validade se praticados por quem tenha competência para tanto.

Essa competência é atribuída pela *legislação*. Não apenas pela *lei* tributária. Legislação e lei, na linguagem do Código Tributário Nacional, são coisas bem distintas. Legislação é o gênero, no qual se incluem as diversas normas que tratam de matéria tributária. Lei é uma dessas espécies. As regras básicas sobre a matéria encontram-se no Código Tributário Nacional e devem ser observadas pela *legislação* (art. 194).

Considerando que as portarias, instruções, ordens de serviço e outros atos administrativos de idêntica natureza, embora se incluam no conceito de *legislação* tributária, nos termos dos arts. 96 a 100 do Código Tributário Nacional, não obrigam diretamente os sujeitos passivos, o Código estabeleceu expressamente que essa legislação se aplica às pessoas naturais ou jurídicas, contribuintes ou não, inclusive às que gozem de imunidade tributária ou de isenção (art. 194, parágrafo único). As normas dessa legislação, quando não constem de *lei*, evidentemente devem tratar apenas de aspectos procedimentais, ou de simples obrigações acessórias. Não podem impor deveres que não tenham a natureza de obrigação acessória, em face do dispositivo constitucional pelo qual ninguém será obrigado a fazer ou a deixar de fazer alguma coisa a não ser em virtude de *lei*.

9.2.2 Fiscalização e sigilo comercial

Para os efeitos da legislação tributária, não se aplicam quaisquer dispositivos legais que limitem ou excluam o direito de examinar mercadorias, livros, arquivos, documentos, papéis e efeitos comerciais ou fiscais, dos comerciantes, industriais ou produtores, ou a obrigação destes de exibi-los (CTN, art. 195). O Código Comercial estabelecia que "nenhuma autoridade, Juízo ou Tribunal, debaixo de pretexto algum, por mais especioso que seja, pode praticar ou ordenar alguma diligência para examinar se o comerciante arruma ou não devidamente seus livros de escrituração mercantil, ou neles tem contido algum vício" (art. 17). Somente admitia a exibição judicial dos livros de escrituração comercial por inteiro, ou balanços gerais de qualquer casa de comércio, a favor dos interessados em questões de sucessão, comunhão ou sociedade, administração ou gestão mercantil por conta de outrem, e em caso de quebra (art. 18). Nas causas em geral, o exame era admitido, desde que efetivado sob as vistas do comerciante a quem pertenciam, ou de pessoa por este designada, limitando-se ao ponto pertinente à questão (art. 19). Disposições correspondentes se acham no Código Civil, que hoje disciplina a matéria: "Ressalvados os casos previstos em lei, nenhuma autoridade, juiz ou tribunal, sob qualquer pretexto, poderá fazer ou ordenar diligência para verificar se o empresário ou a sociedade empresária observam, ou não, em seus livros e fichas, as formalidades prescritas em lei" (art. 1.190); "O juiz só poderá autorizar a exibição integral dos livros e papéis de escrituração quando necessária para resolver questões relativas a sucessão, comunhão ou sociedade, administração ou gestão à conta de outrem, ou em caso de falência" (art. 1.191).

As leis pertinentes aos impostos de consumo e de renda, antes do Código Tributário Nacional, já haviam rompido essa barreira. E nem podia mesmo ser de outro modo. O interesse da Administração tributária impõe que se lhe conceda o direito de examinar todos os livros e papéis dos comerciantes, eis que tais documentos constituem fonte abundante, e às vezes única, de informações relativas aos fatos geradores de tributo.

Com o advento do Código Tributário Nacional ficou afastada a possibilidade de invocação das regras do Código Comercial, ou de qualquer outra lei que exclua ou limite o direito de examinar mercadorias, livros, arquivos, documentos, papéis e efeitos comerciais ou fiscais. As normas que preservam o sigilo comercial prevalecem entre os particulares, mas não contra a Fazenda Pública.

Recente decisão do Supremo Tribunal Federal, todavia, coloca em dúvida o direito de a Administração Fazendária penetrar no estabelecimento do contribuinte e ter acesso a seus livros e documentos sem o consentimento deste. Apreciando pedido de *habeas corpus* em que era alegada a utilização de provas ilícitas, denegou a ordem ao fundamento de que o ingresso dos fiscais no estabelecimento deu-se com o consentimento do paciente. Isto significa dizer que tal consentimento pode, em princípio, ser negado pelo contribuinte.

A solução da questão de saber se o contribuinte pode negar autorização ao fisco para adentrar em seu estabelecimento é de grande relevância. Além da repercussão que certamente tem na esfera penal, como afirmou o Supremo Tribunal Federal, pode ter também repercussões na esfera da administração tributária.

Note-se que o art. 195 do Código Tributário Nacional reporta-se ao direito de examinar livros e documentos dos comerciantes, industriais ou produtores e à obrigação destes de exibi-los. O direito de examinar abrange todos os livros e papéis que os comerciantes, industriais ou produtores possuam, sejam ou não obrigatórios. A obrigação de exibir evidentemente só é efetiva em se tratando de livros ou papéis cuja existência seja obrigatória. Note-se a diferença. Se um agente fiscal encontra um livro *caixa*, por exemplo, no escritório de uma empresa, tem o direito de examiná-lo, mesmo em se tratando, como se trata, de livro não obrigatório. Entretanto, se o contribuinte afirma não possuir livro *caixa*, ou *razão*, ou qualquer outro, não obrigatório, evidentemente não estará sujeito a sanção alguma. Não sendo legalmente obrigado a possuir determinado livro ou documento, obviamente não pode ser obrigado a exibi-lo. Entretanto, se de fato o possui, tanto que o fiscal o viu, não pode impedir o seu exame.

Ao constatar a existência de livro ou documento não obrigatório, deve o fiscal fazer imediatamente a respectiva apreensão. Se não o faz, depois não terá como obrigar o contribuinte a exibi-lo, a menos que este confesse a existência do livro ou documento questionado.

Algumas leis autorizam o lançamento de tributo por arbitramento, e estabelecem que o ônus da prova em sentido contrário é do sujeito passivo. A Lei nº 8.212/91, por exemplo, atribui ao sujeito passivo de contribuições sociais o dever de exibir todos os livros e documentos relacionados com aquelas contribuições, e autoriza os órgãos da Administração a apurar, "por aferição indireta, as contribuições efetivamente devidas, cabendo à empresa o ônus da prova em contrário" (art. 33, § 6º).

Tais dispositivos legais não podem ser interpretados literal e isoladamente, porque isto implicaria admitir-se autorizada a cobrança das contribuições consideradas devidas pela autoridade administrativa, dando-se ao lançamento tributário o caráter de atividade discricionária, em flagrante violação do art. 3º do Código Tributário Nacional, e em conflito com a Constituição, que institui, em favor dos contribuintes, importantes limitações ao exercício do poder de tributar.

Aqueles dispositivos legais que autorizam o arbitramento do valor do tributo devem ser interpretados com atenção especial para o elemento sistêmico, ou contextual, com destaque para os princípios constitucionais, entre os quais o da garantia do *devido processo legal* e da *ampla defesa*. Admitir o arbitramento e inverter o ônus da prova consubstancia evidente inutilização de tais princípios. Lei que coloca o direito do contribuinte, de não pagar tributo indevido, a depender de prova absolutamente impossível, é lei que torna absolutamente inúteis aquelas garantias constitucionais.

"*Os livros obrigatórios de escrituração comercial e fiscal e os comprovantes dos lançamentos neles efetuados serão conservados até que ocorra a prescrição dos créditos tributários decorrentes das operações a que se refiram*" (CTN, art. 195, parágrafo único). Terminado o prazo de decadência do direito de a Fazenda Pública constituir o crédito tributário, já poderiam ser dispensados os livros e documentos, sem qualquer prejuízo para o fisco, em princípio, desde que na cobrança disponha este da certidão de inscrição do crédito como dívida ativa, que lhe garante presunção de liquidez e certeza. Todavia, existem situações nas quais, mesmo dispondo do título executivo extrajudicial, necessita o fisco de produzir contraprova. Assim, preferiu o Código Tributário Nacional exigir a conservação dos livros e documentos pelo prazo que termina por último, vale dizer, o prazo de prescrição.

O Código de Processo Civil disciplina o procedimento para exibição de livro ou documento, mas o fisco pode exigir tal exibição administrativamente, isto é, não precisa ir ao Judiciário. Ao desobediente pode impor penalidades, além de fazer o lançamento do tributo por arbitramento. Pode ainda utilizar medidas de força, como adiante será examinado.

A desobediência à determinação da autoridade administrativa pode ainda configurar o crime previsto no art. 330 do Código Penal. Incabível, porém, determinação da autoridade administrativa no sentido de que o contribuinte compareça à repartição para exibir livros ou documentos, ou para ser inquirido, como se a atividade de fiscalização fosse um inquérito policial. A fiscalização há de ser feita no domicílio do contribuinte, e a solicitação de qualquer esclarecimento dever ser a este dirigida por escrito.

A autoridade administrativa que proceder ou presidir a quaisquer diligências de fiscalização lavrará os termos necessários para que se documente o início do procedimento, na forma da legislação aplicável, que fixará prazo máximo para a conclusão daquelas (CTN, art. 196). Sempre que possível o termo deve ser lavrado em um dos livros fiscais exibidos. Mas pode ser lavrado em separado, e na prática é quase sempre assim que acontece. Não sendo lavrado em livro, do termo a autoridade fornecerá cópia à pessoa sujeita à fiscalização.

A fiscalização não pode perdurar indefinidamente. Seus trabalhos causam transtorno ao contribuinte, que a este não está obrigado a submeter-se a não ser o mínimo necessário. A fixação de prazos muito longos, ou a sucessiva prorrogação do prazo inicialmente fixado, pode constituir abuso de poder da autoridade incumbida de realizar a fiscalização. O auto de infração lavrado depois de esgotado o prazo fixado para a conclusão das diligências é nulo.

O ato de prorrogação do prazo para os trabalhos da fiscalização, como os atos administrativos em geral, deve ser fundamentado. A ausência da fundamentação implica nulidade do auto de infração. Prorrogação por ato desprovido de fundamentação é incompatível com o art. 3º do Código Tributário Nacional, segundo o qual o tributo há de ser cobrado mediante atividade administrativa plenamente vinculada. Aliás, admitir a prorrogação independentemente de fundamentação equivale a tornar absolutamente inútil a fixação do prazo.

É de grande importância a lavratura do termo de início da fiscalização, não apenas para que seja regular a diligência, como também e especialmente para comprovar o termo inicial do prazo de decadência de que trata o art. 173 do Código Tributário Nacional.

A pessoa sujeita à fiscalização deve apor nos termos respectivos o seu "ciente". Assim também nos autos de infração acaso lavrados. Isto não significa que concordou com o procedimento fiscal. Estar ciente da lavratura de um auto de infração não quer dizer concordar com o que esteja afirmado naquele documento. Significa apenas que a pessoa autuada foi notificada, isto é, teve conhecimento da autuação. Isto é importante porque é precisamente da data em que a pessoa autuada tem conhecimento da autuação que começa o prazo para oferecimento de defesa ou impugnação. O "ciente" aposto no auto de infração, repita-se, apenas comprova que a pessoa autuada tem conhecimento dele, mas não significa que concorda com o seu conteúdo.

9.2.3 Dever de informar e sigilo profissional

O dever de prestar informações ao fisco não é apenas do sujeito passivo de obrigações tributárias, ou, mais precisamente, não é apenas de contribuintes e de responsáveis tributários. Abrange também terceiros. Assim, estabelece o art. 197 do Código Tributário Nacional que,

> "mediante intimação escrita, são obrigados a prestar à autoridade administrativa todas as informações de que disponham com relação aos bens, negócios ou atividades de terceiros:
> I – os tabeliães, escrivães e demais serventuários de ofício;
> II – os bancos, casas bancárias, Caixas Econômicas e demais instituições financeiras;
> III – as empresas de administração de bens;
> IV – os corretores, leiloeiros e despachantes oficiais;
> V – os inventariantes;
> VI – os síndicos, comissários e liquidatários;
> VII – quaisquer outras entidades ou pessoas que a lei designe, em razão de seu cargo, ofício, função, ministério, atividade ou profissão."

Estas últimas, somente quando designadas em *lei*. Não se tratando de sujeito passivo da obrigação tributária, o dever de informar não pode ser considerado obrigação tributária acessória. Neste caso, portanto, esse dever de informar há de ser previsto em *lei*. Não em normas inferiores integrantes da *legislação* tributária.

O dever de informar encontra limite no denominado *sigilo profissional*. Assim, não abrange a prestação de informações quanto a fatos sobre os quais o informante esteja legalmente obrigado a guardar segredo em razão de cargo, ofício, função, magistério, atividade ou profissão (CTN, art. 197, parágrafo único).

O advogado, por exemplo, tem o direito e também o dever (Lei nº 8.906, de 4.7.1994, art. 7º, inc. XIX) de não depor sobre fatos dos quais tenha tomado conhecimento no exercício da profissão. Com isto deixou claro o legislador que o advogado não pode abrir mão do direito ao sigilo profissional, pois, além do direito, tem também o dever.

O segredo profissional é garantia de ordem pública. Decorre de disposição expressa de lei, e segundo o Código Tributário Nacional prevalece sobre o dever de prestar informações ao fisco. E nem podia mesmo ser de outra forma em nosso sistema jurídico, eis que a violação do segredo profissional está inclusive capitulada como crime (Código Penal, art. 154).

É importante, porém, distinguir o fato do qual tem o profissional conhecimento em razão de sua profissão daqueles que conhece em razão de uma atividade qualquer que desenvolve e que, todavia, não é específica de sua profissão. Um advogado, por exemplo, pode desempenhar a função de síndico, ou de inventariante, e como tal tomar conhecimento de fatos relevantes para o fisco. A função de síndico, como a de inventariante, não é específica do advogado. O dever do sigilo profissional não vai abrangê-la pelo fato de, no caso, ser desempenhada por um advogado. Prevalece, portanto, a imposição do art. 197, inciso V, do Código Tributário Nacional.

A Lei Complementar nº 105, de 10.1.2001, estabelece que não constitui violação do sigilo a que estão obrigadas as instituições financeiras, entre outras hipóteses, a prestação de informações nos termos e condições que estabelece (art. 1º, § 3º). Delega ao Poder Executivo atribuição para disciplinar, inclusive quanto à periodicidade e aos limites de valor, os critérios segundo os quais as instituições financeiras informarão à administração tributária da União as operações financeiras efetuadas pelos usuários de seus serviços (art. 5º); as informações obtidas das instituições financeiras serão conservadas sob sigilo fiscal (art. 5º, § 5º).

As autoridades e os agentes fiscais tributários da União, dos Estados, do Distrito Federal e dos Municípios somente poderão examinar documentos, livros e registros de instituições financeiras, inclusive referentes a contas de depósitos e aplicações financeiras, quando houver processo administrativo instaurado ou procedimento administrativo fiscal em curso e tais exames sejam considerados indispensáveis pela autoridade administrativa competente (art. 6º).

9.2.4 Fiscalização e sigilo fiscal

Ao mesmo tempo em que assegura ao fisco o direito de penetrar nos domínios dos particulares, tomando conhecimento do que se passa com seus patrimônios, preserva o Código Tributário Nacional o interesse destes de que ao público em geral não chegue tal conhecimento. Assim, proíbe a divulgação, para qualquer fim, por parte da Fazenda Pública ou de seus funcionários, de qualquer informação obtida em razão do ofício, isto é, obtida em função da atividade de administração e fiscalização tributária sobre a situação econômica ou financeira dos sujeitos passivos, ou de terceiros, e sobre a natureza e o estado de seus negócios ou atividades (CTN, art. 198).

A proibição se dirige à Fazenda Pública, vale dizer, à pessoa jurídica de Direito público, e também a seus funcionários. Violada a proibição, responde a Fazenda Pública civilmente. É obrigada a indenizar os danos que porventura a divulgação venha a causar, e pode agir regressivamente contra o funcionário, se houver dolo ou culpa deste (Constituição Federal, art. 37, § 6º). Já o funcionário, além de responder civilmente perante a Fazenda Pública, que, como se disse, pode acioná-lo regressivamente, tem ainda a responsabilidade criminal, posto que o Código Penal, no capítulo em que cuida dos crimes praticados por funcionário público contra a Administração em geral, considera crime "revelar fato de que tem ciência em razão do cargo e que deva permanecer em segredo, ou facilitar-lhe a revelação" (Código Penal brasileiro, art. 325). Assim, como o Código Tributário Nacional impõe o sigilo quanto aos fatos dos quais a autoridade e os funcionários da Administração Tributária tenham conhecimento em razão da atividade fiscal, a divulgação desses fatos configura *violação de sigilo funcional*, delito previsto na norma penal referida.

Dependendo das circunstâncias do caso, a divulgação, pelas autoridades ou funcionários do fisco, de fatos relativos à situação econômica ou financeira dos sujeitos passivos ou de terceiros e à natureza e ao estado de seus negócios pode configurar o crime de *excesso de exação*, previsto no art. 316, § 1º, do Código Penal.

O dever do sigilo funcional, todavia, não impede a Fazenda Pública de prestar as informações requisitadas pelas autoridades judiciárias, no interesse da Justiça. Nem que a União, os Estados, o Distrito Federal e os Municípios prestem uns aos outros informações, na forma estabelecida em lei ou convênio.

Aliás, a prestação de assistência mútua e a permuta de informações entre as Fazendas Públicas constitui dever estabelecido pelo próprio Código Tributário Nacional. Depende, entretanto, de previsão em lei ou convênio (CTN, art. 199).

A Lei Complementar nº 104, de 10.1.2001, alterou a redação do *caput* do art. 198 do Código Tributário Nacional, e substituiu por três o seu parágrafo único, ampliando as exceções ao dever de sigilo fiscal. Na prática, pode-se dizer que já não existe o sigilo fiscal, pelo menos para impedir o que as autoridades da Administração Tributária mais gostam de fazer, que é utilizar a publicidade sensacionalista como forma de constranger o contribuinte.

Estabeleceu, ainda, que a Fazenda Pública da União, na forma estabelecida em tratados, acordos ou convênios, poderá permutar informações com Estados estrangeiros no interesse da arrecadação e da fiscalização de tributos.

9.2.5 Auxílio da força pública

Nos termos do art. 200 do Código Tributário Nacional, as autoridades administrativas federais poderão requisitar o auxílio da força pública federal, estadual ou municipal, e reciprocamente, quando vítimas de embaraço ou desacato no exercício de suas funções, ou quando necessário à efetivação de medida prevista na legislação tributária, ainda que não se configure fato definido em lei como crime ou contravenção.

A requisição, em princípio, pode ser feita diretamente pela autoridade administrativa. Não há necessidade de intervenção judicial. Entretanto, na interpretação do art. 200 do Código Tributário Nacional temos de levar em conta as garantias constitucionais do cidadão contribuinte, e assim, sempre que possa haver conflito entre a pretensão dos agentes do fisco e as garantias constitucionais do contribuinte, não se pode admitir o uso da força pública sem que tenha havido determinação judicial nesse sentido. Este assunto é objeto de exame na parte em que estudamos a Administração Tributária e as garantias constitucionais (2ª Parte, Capítulo I).

Pressuposto de legitimidade da requisição é o fato de haver sido a autoridade administrativa vítima de embaraço ou desacato no exercício de suas funções, ou também o fato de ser o auxílio da força pública necessário à efetivação de medida prevista na legislação tributária. Não exige o Código Tributário Nacional, para que possa ter lugar o uso da força pública, tenha havido crime ou contravenção. A regra é de ordem prática. Evita perquirições a respeito da configuração de delito.

9.2.6 Fiscalização e excesso de exação

O art. 316, § 1º, do Código Penal estabelece que, "se o funcionário exige tributo ou contribuição social que sabe ou deveria saber indevido, ou, quando devido, emprega na cobrança meio vexatório ou gravoso, que a lei não autoriza", resta caracterizado o crime de excesso de exação, para o qual comina a pena de reclusão de três a oito anos, e multa.

Assim, na atividade de cobrança do tributo, a autoridade administrativa e seus agentes, além de vinculados à legalidade, estão sujeitos a sanções penais. Na prática, essa disposição legal é inoperante. Não obstante a voracidade do fisco, cada dia maior, a opinião pública parece que ainda considera os agentes do fisco como pessoas cumpridoras da lei, o que infelizmente não corresponde à realidade. As autoridades fazendárias e seus agentes geralmente estão mais preocupados com a arrecadação do que com a lei. E tanto quanto o contribuinte a interpretam de forma tendenciosa, ou simplesmente a ignoram, desde que isto signifique maior arrecadação.

O contribuinte, a seu turno, geralmente não se dispõe a comunicar ao Ministério Público, ou ao Judiciário, os cometimentos delituosos dos agentes do fisco. Teme represálias, tenha ou não fatos que pretenda manter fora do conhecimento do fisco.

9.3 Dívida Ativa

Constitui dívida ativa tributária a proveniente de crédito dessa natureza, regularmente inscrita na repartição administrativa competente, depois de esgotado o prazo fixado, para pagamento, pela lei ou por decisão final proferida em processo regular (CTN, art. 201).

O crédito é levado à inscrição como dívida depois de definitivamente constituído. A inscrição não é ato de constituição do crédito tributário. Pressupõe, isto sim, que este se encontre regular e definitivamente constituído e, ainda, que se tenha esgotado o prazo fixado para seu pagamento.

Mesmo depois de inscrito, o crédito tributário continua a render juros de mora. A fluência destes, todavia, não exclui a liquidez do crédito (CTN, art. 201). Do mesmo modo a correção monetária, que não chega a ser um acréscimo, mas simplesmente uma forma de manter o valor efetivo do crédito. Situação diversa, porém, é a da multa. Só a penalidade regularmente aplicada pode ser cobrada, e portanto a aplicação regular da multa é pressuposto para a inscrição do crédito respectivo. Depois da inscrição, não se pode acrescentar ao crédito qualquer quantia a título de multa, ainda que simplesmente moratória.

A dívida, para ser inscrita, deve ser autenticada pela autoridade competente. E o termo de inscrição indicará (CTN, art. 202):

    a) o nome do devedor e, sendo o caso, os dos corresponsáveis, bem como, sempre que possível, o domicílio ou a residência de um e de outros;

b) a quantia devida e a maneira de calcular os juros de mora acrescidos;

c) a origem e a natureza do crédito, mencionando especificamente a disposição da lei em que seja fundado;

d) a data em que foi inscrita;

e) sendo o caso, o número do processo administrativo de que se originar o crédito.

O termo acima referido deve ser lavrado em livro próprio para tal fim, extraindo a autoridade competente a respectiva certidão, que constitui título executivo extrajudicial (Código de Processo Civil, art. 784, inc. IX). A certidão conterá todos os elementos do termo, indicados nas letras "a" a "e", acima, e ainda a indicação do livro e da folha em que se encontra a inscrição (CTN, art. 202, parágrafo único).

A omissão de qualquer dos requisitos da certidão, ou o erro relativo aos mesmos, causa a nulidade da inscrição e do processo de cobrança dela decorrente, mas a nulidade pode ser sanada, desde que ainda não tenha havido o julgamento de 1ª instância, mediante a substituição da certidão nula. Neste caso é devolvido ao executado o prazo para a defesa no que se refere à parte modificada (CTN, art. 203). Mesmo depois do julgamento de 1ª instância, dando pela nulidade da certidão, e do processo de cobrança, é possível corrigir os defeitos da certidão. Não sobrevive, porém, o processo de cobrança cuja nulidade tenha sido declarada no julgamento, a não ser pela reforma deste na instância superior. Mas outra ação de cobrança pode ser intentada.

Com efeito, o processo de execução, se instruído com certidão de inscrição nula, deve ser extinto sem julgamento de mérito, nos termos do art. 485, inciso IV, do Código de Processo Civil. E, nos termos do art. 486 do mesmo Código, a extinção do processo não impede que a entidade exequente promova outra vez a ação de cobrança. Mas a petição inicial só deve ser despachada com a prova de que a exequente cumpriu o que lhe tenha sido imposto pela sentença no processo anterior.

A dívida ativa regularmente inscrita goza de presunção de certeza e liquidez. A certidão de inscrição respectiva tem o efeito de prova pré-constituída (CTN, art. 204). Essa presunção, todavia, é relativa, podendo ser elidida por prova inequívoca a cargo do sujeito passivo ou do terceiro a quem aproveite (CTN, art. 204, parágrafo único). A isto equivale dizer que a dívida ativa regularmente inscrita é líquida e certa até prova em contrário. Líquida, quanto a seu montante; certa, quanto à sua legalidade. O executado, se alegar que não deve, ou deve menos, terá o ônus de provar o alegado.

9.4 Certidões negativas

9.4.1 Certidão negativa ou positiva com efeito de negativa

Segundo o art. 205 do Código Tributário Nacional, a lei poderá exigir que a prova da quitação de determinado tributo, quando exigível, seja feita por certidão negativa, expedida à vista de requerimento do interessado, que contenha todas as informações necessárias à identificação de sua pessoa, domicílio fiscal e ramo de negócio ou atividade e indique o período a que se refere o pedido. A exigência de indicação, pelo interessado, dos dados informativos mencionados é de ordem prática. Evita dúvidas quanto ao destinatário e ao conteúdo da certidão. Facilita sua expedição, que há de ser feita nos termos do pedido e no prazo de dez dias (CTN, art. 205, parágrafo único). Se há dúvida, não será expedida. Não pode a autoridade alterar os termos do pedido, vale dizer, não pode expedir a certidão em termos diferentes daqueles constantes do requerimento respectivo.

Não sendo possível o fornecimento de certidão negativa, em face da existência de débito, pode a autoridade administrativa fornecer certidão positiva, que em certos casos pode ter o mesmo valor da negativa.

Com efeito, vale como certidão negativa aquela certidão da qual conste a existência de crédito (a) não vencido; (b) em curso de cobrança executiva em que tenha sido efetivada a penhora; e (c) cuja exigibilidade esteja suspensa (CTN, art. 206). Tanto uma certidão negativa, isto é, dizendo que eu nada estou devendo ao Fisco, como uma outra dizendo que eu devo, mas o crédito do Fisco contra mim se encontra em uma das três situações mencionadas, produzem o mesmo efeito, porque:

a) se o crédito não está vencido, não se pode dizer que sou inadimplente;

b) se o crédito se encontra em processo de execução, com penhora já efetivada, está com sua extinção garantida, de sorte que o Fisco não tem interesse em denegar a certidão;

c) se está o crédito com sua exigibilidade suspensa, o fundamento da suspensão justifica também o fornecimento da certidão.

Na prática, o caso mais comum de certidão positiva com efeito de negativa é o de crédito tributário com exigibilidade suspensa, quer em face de parcelamento ou de depósito para garantia do juízo, ou ainda do deferimento de medida liminar.

Seja como for, sendo caso de certidão positiva com efeito de negativa, a recusa em admitir essa equivalência de efeitos justifica a impetração de mandado de segurança.

9.4.2 Certidão negativa e perecimento de direito

Não é exigível certidão negativa para a prática de ato que tenha por fim evitar a caducidade de direito. Se bem aplicada a lei, portanto, ninguém será prejudicado pela falta de certidão de quitação de tributo. Se a prática do ato é urgente, esta será permitida mesmo sem a certidão, e a consequência da prática do ato, sem a certidão, é a responsabilização de todos os que dele participam pelos tributos porventura devidos. Os que participam do ato assumem, voluntariamente, a responsabilidade tributária pelo contribuinte que deveria apresentar a certidão, e não o fez.

A norma do art. 207 do Código Tributário Nacional é incisiva, a dizer que, independentemente de disposição legal permissiva, será dispensada a prova de quitação de tributos, ou o seu suprimento, quando se tratar de prática de ato indispensável para evitar a caducidade de direito. E não haverá prejuízo algum para o fisco, porque todos os participantes do ato assumem a responsabilidade pelos tributos acaso devidos pelo beneficiário da dispensa.

A propósito da exigência de certidões negativas, deve ser lembrado que esta não pode constituir forma oblíqua de cobrança, sendo cabível exclusivamente nos casos previstos pelo próprio Código Tributário Nacional. A exigência, fora de tais casos, configura sanção política cuja prática tem sido repelida pela jurisprudência.

Com efeito, o Código Tributário Nacional dispõe sobre a exigência da quitação de tributos em quatro hipóteses, a saber: (a) no art. 191, como condição para o deferimento de concordata ou para a declaração de extinção das obrigações do falido; (b) no art. 191-A, como condição para a concessão de recuperação judicial; (c) no art. 192, como condição da sentença de julgamento de partilha ou de adjudicação; e (d) no art. 193, como condição para a celebração de contrato com entidade pública ou participação em licitação.

A interpretação sistêmica dessas normas impõe que as situemos no âmbito do Código, cujo Título III, de seu Livro Segundo, cuida do Crédito Tributário, com o Capítulo VI dedicado, especificamente, às Garantias e Privilégios do Crédito Tributário.

Daí se conclui serem as normas dos artigos 191, 191-A, 192 e 193, acima referidas, pertinentes a crédito tributário, matéria que, por força do disposto no art. 146, inciso III, alínea "b", da vigente Constituição, situa-se no campo privativo das leis complementares. Em outras palavras, isto quer dizer que somente através de lei complementar é possível a alteração desses dispositivos do Código, especialmente quando se tratar de ampliação, ou da instituição de outras hipóteses de exigência de quitação de tributos.

Assim, é de grande importância a interpretação daqueles dispositivos, de sorte a que se tenha clara a delimitação das hipóteses nas quais é válida a exigência da quitação de tributos.

A exigência determinada pelos arts. 191 e 191-A dizem respeito apenas aos tributos relativos à atividade mercantil do requerente da concordata, hoje recuperação judicial, ou da declaração de extinção das obrigações do falido. Não abrange, portanto, possíveis débitos tributários de sócios, administradores, ou de pessoas jurídicas outras, ainda que de algum modo ligadas à pessoa de cuja concordata, recuperação judicial ou de cuja falência se esteja a cogitar.

A exigência do art. 192 diz respeito exclusivamente aos tributos relativos aos bens do espólio ou suas rendas. Não abrange débitos tributários dos herdeiros ou adjudicantes, ou qualquer outro.

A exigência do art. 193 diz respeito apenas aos tributos relativos à atividade em cujo exercício o contribuinte está contratando ou licitando. E somente aqueles tributos devidos à pessoa jurídica contratante, ou que está a promover a concorrência. Não abrange, pois, tributos devidos a outras pessoas jurídicas de Direito Público.

A referência ao contrato e à concorrência justifica-se pelo fato de alguns contratos serem possíveis sem concorrência. Se realizada a concorrência, na oportunidade desta é feita a exigência de quitação, que não precisa ser repetida na ocasião do contrato.

Excepcional que é, a norma que estabelece a exigência de quitação não pode ser interpretada ampliativamente, nem ampliada pela lei ordinária. Só é cabível, portanto, nas situações expressamente indicadas pelo Código Tributário Nacional, a saber:

a) do que pretende concordata, preventiva ou suspensiva, da falência;

b) dos interessados em partilha ou adjudicação de bens de espólio; e

c) dos que licitam ou contratam com entidades públicas.

As duas primeiras situações não dizem respeito ao exercício normal de atividades econômicas, por isto mesmo a exigência da quitação não afronta a garantia do livre exercício de tais atividades, assegurada pelo art. 170, parágrafo único, da Constituição. A última pode, em certos casos, afetar essa garantia, e por isto é de constitucionalidade duvidosa. De todo modo, é razoável admitir-se que o órgão público se recuse a contratar com quem lhe deve.

Lei ordinária, seja federal, estadual ou municipal, que amplie o alcance da exigência de quitação, contida nos arts. 191, 191-A, 192 e 193 do Código Tributário Nacional, ou institua outras hipóteses para formulação dessa exigência, padece de inconstitucionalidade, tanto formal quanto substancial.

Inconstitucionalidade formal haverá porque, como dito acima, cuida-se de matéria que só por lei complementar pode ser regulada. Inconstitucionalidade substancial também haverá porque tal lei abrirá conflito com normas da Constituição, em pelo menos dois importantes aspectos. Primeiro, porque afronta o art. 170, parágrafo único, da Constituição Federal. Segundo, porque institui forma oblíqua de cobrança de tributos, permitindo que esta aconteça sem observância do devido processo legal.

Tem sido frequente, então, o deferimento de mandado de segurança para garantir a prática do ato sem a questionada certidão de quitação.

É cabível, outrossim, contra a entidade pública em cujo âmbito se tenha verificado a exigência ilegal ou inconstitucional, ação para haver perdas e danos, morais e materiais, inclusive lucros cessantes, nos termos do art. 37, § 6º, da vigente Constituição Federal. Os danos materiais e o lucro cessante devem ser demonstrados e quantificados devidamente. O dano moral cuja indenização será devida às pessoas naturais prejudicadas pode decorrer simplesmente da afirmação inverídica da existência de dívida, em determinadas circunstâncias.

Se mesmo havendo débito é expedida certidão negativa, há erro contra a Fazenda Pública. Se o funcionário que expediu a certidão sabia da existência do débito e agiu dolosamente, torna-se ele pessoalmente responsável pelo crédito tributário e juros de mora acrescidos. Terá também o funcionário de responder, conforme o caso, do ponto de vista funcional e do ponto de vista criminal. O fato de ser o funcionário responsabilizado na órbita tributária, vale dizer, o fato de ser ele obrigado a pagar o crédito tributário respectivo, não exclui a sua responsabilidade funcional, nem sua responsabilidade criminal. Não impede que venha a ser punido administrativa e criminalmente (CTN, art. 208 e seu parágrafo único).

9.4.3 Certidão negativa e tributo não vencido

O pagamento do tributo em regra não acontece no momento em que o crédito respectivo é constituído, mas no tempo fixado pela legislação específica. Se esta não fixa o tempo, o vencimento do crédito ocorre trinta dias depois da data em que se considera o sujeito passivo notificado do lançamento (CTN, art. 160).

Se não há lançamento, não há crédito e por isto é induvidoso o direito do contribuinte à certidão negativa. Se há lançamento, mas o crédito não está vencido, também. A recusa de certidão negativa somente se justifica quando existe crédito vencido.

Tendo havido o parcelamento da dívida, e estando o contribuinte em dia com as prestações correspondentes, também não se justifica a recusa. Com o parcelamento, dá-se a prorrogação do prazo para pagamento, e por isto não se pode dizer que existe crédito tributário vencido. O ter sido prestada, ou não, garantia de qualquer natureza, para a obtenção do parcelamento, é irrelevante. A rigor, a certidão negativa de débito significa apenas que o contribuinte não se encontra em mora, em estado de inadimplência para com o fisco.

O ato de recusa da certidão negativa sem que exista débito vencido pode ser entendido como o uso de meio ilegal para compelir o contribuinte ao pagamento do tributo, e assim pode configurar o crime de excesso de exação, definido no art. 316, § 1º, do Código Penal, com redação que lhe deu a Lei nº 8.137, de 27.1.1990.

Por outro lado, a afirmação da existência de débito, sendo inverídica, pode causar danos ao contribuinte, moral e material, indenizáveis pela Administração, que poderá agir regressivamente contra o servidor responsável pela ilegalidade, se este atuou com culpa ou dolo.

9.4.4 Certidão negativa e consignação em pagamento

A propositura da ação de consignação em pagamento não assegura desde logo o direito à certidão negativa. Se existe lançamento, e o contribuinte oferece valor menor, por entender que o lançamento está incorreto, somente com o trânsito em julgado da sentença que julgar a ação procedente estará extinto o crédito, e, em consequência, terá o contribuinte direito à certidão negativa. A simples propositura da ação, ainda que ofertado o valor efetivamente devido, como o conhecimento deste só a final acontece, não faz nascer o direito à certidão.

É claro que, uma vez ofertado o valor que o fisco pretende receber, o valor integral do crédito lançado pela autoridade administrativa, o contribuinte tem direito à certidão, mas tal situação só em teoria se admite, pois na prática dificilmente ocorrerá.

9.4.5 Exigência de quitação de tributos e liberdade econômica

A exigência de quitação de tributos está autorizada apenas nos casos dos arts. 191, 191-A, 192 e 193 do Código Tributário Nacional. A lei que amplia os casos dessa exigência, estabelecendo formas de cerceamento da liberdade de exercício da atividade econômica, é inconstitucional. Primeiro, porque afronta o art. 170, parágrafo único, da Constituição Federal. Segundo, porque institui forma oblíqua de cobrança de tributos, permitindo que esta aconteça sem a observância do devido processo legal.

A Constituição Federal garante taxativamente a liberdade de exercício da atividade econômica, independentemente de autorização de órgãos públicos (art. 170, parágrafo único). Garante, outrossim, que ninguém será privado da liberdade, ou de seus bens, sem o devido processo legal (art. 5º, inciso LIV), e que aos litigantes, em processo judicial ou administrativo, são assegurados o contraditório e a ampla defesa, com os meios e recursos a ela inerentes (art. 5º, inciso LV).

A exigência de quitação de tributos é inconstitucional, portanto, na medida em que implica cerceamento da liberdade de exercício da atividade econômica, ou propicia ao fisco a cobrança do tributo sem o devido processo legal, vale dizer, sem a apuração em regular processo administrativo, e sem o uso da via própria, que é a execução fiscal.

Assim, por exemplo, a lei que exige a prova de quitação de tributo como condição para o arquivamento de atos societários na repartição competente do Registro do Comércio é de flagrante inconstitucionalidade. Permite que o exercício da atividade econômica somente seja autorizado aos que estão em dia no pagamento dos tributos, violando assim a norma que assegura a liberdade de exercício de atividade econômica independentemente de autorização de órgãos públicos. Além disto, institui uma forma de constrangimento para compelir o contribuinte ao pagamento do tributo, sem direito de questionar a legalidade da exigência deste. A autoridade competente para fornecer a certidão de quitação, nestes casos, não é competente para decidir se a quantia cujo não pagamento eventualmente está sendo obstáculo ao fornecimento da certidão é realmente devida. Também a autoridade perante a qual é praticado o ato, a autoridade do Registro do Comércio, não tem competência para resolver se a recusa no fornecimento da certidão é ou não legal. O obstáculo é criado e muita vez o contribuinte termina pagando quantias indevidas, porque este é o caminho mais prático para alcançar o resultado pretendido.

Por tais razões, os juízes geralmente concedem, sem dificuldade, mandados de segurança para garantir a prática de atos sem atendimento da exigência de certidão de quitação.

10 PROCESSO ADMINISTRATIVO FISCAL

10.1 Considerações iniciais

Na aplicação das normas que integram o chamado Direito material, pela autoridade da Administração Tributária, alguns atos devem ser praticados de forma ordenada e com observância de certas formalidades. Isto é necessário para garantir que tal aplicação ocorra da forma mais adequada possível e sejam respeitados os direitos do contribuinte.

Daí a instituição de um processo administrativo fiscal, destinado a regular a prática dos atos da Administração e do contribuinte no que se pode chamar acertamento da relação tributária. Acertamento que consubstancia uma forma de autocontrole de legalidade pela Administração Tributária. Ela própria, através de seus órgãos especializados, exerce um controle de legalidade dos atos relativos à administração e cobrança dos tributos.

O assunto é vasto e rico de aspectos interessantes. Aqui, todavia, examinaremos apenas as noções do processo administrativo fiscal que consideramos fundamentais e que em princípio prevalecem no âmbito federal, como no âmbito dos Estados e dos Municípios.

10.2 Conceito, natureza e espécies

Como geralmente acontece com as palavras ou expressões utilizadas na linguagem jurídica, a expressão *processo administrativo fiscal* pode ser usada em sentido amplo e em sentido restrito. Em sentido amplo, tal expressão designa o conjunto de atos administrativos tendentes ao reconhecimento, pela autoridade competente, de uma situação jurídica pertinente à relação fisco-contribuinte. Em sentido restrito, a expressão *processo administrativo fiscal* designa a espécie do processo administrativo destinada à determinação e exigência do crédito tributário.

A atividade que se desenvolve no âmbito do processo administrativo fiscal é, do ponto de vista formal ou orgânico, de natureza administrativa, embora o seu conteúdo seja, em alguns casos, de natureza jurisdicional.

Compondo um processo, no sentido acima indicado, a atividade administrativa desenvolvida pela autoridade da Administração Tributária é sempre vinculada. O próprio conceito legal de tributo exige que seja assim. Inadmissível qualquer atividade discricionária no âmbito da Administração Tributária.

Tendo-se em vista a diversidade de critérios que podem ser adotados, diversas podem ser as classificações do processo administrativo fiscal. Preferimos o critério *objetivo*, e por isto classificamos o processo administrativo fiscal em cinco espécies, a saber:

a) determinação e exigência do crédito tributário;

b) consulta;

c) repetição de indébito;

d) parcelamento de débito;

e) reconhecimento de direitos.

10.3 Determinação e exigência do crédito tributário

10.3.1 Considerações gerais

A espécie mais importante de processo administrativo fiscal, que por isto mesmo é muitas vezes confundida com o gênero, é aquela destinada à constituição do crédito tributário e à sua cobrança dita amigável. É o processo de acertamento, ou processo de determinação e exigência do crédito tributário. É o processo de lançamento do tributo.

No que concerne aos tributos dos quais o sujeito ativo é a União Federal, este processo regula-se pelas normas do Decreto nº 70.235, de 6.3.1972, que em virtude das circunstâncias em que foi editado tem a natureza de lei.

O referido decreto trata "Do Processo Fiscal" e "Do Processo de Consulta", este alterado, em parte, pela Lei nº 9.430, de 27.1.1996, como adiante se verá, sendo subsidiariamente aplicável às demais espécies de processo administrativo no âmbito tributário, e suas normas estão de um modo geral reproduzidas na legislação dos Estados e dos Municípios concernente aos processos da competência daquelas unidades federativas.

Aplica-se também, subsidiariamente, aos processos administrativos em matéria tributária, o disposto na Lei nº 9.784, de 29.1.1999, que regula o processo administrativo no âmbito da Administração Pública Federal.

10.3.2 O procedimento e suas fases

O processo de determinação e exigência do crédito tributário, ou processo de acertamento, ou simplesmente o lançamento tributário, divide-se em duas fases: (a) unilateral ou não contenciosa e (b) bilateral, contenciosa ou litigiosa.

Este processo também tem recebido a denominação de *ação fiscal*, mas tal denominação parece adequada apenas para designar a atividade que se inicia com a lavratura do auto de infração.

É que pode haver fiscalização e ser constatado o integral cumprimento, pelo contribuinte, de seus deveres tributários, de sorte que neste caso a palavra *ação* é inadequada. Por isto, preferimos entender que a ação fiscal tem início somente com a lavratura do auto de infração.

10.3.3 A fase não contenciosa

A fase não contenciosa é essencial no lançamento de ofício de qualquer tributo. Começa com o primeiro ato da autoridade competente para fazer o lançamento, tendente à realização deste. Tal ato há de ser necessariamente escrito, e dele há de ter conhecimento o sujeito passivo da obrigação tributária correspondente. Isto quer dizer que o ato somente se tem como existente, pronto a produzir os seus efeitos, quando é levado ao conhecimento do sujeito passivo da obrigação tributária.

Ordinariamente a ação fiscal tem início com a lavratura de um termo, denominado "Termo de Início de Fiscalização", mas pode iniciar-se com atos outros, como a apreensão de mercadorias, livros ou documentos, e, em se tratando de mercadorias importadas, com o começo do despacho aduaneiro.

O principal efeito do início da fiscalização é a exclusão da espontaneidade da denúncia apresentada pelo sujeito passivo para os fins do art. 138 do Código Tributário Nacional, cujo parágrafo único diz que "não se considera espontânea a denúncia apresentada após o início de qualquer procedimento administrativo ou medida de fiscalização, relacionados com a infração".

Para evitar que a autoridade pratique o ato que formaliza o início da fiscalização e efetivamente não a realize, a legislação geralmente fixa prazo de validade daquele ato inicial, vale dizer, do termo de início de fiscalização. Na legislação federal esse prazo é de 60 dias, prorrogável, sucessivamente, por igual período.

A fase não contenciosa ou unilateral termina com o termo de encerramento de fiscalização, que será acompanhado de um auto de infração nos casos em que alguma infração da legislação tributária tenha sido constatada.

Denomina-se *auto de infração* o documento no qual o agente da autoridade da Administração Tributária narra a infração ou as infrações da legislação tributária atribuídas por ele ao sujeito passivo da obrigação tributária, no período abrangido pela ação fiscal.

São requisitos essenciais do auto de infração:

a) a identificação do autuado;

b) o local, a data e a hora de sua lavratura;

c) a descrição do fato que constitui a infração;

d) o dispositivo da legislação que o autuante reputa infringido e a penalidade aplicável;

e) o valor do crédito tributário exigido e a intimação para o respectivo pagamento, o oferecimento de impugnação, com o prazo legalmente estabelecido para tal fim;

f) a assinatura do autuante, sua identificação funcional.

Entre os requisitos acima enumerados, deve ser destacado, por sua grande importância, a *descrição do fato* que, no entender do autuante, configura infração da legislação tributária. Essa descrição há de ser objetiva, clara e tão completa quanto necessária a que o autuado possa saber de que realmente está sendo acusado, pois, a não ser assim, não terá condições para o exercício da plena defesa que lhe assegura a Constituição Federal.

O próprio nome do documento, vale dizer, a expressão "auto de infração", está a dizer que é da essência deste a descrição do fato tido como infringente da lei, porque *auto* quer dizer descrição, e auto de infração, portanto, é *descrição da infração*, que é a descrição do fato contrário à lei.

Da lavratura do auto de infração deve ser cientificado o autuado. Isto ordinariamente é comprovado com a assinatura do autuado no próprio auto de infração.

A assinatura do autuado não significa aceitação do que no auto a ele é imputado, nem a recusa de assinar pode ser tida como infração, ou qualquer forma de majoração de penalidades.

10.3.4 A fase contenciosa

A segunda fase do processo de determinação e exigência do crédito tributário começa com a *impugnação do lançamento*, vale dizer, com a impugnação da exigência formulada no auto de infração. Seguem-se os atos de instrução do processo, como a realização de diligências e de perícias, quando necessários, e o julgamento em primeira instância.

O *ônus da prova* dos fatos em disputa no procedimento administrativo fiscal não é do contribuinte, como alguns afirmam. O ônus da prova quanto ao fato constitutivo do direito é de quem o alega. Aplica-se a teoria geral da prova, que está consubstanciada nas disposições do Código de Processo Civil. Ocorre que, em face de indícios fortes da existência do fato gerador da obrigação tributária, capazes de autorizar a presunção de tal ocorrência, pode dar-se a inversão do ônus da prova. A não ser em tal circunstância, o ônus de provar a ocorrência do fato gerador da obrigação tributária é naturalmente do fisco.

No processo administrativo fiscal cabem especialmente as provas documental e pericial, e na apreciação destas prevalece o princípio do livre convencimento do julgador.

Da decisão do órgão de primeiro grau, geralmente monocrático, cabe recurso para um órgão superior, geralmente um colegiado. A depender da estrutura deste, pode ainda haver um recurso especial, cuja finalidade essencial é preservar a uniformidade dos julgados do órgão, como acontece no caso dos tribunais federais.

Quando a decisão do órgão de primeiro grau é favorável ao contribuinte, no todo ou em parte, é obrigatória a remessa do caso ao órgão superior, para reexame.

No que concerne aos recursos, levanta-se a importante questão de saber se a lei ordinária poderá suprimi-los. Quando o Supremo Tribunal Federal, no controle direto de constitucionalidade, denegou medida liminar para suspender o dispositivo que exige o depósito de trinta por cento do crédito impugnado como condição para o recurso aos Conselhos de Contribuintes do Ministério da Fazenda (atualmente, Conselho Administrativo de Recursos Fiscais – CARF, do Ministério da Economia), justificou a decisão com o argumento de ser admissível até a extinção do segundo grau de jurisdição administrativa. A nosso ver, porém, o segundo grau de jurisdição administrativa é uma garantia constitucional. E, em termos práticos, é induvidosa a necessidade desse segundo grau de jurisdição administrativa, posto que os julgamentos de primeiro grau constituem, no mais das vezes, simples homologação do auto de infração, desprovida de qualquer fundamento consistente. A segunda instância administrativa é, sem qualquer dúvida, uma garantia fundamental para o contribuinte contra os abusos do fisco, tanto no plano federal, como no estadual e no municipal. A vivência de mais de trinta anos não nos permite admitir o contrário.

Nesse contexto, coloca-se a questão de saber se é inconstitucional a exigência de depósito de pelo menos 30% do valor questionado como condição de admissibilidade do recurso administrativo. Penso que a resposta é afirmativa. A exigência configura evidente cerceamento do direito à ampla defesa no processo administrativo. Conheço casos de autos de infração evidentemente absurdos, e de valor tão elevado que torna inviável o depósito, e, consequentemente, o recurso.

Talvez para evitar um questionamento mais intenso, o governo terminou alterando a legislação, através de medida provisória, para admitir que em substituição ao depósito o contribuinte faça o arrolamento de bens.

10.3.5 O arrolamento de bens

A Lei nº 9.532, de 10.12.1997, estabeleceu que a autoridade fiscal competente procederá ao arrolamento de bens e direitos do sujeito passivo sempre que o valor dos créditos tributários de sua responsabilidade for superior a trinta por cento de seu patrimônio conhecido (art. 64), e o valor total desses créditos seja superior a dois milhões de reais (art. 64, § 7º).

Os agentes fiscais da Receita Federal, por puro comodismo, invocam os arts. 927 e 928 do Regulamento do Imposto de Renda para transferir ao contribuinte o encargo de indicar os bens a serem objeto de arrolamento. Essa atitude é flagrantemente ilegal e abusiva. A lei é muito clara ao atribuir à autoridade fiscal esse encargo. Está assim dito, expressamente, na cabeça do art. 64, e o § 3º desse mesmo artigo afasta qualquer dúvida, ao referir-se à notificação, mediante entrega do respectivo termo. Igual disposição se acha no art. 7º da IN/SRF 1.565/2015. Não há dúvida, portanto, de que se trata de uma tarefa a ser desempenhada pela autoridade fiscal.

Seria juridicamente admissível o arrolamento de que se cuida se este constituísse simples providência interna da fiscalização. Ocorre que a lei determina seja o termo de arrolamento levado ao registro público (§ 5º, incisos I, II e III). Esse procedimento viola, pois, o direito ao sigilo fiscal assegurado aos contribuintes.

10.4 A consulta

O *processo de consulta* tem por fim ensejar ao contribuinte oportunidade para eliminar dúvidas que tenha na interpretação da lei tributária. Em face de dúvida, formula consulta ao fisco.

A consulta pode ser formulada tanto diante de um fato concreto, já consumado, como diante de uma simples hipótese formulada pelo contribuinte.

Uma vez formulada a consulta, fica vedada a ação fiscal contra o consulente, até que seja este intimado da resposta e se esgote o prazo nela assinalado para o cumprimento da obrigação cuja existência seja porventura nela afirmada. Segundo a lei federal, todavia, a consulta pode ser declarada ineficaz, o que significa dizer que foi rejeitada liminarmente, por ser incabível.

A resposta a uma consulta não é simples manifestação de um ponto de vista pela autoridade fiscal. Se contrária ao contribuinte, tem o efeito de obrigá-lo a assumir o entendimento nela contido, sob pena de sofrer a penalidade cabível, ensejando, por isto, a impetração de mandado de segurança contra a autoridade ou órgão por ela responsável. Se favorável ao contribuinte, vincula a Administração Tributária.

Isto não quer dizer que a Administração Tributária esteja impedida de corrigir erro eventualmente cometido na resposta. Pode, e deve fazê-lo; mas não se deve confundir erro de direito com mudança de critério jurídico. Em qualquer caso, a observância, pelo contribuinte, do entendimento adotado na resposta, exclui a aplicação de penalidades. Tendo havido erro de direito, pode ser cobrado o tributo devido, que não tenha sido pago em face da resposta que o continha. Em se tratando de mudança de critério jurídico, porém, a cobrança do tributo devido só abrangerá o período seguinte à notificação do contribuinte do novo entendimento adotado.

No que se refere aos tributos administrados pela Secretaria da Receita Federal, o processo de consulta sofreu significativas alterações, introduzidas pela Lei nº 9.430, de 27.12.1996. Agora as consultas são solucionadas em instância única. Tanto as decisões que decretam a ineficácia de consultas, como aquelas que se manifestam quanto ao mérito da questão posta pelo consulente são irrecorríveis, salvo quando houver divergência, como adiante será explicado.

Em regra, a competência para responder às consultas é do órgão regional. É do órgão central da Secretaria da Receita Federal somente nos casos de consultas formuladas por órgão central da Administração Pública Federal, ou por entidade representativa de categoria econômica ou profissional de âmbito nacional.

Havendo divergência entre soluções de consultas sobre a mesma matéria, pode o destinatário da resposta divergente interpor recurso especial para o órgão central, no prazo de 30 dias. Também pode provocar a manifestação do órgão central qualquer contribuinte que esteja cumprindo decisão de consulta e tomar conhecimento de resposta divergente daquela que está a obedecer. Por outro lado, todo servidor da Administração Tributária tem o dever de representar ao órgão regional quando tomar conhecimento de decisões divergentes.

Como a lei não restringe o recurso ao caso de divergência entre respostas proferidas por órgãos regionais diferentes, entende-se que o mesmo é cabível também quando a divergência se estabeleça entre as decisões de um mesmo órgão regional. É possível, porém, que o órgão regional modifique sua orientação em determinada matéria, desde que o faça de modo claro, com indicação da orientação anterior e as razões da mudança. Neste caso pode ser posto em dúvida o cabimento do recurso, mas, a meu ver, este é cabível também neste caso.

10.5 Outros processos administrativos tributários

Existem, ainda, outros procedimentos administrativos no âmbito da Administração Tributária, tais como o de *repetição do indébito*, o de *parcelamento de dívidas fiscais* e o de *reconhecimento de direitos*.

Efetuado o pagamento indevido de um tributo, tem o contribuinte direito de requerer à autoridade administrativa competente que determine sua restituição. Como, porém, essa restituição é coisa raríssima, geralmente tal processo não é utilizado.

O *parcelamento de débitos fiscais* é um outro processo muitas vezes colocado à disposição do contribuinte com o fito de estimular o adimplemento da obrigação tributária.

Finalmente, o *processo administrativo de reconhecimento de direitos* destina-se à formalização de isenções e imunidades que estejam a depender de manifestação da autoridade da Administração Tributária.

11 DÍVIDA ATIVA TRIBUTÁRIA

11.1 Dívida ativa na contabilidade pública

A expressão *dívida ativa* alberga palavras contraditórias, porque a palavra *dívida* expressa ideia de *passivo*, de débito, enquanto a palavra *ativa*, em se tratando de relação creditória, expressa ideia de *crédito*, de algo que se tem a receber. Entretanto, o uso da expressão está há muito tempo consagrado no âmbito da contabilidade pública, tanto pela doutrina como pela legislação.[67]

Na linguagem da Ciência das Finanças Públicas, e da contabilidade pública, dívida ativa significa crédito da entidade pública, da Fazenda Pública, não pago no respectivo vencimento e por isto inscrito no órgão estatal competente para viabilizar a execução fiscal cuja propositura é instruída com a *certidão* da respectiva inscrição.

A dívida ativa abrange créditos de qualquer natureza, do Poder Público. O que caracteriza o crédito como dívida ativa é a sua inscrição como tal, no órgão competente para promover sua cobrança judicial. Trata-se de conceito formal. É dívida ativa o crédito como tal inscrito no órgão competente da pessoa jurídica de direito público credora. E como a inscrição se faz para, com a respectiva certidão, promover a cobrança judicial, diz-se que o inadimplemento do devedor é condição essencial para que a mesma seja efetuada.

---

[67] Maria Helena Raul de Souza, em *Código Tributário Nacional Comentado*, coordenador Vladimir Passos de Freitas, Revista dos Tribunais, São Paulo, 1999, p. 768.

11.2 Dívida ativa tributária

Diz-se dívida ativa *tributária* aquela que consubstancia um *crédito* tributário. Constituído o crédito tributário pelo lançamento, assunto do qual tratamos nos comentários aos arts. 142 a 150, o sujeito passivo da obrigação tributária é notificado para fazer o pagamento respectivo. Se não o faz no prazo estabelecido, o crédito da Fazenda Pública é encaminhado para inscrição como dívida ativa.

A cobrança judicial que se faz mediante execução fiscal não deve constituir uma surpresa para o contribuinte. Tem este o direito de ser notificado para o correspondente pagamento, até porque com a inscrição o crédito tributário é acrescido da quantia destinada ao custeio da execução fiscal.

A definição de dívida ativa tributária e não tributária consta da lei que assim estabelece:

> "Dívida Ativa Tributária é o crédito da Fazenda Pública dessa natureza, proveniente de obrigação legal relativa a tributos e respectivos adicionais e multas, e Dívida Ativa Não Tributária são os demais créditos da Fazenda Pública, tais como os provenientes de empréstimos compulsórios, contribuições estabelecidas em lei, multas de qualquer origem ou natureza, exceto as tributárias, foros, laudêmios, aluguéis ou taxas de ocupação, custas processuais, preços de serviços prestados por estabelecimentos públicos, indenizações, reposições, restituições, alcances dos responsáveis definitivamente julgados, bem assim os créditos decorrentes de obrigações em moeda estrangeira, de sub-rogação de hipoteca, fiança, aval ou outra garantia, de contratos em geral ou de outras obrigações legais."[68]

Como se vê, a lei classifica a dívida ativa em duas espécies, a saber, a Dívida Ativa Tributária e a Dívida Ativa não Tributária.

A inclusão de uma dívida como tributária, ou não tributária, pode ser questionada, como no caso dos empréstimos compulsórios, das contribuições, das custas judiciais, que têm a natureza jurídica de tributo.[69] Não nos parece, porém, seja relevante esse questionamento, posto que as duas espécies de dívida ativa recebem o mesmo tratamento no que diz respeito à inscrição e à cobrança executiva.

---

[68] Lei nº 4.320, de 17.3.1964, art. 39, § 2º.

[69] Maria Helena Raul de Souza, em *Código Tributário Nacional Comentado*, coordenador Vladimir Passos de Freitas, Revista dos Tribunais, São Paulo, 1999, p. 769.

11.3 Constituição regular da dívida ativa

Para que seja inscrito como dívida ativa, o crédito da Fazenda Pública deve ter sido regularmente constituído. Em se tratando de dívida ativa tributária, o crédito tributário cuja inscrição a faz nascer deve ter sido constituído mediante lançamento feito pela autoridade administrativa competente, submetido ao controle de legalidade pela própria Administração, em regular processo no qual seja assegurado ao sujeito passivo da obrigação tributária o direito de ampla defesa. O lançamento não pode ser um procedimento arbitrário da autoridade administrativa. Há de ser um procedimento no qual a Administração Pública submete-se aos limites estabelecidos pela ordem jurídica.

Assim, tanto a inscrição em dívida ativa, como a constituição do crédito tributário, devem ser feitas de forma regular, vale dizer, com observância da lei e especialmente dos princípios constitucionais que consubstanciam garantias do contribuinte. Por isto mesmo é importante o estudo aqui, ainda que de forma sumária, das irregularidades mais frequentes no processo administrativo que invalidam a inscrição do crédito tributário em dívida ativa e por isto mesmo podem ser alegadas na defesa do contribuinte em juízo.

11.4 Invalidade da inscrição em dívida ativa

11.4.1 Irregularidades mais comuns

Nos procedimentos administrativos de lançamento tributário ocorrem irregularidades que em geral consistem no cerceamento do direito de defesa do contribuinte, entre as quais se destacam o indeferimento de prova pericial, os julgamentos em sessões secretas nas turmas julgadoras em primeira instância e a realização de conferências secretas nos Conselhos de Contribuintes.

Tais irregularidades implicam nulidade do procedimento administrativo de constituição do crédito tributário, de sorte a inviabilizar a inscrição do mesmo em dívida ativa. Feita a inscrição sem que tenha sido sanada a irregularidade a certidão respectiva não terá o efeito de prova preconstituída nem se poderá presumir líquida e certa a dívida.

Outras irregularidades podem ocorrer, capazes de ensejar a nulidade da constituição do crédito tributário e, assim, impedir a inscrição deste em dívida ativa. Vamos abordar aqui somente as que ocorrem com maior frequência, a saber, o indeferimento de prova pericial, o julgamento em primeira instância em sessão secreta das turmas julgadoras e a realização de conferências secretas nos Conselhos de Contribuintes.

Antes, porém, vamos tecer algumas considerações a respeito das garantias constitucionais que podem ser invocadas pelos contribuintes.

11.4.2 Adequada compreensão das garantias constitucionais

A adequada compreensão dos dispositivos da Constituição que albergam as garantias dos cidadãos somente pode ser alcançada com a identificação das razões pelas quais existe o enunciado normativo. Em alguns casos esses enunciados são em si mesmos suficientes para dizer de suas razões, de sorte que nenhuma dúvida geralmente é colocada quanto ao sentido e alcance dos mesmos. Noutros, porém, o esclarecimento quanto às razões pelas quais se fez presente no texto constitucional o enunciado pode fazer de mais fácil compreensão o seu significado e afastar dúvidas quanto ao alcance da garantia.

Vamos examinar a razão de ser de algumas garantias constitucionais, entre elas a da publicidade e da exigência de fundamentação dos atos da Administração Pública, para demonstrarmos a inconstitucionalidade, que afirmamos, da denominada conferência secreta que se vem praticando no âmbito do processo administrativo fiscal, sem que a doutrina em geral se manifeste a seu respeito, e sem que as partes interessadas suscitem a manifestação judicial sobre a questão de saber se elas implicam ou não a nulidade do lançamento tributário correspondente.

Começaremos pelo exame das garantias constitucionais no processo administrativo fiscal para depois demonstrarmos porque, em face dessas garantias, é inconstitucional a conferência secreta, que em certos casos pode implicar nulidade do lançamento tributário em cujo controle administrativo tenha aquela sido realizada.

11.4.3 Princípio da publicidade

O princípio da publicidade é com certeza uma das mais importantes garantias do cidadão, posto que garantindo a este o conhecimento do que ocorre na administração da coisa pública enseja-lhe oportunidade para adotar as providências que reputar convenientes para a correção de tudo quanto entender que prejudica o interesse público. Assim a vigente Constituição assegura que a Administração Pública direta e indireta de qualquer dos Poderes da União, dos Estados, do Distrito Federal e dos Municípios obedecerá ao princípio da publicidade, entre outros que expressamente indica.[70]

---

[70] Constituição Federal de 1988, art. 37.

Também como forma de expressar o princípio da publicidade, a Constituição Federal estabelece que todos os julgamentos dos órgãos do Poder Judiciário serão públicos sob pena de nulidade, podendo a lei, se o interesse público o exigir, limitar a presença, em determinados atos, às próprias partes e a seus advogados, ou somente a estes.[71]

No Tribunal do Júri pode parecer aos menos informados que não se observa o princípio da publicidade, porquanto os jurados se reúnem secretamente. Ocorre que, além de garantida a presença dos acusadores e dos defensores,[72] a lei ainda dispõe no sentido de que a opinião de um não influa na opinião dos outros jurados, como adiante será melhor explicado ao demonstrarmos a inconstitucionalidade da denominada conferência secreta.

Em síntese, o princípio da publicidade é essencial no Estado de Direito democrático, onde se garante ao povo, titular originário do poder, o direito de saber de tudo o que é praticado em seu nome pelos governos. Reservas ao princípio da publicidade são indícios de autoritarismo e só o Estado autoritário realiza ordinariamente atos secretos.

12 IMUNIDADE TRIBUTÁRIA

12.1 Limitação ao poder de tributar

O poder de tributar é inerente à soberania estatal. No plano interno, sofre limitações impostas pelo Direito enquanto sistema de normas produzido pelo próprio Estado. Em determinado momento histórico, entendeu-se suficiente a limitação do poder estatal mediante lei. Seria esta suficiente para proteger os cidadãos contra eventuais abusos dos governantes? O tributo, assim, teria de ser instituído por lei, submetendo-se a atividade de tributação à disciplina estabelecida por lei. Ocorre, porém, que mesmo através da lei o Estado, às vezes, abusa do seu poder de tributar. Daí surgiu a necessidade de limites ao legislador, desenvolvendo-se a ideia de supremacia constitucional, como instrumento capaz de limitar o arbítrio do Estado, quando este se expressa pela voz do legislador.

A imunidade tributária é uma limitação ao poder de tributar, expressa na Constituição, que se impõe ao legislador, como limite de sua competência para instituir ou aumentar tributos. Pode dirigir-se ao objeto da tributação, como ocorre no caso da imunidade concedida aos livros, jornais e periódicos,[73] e

---

[71] Constituição Federal de 1988, art. 93, inciso IX.
[72] Código de Processo Penal, art. 485.
[73] Constituição Federal de 1988, art. 150, inciso VI, alínea *d*.

pode dirigir-se à pessoa que seria sujeito passivo da relação tributária para proteger seu patrimônio, sua renda e seus serviços, como ocorre no caso da imunidade das instituições sem fins lucrativos.[74]

12.2 Imunidade das instituições sem fins lucrativos

Entre as imunidades existentes em nosso Direito positivo atual, tem especial importância para o estudo dos crimes contra a ordem tributária a imunidade das instituições sem fins lucrativos, estabelecida no art. 150, inciso VI, alínea c, da vigente Constituição Federal. Diz-se que tem especial importância porque é no âmbito dessas instituições que têm ocorrido situações de fato indicativas de necessidade de se conhecer a imunidade tributária para que se possa trabalhar com os fatos que poderiam configurar, em regra, um crime contra a ordem tributária.

Sobre a imunidade em questão já escrevemos:

"São também imunes as instituições de educação ou de assistência social, sem fins lucrativos. Aqui o constituinte restringiu, também, exageradamente, o alcance que devia ter a regra imunizante. As instituições de educação deviam ser imunes incondicionalmente. A importância social da atividade de educação o exige. Da mesma forma que são imunes os livros, jornais e periódicos, sem qualquer perquirição a respeito de saber se quem os produz tem ou não finalidade lucrativa, e sabido, como é, que as editoras não são casas de filantropia, também a atividade de educação devia ser imune. Se assim fosse, certamente não estaríamos presenciando a crise da escola, cujos administradores já não se podem ocupar das questões educacionais, pois são mais prementes as questões policiais, as ameaças de prisão e até as prisões consumadas, em face das intermináveis querelas com os pais de alunos em torno do valor das mensalidades escolares. Sendo a atividade educacional, como inegavelmente é, socialmente tão importante, sua prática deveria ser estimulada, até porque isto certamente atrairia um maior número de pessoas para o seu desempenho, aliviando a pressão decorrente da grande demanda e da insuficiente oferta de vagas nas escolas.

A imunidade das instituições de educação e de assistência social, todavia, é condicionada. Só existe para aquelas instituições sem fins lucrativos, conceito que também tem sido muito mal compreendido. A lei não pode acrescentar requisitos a serem atendidos. Basta que não tenham fins lucrativos. É razoável, todavia, entender-se que o *não ter*

---

[74] Constituição Federal de 1988, art. 150, inciso VI, alínea c.

finalidade lucrativa pode traduzir-se no atendimento dos requisitos do art. 14 do Código Tributário Nacional, a saber:

a) não distribuírem qualquer parcela de seu patrimônio ou de suas rendas a qualquer título;

b) aplicarem integralmente no País os seus recursos na manutenção dos seus objetivos institucionais;

c) manterem escrituração de suas receitas e despesas em livros revestidos de formalidades capazes de assegurar sua exatidão.

Não ter fins lucrativos não significa, de modo nenhum, ter receitas limitadas aos custos operacionais. Elas na verdade podem e devem ter sobras financeiras, até para que possam progredir, modernizando e ampliando suas instalações. O que não podem é distribuir lucros. São obrigadas a aplicar todas as suas disponibilidades na manutenção dos seus objetivos institucionais.

O meio para comprovar o cumprimento dessas exigências legais é a escrituração contábil. Daí a exigência do inciso III do art. 14 do CTN, de cunho meramente instrumental.

Os requisitos estabelecidos no CTN para o gozo da imunidade em foco são todos de atendimento continuado. Se a qualquer época deixam de ser observados, a autoridade competente pode suspender a aplicação do benefício (CTN, art. 14, § 1º).

Destaque-se que a imunidade em estudo se refere ao patrimônio, à renda e aos serviços, mas estes são, exclusivamente, os diretamente relacionados com os objetivos institucionais da entidade imune, previstos nos respectivos estatutos ou atos constitutivos (CTN, art. 14, § 2º)."[75]

12.3 Imputação de crime contra a ordem tributária

Conhecemos casos nos quais agentes do fisco federal constatam, no âmbito de instituição sem fins lucrativos, titular de imunidade tributária, fatos que no entendimento dos fiscais ensejariam a perda da imunidade e, além disso, configurariam crime contra a ordem tributária. E mesmo sem respeitar a exigência de prévio exaurimento da via administrativa, sobre a qual é hoje pacífica a jurisprudência do Supremo Tribunal Federal, comunicam esses fatos ao Ministério Público, que promove ação penal contra os dirigentes da instituição fiscalizada.

---

[75] Hugo de Brito Machado, *Curso de Direito Tributário*, 29ª edição, Malheiros, São Paulo, 2008, p. 287-288.

4

A Criminalização do Ilícito Tributário

1 O FUNDAMENTO DA PENA CRIMINAL

1.1 Explicação necessária

Quando questionamos a criminalização do ilícito tributário, a primeira questão que se coloca consiste em saber qual é o fundamento da pena criminal. Fundamento, aqui, no sentido de razão de ser. Questiona-se a razão de ser da pena criminal. Seria ela destinada a restabelecer os princípios éticos, violados pelo autor do crime? Ou a pena criminal existiria para produzir efeitos úteis aos dirigentes da sociedade?

Muitas outras colocações certamente podem ser feitas a esse respeito. Pode-se dizer que a pena criminal tem sua razão de ser na necessidade de fortalecer a eficácia das leis, independentemente de se questionar se o cumprimento delas atende a objetivos éticos ou de simples utilidade. A nosso ver, porém, a busca de eficácia das leis sempre estará sujeita a esse questionamento, que diz respeito, aliás, à própria razão de ser das leis. No caso da criminalização do ilícito tributário é interessante a observação de Gonzalo Rodríguez Mourullo a respeito do fundamento da pena criminal, como a seguir se verá.

1.2 Proposições justificativas da criminalização

A criminalização do ilícito tributário pode ter uma justificação ética, ou uma justificação utilitarista. Gonzalo Rodríguez Mourullo observa, com inteira propriedade, que

"La criminalización de la infracción tributaria puede responder a dos planteamientos diferentes: puede ser el fruto de la convicción de que se ha logrado un sistema fiscal, dentro de lo que cabe, justo, merecedor del respeto de todos y de que, por tanto, la infracción tributaria resulta intolerable, o puede ser el producto de la comprobación estadística de que casi todo el mundo defrauda y que, por consiguiente, es preciso desencadenar el terror penal para que la gente satisfaga los tributos.

El primer planteamiento parece acertado. El segundo inadmisible, porque pretende usar la pena criminal, con fines meramente utilitaristas, para encubrir en definitiva unfracaso del propio sistema fiscal."[1]

Não se pode, a rigor, dizer que o sistema tributário brasileiro é justo. Pelo contrário. Se justa é a tributação proporcional à capacidade econômica, pode-se afirmar que o nosso sistema tributário é injusto.

Por outro lado, o fisco, no Brasil, costuma descumprir os seus deveres para com o contribuinte. Não nos referimos ao Estado, em sua expressão mais ampla, mas ao fisco, ou Estado como arrecadador de tributo. Na restituição do indébito tributário, no reconhecimento do direito à compensação de tributos pagos indevidamente, no reconhecimento de imunidades e isenções e na outorga de estímulos legalmente previstos, o fisco tem pouco ou nenhum apreço pelos direitos do contribuinte.[2] Na própria atividade de lançamento e cobrança dos tributos o fisco costuma violar direitos fundamentais do contribuinte. O fisco em geral não cumpre nem mesmo aqueles deveres de cujo atendimento poderia decorrer um maior nível de observância das normas tributárias pelo contribuinte, como é o caso da racionalização e da publicidade dessas normas. A cada dia a legislação tributária se torna mais volumosa, casuística e complicada. E mesmo assim, e mesmo em face de uma exagerada profusão de normas, o fisco não cumpre o dever que lhe impõe expressamente o Código Tributário Nacional, de consolidar em texto único, por Decreto do Chefe do Poder Executivo, a legislação de cada um dos seus tributos.[3]

---

[1] Gonzalo Rodríguez Mourullo, *Presente y futuro del delito fiscal*, Cívitas, Madrid, 1974, p. 24-25.

[2] Inúmeros exemplos podem ser citados a demonstrar essa assertiva. Mencionaremos alguns, mais conhecidos de todos: (a) não restituição do empréstimo compulsório sobre a aquisição de veículos e de combustíveis; (b) atrasos frequentes na restituição do imposto de renda das pessoas físicas que a isto têm direito em face do ajuste anual; (c) a oposição de obstáculos injustificáveis ao exercício do direito à compensação estabelecido pelo art. 66, da Lei nº 8.383/91; (d) a sistemática recusa à restituição de tributos pagos indevidamente.

[3] O art. 212 do Código Tributário Nacional estabelece que os Poderes Executivos federal, estaduais e municipais expedirão, por decreto, dentro de noventa dias da entrada em vigor

Não é razoável, pois, esperar-se que o contribuinte se sinta estimulado ao cumprimento de seus deveres para com o fisco. Além disto, todos reclamam a reforma do sistema tributário, que a cada dia se torna mais complexo, com legislação que muda com muita frequência, o que parece suficiente para demonstrar que ele não é *"merecedor del respecto de todos"*. Não há dúvida, portanto, de que a criminalização do inadimplemento de obrigações tributárias entre nós, infelizmente, representa *"el terror penal para que la gente satisfaga los tributos"*.

A criminalização do ilícito tributário pode ter sido vantajosa para o fisco em razão do efeito intimidativo da pena. Por outro lado, acarretou sérios inconvenientes, como adiante será demonstrado. Seja como for, parece-nos que no Brasil a criminalização do ilícito penal não tem nenhum fundamento moral.

Seja como for, certo é que a relação tributária é sempre extremamente conflituosa. De um lado, o Estado usa e abusa do seu poder de exigir o tributo, e do outro o contribuinte defende-se como pode. Assim é que, enquanto a criminalização do ilícito tributário pode ser considerada uma forma de tornar mais efetivo o poder de tributar, a fraude fiscal pode ser considerada uma reação defensiva do contribuinte. Francisco Comín admite que a fraude fiscal pode ser uma reação do contribuinte diante da coação do Estado. Neste sentido escreve:

> "El fraude fiscal es algo muy frecuente en la historia, quizá porque se trata de una reacción defensiva natural del contribuyente frente a la coacción fiscal del Estado; generalmente los tributos son rechazados porque los contribuyentes creen soportar una carga fiscal excesiva, sea cual sea la presión fiscal real."[4]

A nosso ver, a criminalização do ilícito tributário decorre do comodismo dos encarregados da arrecadação dos tributos. É muito mais cômodo ameaçar com pena prisional, que somente através da criminalização se faz possível, do que utilizar os mecanismos de controle adequados para evitar condutas ilegais dos contribuintes que querem fugir ao pagamento do tributo. Comodismo simplesmente, e nada de fundamento moral.

---

desta Lei, a consolidação, em texto único, da legislação vigente, relativa a cada um dos tributos, repetindo-se esta providência até o dia 31 de janeiro de cada ano.

[4] Francisco Comín, *Historia de la Hacienda Pública*, I – Europa, Crítica – Grijalbo Mondadori, Barcelona, 1996, p. 225.

2 AUSÊNCIA DE FUNDAMENTO MORAL

2.1 Ausência ou má qualidade dos serviços públicos

Os serviços públicos são sempre deficientes. Na maior parte do País as estradas estão em completa ruína. Os hospitais públicos são insuficientes, com enormes filas de pessoas em busca de atendimento e os serviços prestados são geralmente de má qualidade. As escolas também não são de boa qualidade, especialmente no ensino médio. A melhor demonstração disto está na reserva de vagas nas universidades, para alunos oriundos de escolas públicas, uma pseudo-solução para o problema da deficiência do ensino público de nível médio. E a segurança pública, então, cada dia se faz pior. O Estado não garante aos cidadãos contribuintes o direito de usufruir a riqueza que lhes sobra depois de pagar os impostos, obrigando-os a enorme dispêndio com segurança privada sem o que fica muito difícil sobreviver, especialmente nas grandes cidades.

2.2 O mau exemplo dos governantes

Vivemos em um Estado no qual não são raras as oportunidades nas quais governantes são acusados de corrupção. E geralmente permanecem na impunidade.

Por outro lado, no que diz respeito ao cumprimento da lei o Estado sempre dá péssimo exemplo. Em matéria tributária são frequentes os exemplos de violação das leis e da Constituição, que deixam o Judiciário assoberbado de processos. Os órgãos do Poder Judiciário têm sempre tal quantidade de casos para julgamento que não conseguem cumprir a sua finalidade. A demora é tão grande que obriga os interessados a buscarem outras soluções para seus problemas. Muitos, premidos por sanções políticas flagrantemente inconstitucionais, terminam pagando tributos cobrados sem qualquer fundamento jurídico.

O mau exemplo dos governantes revela-se de forma ainda mais evidente no que diz respeito ao pagamento de débitos pelo Poder Público. E especialmente no que concerne ao dever de restituir o que indevidamente tenha sido pago. Sabe-se que a Administração Pública tem o dever de restituir prontamente, de ofício, o tributo pago indevidamente. Na prática, porém, geralmente isto não acontece. E quando o contribuinte ingressa em juízo com ação de repetição do indébito o Poder Público utiliza todos os recursos, cabíveis ou não, para protelar o desfecho final do processo. E a final, vencido, cria enormes dificuldades para o cumprimento da sentença que o condena a restituir o que recebeu indevidamente.

Registre-se que a Administração Pública chega a se utilizar de expediente aparentemente lícito para amparar o descumprimento das decisões judiciais que a condenam a pagar suas dívidas. Assim é que obteve do Congresso Nacional a aprovação de lei segundo a qual o recebimento de precatórios depende de apresentação em juízo de certidão negativa de tributos federais, estaduais, municipais, bem como certidão de regularidade para com a Seguridade Social, o Fundo de Garantia do Tempo de Serviço – FGTS – e a Dívida Ativa da União, e da audiência da Fazenda Pública.[5]

A inconstitucionalidade da exigência de certidões, no caso, é flagrante. Primeiro, porque consubstancia verdadeira sanção política, instituindo um instrumento de cobrança por via oblíqua dos créditos tributários da Fazenda Nacional. Segundo, porque lesiona o princípio da isonomia, criando privilégio inadmissível em favor da Fazenda Pública enquanto credora. Terceiro, porque impõe inadmissível restrição ao direito à jurisdição, fazendo com que do mesmo não possam desfrutar os que sejam devedores do Poder Público.

Como sanção política, ou forma de cobrança por via oblíqua, é flagrantemente inconstitucional porque a autoridade competente para o fornecimento da certidão não tem competência para resolver qualquer objeção do contribuinte, não podendo este, assim, questionar a exigência tributária que lhe é feita. Ou paga sem questionar, ou não lhe é fornecida a certidão de que necessita para o recebimento do precatório.

A exigência de certidão negativa como condição para o recebimento de precatório é inconstitucional também porque implica privilégio em favor da Fazenda Pública como credora, dispensando-a do ônus de ir a juízo para exercitar os seus direitos de crédito.

Repita-se que tal exigência de certidões é inconstitucional porque amesquinha a garantia de jurisdição. Quando a Constituição Federal diz que a lei não excluirá da apreciação do Poder Judiciário lesão ou ameaça a direito está garantindo a prestação jurisdicional útil a quem quer que seja, e não apenas aos que estejam em dia para com a Fazenda Pública. O cidadão contribuinte, mesmo inadimplente, tem direito à prestação jurisdicional útil, completa e efetiva.

---

[5] Lei nº 11.033, de 21.12.2004, art. 19. Referida norma é inconstitucional, e assim foi declarada pelo STF (ADI 3.453-7), mas a iniciativa de editá-la e aplicá-la é ilustrativa da carência moral referida no texto.

Como se vê, os governantes realmente oferecem péssimo exemplo no que concerne ao respeito ao Direito. Mesmo o direito afirmado em decisão judicial definitiva não é respeitado pelo Estado, e isto lhe retira, indiscutivelmente, todo e qualquer respaldo moral para exigir que os governados cumpram a lei.

2.3 Tratamento tributário injusto

Além de tudo isto, o Estado geralmente dispensa ao contribuinte tratamento tributário extremamente injusto. Enquanto impõe à maioria uma carga tributária esmagadora, privilegia grandes grupos econômicos sob o pretexto de estimular investimento no País. Nesse contexto, a indecência de certos procedimentos leva o governo até a evitar a divulgação de certas benesses, que podem ser consideradas imorais.

Exemplo eloquente desse tratamento injusto, e até imoral, foi a permissão para que o ágio pago na compra de ações nas privatizações de empresas estatais fosse deduzido na formação da base de cálculo do Imposto de Renda, procedimento com o qual restou a final transferido para o Tesouro Público grande parte do ônus que os investidores suportaram com o pagamento daquele ágio, o que se deu mediante artifício que o fisco brasileiro admitiu às escondidas, vale dizer, sem qualquer publicidade a respeito.

2.4 Dedução do ágio nas privatizações

O artifício praticado pelas empresas privatizadas para permitir a dedução do ágio com a cumplicidade silenciosa das autoridades do então Ministério da Fazenda (hoje Ministério da Economia), pode ser assim resumido:

   a) as ações são adquiridas com ágio por empresa, em geral constituída para esse fim;

   b) algum tempo depois, essa empresa é incorporada pela própria empresa privatizada, que emite ações por valor nominal em decorrência do aumento de capital feito com a incorporação;

   c) o valor do ágio fica, assim, dentro do patrimônio da própria empresa privatizada, que o amortiza em certo prazo, geralmente o prazo da concessão, deduzindo o valor correspondente do lucro que serve de base de cálculo do Imposto de Renda.

Assim, cerca de trinta por cento do valor do ágio sai dos cobres públicos, em razão da redução dos tributos causada pela manobra realizada pelas empresas privatizadas.

Tomamos conhecimento desse artifício porque à época estávamos no cargo de Presidente do Conselho Diretor da Agência Reguladora de Serviços Públicos do Estado do Ceará, e nessa condição tentamos impedir que o referido artifício, praticado pela Companhia Energética do Ceará – COELCE –, fosse consumado. Infelizmente nada pudemos fazer porque, ao que parece, havia realmente comprometimento do governo federal. O argumento do Presidente da Coelce, quando o abordamos para tentar impedir a manobra, foi o de que assim era o procedimento de todas as privatizadas. E nos forneceu um enorme pacote de documentos comprovando sua assertiva.

Insistimos, pois, afirmando que entre nós a criminalização do ilícito tributário só tem um efeito prático positivo, que é a intimidação. Um Estado que não cumpre seus deveres para com a sociedade, não garante sequer a educação e a segurança, não tem respaldo moral para criminalizar o ilícito tributário.

Por outro lado, a criminalização do ilícito tributário acarretou sérios inconvenientes, decorrentes do conflito que se estabeleceu entre a ação arrecadadora e as garantias constitucionais destinadas à proteção dos acusados.

3 CONFLITO COM GARANTIAS CONSTITUCIONAIS

3.1 O direito ao silêncio e o dever de informar

Entre os inconvenientes da criminalização do ilícito tributário pode ser apontado conflito que se estabeleceu entre o dever de informar ao fisco e o direito ao silêncio, universalmente reconhecido ao acusado da prática de crime. Garante a Constituição Federal o direito ao silêncio,[6] e a doutrina especializada assevera que os acusados de cometimentos criminosos têm até mesmo o direito de *mentir*, que estaria incluído no direito de ampla defesa. Em sendo assim, fica difícil justificar a imposição a um contribuinte, contra o qual pesa a acusação do cometimento de crime de sonegação fiscal, ou de apropriação indébita de tributo, o dever de prestar informações ao fisco, informações que podem consubstanciar prova contra quem as presta.

Aliás, o art. 1º da Lei nº 8.137/90 define como crime a supressão ou redução de tributo mediante as condutas que indica em seus cinco incisos. Em

---

[6] Art. 5º, inciso LXIII.

seu parágrafo único estabelece que "a falta de atendimento da exigência da autoridade, no prazo de 10 (dez) dias, que poderá ser convertido em horas em razão da maior ou menor complexidade da matéria ou da dificuldade quanto ao atendimento da exigência, caracteriza a infração prevista no inciso V". E no referido inciso V está definida como conduta-meio para integração do tipo supressão ou redução de tributo *"negar ou deixar de fornecer, quando obrigatório, nota fiscal ou documento equivalente, relativa à venda de mercadorias ou prestação de serviço, efetivamente realizada, ou fornecê-la em desacordo com a legislação".*

Na interpretação do referido parágrafo único divergem os especialistas. Há quem sustente que, com essa norma, o descumprimento da obrigação prevista no inciso V, do art. 1º, *"foi erigido à categoria de crime, como forma de desobediência (art. 330 do CP), qualificada tanto pelo sujeito passivo mediato (agente fiscal) quanto pelo conteúdo da ordem desatendida (prestação de informações de cunho fiscal)".*[7] Ter-se-ia, então, um crime autônomo, de natureza formal ou de mera conduta. Por outro lado, há quem sustente ser o dispositivo legal *"de todo inoperante, por evidente inconstitucionalidade, visto que defere à autoridade fazendária a definição de elementos do tipo, importando num recuo ao Direito Penal de antes da Declaração dos Direitos do Homem e do Cidadão (França, em 26.8.1789) e de todos os textos declaratórios dos diretos humanos, a teor de secular praxe da civilização ocidental, na qual nos inserimos, malgrado esporádicos surtos de autoritarismo".*[8]

Esta questão é por nós examinada ao estudarmos o tipo penal de supressão ou redução de tributos. Aqui a referência à questão se faz apenas para demonstrar o conflito que existe entre o direito ao silêncio e o dever de informar ao fisco. É evidentemente inadmissível que o exercício de um direito constitucionalmente assegurado possa configurar um crime.

A nosso ver, todavia, o conflito pode ser superado por uma interpretação da norma legal em questão de conformidade com a Constituição. Assim, parece-nos que as informações, cuja prestação constitui dever do contribuinte, e em alguns casos até de terceiros, e cuja omissão ou falsidade configuram crime, nos termos do dispositivo acima citado, são apenas aquelas necessárias ao lançamento regular dos tributos. Não quaisquer outras informações necessárias ao exercício da fiscalização tributária. Tal compreensão concilia o dever de informar, ao fisco, com o direito ao silêncio, assegurado constitucionalmente a todos os acusados. O dever de informar precede a configuração do crime contra a ordem tributária. Cometido este, seu autor não tem o dever de

---

[7] Andréas Eisele, *Crimes Contra a Ordem Tributária*, Dialética, São Paulo, 1998, p. 140.

[8] Juary C. Silva, *Elementos de Direito Penal Tributário*, Saraiva, São Paulo, 1998, p. 217.

prestar informação alguma, útil para a comprovação daquele cometimento, que configuraria autoincriminação.

Se outra interpretação se der às disposições das leis ordinárias pertinentes ao dever de prestar informações ao fisco, de sorte a ver-se configurado o dever de informar mesmo para aqueles que, já possíveis autores de crime contra a ordem tributária, possam ter naquelas informações uma forma de autoincriminação, ter-se-á configurado o conflito entre normas. Conflito que haverá de ser resolvido pela prevalência da norma hierarquicamente superior.

Célio Armando Janczeski sustenta que

> "o contribuinte não está obrigado a prestar aos agentes fiscais, informações sobre questões que poderão incriminá-lo, podendo utilizar-se do direito ao silêncio, sempre que entenda que isto é melhor do que sua manifestação, sem por isso ficar sujeito a responder por ilícito penal tributário".[9]

Entretanto, admite, a meu ver sem razão, que a omissão configura infração administrativa.[10] Sem razão porque o silêncio é um direito do contribuinte que entende possa a informação constituir elemento para sua incriminação. É um direito constitucional, e seu exercício, portanto, não pode configurar ilícito seja de que natureza for. Seria incongruente admitir-se que o exercício de um direito constitucional configure um ilícito, seja penal ou administrativo tributário. Por isto mesmo é que a criminalização do ilícito tributário, criando para o contribuinte o direito ao silêncio, que há de ser assegurado a todos os acusados da prática de crime, constitui um sério inconveniente do ponto de vista da administração tributária.

3.2 Competência para aplicar a sanção

Garante também a Constituição Federal que: ninguém será processado nem sentenciado senão pela autoridade competente;[11] ninguém será considerado culpado até o trânsito em julgado da sentença penal condenatória;[12]

---

[9] Célio Armando Janczeski, Limitações à obrigatoriedade de prestar informações ao fisco, em *Revista Tributária*, Editora Revista dos Tribunais, São Paulo, nº 35, nov./dez. 2000, p. 102.

[10] Célio Armando Janczeski, Limitações à obrigatoriedade de prestar informações ao fisco, em *Revista Tributária*, Editora Revista dos Tribunais, São Paulo, nº 35, nov./dez. 2000, p. 101.

[11] Art. 5º, inciso LIII.

[12] Art. 5º, inciso LVII.

ninguém será preso senão em flagrante delito ou por ordem escrita e fundamentada da autoridade *judiciária* competente, salvo nos casos de transgressão militar ou crime propriamente militar, definidos em lei.[13] Daí se conclui, e tal entendimento é pacífico, que a sanção penal somente pode ser aplicada pela autoridade judiciária.

As garantias constitucionais da liberdade, a legislação processual, a doutrina jurídica e a própria cultura criam obstáculos inúmeros à aplicação da sanção penal, diversamente do que ocorre com a sanção administrativa fiscal, que pode ser imposta por um funcionário do Poder Executivo, em processo relativamente simples, desde que assegurada a oportunidade de defesa do contribuinte.[14]

Não temos dúvida, portanto, de que a criminalização do inadimplemento de obrigações tributárias é inconveniente também no que concerne à competência para a imposição da sanção.

3.3 Inviolabilidade do domicílio do contribuinte

Quando se fala em inviolabilidade do domicílio a primeira questão que surge diz respeito ao alcance do termo *domicílio*. Pode ocorrer que o estabelecimento comercial ou profissional seja utilizado também como moradia. Neste caso resta evidente que está incluído no conceito de domicílio, e goza, portanto, da proteção constitucional da inviolabilidade. A questão que se coloca é a de saber se o estabelecimento comercial ou profissional pode ser também considerado domicílio.

Todos os estabelecimentos comerciais ou profissionais podem ser, em princípio, divididos em duas partes bem distintas. Uma aberta ao público, e outra reservada aos que ali trabalham, ou mesmo reservada aos que dirigem o estabelecimento.

A parte aberta ao público não constitui domicílio, vale dizer, em relação a ela não existe a proteção constitucional da inviolabilidade. A parte reservada, seja aos que trabalham no estabelecimento e de modo especial quando seja reservada apenas a seus dirigentes, parece-nos que goza da proteção

---

[13] Art. 5º, inciso LXI.

[14] No processo penal é indispensável a presença de advogado para atuar na defesa do réu. Há, aliás, quem sustente ser necessária a defesa efetiva, não sendo bastante a simples presença do advogado, nem a formulação débil, evidentemente inábil, de defesa. No processo administrativo fiscal não se exige, como condição de validade, a presença de advogado, nem a efetiva defesa do contribuinte. Basta que tenha este tido oportunidade para defender-se. Este, pelo menos, é o entendimento até agora prevalente.

constitucional, compreendendo-se tais áreas do estabelecimento comercial ou profissional no conceito de domicílio.

Assim, o ingresso de agentes do fisco no recinto do estabelecimento do contribuinte, na parte que não é aberta ao público, fica a depender do consentimento de seu titular, que só pode se suprido por determinação judicial. Não pode a autoridade administrativa invocar o art. 200 do Código Tributário Nacional para requisitar força pública para invadir o estabelecimento do contribuinte.

3.4 A prova ilícita

Com efeito, a prova eventualmente colhida por agentes do fisco no domicílio do contribuinte, no qual tenham entrado sem autorização deste e fora dos casos excepcionais previstos na Constituição, será prova ilícita e como tal desprovida de valor jurídico.

Neste sentido já decidiu o Superior Tribunal de Justiça:

> "Apreendida, no escritório do paciente, a documentação que deu origem ao processo criminal, sem as cautelas recomendadas no inciso XI do art. 5º, da Constituição Federal, forçoso é reconhecer que se cuida de prova obtida por meios ilícitos, circunstância que afeta o procedimento (inciso LVI do citado dispositivo), principalmente cuidando-se de crime de sonegação fiscal."[15]

Como se vê, soma-se à garantia do direito ao silêncio a garantia da inviolabilidade do domicílio, a dificultar a colheita de provas de crime contra a ordem tributária.

Decisão do Supremo Tribunal Federal reforça o nosso entendimento, ao colocar em dúvida o direito de a Administração Fazendária penetrar no estabelecimento do contribuinte e ter acesso a seus livros e documentos sem o consentimento deste. Apreciando pedido de *habeas corpus* em que era alegada a utilização de provas ilícitas, denegou a ordem ao fundamento de que o ingresso dos fiscais no estabelecimento deu-se com o consentimento do paciente. Isto significa dizer que tal consentimento pode, em princípio, ser negado pelo contribuinte. Esse entendimento, em seguida, foi confirmado e consolidado na jurisprudência da Corte (*v.g.*, RE 331.303/PR).

A solução da questão de saber se o contribuinte pode negar autorização ao fisco para entrar em seu estabelecimento é de grande relevância. Além da

---

[15] STJ, HC nº 3.912/RJ, rel. para o acórdão Min. Willian Patterson, *DJU* I de 8.4.96, p. 10.490.

repercussão que certamente tem na esfera penal, como afirmou o STF, pode ter também repercussões na esfera da Administração Tributária.

O Código Tributário Nacional diz que para os efeitos da legislação tributária, não têm aplicação quaisquer disposições legais excludentes ou limitativas do direito de examinar mercadorias, livros, arquivos, documentos, papéis e efeitos comerciais ou fiscais, dos comerciantes industriais ou produtores, ou da obrigação destes de exibi-los.[16] E diz também que as autoridades administrativas federais poderão requisitar o auxílio da força pública federal, estadual ou municipal, e reciprocamente, quando vítimas de embaraço ou desacato no exercício de suas funções, ou quando necessário à efetivação de medida prevista na legislação tributária, ainda que não se configure fato definido em lei como crime ou contravenção.[17] Coloca-se, então, a questão de saber se agentes fiscais podem entrar nos estabelecimentos dos contribuintes, independentemente do consentimento destes.

A resposta, em face da jurisprudência do Supremo Tribunal Federal,[18] parece ser negativa, restando assim confirmada a tese que temos sustentado, segundo a qual a criminalização do ilícito tributário acarretou mais problemas do que soluções para a atividade de administração e cobrança de tributos.

O ingresso desautorizado dos fiscais no estabelecimento do contribuinte pode significar a ilicitude das provas colhidas, o que as invalida tanto para o processo penal como para o processo administrativo de apuração e exigência do tributo.[19]

4 QUESTÕES RELATIVAS À AUTORIA E À RESPONSABILIDADE

4.1 Oportunidade para abusos

A criminalização do ilícito tributário abriu oportunidades para abusos por parte de agentes do fisco, posto que colocou em cheque a questão da determinação da autoria do ilícito e da responsabilidade penal.

O Ministério Público também tem praticado abusos no exercício do poder-dever de denunciar. Tem oferecido denúncia contra diretores de so-

---

[16] Código Tributário Nacional, art. 195.
[17] Código Tributário Nacional, art. 200.
[18] Veja-se despacho do Ministro Celso de Mello, do dia 17.12.99, concedendo liminar no MS 23.595-DF, *DJU* de 1º.2.2000.
[19] Constituição Federal, art. 5º, inciso LVI, e Lei nº 9.784, de 29.1.99, art. 30.

ciedades comerciais sem que disponha de nenhuma indicação de autoria do ilícito penal, apenas pelo fato de serem diretores. É certo que a ação penal não depende da certeza da autoria. É indispensável, todavia, que existam ao menos indícios da autoria, para que possa ter lugar a ação penal. Não basta, evidentemente, a condição de sócio, ou mesmo de diretor, da sociedade em cujo âmbito ocorreu o fato criminoso.

Conhecemos diversos casos nos quais o oferecimento da denúncia ocorre sem que exista qualquer indício da autoria. Basta a condição de sócio, ou diretor. Isto, porém, constitui um abuso que implica atribuir a alguém responsabilidade penal por fato de outrem.

4.2 Responsabilidade penal por fato de outrem

Em face das dificuldades que em muitos casos podem existir para a determinação da autoria do fato criminoso, poderia ocorrer uma tendência para a adoção da responsabilidade objetiva. Ocorrido o crime no âmbito de uma empresa, os dirigentes desta seriam responsabilizados penalmente, ainda que não houvesse prova da participação pessoal no fato. Isto pode parecer que caracteriza a responsabilidade objetiva, mas na verdade é muito pior. Caracteriza realmente a responsabilidade penal por fato de outrem.

A experiência demonstra que, em inúmeras situações, crimes contra a ordem tributária são praticados por empregados, e até por diretores, em proveito próprio, em detrimento da sociedade e dos demais integrantes desta. Conhecemos diretamente alguns casos que nos deixam com a segura convicção de que tais práticas são muito mais frequentes do que se pode imaginar.

Como contabilistas, há muitos anos, fomos solicitados a fazer uma auditoria numa filial situada em outro Estado, de empresa cuja diretoria tomara conhecimento da ocorrência, naquela filial, de vendas com subfaturamento. O gerente da filial, informado do trabalho que iríamos realizar com o objetivo de evitar multas fiscais, terminou por nos dizer que sabia o verdadeiro objetivo de nossa visita, que seria o de verificar se ele estava roubando. E disse que realmente estava, pois o salário que recebia era muito baixo. Não seria necessária a auditoria. Entretanto, se os donos da empresa agissem contra ele, iria à Receita Federal denunciar a empresa, dizendo que todos os seus atos haviam sido praticados por ordem da diretoria. Tivemos de usar a diplomacia para convencê-lo a pedir demissão, garantindo-lhe que tudo seria esquecido.

Não se venha argumentar com o direito dos sócios ou diretores de uma empresa, vítimas de atos ilícitos praticados por um diretor ou empregado seu, de provar que não sabiam do fato. Essa prova, na generalidade dos casos, é praticamente impossível. E não é razoável admitir-se tese que permite venha alguém a ser vítima de furto, e ainda ser condenado por crime contra a ordem tributária. Já é muito o dano sofrido, e a responsabilidade pelos tributos, no âmbito administrativo fiscal, fundada na culpa *in eligendo*, pelo que se apurar como devido ao fisco.

Mais recentemente, conhecemos caso em que uma viúva, com cerca de oitenta anos, teve seu nome incluído em denúncia genérica contra todos os diretores da empresa, pela prática de crime contra a ordem tributária, consubstanciado em fato do qual efetivamente nada sabia. Ela era mantida pelos filhos na presidência da sociedade, por conselho médico, apenas como forma de alimentar as fantasias decorrentes de sua doença, e insistia em afirmar que tinha total conhecimento de tudo quanto acontecia na empresa.

Não temos dúvida de que a denúncia contra alguém, por crime contra a ordem tributária, em situação na qual a única prova existente diz respeito à condição de sócio, ou de diretor, do acusado, constitui atribuição de responsabilidade penal por fato de outrem, o que é verdadeiramente inadmissível em qualquer país civilizado.

4.3 Responsabilidade penal da pessoa jurídica

Há, por outro lado, uma tendência no sentido de ser atribuída responsabilidade penal à pessoa jurídica. Seria a fórmula mágica para a superação das dificuldades existentes na determinação da autoria dos crimes contra a ordem tributária ocorridos no âmbito das empresas.

Cuida-se de fórmula teratológica, inadmissível sob todos os aspectos.

Este assunto é abordado na quarta parte deste livro, onde estudamos algumas questões de direito penal que se mostram interessantes em face das peculiaridades dos crimes contra a ordem tributária. Desde logo, porém, deixamos registrado o nosso ponto de vista no sentido de que a responsabilização penal da pessoa jurídica é um verdadeiro absurdo, que nada resolve. Apenas dificulta a aplicação de sanção patrimonial que pode muito bem ocorrer no âmbito do Direito Administrativo.

5 INCREMENTO À CORRUPÇÃO

5.1 Corrupção na atividade de fiscalização tributária

Não constitui novidade a afirmação de que é muito grande a corrupção na atividade de Administração Tributária. Aliás, talvez esta seja uma das razões pelas quais a atividade humana tem sido substituída por procedimentos informatizados. Os computadores certamente não se deixam corromper. Mas são incapazes de resolver certas dificuldades porque não são inteligentes.

Seja como for, certo é que a criminalização do ilícito tributário torna maior o mal que o agente do fisco pode causar ao contribuinte e, assim, enseja a cobrança de propina de montante mais elevado para fazê-lo desconsiderar irregularidades eventualmente constatadas.

5.2 Responsabilidade pessoal do agente público

É sempre muito difícil a situação do contribuinte ao qual um agente do fisco propõe um "acordo" para encerrar, ou para não realizar o trabalho de fiscalização sem lavratura de auto de infração, especialmente quando tem a consciência de haver pago todos os tributos devidos. Se aceita a proposta está admitindo manter um caixa dois, sem o que não poderia fazer um pagamento de quantia da qual não lhe é fornecido recibo. Se recusa, com certeza terá contra ele lavrado auto de infração infundado do qual terá de defender-se, suportando os ônus daí decorrentes. Em nenhuma hipótese poderá denunciar o autor da proposta desonesta, pois em geral não dispõe de meios para comprovar a ocorrência da mesma. E ainda que possa fazer toda a prova, passará por constrangimentos indesejáveis.

Nesse contexto nos parece que a solução mais adequada para o caso em que alguém sofra auto de infração descabido é cobrar do responsável pela respectiva lavratura a indenização dos danos dele decorrentes. Não precisará fazer nenhuma imputação de conduta ilícita ao agente do fisco. Basta alegar sua inaptidão para o desempenho do cargo. E isto restará evidente na medida em que o auto de infração for efetivamente descabido. A imperícia do agente do fisco configura sua culpa, que é suficiente para gerar sua responsabilidade pessoal.[20]

---

[20] Sobre o assunto veja-se nosso artigo, publicado em: DIREITO FEDERAL – *Revista da Associação dos Juízes Federais AJUFE* nº 69 – p. 121-148; *Revista Ibero-Americana de Direito Público*, América Jurídica, Rio de Janeiro, ano 2, v. VI, p. 89-106; *Revista Ibero-Americana de Direito Constitucional*, AIDCE, Fortaleza, 2002, ano I, nº 1, p. 225-256; *Revista do Instituto dos Magistrados do Ceará*, ano 6, nº 11, jan./jun. 2002, p. 121-157. E ainda: MACHADO, Hugo de Brito. *Responsabilidade pessoal do agente público por danos ao contribuinte*: uma arma contra o arbítrio do Fisco. São Paulo: Malheiros, 2017.

Parte II

O Ilícito Penal e as Garantias Constitucionais

1

ADMINISTRAÇÃO TRIBUTÁRIA E GARANTIAS CONSTITUCIONAIS

1 O CONTROLE DA ADMINISTRAÇÃO TRIBUTÁRIA

1.1 Competência tributária e poder de fiscalizar

Diz o Código Tributário Nacional que a atribuição constitucional de competência tributária compreende a competência legislativa plena, ressalvadas as limitações estabelecidas na Constituição e nas leis que menciona. A competência tributária na verdade é uma parcela do poder de tributar, inerente ao Estado. Em outras palavras, a competência tributária é um aspecto da soberania estatal, devidamente submetida a limitações jurídicas.

A atribuição constitucional da *competência tributária* implica atribuição do *poder de fiscalizar*. Mas isto não é o bastante. A competência tributária é atribuída à entidade de Direito Público interno, vale dizer, à União, ao Estado e ao Município. Há necessidade de norma definindo o órgão de cada uma dessas entidades, ao qual fica reservado o exercício do poder de fiscalizar. E ainda, há necessidade de norma definindo, em cada órgão competente para o exercício do poder de fiscalizar, a competência da autoridade para o desempenho dos atos de fiscalização. Tal como a capacidade é indispensável para a validade dos atos jurídicos em geral, a competência é requisito necessário para a validade dos atos administrativos, entre os quais os atos da Administração Tributária e, mais especificamente, os atos da fiscalização tributária.

Sabe-se que a União tem o *poder de fiscalizar* os atos das pessoas em geral, e especialmente dos sujeitos passivos de obrigações tributárias, no que concerne à administração dos tributos federais. Sabe-se por igual que o Ministério da Economia e neste a Secretaria da Receita Federal, tem competência para os atos de administração e fiscalização tributárias. É necessário, todavia, identificar a autoridade competente para a prática de atos de administração ou de fiscalização tributária, especificamente.

1.2 Legislação tributária e competência para fiscalizar

Diversamente do que alguns afirmam, a atividade de fiscalização tributária é de caráter vinculado, no sentido de que nada fica inteiramente a critério dos agentes públicos que a executam. A legislação tributária deve disciplinar inteiramente a competência não apenas das autoridades da Administração Tributária, vale dizer, dos agentes públicos dotados de atribuições para decidir e para ordenar a atividade administrativa de fiscalização em sentido amplo, como de todos os agentes públicos que executam essa atividade. Sobre o assunto já escrevemos:

"A competência das autoridades administrativas em matéria de fiscalização é regulada na legislação tributária. Assim como a validade dos atos jurídicos em geral exige a *capacidade* de quem os pratica, a validade dos atos administrativos requer a *competência* da autoridade ou agente público. Indispensável, portanto, que a fiscalização tributária seja feita por pessoas às quais a legislação atribua competência para tanto, em caráter geral, ou especificamente, em função do tributo de que se tratar. A lavratura de um auto de infração, o julgamento de impugnação do mesmo pelo sujeito passivo, assim como todo e qualquer ato da Administração tributária, só têm validade se praticados por quem tenha competência para tanto.

Essa competência é atribuída pela *legislação*. Não apenas pela *lei* tributária. Legislação e lei, na linguagem do Código Tributário Nacional, são coisas bem distintas. Legislação é o gênero no qual se incluem as diversas normas que tratam de matéria tributária. Lei é uma dessas espécies.

As regras básicas sobre a matéria encontram-se no CTN e devem ser observadas pela *legislação* (art. 194).

Considerando que as portarias, instruções, ordens de serviço e outros atos administrativos de idêntica natureza, embora se incluam no conceito de *legislação* tributária, nos termos dos arts. 96 a 100 do CTN, não obrigam diretamente os sujeitos passivos, o Código estabeleceu expressamente que essa legislação se aplica às pessoas naturais ou jurídicas, contribuintes ou não, inclusive às que gozem de imunidade tributária ou de isenção (art. 194, parágrafo único). As normas dessa legislação, quando não constem de *lei*, evidentemente devem tratar apenas de aspectos procedimentais, ou de simples obrigações acessórias. Não podem impor deveres que não tenham a natureza de obrigação acessória, em face do dispositivo constitucional pelo qual ninguém será obrigado a fazer ou a deixar de fazer alguma coisa a não ser em virtude de *lei*."[1]

A complexidade e as peculiaridades de situações atinentes à atividade de fiscalização exigem que o correspondente disciplinamento se dê através de normas de natureza regulamentar, de mais fácil e mais ágil alteração e que, por isto mesmo, possam ser adaptadas com frequência na medida das necessidades da Administração Tributária.

Sobre o assunto dissertou Baleeiro:

> "Em princípio, a lei do sujeito ativo estabelece em caráter geral as normas de competência e os poderes de seus agentes em matéria de fiscalização interna e externa. Geralmente as leis pertinentes aos tributos mais importantes, como o IPI, o Imposto de Renda, o ICM, e os direitos alfandegários, contêm normas nesse sentido.
>
> Mas a complexidade da matéria, a necessidade de adaptação a cada zona geográfica ou a cada setor econômico, a peculiaridade do tributo e outros motivos exigem pormenores impróprios da concisão e generalidade da lei. Por isso, os regulamentos de execução da lei e os chamados regulamentos 'internos' que não decorrem de lei traçam normas subsidiárias e pormenorização. Mas não só eles, senão também outros atos administrativos integrantes da 'legislação tributária', no conceito especial do CTN, arts. 96 a 100. Assim, pois, as portarias do Ministro de Estado e Secretários da Fazenda, as 'ordens de serviço' dos Diretores, circulares etc."[2]

A existência dessas normas de hierarquia inferior, no âmbito da Administração Tributária, presta-se muito mais para limitar as condutas dos agentes públicos do que para regrar as relações de tributação. Como o tributo é prestação pecuniária compulsória cobrada mediante *atividade administrativa plenamente vinculada*, é importante que tudo seja regrado. Nada pode ficar a critério do agente que executa a ação de fiscalização.[3]

---

[1] Hugo de Brito Machado, *Curso de Direito Tributário*, 27ª edição, Malheiros, São Paulo, 2006, p. 260-261.

[2] Aliomar Baleeiro, *Direito Tributário Brasileiro*, 11ª edição, Forense, Rio de Janeiro, 1999, p. 989.

[3] Veja-se o que a respeito do assunto escrevemos nos comentários ao art. 3º do CTN, quando explicamos o sentido da expressão *atividade administrativa plenamente vinculada*, no contexto

1.3 Importância da disciplina normativa da fiscalização

A disciplina normativa da fiscalização é da maior importância, tanto para a Fazenda Pública como para os contribuintes. Para a Fazenda, porque lhe permite organizar a atividade de seus agentes, evitando superposições de atividades com o consequente desperdício de sua força de trabalho e ainda maior controle da produtividade de seus agentes e dos aspectos éticos da conduta dos mesmos. E para os contribuintes, porque impede improvisações incompatíveis com a segurança jurídica e permite a identificação e individualização das atividades de fiscalização, tornando possível a responsabilização de cada agente público sempre que isto se faça necessário.

É certo que a previsão da atividade administrativa em normas de hierarquia inferior não oferece aos cidadãos a mesma garantia que lhes assegura o princípio da legalidade. Não afasta as práticas arbitrárias. Mas identifica seus autores e no mais das vezes impede, por isto mesmo, condutas motivadas por razões escusas.

Consubstanciam, sem dúvida, significativa proteção aos cidadãos, especialmente aos contribuintes, as limitações funcionais, territoriais e temporais estabelecidas na legislação que disciplina as ações de fiscalização. Permitem a previsão das ações de fiscalização e, assim, o controle preventivo destas, dando oportunidade inclusive à impetração preventiva de mandado de segurança, na hipótese de ilegalidades visíveis na própria previsão normativa.

1.4 Limitações funcionais

A competência para a prática dos atos integrantes do que denominamos *ações de fiscalização* é atribuída aos agentes públicos de acordo com o cargo de cada um, vale dizer, tendo em vista as funções inerentes a seus cargos. Além disto, existe também a competência atribuída aos órgãos da Administração Pública. Na delimitação da competência funcional existem normas de natureza permanente, que descrevem as atribuições próprias do cargo público, e normas transitórias, que cuidam de atribuições específicas a serem desempenhadas em determinadas atividades de fiscalização, determinadas em casos especiais.

---

da definição legal de tributo (*Comentários ao Código Tributário Nacional*, Atlas, São Paulo, 2003, v. I, p. 116-123).

1.5 Limitações territoriais

Mesmo sendo competente do ponto de vista funcional, uma autoridade da Administração Tributária pode não ser competente do ponto de vista territorial para a prática da conduta que consubstancia a ação de fiscalização. O Regulamento do Imposto de Renda nos oferece exemplo de delimitação de competência em razão do território, quando vincula a competência da autoridade administrativa ao domicílio fiscal do contribuinte.[4]

É certo que uma autoridade administrativa pode ser designada para, em caráter especial ou excepcional, exercer atribuições em área diversa daquela na qual normalmente atua. Nos limites da lei isto é perfeitamente válido. Mesmo assim, é imprescindível uma designação formal, de caráter oficial, para que os atos daquela autoridade sejam atos administrativos válidos.

1.6 Limitações temporais

Embora a ação de fiscalização, no sentido de ação da Administração Tributária tendente a controlar a atividade dos contribuintes, seja permanente, existem ações específicas delimitadas no tempo. A própria atividade de fiscalização, em sentido estrito, é desenvolvida mediante planos cuja execução se faz com duração determinada.

Isto quer dizer que um agente público, fiscal de tributos, mesmo tendo entre as atribuições de seu cargo a fiscalização de livros e documentos de empresas contribuintes, não pode, por sua própria iniciativa, desenvolver ações de fiscalização. Dependerá para tanto de determinações da repartição onde atua.

1.7 Controle da atividade de fiscalizar

Especial atenção merece o controle específico da atividade de fiscalização. Para que tudo funcione segundo as normas oficialmente postas para a disciplina das ações de fiscalização, as autoridades que chefiam as diversas repartições exercem o controle integral da atividade de fiscalização, não havendo liberdade para cada fiscal atuar individualmente. Sua atuação junto a determinado contribuinte depende sempre de autorização.

---

[4] Regulamento aprovado pelo Decreto nº 9.580/2018, art. 1.030.

Esse controle impede que pessoas estranhas à fiscalização se façam passar por fiscais para extorquir o contribuinte. Cada procedimento de fiscalização é programado e autorizado oficialmente, de sorte que ao contribuinte há de ser sempre apresentado o ato que determinou a ação fiscal em cada caso.

A legislação das diversas Fazendas, seja a Federal, as Estaduais e as Municipais, estabelecem normas que tornam as atuações de seus agentes vinculadas a instrumentos específicos de controle. Assim, o Regulamento do ICMS do Estado do Ceará, por exemplo, estabelece que "antes de qualquer ação fiscal, o agente do Fisco exibirá ao contribuinte ou a seu preposto, identidade funcional e o ato designatório que o credencia à prática do ato administrativo".[5]

Na legislação federal também existem meios para a identificação do agente público incumbido do trabalho de fiscalização e para saber da autorização específica para a missão que esteja a desempenhar. Nada pode acontecer segundo o livre arbítrio individual do agente público.

2 LIMITES CONSTITUCIONAIS À AÇÃO DE FISCALIZAÇÃO

2.1 Respeito aos direitos individuais

Nos termos da Constituição Federal é facultado à Administração Tributária, especialmente para conferir efetividade aos objetivos de dar aos impostos caráter pessoal e prestigiar o princípio da capacidade econômica, identificar, respeitados os direitos individuais e nos termos da lei, o patrimônio, os rendimentos e as atividades econômicas do contribuinte.[6]

Nem era necessária essa norma expressa na Constituição a dizer que a administração tributária há de respeitar os direitos individuais do contribuinte. Esse dever do Estado resulta de diversos preceitos da Lei Maior. James Marins, dissertando sobre o tema, assevera:

> "No corpo da Constituição Federal estão plasmados dispositivos que estabelecem fundamentos da atividade de fiscalização tributária, quais sejam, basicamente: o § 1º, do art. 145 da CF/1988 e art. 37, *caput*, além é claro, dos dispositivos insertos no art. 5º da Lei Magna, notadamente os que garantem o exercício de liberdades fundamentais, como em seus incisos II, X, XI, XII, XIII e XV. Em se tratando de fiscalização

---

[5] Decreto Estadual (CE) nº 34.065/2022, art. 37.
[6] Constituição Federal de 1988, art. 145, § 1º.

tributária sobre atividades econômicas, também especial relevância assume o § 1º do art. 145 da Constituição, salienta a importância da atividade fiscalizatória no sentido de identificar os sinais presuntivos de renda ou de capital, para usar a expressão de Alfredo Augusto Becker. Nessa tarefa deve a Administração estar adstrita à legalidade, não descurando também do respeito aos direitos individuais."[7]

2.2 Ingresso em estabelecimento empresarial

Uma das mais importantes limitações à atividade de fiscalização tributária diz respeito ao direito individual à inviolabilidade do domicílio.

O termo *domicílio*, nesse contexto, abrange o estabelecimento empresarial, inclusive o que pertença à pessoa jurídica. Na verdade, a expressão *domicílio*, na forma em que foi empregada pelo dispositivo constitucional, não tem o sentido estreito de expressão *domicílio tributário*, tal como definido nas leis fiscais, nem autoriza o fisco a invadir estabelecimentos comerciais sob o argumento de que tais estabelecimentos não são "domicílio" de pessoas naturais. Como ensina Pontes de Miranda,

> "a expressão domicílio, empregada em direito constitucional, *aí*, tem outro significado que em direito privado, ou em qualquer dos ramos de sobredireito (direito internacional privado, direito penal internacional, direito processual internacional). [...]
> No direito constitucional, *domicílio* é onde se habita e onde se ocupa espaço, próprio, para uso pessoal, *ou para negócios*, oficina, escritório, e abrange o pátio, o quintal, as estrebarias, a garagem, os quartos de empregados etc."[8]

Insista-se em que o fato de o estabelecimento violado pertencer a uma pessoa jurídica não torna lícita a ação fiscal relativamente às pessoas físicas que nele exercem atividades, pois sócios e empregados também têm direito de não serem perturbados na privacidade de suas atividades. Aliás, a circunstância de o domicílio invadido pertencer ou não ao recorrente é irrelevante, pois em qualquer caso houve violação ilícita porque os que ingressaram no estabelecimento não estavam a tanto autorizados por ordem judicial.

---

[7] James Marins, *Direito Processual Tributário Brasileiro*, 3ª edição, Dialética, São Paulo, 2003, p. 233.

[8] Pontes de Miranda, *Comentários à Constituição de 1967*, 2ª edição, Revista dos Tribunais, São Paulo, 1971, p. 185.

2.3 Contaminação das provas colhidas no domicílio violado

Consequência do ingresso ilícito de agentes do fisco no domicílio do contribuinte, ou de qualquer outra pessoa, onde tenham colhido provas, é a contaminação destas pela ilicitude.

Realmente, considerada ilícita a entrada dos agentes fiscais no domicílio onde colheram quaisquer elementos de convicção para fundamentar lançamento de tributo, ou aplicação de penalidades, a consequência inexorável será a nulidade do lançamento em razão da ilicitude das provas em que se funda.

2.4 Limitações ao poder-dever de fiscalizar

2.4.1 Limites decorrentes dos direitos fundamentais

O exercício do poder-dever de fiscalizar tem um objetivo do qual não se podem desviar as autoridades da Administração Tributária, que é o de verificar o cumprimento pelos contribuintes de suas obrigações tributárias, ou, em outras palavras, a correta aplicação da lei tributária.

No exercício dessa importante atividade, as autoridades da Administração Tributária geralmente confundem o objetivo de verificar o cumprimento da legislação tributária com a promoção da arrecadação dos tributos. Objetivos que podem ser coincidentes na generalidade dos casos, mas a rigor não se confundem, posto que promover a arrecadação de tributos indevidos, ou mesmo que devidos, adotando meios que a lei não autoriza, atende a um mas não ao outro desses objetivos. Da confusão, portanto, resultam cometimentos arbitrários, ilegais, que para alguns se justificam pela finalidade a que se destinam, vale dizer, pela finalidade de aumentar a arrecadação. Ocorre, todavia, que os fins nem sempre justificam os meios, e existem situações nas quais a lei chega a definir como crime a utilização de meio que a lei não autoriza, o que demonstra de forma eloquente que essa utilização de nenhum modo é justificada pelos fins da conduta do agente público.

Realmente, ao definir o crime de excesso de exação, a lei estabelece:

> "Se o funcionário exige tributo ou contribuição social que sabe ou deveria saber indevido, ou, quando devido, emprega na cobrança meio vexatório ou gravoso, que a lei não autoriza:
> Pena – reclusão, de 3 (três) a 8 (oito) anos, e multa."[9]

---
[9] Código Penal, art. 316, § 1º.

Como se vê, ainda que devido o tributo, ou a contribuição, o agente público não pode utilizar meios que a lei não autoriza. Se esses meios são vexatórios ou gravosos, a utilização deles constitui crime, ainda que tal utilização seja destinada à cobrança de tributo *devido*. E se não são vexatórios ou gravosos, a utilização não constitui crime, mas de todo modo é ilegal, porque não autorizada por lei. Em síntese, o agente público só pode utilizar, na atividade de fiscalização tributária, meios que a lei autoriza. E mesmo assim a própria lei encontra limites nos princípios fundamentais de Direito.

Neste sentido, ao cuidar dos princípios gerais do sistema tributário nacional, a Constituição Federal estabelece:

> "Sempre que possível, os impostos terão caráter pessoal e serão graduados segundo a capacidade econômica do contribuinte, facultado à administração tributária, especialmente para conferir efetividade a esses objetivos, identificar, respeitados os direitos individuais e nos termos da lei, o patrimônio, os rendimentos e as atividades econômicas do contribuinte."[10]

Como se vê, esse dispositivo da Constituição estabelece dois limites. Um para o agente administrativo, ao dizer que sua conduta há de ser *nos termos da lei*. E o outro para o agente administrativo e para o próprio legislador, ao dizer que a atividade destinada a identificação do patrimônio, dos rendimentos e das atividades dos contribuintes há de desenvolver-se *respeitados os direitos individuais*. Em outras palavras, o respeito à lei é devido pelos agentes administrativos, em qualquer caso. E o respeito aos direitos individuais é devido tanto pelos agentes administrativos, na interpretação e aplicação das leis tributárias, como pelo próprio legislador.

Importantes consequências práticas disto encontram-se na interpretação e na aplicação das leis tributárias, no que concerne à atividade de fiscalização, entre outras situações, quando se trata do direito ao silêncio, do direito de propriedade e do direito à privacidade ou, mais especificamente, do ingresso no domicílio do contribuinte.

2.4.2 Direito ao silêncio

Temos sustentado que a criminalização do ilícito tributário, embora tenha o efeito de, pela intimidação, fazer com que alguns se abstenham de sonegar, implicou diversas desvantagens para o fisco no que concerne à atividade de

---

[10] Constituição Federal, art. 145, § 1º.

fiscalização tributária. Uma delas reside no *direito ao silêncio*, que pode funcionar como limite à prerrogativa de examinar livros e documentos fiscais.

Não se venha dizer que o direito ao silêncio só pode ser invocado por quem é acusado de um cometimento criminoso e por isto não poderia ser invocado pelo contribuinte diante do agente público em atividade de fiscalização tributária. Pode sim. No momento em que a autoridade fazendária exerce a atividade de fiscalização, examinando livros e documentos do contribuinte, está evidentemente colocando a conduta deste sob suspeita de cometimento criminoso. Se admitisse que todos os seus livros e documentos estivessem em ordem e todos os tributos devidos fossem corretamente pagos, obviamente não teria sentido nenhum a atividade de fiscalização. Tal atividade é exercida exatamente porque há suspeita de que algum tributo deixou de ser pago, alguma diferença é devida. Em outras palavras, há suspeita de que algum crime contra a ordem tributária, definido na Lei nº 8.137/90, foi por ele cometido.

2.4.3 Direito de propriedade e apreensão de mercadorias

A apreensão de mercadorias pelo fisco, especialmente em se tratando da fiscalização fazendária estadual, é um ato rotineiro muitas vezes praticado de forma flagrantemente arbitrária. Seja como forma de confisco, constitucionalmente vedado, seja como forma de compelir, por via oblíqua, o contribuinte ao pagamento de tributo.

O Tribunal de Justiça do Ceará, entretanto, já decidiu pela inconstitucionalidade da apreensão de mercadorias:

> "TRIBUTÁRIO – APREENSÃO DE MERCADORIAS COMO FORMA DE GARANTIR O PAGAMENTO DO TRIBUTO – IMPOSSIBILIDADE – CARACTERIZAÇÃO DE CONFISCO – A Constituição Federal estabelece que é vedado à União, aos Estados, ao Distrito Federal e aos Municípios utilizar tributo com efeito de confisco. Entendimento do Supremo Tribunal Federal, cristalizado na Súmula nº 323. Remessa oficial e recurso apelatório conhecidos, mas improvidos."[11]

Esse entendimento foi sumulado, já faz muito tempo, pelo Supremo Tribunal Federal, afirmando que é inadmissível a apreensão de mercadorias como meio coercitivo para pagamento de tributo. Não obstante, as autoridades da administração tributária continuam praticando essa arbitrariedade.

---

[11] TJCE, 2ª Câmara Cível, Apelação Cível nº 1998.06973-3, rel. Desembargador José Cláudio Nogueira Carneiro, julgado em 5.9.2001.

Temos sustentado que a apreensão de mercadorias somente se justifica como forma de comprovar o ato ilícito e sua autoria. Identificados o proprietário das mercadorias, a quantidade e as características destas, de forma a viabilizar a cobrança do tributo devido, deve dar-se a liberação, especialmente se o contribuinte é regularmente estabelecido.

É que a atividade de fiscalização tributária há de ser exercida respeitados os direitos individuais, e um deles é, sem dúvida, o direito de propriedade.

2.4.4 Inviolabilidade do domicílio

O Supremo Tribunal Federal já colocou em dúvida o direito de a Administração Fazendária penetrar no estabelecimento do contribuinte e ter acesso a seus livros e documentos sem o consentimento deste. Apreciando pedido de *habeas corpus* em que era alegada a utilização de provas ilícitas, denegou a ordem ao fundamento de que o ingresso dos fiscais no estabelecimento deu-se com o consentimento do paciente. Isto significa dizer que tal consentimento pode, em princípio, ser negado pelo contribuinte.

A solução da questão de saber se o contribuinte pode negar autorização ao fisco para entrar em seu estabelecimento é de grande relevância. Além da repercussão que certamente tem na esfera penal, como afirmou o Supremo Tribunal Federal, pode ter também repercussões na esfera da administração tributária.

Não tem relevo a distinção que poderia ser feita entre o domicílio enquanto moradia da pessoa física e o local de trabalho profissional ou estabelecimento comercial. Na Espanha a lei formulou essa diferença para autorizar a entrada de fiscais no estabelecimento profissional ou comercial, contra a vontade de seu proprietário, bastando a autorização da autoridade administrativa. Tal distinção, porém, foi rejeitada pelo Supremo Tribunal daquele país que, em julgado do dia 22 de janeiro de 1993, consagrou o princípio segundo o qual os fiscais somente podem entrar naqueles estabelecimentos fora do horário normal de funcionamento da empresa, com o consentimento espontâneo do proprietário e, segundo a doutrina, tal consentimento há de ser manifestado por escrito.[12] Certo, outrossim, que o domicílio das pessoas jurídicas goza de igual proteção.[13]

No Brasil, o artigo do Código Tributário Nacional que estamos comentando diz que para os efeitos da legislação tributária não têm aplicação quaisquer

---

[12] Cf. Luis Miguel Abajo Antón, *La empresa ante la inspección fiscal*, Fundacion Confemetal, Madrid, 1999, p. 120.

[13] Cf. Francisco Guio Montero, *El Contribuyente ante la Inspeción de Hacienda*, Lex Nova, Valladolid, 1999, p. 420.

disposições legais excludentes ou limitativas do direito de examinar mercadorias, livros, arquivos, documentos, papéis e efeitos comerciais ou fiscais dos comerciantes, industriais ou produtores, ou da obrigação destes de exibi-los. E diz o artigo 200, que adiante comentaremos, que as autoridades administrativas federais poderão requisitar o auxílio da força pública federal, estadual ou municipal, e reciprocamente, quando vítimas de embaraço ou desacato no exercício de suas funções, ou quando necessário à efetivação de medida prevista na legislação tributária, ainda que não se configure fato definido em lei como crime ou contravenção.

Por isto já afirmamos, em sucessivas edições do *Curso de Direito Tributário*, que as autoridades fazendárias podem utilizar a força pública, independentemente de mandado judicial, quando houver embaraço a atividade de fiscalização.[14] Agora, porém, repensando este assunto, colocamos a questão de saber se agentes fiscais podem entrar nos estabelecimentos dos contribuintes, independentemente do consentimento destes.

Em face da jurisprudência do Supremo Tribunal Federal, pensamos que a resposta deve ser negativa, com o que resta confirmada nossa tese, segundo a qual a criminalização do ilícito tributário acarretou mais problemas do que soluções para a atividade de administração e cobrança dos tributos. O ingresso desautorizado dos fiscais no estabelecimento do contribuinte pode significar a ilicitude das provas colhidas, o que as invalida tanto para o processo penal como para o processo administrativo de apuração e exigência do tributo.[15]

Nessa mesma linha de raciocínio, o Superior Tribunal de Justiça já decidiu que o art. 195, do Código Tributário Nacional, não autoriza a apreensão de livros e documentos pela fiscalização, sem autorização judicial:

> "TRIBUTÁRIO. INTERPRETAÇÃO DO ART. 195, DO CTN. APREENSÃO DE DOCUMENTOS.
> 1. O ordenamento jurídico-tributário brasileiro está rigorosamente vinculado ao princípio da legalidade.
> 2. O art. 195, do CTN, não autoriza a apreensão de livros e documentos pela fiscalização, sem autorização judicial.
> 3. Recurso improvido."[16]

---

[14] Hugo de Brito Machado, *Curso de Direito Tributário*, 17ª edição, Malheiros, São Paulo, 2000, p. 190-191.

[15] Constituição Federal, art. 5º, inciso LVI e Lei nº 9.784, de 29.1.99, art. 30.

[16] STJ, 1ª Turma, REsp 300065 – MG, rel. Ministro José Delgado, julgado em 5.4.2001, *DJU* de 18.6.2001, p. 117, e *RDDT* nº 75, p. 215.

Relevante, outrossim, na interpretação do art. 195 do Código Tributário Nacional, é a questão de saber o que se deve entender pela expressão *livros e documentos* do contribuinte. Questão que é respondida pela norma do parágrafo único, do art. 195, a saber: *os livros obrigatórios de escrituração comercial e fiscal e os comprovantes dos lançamentos neles efetuados,* que nos termos da aludida norma *serão conservados até que ocorra a prescrição dos créditos tributários decorrentes das operações a que se refiram.*

2.5 Livros e documentos

2.5.1 Poder-dever de fiscalizar e dever de exibir

O art. 195 do Código Tributário Nacional refere-se ao poder-dever de fiscalizar e ao dever de exibir o que há de ser fiscalizado. Fala do *direito* de fiscalizar, mas a rigor não se trata de um *direito* e sim de um *poder-dever,* pois ao exercício de um direito pode o seu titular renunciar, enquanto o exercício do poder-dever não comporta renúncia. E fala do dever de exibir o que há de ser fiscalizado, reportando-se a mercadorias, livros, arquivos, documentos, papéis e efeitos comerciais ou fiscais dos comerciantes, industriais ou produtores. Não distingue, porém, entre livros e documentos *obrigatórios* e *não obrigatórios.* Distinção que é de grande importância, se não quanto ao poder-dever de fiscalizar, ao menos quanto ao dever de exibir.

Sobre o assunto já escrevemos:

> "Note-se que o art. 195 do CTN reporta-se ao direito de examinar livros e documentos dos comerciantes, industriais ou produtores e à obrigação destes de exibi-los. O direito de examinar abrange todos os livros e papéis que os comerciantes, industriais ou produtores possuam, sejam ou não obrigatórios. A obrigação de exibir evidentemente só é efetiva em se tratando de livros ou papéis cuja existência seja obrigatória. Note-se a diferença. Se um agente fiscal encontra um livro *caixa,* por exemplo, no escritório de uma empresa, tem o direito de examiná-lo, mesmo em se tratando, como se trata, de livro não obrigatório. Entretanto, se o contribuinte afirma não possuir livro *caixa,* ou *razão,* ou qualquer outro, não obrigatório, evidentemente não estará sujeito a sanção alguma. Não sendo legalmente obrigado a possuir determinado livro ou documento, obviamente não pode ser obrigado a exibi-lo. Entretanto, se de fato o possui, tanto que o fiscal o viu, não pode impedir o seu exame.

Ao constatar a existência de livro ou documento não obrigatório, deve o fiscal fazer imediatamente a respectiva apreensão. Se não faz, depois não terá como obrigar o contribuinte a exibi-los, a menos que este confesse a existência do livro ou documento questionado."[17]

É importante a distinção entre o que é obrigatório e o que não é obrigatório, para demonstrar que o contribuinte não é obrigado a apresentar determinadas demonstrações de contas, como a de mercadorias, de duplicatas a pagar, entre outras, que alguns fiscais costumam exigir. Como as contas estão, todas elas, registradas na escrituração contábil e muitas delas também nos livros fiscais, o próprio agente fiscal com certeza poderá elaborar as demonstrações que quiser. Não pode, todavia, exigir que o contribuinte elabore tais demonstrações, que não são documentos obrigatórios.

2.5.2   Livros e documentos obrigatórios

Os livros obrigatórios são aqueles assim definidos nas leis comercial e fiscal. Resta saber quais são os documentos obrigatórios, e a resposta mais adequada encontra-se no parágrafo único, do art. 195, que se reporta aos *livros obrigatórios de escrituração comercial e fiscal e os comprovantes dos lançamentos neles efetuados*. Documentos cuja exibição é obrigatória, portanto, são apenas aqueles que comprovam os registros contábeis e fiscais. Nenhum outro, portanto.

A norma albergada pelo parágrafo único do art. 195 confirma a nossa tese segundo a qual não é obrigatória a exibição de livros facultativos. Assim, o contribuinte pode dizer que não os possui. Ou que já não os possui, porque os destruiu.

Ressalte-se que mesmo em relação aos livros e documentos obrigatórios o exame por parte dos agentes fiscais deve limitar-se a determinados pontos. O Supremo Tribunal Federal já afirmou essa limitação dizendo que "estão sujeitos à fiscalização tributária, ou previdenciária, quaisquer livros comerciais, limitado o exame aos pontos objeto da investigação".[18]

2.5.3   Sigilo da correspondência

As cartas e outros elementos de comunicação do contribuinte que se incluem no conceito de correspondência não são de exibição obrigatória.

---

[17] Hugo de Brito Machado, *Curso de Direito Tributário*, 25ª edição, Malheiros, São Paulo, 2004, p. 241.
[18] Supremo Tribunal Federal, Súmula nº 439.

Tanto porque não se incluem no conceito de documentos obrigatórios, como e especialmente porque a Constituição Federal assegura a todos que:

"É inviolável o sigilo da correspondência e das comunicações telegráficas, de dados e das comunicações telefônicas, salvo, no último caso, por ordem judicial, nas hipóteses e na forma que a lei estabelecer para fins de investigação criminal ou instrução processual penal."[19]

Assim, qualquer imputação feita ao contribuinte pelo agente público com base em informação obtida no exame que tenha feito, sem o seu consentimento, de sua correspondência, não poderá ser comprovada habilmente porque se trata de prova ilícita, vale dizer, prova colhida com violação de direito individual constitucionalmente assegurado.

2.5.4 Local do exame de livros e documentos

Alguns agentes do fisco notificam o contribuinte para apresentar livros e documentos para serem por eles examinados na repartição fiscal. Essa prática, todavia, não é legalmente autorizada. Nem se justificaria que o fosse, porque existem diversas entidades cujos agentes fiscais podem pedir a exibição de livros e documentos do contribuinte. E o contribuinte tem, portanto, o dever de manter seus livros e documentos à disposição de todos esses agentes públicos, em seu estabelecimento comercial ou profissional.

José Jayme de Macedo Oliveira, reportando-se ao dever do contribuinte de apresentar ao fisco seus livros e documentos, registra decisão do Tribunal Regional Federal da 1ª Região afirmando que "não há óbice legal a que essa apresentação se dê na repartição fiscal, onde se faz o lançamento do débito, e não no estabelecimento do contribuinte".[20]

Realmente a lei não proíbe, mas também não obriga. Se o contribuinte quer atender à solicitação do fiscal, pode fazê-lo, mas a tanto não está obrigado, até porque os livros e documentos não se prestam apenas para a fiscalização. E não existe apenas uma fiscalização. Por isto é razoável concluir-se que o local mais adequado para o exame de livros e documentos pela fiscalização tributária é o estabelecimento do contribuinte a quem pertencem.

---

[19] Constituição Federal de 1988, art. 5º, inciso XII.
[20] José Jayme de Macedo Oliveira, *Código Tributário Nacional*, Saraiva, São Paulo, 1998, p. 554.

2.5.5 Prazo de conservação obrigatória

Diz o parágrafo único do art. 195 que os livros e documentos cuja exibição ao fisco é obrigatória devem ser conservados *até que ocorra a prescrição dos créditos tributários decorrentes das operações a que se refiram.*

Pode parecer que há uma impropriedade na referência a prescrição. Correto seria falar-se de decadência, pois esta é que extingue o direito de a Fazenda Pública constituir o crédito tributário pelo lançamento. Extinto, pela decadência, o direito de lançar, os livros e documentos não teriam mais nenhuma utilidade.

Não é assim, todavia. Sobre o assunto já escrevemos:

> "Os livros obrigatórios de escrituração comercial e fiscal e os comprovantes dos lançamentos neles efetuados serão conservados até que ocorra a prescrição dos créditos tributários decorrentes das operações a que se refiram (CTN, art. 195, parágrafo único). Terminado o prazo de decadência do direito de a Fazenda Pública constituir o crédito tributário, já poderiam ser dispensados os livros e documentos, sem qualquer prejuízo para o fisco, em princípio, desde que na cobrança dispõe este da certidão de inscrição do crédito como dívida ativa, que lhe garante presunção de liquidez e certeza. Todavia, existem situações nas quais, mesmo dispondo do título executivo extrajudicial, necessita o fisco de produzir contraprova. Assim, preferiu o CTN exigir a conservação dos livros e documentos pelo prazo que termina por último, vale dizer, o prazo de prescrição.
>
> Essa regra, porém, somente se aplica se tiver havido lançamento e ainda não estiver extinto o respectivo crédito tributário, que por isto mesmo poderá ser cobrado, ensejando discussão judicial a seu respeito. Se está consumada a decadência, e nenhum crédito tributário subsiste a ensejar disputa, certamente o contribuinte não terá o dever de conservar livros e documentos."[21]

Em princípio, a conservação dos livros e documentos do contribuinte é útil para que o fisco possa realizar o exame dos fatos e fazer a revisão, se for o caso, dos lançamentos feitos por homologação. Mas o legislador preferiu determinar a conservação dos mesmos *até que ocorra a prescrição dos créditos tributários decorrentes das operações a que se refiram,* à consideração de que

---

[21] Hugo de Brito Machado, *Curso de Direito Tributário*, 25ª edição, Malheiros, São Paulo, 2004, p. 242.

é possível o surgimento de questão a respeito de algum crédito tributário, já constituído, obviamente, mas ainda não pago ou por outra forma extinto.

Pode ocorrer que no final do prazo de decadência seja lavrado contra o contribuinte um auto de infração, contra o qual se insurge o autuado. Mesmo depois de escoado, o prazo de decadência pode subsistir e em geral subsiste a disputa, seja na via administrativa ou na via judicial. Assim, enquanto não consumada a prescrição da ação para cobrança dos créditos decorrentes de fatos objeto de registros nos livros e documentos do contribuinte, tem este o dever de conservá-los, pois constituem meio de prova hábil do qual se pode valer a Fazenda Pública.

2.6 Diligências de fiscalização

2.6.1 Exercício do poder-dever de fiscalizar

A atividade de fiscalização é o exercício de um poder-dever da autoridade administrativa. Não têm os agentes da Fazenda Pública o direito de exigir do contribuinte que lhe forneça informações que podem ser normalmente colhidas nos livros e documentos fiscais deste. Por isto afirma Baleeiro que:

> "No exercício da fiscalização, a autoridade pode e deve realizar diligências, tais como exame de livros ou arquivos, balanços de *estoks* etc., destinados à apuração dos fatos, que a habilitarão a manter ou rever lançamento, assim como lavrar autos de infração, para imposição de multa ou outras penalidades."[22]

Vivemos atualmente uma crescente abstenção da autoridade administrativa, que tem preferido o uso de sistemas informatizados para controlar o cumprimento das obrigações tributárias pelos correspondentes sujeitos passivos. Não se pode negar que os instrumentos criados pela moderna tecnologia oferecem grandes vantagens, mas não nos parece que sejam suficientes. Eles podem, é certo, manter sob um certo controle contribuintes que necessitam constantemente de certidões negativas de débitos tributários, mas não se prestam para o controle daqueles que podem exercer suas atividades sem tal documento. Aliás, é precisamente por essa razão que se observa, de um lado, o crescimento das hipóteses nas quais é exigido, com ou sem fundamento

---

[22] Aliomar Baleeiro, *Direito Tributário Brasileiro*, 11ª edição, Forense, Rio de Janeiro, 1999, p. 991.

legal e, de outro lado, o crescimento das atividades econômicas desenvolvidas na informalidade, o que vale dizer, o crescimento da sonegação de tributos.

Há quem sustente que a grande vantagem dos sistemas de controle informatizados reside na prevenção da corrupção. O computador seria incorruptível. Mas nos parece que a tese não tem tanta consistência como parece à primeira vista, tanto que alguns casos de corrupção já foram registrados, e a nosso ver inúmeros ainda estão para serem descobertos.

Inegável, outrossim, é a dificuldade na apuração das responsabilidades quando se trata de fraude praticada em meios magnéticos, cuja vulnerabilidade é muito maior do que se pode imaginar. O computador é muito eficiente e extremamente obediente, além de ser totalmente neutro, vale dizer, totalmente desprovido de qualquer juízo ético. E como é sempre comandado pelo homem, que é corruptível, pode ser um notável instrumento para práticas fraudulentas em prejuízo da Fazenda Pública.

Seja como for, persistem as normas a respeito da atividade de fiscalização, a exigir que as mesmas se desenvolvam apoiadas no denominado princípio documental. No dizer de Amaro:

> "O princípio documental informa o procedimento fiscal. As diligências e investigações desenvolvidas pelas autoridades fiscais devem ser reduzidas a escrito e ordenadas logicamente. Para isso, o Código manda que sejam lavrados termos que documentam o início do procedimento, conforme a legislação respectiva, que deverá fixar prazo máximo para a conclusão das diligências."[23]

Nesse contexto é de grande importância o denominado "termo de início de fiscalização", como a seguir se verá.

2.6.2 Termo de início de fiscalização

O termo de início de fiscalização presta-se, como a própria denominação está a indicar, para comprovar o início dos trabalhos de fiscalização junto a determinado sujeito passivo. Deve ser lavrado em um dos livros exigidos pela legislação do tributo a que diga respeito a atividade fiscal. Sua principal finalidade é demarcar o início do *procedimento administrativo ou medida de fiscalização*, a que alude o art. 138 do Código Tributário Nacional, que exclui a espontaneidade de eventual autodenúncia de infração pelo contribuinte e assim retira o seu efeito excludente da responsabilidade tributária.

---

[23] Luciano Amaro, *Direito Tributário Brasileiro*, 11ª edição, Saraiva, São Paulo, 2005, p. 482.

Especialmente no que concerne a essa finalidade tem-se como necessária a indicação, no termo de início de fiscalização, além da data, também da hora em que o mesmo é lavrado. Neste sentido registra Luciano Amaro:

> "Celso Cordeiro Machado considera tão importante a formalização do termo de início da fiscalização que 'seria conveniente que os termos consignassem não o dia e o mês do início da ação fiscal, mas também a hora, pois isso pode ser elemento decisivo na solução de questões práticas relacionadas com o caráter espontâneo ou não do cumprimento da obrigação' (Garantias, in Tratado, cit., v. 6, p. 221)."[24]

Realmente, se do termo de início de fiscalização não consta a hora de sua lavratura e a denúncia espontânea ocorre no mesmo dia, pode haver dúvida sobre o seu caráter espontâneo e a consequente exclusão da responsabilidade pela infração. Essa dúvida certamente deve ser resolvida em favor do contribuinte, pois o que exclui a espontaneidade é o início efetivo da ação fiscal e este somente se dá em seguida à lavratura do termo respectivo que, na prática, muitas vezes somente ocorre no dia seguinte ao daquela lavratura.

O *termo* em referência presta-se também para estabelecer o início do prazo de decadência do direito de a Fazenda Pública constituir o crédito tributário pelo lançamento e para delimitar a duração dos trabalhos de fiscalização, como adiante se verá.

2.6.3 Duração da diligência fiscal

As diligências fiscais não podem perdurar indefinidamente porque isto terminaria por prejudicar o desempenho, pelo contribuinte, de suas atividades normais. O registro formal do seu início tem, portanto, a importância de demarcar o prazo no qual deve ser concluída. O registro formal do início da fiscalização é feito, portanto,

> "no interesse do contribuinte, pois a realização de diligências em seus livros e documentos deve levar o tempo estritamente necessário, de forma a não estorvar o desenvolvimento das atividades negociais da empresa, nem ensejar atraso em sua escrituração".[25]

---

[24] Luciano Amaro, *Direito Tributário Brasileiro*, 11ª edição, Saraiva, São Paulo, 2005, p. 482.
[25] José Jayme de Macêdo Oliveira, *Código Tributário Nacional*, Saraiva, São Paulo, 1998, p. 557.

Inteiramente acertado esse comentário de José Jayme Macêdo de Oliveira. Nada mais objetivo do que o termo de início de fiscalização para comprovar o início da ação fiscal, que exclui a espontaneidade de eventual autodenúncia e demarca também a duração das diligências de fiscalização que não podem perdurar indefinidamente, em prejuízo do desenvolvimento das atividades empresariais.

2.6.4 Valor probante dos termos e autos lavrados pela fiscalização

A rigor, a data do início da ação fiscal é aquela em que o contribuinte tem ciência da lavratura do respectivo termo. Por isto mesmo deve tal ciência ficar registrada de forma a evitar dúvidas. É a lição de Baleeiro:

> "A pessoa sujeita à fiscalização deverá apor o 'ciente' na via que ficar com a autoridade caso o termo não seja lavrado nos livros, mas em folha avulsa. Se recusá-lo, a palavra da autoridade, afirmando que a cientificou, onde e quando, com a menção do nome, vale até prova em contrário.
> Mas o 'ciente' estabelece apenas a certeza do conhecimento da imputação ou do ato, mas não induz reconhecimento da procedência da imputação ou da verdade dos fatos consignados no termo. O sujeito passivo pode contestá-lo e provar o contrário."[26]

Ao assinar o "ciente" no termo de início de fiscalização, o contribuinte fiscalizado deve observar a data no mesmo indicada. Se a ciência está ocorrendo em data posterior, deve o contribuinte, ao assinar o termo, registrar a data em que está assinando, vale dizer, a data em que está ficando *ciente*. Se não registra essa data, presume-se que a ciência ocorreu na data constante do termo.

2.6.5 Nulidade por vício formal

Como acontece com os atos administrativos em geral, o termo de início de ação fiscal pode resultar nulo em decorrência de vício formal.

No dizer de Baleeiro:

> "Embora o CTN não o diga, a inobservância da forma prescrita em lei ou regulamento, enfim em 'legislação tributária', induz nulidade do ato, salvo se, segundo os princípios gerais do Direito Processual, disso

---

[26] Aliomar Baleeiro, *Direito Tributário Brasileiro*, 11ª edição, Forense, Rio de Janeiro, 1999, p. 992.

não ocorreu prejuízo para o sujeito passivo, ou ele se conformou, não arguindo a falha ao pronunciar-se sobre o caso."[27]

Eventual nulidade por vício formal do termo de início de fiscalização deve ser alegada pelo contribuinte na impugnação que oferecer contra o auto de infração. Nessa mesma oportunidade deve ser indicado o prejuízo sofrido em decorrência da inobservância da formalidade legal causadora da nulidade.

Exemplos de defeitos capazes de causar a nulidade da ação fiscal são a incompetência da autoridade que a realiza e a ausência de indicação ou indicação inadequada da matéria abrangida, o que é de grande importância para a caracterização de eventuais abusos.

2.7 Início do procedimento e extinção do direito de lançar

2.7.1 Medida preparatória do lançamento

A fiscalização de livros e documentos do sujeito passivo da obrigação tributária, embora nem sempre conduza a apuração de inadimplemento de obrigações tributárias pelo contribuinte, constitui muitas vezes o que a lei denomina medida preparatória do lançamento. E sendo assim deve ser considerada para os fins do que estabelece o art. 173, parágrafo único, do Código Tributário Nacional.

Comentando o art. 196 do Código Tributário Nacional, assevera Baleeiro:

> "A fixação e comprovação dessa data têm importância jurídica para prova da realidade e regularidade da diligência, mas sobretudo porque ela é ponto de partida da contagem de prazos de decadência do direito de o Fisco constituir o crédito tributário.
> Além disso aquelas formalidades são uma garantia de defesa dos indivíduos ou firmas autuadas (ver RE nº 74.271, Xavier, RTJ, 64/793).
> Esse procedimento de constituição do crédito tributário pode ser iniciado por 'qualquer medida preparatória indispensável ao lançamento, como estatui o parágrafo único do art. 173 do CTN, desde que notificada ao sujeito passivo'.
> As diligências de fiscalização podem ser uma dessas medidas preparatórias do lançamento, correndo do dia de início delas o prazo do art. 173."[28]

---

[27] Aliomar Baleeiro, *Direito Tributário Brasileiro*, 11ª edição, Forense, Rio de Janeiro, 1999, p. 991.
[28] Aliomar Baleeiro, *Direito Tributário Brasileiro*, 11ª edição, Forense, Rio de Janeiro, 1999, p. 991.

2.7.2 Perempção do direito de lançar

Recorde-se que o art. 173 do Código Tributário Nacional estabelece que o direito de a Fazenda Pública constituir o crédito tributário extingue-se após 5 (cinco) anos, contados do primeiro dia do exercício seguinte àquele em que o lançamento poderia ter sido efetuado, ou da data em que se tornar definitiva a decisão que houver anulado, por vício formal, o lançamento anteriormente efetuado. E em seu parágrafo único está dito que:

> "O direito a que se refere este artigo extingue-se definitivamente com o decurso do prazo nele previsto, contado da data em que tenha sido iniciada a constituição do crédito tributário pela notificação, ao sujeito passivo, de qualquer medida preparatória indispensável ao lançamento."

Assim, temos em nosso Direito dois prazos extintivos do direito de a Fazenda Pública constituir o crédito tributário. O primeiro é de decadência e começa no primeiro dia do exercício seguinte àquele em que o lançamento poderia ter sido efetuado. O segundo é de perempção e começa no dia em que se iniciou a ação fiscal visando à feitura do lançamento.

Essa é a tese desenvolvida, com inteira propriedade, por Marco Aurélio Greco,[29] com a qual estamos de pleno acordo. Na verdade, admitir que a Fazenda Pública disponha de tempo indeterminado para concluir o procedimento de lançamento tributário fere frontalmente os princípios da razoabilidade e da segurança jurídica, ao mesmo tempo em que torna praticamente inútil o prazo de decadência, amesquinhando a eficácia da norma do art. 173 do Código Tributário Nacional.

2.8 O dever de informar ao fisco

2.8.1 Dever de informar e direito ao silêncio

Ao interpretarmos o art. 197 do Código Tributário Nacional, não nos devemos esquecer de que se trata de norma editada nos anos sessenta, quando o País vivia sob ditadura militar. Nem nos devemos esquecer de que o ilícito tributário foi qualificado como ilícito penal. Essas duas questões são da maior importância. A primeira, porque é inegável a influência do regime político na interpretação das leis, sendo certo que a mesma norma pode ter

---

[29] Marco Aurélio Greco, Perempção no Lançamento Tributário, em *Estudos Jurídicos em Homenagem a Gilberto de Ulhoa Canto*, Forense, Rio de Janeiro, 1988, p. 513-514.

um significado durante um governo ditatorial e outro à luz de um governo democrático. A segunda porque se sabe que aos acusados do cometimento de crime é garantido o direito ao silêncio, como forma de defesa.

Em seminário sobre "O Delito Tributário",[30] o Prof. Nuno Sá Gomes suscitou a questão de saber como fica o dever do contribuinte de prestar informações ao fisco, diante do direito ao silêncio, constitucionalmente assegurado aos acusados em geral.

Segundo o ilustre Professor da Faculdade de Direito de Lisboa, que é autor de várias obras jurídicas, uma das quais sobre "Direito Penal Fiscal", publicada em 1982, na medida em que o ilícito tributário é definido como crime tem-se um conflito entre o dever de prestar informações ao fisco e o direito de não se auto-incriminar, constitucionalmente assegurado aos acusados de práticas delituosas.

A questão é de grande importância e está a merecer a análise dos juristas, em face do ordenamento de cada país, levando-se em conta, especialmente, a hierarquia das normas. O que não se justifica é a desconsideração pura e simples da garantia constitucional, como se o ilícito tributário não tivesse sido qualificado como crime, posto que aos criminosos é universalmente assegurado o direito ao silêncio, como forma de defesa. E nada justifica a exclusão desse direito àquele que tenha praticado um crime contra a ordem tributária.

2.8.2 Direito ao silêncio como forma de defesa

O direito de permanecer em silêncio tem sido considerado universalmente como integrante do direito de defender-se. É a lição autorizada de Pinto Ferreira:

> "O privilégio da pessoa de não autoincriminar-se também é uma decorrência de plena ou ampla defesa.
> O acusado tem o direito de não autoincriminar-se, pois o direito que tem de não dizer a verdade é um direito, à defesa natural (*à la defense naturelle*), já reconhecia Montesquieu.
> [...]
> A autoincriminação é bem conhecida no direito americano, com o nome de self-incrimination, sendo proibida. Ela consiste em atos ou declarações com testemunha, no julgamento ou antes do julgamento, pelos quais a pessoa se implica a si própria na autoria do crime. O go-

---

[30] XVI Jornadas Latinoamericanas de Direito Tributário, em Lima (Peru), dias 5 a 10 de setembro de 1993.

verno não pode exigir do acusado que ele testemunhe contra si próprio, pois tal tarefa de acusação é do próprio governo. Tal privilégio sobre a autoincriminação decorre da Emenda V à Constituição norte-americana de 1787. Mais tarde surgiu a Miranda rule no caso Miranda v. Arizona, pela qual o acusado, ao ser preso, pode calar-se, silenciar e exigir a presença de um advogado."[31]

Não se trata de ideia nova. Thomas Hobbes, depois de sustentar a invalidade de um suposto pacto que nos obrigasse a não resistir a quem venha prejudicar nosso corpo, assevera:

"Da mesma forma, ninguém está obrigado, por pacto algum, a acusar a si mesmo, ou a qualquer outro, cuja eventual condenação vá tornar-lhe a vida amarga. Por isso, um pai não está obrigado a depor contra o filho, nem um marido contra a mulher, nem homem algum contra quem lhe proporciona sustento; pois é vão todo aquele testemunho que se supõe ser contra a natureza."[32]

2.8.3 Direito ao silêncio na Constituição de 1988

No Brasil o direito ao silêncio está expressamente assegurado pela vigente Constituição Federal: "o preso será informado de seus direitos, entre os quais o de permanecer calado [...]".[33] Para Celso Ribeiro Bastos, cuida-se de explicitação, fiel à rica tradição constitucional de proteção ao acusado, da garantia que se encontrava embutida no art. 153 da Constituição anterior, e está implícita nos incisos LIV e LV, do art. 5º, da atual.[34]

Ada Pellegrini Grinover doutrina, com propriedade: "O réu, sujeito da defesa, não tem obrigação nem dever de fornecer elementos de prova que o prejudiquem. Pode calar-se ou até mentir."

E ainda:

"O retorno ao direito ao silêncio, em todo seu vigor, sem atribuir--lhe nenhuma consequência desfavorável, é uma exigência não só de

---

[31] Pinto Ferreira, *Comentários à Constituição Brasileira*, Saraiva, São Paulo, 1989, v. 1, p. 179.

[32] Thomas Hobbes, *Do Cidadão*, tradução de Renato Janine Ribeiro, Martins Fontes, São Paulo, 1998, p. 49-50.

[33] Constituição Federal de 1988, art. 5º, inciso LXIII.

[34] Celso Ribeiro Bastos, *Comentários à Constituição do Brasil*, Saraiva, São Paulo, 1989, v. 2, p. 295.

justiça, mas sobretudo de liberdade. O único prejuízo que do silêncio pode advir ao réu é o de não utilizar a faculdade de autodefesa que se lhe abre através do interrogatório. Mas quanto ao uso desta faculdade, o único árbitro deve ser a sua consciência, cuja liberdade há de ser garantida em um dos momentos mais dramáticos para a vida de um homem e mais delicado para a tutela de sua dignidade."[35]

Esse direito, que a Constituição assegura a todo e qualquer acusado do cometimento de crime, por mais hediondo que seja, certamente não pode ser negado ao contribuinte acusado de crime contra a ordem tributária.

2.8.4 O dever de informar

Ocorre que, segundo o Código Tributário Nacional, "para os efeitos da legislação tributária, não têm aplicação quaisquer disposições legais excludentes ou limitativas do direito de examinar mercadorias, livros, arquivos, documentos, papéis e efeitos comerciais ou fiscais dos comerciantes, industriais ou produtores, ou *da obrigação destes de exibi-los*" (art. 195). E a Lei nº 8.137, de 27 de janeiro de 1990, define como crime contra a ordem tributária *suprimir ou reduzir tributo*, mediante as condutas que indica, entre as quais *omitir informação, ou prestar declaração falsa às autoridades fazendárias* (art. 1º, inciso I).

Leva problema, assim, a questão de saber se tendo ocorrido uma das condutas definidas como crime contra a ordem tributária, o contribuinte, a quem a mesma pode ser imputada, está obrigado a prestar informação capaz de consubstanciar prova daquele cometimento criminoso.

Parece-nos que as informações, cuja prestação constitui dever do contribuinte, e em alguns casos até de terceiros, e cuja omissão ou falsidade configuram crime, nos termos do dispositivo acima citado, são apenas aquelas necessárias ao lançamento regular dos tributos. Não quaisquer outras informações necessárias ao exercício da fiscalização tributária. Tal compreensão concilia o dever de informar ao fisco, com o direito ao silêncio, assegurado constitucionalmente a todos os acusados. O dever de informar precede a configuração do crime contra a ordem tributária. Cometido este, seu autor não tem o dever de prestar informação alguma, útil para a comprovação daquele cometimento, que configuraria autoincriminação.

---

[35] Ada Pellegrini Grinover, citada por Celso Ribeiro Bastos, em *Comentários à Constituição do Brasil*, Saraiva, São Paulo, 1989, v. 2, p. 296.

Temos, portanto, de distinguir informações prestadas normalmente como cumprimento de obrigações acessórias, quando nenhuma dúvida está sendo posta sobre a legalidade da conduta do contribuinte, de informações prestadas à fiscalização tributária que esteja investigando os fatos para conferir elementos de determinação dos valores de tributos apurados e pagos pelo contribuinte.

2.8.5 Direito de não se autoincriminar

O direito de não produzir provas contra si mesmo, ou direito de não se autoincriminar, por muitos designado pela expressão *nemo tenetur se detegere*, não se confunde com o direito ao silêncio, que é apenas uma de suas decorrências.[36] O direito de não se autoincriminar na verdade é bem mais amplo. Abrange o direito de não produzir qualquer tipo de prova contra si mesmo.

Quando se cogita do confronto entre o *direito de não se autoincriminar* e o *dever de prestar informações ao fisco*, é importante registrarmos que o primeiro constitui um direito fundamental posto em nosso direito positivo no plano da Constituição que, por isto mesmo, não pode ser atingido pela disposição da lei ordinária que prescreve o dever de informar ao fisco.

Neste sentido, Maria Elizabeth Queijo doutrina, com inteira propriedade:

> "O *nemo tenetur se detegere* foi acolhido, expressamente, no direito brasileiro, com a incorporação ao direito interno do Pacto Internacional dos Direitos Civil e Políticos e da Convenção Americana sobre Direitos Humanos. Por força de tal incorporação, em consonância com o disposto no art. 5º, § 2º, da Constituição Federal, como direito fundamental, o *nemo tenetur se detegere* possui hierarquia constitucional, portanto, não poderá ser suprimido nem mesmo por emenda constitucional."[37]

2.8.6 O conflito de normas e sua solução

De todo modo, se outra interpretação se pretender dar às disposições das leis ordinárias pertinentes ao dever de prestar informações ao fisco, de sorte a ver configurado o dever de informar mesmo para aqueles que, já autores de crime contra a ordem tributária, possam ter naquelas informações uma forma

---

[36] Cf. Maria Elizabeth Queijo, *O direito de não produzir prova contra si mesmo*, Saraiva, São Paulo, 2003, p. 424.

[37] Maria Elizabeth Queijo, *O direito de não produzir prova contra si mesmo*, Saraiva, São Paulo, 2003, p. 424.

de autoincriminação, ter-se-á configurado o conflito entre normas. Normas infraconstitucionais, assim interpretadas, estarão em conflito com norma da Constituição, e tal conflito haverá de ser resolvido pela prevalência da norma hierarquicamente superior.

Assim, a conclusão será sempre a de que o contribuinte não tem o dever de prestar informações à fiscalização, capazes de servir como prova do cometimento de crime contra a ordem tributária, ou qualquer outro.

A não ser assim, ter-se-ia violado o princípio da isonomia, posto que aos autores de quaisquer crimes, por mais hediondos que sejam seus cometimentos, sempre é assegurado pela Constituição o direito ao silêncio, vale dizer, o direito de não se autoincriminarem. O contribuinte não há de ser tratado diferentemente.

2.8.7 Direito ao silêncio e CPI

Embora aparentemente impertinente, o exame do tema do direito ao silêncio, exercido perante Comissões Parlamentares de Inquérito, faz-se aqui oportuno para demonstrar o quanto esse direito é aviltado, ou ignorado, por autoridades da cúpula do Estado brasileiro.

Em editorial de primorosa feitura, o *Diário do Nordeste* do dia 6 de maio de 2004 comentou o lamentável episódio do qual foi palco o Senado Federal, quando do depoimento de Celso Pitta perante a CPI do Banestado. Afirmou, com razão, entre muitas outras verdades, que na experiência brasileira as CPIs geralmente se transformam em tribunais políticos, expondo à execração pública supostos acusados, condenados antecipadamente e sem apelação, de acordo com os interesses políticos do momento.

Reportou-se à prisão do ex-Prefeito de São Paulo e disse que ali se viu um desfile de provocações, com o objetivo claro de desgastar o depoente, amparado por salvo-conduto emitido pelo ministro Cezar Peluso, do Supremo Tribunal Federal, que assegurava ao depoente o direito de não responder às perguntas que lhe fossem dirigidas, para não ser obrigado a produzir prova contra si mesmo. E concluiu afirmando, com inteira propriedade, que em jogo estava a credibilidade das instituições políticas, abalada com o abuso de poder de parlamentares despreparados.

O direito ao silêncio está assegurado pela vigente Constituição. É um direito fundamental que, por isto mesmo, nem por emenda constitucional pode ser abolido. A questão que precisa ser esclarecida, especialmente para os leitores do referido editorial, e de certa forma também para os ilustres Senadores da República, consiste em saber se o direito ao silêncio pode ser invocado por quem é intimado a depor na condição de testemunha.

2.8.8 O direito ao silêncio e a testemunha

Uma interpretação literal do dispositivo da Constituição que garante o direito ao silêncio nos levaria a afirmar que somente o preso tem esse direito. Tão absurdo entendimento, porém, já está fora de cogitação. Admite-se pacificamente que os acusados em geral têm direito ao silêncio. Subsiste, porém, a questão de saber se esse direito pode ser invocado por quem é chamado a depor como testemunha. E nas CPIs em geral prevalece o entendimento de que as pessoas convocadas a depor na qualidade de testemunha não podem invocar o direito ao silêncio.

Daí a insatisfação de alguns senadores com a decisão do Supremo Tribunal Federal assegurando o direito ao silêncio a pessoas convocadas a depor, como foi o caso do ex-Prefeito Celso Pitta.

Penso que a melhor interpretação é a que tem sido adotada pelo Supremo Tribunal Federal. Na verdade ninguém pode ser obrigado a se autoincriminar, seja qual for a condição na qual é chamado a responder perguntas. Tanto o acusado, como a testemunha, podem ficar calados diante de perguntas cuja resposta possa de algum modo implicar confissão do cometimento de ilícitos. É que a não ser assim o direito ao silêncio poderá ser facilmente contornado, inclusive nas ações penais em geral. Basta que o Ministério Público, em vez de oferecer denúncia contra aquele que quer obrigar a confessar, denuncie outras pessoas e o arrole como testemunha. Prestado o depoimento com a autoincriminação a denúncia será aditada, com a inclusão, como réu, daquele que antes era testemunha.

O direito ao silêncio na verdade é uma garantia de todos os cidadãos. Ninguém, seja réu ou testemunha, pode ser compelido a responder a algo que eventualmente possa implicar confissão de cometimento ilícito. É um direito fundamental que integra os ordenamentos jurídicos de todos os países civilizados do mundo.

A prisão do ex-Prefeito Celso Pita, por desacato, foi na verdade uma forma oblíqua de desrespeitar a decisão do Supremo Tribunal Federal, pondo a perigo as instituições do país, o que é lamentável sob todos os aspectos.

2.8.9 Direito ao silêncio e natureza do crime

Já ouvimos de um magistrado a afirmação de que tinha dúvidas sobre o direito do contribuinte, acusado de crime contra a ordem tributária, de se negar a prestar informações sobre o fato. Parece que o sonegador de tributos tem merecido de certas autoridades tratamento mais severo do que homicidas, assaltantes, traficantes de drogas e outros autores de crimes hediondos. Na verdade, porém, o direito ao silêncio independe da natureza do crime imputado a quem o invoca. E não é relevante o órgão que esteja buscando a informação, que pode ser a polícia ou o fisco.

Neste sentido manifestou-se o Supremo Tribunal Federal:

> "O privilégio contra a autoincriminação – que é plenamente invocável perante as Comissões Parlamentares de Inquérito – traduz direito público subjetivo assegurado a qualquer pessoa que, na condição de testemunha, de indiciado ou de réu, deva prestar depoimento perante órgãos do Poder Legislativo, do Poder Executivo e do Poder Judiciário.
> O exercício do direito de permanecer em silêncio não autoriza os órgãos estatais a dispensarem qualquer tratamento que implique restrição à esfera jurídica daquele que regularmente invoca essa prerrogativa fundamental. Precedentes.
> O direito ao silêncio – enquanto poder jurídico reconhecido a qualquer pessoa, relativamente a perguntas cujas respostas possam incriminá-la (*nemo tenetur se detegere*) – impede, quando concretamente exercido, que aquele que o invocou venha, por tal específica razão, a ser preso, ou ameaçado de prisão, pelos agentes ou pelas autoridades do Estado."[38]

2.8.10 Direito ao silêncio e o interrogatório do réu

O Código de Processo Penal estabelecia que antes de iniciar o interrogatório, o juiz observará ao réu que, embora não esteja obrigado a responder às perguntas que lhe forem formuladas, o seu silêncio poderá ser interpretado em prejuízo da própria defesa.[39]

Esse dispositivo foi por muitos considerado incompatível com o direito ao silêncio como uma garantia constitucional e talvez por isto teve sua redação alterada. Agora nele está dito que depois de devidamente qualificado e cientificado do inteiro teor da acusação, o acusado será informado pelo juiz, antes de iniciar o interrogatório, do seu direito de permanecer calado e de

---

[38] STF, HC nº 79.812-8-SP, rel. Min. Celso de Mello, *BDA – Boletim de Direito Administrativo*, MDJ, São Paulo, nº 11, novembro de 2001, p. 903-909.

[39] Código de Processo Penal, art. 186, com redação anterior à Lei nº 10.792, de 1º de dezembro de 2003.

não responder a perguntas que lhe forem formuladas.[40] Nada está dito sobre as consequências do seu silêncio, e assim pode-se dizer que subsiste a questão de saber se o silêncio do acusado pode ser, ou não, interpretado em prejuízo de sua defesa. Em outras palavras, a lei não solucionou essa questão, embora já não afirme que o silêncio pode ser interpretado em prejuízo da defesa.

Ocorre que mesmo antes da alteração legislativa em tela já o Supremo Tribunal Federal firmara o entendimento afirmando:

> "Qualquer indivíduo que figure como objeto de procedimentos investigatórios policiais ou que ostente, em juízo penal, a condição jurídica de imputado, tem, dentre as várias prerrogativas que lhe são constitucionalmente asseguradas, o direito de permanecer calado. *Nemo tenetur se detegere*. Ninguém pode ser constrangido a confessar a prática de um ilícito penal. O direito de permanecer em silêncio insere-se no alcance concreto da cláusula constitucional do devido processo legal. E nesse direito ao silêncio inclui-se, até mesmo por implicitude, a prerrogativa processual de o acusado negar, ainda que falsamente, perante a autoridade policial ou judiciária, a prática da infração penal."[41]

2.8.11 Direito ao silêncio e o dever de informar ao fisco

Por isto mesmo é que entendemos que o dever de prestar informações ao fisco há de ser examinado sob dois enfoques distintos. Um, o dever de prestar as informações necessárias ao lançamento regular dos tributos. O outro, o dever de prestar informações solicitadas por agentes do fisco na atividade de fiscalização tributária. O primeiro desses dois enfoques diz respeito ao momento precedente à possível configuração do crime de supressão ou redução de tributo, ou de qualquer outro crime contra a ordem tributária. Já o segundo diz respeito a informações que podem constituir prova do cometimento ou da autoria de um desses crimes.

Se o autor de crimes os mais hediondos tem o direito constitucional de não prestar às autoridades policiais ou judiciárias informações que eventualmente possam incriminá-lo, não é razoável entender-se que o contribuinte seja obrigado a prestar informações com base nas quais possa vir a ser condenado por crime contra a ordem tributária.

---

[40] Código de Processo Penal, art. 186, com redação que lhe foi dada pela Lei nº 10.792, de 1º de dezembro de 2003.

[41] STF, HC 68.929-9-SP, *DJU* de 28.8.92, p. 13.453, citado por Julio Fabbrini Mirabete, em *Código de Processo Penal Interpretado*, 8ª edição, Atlas, São Paulo, 2001, p. 448.

2.8.12 Direito a leis claras

Outro aspecto de grande relevância no que concerne ao direito de defesa do contribuinte acusado do cometimento de crime contra a ordem tributária reside na questão da dúvida quanto ao significado das leis. Dúvida que por seu turno pode levar o contribuinte a preferir o silêncio para não se autoincriminar.

No dizer de Pinto Ferreira:

> "As leis penais devem também ser precisas, pois a linha divisória entre o legal e o ilegal não pode ser deixada ao arbítrio nem à conjectura. A Corte Suprema norte-americana decidiu várias vezes pela inconstitucionalidade da lei penal viciada pela imprecisão. O espírio clarividente de Montesquieu já observava no Espírito das leis: 'É essencial que as palavras da lei revelem em todos os homens as mesmas ideias.'"[42]

Sabemos todos que as leis tributárias em nosso país geralmente são complicadas, mal redigidas, e o próprio sistema é na sua totalidade excessivamente complexo, de sorte que ninguém se sente seguro para afirmar o que é legal e o que não o é, em matéria tributária. Assim, como em se tratando da definição dos tipos de crimes contra a ordem tributária tem-se leis penais *em branco*, não são raros os casos nos quais são suscitadas dúvidas sérias sobre a configuração, ou não, de um crime. E por isto mesmo o Supremo Tribunal Federal tem entendido que em se tratando de matéria questionada em juízo, a conduta do contribuinte não pode ser considerada crime contra a ordem tributária, que somente se configura quando presente a fraude, elemento essencial do próprio tipo penal.[43]

2.9 Dever de informar e sigilo profissional

2.9.1 Conflito aparente de normas

Existem normas que estabelecem o dever de informar ao fisco e normas que estabelecem o dever de guardar sigilo em relação a certos fatos. Fatos que eventualmente podem ser do interesse da Administração Tributária. Há, então, um aparente conflito de normas. Aparente, apenas, porque a forma de

---

[42] Pinto Ferreira, *Comentários à Constituição Brasileira*, Saraiva, São Paulo, 1989, v. 1, p. 179.

[43] Cf. Hugo de Brito Machado, A Fraude como Elemento Essencial do Tipo no Crime de Supressão ou Redução de Tributo, em *Estudos de Direito Penal Tributário*, Atlas, São Paulo, 2002, p. 30-54.

superá-lo está na lei expressamente estabelecida. Enquanto o art. 197 define o dever de informar, o seu parágrafo único estabelece que o sigilo profissional deve ser respeitado como limite daquele dever.

Sobre o assunto já escrevemos:

"O dever de informar encontra limite no denominado *sigilo profissional*. Assim, não abrange a prestação de informações quanto a fatos sobre os quais o informante esteja legalmente obrigado a guardar segredo em razão de cargo, ofício, função, magistério, atividade ou profissão (CTN, art. 197, parágrafo único).

O advogado, por exemplo, tem o direito e também o dever (Lei nº 8.906, de 4.7.1994, art. 7º, inc. XIX) de não depor sobre fatos dos quais tenha tomado conhecimento no exercício da profissão. Com isto deixou claro o legislador que o advogado não pode abrir mão do direito ao sigilo profissional, pois, além do direito, tem também o dever.

O segredo profissional é garantia de ordem pública. Decorre de disposição expressa de lei, e segundo o CTN prevalece sobre o dever de prestar informações ao fisco. E nem podia mesmo ser de outra forma em nosso sistema jurídico, eis que a violação do segredo profissional está inclusive capitulada como crime (Código Penal, art. 154)".[44]

Como se vê, o conflito é apenas aparente. E a solução legalmente estabelecida atende aos princípios jurídicos cuja conciliação promove. De um lado o interesse público na arrecadação dos tributos, e do outro o interesse público, não menos importante, de garantir o livre exercício de profissões das quais a sociedade inteira necessita.

Ao lado da questão relativa ao dever de prestar informações, que se entendem como aquelas informações eventualmente solicitadas pelas autoridades da administração tributária, coloca-se a questão de saber se pode a lei instituir obrigações tributárias acessórias a serem cumpridas por pessoas que tenham o dever de guardar sigilo profissional.

2.9.2 Sigilo profissional e obrigações tributárias acessórias

O Supremo Tribunal Federal já há algum tempo tem afirmado que não é válida a imposição de obrigações tributárias acessórias a pessoas que estejam legalmente obrigadas ao sigilo profissional, consistentes no dever de prestar

---

[44] Hugo de Brito Machado, *Curso de Direito Tributário*, 26ª edição, Malheiros, São Paulo, 2005, p. 254.

informações sobre fatos a respeito dos quais tenham o dever de sigilo. Neste sentido decidiu:

"EMENTA – Contabilista. Sigilo profissional. Inadmissibilidade da pretendida obrigação tributária acessória, de o contabilista informar ao Fisco os atrasos de seus clientes no recolhimento do imposto. Irrelevância do fato de haverem os interessados desobrigado o profissional. Ilegitimidade da autuação e da imposição de penalidade. Segurança concedida. Recurso extraordinário conhecido e provido."[45]

Infelizmente esse entendimento, absolutamente incontestável, não tem sido adotado por todo o Poder Judiciário, mas o Superior Tribunal de Justiça já decidiu:

"PROCESSUAL CIVIL. SIGILO PROFISSIONAL. RESGUARDO.
O sigilo profissional é exigência fundamental de ordem pública, por isso mesmo que o Poder Judiciário não dispõe de força cogente para impor a sua revelação, salvo na hipótese de existir específica norma de lei formal autorizando a possibilidade de sua quebra, o que não se verifica na espécie.
O interesse público do sigilo profissional decorre do fato de se constituir em um elemento essencial à existência e à dignidade de certas categorias, e à necessidade de se tutelar a confiança nelas depositada, sem o que seria inviável o desempenho de suas funções, bem como por se revelar em uma exigência da vida e da paz social.
Hipótese em que se exigiu da recorrente ela que tem notória especialização em serviços contábeis e de auditoria e não é parte na causa – a revelação de segredos profissionais obtidos quando anteriormente prestou serviços à ré na ação.
Recurso provido, com a concessão da segurança."[46]

Existem atividades profissionais que não podem ser normalmente exercidas sem que o profissional tenha assegurado o direito de guardar segredo quanto ao que lhe é informado como condição para o adequado desempenho de sua profissão. É o que ocorre, por exemplo, com a atividade do advogado, do médico, do contabilista, entre outros profissionais.

Ressalte-se que existe o direito, e também o dever de guardar segredo. Existisse apenas o direito, dele o profissional até poderia abrir mão. Há tam-

---

[45] STF, 1ª Turma, RE nº 86.420-RS, rel. Ministro Xavier de Albuquerque, julgado em 16.5.78, *DJU* de 2.6.78.

[46] STJ, 4ª Turma, Recurso Ordinário em MS nº 9612/SP, rel. Min. César Asfor Rocha, julgado em 3.9.98, *DJU* I, de 9.11.98, p. 103; *RSTJ*, v. 114, p. 253 e *Revista dos Tribunais*, v. 762, p. 194.

bém o dever, do qual é credor o cliente do profissional. Direito e dever, no caso, são garantias que a ordem jurídica oferece ao profissional e às pessoas em geral, seus clientes efetivos ou potenciais.

Assim, o empresário, por exemplo, sabe que pode confiar em seu contabilista, dando ao mesmo o acesso às informações mais valiosas de sua empresa. Esse profissional não pode ser compelido a revelar tais informações, seja ao fisco ou a quem quer que seja. Está garantido pelo sigilo profissional. Mas não se trata apenas de um direito. Trata-se, repita-se, também de um dever. Dever ético acima de tudo, e dever jurídico cuja violação configura ilícito civil, e pode configurar também ilícito penal.

2.9.3 Violação de segredo profissional

Com efeito, a violação do segredo constitui falta de ética profissional.

A guarda do sigilo quanto ao que conhece no exercício da profissão, como algo a este inerente, é do interesse pessoal do profissional. É um dever ético inafastável. Mas constitui também dever jurídico, cuja violação constitui ilícito civil e pode configurar ilícito penal.

Realmente, o Código Penal define como crime "revelar alguém, sem justa causa, segredo, de que tem ciência em razão de função, ministério, ofício ou profissão, e cuja revelação possa produzir dano a outrem". E comina para esse crime a pena de detenção de três meses a um ano, ou multa.[47] Entretanto, como se trata de ilícito cuja repressão deve estar condicionada ao interesse da vítima, diz o Código que "somente se procede mediante representação".[48]

2.9.4 O profissional no desempenho de outras atividades

É importante nesse contexto a distinção que se há de fazer entre atividades próprias ou inerentes a determinada profissão e atividades não privativas de determinado profissional que este eventualmente desempenha. Sobre o assunto já escrevemos:

> "É importante, porém, distinguir o fato do qual tem o profissional conhecimento em razão de sua profissão daqueles de que conhece em razão de uma atividade qualquer que desenvolve e que, todavia, não é específica

---

[47] Código Penal Brasileiro, art. 154.
[48] Código Penal Brasileiro, art. 154, parágrafo único.

de sua profissão. Um advogado, por exemplo, pode desempenhar a função de síndico, ou de inventariante, e como tal tomar conhecimento de fatos relevantes para o fisco. A função de síndico, como a de inventariante, não é específica do advogado. O dever do sigilo profissional não vai abrangê-la pelo fato de, no caso, ser desempenhada por um advogado. Prevalece, portanto, a imposição do art. 197, inciso V, do CTN."[49]

Entretanto, não se deve estreitar demasiadamente o campo da atividade considerada própria do profissional titular do direito ao sigilo. Assim, um médico que exerce a função de administrador em um hospital, embora não esteja desempenhando função privativa de médico, tem o dever de sigilo em relação a todos os fatos inerentes a questões de saúde dos pacientes que se tratam ali, dos quais toma conhecimento no desempenho de sua função.

Se a atividade é situada na área considerada de fronteira entre o que é e o que não é próprio ou inerente a determinada profissão, deve ser observado o sigilo correspondente a essa profissão.

2.9.5 Sigilo bancário e sigilo fiscal

As autoridades da Administração Tributária reclamavam o acesso às informações protegidas pelo sigilo bancário ao argumento de que não se tratava de quebra deste, mas de simples transferência às autoridades fazendárias que, por seu turno, estavam obrigadas a guardar o sigilo fiscal.

Assim, a Lei Complementar 105, de 10 de janeiro de 2001, cuidou de flexibilizar o sigilo bancário, admitindo as informações para o fisco. Sobre o assunto escrevemos:

> "A Lei Complementar n.º 105, de 10.1.2001, estabelece que não constitui violação do sigilo a que estão obrigadas as instituições financeiras, entre outras hipóteses, a prestação de informações nos termos e condições que estabelece (art. 1º, § 3º). Delega ao Poder Executivo atribuição para disciplinar, inclusive quanto à periodicidade e aos limites de valor, os critérios segundo os quais as instituições financeiras informarão à administração tributária da União, as operações financeiras efetuadas pelos usuários de seus serviços (art. 5º); as informações obtidas das instituições financeiras serão conservadas sob sigilo fiscal (art. 5º, § 5º).

---

[49] Hugo de Brito Machado, *Curso de Direito Tributário*, 26ª edição, Malheiros, São Paulo, 2005, p. 254-255.

As autoridades e os agentes fiscais tributários da União, dos Estados, do Distrito Federal e dos Municípios somente poderão examinar documentos, livros e registros de instituições financeiras, inclusive referentes a contas de depósitos e aplicações financeiras, quando houver processo administrativo instaurado ou procedimento administrativo fiscal em curso e tais exames sejam considerados indispensáveis pela autoridade administrativa competente (art. 6º)".[50]

Realmente, a Lei Complementar nº 104, de 10.1.2001, ao alterar a redação do art. 198 do CTN, ampliou demasiadamente as exceções ao dever de sigilo fiscal, de sorte que realmente se pode dizer que na prática este já não existe. Assim, as autoridades da Administração Tributária estão liberadas para fazer o que mais gostam, que é a publicidade sensacionalista como forma de constranger o contribuinte.

2.9.6 Sigilo fiscal como contrapartida do poder-dever de fiscalizar

O dever legalmente atribuído à Fazenda Pública e a seus servidores, de manterem sigilo a respeito de informações obtidas em razão do ofício sobre a situação econômica ou financeira do sujeito passivo ou de terceiros e sobre a natureza e o estado de seus negócios ou atividades, é uma contrapartida do poder-dever de fiscalizar.

Os contribuintes, como os cidadãos em geral, têm direito à privacidade. Privacidade pessoal, absolutamente necessária à preservação dos valores da individualidade e da dignidade humana, e privacidade empresarial, absolutamente necessária à prática da livre-iniciativa econômica e da livre concorrência.[51] Por outro lado, a preservação dos interesses do Estado na arrecadação de tributos exige que os seus agentes tenham acesso a informações a respeito dos fatos que sejam relevantes para fins tributários. Por isto mesmo a Constituição estabelece que, especialmente para conferir efetividade aos princípios da pessoalidade dos impostos e da capacidade econômica, é facultado à Administração Tributária identificar, respeitados os direitos individuais e nos termos da lei, o patrimônio, os rendimentos e as atividades econômicas do contribuinte.[52]

---

[50] Hugo de Brito Machado, *Curso de Direito Tributário*, 26ª edição, Malheiros, São Paulo, 2005, p. 255.
[51] Constituição Federal de 1988, art. 170, *caput* e inciso IV.
[52] Constituição Federal de 1988, art. 145, § 1º.

A ação da Administração Tributária no exercício do poder-dever de fiscalizar há de ser desenvolvida "respeitados os direitos individuais e nos termos da lei." Há de respeitar, portanto, o direito à privacidade, que é um dos mais importantes direitos individuais. A guarda do sigilo, vale dizer, o denominado sigilo fiscal, é, portanto, a contrapartida da faculdade, ou mais exatamente, do poder-dever de fiscalizar.

2.9.7 Titulares do dever de sigilo

Estabelece o art. 198 do Código Tributário Nacional que

> "sem prejuízo do disposto na legislação criminal, é vedada a divulgação, por parte da Fazenda Pública ou de seus servidores, de informação obtida em razão do ofício sobre a situação econômica ou financeira do sujeito passivo ou de terceiros e sobre a natureza e o estado de seus negócios ou atividades."

Pode parecer fora de propósito a referência a *Fazenda Pública* e a seus *servidores*, pois a entidade Fazenda Pública não tem como agir a não ser por intermédio de seus servidores. O despropósito, porém, é apenas aparente. A referência ao ente público e aos servidores deste tem o propósito de esclarecer que a vedação tanto se dirige à divulgação oficial, que poderia ser praticada pela Fazenda, entidade pública, e também à divulgação que eventualmente fosse feita por um servidor público, extraoficial ou informalmente.

2.9.8 Violação de sigilo funcional

Repita-se que nos termos da lei o dever de sigilo é legalmente atribuído aos servidores da Administração Tributária *sem prejuízo do disposto na legislação criminal.* Isto quer dizer que o tratamento legal dispensado ao dever de sigilo fiscal não exerce nenhuma influência no âmbito do Direito Penal, que pode tratar como ilícito a violação do sigilo funcional, vale dizer, o sigilo cuja guarda faz parte das responsabilidades do cargo público.

A lei penal, por seu turno, define o crime de violação de sigilo funcional, estabelecendo:

> "Art. 325. Revelar fato de que tem ciência em razão do cargo e que deva permanecer em segredo, ou facilitar-lhe a revelação:
> Pena – detenção, de 6 (seis) meses a 2 (dois) anos, ou multa, se o fato não constitui crime mais grave.

§ 1º Nas mesmas penas incorre quem:
I – permite ou facilita, mediante atribuição, fornecimento e empréstimo de senha ou qualquer outra forma, o acesso de pessoas não autorizadas a sistemas de informações ou banco de dados da Administração Pública;
II – se utiliza, indevidamente, de acesso restrito.
§ 2º Se da ação ou omissão resulta dano à Administração Pública ou a outrem:
Pena – reclusão de 2 (dois) a 6 (seis) anos, e multa."

Como se vê, a quebra do sigilo fiscal pode configurar crime. Agora, porém, em face da ampliação das exceções e da exclusão de algumas situações que adiante vamos examinar, restou de difícil configuração esse crime.

2.9.9 Amesquinhamento do sigilo fiscal

A nova redação dada pela Lei Complementar nº 104, de 10 de janeiro de 2001, implicou amesquinhamento do sigilo fiscal.

Tal amesquinhamento resta evidente nos parágrafos introduzidos no art. 198 do Código Tributário Nacional, em substituição a seu parágrafo único, abrindo exceções que praticamente anulam a regra e que a rigor são absolutamente injustificáveis. O único objetivo de tais exceções é na verdade permitir que a Fazenda Pública utilize a divulgação de informações como arma contra o contribuinte, que por razões óbvias não quer ver divulgadas informações que lhe podem causar danos.

2.10 Exceções ao sigilo fiscal

2.10.1 Deslealdade na elaboração das leis

O argumento mais forte dos defensores do projeto afinal transformado na Lei Complementar nº 105, de 10 de janeiro de 2001, consistia na afirmação de que o acesso das autoridades da Administração Tributária aos dados de contas bancárias não constituiu uma quebra do sigilo bancário, mas simplesmente a transferência de informações a quem também tem o dever de sigilo, posto que as referidas autoridades estão obrigadas ao sigilo fiscal.

Tal argumento, todavia, parece ter sido utilizado com profunda deslealdade, pois ao mesmo tempo em que era encaminhado o referido anteprojeto era também encaminhado um outro, do qual resultou a Lei Complementar nº 104, também de 10 de janeiro de 2001, que praticamente aboliu o sigilo fiscal.

Realmente, com a redação dada ao art. 198 do Código Tributário Nacional pela Lei Complementar nº 104/2001, o sigilo fiscal restou praticamente abolido pela ampliação injustificável de exceções e pela exclusão de certas situações que foram colocadas fora do seu âmbito, restando em relação a elas autorizada a publicidade.

2.10.2 Injustificável ampliação das exceções

Enquanto nos termos de sua redação anterior, o parágrafo único do art. 198 colocava como exceções ao dever de sigilo fiscal apenas:

a) os casos de permuta de informações entre as autoridades fazendárias federais, estaduais e municipais, previstos em lei ou em convênio, nos termos do art. 199 do Código Tributário Nacional, e

b) os casos de requisição regular de autoridade judiciária no interesse da Justiça, a Lei Complementar nº 104/2001 alterou a redação do citado dispositivo, transformando-o em dois parágrafos, nos quais manteve praticamente inalteradas as exceções já antes previstas, às quais acrescento as solicitações de autoridades administrativas no interesse da Administração Pública. Com isto o que antes era sigilo fiscal passou a ser disponível por toda a Administração Pública.

É certo que no parágrafo segundo está encartada norma que aparentemente seria hábil a preservar o sigilo fiscal. Na verdade, porém, trata-se de norma absolutamente ineficaz, porque a ampliação do número de pessoas que tenham conhecimento das informações fiscais relativas ao contribuinte torna o controle do sigilo absolutamente impraticável.

É certo que as investigações de faltas funcionais no âmbito da Administração Pública, que serviram de pretexto para essa ampliação de exceções ao dever de sigilo fiscal, podem de algum modo ser facilitadas. Ocorre que em relação ao sigilo bancário os servidores públicos gozam da garantia de que somente por ordem judicial pode ser quebrado tal sigilo, e com certeza nenhum servidor público que adquire bens, ou rendas, ilicitamente, declara esses ganhos à Administração Tributária. Assim, é fácil de se concluir que as solicitações de autoridade administrativa, referidas no inciso II, do § 1º, do art. 198, não passarão de pretexto para o amesquinhamento do sigilo fiscal.

Além dessa indevida ampliação de exceções ao sigilo fiscal, o art. 198 do Código Tributário Nacional, com a redação que lhe deu a Lei Complementar nº 104/2001, contempla a exclusão do referido sigilo relativamente às situações que indica, o que completa, na prática, a sua abolição, ou o seu desvirtuamento.

2.10.3 Exclusão do sigilo fiscal e seu desvirtuamento

Além de ampliadas as exceções ao dever de guardar o sigilo fiscal, a Lei Complementar nº 105/2001, ultrapassando todos os limites do razoável, excluiu do âmbito do sigilo fiscal algumas situações, estabelecendo que não é vedada a divulgação de informações relativas a representações fiscais para fins penais, inscrições na Dívida Ativa da Fazenda Pública e parcelamento ou moratória.

Nada justifica tais exclusões, como à primeira vista pode parecer. As concessões de moratórias, inclusive de parcelamentos, não dependem de publicidade nem mesmo ensejam necessário conhecimento do fato por pessoas estranhas à Administração Tributária. Quanto às inscrições em Dívida Ativa, é certo que se pode formular um conceito mais restrito de Administração Tributária e que neste não se compreenderiam as Procuradorias da Fazenda, órgãos incumbidos de realizar tais inscrições e de promover a cobrança dos créditos respectivos. Poder-se-ia também argumentar que é necessária a divulgação das inscrições em Dívida Ativa porque, nos termos do art. 185 do Código Tributário Nacional presume-se fraudulenta a alienação ou a oneração de bens ou rendas por sujeito passivo em débito para com a Fazenda Pública inscrito em Dívida Ativa. Assim, é importante que terceiros tomem conhecimento da inscrição para evitarem adquirir bens ou aceitá-los em garantia. Nada disto, porém, justifica a divulgação das inscrições.

Realmente, não se conhece manifestação de que nenhum contribuinte tenha reclamado de autoridades da Administração Tributária por quebra de sigilo fiscal consistente no envio de documentos à Procuradoria da Fazenda, para inscrição e cobrança de créditos. Trata-se de procedimento já muito antigo, que sempre foi aceito normalmente pelos contribuintes e pela comunidade em geral, pois todos consideram as procuradorias como órgãos da própria Administração Tributária. De todo modo se, com uma visão excessivamente formalista, considerar-se que não se confundem as procuradorias da Fazenda Pública com a Administração Tributária, e assim entender-se que a remessa de documentos desta para aquelas para fins de inscrição em Dívida Ativa poderia configurar quebra do sigilo fiscal – hipótese que apenas para argumentar se admite –, mais adequado seria que a lei tivesse dito não constituir quebra do sigilo fiscal dita remessa, bem como a propositura das ações de execução fiscal correspondentes.

Por outro lado, é absolutamente inconsistente o argumento que pretende sustentar a necessidade de divulgação das inscrições para evitar alienações ou onerações de bens ou rendas presumidamente fraudulentas. A presunção de fraude não tem como pressuposto a divulgação da inscrição em Dívida Ativa.

Quem adquire bens, ou os aceita em garantia, garante-se contra aquela presunção com a certidão da inexistência da questionada inscrição de débito de responsabilidade do alienante. Por outro lado, pode ter havido a divulgação da inscrição mas ter sido a mesma cancelada, seja porque feita indevidamente, seja porque o devedor pagou sua dívida para com a Fazenda. Em qualquer caso o que importa mesmo é a certidão dando conta de que o alienante não tem débito para com a Fazenda, inscrito em Dívida Ativa. Não importa se houve, ou deixou de haver, publicidade a respeito da inscrição.

A representação fiscal para fins penais de fato implica levar ao conhecimento de pessoas fora do âmbito da Administração Tributária fatos que certamente estão no âmbito do sigilo fiscal. Também neste caso, todavia, mais adequado teria sido uma simples ressalva. A lei poderia ter estabelecido que não se considera quebra do sigilo fiscal a representação fiscal para fins penais, bem como a propositura das ações penais decorrentes.

Em qualquer caso, todavia, restaria vedada a publicação desses atos, cuja publicidade seria restrita aos meios onde tramitam os processos.

2.10.4 Desvirtuamento do sigilo fiscal

O que se deu com a nova redação do art. 198 do Código Tributário Nacional decorrente da Lei Complementar nº 104 foi o verdadeiro e total desvirtuamento do sigilo fiscal. Dele restou apenas uma versão capenga, desvirtuada, que se presta simplesmente para dar amparo às autoridades da Administração Tributária quando querem negar informações ao contribuinte que as procura por intermédio de terceiros, seus empregados ou prepostos sem mandato formal, escrito, prevalecendo também sob este aspecto o propósito extremamente burocrático do serviço público.

A exclusão de certas situações do âmbito do sigilo fiscal parece ter tido o propósito vergonhoso de permitir a prática de publicidade constrangedora contra o contribuinte. Na prática, pode-se dizer que já não existe o sigilo fiscal, pelo menos para impedir o que as autoridades da Administração Tributária mais gostam de fazer, que é utilizar a publicidade sensacionalista como forma de constranger o contribuinte.

O sigilo fiscal passou a ser apenas para constar. A norma do art. 198 do Código Tributário Nacional, que o garante, está inteiramente esvaziada pelas exclusões estabelecidas no § 3º. Podem ser divulgadas à vontade as listas de devedores. Basta que as dívidas estejam inscritas. Ou então, basta que seja caso de representação fiscal para fins penais. Assim, a Fazenda pode arruinar qualquer empresa com publicidade sensacionalista. Basta que o contribuinte se oponha à cobrança do tributo, mesmo com inteira razão do ponto de vista jurídico. Não importa que a exigência tributária seja descabida. Quando o contribuinte conseguir decisão judicial que o diga, a notícia já estará divulgada e os danos, moral e material, definitivamente consumados.

Note-se que nos termos do § 3º, do art. 198, do Código, não é vedada *a divulgação de informações...* Assim, formulada representação fiscal para fins penais, ou inscrito o débito em Dívida Ativa, ou concedido um parcelamento, não se cogita mais de sigilo fiscal. A Fazenda Pública poderá divulgar informações sobre os fatos que ensejaram a representação fiscal para fins penais, a inscrição em Dívida Ativa ou o parcelamento.

E se a representação for improcedente? E se a divulgação causar danos morais a quem afinal seja absolvido da imputação, ou até nem mesmo seja denunciado pelo Ministério Público?

Uma coisa é o juízo formulado pela autoridade administrativa quando faz a representação fiscal para fins penais. Outra é o juízo a ser feito pelo Ministério Público a respeito da configuração do delito e da responsabilidade penal daqueles contra os quais vai fazer a denúncia. E outra, ainda, o juízo a ser formulado pela autoridade judiciária, já no ato de receber a denúncia, já no ato final do processo, ao julgar o denunciado.

Seja como for, certo é que a Fazenda Pública não tem necessidade nenhuma de divulgar informações, sejam elas a respeito de representação fiscal para fins penais, ou relativas a inscrições na Dívida Ativa, ou a parcelamentos ou moratórias concedidas. Tem, é certo, interesse escuso na possibilidade de fazê-lo, interesse escuso em dispor de instrumento para denegrir o conceito do contribuinte e criar para este situações vexatórias, porque ciente dessa possibilidade o contribuinte geralmente se submete a pagar o tributo, mesmo que o considere indevido.

2.10.5 *Publicidade constrangedora*

Realmente, a possibilidade de realizar publicidade constrangedora sempre foi desejada por autoridades da Administração Tributária que acreditam na eficácia das sanções políticas como instrumento de arrecadação de tributo. Publicidade que era vedada pelo denominado sigilo fiscal.

Agora, ao estabelecer que não é vedada a divulgação de informações relativas a representações fiscais para fins penais, inscrições na Dívida Ativa da Fazenda Pública e parcelamento ou moratória, o § 3º do art. 198 na verdade aboliu o sigilo fiscal. Foi muito além do que podia em um Estado de Direito que respeita as garantias estabelecidas em sua Constituição.

Note-se que o dispositivo não diz apenas que o sigilo fiscal não impede a remessa de documentos para inscrição de débitos em Dívida Ativa. Ou a representação fiscal para fins penais. Diz muito mais. Diz que não é vedada a divulgação de informações relativas a tais procedimentos. E com isto permite a publicidade constrangedora que as autoridades fazendárias gostam de fazer para amesquinhar os direitos do contribuinte.

2.10.6 O remédio jurídico adequado

Diante de cobrança indevida, que pretende questionar judicialmente, o remédio jurídico adequado do qual se pode valer o contribuinte para evitar situações constrangedoras, criadas com a publicidade de fatos que deveriam estar protegidos pelo sigilo fiscal, é a responsabilidade civil da Fazenda e a responsabilidade pessoal do agente público, pelos danos daquela publicidade decorrentes.

Ressalte-se que o contribuinte, em situações dessa natureza, em que tenha contra ele formulada exigência tributária absurda, pode notificar judicial ou extrajudicialmente as autoridades e agentes envolvidos de que os vai responsabilizar, pessoalmente, pelos danos que porventura venha a sofrer em virtude de divulgação dos fatos. E essa responsabilidade pessoal do servidor público é na verdade o único caminho para impedir atitudes levianas e abusivas deste.

Há, de fato, um clima de absoluta irresponsabilidade daqueles que exercitam o poder estatal. Na melhor das hipóteses para o cidadão que seja vítima de atitudes levianas e abusivas, tem-se a indenização que é paga pelo ente público. Esta, porém, termina sendo suportada pelos contribuintes, enquanto o agente do Poder Público resta imune a qualquer consequência de suas arbitrariedades.

A questão do sigilo fiscal, agora praticamente anulado, está intimamente ligada à questão do sigilo bancário. Aliás, quem preparou os anteprojetos das Leis Complementares 104 e 105 parece ter tido o propósito de burlar resistências no Congresso Nacional contra a quebra do sigilo bancário, como demonstramos nos comentários ao art. 197. Propósito afinal alcançado com a aprovação das referidas leis que albergam dispositivos de constitucionalidade no mínimo discutível e já submetida à apreciação do Supremo Tribunal Federal, que em breve se manifestará a respeito.

A nosso ver, padece de inconstitucionalidade também a norma do § 3º, do art. 198, do Código Tributário Nacional, introduzida pela Lei Complementar nº 104/2001, como a seguir vamos demonstrar.

2.10.7 Inconstitucionalidade da exclusão do sigilo fiscal

A publicidade a respeito de certos fatos afronta as garantias do sigilo de dados, da livre iniciativa econômica e da livre concorrência. E em certos casos contraria o interesse da própria Fazenda Pública.

Conhecemos vários casos concretos que bem o demonstram.

Em um deles, um profissional da área de assessoria jurídica empresarial tomou conhecimento, via Internet, da relação de empresas às quais a Receita Federal havia deferido parcelamento e dirigiu correspondência a essas empresas oferecendo seus serviços com o objetivo de pleitear a exclusão de acréscimos legais. O dirigente de uma dessas empresas, revoltado porque os fatos chegaram ao conhecimento de seus empregados que viram a correspondência do profissional, formulou representação junto à Ordem dos Advogados exigindo a punição do profissional por haver tornado público o parcelamento que seria indicador de situação de dificuldades financeiras. E a Ordem, ouvido o profissional, decidiu que a responsabilidade pela publicação seria da Receita Federal, que colocara na Internet a relação das empresas favorecidas com o parcelamento.

Em outro caso, um contribuinte obteve informações relativas a vários outros, do mesmo ramo de atividades, e as analisou, chegando à conclusão de que estava pagando mais imposto do que os seus concorrentes. Conseguiu que as autoridades fazendárias determinassem ações de fiscalização rigorosa dos mesmos, que foram realizadas e chegou-se à conclusão de que não estavam praticando nenhuma ilegalidade. Apenas realizavam aquisições de matéria-prima no território do próprio Estado, com menor ônus tributário do que a matéria-prima que o mencionado contribuinte adquiria em outros Estados. Era um caso típico de planejamento tributário, inteiramente lícito e até de certa forma desejado pelas autoridades estaduais não fazendárias, porque estimulava a atividade produtiva no Estado. O contribuinte, por ter tido acesso a informações de seus concorrentes, terminou adotando o mesmo procedimento e passou a pagar menos imposto, em detrimento da arrecadação.

Dependendo das circunstâncias do caso, a divulgação, pelas autoridades ou funcionários do fisco, de fatos relativos à situação econômica ou financeira dos sujeitos passivos ou de terceiros e à natureza e ao estado de seus negócios pode configurar o crime de *excesso de exação*, previsto no art. 316, § 1º, do Código Penal.

Seja como for, ainda que a divulgação de fatos não chegue a configurar crime, certo é que em princípio ofende o direito ao sigilo de dados que é, sem dúvida, uma garantia constitucional. E assim, demonstrado o dano material, ou moral, o prejudicado tem direito à correspondente indenização, pela qual é responsável a Fazenda Pública independentemente de culpa ou dolo. E o agente público, se comprovado o dolo ou a culpa.

2.11 Requisição de força pública

2.11.1 A interpretação literal do art. 200

A propósito do disposto no art. 200 do Código Tributário Nacional, na primeira edição do nosso Curso de Direito Tributário, publicado em 1976, escrevemos:

> "As autoridades administrativas federais poderão requisitar o auxílio da força pública federal, estadual ou municipal, e reciprocamente, quando vítimas de embaraço ou desacato no exercício de suas funções, ou quando necessário à efetivação de medida prevista na legislação tributária, ainda que não se configure fato definido em lei como crime ou contravenção (CTN, art. 200).
> A requisição é feita diretamente pela autoridade administrativa. Não há necessidade de intervenção judicial.
> Pressuposto de legitimidade da requisição é o fato de haver sido a autoridade administrativa vítima de embaraço ou desacato no exercício de suas funções, ou também o fato de ser o auxílio da força pública necessário à efetivação de medida prevista na legislação tributária. Não exige o CTN, para que possa ter lugar o uso da força pública, tenha havido crime ou contravenção. A regra é de ordem prática. Evita perquirições a respeito da configuração de delito. *Embaraço* é qualquer forma de resistência à atividade fiscal. Não apenas a que configure o delito de *resistência* previsto no art. 329 do Código Penal.
> *Desacato* é crime previsto no art. 331 do Código Penal. Todavia, são irrelevantes, para os fins do art. 200 do CTN, as controvérsias doutrinárias a respeito da configuração do delito de desacato.
> O próprio agente fiscal poderá requisitar o auxílio da força pública. Não precisa valer-se do chefe da repartição. A redação do art. 200 do CTN conduz ao entendimento de que o termo *autoridade*, ali empregado, inclui os *agentes* desta. Por outro lado, em muitas situações a necessidade de urgência na utilização da força pública impõe que assim seja. A demora em obter o auxílio da força pública tornaria este, em muitos casos, inteiramente ineficaz.

A autoridade administrativa e seus agentes devem se comportar com prudência e adstritos ao princípio da legalidade."[53]

Não obstante tenhamos mantido o texto da primeira edição, com pequenas alterações, até a 19ª edição, que foi publicada em 2001,[54] reconhecemos a sua desatualização e nos penitenciamos pelo descuido. A experiência e a maturidade que só o tempo nos confere está a nos dizer que, com o advento da Constituição Federal de 1988, temos de interpretar o art. 200 do Código Tributário Nacional de outro modo, para evitar o conflito com os direitos fundamentais nesta assegurados.

2.11.2 A interpretação do art. 200 segundo a Constituição Federal de 1988

É induvidosa a proteção assegurada pela Constituição Federal de 1988 à inviolabilidade do domicílio, que está na mesma colocada como um direito fundamental.[55] A violação do domicílio só é autorizada nas hipóteses expressamente nela previstas.

Não se pode esquecer que a inviolabilidade do domicílio é um direito fundamental. A questão que se coloca é, então, a de saber solucionar o conflito entre o interesse público que fundamenta a atividade de fiscalização tributária e esse direito fundamental, que é o da inviolabilidade do domicílio.

A inviolabilidade do domicílio como um direito constitucional que é, não comporta exceções que não estejam estabelecidas na própria Constituição. Assim, qualquer dispositivo de lei inferior há de ser interpretado de modo a que não se tenha ampliação das exceções que a Constituição estabelece. Neste sentido diz-se, com Pontes de Miranda, que se trata de um direito absoluto.[56]

Parece-nos, portanto, indiscutível que a norma do art. 200 do Código Tributário Nacional deve ser interpretada de conformidade com a vigente Constituição Federal. Neste sentido, aliás, manifestou-se já o Superior Tribunal de Justiça, ao proferir acórdão assim ementado:

---

[53] Hugo de Brito Machado, *Curso de Direito Tributário*, Resenha Tributária, São Paulo, 1976, p. 140-141.
[54] Hugo de Brito Machado, *Curso de Direito Tributário*, Malheiros, São Paulo, 2001, p. 209-210.
[55] Constituição Federal de 1988, art. 5º, inciso XI.
[56] Cf. Pontes de Miranda, *Comentários à Constituição de 1967*, Revista dos Tribunais, São Paulo, 1968, t. V, p. 164.

"TRIBUTÁRIO. INTERPRETAÇÃO DO ART. 195, DO CTN. APREENSÃO DE DOCUMENTOS.
1. O ordenamento jurídico-tributário brasileiro está rigorosamente vinculado ao princípio da legalidade.
2. O art. 195, do CTN, não autoriza a apreensão de livros e documentos pela fiscalização, sem autorização judicial.
3. Recurso improvido".[57]

No voto então proferido, o relator, Ministro José Delgado, esclareceu:

"A mensagem do art. 195, do CTN, não autoriza a apreensão de livros e documentos pela fiscalização, sem autorização judicial.
Correta, portanto, a fundamentação do acórdão no sentido de que (fls. 74/75):
"Com efeito:
1. é induvidoso o procedimento constrangedor dos Srs. Agentes Fiscais, ao adentrarem ao escritório da Impetrante ora apelada e subtraírem, *motu proprio, manu militari,* de seus armários e escrivaninhas documentos particulares para 'posterior verificação fiscal'. ('Termo de Apreensão', fls. 7/8).
Ora, o artigo 195 do CTN garante ao Fisco o direito de 'examinar mercadorias, livros, arquivos, documentos, papéis e efeitos comerciais e fiscais dos comerciantes, industriais ou produtores, ou da obrigação destes de exibi-los'.
O parágrafo único do referido artigo especifica quais os documentos verificáveis em inspeção regular: 'os livros obrigatórios de escrituração comercial e fiscal e os comprovantes dos lançamentos neles efetuados', documentos mantidos na repartição contábil do contribuinte, de apresentação obrigatória, se requisitados, a serem examinados nas dependências contábeis do contribuinte, nos limites da Súmula nº 439 do STF:
'Estão sujeitos à fiscalização tributária, ou previdenciária, quaisquer livros comerciais, limitado o exame aos pontos objeto da investigação.'"

---

[57] STJ, 1ª Turma, REsp 300065/MG, rel. Ministro José Delgado, unânime, *DJU I* de 18.6.2001, p. 117. No mesmo sentido: EDcl no REsp 1208875/SP, 2ª Turma, rel. Ministro Mauro Campbell Marques, julgado em 17.12.2013, *DJe* 19.3.2014.

2.11.3 Alcance do termo domicílio

Pode ocorrer que o estabelecimento comercial ou profissional seja utilizado também como moradia. Neste caso resta evidente que está incluído no conceito de domicílio, e goza, portanto, da proteção constitucional da inviolabilidade.

Ensina Pontes de Miranda:

> "No direito constitucional, domicílio é onde se habita e onde se ocupa espaço, próprio, para uso pessoal, ou para negócios, oficina, escritório, e abrange o pátio, o quintal, as estribarias, a garagem, os quartos de empregados etc.: o 'todo da habitação ou do prédio ocupado para uso exclusivo dos ocupantes'. O simples quarto de hotel ou de pensão é domicílio. O apartamento onde o advogado tem o seu escritório é domicílio. A parte em que está a família de um gerente de casa de diversões, com exclusão das outras pessoas, é domicílio."[58]

2.11.4 Os estabelecimentos comercial e profissional como domicílio

Como se vê da lição de Pontes de Miranda, acima transcrita, o estabelecimento também se inclui no conceito de domicílio. Leva problema a questão de saber se o estabelecimento comercial ou profissional, não utilizado como residência, está ou não incluído no conceito de domicílio. Parece-nos que todos os estabelecimentos comerciais ou profissionais podem ser, em princípio, divididos em duas partes bem distintas. Uma aberta ao público, e outra reservada aos que ali trabalham, ou mesmo reservada aos que dirigem o estabelecimento.

Quanto à parte aberta ao público é razoável entender-se que não existe a proteção constitucional da inviolabilidade. Quanto à parte reservada, seja aos que trabalham no estabelecimento, e de modo especial quando seja reservada apenas a seus dirigentes, parece-nos ser evidente a proteção constitucional, compreendendo-se tais áreas do estabelecimento comercial ou profissional no conceito de domicílio.

Na lição autorizada de Pontes de Miranda, *casa*, no sentido do dispositivo constitucional que assegura a inviolabilidade do domicílio, *"é a porção espacial, delimitada, autônoma, que alguém ocupa, só ou em companhia de outrem, com*

---

[58] Pontes de Miranda, *Comentários à Constituição de 1967*, Revista dos Tribunais, São Paulo, 1968, t. V, p. 172.

exclusão de outras pessoas e, pois, em virtude do princípio da inviolabilidade do domicílio, com exclusão do Estado".[59]

2.12 Ingresso de agentes do fisco no domicílio

2.12.1 Consentimento do morador

A primeira das hipóteses em que a norma da Constituição permite a entrada de estranho no domicílio de alguém é a do consentimento do morador, que é o titular do direito à inviolabilidade de seu próprio domicílio.

O ingresso de agentes do fisco no domicílio do contribuinte é lícito quando exista o consentimento do próprio contribuinte, dado diretamente ou por intermédio de preposto autorizado.

Não se trata propriamente de uma exceção à inviolabilidade do domicílio, mas do reconhecimento constitucional de tratar-se de um direito renunciável. Quando o morador consente que um estranho penetre em seu domicílio, está abrindo mão, renunciando a seu direito à inviolabilidade.

Essa renúncia há de ser habilmente comprovada. Não se presume, até porque seria muito difícil para o morador elidir a presunção, se fosse esta possível, fazendo prova em sentido contrário. Seria uma prova de negação, que em princípio é impossível.

2.12.2 Exceções constitucionais

Como se trata de um direito assegurado expressamente pela Constituição, repita-se, a inviolabilidade do domicílio só comporta as exceções estabelecidas pela própria Constituição. Admitir o contrário, entendendo possa o legislador infraconstitucional estabelecer outras exceções, seria admitir que este modificasse a Lei Maior, com inversão de sua supremacia no ordenamento jurídico.

Nos termos da vigente Constituição, a penetração no domicílio alheio está permitida em caso de flagrante delito ou desastre, ou para prestar socorro, ou, durante o dia, por determinação judicial.[60]

---

[59] Pontes de Miranda, *Comentários à Constituição de 1967*, Revista dos Tribunais, São Paulo, 1968, t. V, p. 172.
[60] Constituição Federal de 1988, art. 5º, inciso XI.

2.12.3 Flagrante delito ou desastre, ou prestação de socorro

A norma da Constituição que estabelece exceção ao direito à inviolabilidade do domicílio, permitindo a penetração de estranho no domicílio de alguém no caso de flagrante delito ou desastre, ou para prestar socorro, deve ser interpretada com o cuidando necessário a que não termine o intérprete ampliando norma excepcional, pois como é sabido as normas que estabelecem exceções não devem ser ampliadas.

Por outro lado, a norma em tela refere-se, no singular, ao caso de, e não, no plural, aos casos de. E isto quer dizer que apenas o caso que se pode caracterizar pelo flagrante delito, ou pelo desastre, ou pela necessidade de prestação de socorro. O caso que se presta como exceção é apenas um, aquele em que alguém vai intervir no interior do domicílio em virtude de um flagrante delito, ou de um desastre. A referência às circunstâncias se prende ao fato de que pode haver necessidade de prestação de socorro sem que se saiba se está ocorrendo flagrante delito, ou desastre. Se alguém grita por socorro, não se precisa saber se está havendo um delito, ou um desastre. Há pedido de socorro que autoriza o ingresso. Mas pode ocorrer que tenha havido um desastre, e neste caso também o ingresso é autorizado, ainda que não haja pedido de socorro. O que importa para a adequada interpretação do dispositivo constitucional é a consideração de que se trata de uma situação excepcional e de emergência, em que ou se dá o ingresso de pronto, ou poderá ser este ineficaz se retardado pelo receio de ingressar.

2.12.4 Autorização judicial de busca e apreensão

A autorização judicial de busca e apreensão em domicílio também é medida excepcional. Só é cabível quando houver justificada suspeita de fraude, e deve ser fundamentada. Não se trata de ato discricionário do juiz, que há de funcionar como instrumento da efetividade da garantia constitucional.

Assim, requerida pela autoridade administrativa ao juiz, deve este averiguar cuidadosamente as circunstâncias, pois a ele cabe preservar a garantia constitucional contra os impulsos autoritários da Administração Tributária, cabendo aqui a ênfase dada na oportuna lição de Luiz Flávio Gomes à distinção entre o Juiz e o Estado, porque

> "o Estado, que no sistema do Direito liberal clássico tinha a missão de assegurar a tutela dos direitos do homem, na sua atual configuração de Estado Globalizado representa um dos maiores riscos para todos nós. Deixar nas mãos do Estado o controle da nossa privacidade é o mesmo que colocar inúmeras crianças sob o controle único e exclusivo

de um pedófilo. Em todo momento ele se verá tentado a satisfazer sua 'libido' financeira (ou a libido financeira dos órgãos internacionais)".[61]

Não há dúvida de que o constituinte exigiu a ordem judicial numa evidente demonstração de que o Juiz não se pode confundir com o Estado enquanto Administração Pública, sob pena de resultar inteiramente inútil a garantia constitucional.

2.12.5 Uso indevido da força contra o contribuinte

Em definitivo, pois, não pode a Administração Tributária utilizar a força para invadir o domicílio do contribuinte, autorizada como se poderia supor em face de uma interpretação literal e isolada do art. 200 do Código Tributário Nacional. Se o fizer, poderá estar colhendo prova ilicitamente, e portanto prova de nenhum valor jurídico.

2.12.6 A prova ilícita

Com efeito, a prova eventualmente colhida por agentes do fisco no domicílio do contribuinte, sem autorização deste e fora dos casos excepcionais previstos na Constituição, será prova ilícita e como tal desprovida de valor jurídico.

Reportando-se à Lei Geral Tributária espanhola, em muitos pontos semelhante ao nosso Código Tributário Nacional, Luis Miguel Abajo Antón esclarece que a LGT "consagra el principio de la necesidad de obtención del mandamiento judicial para la entrata en cualquier local, oficina o negocio, y no sólo para el de los domicilios particulares cuyo acceso dependa del consentimiento de su titular". E em seguida examina a consequência da violação dessa garantia. Em suas palavras:

> "Qué consecuencias tendría la violação de estos preceptos por parte de la Inspección? En el peor de los casos, esta violación puede llegar a constituir delito, y en el mejor significa que las pruebas obtenidas en un registro tipificado de inconstitucional carecen de valor probatorio, a efectos de la apertura de un procedimiento sancionador (Sentencia del Tribunal Supremo de 29 de noviembre de 1984)."[62]

---

[61] Luiz Flávio Gomes, Crimes Tributários e Quebra do Sigilo Bancário, em *Direito Penal Empresarial*, coordenadora Heloísa Estellita Salomão, Dialética, São Paulo, 2001, p. 157.

[62] Luis Miguel Abajo Antón, *La Empresa ante la Inspección Fiscal*, Fundación Confemetal, Madrid, 1999, p. 121.

Neste sentido já decidiu o Superior Tribunal de Justiça:

"Apreendida, no escritório do paciente, a documentação que deu origem ao processo criminal, sem as cautelas recomendadas no inciso XI do art. 5º, da Constituição Federal, forçoso é reconhecer que se cuida de prova obtida por meios ilícitos, circunstância que afeta o procedimento (inciso LVI do citado dispositivo), principalmente cuidando-se de crime de sonegação fiscal."[63]

Como se vê, soma-se à garantia do direito ao silêncio a garantia da inviolabilidade do domicílio, a dificultar a colheita de provas de crime contra a ordem tributária.

Decisão do Supremo Tribunal Federal reforça o nosso entendimento, ao colocar em dúvida o direito de a Administração Fazendária penetrar no estabelecimento do contribuinte e ter acesso a seus livros e documentos sem o consentimento deste. Apreciando pedido de *habeas corpus* em que era alegada a utilização de provas ilícitas, denegou a ordem ao fundamento de que o ingresso dos fiscais no estabelecimento deu-se com o consentimento do paciente. Isto significa dizer que tal consentimento pode, em princípio, ser negado pelo contribuinte.

A solução da questão de saber se o contribuinte pode negar autorização ao fisco para entrar em seu estabelecimento é de grande relevância. Além da repercussão que certamente tem na esfera penal, como afirmou o Supremo Tribunal Federal, pode ter também repercussões na esfera da Administração Tributária.

Não tem relevo a distinção que poderia ser feita entre o domicílio enquanto moradia da pessoa física e o local de trabalho profissional ou estabelecimento comercial. Na Espanha a lei formulou essa diferença, para autorizar a entrada de fiscais no estabelecimento profissional ou comercial, contra a vontade de seu proprietário, bastando a autorização da autoridade administrativa. Tal distinção, porém, foi rejeitada pelo Supremo Tribunal daquele país, que em julgado do dia 22 de janeiro de 1993, consagrou o princípio segundo o qual os fiscais somente podem entrar naqueles estabelecimentos fora do horário normal de funcionamento da empresa com o consentimento espontâneo do proprietário, e segundo a doutrina tal consentimento há de ser manifestado por escrito.[64] Certo, outrossim, que o domicílio das pessoas jurídicas goza de igual proteção.[65]

---

[63] STJ, HC nº 3.912/RJ, rel. para o acórdão Min. Willian Patterson, *DJU* I de 8.4.96, p. 10.490.

[64] Cf. Luis Miguel Abajo Antón, *La empresa ante la inspección fiscal*, Fundación Confemetal, Madrid, 1999, p. 120.

[65] Cf. Francisco Guio Montero, *El Contribuyente ante la Inspección de Hacienda*, Lex Nova, Valladolid, 1999, p. 420.

No Brasil, o Código Tributário Nacional diz que para os efeitos da legislação tributária não têm aplicação quaisquer disposições legais excludentes ou limitativas do direito de examinar mercadorias, livros, arquivos, documentos, papéis e efeitos comerciais ou fiscais dos comerciantes, industriais ou produtores, ou da obrigação destes de exibi-los.[66] E diz também que as autoridades administrativas federais poderão requisitar o auxílio da força pública federal, estadual ou municipal, e reciprocamente, quando vítimas de embaraço ou desacato no exercício de suas funções, ou quando necessário à efetivação de medida prevista na legislação tributária, ainda que não se configure fato definido em lei como crime ou contravenção.[67] Coloca-se, então, a questão de saber se agentes fiscais podem entrar nos estabelecimentos dos contribuintes, independentemente do consentimento destes.

A resposta, em face da jurisprudência do Supremo Tribunal Federal,[68] hoje pacífica em torno do tema (RE 331.303/PR), parece ser negativa, restando assim confirmada a tese que temos sustentado, segundo a qual a criminalização do ilícito tributário acarretou mais problemas do que soluções para a atividade de administração e cobrança de tributos.

O ingresso desautorizado dos fiscais no estabelecimento do contribuinte pode significar a ilicitude das provas colhidas, o que as invalida tanto para o processo penal como para o processo administrativo de apuração e exigência do tributo.[69]

2.13 Licitude ou ilicitude da ação fiscal

2.13.1 Constitucionalidade do art. 200 do Código Tributário Nacional

Não obstante as limitações a seu alcance, criadas com a nova compreensão da garantia de inviolabilidade do domicílio, o art. 200 do Código Tributário Nacional não é inconstitucional, posto que existem hipóteses nas quais o mesmo pode ser validamente aplicado.

Realmente, a requisição de força pública, feita diretamente pelos agentes fiscais, é válida e se justifica plenamente em situações especiais. Entre elas,

---

[66] Código Tributário Nacional, art. 195.

[67] Código Tributário Nacional, art. 200.

[68] Veja-se despacho do Ministro Celso de Mello, do dia 17.12.99, concedendo liminar no MS 23.595-DF, *DJU* de 1º.2.2000. O entendimento firmado em referido despacho consolidou-se na jurisprudência da Corte.

[69] Constituição Federal, art. 5º, inciso LVI e Lei nº 9.784, de 29.1.99, art. 30.

para garantir a fiscalização do transporte de mercadorias, a apreensão de mercadoria em trânsito desacompanhada da documentação legal necessária, ou em depósito clandestino.

Assim, a conduta do agente público que se utiliza da forma pública no desempenho de suas funções pode ser lícita, ou ilícita, a depender das circunstâncias. Assim, deve o mesmo agir sempre com o necessário *bom senso*.

Infelizmente esse bom senso muitas vezes não preside a ação fiscalizadora. Temos recente exemplo disto no fato da apreensão de livros jurídicos que uma editora de São Paulo nos enviou e foram apreendidos no Posto Fiscal de entrada no Estado, sob a alegação de falta do "selo de controle" na nota fiscal respectiva. É evidente que a falta do malsinado selo, embora possa caracterizar infração à lei tributária – que no caso não nos parece ter ocorrido – não justifica em nenhuma hipótese a apreensão da mercadoria. Ainda mais em se tratando de livros, protegidos pela imunidade tributária.

Seja como for, o bom senso que se manifesta sobretudo na interpretação e na aplicação das leis tendo-se sempre em vista a finalidade de cada norma, é fundamental para a solução adequada de eventuais conflitos. E o art. 200 do Código Tributário Nacional pode ser interpretado e aplicado com esse bom senso, não se colocando, assim, em desarmonia com a Constituição Federal. Em situações nas quais seja evidente a ilicitude do comportamento do contribuinte e não existam meios hábeis para a comprovação desse comportamento, é possível que se justifique o uso da força pública independentemente de ordem judicial. Mas é preciso cautela do agente público, porque o uso não autorizado da força pode em certas situações caracterizar ilicitude capaz de invalidar a prova colhida, sendo possível até a configuração de ilícito penal a ele imputável.

2.13.2 Excesso de exação

O ingresso não autorizado no domicílio do contribuinte pode configurar o crime de excesso de exação, previsto no art. 316, § 1º, do Código Penal, pois segundo esse dispositivo "se o funcionário exige tributo ou contribuição social que sabe ou deveria saber indevido, ou, quando devido, emprega na cobrança meio vexatório ou gravoso, que a lei não autoriza", resta caracterizado o crime de excesso de exação, para o qual comina a pena de reclusão de três a oito anos, e multa.

Na atividade de cobrança do tributo, a autoridade administrativa e seus agentes, além de vinculados à legalidade estão sujeitos a sanções penais. Na prática essa disposição legal é inoperante. Não obstante a voracidade do fisco cada dia maior, a opinião pública parece que ainda considera os agentes do fisco como pessoas cumpridoras da lei, o que infelizmente não corresponde à realidade. As autoridades fazendárias e seus agentes geralmente estão mais preocupados com a arrecadação do que com a lei. E, tanto quanto o contribuinte, a interpretam de forma tendenciosa ou simplesmente a ignoram, desde que isto signifique maior arrecadação.

O contribuinte, a seu turno, geralmente não se dispõe a comunicar ao Ministério Público, ou ao Judiciário, os cometimentos delituosos dos agentes do fisco. Teme represálias, tenha ou não fatos que pretenda manter fora do conhecimento do fisco.

2

O Princípio da Legalidade Tributária

1 INTRODUÇÃO

A Constituição Federal de 1988 estabelece que *"ninguém será obrigado a fazer ou a deixar de fazer alguma coisa senão em virtude de lei"*.[1] Este é o princípio da legalidade que podemos qualificar como *geral* porque invocável contra qualquer exigência de fazer ou de não fazer que não tenha fundamento na lei. Além disto a Constituição estabelece que é vedado à União, aos Estados, ao Distrito Federal e aos Municípios *exigir ou aumentar tributo sem lei que o estabeleça*.[2] É o princípio da legalidade especificamente destinado a garantir ao contribuinte o direito de não pagar tributo que não tenha sido instituído por lei.

O princípio da legalidade tributária como uma garantia constitucional no contexto dos crimes contra a ordem tributária assume enorme importância, pois é uma garantia tanto contra a cobrança de tributo indevido como especialmente uma garantia contra o arbítrio estatal no exercício do seu poder de punir. Arbítrio que tende a ser praticado, em se tratando de crimes contra a ordem tributária, exatamente para compelir o contribuinte a submeter-se à exigência de tributos indevidos. E como ocorre no estudo das demais garantias constitucionais, seu estudo coloca em questão a própria supremacia da Constituição, como garantia que o sistema jurídico oferece contra o arbítrio estatal, quando este se manifesta pela voz do legislador.

---

[1] Constituição Federal de 1988, art. 5º, inciso II.
[2] Constituição Federal de 1988, art. 150, inciso I.

Por isso mesmo a definição legal dos tipos penais há de respeitar os direitos assegurados pela Constituição, sem o que a lei penal será inconstitucional. Mais importante ainda é a interpretação das normas definidoras dos tipos penais. Nessa interpretação se há de ter sempre presente a garantia constitucional da legalidade, sendo certo que da compreensão que se tenha dessa garantia decorrerá a sua efetividade.

Na verdade não basta dizer-se que é vedada a instituição e o aumento de tributo que não se faça mediante lei. Para que essa garantia se faça efetiva é da maior importância saber quem diz se a cobrança do tributo está, ou não, conforme a lei que o instituiu ou aumentou. E daí decorre a solução adequada de importantíssimas questões relacionadas aos crimes contra a ordem tributária, como, por exemplo, a de saber se é possível ação penal sem que tenha havido a solução definitiva da questão prejudicial de ser devido, ou não, o tributo; e a de saber se de um erro por parte do contribuinte na interpretação da lei tributária pode resultar configurado o crime de supressão ou redução de tributo.

Da maior importância, portanto, são as repercussões do princípio da legalidade tributária no campo dos crimes contra a ordem tributária. Entre elas as que vamos a seguir examinar.

2 LEGALIDADE TRIBUTÁRIA E SUAS REPERCUSSÕES NO ÂMBITO PENAL

2.1 Considerações iniciais

Ao estudarmos algumas noções de Direito Tributário, na Parte I, Capítulo 3, já deixamos claro em que consiste o princípio da legalidade tributária. Vale dizer, já explicamos o que significa a garantia segundo a qual é vedada a cobrança de tributo sem lei que o estabeleça. Aqui vamos examinar apenas as repercussões dessa garantia no âmbito dos crimes contra a ordem tributária, de sorte a deixar clara a conexão que não pode ser esquecida entre a relação tributária, na qual o contribuinte se coloca como um cidadão a carecer da proteção jurídica contra o arbítrio estatal, e as questões relacionadas à configuração do ilícito penal nos crimes contra a ordem tributária. Questões que somente surgiram ou se tornaram mais relevantes com a criminalização do ilícito tributário, a exigir atenção para a área de fronteira e de interpenetração desses dois ramos da Ciência Jurídica, para evitar que os conceitos já bem definidos em um desses ramos sejam utilizados de sorte a anular os do outro ou amesquinhar o alcance de certos princípios jurídicos bem amalgamados em um desses ramos do Direito, mas praticamente desconhecidos pelos que lidam com o outro.

Uma dessas questões, em cujo exame destaca-se a importância do princípio da legalidade tributária e sua conexão com as questões relativas aos crimes contra a ordem tributária, diz respeito à necessidade de prévio exaurimento da via administrativa como condição para a propositura da ação penal.

Aqui não vamos examinar essa importante questão em toda a sua extensão, porque isto é objeto de estudo específico em outra parte deste livro. A referência que a ela fazemos impõe-se apenas pela necessidade de sistematização, de sorte que nossa abordagem será feita nos limites dessa necessidade.

2.2 O prévio exaurimento da via administrativa

Designamos com a expressão *prévio exaurimento da via administrativa* a discussão, no âmbito da Administração Tributária, de todas as pendências que surgem entre esta e o contribuinte nas relações tributárias. Como a Administração Tributária dispõe de órgãos destinados a realizar o autocontrole da legalidade de suas exigências, entre as quais se destaca a exigência de cumprimento das obrigações tributárias, é sobremodo relevante que esses órgãos de autocontrole administrativo se manifestem sobre eventuais divergências entre a Administração e o contribuinte antes que outros setores do Estado, especialmente o Ministério Público, possam agir na defesa da ordem jurídica.

A não ser assim, corre-se o risco de em determinada situação o Ministério Público oferecer denúncia contra um contribuinte, imputando a este o cometimento de um crime contra a ordem tributária e, depois de ser este condenado, vir a Administração Tributária, através de órgão de autocontrole de legalidade de suas exigências, a dizer que o referido contribuinte na verdade não violou nenhuma norma da legislação tributária.

Com apoio na tese da autonomia das instâncias sustentou-se, é certo, ponto de vista contrário à nossa tese. Sustentou-se também que o Ministério Público não poderia, em sua missão de fiscalizar a observância da ordem jurídica, ficar a reboque da Administração Tributária, limitando-se a agir contra aqueles que no entender da autoridade administrativa tivessem praticado o ilícito penal.

Trata-se, porém, de um ponto de vista absolutamente inaceitável. Primeiro porque a tese da autonomia das instâncias não pode ser levada além dos limites das questões para as quais foi construída. Aliás, essa tese, se adequadamente interpretada, nos conduz exatamente à conclusão oposta, como adiante vamos demonstrar. Segundo, porque a exigência do prévio exaurimento da via administrativa não impede que o Ministério Público adote as providências que lhe parecerem cabíveis na defesa da ordem jurídica, inclusive denunciando a autoridade administrativa que seja conivente com contribuinte possivelmente autor de crime contra a ordem tributária.

Na verdade, a tese da autonomia das instâncias não pode conduzir ao absurdo de ver-se alguém condenado por supressão ou redução de tributo, enquanto o órgão do Estado, incumbido da atividade de tributação, diz não ter sido praticada supressão nem redução de nenhum tributo pelo acusado. A rigor, a tese da autonomia das instâncias nos leva exatamente à conclusão de que é necessário o prévio exaurimento da via administrativa.

Nos crimes contra a ordem tributária tem-se, para a configuração do tipo, a necessidade de afirmação, pela autoridade administrativa competente, da existência de *tributo devido*, para que se possa no juízo penal afirmar a ocorrência da conduta consistente na *supressão ou redução de tributo*, e assim tipificado o crime.

Podemos, portanto, afirmar que é exatamente em atenção ao princípio da autonomia das instâncias que não se pode admitir o desencadeamento da jurisdição penal antes de que se tenha manifestado a autoridade administrativa. Pudesse o juiz penal dizer que se configurou o crime de supressão ou redução de tributo, sem respeitar a competência da autoridade administrativa para dizer se no caso existe ou não existe um tributo devido, elemento normativo daquele tipo penal, estaria violada a autonomia das instâncias. A instância judiciária teria penetrado na instância administrativa. Teria feito afirmação que constitui atribuição própria daquela.

E não se trata de mera questão formal. Trata-se na verdade de uma questão substancial da maior importância, relacionada à especialização das funções do Estado. Enquanto cobrador de tributos o Estado age corporificado por órgãos especializados nessa tarefa. Do mesmo modo, enquanto outorgante de incentivos fiscais para o desenvolvimento econômico, o Estado age corporificado por órgãos especializados nessa atividade.

A constatação da ocorrência das condutas que tipificam os crimes contra a ordem tributária constitui atribuição da autoridade administrativa. Em respeito à autonomia das instâncias, o Estado, no exercício da jurisdição penal, somente pode agir quando esteja constatada e afirmada, pela autoridade competente, aquela conduta que atinge a integridade da ordem tributária, objeto jurídico protegido nesses tipos penais.

Existem, é certo, os que sustentam com muita paixão que a ação penal deve ser proposta independentemente da conclusão do processo administrativo. Francisco Gissoli Filho e Gustavo Wiggers, por exemplo, manifestaram-se pela inconstitucionalidade de emenda à Constituição, encartada em projeto de Reforma Tributária do qual foi relator o Deputado Mussa Demes, no qual se pretendeu introduzir na Constituição Federal norma estabelecendo que "ninguém será processado penalmente antes de encerrado o processo administrativo tributário que aprecie a matéria da denúncia". Segundo eles, essa norma "viola os princípios da igualdade, da separação dos poderes e independência das instâncias, da inafastabilidade da apreciação pelo Judiciário de lesão ou ameaça ao direito, e da moralidade administrativa", como pretendem demonstrar.[3]

A tese é, sem dúvida, improcedente. Somente se explica pela ideia, geralmente alimentada por seus defensores, de que todo empresário é sonegador de tributo, desonesto, sem escrúpulo e merece ir para a cadeia de qualquer forma, a menos que entregue tudo o que possui ao Estado, o único ser virtuoso na face da Terra.

Seja como for, felizmente o Supremo Tribunal Federal, mudando o rumo inicialmente adotado, firmou sua jurisprudência no sentido de que o prévio exaurimento da via administrativa é imprescindível para que possa o Ministério Público promover a ação penal. Entre muitas outras de sua manifestações, tal entendimento foi adotado nos seguintes julgados: HC 81.611, Pertence, Plenário; HC 83.414-1-RS, Joaquim Barbosa, *DJU* de 23.4.04; e no HC 83.414-1-RS, que porta a seguinte ementa:

> "HABEAS CORPUS. PENAL. TRIBUTÁRIO. CRIME DE SUPRESSÃO DE TRIBUTO. (ART. 1º DA LEI 8.137/1990). NATUREZA JURÍDICA. ESGOTAMENTO DA VIA ADMINISTRATIVA. PRESCRIÇÃO. ORDEM CONCEDIDA.
> 1. Na linha do julgamento do HC 81.611 (rel. min. Sepúlveda Pertence, Plenário), os crimes definidos no art. 1º da Lei 8.137/1990 são materiais, somente se consumando com o lançamento definitivo.
> 2. Se está pendente recurso administrativo que discute o débito tributário perante as autoridades fazendárias, ainda não há crime, porquanto 'tributo' é elemento normativo do tipo.

---

[3] Francisco Gissoli Filho e Gustavo Wiggers, A Inconstitucionalidade do Encerramento do Processo Administrativo Fiscal como Condição de Procedibilidade Para o Exercício da Ação Penal, em *Boletim IBCCRIM*, do Instituto Brasileiro de Ciências Criminais, São Paulo, nº 93, agosto de 2000, p. 13-15.

3. Em consequência, não há falar-se em início do lapso prescricional, que somente se iniciará com a consumação do delito, nos termos do art. 111, I, do Código Penal."[4]

Veja-se ainda, a propósito da tese hoje predominante na Corte Maior, o voto-vista do Ministro Sepúlveda Pertence no HC 77.002, relator o Ministro Neri da Silveira, julgado em 7.11.2001, onde a matéria está muito bem examinada, embora nesse caso a decisão tenha sido pela extinção do processo sem julgamento de mérito, por falta de objeto, posto que o réu foi absolvido na instância inferior. E ainda o HC 85.321-SP, relator o Ministro Gilmar Mendes, com a seguinte ementa:

"AÇÃO PENAL. CRIME CONTRA A ORDEM TRIBUTÁRIA. DENÚNCIA. OFERECIMENTO ANTES DO ESGOTAMENTO DA VIA ADMINISTRATIVA. AUSÊNCIA DE JUSTA CAUSA RECONHECIDA. ANULAÇÃO DO PROCESSO DESDE A DENÚNCIA. LEI 8.137/1990, ART. 1º, II. CPP, ART. 41.

Não esgotamento da via administrativa ao momento do oferecimento da denúncia. Ausência de justa causa para a ação penal. Anulação do processo desde a denúncia."[5]

Ressalte-se que a necessidade de prévio exaurimento da via administrativa não se coloca apenas em relação ao tipo penal que configura crime de resultado, vale dizer, ao tipo penal que se completa com a supressão ou a redução do tributo. Coloca-se igualmente quando o tipo penal diga respeito ao descumprimento de uma obrigação tributária acessória, posto que também neste caso o inadimplemento da obrigação tributária enseja o nascimento de uma obrigação tributária principal, que tem como conteúdo o valor da penalidade pecuniária respectiva, e compete privativamente à autoridade administrativa constituir o crédito tributário, fazendo o competente lançamento.

Por outro lado, mesmo em se tratando de descumprimento de obrigação tributária acessória, o tipo penal corporifica sempre conceitos próprios da legislação tributária. Assim, como compete privativamente à autoridade administrativa constituir o crédito tributário, pelo lançamento,[6] não seria coerente prescindir-se da manifestação desta, em se tratando de inadimplemento de

---

[4] STF, 1ª Turma, HC 83.414-1-RS, rel. Min. Joaquim Barbosa, julgado em 2.3.2004, *DJU* de 23.4.2004.

[5] STF, 2ª Turma, HC 86.321-SP, rel. Min. Gilmar Mendes, julgado em 4.10.2005, publicado no *DJU* de 17.10.2005, e *Boletim Juruá* nº 402, 16 a 30 de novembro de 2005, p. 37.

[6] Código Tributário Nacional, art. 142.

uma obrigação tributária acessória, quando essa manifestação é indispensável relativamente à constituição do crédito tributário. Tem-se de considerar que em face do inadimplemento de uma obrigação tributária acessória deve ocorrer a constituição de um crédito tributário correspondente à penalidade pecuniária. Da mesma forma que é imprescindível a manifestação da autoridade competente para constituir o crédito tributário que tem como conteúdo o valor do tributo, também é imprescindível a manifestação da autoridade administrativa competente para a constituição do crédito tributário que tem como conteúdo o valor da penalidade decorrente do inadimplemento da obrigação tributária acessória.

Registre-se, todavia, que o Supremo Tribunal Federal consolidou sua jurisprudência afirmando que:

> "Não se tipifica crime material contra a ordem tributária, previsto no art. 1º, I, da Lei nº 8.137/90, antes do lançamento definitivo do tributo."[7]

Como se vê, nos termos da jurisprudência sumulada pelo Supremo Tribunal Federal, a exigência de prévio exaurimento da via administrativa diz respeito apenas ao crime de supressão ou redução de tributo, como crime material ou de resultado.

Por outro lado, o STF já afirmou expressamente que:

> "O tipo penal previsto no art. 2º, inc. I, da Lei nº 8.137/90, é crime formal e, portanto, independe da consumação do resultado naturalístico correspondente à auferição de vantagem ilícita em desfavor do Fisco, bastando a omissão de informações ou a prestação de declaração falsa, não demandando a efetiva percepção material do ardil aplicado. Dispensável, por conseguinte, a conclusão de procedimento administrativo para configurar a justa causa legitimadora da persecução."[8]

A nosso ver, com o devido respeito, essa restrição não se justifica. A exigência de prévio exaurimento da via administrativa não decorre apenas de tratar-se de crime material, posto que também da constatação do inadimplemento de obrigações tributárias acessórias decorre o dever de lançar a multa correspondente, e o lançamento é sempre da competência privativa da autoridade administrativa, e assim da conduta descrita no art. 2º, inciso

---

[7] STF, Súmula Vinculante nº 24.

[8] STF, Plenário, parte da ementa do acórdão proferido no Emb. Decl. no Recurso em *Habeas Corpus* 90.532-3 – Ceará, rel. Ministro Joaquim Barbosa, julgado em 23 de setembro de 2009.

I, da Lei nº 8.137/90 também decorre a necessidade de manifestação desta, em decisão definitiva, na qual afirme a existência daquela conduta que enseja o lançamento da multa e que a rigor é a mesma que configura o tipo penal de que se cuida.

Por isto mesmo, aliás, o art. 83, da Lei nº 9.430, de 27 de dezembro de 1996, determina que a representação fiscal para fins penais deve ser enviada ao Ministério Público depois de proferida a decisão final, na esfera administrativa, sobre a exigência fiscal do crédito tributário correspondente, nos crimes contra a ordem tributária, previstos nos arts. 1º e 2º da Lei nº 8.137 de 27 de dezembro de 1990. E com a redação dada a esse art. 83, pela Lei nº 12.350, de 20 de dezembro de 2010, ficaram no mesmo incluídos os crimes contra a Previdência Social, previstos nos arts. 168-A e 337-A, do Código Penal. Assim, dúvida não pode haver de que a exigência de prévio exaurimento da via administrativa não se restringe ao crime material de supressão ou redução de tributo.

O equívoco em que incorreu a Corte Maior parece ter decorrido da suposição de que a exigência do prévio exaurimento da via administrativa, no crime previsto no art. 1º da Lei nº 8.137/90, decorre do auferimento de vantagem pelo autor da ação criminosa. Na verdade, porém, a exigência de prévio exaurimento da via administrativa decorre, isto sim, da necessidade de constituição de um crédito tributário em face da conduta do suposto agente. Como a constituição do crédito tributário é privativa da autoridade administrativa, seria incoerente admitir-se a denúncia a dar início a ação penal, quando na via administrativa ainda não existisse decisão definitiva sobre a existência e modo de ser da conduta do acusado. Admitir-se a ação penal abriria oportunidade para uma condenação em caso no qual a autoridade administrativa, posteriormente, viesse a decidir pela inocorrência da infração à lei tributária. Como o tipo penal se completa com a infração à lei tributária, tal infração é elemento essencial do tipo penal, não é razoável admitir-se a denúncia antes de se ter completado o tipo penal, o que somente ocorre com a constituição definitiva do crédito tributário. Com o lançamento, seja do tributo, seja da penalidade.

Já sustentamos que a exigência de prévio exaurimento da via administrativa decorre de ser o crime previsto no art. 1º, da Lei nº 8.137/90, um crime de *resultado*. Mesmo àquela época, porém, já apontamos o direito à extinção da punibilidade, pelo pagamento, como sendo também uma razão para a exigência do prévio exaurimento da via administrativa. Neste sentido, escrevemos:

> "Admitir-se a ação penal por crime de supressão ou redução de tributo, sem que a autoridade administrativa competente tenha dito existente o próprio objeto do cometimento ilícito, e excluir o direito

do contribuinte de ter apurada na via própria a existência da relação tributária, e feita a sua correspondente quantificação econômica. Sobretudo agora, quanto o pagamento do tributo, antes da denúncia, extingue a punibilidade, é evidente que o contribuinte tem o direito de ter regularmente apurada a existência, e determinado o valor do tributo, antes da denúncia, para que possa, se quiser, exercitar o seu direito de extinguir a punibilidade pelo pagamento."[9]

Seja como for, preferimos sustentar que se impõe a exigência de prévio exaurimento da via administrativa também no crime previsto no art. 2º, inciso I, da Lei nº 8.137/90, não obstante o respeito que nos merece o entendimento, em sentido contrário, do Supremo Tribunal Federal. Repita-se, em reforço do nosso ponto de vista, que o art. 83, da Lei nº 9.430/96, determina que a representação fiscal para fins penais deve ser enviada ao Ministério Público *depois de proferida a decisão final, na esfera administrativa*, sobre a exigência fiscal do crédito tributário correspondente, nos crimes contra a ordem tributária, previstos nos arts. 1º e 2º da Lei nº 8.137, de 27 de dezembro de 1990.

Seja como for, é inegável a importância da questão do prévio exaurimento da via administrativa no que diz respeito à configuração dos crimes contra a ordem tributária. Por isto a ela voltaremos em outras partes desde livro, especialmente quando tratarmos de algumas questões do direito penal particularmente concernentes aos crimes contra a ordem tributária.

2.3 Erro na interpretação da lei tributária

Outra questão na qual é de grande importância o princípio da legalidade como garantia constitucional do contribuinte diz respeito à possibilidade de erro na interpretação da lei tributária e sua repercussão no campo penal. O desconhecimento da evolução doutrinária no campo do Direito Penal no que concerne à questão do erro e a desatenção para a distinção que nesse campo se tem feito entre o erro de tipo e erro de proibição, pode conduzir a sérios equívocos.

Em virtude da grande importância dessa questão, resolvemos tratá-la na Parte IV deste livro, onde estudamos algumas questões de direito penal especialmente ligadas aos crimes contra a ordem tributária. Mesmo assim, vamos expor aqui, ainda que em apertada síntese, os seus aspectos essenciais.

---

[9] Hugo de Brito Machado, *Estudos de Direito Penal Tributário*, Atlas, São Paulo, 2002, p. 161.

O Supremo Tribunal Federal já decidiu que a conduta de quem, sem fraude, adota interpretação da lei capaz de reduzir sua carga tributária, não se confunde com a conduta criminosa de quem suprime ou reduz um tributo. Em outras palavras, o Supremo Tribunal Federal decidiu que se o contribuinte presta informação precisa ao fisco, com todos os elementos *de fato*, levando ao conhecimento da autoridade administrativa todos os fatos efetivamente ocorridos, embora atribua a estes significado jurídico tributário diverso daquele que a autoridade administrativa considera correto, não se pode cogitar de fraude, e em consequência não se pode cogitar do crime de supressão ou redução do tributo.

Esse mesmo entendimento foi adotado já pelo Chefe do Ministério Público Federal, que por isso mesmo requereu ao Supremo Tribunal Federal o arquivamento de inquérito em hipótese similar, na qual demonstrou a distinção que no caso tem extrema relevância, entre a fraude e o erro na interpretação da lei tributária.

Em outras palavras, na aplicação da lei penal definidora do crime de supressão ou redução de tributo impõe-se uma distinção essencial que nem sempre tem sido feita pelas autoridades competentes, mesmo quando à luz do bom senso manifestam-se a favor do contribuinte e de seus consultores tributários. É a distinção entre a ocultação do fato relevante do ponto de vista tributário e o questionamento sobre o seu significado jurídico. Em outras palavras, a distinção que se impõe no caso, e que há de ser buscada no âmbito da teoria geral do direito, é a existente, mas nem sempre adequadamente compreendida, mesmo por alguns juristas, entre o *fato* e o *fato jurídico*.

A compreensão adequada da distinção entre fato e fato jurídico nos permite afirmar que o crime previsto no art. 1º, da Lei nº 8.137/90, não se configura sem a fraude, e esta, na verdade, somente se configura pelas incorreções ou inexatidões atinentes aos *fatos*, sendo irrelevantes quaisquer incorreções ou inexatidões inerentes ao *significado jurídico* destes.

Mesmo quando o contribuinte, ao interpretar a lei tributária, incorre em erro quanto a ser, ou não ser devido o tributo, em determinado caso, ou quanto ao valor deste, porque se engana quanto a base de cálculo, ou a alíquota, o que se tem configurado, em qualquer destes casos, é o erro de tipo, que exclui o dolo, e assim a configuração do crime, que não existe na modalidade culposa.

A não ser assim, estaria inteiramente amesquinhado o princípio da legalidade tributária. O tributo já não seria devido nos termos da lei, mas nos termos da interpretação atribuída à lei pela autoridade da Administração Tributária. Sempre que tivesse qualquer dúvida o contribuinte teria de consultar o fisco. E teria de se submeter, sempre, ao tratamento mais gravoso, ao menos até obter decisão judicial definitiva que o amparasse quanto ao entendimento menos gravoso. Se o adotasse por sua conta estaria sempre assumindo o risco de ser afinal considerado criminoso, o que evidentemente constitui um verdadeiro absurdo.

3 LEGALIDADE E PLANEJAMENTO TRIBUTÁRIO

3.1 Considerações iniciais

Quando cogitamos *planejamento tributário*, temos de explicar antes de tudo o que essa expressão quer dizer. A rigor, tudo na atividade empresarial deve ser planejado. Previsto. Calculado. Examinado com o devido cuidado, pois se trata de atividade de risco e o planejamento ajuda a diminuir esses riscos. Assim, quem pretende desenvolver uma atividade empresarial deve prever, entre outras coisas, os ônus tributários que decorrem da atividade, para saber de sua viabilidade.

Por outro lado, uma atividade pode ser desenvolvida de diversas formas. E em certos casos é possível que uma dessas formas implique ônus tributário menor do que outras. Assim, o planejamento tributário ajudará o empresário a escolher a atividade que vai desenvolver, e o modo pelo qual vai pôr em prática essa atividade.

A doutrina utiliza expressões que em certos casos podem ser consideradas como sinônimos, embora não o sejam rigorosamente em qualquer caso. Fala-se, por exemplo, de economia de impostos, de engenharia tributária, de elisão e de evasão tributária. Economia de impostos e engenharia tributária realmente dizem o mesmo que planejamento tributário. Elisão tributária é a expressão mais geralmente empregada para designar a realização de ato ou negócio jurídico com o propósito de excluir ou reduzir tributo, prática que o legislador tentou coibir, em caráter geral, com a denominada norma geral antielisão inserida no Código Tributário Nacional pela Lei Complementar nº 104, assunto ao qual voltaremos adiante. E finalmente evasão tributária, expressão que tem um sentido genérico amplo, designativo de todas as formas de fugir ao pagamento do tributo, lícita ou ilicitamente. Mas é também empregada em sentido mais restrito para designar as fugas ilícitas ao tributo.

É importante observarmos que o planejamento tributário não pode ser dissociado do planejamento da atividade empresarial no seu aspecto mais geral. Assim, não é razoável pretender-se adotar um determinado procedimento para com ele excluir ou reduzir um tributo, se esse procedimento pode ser inconveniente sob outros aspectos relevantes da atividade empresarial.

3.2 Fundamento jurídico do planejamento tributário

Não é razoável esperar-se que alguém, podendo pagar menos sem cometer ilegalidade, prefira pagar mais. Se uma atividade pode ser exercida de formas diferentes, e uma dessas formas implica menor ônus tributário, não se pode esperar que o contribuinte escolha a forma mais onerosa. Assim, é absolutamente lícito ao contribuinte buscar as formas operacionais que lhe permitam pagar menos tributo, desde que sem violação da lei.

A propósito do planejamento tributário, já escrevemos:

"Sabido que o tributo somente é devido se e quando ocorre, no mundo fenomênico, o fato definido em lei como necessário e suficiente ao nascimento da obrigação tributária respectiva, e que a inocorrência desse fato pode situar-se no campo da licitude, ao cidadão é assegurada a liberdade de se comportar de modo a evitar aquela ocorrência.

Assim, a doutrina tem sustentado que 'os contribuintes têm o direito de arrumar os seus negócios, sua fortuna, seu modo de vida, de maneira a pagar os impostos menos elevados ou a não pagar imposto algum, contanto que não violem nenhuma regra legal.' (Jèze, citado por Aliomar Baleeiro, em Clínica Fiscal, p. 63).

No dizer de Becker, 'É aspiração naturalíssima e intimamente ligada à vida econômica, a de se procurar determinado resultado econômico com a maior economia, isto é, com a menor despesa (e os tributos que incidirão sobre os atos e fatos necessários à obtenção daquele resultado econômico, são parcelas que integrarão a despesa). Ora, todo indivíduo, desde que não viole regra jurídica, tem a indiscutível liberdade de ordenar seus negócios de modo menos oneroso, inclusive tributariamente. Aliás, seria absurdo que o contribuinte, encontrando vários caminhos legais (portanto, lícitos) para chegar ao mesmo resultado, fosse escolher justamente aquele meio que determinasse pagamento de tributo mais elevado' (Teoria Geral do Direito Tributário, Saraiva, São Paulo, 1963, p. 122).

Não se venha invocar, neste ponto, a obrigação moral ou ética de contribuir para as despesas públicas. Isto não se compatibiliza com o princípio da legalidade tributária. 'Embora o fator ético e o econômico entendam com o fenômeno da evasão e da elisão, não se pode alçá-los ao plano do jurídico, para sobrepujá-lo, sob pena de se instalar o arbítrio resultante da apreciação subjetiva de dados pré-jurídicos, onde deve reinar a segurança e a certeza, estabilizadas na norma objetiva de direito que já selecionou e cristalizou certos valores impostos ao intérprete e aplicador da lei' (Antônio Roberto Sampaio Dória, Elisão e Evasão Fiscal, Bushatsky, São Paulo, 1977, p. 49)."[10]

E ainda:

"Não nos parece razoável colocar-se a finalidade da omissão, ou da prática de um ato, como elemento indicador do abuso de direito. É perfeitamente legítima uma conduta que tenha por finalidade exclusiva evitar o fato gerador de um tributo, ou a criação de condições que levem a uma tributação menos onerosa.

Aliás, em muitas situações o propósito do legislador é exatamente o de ensejar ao contribuinte oportunidade para não pagar, ou pagar menos imposto, adotando determinado comportamento, que se pode considerar desejado pelo próprio legislador.

Carlos Vaz, invocando as opiniões de Seligman, Contreiras de Carvalho e Ruy Barbosa Nogueira, registra notáveis exemplos de situações nas quais se pode considerar que o lei deseja o não pagamento do imposto (Evasão Tributária, Forense, Rio de Janeiro, 1987, p. 16-17).

Realmente, sempre que o tributo tiver função extrafiscal, podem ocorrer situações nas quais a discriminação, para onerar, ou para desonerar, tem a finalidade de ensejar comportamento que evita, ou reduz o tributo. Assim, por exemplo, quando é elevada a alíquota do imposto de importação, como recentemente ocorreu, a finalidade visada pela lei não é o aumento da arrecadação, mas, pelo contrário, é a não realização de importações, e consequentemente o não pagamento do imposto."[11]

3.3 O denominado propósito negocial

Entre os elementos que o fisco tem levado em conta para considerar ilícito o planejamento tributário está a ausência de propósito negocial.

Entende-se como propósito negocial a motivação para a prática de atos empresariais que seja independente de efeitos tributários. Diz-se que existe propósito negocial na prática de um ato quando a razão para a sua prática resida em algo diverso do tributo, ainda que essa prática possa implicar van-

---

[10] Hugo de Brito Machado, Introdução ao Planejamento Tributário, em *Planejamento Fiscal: teoria e prática*, Dialética, São Paulo, 1995, p. 51-52.

[11] Hugo de Brito Machado, Introdução ao Planejamento Tributário, em *Planejamento Fiscal: teoria e prática*, Dialética, São Paulo, 1995, p. 54-55.

tagem do ponto de vista tributário. Pelo contrário, diz-se que está ausente o propósito negocial quando o ato é praticado por motivação exclusivamente tributária.

O fisco federal tem sustentado que é válida a desconsideração de atos ou negócios jurídicos que tenham sido praticados com a exclusiva finalidade de excluir ou reduzir tributo. Esse entendimento está posto expressamente na Medida Provisória nº 66, de 29 de agosto de 2002, que em seu art. 14, § 1º, inciso I, coloca como fundamento para a desconsideração de atos ou negócios jurídicos pelo fisco, entre outras ocorrências, a *falta de propósito negocial ou abuso de forma.*

É certo que o referido dispositivo da Medida Provisória 66 não foi convertido em lei. Em outras palavras, a regra concernente à desconsideração foi rejeitada pelo Congresso Nacional. Isto, porém, terminou sendo pior para os contribuintes, pois a reação do fisco federal foi no sentido de desconsiderar atos e negócios jurídicos mediante a lavratura de auto de infração pura e simplesmente. Tivessem sido aprovados os dispositivos da Medida Provisória nº 66/02, que cuidam do procedimento de desconsideração de atos ou negócios jurídicos, uma vez praticada a desconsideração, depois de exercido o direito de defesa pelo contribuinte, seria este cientificado do despacho da autoridade competente e a partir de então teria o prazo de trinta dias *"para efetuar o pagamento dos tributos acrescidos de juros e multa de mora"*.[12] Rejeitados, como foram, os dispositivos instituidores do procedimento específico para a desconsideração de atos ou negócios jurídicos, a desconsideração está sendo praticada mediante a simples lavratura de auto de infração, do que resulta a imposição da penalidade própria do lançamento de ofício, podendo até ser o contribuinte acusado do cometimento de crime contra a ordem tributária.

A nosso ver o comportamento das autoridades da Administração Tributária em tais casos é contrário ao Direito, além de ser um verdadeiro desrespeito ao Congresso Nacional. O contribuinte tem indiscutível direito de escolher as formas para desenvolver as suas atividades de modo a sofrer o menor ônus tributário possível.

3.4 Planejamento tributário e tributação por analogia

A rigor, admitir-se a invalidade do planejamento tributário no qual nenhuma ilegalidade é praticada, em muitos casos pode corresponder a admitir-se a tributação por analogia, pura e simplesmente. Quando através de ato ou

---

[12] Medida Provisória nº 66, de 29 de agosto de 2002, art. 17, § 2º.

negócio jurídico se obtém um resultado idêntico ao que seria obtido com a prática de ato ou negócio jurídico diverso, tem-se caracterizada a analogia entre os atos ou negócios jurídicos. É o que ocorre, por exemplo, quando uma empresa contrata o *leasing* de um equipamento do qual necessita para desenvolver sua atividade, em vez de comprar esse equipamento. O resultado econômico alcançado com o *leasing*, a disponibilidade do equipamento para o exercício de suas atividades, é idêntico ao resultado que seria alcançado com a compra do mesmo. Não se pode, porém, admitir que sobre o *leasing* incide o mesmo tributo que incidiria se tivesse sido praticado um negócio jurídico de compra e venda.

Realmente, não podemos esquecer a regra vigente em nosso ordenamento jurídico, segundo a qual o emprego da analogia não poderá resultar na exigência de tributo não previsto em lei.[13] Em face dessa regra, que é mera explicitação do princípio da legalidade tributária, não se pode admitir a exigência de tributo em decorrência de um ato ou negócio jurídico simplesmente porque do mesmo decorre resultado idêntico ao resultado de um ato ou negócio jurídico que seria tributado.

3.5 Planejamento tributário e fraude fiscal

Tarefa extremamente difícil é a de estabelecer a distinção essencial entre o planejamento tributário e a fraude fiscal. Difícil, sim, porque implica enfrentar a distinção entre o lícito e o ilícito em matéria de comportamento do contribuinte para fugir ao tributo. E implica também trabalhar com palavras às vezes utilizadas para designar coisas diversas. A palavra fraude, por exemplo, tem sido usada para designar a ocultação ou o disfarce do fato, e tem sido usada também para designar a atribuição de significado jurídico diverso ao fato, não obstante o mesmo se mostre claramente, sem qualquer ocultação ou disfarce. Ou ainda, para designar a situação na qual não se oculta nem disfarça nenhum fato, nem se atribui significado diverso a qualquer fato jurídico, mas simplesmente se pratica determinado ato ou negócio jurídico, em lugar de outro que produz o mesmo resultado econômico, com o único e exclusivo propósito de excluir ou reduzir o tributo.[14]

---

[13] Código Tributário Nacional, art. 108, § 1º.

[14] Este último significado da palavra *fraude* é inteiramente inaceitável. Corresponde àquilo que o fisco tem denominado elisão fiscal, situação capaz, segundo as autoridades da Administração Tributária, de autorizar a desconsideração do ato ou do negócio jurídico com a consequente cobrança do tributo respectivo.

Para estabelecer a distinção entre o planejamento tributário que o fisco não pode recusar e aquele que o fisco pode recusar e exigir o tributo correspondente, a doutrina tem proposto alguns critérios, entre os quais podemos destacar: (a) o cronológico, ou temporal; (b) o da intenção exclusiva do agente ou falta de propósito negocial; (c) o da ilegalidade ou contrariedade à lei; e (d) o do abuso de direito, ou abuso de forma jurídica. Vejamos, ainda que sumariamente, cada um desses critérios.

3.5.1 O critério cronológico ou temporal

Os que preconizam o critério cronológico, ou temporal, sustentam que o planejamento tributário ou economia lícita de impostos distingue-se da fraude fiscal por ser anterior ao fato gerador do tributo em questão.

Depois de analisar vários critérios com os quais se distingue a fraude da economia de impostos, Carlos Vaz assevera "que o critério temporal (antes ou depois da ocorrência do fato gerador da obrigação tributária) ainda é o melhor indicador para distinguir as figuras ora examinadas".[15]

Cândido Henrique de Campos, por seu turno, afirma:

"É fundamental que a ação ou omissão de Planejamento Tributário seja praticada e formalizada antes da ocorrência do fato gerador, pois toda ação ou omissão praticada e formalizada depois da ocorrência do fato gerador, que objetiva impedir ou retardar a ocorrência do fato gerador, ou reduzir os seus efeitos econômicos, é considerada fraude, por implicar sonegação fiscal."[16]

Ricardo Mariz de Oliveira também considera o elemento temporal ao definir a elisão fiscal como

"a economia tributária lícita, decorrente de atos e omissões de contribuinte, anteriores à ocorrência do fato gerador, que, sem violar a lei, inclusive sem simulação, evitam ou postergam a ocorrência da situação legalmente descrita como hipótese de incidência".[17]

---

[15] Carlos Vaz, *Evasão Tributária*, Forense, Rio de Janeiro, 1987, p. 29.

[16] Cândido Henrique de Campos, *Planejamento Tributário*, 2ª edição, Atlas, São Paulo, 1985, p. 19.

[17] Ricardo Mariz de Oliveira, Elisão e Evasão Fiscal, em *Elisão e Evasão Fiscal – Cadernos de Pesquisas Tributárias*, nº 13, Resenha Tributária, São Paulo, 1988, p. 191.

Gilberto de Ulhôa Canto também atribui importância ao elemento temporal ao ensinar que

> "se o contribuinte age ou se omite antes da ocorrência do fato gerador segundo definido na lei aplicável, e sempre no pressuposto de que o seu procedimento seja objetiva e formalmente lícito, por não contrariar a lei, haverá elisão, enquanto que existirá evasão se o ato ou a omissão é posterior à ocorrência do fato gerador".[18]

Certamente não é possível uma conduta destinada a evitar a ocorrência do fato gerador do imposto se esse fato já ocorreu. Entretanto, não é exatamente esse elemento temporal que distingue o planejamento tributário, ou economia lícita de imposto, da fraude fiscal, pois é possível a ocorrência de fraude fiscal antes do fato gerador do imposto. Não propriamente para impedir sua ocorrência, mas para evitar o que se tem denominado fato de exteriorização, vale dizer, para evitar que o fisco tome conhecimento da ocorrência do fato gerador. Assim, por exemplo, se o contribuinte deixa de emitir nota fiscal relativamente à venda de determinada mercadoria, a omissão acontece antes do fato gerador. Se acondiciona mercadorias que está importando do exterior utilizando embalagens que fazem parecer tratar-se de mercadoria diversa, isenta do imposto ou sujeita a alíquota menor, pratica a conduta antes da ocorrência do fato gerador do Imposto de Importação e está, não obstante, praticando fraude fiscal.

3.5.2 Critério da intenção exclusiva do agente ou falta de propósito negocial

Adotado esse critério, diz-se que existe fraude quando o único e exclusivo propósito do contribuinte, ao escolher a forma adotada, tenha sido o de não pagar, ou pagar menos tributo. Esse critério não nos parece adequado porque pode implicar, como acima já afirmamos, a tributação por analogia, que é expressamente vedada em nosso ordenamento jurídico. O propósito de não pagar, ou de pagar menos tributo, não é contrário ao Direito. Não é algo ilícito. Assim, desde que a forma adotada seja lícita e a opção por ela no caso não configure um abuso, não existe razão nenhuma para admitir-se a desconsideração.

---

[18] Gilberto de Ulhôa Canto, Elisão e Evasão, em *Elisão e Evasão Fiscal – Cadernos de Pesquisa Tributária*, nº 13, Resenha Tributária, São Paulo, 1988, p. 41.

Para refutar o critério da intenção exclusiva do contribuinte ou falta de propósito negocial, pode-se colocar a tributação extrafiscal. Nesta o legislador induz o comportamento desejado, concedendo a quem o adotar um tratamento tributário menos gravoso. Exclui ou reduz o ônus tributário para quem adotar o comportamento que o legislador pretende incentivar. Os defensores do critério, todavia, argumentam que a ilicitude do planejamento só ocorrerá se o propósito exclusivo de eliminar ou reduzir o tributo não coincidir com o objetivo visado pelo legislador, de incentivar tal comportamento.

O argumento é inegavelmente inteligente, mas deixa em aberto a questão de saber em que casos se pode afirmar com segurança que o legislador não pretendeu estimular a conduta que se revela menos onerosa do ponto de vista tributário. Por isto preferimos sustentar que é um problema do legislador, e não do aplicador da lei tributária, dizer quais as condutas são as indesejáveis, qualificando-as como ilícitas, ou estabelecendo sobre elas um ônus tributário maior.

3.5.3 Critério da ilegalidade ou contrariedade à lei

Se a conduta com a qual o contribuinte pretende estar realizando um planejamento tributário é ilegal, ou contrária à lei, dúvida nenhuma pode haver. É conduta que não configura na verdade planejamento tributário, mas um ilícito tributário e possivelmente também um ilícito penal.

O critério da ilegalidade ou contrariedade à lei, portanto, é uma fronteira certa entre o planejamento tributário e a fraude fiscal. A questão que se pode colocar reside apenas em saber se efetivamente ocorre ilegalidade conhecida pelo autor da conduta, ou se ocorre um erro de tipo, vale dizer, um erro na interpretação da lei tributária. Trata-se de uma questão de difícil solução no plano teórico. Diante do caso concreto, porém, em face das circunstâncias, geralmente se pode distinguir claramente a ocorrência de ilegalidade conhecida do contribuinte e a ocorrência do erro de tipo, ou erro na interpretação da lei tributária.

Este assunto é estudado no Capítulo 2 da Parte I deste livro, onde examinamos algumas noções do Direito Penal.

3.5.4 Critério do abuso de direito ou abuso de forma jurídica

O abuso de direito ou abuso de forma jurídica equivale à ilegalidade ou contrariedade à lei. Assim, é um critério válido para a distinção entre planejamento tributário e fraude à lei tributária.

Abuso é mau uso. É uso indevido, além dos limites naturais e da finalidade própria. Como tudo é relativo, o direito de usar de qualquer coisa também não é absoluto. Tem limites. Tem finalidades adequadas, próprias, para as quais a coisa existe.

O abuso de Direito consiste na conduta que aparentemente cumpre a lei, porque esta lhe confere o direito que está a exercer, mas na verdade tende a realizar fins por esta proibidos. Em Direito Tributário é comum a referência a abuso de direito para dizer-se da conduta do contribuinte que aparentemente evita a ocorrência do fato gerador da obrigação tributária. É muito comum, assim, o seu uso nos estudos a respeito do denominado *planejamento tributário*.

Na teoria geral do Direito, entende-se por abuso de Direito "o exercício anormal do direito, sem motivo legítimo, sem justa causa, unicamente com o intuito de prejudicar a outrem".[19] Em outras palavras, abuso de direito é o "exercício anormal ou irregular de um direito, ou seja, além de seus limites e fins sociais, causando prejuízo a outrem, sem que haja motivo legítimo que o justifique".[20]

A ideia do que se deve entender por abuso de direito, como se vê, é relativamente simples. Nem sempre é fácil, porém, dizer-se quando está configurado o abuso de direito em cada caso concreto. Seja como for, quando se admite que há abuso de direito se está admitindo que ocorre ilicitude. Por isto mesmo não se pode negar que se trata de um critério válido para a distinção entre planejamento tributário e fraude.

3.6 Efeitos tributários e efeitos penais na glosa do planejamento tributário

Os efeitos da configuração de um planejamento tributário como conduta ilícita nem sempre são os mesmos no âmbito do Direito Tributário e no âmbito do Direito Penal. Mesmo nos casos em que afinal prevalece, no plano do Direito Tributário, o entendimento adotado pela autoridade que qualificou como ilícita determinada conduta adotada a título de planejamento tributário, não se poderá concluir que houve crime. Em outras palavras, mesmo quando o contribuinte perde a questão com o fisco e se tem por isto de admitir que o tributo é devido, não subsistindo afinal a interpretação adotada pelo

---

[19] De Plácido e Silva, *Vocabulário Jurídico*, Forense, Rio de Janeiro, 1987, v. I, p. 16.
[20] Maria Helena Diniz, *Dicionário Jurídico*, Saraiva, São Paulo, 1998, v. I, p. 32.

contribuinte, ainda assim é forçoso concluir-se que esse resultado só tem repercussão no campo do Direito Tributário.

Temos de distinguir, portanto, entre os efeitos tributários e os efeitos penais dos autos de infração lavrados contra contribuintes sob o fundamento da desconsideração de atos ou negócios jurídicos pela autoridade da Administração Tributária. Ou simplesmente da não aceitação, pela autoridade, da interpretação da lei tributária adotada pelo contribuinte.

A questão está diretamente relacionada com o denominado erro de tipo, ou erro de interpretação da lei tributária. Se não há ocultação de fatos, se estes são claramente apresentados à consideração da autoridade administrativa, não se pode cogitar de crime contra a ordem tributária.

3.7 Posição do contabilista nos ilícitos fiscal e penal

3.7.1 Responsabilidade e decisão

Em princípio o contabilista não decide sobre se o fato que é objeto de registro contábil deve ocorrer lícita ou ilicitamente. Ele apenas o registra, e muita vez sequer sabe se o mesmo ocorreu ilicitamente. Entretanto, em face da natureza de sua atividade e da ligação que em geral tem com o centro de decisões da empresa, muitas vezes é ouvido por quem decide. Daí a questão de saber se, e em que casos assume a responsabilidade pelos ilícitos eventualmente consubstanciados por fatos cujos registros realiza na contabilidade da empresa.

Nos casos em que não participa da decisão, sequer aconselhando aquele que decide, evidentemente não assume responsabilidade por eventual ilicitude. A questão está naqueles casos em que o contabilista é consultado. Nestes, se o ilícito é consubstanciado precisamente pela conduta que aconselhou fosse adotada certamente poderá ser responsabilizado, porque de algum modo influiu na tomada da decisão de cometer o ilícito.

3.7.2 Responsabilidade penal e dolo

É evidente, porém, que em qualquer caso somente responderá se agir com dolo, vale dizer, se prestar a orientação consciente de que a conduta por ele preconizada configura o ilícito penal. Não basta a culpa eventualmente configurada pela imperícia, embora quase sempre se deva presumir o dolo, porque o contabilista em regra sabe dos efeitos tributários dos fatos registrados na contabilidade.

Admitindo-se que o contabilista orienta o centro de decisões da empresa no sentido de praticar certa conduta, sabendo que a mesma configura um ilícito penal tributário, não há dúvida de que a sua orientação pode implicar responsabilidade penal pelo crime eventualmente consumado.[21] Relevante, porém, será sempre a questão da configuração, ou não, do tipo penal, posto que nem sempre o que é ilícito fiscal é também ilícito penal, como acima ficou já demonstrado.

3.7.3 Dolo e erro de tipo

Existe um entendimento generalizado segundo o qual a lei se presume conhecida e por isto mesmo a ninguém aproveita a alegação de seu desconhecimento. No plano cível, prevalece a regra segundo a qual "ninguém se escusa de cumprir a lei, alegando que não a conhece".[22] Em Direito Penal, todavia, a alegação de desconhecimento da lei, ou erro de direito, pode ser proveitosa.

Em matéria de crimes contra a ordem tributária, aliás, a aceitação do erro de direito se torna mais necessária se tivermos em vista duas razões da maior importância, a saber: (a) a legislação tributária é caótica e evolui com enorme velocidade; e (b) o governo até hoje não vem cumprindo a norma salutar albergada pelo art. 212 do Código Tributário Nacional.[23]

Seja como for, pode-se afirmar que o erro decorrente do desconhecimento da lei tributária não configura o crime fiscal, porque este é sempre doloso. A esse respeito, aliás, já escrevemos:

> "Também não se configura o crime sem o dolo específico. A supressão, ou redução do tributo, para configuração do crime, devem resultar da vontade do agente e não de erro, presente ou não a culpa. Este aspecto é de suma importância em face da moderna doutrina do Direito Penal, que substituiu, como enorme vantagem para a Ciência Jurídica, a antiga classificação do erro, em erro de direito e erro de fato, pela classificação deste em erro de tipo e erro de proibição, de sorte

---

[21] Saber se efetivamente prestou essa orientação evidentemente é uma questão de fato a ser apurada em cada caso.

[22] Lei de Introdução às normas do Direito Brasileiro (Decreto-lei nº 4.657/42, art. 3º).

[23] A respeito da importância da norma do art. 212 do Código Tributário Nacional, e dos efeitos do seu não cumprimento pelos governantes, veja-se nosso artigo 'A consolidação da legislação de cada tributo e as possíveis consequências da inobservância da norma do art. 212 do CTN', em *Revista Dialética de Direito Tributário*, v. 77, p. 42.

a permitir que um equacionamento mais lógico e razoável da questão de saber se o erro é ou não é escusável."[24]

Realmente, quando o sujeito passivo da obrigação tributária deixa de cumpri-la por desconhecer a lei, ou por interpretá-la de forma incorreta, configura-se o erro de proibição, que pode ser escusável no Direito Penal, pelo que pode implicar ausência de responsabilidade do agente.

4 A NORMA GERAL ANTIELISÃO NO CÓDIGO TRIBUTÁRIO NACIONAL

4.1 Dispositivo introduzido pela LC 104

A Lei Complementar nº 104, de 10 de janeiro de 2001, acrescentou um parágrafo único ao art. 116 do Código Tributário Nacional, com a seguinte redação:

> "A autoridade administrativa poderá desconsiderar atos ou negócios jurídicos praticados com a finalidade de dissimular a ocorrência do fato gerador do tributo ou a natureza dos elementos constitutivos da obrigação tributária, observados os procedimentos a serem estabelecidos em lei ordinária."[25]

Segundo as autoridades da Secretaria da Receita Federal, de onde se originou o projeto respectivo, nesse dispositivo estaria consubstanciada a *norma geral antielisão*, instrumento de que necessita o fisco para coibir a prática da elisão fiscal e, assim, aumentar a arrecadação.

A doutrina registra divergências terminológicas, mas o que importa, a rigor, é saber se o comportamento adotado pelo contribuinte para fugir, total ou parcialmente, ou para eliminar, ou suprimir, total ou parcialmente, o tributo, é um comportamento lícito ou ilícito. Em outras palavras, a questão essencial reside em saber se em determinado caso ocorreu ou não o fato gerador da obrigação tributária e qual a sua efetiva dimensão econômica.

A adequada compreensão da denominada norma geral antielisão, como está albergada pelo parágrafo único do art. 116 do Código Tributário Nacional

---

[24] Hugo de Brito Machado, A Fraude como Elemento Essencial do Tipo no Crime de Supressão ou Redução de Tributo, em *Estudos de Direito Penal Tributário*, Atlas, São Paulo, 2002, p. 39-40.

[25] CTN, art. 116, parágrafo único, introduzido pela Lei Complementar nº 104, de 10.1.2001.

exige que se leve em conta alterações introduzidas pelo Congresso Nacional no projeto do qual resultou. Especialmente no que diz respeito à necessidade de procedimentos a serem estabelecidos em lei, o que quer dizer que não é possível a desconsideração de atos ou negócios jurídicos mediante o procedimento ordinário de apuração e exigência do crédito tributário.

4.2 Procedimento específico

Com efeito, no projeto enviado ao Congresso Nacional pelo Poder Executivo, a norma que afinal converteu-se no parágrafo único do art. 116 do Código Tributário Nacional tinha redação um pouco diferente. Em vez de referir-se a procedimentos a serem estabelecidos em lei ordinária, fazia referência, em sua parte final, a procedimentos estabelecidos em lei.

Qual seria o significado dessa mudança?

Primeiro, ficou claro que a lei instituidora dos procedimentos é a ordinária. Isto, porém, já estava implícito, até porque uma referência à lei, sem qualificação, já induz essa ideia. Seja como for, ficou afastada qualquer dúvida quanto à espécie normativa na qual devem estar previstos os procedimentos a serem adotados pela autoridade administrativa para a desconsideração de atos ou negócios jurídicos praticados com a finalidade de dissimular a ocorrência do fato gerador do tributo ou a natureza dos elementos constitutivos da obrigação tributária.

Segundo, ficou claro também que não se trata de nenhum procedimento já previsto em lei, mas de procedimentos especificamente destinados a viabilizar a prática da atividade administrativa de desconsideração dos referidos atos ou negócios jurídicos. A expressão *a serem estabelecidos* o diz claramente.

Como consequência tem-se que a vigência da norma do parágrafo único do art. 116 do Código Tributário Nacional, com redação dada pela Lei Complementar nº 104, somente será plena quando entrar em vigor a lei ordinária na mesma referida. É uma norma cuja aplicação depende da disciplina, em lei ordinária, dos procedimentos a serem observados pela autoridade administrativa.

Seja como for, tem-se de admitir que uma norma geral antielisão nada mais é do que um reforço aos poderes da Administração Tributária. Se colocada em texto de lei complementar, pode ter sua constitucionalidade contestada, pois colide com o princípio da legalidade, que tem como um de seus desdobramentos essenciais a tipicidade, vale dizer, a exigência de definição em lei da situação específica cuja concretização faz nascer o dever de pagar tributo. Por isto mesmo Marco Aurélio Greco, embora admita a norma antielisão cercada de cautelas, assevera com razão que

> "a própria noção de Estado Democrático de Direito repele uma norma antielisão no perfil meramente atributivo de competência ao Fisco para desqualificar operações dos contribuintes para o fim de assegurar de forma absoluta a capacidade contributiva. O fato gerador é qualificado pela lei e uma pura norma de competência não convive com a tipicidade, ainda que aberta".[26]

Aliás, ainda que residente em norma da própria Constituição, nesta introduzida por Emenda, a norma antielisão, considerada como ampliação da competência tributária, capaz de amofinar o princípio da legalidade, pode ter sua validade contestada em face da cláusula de imodificabilidade albergada pelo art. 60, § 4º, inciso IV, segundo a qual não será objeto de deliberação proposta de emenda constitucional tendente a abolir os direitos e garantias individuais.

4.3 Norma inconstitucional ou desnecessária

Não temos dúvida de que em sistema jurídico como o nosso, que consagra o princípio da legalidade no patamar constitucional e com estatura de um direito fundamental do contribuinte, a questão da elisão tributária é um problema da alçada do legislador, que há de buscar soluções ao definir as hipóteses de incidências dos diversos tributos. É isto, aliás, que está dito claramente no próprio art. 116 do Código Tributário Nacional, que se reporta à hipótese de incidência tributária como uma *situação de fato*, de sorte que o aplicador da lei tributária deve simplesmente cogitar da configuração, ou não, daquela situação de fato, para exigir ou não exigir o tributo. E quando a hipótese de incidência seja uma *situação jurídica*, caso no qual, em princípio, a norma geral antielisão poderia ser aplicada, tem-se uma hipótese de incidência tributária que não pode ser alterada pelo intérprete, seja qual for o elemento de hermenêutica utilizado. Nem pode a omissão dessa norma ser suprida mediante integração analógica, em face de vedação decorrente do princípio da legalidade, que aliás está expressamente explicitada pelo Código Tributário Nacional.

---

[26] Marco Aurélio Greco e Elisabeth Levandowski Libertuci, Para uma Norma Geral Antielisão, *IOB*, São Paulo, outubro de 1999, p. 10.

Assim, a norma geral antielisão, albergada pelo parágrafo único do art. 116 do Código Tributário Nacional, é inconstitucional ou desnecessária. Se interpretada de forma a emprestar à autoridade administrativa o poder para desqualificar qualquer ato ou negócio jurídico apenas porque o seu conteúdo econômico poderia estar contido em ato mais oneroso do ponto de vista tributário, estará em aberto contradição com as normas constantes do próprio Código Tributário Nacional, especialmente as dos arts. 108, § 1º, e 116, *caput*, inciso I, e em flagrante conflito com o princípio da legalidade, do qual esses dispositivos do Código são mera explicitação. Por outro lado, se interpretada em harmonia com a Constituição e assim aplicada apenas aos casos nos quais esteja configurado evidente abuso de direito, nada vai acrescentar, posto que nossa jurisprudência já admite a desconsideração de atos ou negócios em tal situação.

3

O Devido Processo Legal

1 INTRODUÇÃO

Sempre que examinamos uma questão jurídica qualquer, envolvendo relações entre o Estado e o indivíduo, nos vêm à mente as lições de Napoleão Nunes Maia Filho, postas em seu livro sobre a antecipação da tutela jurisdicional, que começa estudando o que denomina de "a antiga e sempre atual questão da submissão do Poder Público à jurisdição".[1]

Na verdade, as relações entre o Estado e o indivíduo manifestam-se de múltiplas formas e constituem objeto de estudo dos mais diversos setores da denominada Ciência Jurídica. Seja como for e qualquer que seja a área do Direito na qual esteja a disciplina da relação entre o Estado e o indivíduo, temos de ter presente que o Direito é um sistema de limites do poder e que o Estado é o maior centro de poder do planeta, sendo sempre, portanto, de algum modo alcançado pelo Direito. E temos de ter igualmente presente que a ideia de Estado de Direito Democrático tem, na sua essência, a ideia de submissão do Estado ao Direito.

Entre as mais importantes limitações do poder estatal estão os denominados Direitos e Garantias Fundamentais, que em nosso ordenamento jurídico compõem o Título II da vigente Constituição Federal. Diz-se direitos e garantias para afastar a restrição que poderia ser formulada com base no argumento de que se trata de coisas diversas. A referência aos dois admite que são diferentes – como de certa forma são e adiante isto será demonstrado –, mas impõe a soma. Impõe o conceito mais abrangente para, com isto, proteger melhor o cidadão, especialmente contra o arbítrio do Estado, em todas as áreas de sua atuação.

---

[1] Napoleão Nunes Maia Filho, *Estudo Sistemático da Tutela Antecipada*, O Curumim Sem Nome, Fortaleza-Ceará, 2003, p. 23-55.

O *devido processo legal* é uma garantia constitucional aplicável em todas as áreas do Direito. Entretanto, mesmo que se pudesse admitir que tal princípio é inerente apenas ao Direito Penal, nas questões concernentes aos crimes contra a ordem tributária não pode haver dúvida quanto a sua aplicabilidade. É que ao definir como crime um ilícito como tal, antes configurado apenas no campo tributário, o legislador está colocando a correspondente conduta no campo do Direito Penal e, assim, afastando qualquer divergência que eventualmente pudesse ser suscitada com o argumento restritivo do âmbito da garantia constitucional em tela.

É a lição autorizada de Mourullo:

"Para ser recibidas ciertas infraciones tributarias com rango en el ámbito del Derecho penal, deben someterse plenamente, sin excepciones de ningún género, a los principios y garantias criminales."[2]

Na verdade não se pode colocar em dúvida a aplicabilidade, no âmbito dos crimes contra a ordem tributária, da garantia constitucional do devido processo legal. Como também dúvida não há de que nesse âmbito são invocáveis todos os direitos e garantias fundamentais.

2 A GARANTIA CONSTITUCIONAL

2.1 O dispositivo da Constituição

A Constituição Federal coloca entre os Direitos e Garantias Fundamentais um princípio conhecido como *devido processo legal*, estabelecendo que "ninguém será privado da liberdade ou de seus bens sem o devido processo legal".[3] É o denominado *due process of law*, consagrado no direito norte-americano.

Comentando esse dispositivo de nossa Constituição, doutrina Celso Bastos:

"O direito ao devido processo legal é mais uma garantia do que propriamente um direito.
Por ele visa-se a proteger a pessoa contra a ação arbitrária do Estado. Colima-se, portanto, a aplicação da lei.
O princípio se caracteriza pela sua excessiva abrangência e quase que se confunde com o Estado de Direito. A partir da instauração deste, todos passaram a se beneficiar da proteção da lei contra o arbítrio do Estado.

---

[2] Gonzalo Rodríguez Mourullo, *Presente y futuro del delito fiscal*, Civitas, Madrid, 1974, p. 33-34.
[3] Constituição Federal de 1988, art. 5º, inciso LIV.

É por isto que hoje o princípio se desdobra em uma série de outros direitos, protegidos de maneira específica pela Constituição."[4]

2.2 Direito e garantia de direitos

A afirmação de Celso Bastos acima transcrita, de que o devido processo legal *é mais uma garantia do que propriamente um direito,* nos coloca diante da necessidade de apontarmos uma distinção entre *direito* e *garantia,* até porque a doutrina jurídica se refere a esses dois conceitos, mas nem sempre deixa clara a distinção entre um e o outro. Distinção que pode ser apontada, embora sem a pretensão de impedir ou de superar divergências, que sempre se manifestam diante das teses jurídicas e sempre existirão em tudo e em toda parte, posto que na verdade tudo é muito relativo.

Feita essa ressalva em atenção ao pluralismo de ideias, diremos que a garantia destina-se a proteção do direito. É um instrumento de sua efetividade. Enquanto o direito pode ter sentido em si mesmo, a garantia só tem sentido como proteção do direito. Por isto é que se coloca o *devido processo legal* como uma garantia constitucional. Através dele a Constituição protege os titulares de direitos contra a violação destes. E essa proteção é mais efetiva, porque se entende o devido processo legal como um princípio constitucional. Mais, portanto, que uma simples regra jurídica, ele tem conteúdo bem mais abrangente, que se manifesta, aliás, através de diversas regras jurídicas específicas, explícitas ou implícitas no texto da Constituição, albergando garantias que já estão de algum modo nele contidas.

2.3 Conteúdo do princípio

O conteúdo do princípio do devido processo legal tem sido definido de diversos modos, uns menos, outros mais amplos. Maria Helena Diniz registra sob essa expressão:

> "Direito constitucional. Princípio constitucional que assegura ao indivíduo o direito de ser processado nos termos legais, garantindo o contraditório, a ampla defesa e um julgamento imparcial."[5]

---

[4] Celso Ribeiro Bastos e Ives Gandra da Silva Martins, *Comentários à Constituição do Brasil,* Saraiva, São Paulo, 1989, v. 2, p. 261-262.

[5] Maria Helena Diniz, *Dicionário Jurídico,* Saraiva, São Paulo, 1998, v. 2, p. 125.

Essa definição, como se vê, refere-se ao devido processo legal como princípio de conteúdo exclusivamente formal ou processual. Neste sentido seria realmente apenas um instrumento de garantia de direitos, não obstante de enorme importância porque os direitos, todos eles, quando desprovidos dessa garantia de efetividade resultam amesquinhados. Nada valem. Assim, mesmo enquanto simples garantia de direitos, o devido processo legal é da maior importância e sua colocação no plano constitucional é fundamental para que subsista, como garantia contra o arbítrio, especialmente quando esse arbítrio é praticado pelo legislador.

O conteúdo substantivo do devido processo legal, todavia, tem sido invocado para expressar direitos que a rigor não podem ser considerados por ele abrangidos se tivermos em conta apenas o seu conteúdo processual ou procedimental. O direito à inviolabilidade do domicílio, o direito ao silêncio, o direito à informação, o direito à liberdade e o próprio direito à vida são exemplos da expressão substantiva do devido processo legal.

Seja como for, admitir-se que o princípio do devido processo legal tem também conteúdo substantivo, presta-se para refutar possíveis argumentos restritivos a sua invocação, fundados na natureza substantiva, e não processual, do que se pretende por ele protegido. Assim, quando falamos em direitos abrangidos pelo devido processo legal, não devemos ter a preocupação de apenas arrolarmos garantias processuais. A dificuldade da distinção entre o que é substancial e o que é processual está definitivamente afastada para esse fim.

Por outro lado, o constituinte de 1988, talvez com o propósito de afastar argumentos restritivos do conteúdo de devido processo legal, referiu explicitamente como direitos fundamentais certas garantias que a rigor devem ser tratadas como elementos do conteúdo do devido processo legal. Preferiu assumir certa impropriedade de técnica legislativa para evitar o amesquinhamento de tão importante princípio constitucional.

Apoiados nessas ideias, vejamos alguns direitos fundamentais que podem ser considerados abrangidos pelo princípio do devido processo legal.

2.4 Direito à jurisdição

A vigente Constituição Federal coloca entre os direitos e garantias fundamentais o denominado direito à jurisdição, estabelecendo que "a lei não excluirá da apreciação do Poder Judiciário lesão ou ameaça a direito".[6] É um

---
[6] Constituição Federal de 1988, art. 5º, inciso XXXV.

direito que na verdade tem por objetivo garantir os direitos em geral. Podemos dizer que o direito à jurisdição é o direito à proteção estatal dos direitos, que o legislador não pode afastar.

Assim, qualquer pessoa que entenda ter tido um direito seu violado tem direito de pedir a proteção judicial. Tem direito de promover ação contra o responsável pela violação, para que este seja compelido a restabelecer o direito violado. A jurisdição é a ação estatal que tem por finalidade proteger os direitos. Direito à jurisdição é, portanto, direito à proteção estatal dos direitos. E como a norma da Constituição reporta-se a lesão ou ameaça, tem-se que o direito à jurisdição inclui o direito às providências de natureza cautelar. Não nasce apenas em face da ocorrência de uma lesão ao direito, mas também em face de uma ameaça de lesão a direito.

A proteção estatal aos direitos, vale dizer, a jurisdição, não se limita a dizer o direito. Direito à jurisdição não é apenas o direito a uma sentença na qual o Estado diz o direito. Essa compreensão estreita do direito à jurisdição como direito a um pronunciamento estatal sobre o direito posto em questão é resultado de uma visão formalista que esvazia inteiramente o Direito como instrumento da harmonia social. O direito à jurisdição na verdade abrange tanto a jurisdição dita cautelar, como a jurisdição dita executória.

Em outras palavras, o direito à jurisdição há de ser entendido como o direito à proteção estatal dos direitos, que se faz exigível em face de uma lesão ou de uma simples ameaça a direito, e vai até os atos concretos de reparação. No exercício da jurisdição o Estado protege o direito contra eventuais ameaças, evitando que se concretize lesão. Diz o direito quando se estabeleça um conflito entre duas ou mais pessoas que pretendam sua titularidade. E faz valer o direito, isto é promove medidas concretas para o restabelecimento do direito lesionado.

2.5 O contraditório

A vigente Constituição Federal também coloca entre os direitos e garantias fundamentais o direito ao contraditório, ao estabelecer que "aos litigantes, em processo judicial ou administrativo, e aos acusados em geral são assegurados o contraditório e ampla defesa, com os meios e recursos a ela inerentes".[7]

A rigor, o contraditório é um dos meios necessários à ampla defesa. Como esta integra o conceito do devido processo legal, posto que sem o direito da

---
[7] Constituição Federal de 1988, art. 5º, inciso LV.

ampla defesa dele não se pode falar. Seja como for, importa-nos aqui indicar o que devemos entender por contraditório, nesse contexto.

Como ocorre com as palavras em geral, a palavra *contraditório* tem mais de um significado. Na linguagem comum, quer dizer aquilo que contém contradição. Em relação a uma pessoa, diz-se de quem se contradiz, ou diz o contrário do que disse antes. No contexto do que estamos estudando, vale dizer, na linguagem dos direitos e garantias fundamentais, a palavra *contraditório* tem significado diverso e bastante específico. Quer dizer o princípio segundo o qual nenhuma autoridade deve decidir qualquer conflito sem ouvir as partes nele envolvidas. Sem ouvir os dois lados. Segundo Maria Helena Diniz, a palavra *contraditório*, no direito constitucional e no direito processual quer dizer:

> "Princípio da audiência bilateral, que rege o processo, pois o órgão judicante não pode decidir uma questão ou pretensão sem que seja ouvida a parte contra a qual foi proposta, resguardando dessa forma a paridade dos litigantes nos atos processuais, visto que, mesmo nos casos excepcionais em que a lei possibilita a pronunciação judicial inaudita altera parte, haverá oportunidade de defesa daquele contra quem a pretensão se dirige."[8]

Há quem entenda que o princípio do contraditório diz respeito apenas à produção das provas, vale dizer, é concernente apenas à apuração da verdade. Sua aplicação estaria, assim, limitada ao terreno das questões *de fato*, a serem superadas com a produção de provas. É uma visão estreita dessa garantia constitucional, que na verdade diz respeito a todas as divergências a serem solucionadas pela autoridade competente para decidir. Concerne, portanto, também às questões *de direito*. Abrangem a produção do argumento jurídico. Por isto mesmo assevera Tedesco Wedy:

> "Desde o direito romano a dialética está íncita ao processo (*audiatur et altera pars*). Os argumentos de uma parte são informados a outra que reage a estes, contra-argumentando, ante um juiz imparcial que deve extrair deste debate uma decisão justa.
> Com efeito, o ato de decidir do magistrado, que mais das vezes impõe comandos marcados pela coação das partes, não pode ser um ato absolutista ou totalitário e a legitimação do mesmo deve se dar em face de um procedimento democrático e participativo.

---

[8] Maria Helena Diniz, *Dicionário Jurídico*, Saraiva, São Paulo, 1998, v. I, p. 831.

O princípio do contraditório engloba não só o conhecimento dos atos processuais pelas partes, como também a possibilidade de manifestação das partes a respeito dos mesmos."[9]

E ainda, invocando a jurisprudência do Supremo Tribunal Federal:

"O exercício pleno do princípio do contraditório não se limita à garantia do jurisdicionado de alegação oportuna e eficaz a respeito dos fatos, mas implica a possibilidade de ser ouvido também em matéria jurídica."[10]

Por isto é que se uma das partes junta aos autos um parecer no qual um jurista desenvolve tese favorável a sua pretensão, a autoridade que preside o processo deve dar à parte contrária o direito de se manifestar sobre o mesmo. Quem entende que o princípio do contraditório diz respeito apenas às questões de fato e se limita, portanto, à produção de provas dirá que em casos assim não é necessário dar-se à parte contrária a oportunidade para manifestação, pois o parecer não é um documento no sentido jurídico processual. E realmente não é. Não se destina a provar nenhum fato. É uma peça de argumentação. Destina-se ao convencimento do julgador quanto a questão simplesmente de direito.

O contraditório é um princípio que deve orientar inclusive as nossas decisões enquanto cidadãos, em nossas relações com nossos semelhantes. Não devemos assumir nenhuma atitude contra alguém apenas porque ouvimos dizer algo dessa pessoa. Devemos ouvi-la. Não devemos formar opinião negativa a respeito de quem quer que seja sem dar a essa pessoa a oportunidade de se manifestar a respeito dos fatos a ela imputados. Embora na convivência em sociedade isto deva ser feito de modo informal e o mais discretamente possível, certo é que consubstancia uma prática salutar, até porque o mal pode estar sendo cometido por quem faz as acusações e não por aquele contra o qual elas se dirigem.

2.6 A ampla defesa

Repita-se que a vigente Constituição Federal estabelece que "aos litigantes, em processo judicial ou administrativo, e aos acusados em geral são

---

[9] Gabriel de J. Tedesco Wedy, O princípio do contraditório como garantia constitucional, em *Direito Federal – Revista da Associação dos Juízes Federais do Brasil*, AJUF, Brasília-DF, nº 85, julho a setembro de 2006, p. 151.

[10] Gabriel de J. Tedesco Wedy, O princípio do contraditório como garantia constitucional, em *Direito Federal – Revista da Associação dos Juízes Federais do Brasil*, AJUF, Brasília-DF, nº 85, julho a setembro de 2006, p. 154.

assegurados o contraditório e ampla defesa, com os meios e recursos a ela inerentes".[11] Garante, pois, o contraditório e a *ampla defesa*, embora aquele não seja mais que um meio para a efetividade desta.

A garantia constitucional da ampla defesa se faz necessária para a proteção dos direitos, especialmente do direito à liberdade, porque aqueles que investigam, os que acusam e também os que julgam não são santos. São homens, e portanto são falíveis como qualquer ser humano. Aliás, a divisão dos poderes de investigar, de acusar e de julgar já constitui elemento importante para a proteção das liberdades. Se uma única pessoa pudesse investigar, acusar e julgar, seguramente essa pessoa se converteria no pior dos déspotas.

Em matéria de crimes contra a ordem tributária a ampla defesa tem enorme significação. As imputações geralmente envolvem questões ainda não conhecidas pelos julgadores até porque se trata de um novo ramo do Direito Penal, estreitamente ligado ao Direito Tributário, onde residem muitos dos conceitos que constituem elementos dos tipos penais. Por outro lado, pode ter havido o pagamento ou o parcelamento do crédito tributário correspondente, e tais fatos não terem sido levados em consideração pelo Ministério Público, seja porque dos mesmos não tinha conhecimento, seja porque não admite que tenham o efeito de extinguir e de suspender a pretensão punitiva.

Por isto mesmo temos sustentado que em se tratando de denúncia por crime contra a ordem tributária impõe-se que ao denunciado seja dada oportunidade para produzir defesa antes do recebimento da denúncia e consequente citação na ação penal. Sobre o assunto escrevemos:

> "Embora não seja usual em nosso sistema processual, é perfeitamente possível o oferecimento de defesa pelo denunciado antes do recebimento da denúncia. Defesa na qual o acusado deve pleitear exatamente a rejeição desta, por uma das causas legalmente enumeradas, vale dizer: (a) o fato narrado evidente não constitui crime; (b) já está extinta a punibilidade; ou ainda, (c) houver ilegitimidade de parte ou ausência de condição legalmente exigida para o exercício da ação penal.[12]

---

[11] Constituição Federal de 1988, art. 5º, inciso LV.

[12] Código de Processo Penal, art. 43.

A lei[13] assegura oportunidade para essa defesa antecipada no caso dos crimes praticados por funcionário público contra a Administração em Geral.[14] Sobre o assunto doutrina Mirabete:

'Para o processo referente aos chamados crimes de responsabilidade dos funcionários públicos cuidou a lei de estabelecer um rito especial, tendo em vista os elevados interesses da administração pública, resguardando-a no que respeita à probidade, ao decoro, à segurança e outros bens jurídicos que lhe são essenciais ao bom funcionamento, com determinadas cautelas. Com isso também se protege a pessoa do funcionário, em decorrência do exercício de suas funções, muitas vezes alvo de acusações infundadas por motivos até políticos.'[15]

Pensamos que essa regra deve ser aplicada no processo penal em geral. O recebimento de uma denúncia tem sérias repercussões para o acusado, especialmente no plano moral. Assim, antes de decidir se recebe ou rejeita a denúncia, deve mandar citar o acusado para oferecer defesa. A norma que autoriza o recebimento da denúncia sem oportunidade de defesa é fruto do clima de ditadura, existente quando foi editado o ainda vigente Código de Processo Penal.[16] Hoje está em aberto conflito com a Constituição Federal, tal como acontece com o dispositivo do mesmo Código de Processo Penal, segundo o qual 'Antes de iniciar o interrogatório, o juiz observará ao réu que, embora não esteja obrigado a responder às perguntas que lhe forem formuladas, o seu silêncio poderá ser interpretado em prejuízo da própria defesa.'[17]

A ideia da necessidade de defesa antes da decisão sobre o recebimento da denúncia fica reforçada se considerarmos que o juiz não pode reconsiderar aquela decisão. Embora não se trate de entendimento inteiramente pacífico, até porque também alberga resquícios do auto-

---

[13] Código de Processo Penal, art. 513.

[14] Código Penal, arts. 312 a 326.

[15] Julio Fabbrini Mirabete, *Código de Processo Penal*: Interpretado, 8ª edição, Atlas, São Paulo, 2001, p. 1104.

[16] Decreto-lei nº 3.689, de 3 de outubro de 1941.

[17] Código de Processo Penal, art. 186, em sua redação original. Já declarado inconstitucional por contrariedade ao dispositivo que assegura o direito ao silêncio. Na verdade não é razoável admitir-se que o exercício de um direito possa resultar em prejuízo para o seu titular. Em 2003, sua redação foi corrigida pela Lei 10.792, nos seguintes termos: "Art. 186. Depois de devidamente qualificado e cientificado do inteiro teor da acusação, o acusado será informado pelo juiz, antes de iniciar o interrogatório, do seu direito de permanecer calado e de não responder perguntas que lhe forem formuladas. Parágrafo único. O silêncio, que não importará em confissão, não poderá ser interpretado em prejuízo da defesa".

ritarismo do estado novo de Vargas, tem prevalecido largamente nos tribunais, como se vê do registro feito por Mirabete.[18] Assim, como se trata de uma decisão exaustiva do juízo de admissibilidade da ação penal, a preservação do direito de defesa se impõe para evitar que sofra o acusado o constrangimento de responder a ação penal quando na verdade não deveria ter sido a denúncia recebida.

Entretanto, mesmo que se entenda válido o recebimento da denúncia sem prévia oportunidade de defesa para o acusado, não se pode entender que seja vedada essa defesa. O réu pode haver tomado conhecimento, por qualquer meio, do oferecimento da denúncia, e tem indiscutível direito de sobre ela se manifestar, oferecendo ao juiz elementos que podem levá-lo a rejeitar a denúncia.

Atualmente está sendo frequente o oferecimento de denúncia por crime contra a ordem tributária inclusive contra dirigentes de entidades imunes. Em tais casos é evidente que o fato imputado aos acusados não configura o crime em questão, nem mesmo em tese. Daquele fato pode decorrer, se verdadeira a imputação, a perda da imunidade tributária. Mas da perda da imunidade decorre o nascimento do dever de pagar tributo. Não a supressão deste, que antes não existia. A denúncia nesses casos, portanto, deve ser rejeitada com fundamento no art. 43, inciso I, do Código de Processo Penal,[19] porque o fato narrado evidentemente não constitui crime.

Dificilmente, porém, o juiz decidirá pela rejeição da denúncia se não examinar a tese aqui enunciada em apertada síntese, que lhe pode ser oferecida pelo denunciado nessa defesa antecipada. Não porque não seja evidente que o fato narrado não constitui crime, mas porque se trata de situação nova, sobre a qual a doutrina ainda não se tem manifestado."[20, 21]

---

[18] Julio Fabbrini Mirabete, *Código de Processo Penal*: Interpretado, 8ª edição, Atlas, São Paulo, 2001, p. 197.

[19] O art. 43 do CPP foi revogado, e suas disposições se acham atualmente, em termos semelhantes, no art. 395 do mesmo Código, que dispõe: "Art. 395. A denúncia ou queixa será rejeitada quando: I – for manifestamente inepta; II – faltar pressuposto processual ou condição para o exercício da ação penal; ou III – faltar justa causa para o exercício da ação penal".

[20] A tese segundo a qual o fato capaz de ensejar a perda da imunidade tributária não pode configurar o crime de supressão ou redução de tributo, previsto no art. 1º da Lei nº 8.137/90, foi defendida pelos advogados Hugo de Brito Machado Segundo e Schubert de Farias Machado, em *habeas corpus* impetrado perante o Tribunal Regional Federal, e acolhido, com o deferimento da ordem determinando o trancamento da ação penal.

[21] Hugo de Brito Machado, Direito de Defesa no Inquérito Policial, em *Revista Dialética de Direito Processual*, Dialética, São Paulo, dezembro de 2004, nº 21, p. 77-78.

2.7 Ampla defesa e a prova no processo administrativo fiscal

Outro aspecto inerente à garantia constitucional da ampla defesa, que tem grande relevância no que concerne aos crimes contra a ordem tributária, diz respeito à defesa do contribuinte no processo administrativo fiscal. É muito comum a ocorrência, especialmente em primeira instância administrativa, de indeferimento de pedido de produção de prova pericial, sob o fundamento de que tal prova é desnecessária, e de posterior decisão julgando a ação fiscal procedente ao fundamento de que o impugnante não provou suas alegações.

É que muitas autoridades da Administração Tributária entendem que determinados fatos devem ser comprovados mediante a apresentação de documentos. E que o contribuinte nesses casos não tem o direito à produção de prova pericial. Na generalidade dos casos em que esse entendimento tem sido adotado cuida-se de registros contábeis, cuja prova poderia ser feita com a apresentação de livros e documentos, mas a grande quantidade destes torna praticamente inviável a produção dessa espécie de prova, sendo bem mais prática a produção da prova pericial, que enseja a oportunidade de verificação dos fatos por quem tem conhecimento técnico especializado e pode examinar livros e documentos em seu conjunto, para desse exame extrair convencimento seguro e expressá-lo no competente laudo técnico.

O direito à ampla defesa pode ser invocado, indiscutivelmente, também no processo administrativo. Assim, é evidente que a apuração no âmbito deste, de fatos que podem ensejar a propositura da ação penal, só pode ser válida se respeitada essa garantia constitucional. O respeito ao direito de produzir prova, aliás, é uma decorrência dessa garantia constitucional que independe mesmo da existência de previsão normativa específica. Neste sentido, aliás, já se manifestou o Supremo Tribunal Federal, afirmando que

> "Assiste ao interessado, mesmo em procedimentos de índole administrativa, como direta emanação da própria garantia constitucional, do 'due process of law' (CF, art. 5º, LIV) – independentemente, portanto, de haver previsão normativa nos estatutos que regem a atuação dos órgãos do Estado –, a prerrogativa indisponível do contraditório e da plenitude de defesa, *com* os meios e recursos a ela inerentes (CF, art. 5º, LV), *inclusive o direito à prova.*"[22]

---

[22] STF, Medida Cautelar em Mandado de Segurança nº 26.358-0, rel. Ministro Celso de Mello, decisão de 27.2.2007, *DJU* de 2.3.2007, p. 50-51, e *Revista Dialética de Direito Tributário*, Dialética, São Paulo, nº 51, junho de 2007, p. 171.

Tendo havido violação do direito a ampla defesa no processo administrativa fiscal, e daí tendo resultado decisão contrária ao contribuinte, é evidente a invalidade da decisão administrativa com base na qual seria promovida a ação penal. Daí se conclui que a denúncia não deve ser recebida se tiver havido, no processo administrativo, o cerceamento do direito de defesa do contribuinte agora denunciado.

Pela mesma razão que se entende necessário o prévio exaurimento da via administrativa para a propositura da ação penal por crime contra a ordem tributária, devemos também entender que esse prévio exaurimento da via administrativa deve dar-se validamente, isto é, sem violência à garantia da plena defesa. Também por isto justifica-se a necessidade de se dar ao denunciado o direito de se manifestar antes do recebimento da denúncia, que deve ser rejeitada se demonstrado que na via administrativa não foi respeitada a garantia constitucional da ampla defesa.

2.8 Exclusão da prova obtida ilicitamente

"São inadmissíveis, no processo, as provas obtidas por meios ilícitos."[23]

Esta é mais uma garantia constitucional que integra o elenco dos direitos e garantias fundamentais na Constituição Federal de 1988. Garantia que tem enorme relevância no contexto dos crimes contra a ordem tributária, especialmente quando é colocada em face de preceitos que estabelecem o dever de informar (ao fisco) e especialmente de dispositivos legais que colocam esse dever como elemento do tipo penal.

O Supremo Tribunal Federal tem se manifestado reiteradamente pela nulidade de ações penais fundadas em provas ilícitas. É inadmissível que em se tratando de crimes contra a ordem tributária sejam os réus colocados em situação diferente, como se esse tipo de crime justificasse um tratamento mais severo do que o dispensado aos autores de sequestros, estupros, latrocínios e outros crimes de consequências bem mais nocivas para a comunidade. A nosso ver aos acusados da prática de crime contra a ordem tributária aplicam-se todos os dispositivos da Constituição Federal que consagram direitos e garantias fundamentais. Por isto mesmo, aliás, temos sustentado a inconveniência da criminalização do ilícito tributário.

---

[23] Constituição Federal de 1988, art. 5º, inciso LVI.

2.9 Presunção de inocência e prisão antes da condenação

Diz a vigente Constituição Federal que "ninguém será considerado culpado até o trânsito em julgado de sentença penal condenatória".[24] Diz também que "ninguém será preso a não ser em flagrante delito ou por ordem escrita e fundamentada da autoridade judiciária competente, salvo nos casos de transgressão militar ou crime propriamente militar definidos em lei".

Assim, em face da presunção de inocência como garantia constitucional, não se admite pena prisional sem prévia condenação em sentença com trânsito em julgado. E a prisão, seja pena ou não, só é admitida excepcionalmente. Salvo em se tratando de transgressão ou crime militar, portanto, ninguém pode ser preso em flagrante delito ou por ordem escrita e fundamentada de uma autoridade judiciária. Temos, portanto, de substituir o velho e equivocado jargão segundo a qual a polícia prende e a justiça solta, pela assertiva, esta sim de conformidade com o nosso ordenamento jurídico, segundo a qual somente a justiça pode mandar prender e soltar quando for o caso. A autoridade policial não pode, porque é autoridade, prender quem quer que seja. Em flagrante delito pode, sim, mas não porque é autoridade. Qualquer cidadão pode prender um criminoso em flagrante delito.

A prisão por ordem escrita e fundamentada da autoridade judiciária é cabível como pena ou como medida cautelar. É a regra. A rigor, só depois do trânsito em julgado de sentença penal condenatória é válida a prisão, que se dará mediante ordem escrita e fundamentada da autoridade judiciária competente, e cujo fundamento consiste precisamente na sentença penal condenatória com trânsito em julgado. Excepcionalmente, a lei admite a prisão sem que tenha havido condenação com trânsito em julgado, mas essa prisão há de ter, nos casos em que a lei a admite, natureza cautelar. Em nenhuma hipótese a prisão deve ser considerada antecipação da pena, porque isto seria violação do princípio da presunção de inocência. É certo que se ocorre prisão antes da condenação, sobrevindo esta ao tempo de prisão cumprida antes e que deve ser deduzido do total da pena, que há de ser cumprida pelo saldo, mas isto não quer dizer que a prisão anterior tenha sido uma antecipação da pena. A cautelaridade da prisão anterior à condenação é condição essencial de sua validade. Neste sentido é a lição de José Herval Sampaio Júnior e Pedro Rodrigues Caldas Neto, a dizer que:

> "A detração não foi criada com o intuito de convalidar as prisões provisórias, todavia não se pode ir contra a realidade de que os efei-

---

[24] Constituição Federal de 1988, art. 5º, inciso LVII.

tos da restrição à liberdade proveniente de uma custódia cautelar são idênticos aos advindos de uma sentença condenatória transitada em julgado, e tal fato deve ser levado em consideração, para fins de compensação, na fase de execução penal.

A cautelaridade é o elemento legitimador, sob a ótica constitucional, de qualquer espécie de prisão provisória, atendidos no caso concreto os requisitos da necessidade, da razoabilidade e da proporcionalidade, sem que se permita extrair, direto da legislação, uma situação cautelar genérica."[25]

Mesmo na prisão decorrente da sentença penal condenatória ainda submetida a recurso e na decorrente do recebimento da denúncia, o fundamento que justifica a restrição à liberdade sem prejuízo da presunção de inocência deve ser sempre assentado no juízo de cautelaridade. Por isto mesmo é que a simples decisão de pronúncia não implica "automaticamente a necessidade de imposição ou manutenção de custódia".[26]

2.10 Direito ao silêncio

Já em 1993, ao ensejo das XVI Jornadas Latinoamericanas de Direito Tributário, em Lima, o Prof. Nuno de Sá Gomes suscitou a questão de saber como fica o dever do contribuinte de prestar informações ao fisco, diante do direito ao silêncio, constitucionalmente assegurado aos acusados em geral. Segundo aquele ilustre Professor da Faculdade de Direito de Lisboa, na medida em que o ilícito tributário é definido como crime, tem-se um conflito entre o dever de prestar informações ao fisco e o direito de não se autoincriminar, constitucionalmente assegurado aos acusados de práticas delituosas.

Realmente, ao menos naqueles casos nos quais a informação solicitada pelo fisco ao contribuinte possa envolver a prática de ilícito tributário, e por consequência ilícito penal, a questão é de grande importância e está a merecer análise em face do ordenamento de cada país, levando-se em conta, especialmente, a hierarquia das normas. Se o direito ao silêncio é uma garantia constitucional, como ocorre entre nós, evidentemente não se pode admitir que o contribuinte tenha o dever de prestar informações ao fisco, que possam envolver a confissão de práticas ilícitas. Assim, as informações cuja

---

[25] José Herval Sampaio Júnior e Pedro Rodrigues Caldas Neto, *Manual de Prisão e Soltura*: sob a Ótica Constitucional, Método, São Paulo, 2007, p. 89.

[26] José Herval Sampaio Júnior e Pedro Rodrigues Caldas Neto, *Manual de Prisão e Soltura*: sob a Ótica Constitucional, Método, São Paulo, 2007, p. 87.

prestação constitui dever do contribuinte, e em alguns casos até de terceiros, e cuja omissão ou falsidade configuram crime, nos termos do dispositivo acima citado, são apenas aquelas necessárias ao lançamento regular dos tributos. Não quaisquer outras informações necessárias ao exercício da fiscalização tributária. É esta a compreensão capaz de conciliar o dever de informar ao fisco com o direito ao silêncio, assegurado pela Constituição.

A interpretação literal de disposições das leis ordinárias pertinentes ao dever de prestar informações ao fisco, que admite configurado esse dever de informar mesmo para os autores de crime contra a ordem tributária, para os quais possam as informações configurar uma forma de autoincriminação, torna evidente o conflito entre as normas assim interpretadas e a garantia constitucional. Assim, e como nos parece que a interpretação de qualquer norma deve ser feita sempre que possível, de sorte a tornar essa norma de conformidade com a Constituição, a conclusão será sempre a de que o contribuinte não tem o dever de prestar informações ao fisco capazes de servir como prova do cometimento de crime contra a ordem tributária ou qualquer outro. A não ser assim, ter-se-ia violado o princípio da isonomia, posto que aos autores de quaisquer crimes, por mais hediondos que sejam seus cometimentos, sempre é assegurado pela Constituição o direito ao silêncio.

2.11 Direito de conhecer a acusação

É inerente à garantia do direito de defesa o direito de conhecer a acusação. É evidente que sem saber do que está sendo acusado ninguém pode defender-se. Assim, e como a Constituição garante a todos a denominada defesa técnica, vale dizer, o direito à assistência de advogado,[27] evidentemente o advogado tem direito de ter vista dos autos do processo, judicial ou administrativo, e do inquérito policial, no qual possam existir elementos úteis ao exercício da defesa. Contra esse direito não é válida a alegação de sigilo das investigações. Por isto mesmo a lei coloca entre os direitos do advogado o de *"examinar, em qualquer instituição responsável por conduzir investigação, mesmo sem procuração, autos de flagrante e de investigações de qualquer natureza, findos ou em andamento, ainda que conclusos à autoridade, podendo copiar peças e tomar apontamentos, em meio físico ou digital".*[28]

A restrição que algumas autoridades policiais e até alguns magistrados impõem ao direito do advogado de examinar autos de inquérito policial

---

[27] Constituição Federal de 1988, art. 5º, inciso LXIII.
[28] Lei nº 8.906, de 4 de julho de 1994, art. 7º, inciso XIV.

funda-se em alguns argumentos frequentemente utilizados em julgados como o que alberga a seguinte ementa:

"RECURSO EM MANDADO DE SEGURANÇA. PROCESSO PENAL. INQUÉRITO POLICIAL. DECRETAÇÃO DE SIGILO. ADVOGADO. VISTAS DOS AUTOS E CÓPIAS DE PEÇAS. VINCULAÇÃO AO EXAME DO CONTEXTO FÁTICO.

1 – Decretado o sigilo do inquérito policial, há que ser mantido se demonstrado que a quebra conduziria à frustração de todo o procedimento investigatório.

2 – Não figurando o cliente dos recorrentes como indiciado nos autos de inquérito policial que tramita sob sigilo, a segurança não pode ser concedida, eis que tal medida poderá conduzir ao fracasso da investigação criminal, bem como violar a intimidade da real indiciada, que teve quebrado o sigilo bancário.

3 – Nenhum direito, por mais importante que seja, pode ser visto como absoluto, ficando sempre condicionado ao exame do contexto fático.

4 – Inexistência de direito líquido e certo a amparar a pretensão dos recorrentes.

5 – Recurso ordinário improvido."[29]

Seja como for, devemos ter em conta que o caso do qual resultou o julgado expresso nessa ementa oferece algumas peculiaridades importantes, a saber: (a) havia decretação do sigilo do inquérito, ato que necessariamente há de ser motivado; (b) os impetrantes do mandado de segurança não eram advogados de alguém indiciado no inquérito, no qual havia uma indiciada em favor da qual se tinha de preservar o sigilo; (c) a quebra do sigilo do inquérito conduziria à frustração do procedimento investigatório.

Imaginemos que a autoridade policial estivesse a fazer, autorizada judicialmente, uma escuta telefônica. O conhecimento que o advogado do investigado tivesse dessa providência com certeza frustraria inteiramente a investigação.

É certo, porém, que o direito ao contraditório e à ampla defesa há de ser respeitado como regra, sem prejuízo de exceções estritamente necessárias para a preservação de outros direitos fundamentais. É inadmissível, portanto, a denegação do direito de examinar autos de inquérito policial fundada simplesmente no argumento de que se trata de procedimento investigatório

---

[29] STJ, 1ª Turma, Recurso Ordinário em Mandado de Segurança nº 13496, Rel. Ministro José Delgado, *DJU* de 16.12.2002, p. 245.

de índole inquisitória. A restrição a esse direito do advogado, que é sem dúvida um instrumento de garantia da liberdade, só se admite em situações excepcionais, uma vez demonstrada a necessidade de preservação do sigilo das investigações.

"No Supremo Tribunal Federal não prevaleceu a tese restritiva do direito do advogado de ter acesso aos autos do inquérito policial. E na verdade a tese restritiva não é compatível com a vigente Constituição, que privilegia de todas as formas o valor liberdade contra as investidas da autoridade."[30]

Na linha do que se defende neste livro, a jurisprudência do Supremo Tribunal Federal orientou-se, por meio da Súmula Vinculante 14, no sentido de que "é direito do defensor, no interesse do representado, ter acesso amplo aos elementos de prova que, já documentados em procedimento investigatório realizado por órgão com competência de polícia judiciária, digam respeito ao exercício do direito de defesa".

2.12 Juiz natural

Ao tratar dos direitos e garantias fundamentais a Constituição Federal estabelece que "não haverá juízo ou tribunal de exceção", e ainda, que "ninguém será processado nem sentenciado senão pela autoridade competente".[31] E com isto expressa o princípio do juiz natural, garantia fundamental adotada em todo o mundo civilizado.

No plano de uma Teoria Geral do Direito podemos dizer que o juiz natural é aquele ao qual o ordenamento jurídico atribui condições que lhe garantem independência e imparcialidade, e que tem competência para o exercício da função jurisdicional, a ele atribuída antes do fato do qual decorre o conflito a ele submetido.

O princípio do juiz natural, como garantia constitucional, pode ser definido com palavras e expressões mais adequadas a cada ordenamento jurídico, mas no essencial é sempre a garantia de que a prestação jurisdicional há de ser dada por um juiz dotado de condições para exercer a jurisdição com independência, ao qual tenha sido atribuída competência antes de configurado o litígio que deve julgar.

---

[30] Informativo STF nº 356, obtido no *site* do Supremo Tribunal Federal em 4.10.2004.
[31] Constituição Federal de 1988, art. 5º, inciso LIII.

No sentido que a expressão deve ter no Direito Brasileiro, juiz natural é o princípio segundo o qual não se pode admitir o juiz excepcional. Maria Helena Diniz registra:

> "1. É aquele que se contrapõe ao juiz de exceção constituído para contingências particulares. Trata-se de magistrado que integra o poder judiciário, investido de jurisdição e revestido de garantia constitucional.
> 2. Princípio que impede a criação de tribunal *ad hoc* ou de órgão criado *ex post facto* e de exceção para processo e julgamento de causas civil e criminais. Tal princípio constitucional assim se enuncia: ninguém será processado nem sentenciado senão pela autoridade competente."[32]

O princípio do juiz natural tem especial importância quando se cogita de conflito entre o cidadão e a autoridade. Conflitos que se apresentam sempre a propósito da tributação, como da aplicação de sanções penais. No Direito Tributário, como no Direito Penal, portanto, não se pode de nenhum modo prescindir do princípio do juiz natural, que mais importante é ainda no Direito Penal Tributário, onde de certa forma se reúnem e se confundem o poder de tributar e o poder de punir.

Sobre o princípio do juiz natural, que em nosso direito positivo está consubstanciado especialmente no art. 5º, incisos XXXVII e LIII, da Constituição Federal de 1988, doutrina com propriedade Alexandre de Moraes:

> "A imparcialidade do Judiciário e a segurança do povo contra o arbítrio estatal encontram no princípio do juiz natural, proclamado nos incisos XXXVII e LIII do art. 5º da Constituição Federal, uma de suas garantias indispensáveis. Boddo Dennewitz afirma que a instituição de um tribunal de exceção implica uma ferida mortal no Estado de Direito, visto que sua proibição revela o status conferido ao Poder Judiciário na democracia.
>
> O juiz natural é somente aquele integrado no Poder Judiciário, com todas as garantias institucionais e pessoais previstas na Constituição Federal. Assim, afirma José Celso de Mello Filho que somente os juízes, tribunais e órgãos jurisdicionais previstos na Constituição se identificam ao juiz natural, princípio que se estende ao poder de julgar também previsto em outros órgãos, como o Senado, nos casos de impedimento de agentes do Poder Executivo.
>
> O referido princípio deve ser interpretado em sua plenitude, de forma a não só proibir a criação de tribunais ou juízos de exceção,

---

[32] Maria Helena Diniz, *Dicionário Jurídico*, Saraiva, São Paulo, 1998, v. 3, p. 12.

como também exigir respeito absoluto às regras objetivas de determinação de competência, para que não seja afetada a independência e a imparcialidade do órgão julgador."[33]

O princípio do juiz natural completa-se com a garantia do direito à jurisdição. Por isto, e também porque indispensável tenha o juiz natural condições de independência e imparcialidade, diz-se que o juiz natural há de ser um membro do Poder Judiciário. Em nosso ordenamento jurídico indiscutivelmente o princípio do juiz natural abrange o direito à jurisdição, que é função do Poder Judiciário. Isto, porém, não quer dizer que não se possa falar do princípio do juiz natural também no que diz respeito ao julgamento por órgãos do Poder Executivo incumbidos de atividade jurisdicional em sentido amplo. Em outras palavras, é sempre invocável o princípio do juiz natural contra alterações que venham a ser feitas nas competências de órgãos da denominada jurisdição administrativa, depois de instaurado o processo a respeito do litígio a ser apreciado e com a finalidade de instituir o que podemos denominar tribunal de exceção, órgão criado para julgar determinados casos que ficam subtraídos do julgamento do órgão que ordinariamente deveria apreciá-los.

No dizer autorizado de De Placido e Silva, "exceção é qualidade que se atribui ao tribunal quando, havendo tribunal comum, a que se afeta determinada questão, em razão da pessoa, ou pela natureza excepcional do fato, é subtraído do tribunal comum para ser entregue ao excepcional".[34] Assim, os órgãos de julgamento administrativos cuja criação a Medida Provisória nº 252 ousou autorizar ao Ministro da Fazenda, seriam verdadeiros tribunais de exceção, em afronta evidente à garantia do princípio do juiz natural.[35]

Para que o princípio do juiz natural tenha mais eficácia em nosso ordenamento jurídico, porém, ainda se faz necessário o aperfeiçoamento dos critérios de acesso aos tribunais do País, de sorte a diminuir a influência do Poder Executivo nesses órgãos do Poder Judiciário. Em relação ao Supremo Tribunal Federal, por exemplo, talvez o critério de acesso deva ser a eleição, na qual os eleitores seriam todos os magistrados do País, e podendo ser candidatos determinado número de magistrados e juristas de notório saber, selecionados pelo próprio Supremo Tribunal Federal.

---

[33] Alexandre de Moraes, *Constituição do Brasil Interpretada e legislação constitucional*, 6ª edição, Atlas, São Paulo, 2006, p. 307.

[34] De Plácido e Silva, *Vocabulário Jurídico*, Forense, Rio de Janeiro, 1987, v. IV, p. 419.

[35] Artigo 68 da Medida Provisória nº 252, de 15 de junho de 2005, que felizmente não foi convertida em lei pelo Congresso Nacional.

2.13 Inviolabilidade do domicílio

Nosso Código Tributário Nacional diz que para os efeitos da legislação tributária não têm aplicação quaisquer disposições legais excludentes ou limitativas do direito de examinar mercadorias, livros, arquivos, documentos, papéis e efeitos comerciais ou fiscais dos comerciantes, industriais ou produtores, ou da obrigação destes de exibi-los.[36] E diz também que as autoridades administrativas federais poderão requisitar o auxílio da força pública federal, estadual ou municipal, e reciprocamente, quando vítimas de embaraço ou desacato no exercício de suas funções, ou quando necessário à efetivação de medida prevista na legislação tributária, ainda que não se configure fato definido em lei como crime ou contravenção.[37] Coloca-se então a questão de saber se agentes fiscais podem entrar nos estabelecimentos dos contribuintes, independentemente do consentimento destes.

Em outras palavras, a questão que se coloca é a de saber se o estabelecimento do contribuinte pode ser considerado o seu domicílio e se, sendo assim, saber se os agentes do fisco podem nele ingressar mesmo contra a vontade do contribuinte, ajudados se necessário pela Força Pública.

Não tem relevo a distinção que poderia ser feita entre o domicílio enquanto moradia da pessoa física, e o local de trabalho profissional ou estabelecimento comercial. Na Espanha a lei formulou essa diferença, para autorizar a entrada de fiscais no estabelecimento profissional ou comercial, contra a vontade de seu proprietário, bastando a autorização da autoridade administrativa. Tal distinção, porém, foi rejeitada pelo Supremo Tribunal daquele país, que em julgado do dia 22 de janeiro de 1993 consagrou o princípio segundo o qual os fiscais somente podem entrar naqueles estabelecimentos fora do horário normal de funcionamento da empresa com o consentimento espontâneo do proprietário, e segundo a doutrina tal consentimento há de ser manifestado por escrito.[38] Certo, outrossim, que o domicílio das pessoas jurídicas goza de igual proteção.[39]

Com base nas disposições do Código Tributário Nacional afirmamos, em sucessivas edições do nosso Curso de Direito Tributário, que as autoridades

---

[36] Código Tributário Nacional, art. 195.
[37] Código Tributário Nacional, art. 200.
[38] Cf. Luis Miguel Abajo Antón, *La empresa ante la inspección fiscal*, Fundación Confemetal, Madrid, 1999, p. 120.
[39] Cf. Francisco Guio Montero, *El Contribuyente ante la Inspeción de Hacienda,* Lex Nova, Valladolid, 1999, p. 420.

fazendárias podem utilizar a força pública, independentemente de mandado judicial, quando houver embaraço a atividade de fiscalização.[40] Agora, porém, depois de repensar o assunto, especialmente em face de dispositivos da vigente Constituição Federal, modificamos nosso entendimento. O ingresso de agentes do fisco no estabelecimento do contribuinte, salvo na parte aberta ao público, depende do consentimento deste, e o ingresso desautorizado pode significar a ilicitude das provas eventualmente colhidas, o que as invalida tanto para o processo penal como para o processo administrativo de apuração e exigência do tributo.[41]

---

[40] Hugo de Brito Machado, *Curso de direito Tributário*, 17ª edição, Malheiros, São Paulo, 2000, p. 190-191.

[41] Constituição Federal, art. 5º, inciso LVI e Lei nº 9.784, de 29.1.99, art. 30.

4

CONFISCO PENAL

1 INTRODUÇÃO

O estudo do confisco penal que vamos fazer neste capítulo tem o objetivo de demonstrar a absoluta inadequação da pena prisional como sanção para os autores de crimes contra a ordem tributária. A nosso ver, aliás, melhor seria punir o ilícito tributário exclusivamente com a multa administrativa, que pode ser aplicada pela autoridade da Administração Tributária em procedimento administrativo bem mais simples e rápido, e se revela por esta e por outras razões bem mais adequada aos interesses do fisco. Admitindo-se, todavia, que a repressão ao ilícito tributário deve ser um problema do Direito Penal, suscita-se a questão de saber se a pena prisional é a mais adequada para esse tipo de ilícito, ou se é mais adequada a pena patrimonial, vale dizer, o confisco penal.

Já em 1998 bem demonstrou César Barros Leal em excelente monografia: "em todo o mundo a prisão tende a perder sua hegemonia, aplicando-se com constância cada vez maior penas não custodiais como *probation*, prestação de serviços à comunidade, multa indenizatória". Isto porque, no dizer de Barros Leal:

> "A percepção da falência – sob múltiplos aspectos – da pena de prisão, referida com ênfase pela política penal da intervenção mínima, conduz ao raciocínio de que nos cumpre visualizá-la como a última opção, um mal necessário que deve restringir-se aos crimes graves ou violentos (cominados com penalidades longas), dando-se azo, nos demais casos, de *soft crimes*, de infrações de reduzida repercussão social,

a outras punições, muito menos dispendiosas para o contribuinte, mais humanas e que não afastam o sentenciado de sua família."[1]

Não temos dúvida de que a pena patrimonial, o confisco penal, por razões que serão expostas adiante, pode ser mais eficiente do que a pena prisional no combate aos crimes contra a ordem tributária.

Em nosso direito positivo já existe o confisco de pelo menos quatro espécies, inclusive como sanção penal. Não como sanção penal especificamente cominada para determinado ilícito, mas como sanção destinada a substituir a pena prisional em certas circunstâncias. O que preconizamos é o confisco penal como sanção específica, cominada para os crimes contra a ordem tributária, ficando a pena prisional como um instrumento a ser utilizado apenas em situações excepcionais, nas quais se revele impossível o confisco penal.

Vamos estudar inicialmente, ainda que de forma sumária, as espécies de confisco, oferecendo os esclarecimentos necessários ao relacionamento destas com os crimes contra a ordem tributária. Depois examinaremos a questão de saber se a vigente Constituição admite o confisco penal como espécie de sanção penal autônoma. Examinaremos também as manifestações doutrinárias sobre a mesma, para fazermos, a final, nossa sugestão de como deve ocorrer a cominação do confisco penal no contexto da Lei nº 8.137, de 27 de dezembro de 1990.

2 AS ESPÉCIES DE CONFISCO

2.1 O confisco como gênero

Confisco, como registra De Plácido e Silva,

> "é vocábulo que se deriva do latim *confiscatio*, de *confiscare*, tendo o sentido de ato pelo qual se apreendem e se adjudicam ao fisco bens pertencentes a outrem, por ato administrativo ou por sentença judiciária, fundados em lei.
> Em regra, pois, o confisco se indica uma punição. Quer isto dizer que sua imposição, ou decretação, decorre da evidência de crimes ou contravenções praticados por uma pessoa, em virtude do que, além de

---

[1] César Barros Leal, *Prisão*: Crepúsculo de uma era, Del Rey, Belo Horizonte, 1998, p. 177.

outras sanções, impõe a lei a perda de todos ou de parte dos bens em seu poder, em proveito do erário público".[2]

Note-se que o confisco pressupõe um cometimento ilícito. Por isto mesmo não se confunde com o tributo que, por definição, não constitui sanção de ato ilícito.[3] Aliás, a vigente Constituição Federal veda expressamente o tributo com efeito de confisco,[4] vale dizer, o tributo punitivo, ou tributo que arrebata o patrimônio do contribuinte além dos limites da contribuição que o Estado pode exigir razoavelmente do cidadão para o custeio dos gastos públicos.

Podemos dizer que o confisco é um gênero no qual se incluem pelo menos quatro espécies, a saber: (a) a perda de bens para ressarcimento ao erário no caso de improbidade administrativa; (b) a perda de bens que sejam produto ou instrumento do crime; (c) a perda de bens ou valores como pena substitutiva; e (d) a perda de bens como sanção penal específica cominada para determinados crimes.

2.2 Perda de bens para ressarcimento ao erário

A Constituição Federal de 1988 estabelece que "nenhuma pena passará da pessoa do condenado, podendo a obrigação de reparar o dano e a decretação do perdimento de bens ser, nos termos da lei, estendidas aos sucessores e contra eles executadas, até o limite do valor do patrimônio transferido".[5]

Ao dispor sobre as sanções aplicáveis nos casos de enriquecimento ilícito no exercício de mandato, cargo, emprego ou função pública, a lei cuidou dos atos de improbidade administrativa que causam prejuízo ao erário, que definiu como qualquer ação ou omissão, dolosa ou culposa, que enseje, efetiva e comprovadamente, perda patrimonial, desvio, apropriação, malbaratamento ou dilapidação dos bens ou haveres das entidades públicas que menciona, e relacionou diversos exemplos de tais ações ou omissões.[6] E estabeleceu que independentemente das sanções penais, civis e administrativas previstas na legislação específica, o responsável pelo ato de improbidade que causa prejuízo ao erário está sujeito às seguintes sanções:

---

[2] De Plácido e Silva, *Vocabulário Jurídico*, Forense, Rio de Janeiro, 1987, v. I, p. 505.
[3] Código Tributário Nacional, art. 3º.
[4] Constituição Federal de 1988, art. 150, inciso IV.
[5] Constituição Federal de 1988, art. 5º, inciso XLV.
[6] Lei nº 8.429, de 2 de junho de 1992, art. 10.

"... perda dos bens ou valores acrescidos ilicitamente ao patrimônio, se concorrer esta circunstância, perda da função pública, suspensão dos direitos políticos até 12 (doze) anos, pagamento de multa civil equivalente ao valor do dano e proibição de contratar com o poder público ou de receber benefícios ou incentivos fiscais ou creditícios, direta ou indiretamente, ainda que por intermédio de pessoa jurídica da qual seja sócio majoritário, pelo prazo não superior a 12 (doze) anos;"[7]

Trata-se, como se vê, de sanção para os responsáveis por atos de improbidade administrativa, cujos contornos ainda não estão bem definidos pela jurisprudência, mas revelam claramente sua especificidade.

2.3 Perda do produto ou instrumento do crime

A perda do produto ou do instrumento do crime, em nosso Direito positivo, é uma consequência da sentença penal condenatória.

Nosso Código Penal estabelece:

"Art. 91. São efeitos da condenação:

I – tornar certa a obrigação de indenizar o dano causado pelo crime;

II – a perda em favor da União, ressalvado o direito do lesado ou de terceiro de boa-fé:

a) dos instrumentos do crime, desde que consistam em coisas cujo fabrico, alienação, uso, porte ou detenção constitua fato ilícito;

b) do produto do crime ou de qualquer bem ou valor que constitua proveito auferido pelo agente com a prática do fato criminoso."

Comentando esse dispositivo no que concerne ao confisco dos instrumentos do crime, escreve Mirabete:

"O segundo efeito civil da condenação previsto no art. 91 é o confisco, ou seja, a perda, em favor da União, de instrumentos do crime e de seu produto. Trata-se de efeito da condenação com o qual o Estado, no primeiro caso, procura evitar que os instrumentos idôneos para delinquir caiam em mãos das pessoas e, no segundo, se enriqueça ilegalmente o autor do crime. Quanto aos instrumentos do crime, somente podem ser confiscados os que consistam em objetos cujo fabrico, alienação, uso, porte ou detenção constitua fato ilícito. Não são confiscáveis, portanto, instrumentos que eventualmente foram utilizados para a prática do

---

[7] Lei nº 8.429, de 2 de junho de 1992, art. 12, inciso II.

ilícito, mas apenas aqueles que, por sua natureza, têm destinação específica para a pratica de crime, como punhas, gazuas, petrechos para falsificação de moeda ou documentos, ou cujo porte é proibido, como armas de guerra, de uso exclusivo das Forças Armadas etc."[8]

Como se vê, tendo-se em vista que somente são confiscáveis os "objetos cujo fabrico, alienação, uso, porte ou detenção constitua fato ilícito", ao menos em princípio dele não se há de cogitar no âmbito dos crimes contra a ordem tributária. É que no cometimento destes ao menos ordinariamente não são utilizáveis tais objetos. Quanto ao produto do crime pode parecer que seriam confiscáveis quaisquer bens do contribuinte condenado, com fundamento na presunção de serem produtos do crime, ao menos até o valor dos tributos suprimidos ou reduzidos. Entretanto, tal raciocínio, exageradamente simplista, não pode ser admitido, posto que não corresponde ao que na realidade geralmente acontece.

Realmente, ao menos no que concerne aos tributos ditos indiretos, o que mais ordinariamente acontece é o repasse, para o adquirente dos produtos ou tomador dos serviços, do valor do tributo suprimido ou reduzido, o que se dá com a redução dos preços desses produtos ou serviços.

O confisco do produto do crime pressupõe a demonstração cabal de que o bem ou valor confiscado realmente é produto do crime, ou corresponde ao proveito auferido pelo agente com a prática do fato criminoso. Não pode ter fundamento em simples presunção. Essa presunção, contudo, parece subjacente ao art. 91-A do Código Penal, nele inserido pela Lei 13.964/2019, que dispõe:

> "Art. 91-A. Na hipótese de condenação por infrações às quais a lei comine pena máxima superior a 6 (seis) anos de reclusão, poderá ser decretada a perda, como produto ou proveito do crime, dos bens correspondentes à diferença entre o valor do patrimônio do condenado e aquele que seja compatível com o seu rendimento lícito."

Cria-se presunção e inverte-se o ônus da prova, com implicações, inclusive, sobre o princípio da presunção de inocência, tornando a disposição de validade duvidosa.

2.4 Confisco como pena substitutiva

Nossa lei penal estabelece a pena de perda de bens como pena substitutiva. Assim, ela já está prevista no art. 43, inciso II, do Código Penal brasileiro,

---
[8] Julio Fabbrini Mirabete, *Código Penal Interpretado*, Atlas, São Paulo, 2000, p. 482.

e disciplinada em seu art. 45, § 3º, com redação que lhes deu a Lei nº 9.714, de 25 de novembro de 1998. Não se trata, porém, de pena cominada especificamente para determinado crime e sim de pena substitutiva, que pressupõe a existência da pena privativa de liberdade. Neste sentido Mirabete anota a jurisprudência afirmando que:

> "A pena restritiva de direito, embora seja autônoma, tem caráter substitutivo não podendo ser aplicada diretamente e sim em substituição a anterior imposição da pena corporal."[9]

A pena de perda de bens e valores, como prevista no art. 43 do Código Penal, é aplicável aos condenados por crimes contra a ordem tributária, desde que presentes as condições exigidas pelo art. 44 do Código Penal, a saber:

a) a pena privativa de liberdade aplicada não tenha sido superior a quatro anos;

b) o réu não seja reincidente em crime doloso;

c) a culpabilidade, os antecedentes, a conduta social e a personalidade do condenado, bem como os motivos e as circunstâncias indicarem que a substituição da pena é suficiente.

Registre-se que a pena de perda de bens ou valores, como pena substitutiva ou alternativa, embora também possa ser denominada de *confisco*, não se confunde com o confisco de bens que sejam instrumento ou produto do crime. É a lição de Fernando Capez:

> "Essa pena consiste no confisco generalizado do patrimônio lícito do condenado, imposto como pena principal substitutiva da privativa de liberdade imposta. Trata-se de pena de grande utilidade, pois permite a constrição dos bens do infrator, sem o ônus de demonstrar sua origem ilícita.
> Não devemos confundir a perda de bens e valores, prevista como pena alternativa pela nova legislação, com o confisco dos bens que constituírem instrumentos, produto e proveito do crime (*instrumenta e producta sceleris* – CP, art. 91, II, *a* e *b*). Enquanto a perda de bens e valores é pena principal, o confisco configura mero efeito secundário

---

[9] Julio Fabbrini Mirabete, *Código Penal Interpretado*, Atlas, São Paulo, 2000, p. 289.

extrapenal da condenação. Além disso, a nova pena atinge bens e valores de natureza e origem lícitas, o que não ocorre com o confisco."[10]

Essa pena substitutiva ou alternativa pode ser aplicada a autores de crimes contra a ordem tributária, mas nem sempre a substituição será possível porque pode não estar presente uma ou mais de uma das condições para tanto legalmente exigidas. Assim, a nosso ver deve ser instituída a pena de confisco de bens como sanção penal específica, cominada no dispositivo diretamente ligado à definição do tipo penal.

2.5 A pena de multa

A Lei nº 8.137/90 comina para os crimes contra a ordem tributária, definidos em seus arts. 1º, 2º e 3º, além da pena prisional, a pena de multa. E estabelece que a pena de multa será fixada entre 10 e 360 dias-multa, conforme seja necessário e suficiente para prevenção e reprovação do crime.[11] É o mesmo critério de definição do valor da pena de multa, fixado para os crimes em geral para os quais essa pena é cominada.[12]

A maior pena de multa é de trezentos e sessenta dias-multa, portanto.

O valor do dia-multa é fixado pelo juiz, em cada caso, não podendo ser inferior a um trigésimo, nem maior do que cinco vezes o valor do salário mínimo mensal vigente no tempo do fato.[13]

Como se vê, ainda quando fixada no seu máximo, vale dizer, em 360 dias-multa, e o valor do dia-multa seja também fixado no máximo legalmente admitido, cinco vezes o salário mínimo mensal, a pena de multa pode ser assim mesmo absolutamente insignificante em muitos casos de crimes contra a ordem tributária.

Registre-se que a lei estabelece também a pena de prestação pecuniária, que não se confunde com a multa apenas em razão de sua destinação. Enquanto a multa tem destinação prevista especificamente na lei, a pena de prestação pecuniária tem destinação legal genérica, cabendo ao juiz fazer a destinação específica.

---

[10] Fernando Capez, *Curso de Direito Penal*, Saraiva, São Paulo, 2005, v. I, p. 285.
[11] Lei nº 8.137, de 27 de dezembro de 1990.
[12] Código Penal, art. 49.
[13] Código Penal, art. 49, § 1º.

2.6 Confisco como sanção penal específica

Não parece adequada a pena prisional, especialmente porque nos casos mais graves, envolvendo somas muito elevadas, o autor do crime contra a ordem tributária pode preferir submeter-se às penas, prisional e de multa, e por isto não se valer do pagamento do crédito tributário para extinguir sua punibilidade. Mesmo fixada no valor máximo a multa pode ser insignificante em determinadas circunstâncias, e a pena prisional geralmente é cumprida em regime aberto, por se tratar de réu primário e sem maus antecedentes.

Em muitos casos, portanto, o autor de crime contra a ordem tributária pode preferir o cumprimento das penas a ele aplicadas e permanecer com a riqueza que conseguiu acumular, pois é dificílima a prova de que os seus bens são fruto da atividade ilícita e, assim, geralmente ficam a salvo do confisco que a lei estabelece para o produto do crime.

Assim, preconizamos a instituição da pena de confisco, como sanção específica para os autores de crimes contra a ordem tributária, em lugar das penas prisional e de multa que hoje são cominadas para os autores desses crimes. Confisco que poderá abranger bens de qualquer natureza, tendo como limite o valor fixado pelo juiz, que poderá ter como parâmetro o valor do crédito tributário que decorra dos tributos suprimidos, ou reduzidos, mediante a ação criminosa correspondente.

2.7 Confisco penal e multa fiscal administrativa

É certo que se o condenado possui bens que podem ser objeto do confisco, poderá suportar a execução do crédito tributário, vale dizer, a cobrança dos tributos que em virtude da ação criminosa tenha deixado de pagar, e das multas fiscais administrativas correspondentes. Mas o confisco, como sanção penal específica, deve ser imposto sempre que não tenha ocorrido o pagamento do crédito tributário e sem prejuízo da execução fiscal correspondente.

Em outras palavras, quando o autor de crime contra a ordem tributária pagar o crédito tributário, terá extinta sua punibilidade. Não se cogitará mais, portanto, de confisco penal. Mas quando não pagar, poderá sofrer o confisco penal sem prejuízo da execução judicial do crédito tributário.

Não se pode, em qualquer caso, deixar de considerar que a execução judicial do crédito tributário enfrenta dificuldades que o confisco penal não enfrenta para se consumar. Enquanto na execução ocorre em processo judicial com penhora, leilão etc., o confisco pode consumar-se com a própria sentença penal que será levada ao registro público competente, no caso de imóveis, ou a qualquer outro registro no caso de outros bens sujeitos a controle, como automóveis, telefones etc.

2.8 A questão da extinção da punibilidade pelo pagamento

Repita-se que ocorrendo o pagamento do crédito tributário, vale dizer, do tributo e das multas administrativas, dar-se-á a extinção da punibilidade. Não se cogitará mais, portanto, da pena de confisco, nem de qualquer outra na ação penal. O confisco penal será útil precisamente para os casos nos quais o acusado não promove o pagamento do crédito tributário, porque prefere cumprir a pena prisional e depois usufruir o dinheiro que ganhou com a prática do crime.

Assim, a cominação do confisco como sanção penal específica certamente funcionará como estímulo ao pagamento do crédito tributário. Em outras palavras, terá a virtude de desestimular a opção, que em certos casos é feita pelo autor de crimes contra a ordem tributária, por suportar as sanções penais na certeza de que depois poderá desfrutar da riqueza acumulada.

2.9 Aplicação contra a pessoa jurídica

Uma outra razão pela qual sustentamos a conveniência da instituição do confisco como sanção penal específica, para os crimes contra a ordem tributária, consiste na possibilidade de ser estabelecida a extensão dessa pena à pessoa jurídica beneficiária da conduta criminosa, vale dizer, da supressão ou redução do tributo.

Realmente, a lei deve estabelecer que a pena de confisco, como sanção penal autônoma, pode ser aplicada também à pessoa jurídica em cujo âmbito tenha sido praticado o crime contra a ordem tributária. Em se tratando de pena prisional é indiscutível que, por razões óbvias, a sanção não pode alcançar a pessoa jurídica. Por isto mesmo, segundo a lei vigente, quem, de qualquer modo, inclusive por meio de pessoa jurídica, concorra para os crimes contra a ordem tributária, incide nas penas correspondentes na medida da sua culpabilidade. A pena prisional, por razão óbvia, não atinge a pessoa jurídica. E em muitos casos sua aplicação é difícil porque em se tratando de ação desenvolvida no âmbito de pessoa jurídica nem sempre se pode identificar com segurança a pessoa natural autora da conduta delituosa. Como assevera Andrade Filho:

"A grande dificuldade da aplicação da lei penal nos crimes contra a ordem tributária, como já ocorria ao tempo da vigência da Lei nº 4.729/65, é a correta identificação do agente nas hipóteses em que o crime é cometido por intermédio da pessoa jurídica."[14]

Aliás, essa dificuldade tem sido colocada como argumento na defesa da responsabilização penal das pessoas jurídicas. Preferimos, porém, admitir apenas a possibilidade de aplicação da pena de confisco à pessoa jurídica em cujo benefício tenha sido praticado o crime, sem que seja necessária a demonstração do efetivo proveito, e sem prejuízo da multa administrativa a ela aplicada.

Demonstrada a adequação dessa espécie de pena, resta-nos demonstrar que a previsão do confisco penal como sanção penal específica tem fundamento constitucional.

3 FUNDAMENTO CONSTITUCIONAL E MANIFESTAÇÕES DOUTRINÁRIAS

3.1 Fundamento constitucional

Pode parecer, especialmente em face da expressa vedação constitucional do tributo com efeito de confisco,[15] que a pena de confisco também seja vedada pela Constituição. Não é assim, todavia. É vedado o tributo confiscatório. Não o confisco como penalidade. E isto se explica porque o tributo deve ser pago por todos que exercem atividades lícitas, geralmente desejáveis porque úteis à sociedade. Ninguém pode escapar à cobrança de tributo, que é um instrumento inerente e indissociável da ordem econômica de liberdade. O tributo com efeito de confisco terminaria por abolir o setor privado, destruindo a fonte de recursos financeiros indispensáveis ao Estado.

O mesmo, porém, não acontece com a sanção penal. A ela somente se submete quem viola a lei. É perfeitamente possível viver sem violar a lei. É perfeitamente possível, portanto, escapar às sanções penais, entre elas o confisco.

---

[14] Edmar Oliveira Andrade Filho, *Direito Penal Tributário*, Atlas, São Paulo, 1995, p. 67.

[15] Constituição Federal de 1988, art. 150, inciso IV.

Seja como for, a Constituição Federal estabelece que a lei regulará a individualização da pena e adotará, entre outras, as que expressamente indica, estando entre estas, em segundo lugar, a perda de bens.[16]

3.2 Manifestações doutrinárias

Como geralmente acontece com os temas mais importantes, a pena de confisco, ou confisco penal, tem despertado controvérsias na doutrina. Como registra Alceu Corrêa Junior em excelente monografia sobre o assunto,[17] o confisco penal tem tido críticos de grande envergadura e tem contado também com ilustres defensores. Entre os primeiros podem ser citados Thomas Hobbes, apontado como ferrenho defensor do absolutismo; Cesare de Bonenesana, o marquês de Beccaria; Vicenzo Manzini, Francesco Carrara, Luigi Ferrajoli, Nelson Hungria, Basileu Garcia, Aníbal Bruno, Frederico Marques, Magalhães Noronha, Carlos Maximiliano e Cezar Roberto Bitencourt. E entre os últimos podem ser citados Jeremias Bentham, Haritini Matsopoulou, Pontes de Miranda, Luiz Flávio Gomes, René Ariel Doti, Maurício Ribeiro Lopes e o próprio Alceu Corrêa Junior.

Os argumentos contrários ao confisco penal afirmam, em síntese, "a injustiça da sanção e a transcendência de seus efeitos",[18] porque ela atinge pessoas inocentes, os parentes e sucessores do condenado. Entre esses autores destaca-se Ferrajoli, cuja argumentação é assim resumida por Corrêa Junior:

> "Segundo Ferrajoli, as penas pecuniárias são impessoais, pois permitem que sejam pagas por qualquer pessoa, e não apenas pelo condenado, além de desiguais, já que atingem de forma diversamente aflitiva de acordo com o tamanho do patrimônio do condenado. Por derradeiro, afirma o outro que tais penas são desproporcionais em relação a qualquer delito, pois se encontram abaixo do limite mínimo que justifica a imposição de pena criminal. Com efeito, a pena pecuniária estaria restrita a delitos de menor gravidade, cujo caráter penal seria incompatível com um verdadeiro direito penal mínimo, sendo insuficiente para punir delitos graves que justifiquem a intervenção penal."

---

[16] Constituição Federal de 1988, art. 5º, inciso XLVI, alínea "b".
[17] Alceu Corrêa Júnior, *Confisco Penal*, IBCCRIM, São Paulo, 2006, p. 73-83.
[18] Alceu Corrêa Júnior, *Confisco Penal*, IBCCRIM, São Paulo, 2006, p. 76.

Entre os que defendem o confisco penal podem ser citados Filangieri, Jeremias Bentham, Haritini Matsopoulou, Pontes de Miranda, René Ariel Dotti, Luiz Flávio Gomes, Maurício Ribeiro Lopes, Zaffaroni, Pierangeli e o próprio Corrêa Junior. Entre os argumentos postos na defesa do confisco penal destacamos os de Luiz Flávio Gomes, transcritos por Corrêa Junior nestes termos:

> "De qualquer maneira, cuida-se de uma inovação legal auspiciosa, porque a perda de bens e valores tanto quanto as demais penas pecuniárias contam com 'alta taxa de graduabilidade', o que facilita sobremaneira sua individualização (exigida pelo texto constitucional). De outra parte, não se reveste da pecha da estigmatização social e é extremamente econômica (seja porque sua execução não custa muito, seja porque significa receita para o Funpen). Por último, há perfeita sintonia entre a 'sociedade do bem-estar', que valoriza o *homo economicus*, e a pena de perda de bens (que significa, em última instância, perda de *status*): a perda patrimonial pode configurar a forma mais contundente de sancionar o criminoso do colarinho branco não violento."[19]

3.3 Nosso ponto de vista

A crítica de Ferrajoli parece muito ligada a determinado ordenamento jurídico e aponta defeitos que podem ser facilmente corridos pelo legislador. A manifestação de Luiz Flávio Gomes, por outro lado, embora também ligada a um ordenamento jurídico, no caso o nosso, parece mais compatível com o que o confisco pode ser em um plano mais geral, e refuta com propriedade a tese contrária.

O caráter de impessoalidade parece mais próprio da pena de multa do que do confisco penal de bens, tal como o preconizamos. Depois, a graduabilidade do confisco pode resolver satisfatoriamente a questão do conteúdo aflitivo. Basta que a lei permita ao juiz ajustá-lo, em cada caso, ao tamanho do patrimônio do condenado.

Por outro lado, como ressalta Luiz Flávio Gomes, o custo da execução da pena de confisco é muito baixo, além de se tratar de uma receita para o Fundo Penitenciário, sendo certo também que em muitos casos "a perda patrimonial pode configurar a forma mais contundente de sancionar o criminoso do colarinho branco não violento".

---

[19] Luiz Flávio Gomes, Penas e medidas alternativas à prisão, citado por Alceu Corrêa Júnior, *Confisco Penal*, IBCCRIM, São Paulo, 2006, p. 81-82.

Aliás, preconizamos o confisco penal exatamente para os crimes cuja prática é motivada pelo desejo de riqueza, pela ambição, e não temos dúvida de que para os autores desses crimes a perda patrimonial tem conteúdo aflitivo do maior significado, podendo inclusive ser bem maior, a depender da correta individualização da pena, que a sanção prisional.

4 COMINAÇÃO LEGAL

4.1 Cominação legal genérica ou confisco como pena substitutiva

Conforme já exposto (item 2.4. supra), nossa lei penal já comina o confisco penal como pena substitutiva, em caráter genérico, vale dizer, sem relação a determinado tipo penal. É uma pena substitutiva, cuja aplicação em cada caso depende da presença das condições legalmente estabelecidas para que o juiz possa fazer a substituição.

Não há dúvida de que essa pena substitutiva pode ser aplicada em caso de crime contra a ordem tributária. Não conhecemos casos concretos nos quais o juiz, tendo condenado o acusado pela prática do crime previsto no art. 1º da Lei nº 8.137/90, vale dizer, pela prática do crime de supressão ou redução de tributo, tenha feito a substituição da pena prisional pelo confisco. Conhecemos casos nos quais foi feita a substituição da pena prisional pelas penas restritivas de direito, consistentes na prestação de serviços à comunidade, e na pena de prestação pecuniária de tantos salários-mínimos a uma instituição de fins sociais a ser indicada pelo juiz responsável pela execução da pena.

4.2 Cominação específica para os crimes contra a ordem tributária

Preconizamos a cominação legal da pena de confisco para os crimes contra a ordem tributária, previstos nos artigos 1º a 3º da Lei nº 8.137/90. Essa cominação tanto pode ser como pena única, com exclusão, portanto, da cominação de pena prisional, como pode ser cumulativa com a pena prisional, e ainda, cominada como pena substitutiva da pena prisional.

Mesmo quando cominado como pena substitutiva, o confisco penal que preconizamos especificamente para os crimes contra a ordem tributária será diferente da pena substitutiva de confisco, ou "pena de bens e valores", prevista no art. 43, inciso II, do Código Penal. Primeiro, porque a possibilidade de substituição independe da quantidade de pena prisional eventualmente aplicada. Depois porque, em lugar das demais condições para a substituição, atualmente previstas no art. 44 do Código Penal, preconizamos simplesmente a existência, no patrimônio do condenado, de bens com valores economicamente significativos, que possam gerar a presunção de enriquecimento decorrente da prática dos crimes em questão.

A lei não deve exigir como fundamento para a aplicação do confisco penal a prova de que os bens são fruto da atividade criminosa. Basta que se possa presumir, a partir de indícios razoáveis, que o são. Essa presunção inverterá o ônus da prova, cabendo ao condenado provar que a aquisição de seus bens não tem nenhuma relação com a prática dos crimes em questão. Feita essa prova de forma convincente o juiz deixará de determinar a substituição.

O valor dos bens alcançados pelo confisco deve ser economicamente expressivo, podendo ser limitado em função do valor do crédito tributário relacionado ao crime por cuja prática tenha ocorrido a condenação. Não deve ser inferior ao valor desse crédito, nem superior a cinco vezes esse valor.

4.3 Aplicação à pessoa jurídica

A lei deve estabelecer que o confisco penal aplica-se à pessoa jurídica em cujo âmbito tenha sido praticado o crime, para tanto bastando que se possa razoavelmente presumir tenha havido para esta vantagem decorrente da prática do crime.

Aliás, uma das vantagens da instituição do confisco penal nos moldes que preconizamos consiste precisamente na possibilidade de se atender com ele à parte da doutrina que preconiza a responsabilização penal das pessoas jurídicas. Embora não estejamos de acordo com a tese da responsabilidade penal das pessoas jurídicas, por razões expostas no estudo específico dessa questão, consideramos razoável que o confisco penal possa atingir as pessoas jurídicas, em função de circunstâncias especiais do caso concreto.

A lei deve fixar como condição para que o confisco penal atinja a pessoa jurídica o fato de não ter o condenado bens do valor estabelecido para essa pena na sentença, e a ligação entre o condenado e a pessoa jurídica, capaz de gerar a presunção de que esta auferiu vantagem, ainda que indireta, com a prática do crime. Assim, não será frustrada a aplicação do confisco penal com a colocação de bens em nome de pessoa jurídica.

Parte III
Os Tipos e as Penas

1

Supressão ou Redução de Tributos

1 CONCEITO E OBJETO JURÍDICO

1.1 Conceito

A Lei nº 8.137/90 assim define o crime de supressão ou redução de tributos:

> "Art. 1º Constitui crime contra a ordem tributária suprimir ou reduzir tributo, ou contribuição social e qualquer acessório, mediante as seguintes condutas:
> I – omitir informação, ou prestar declaração falsa às autoridades fazendárias;
> II – fraudar a fiscalização tributária, inserindo elementos inexatos, ou omitindo operação de qualquer natureza, em documento ou livro exigido pela lei fiscal;
> III – falsificar ou alterar nota fiscal, fatura, duplicada, nota de venda, ou qualquer outro documento relativo à operação tributável;
> IV – elaborar, distribuir, fornecer, emitir ou utilizar documento que saiba ou deva saber falso ou inexato;
> V – negar ou deixar de fornecer, quando obrigatório, nota fiscal ou documento equivalente, relativo a venda de mercadorias ou prestação de serviço, efetivamente realizada, ou fornecê-la em desacordo com a legislação.
> [...]
> Parágrafo único. A falta de atendimento de exigência da autoridade, no prazo de 10 (dez) dias, que poderá ser convertido em horas em

razão da maior ou menor complexidade da matéria ou da dificuldade quanto ao atendimento da exigência, caracteriza a infração prevista no inciso V."

O núcleo do tipo, no crime de que se cuida, é *suprimir* ou *reduzir* tributo, ou contribuição social e qualquer acessório. O modo de fazê-lo consiste em uma das condutas meio, descritas nos incisos do art. 1º, da Lei nº 8.137/90. Assim, o aperfeiçoamento do tipo penal depende da ocorrência da *supressão*, ou da *redução* do tributo e das condutas desenvolvidas para esse fim.

Todas as condutas descritas nos nºs I a V do art. 1º da Lei 8.137/90 pressupõem que, por meio delas, haja efetiva *supressão* ou *redução* de tributo. É crime material, de dano, pois para sua consumação é indispensável a ocorrência do resultado consistente na *supressão* ou *redução* do tributo devido aos cofres públicos. Neste sentido, a doutrina é praticamente unânime.[1]

1.2 Bem jurídico protegido

1.2.1 A ordem tributária como bem jurídico

Ordem é palavra de muitos significados. Com a qualificação *tributária*, todavia, é possível a indicação de um significado para a expressão, capaz de permitir uma compreensão adequada no contexto do assunto aqui estudado. Ordem tributária, assim, pode ser entendida como o complexo de normas

---

[1] Cf. Pedro Roberto Decomain, *Crimes Contra a Ordem Tributária*, 2ª edição, Obra Jurídica, Florianópolis, 1995, p. 44. Angela Maria da Mota Pacheco, *Sanções Tributárias e Sanções Penais Tributárias*, Max Limonad, São Paulo, 1997, p. 322. Paulo José da Costa Jr., *Infrações Tributárias e Delitos Fiscais*, Saraiva, São Paulo, 1995, p. 105. Juary C. Silva, *Elementos de Direito Penal Tributário*, Saraiva, São Paulo, 1998, p. 192. Andreas Eisele, *Crimes Contra a Ordem Tributária*, Dialética, São Paulo, 1998, p. 113. Aristides Junqueira Alvarenga, em estudo publicado no livro de autoria coletiva *Crimes Contra a Ordem Tributária* – Pesquisas Tributárias Nova Série – 1, Coord. de Ives Gandra da Silva Martins, CEU/Editora Revista dos Tribunais, São Paulo, 1995, p. 50. No mesmo sentido, em estudo publicado no mesmo livro, Gilberto de Ulhoa Canto Luiz Felipe Gonçalves de Carvalho p. 64. Celso Ribeiro Bastos e Francisco de Assis Alves, p. 82. Gustavo Miguez de Mello, João Mestieri, Gabriel Lacerda Troianelli e Rafael Atalla Medina, p. 100. Hugo de Brito Machado, p. 115. Yoshiaki Ichihara, p. 135. Wagner Balera, p. 157. Plínio José Marafon e Maria Helena Tavares de Pinho Tinoco Soares, p. 171. José Eduardo Soares de Melo, p. 194. Anthero Lopérgolo, Rubens Approbato Machado, Luiz Antonio Caldeira Miretti e Márcia Regina Machado Melaré, p. 230. Oswaldo Othon de Pontes Saraiva Filho, p. 270. Marilene Talarico Martins Rodrigues, p. 302. Antonio Manoel Gonçalves, p. 315. Vittório Cassone, p. 329. Aurélio Pitanga Seixas Filho, p. 336. Raquel Elita Alves Preto Villa Real, p. 343. José Maurício Conti e Eduardo Roberto Alcântara Del-Campo, p. 372.

jurídicas limitadoras do poder de instituir e cobrar tributos, vale dizer, o complexo de normas jurídicas limitadoras do exercício do poder de tributar.

A respeito do poder de tributar já escrevemos:

"Como se sabe, o Estado é entidade soberana. No plano internacional representa a nação em suas relações com as outras nações. No plano interno tem o poder de governar todos os indivíduos que se encontrem no seu território. Caracteriza-se a soberania como a vontade superior às vontades individuais, como um poder que não reconhece superior.

No exercício de sua soberania o Estado exige que os indivíduos lhe forneçam os recursos de que necessita. Institui o tributo. O *poder de tributar* nada mais é que um aspecto da soberania estatal, ou uma parcela desta.

Importante, porém, é observar que a *relação de tributação* não é simples relação de *poder* como alguns têm pretendido que seja. É relação *jurídica*, embora o seu fundamento seja a soberania do Estado. Sua origem remota foi a imposição do vencedor sobre o vencido. Uma relação de escravidão, portanto. E essa origem espúria, infelizmente, às vezes ainda se mostra presente em nossos dias, nas práticas arbitrárias de autoridades da Administração Tributária. Autoridades ainda desprovidas da consciência de que nas comunidades civilizadas a relação tributária é relação *jurídica*, e que muitas vezes ainda contam com o apoio de falsos juristas, que usam o conhecimento e a inteligência, infelizmente, em defesa do autoritarismo.

Nos dias atuais, entretanto, já não é razoável admitir-se a relação tributária como relação de poder, e por isto mesmo devem ser rechaçadas as teses autoritaristas. A ideia de liberdade, que preside nos dias atuais a própria concepção do Estado, há de estar presente, sempre, também na relação de tributação.

Justifica-se o *poder de tributar* conforme a concepção que se adote do próprio *Estado*. A ideia mais generalizada parece ser a de que os indivíduos, por seus representantes, *consentem* na instituição do tributo, como de resto na elaboração de todas as regras jurídicas que regem a nação. O estudo desse aspecto, entretanto, não se comporta nos limites deste *Curso*, ou mesmo desta disciplina, mas no campo da Ciência Política, eis que pertinente à legitimidade do próprio poder estatal."[2]

---

[2] Hugo de Brito Machado, *Curso de Direito Tributário*, 26ª edição, Malheiros, São Paulo, 2005, p. 49.

Como um aspecto que é da soberania, o poder de tributar pertence ao Estado-nação e com a organização jurídica deste sofre as limitações e divisões, sobre as quais já escrevemos:

> "Organizado juridicamente o Estado, com a elaboração de sua *Constituição*, o Poder Tributário, como o Poder Político em geral, fica delimitado e, em se tratando de confederações ou federações, dividido entre os diversos níveis de governo. No Brasil, o poder tributário é partilhado entre a União, os Estados-membros, o Distrito Federal e os Municípios. Ao poder tributário juridicamente delimitado e, sendo o caso, dividido dá-se o nome de *competência tributária*.
> O instrumento de atribuição de competência é a Constituição Federal, pois, como se disse, a atribuição de competência tributária faz parte da própria organização jurídica do *Estado*. Evidentemente só às pessoas jurídicas de Direito Público, dotadas de poder legislativo, pode ser atribuída competência tributária, posto que tal competência somente pode ser exercida através da lei."[3]

A expressão *ordem tributária* designa o complexo de normas jurídicas concernentes ao exercício do poder de tributar. Salvo quando seguida de qualificativo específico, designa todo o complexo de normas concernentes ao exercício do poder de tributar em todo o País. Assim, os crimes contra a ordem tributária são crimes praticados em detrimento da eficácia dessas normas.

É importante a distinção entre a eficácia das normas jurídicas que regem o exercício do poder de tributar e a efetividade da arrecadação de tributos. A arrecadação de tributos deve ocorrer nos termos da lei, mas a pretensão arrecadatória muitas vezes manifesta-se além dos limites da lei e até contra a lei. O Direito Penal não protege, nem poderia proteger, a pretensão de arrecadar tributo além ou contra a lei. Por isto mesmo, temos de entender que a lei penal, ao definir os crimes contra a ordem tributária, não está protegendo a pretensão de arrecadar, mas a eficácia das normas jurídicas concernentes à tributação.

O objeto desses crimes é a eficácia da ordem tributária e não o que a Fazenda Pública possa afirmar ser o seu direito de arrecadar o tributo. Esse direito pertence a cada pessoa jurídica de Direito Público interno, vale dizer, à União, aos Estados--Membros e aos Municípios, e ainda às entidades autárquicas às quais tenha sido atribuída competência para arrecadar tributo. Por isto mesmo, justifica-se a inclusão entre os crimes contra a ordem tributária do excesso de exação, previsto

---

[3] Hugo de Brito Machado, *Curso de Direito Tributário*, 26ª edição, Malheiros, São Paulo, 2005, p. 50.

no art. 316, § 1º, do Código Penal, com redação que lhe deu a Lei nº 8.137/90, cuja prática favorece a arrecadação, mas agride a ordem tributária.

A definição do bem jurídico protegido tem decisiva relevância no deslinde da questão de saber se a supressão de mais de um tributo mediante uma única conduta meio constitui um crime único, ou um concurso de crimes, como bem observou Heloísa Estellita.[4] E se definirmos como bem jurídico protegido a *ordem tributária*, é importante enfrentarmos a questão de saber se temos uma só, consubstanciada pelo complexo nacional de normas, ou se temos várias ordens tributárias, uma de cada pessoa jurídica de direito público titular de competência para instituir e cobrar tributos, ou ainda mais amplamente, uma ordem tributária de cada pessoa jurídica de direito público titular de competência para a arrecadação de tributos, como é o caso das autarquias previdenciárias. Somente assim se poderá concluir pela ocorrência ou inocorrência de concurso formal na hipótese mencionada.

Na verdade, porém, existe apenas uma ordem tributária, pois existe apenas um *poder de tributar*, cujo regramento jurídico constitui aquela *ordem*, que é o bem jurídico cuja proteção o Direito Penal procurou assegurar com a instituição dos *crimes contra a ordem tributária*.

Essa compreensão está diretamente ligada à identificação do sujeito passivo do crime, que na verdade não é a pessoa jurídica titular da capacidade tributária ativa, ou capacidade para lançar e cobrar o tributo. É o Estado, em sua expressão política de representante da sociedade que é, em última análise, a destinatária da proteção jurídico penal. Neste sentido a lição de Eisele:

> "Adotado o caráter protetor do Direito Penal como a principal finalidade das normas que compõem o sistema respectivo, do qual decorre a lesividade como critério orientador da tutela, o conteúdo material do delito é a lesão ao bem jurídico tutelado.
>
> Como consequência dessa concepção, o titular do interesse tutelado pela norma figura na posição de sujeito passivo do crime (sem prejuízo da presença cumulativa do Estado no mesmo polo da relação jurídica, eis que, sob o aspecto sistemático funcional, o crime acarreta uma situação concreta de anomia referente ao ordenamento jurídico estatal).
>
> Dessa forma, o Estado é a vítima direta do crime contra a ordem tributária (categoria que abrange os crimes contra a seguridade social), porque é o titular imediato do interesse tutelado pela norma penal

---

[4] Heloísa Estellita, Sanções Penais Tributárias, em *Sanções Penais Tributárias*, coordenação de Hugo de Brito Machado, Dialética, São Paulo, 2005, p. 351.

tributária, consistente na relação de disponibilidade do patrimônio público (em sua expressão de receita tributária).

Porém, devido à estrutura política social-democrata de direito, o Estado (institucionalmente considerado) é um instrumento representativo da sociedade, motivo pelo qual a destinação do patrimônio público que seus gestores administram é direcionada à prestação de tutelas, cujos beneficiários são os sujeitos integrantes da sociedade.

Nesse contexto, a sociedade é titular de um interesse indireto em relação ao patrimônio público, que lhe pertence em uma relação mediata.

Ou seja, enquanto o Estado é o titular imediato do bem jurídico, a sociedade é seu titular mediato.

Essa estrutura não se modifica nas hipóteses em que a conduta recai sobre um tributo cujo sujeito ativo seja diverso da pessoa que possui competência para sua instituição (parafiscalidade), como é o caso das contribuições sociais. Nesse caso, o Estado apenas é corporificado institucionalmente de forma específica no sujeito ativo da relação jurídica tributária, consistente na pessoa jurídica da Administração pública indireta que possui a capacidade arrecadatória (por exemplo, o INSS).

Se o conjunto de beneficiários da atuação dessa pessoa jurídica específica for um grupo determinado de pessoas (como é o caso das contribuições sociais devidas ao INSS), estas serão as vítimas mediatas.

Sendo o Estado (institucionalmente considerado) a vítima imediata do crime, poderá exercer os direitos processuais a esta correspondentes, como, por exemplo, nomear assistente à acusação (art. 268 do CPP) no processo penal respectivo."[5]

No mesmo sentido manifesta-se Roberto dos Santos Ferreira, escrevendo, a propósito dos crimes contra a ordem tributária:

> "No caso dos crimes sob estudo, considerou o legislador que a ordem tributária constitui um bem digno de proteção penal, tanto por sua relevância social quanto pela ineficácia das sanções de caráter civil, em sentido amplo, postas em sua defesa.
>
> De tal sorte, o legislador nacional, a exemplo do que acontece em outros países, erigiu a ordem tributária em bem jurídico fundamental, suscetível de proteção do direito penal. Assim procedeu, levando em conta também o desvalor social da conduta lesiva ou perigosa ao bem jurídico."[6]

---

[5] Andreas Eisele, *Crimes Contra a Ordem Tributária*, 2ª edição, Dialética, São Paulo, 2002, p. 59-60.

[6] Roberto dos Santos Ferreira, *Crimes Contra a Ordem Tributária*, Malheiros, São Paulo, 1996, p. 15.

Realmente, "o legislador, ao cunhar os tipos contidos na Lei nº 8.137/90, pretendeu garantir e defender a integridade e a eficácia da ordem jurídica tributária (correspondente a um determinado sistema de organização, estabelecido por razões de interesse geral, vinculativa e obrigatória a todos os cidadãos, na condição de sujeitos passivos de obrigação tributária), traduzindo, enfim, o interesse do estado e da sociedade no normal funcionamento do sistema".[7]

É relevante, todavia, observarmos que a eficácia da ordem jurídica tributária é vinculativa e obrigatória a todos os cidadão, e não apenas aos que estejam na condição de sujeitos passivos da obrigação tributária. Por isto mesmo, repita-se, é que se justifica a inclusão entre os crimes contra a ordem tributária de tipos como o *excesso de exação*, no qual o bem jurídico protegido é a ordem tributária, mas o titular imediato de um direito subjetivo atingido pela ação criminosa é o contribuinte. Essa observação é tanto mais importante quanto mais se percebe, inclusive em pessoas esclarecidas no trato do assunto, que existe uma distorção grave na visão do fenômeno jurídico tributário. Muitos ainda não se conscientizaram de que a relação de tributação não é mais uma relação simplesmente de poder. É uma relação jurídica. Alberga, portanto, direitos e deveres recíprocos que devem ser reciprocamente respeitados.

A referida distorção responde pelos desvios que na prática podem ser observados, com o crescente arbítrio das autoridades da administração tributária e a ainda pouco expressiva reação dos contribuintes, que não ganharam ainda consciência de seus direitos, e por isto não se dispõem a defendê-los, preferindo a utilização de meios geralmente ilícitos de autodefesa para se compensarem de exigências indevidas.

1.2.2 Importância da identificação do bem jurídico protegido

A identificação do bem jurídico protegido tem especial importância no estudo do crime de supressão ou redução de tributo. O bem jurídico protegido pela norma do art. 1º da Lei nº 8.137/90 poderia ser o direito da Fazenda Pública, federal, estadual e municipal, de arrecadar cada um de seus tributos. E poderia ser a própria ordem tributária em sua globalidade. Da opção que se faça por um, ou pelo outro, dependerá a solução coerente de várias questões relativas. Entre elas a que diz respeito à ocorrência ou não de concurso, que a seguir examinaremos, e a que diz respeito à unicidade do tipo penal supressão ou redução de tributos, como definido pelo art. 1º, da Lei nº 8.137, de 27-12-1990.

---

[7] Roberto dos Santos Ferreira, *Crimes Contra a Ordem Tributária*, Malheiros, São Paulo, 1996, p. 16.

Como assevera com inteira propriedade Heloísa Estellita, a resposta à questão de saber se, tendo a supressão ou redução atingido mais de um tributo, configura-se um só, ou mais de um crime, "dependerá de se considerar como objeto de proteção cada tributo ou a ordem tributária".[8]

A nosso ver o objeto jurídico protegido pelas normas penais de que se cuida é, sem dúvida, *a ordem tributária*, que é uma só. Não existe uma ordem tributária para cada uma das pessoas jurídicas de Direito Público integrantes do Estado brasileiro. Nem existem três ordens tributárias, uma federal, uma estadual e outra municipal. Na verdade, a ordem tributária está consubstanciada em todo o regramento jurídico que disciplina o exercício do poder tributário. Assim, entendemos que a supressão de vários tributos mediante conduta única configura um único crime, como se passa a demonstrar.

1.3 Supressão ou redução de vários tributos mediante conduta única

1.3.1 Ação meio única com resultado múltiplo

Pode ocorrer que uma única ação meio tenha como resultado a supressão ou a redução de um só ou de vários tributos. No caso da emissão, por uma empresa industrial, de uma nota fiscal de venda de produto seu com preço menor do que o efetivamente praticado, é possível que se tenha como resultado a redução do ICMS, do IPI, da COFINS e da CSL. Isto não quer dizer que vários crimes estejam configurados. O crime é um só. O crime previsto no art. 1º, inciso V, da Lei nº 8.137/90.

Pode parecer, como pareceu ao Tribunal Regional Federal da 4ª Região em julgado que adiante vamos comentar, que o fato de haver sido reduzido tributo estadual e federal configuraria dois delitos. Na verdade, porém, assim não é. O tipo penal de que se cuida é integrado por uma *ação-meio*, que se perfaz mediante uma das condutas descritas em um dos incisos, e por um resultado com a mesma visado, consubstanciado pela *ação nuclear* do tipo, indicada na cabeça do art. 1º da Lei nº 8.137/90.

---

[8] Heloísa Estellita, Sanções Penais Tributárias, em *Sanções Penais Tributárias*, livro de nossa coordenação, Dialética/ICET, São Paulo/Fortaleza, 2005, p. 351.

1.3.2 Inocorrência de concurso material

Configura-se o concurso *material*, nos termos do art. 69 do Código Penal, quando o agente, mediante mais de uma ação ou omissão, pratica dois ou mais crimes, idênticos ou não. Em outras palavras, o concurso *material* configura-se "quando o agente comete mais de um crime mediante duas ou mais ações, como v. g., se hoje furta, para dias após estuprar e um mês depois matar uma pessoa, praticando os delitos dos arts. 155, 213 e 121".[9] O concurso material pressupõe pluralidade de condutas[10] e pluralidade de delitos, vale dizer, pluralidade de qualificações jurídicas. Se há pluralidade de condutas, mas estas estão qualificadas em uma só norma, são elementos do mesmo tipo penal, ou são meios diferentes para chegar o agente ao mesmo fim, não se há de falar em concurso.[11]

Nesse sentido manifesta-se Decomain, escrevendo:

> "Exemplificando a hipótese de crime único, a despeito da realização de condutas previstas em dois ou mais dentre os incisos do art. 1º, pode-se observar que, no tocando ao inciso IV daquele artigo, ocorrerá apenas um crime, no caso em que uma pessoa forneça e outra utilize documento inverídico, resultando dessa prática redução ou supressão de tributo por esta última devido.
> O caso não será de concurso de crimes, mas sim de concurso de pessoas na prática de um único ilícito penal.
> Em outra situação, também não cometerá dois crimes, mas sim um único delito, o contribuinte que, em não havendo expedido nota fiscal relativa a determinada venda de mercadorias capaz de gerar débito de ICMS, também omite o lançamento dessa venda em seus livros fiscais correspondentes."[12]

Discordamos, todavia, de Decomain, quanto a sua tese, sustentando a pluralidade de crimes em razão da pluralidade de tributos suprimidos. Não aceitamos o argumento segundo o qual, tendo havido supressão, ou redução, de ICMS e de IPI, por exemplo, deram-se duas ações. "Os termos *ação* e *omissão*

---

[9] E. Magalhães Noronha, *Direito Penal*, 29ª edição, Saraiva, São Paulo, 1991, p. 262.

[10] Paulo José da Costa Jr., *Curso de Direito Penal*, 2ª edição, Saraiva, São Paulo, 1992, v. 1, p. 181.

[11] É o caso, por exemplo, de uma pessoa que atira em outra, e também contra a mesma vítima desfere golpes de faca. Tanto o tiro, como as facadas, são meios utilizados para alcançar o mesmo fim, que é a morte da vítima.

[12] Pedro Roberto Decomain, *Crimes Contra a Ordem Tributária*, 2ª edição, Obra Jurídica, Florianópolis, 1995, p. 70-71.

devem ser tomados no sentido de *conduta*. Suponha-se que um agente subtraia uma dúzia de frutas do pomar do vizinho. Cometeu doze atos, mas uma só conduta ou fato. Responde por um só crime de furto. Para que haja concurso material é preciso que o sujeito execute duas ou mais condutas (fatos), realizando dois ou mais crimes."[13]

1.3.3 Inocorrência de concurso formal

O Tribunal Regional Federal da 4ª Região já decidiu:

> "PROCESSO PENAL. *HABEAS CORPUS*. CRIME DE SONEGAÇÃO DE IMPOSTOS. LEI Nº 8.137/90, ARTIGO 1º, II, ICMS E IPI. NOTAS FISCAIS FRIAS. COISA JULGADA. CONCURSO FORMAL. UNIFICAÇÃO DAS PENAS.
> 1 – O Paciente utilizou as mesmas notas fiscais frias para fraudar o IPI e o ICMS, tendo sido condenado pela sonegação a este último, na Comarca de Farroupilha e já cumprida a pena.
> 2 – Nova denúncia, agora na Justiça Federal, acusando-o novamente da prática do crime previsto no inciso II do art. 1º da Lei nº 8.137/90, por ter fraudado o IPI.
> 3 – Apesar de se considerar que o Paciente praticou uma só conduta – utilização de notas fiscais frias –, o resultado importou em dois delitos, atingindo duas ordens tributárias diferentes, a estadual e a federal.
> 4 – Como o Paciente, com a conduta, quis mais de um resultado, há concurso formal e em havendo sentença definitiva em relação à sonegação do ICMS, aplicável a parte final do art. 82 do CPP, no sentido de que a unidade dos processos só se dará ulteriormente, para efeito de soma ou unificação das penas."[14]

Aos eminentes Juízes, prolatores do julgado em referência, pareceu presente o concurso formal imperfeito. Como está expresso no item 3 da ementa acima transcrita, eles entenderam que:

> "Apesar de se considerar que o paciente praticou uma só conduta – utilização de notas fiscais frias – o resultado importou em dois delitos, atingindo duas ordens tributárias diferentes, a estadual e a federal."

---

[13] Damásio E. de Jesus, *Direito Penal*, 17a edição, Saraiva, São Paulo, 1993, v. 1, p. 521.

[14] TRF da 4ª Região, Segunda Turma, HC 97.04.40045-4/RS. *Revista Dialética de Direito Tributário*, nº 29, fevereiro de 1998, p. 183.

E o eminente Juiz Jardim de Camargo, ilustre relator do caso, argumentou:

"[...] o Brasil se constitui em uma república federativa, com organização política-administrativa compreendendo a União, os Estados e o Distrito Federal, e os Municípios, todos autônomos (art. 18, I, CF). Assim, temos os 03 níveis de governo, cada qual com a sua competência para tributar, o que implica na ordem tributária federal, estadual e municipal. Em tese, a utilização de notas fiscais frias, pelo Paciente, atingiu 2 ordens tributárias: a federal, pela sonegação do IPI; e a estadual, pela sonegação do ICMS. Portanto, ainda que se considere que a conduta foi uma só (utilização de notas fiscais frias), o resultado importou em 2 delitos: sonegação de IPI e sonegação de ICMS".

Concluiu, então, aquele eminente magistrado, ter havido *"concurso formal, previsto na parte final do art. 70 do Código Penal, uma vez que o Paciente quis mais de um resultado..."* Concurso formal impróprio, portanto, equivalente ao concurso material, em que há duas ou mais ações delituosas e dois ou mais crimes.

Não obstante o respeito que nos merecem os eminentes prolatores do julgado em exame, o entendimento por eles adotado está a merecer reparos. Como ensinam Wendy e Russo, reportando-se a um panorama legislativo exatamente igual ao nosso, um dos temas mais polêmicos em relação aos ilícitos tributários é o referido à concorrência ou cumulação de sanções, centrado na necessidade de conciliar-se, de um lado a compreensão do sistema repressivo como um todo harmônico, coerente e razoável, e de outro nos institutos penais do *"non bis in idem"* do concurso de delitos e concurso aparente de leis. Por isso mesmo, advertem aqueles professores da Faculdade de Direito de Buenos Aires:

"[...] o trabalho do analista deve ser, nessa problemática, mais cuidadoso que de costume, posto que, sem trair a relativa objetividade de sua investigação, deve apresentar uma visão homogênea de um conjunto normativo composto, muitas vezes, de reiterações e superposições produzidas por textos legais de distintas inspirações, introduzidos por meio de reformas parciais ou de regimes autônomos nem sempre compatíveis".[15]

---

[15] Lilian Gurfinkel de Wendy e Eduardo Ángel Russo, *Ilícitos tributários*, 3a edição, Depalma, Buenos Aires, 1993, p. 269. No original: *"La labor del analista debe ser en esta problemática más cuidadosa que de costumbre, puesto que, sin traicionar la relativa objetividad de sua investigación, debe presentar una visión homogénea de una normativa compuesta, muchas veces, de reiteraciones*

O adequado equacionamento da questão exige que se considere, em primeiro lugar, a especificidade do tipo definido pelo art. 1º da Lei nº 8.137/90, e que se tenha em conta que o ponto de partida para tanto é o conceito de unidade de *ação* e de *delito*.[16]

Embora não se esteja a discutir neste caso a *unidade da ação*, posto que esta foi admitida expressamente pelos eminentes Juízes, convém esclarecer que ela não corresponde à unidade de movimento corporal do agente. Pode estar integrada por vários atos, unidos estes pelo fim, que é a prática da supressão, ou da redução do tributo.

Seja como for, tem-se que no caso considerou-se haver uma ação única. Resta saber se dela decorreram dois delitos, com ou sem desígnios autônomos.

1.3.4 Inocorrência de concurso formal próprio ou impróprio

Segundo o julgado em exame, teria havido uma ação, com dois resultados, buscados por dois desígnios distintos, autônomos (CP, art. 70, segunda parte). O agente teria utilizado notas fiscais frias, com o propósito de suprimir ou reduzir o ICMS, pelo que já fora condenado pela Justiça estadual. E com o propósito autônomo de suprimir ou reduzir também o IPI, pelo que deveria prosseguir, na Justiça Federal, a ação penal correspondente.

Na verdade, porém, quem falsifica nota fiscal, ou usa nota fiscal sabidamente falsa, preocupa-se exclusivamente em reduzir sua carga tributária, que considera exagerada. Não se preocupa em saber se está suprimindo, ou reduzindo, dois, três ou mais tributos.

Geralmente, está suprimindo pelo menos dois impostos. Ou um imposto e uma, ou duas contribuições sociais.

Seja como for, relevante é notar que o concurso formal, previsto no art. 70 do Código Penal, exige a presença de *ação única*, e de *dois crimes* como resultado desta. Em outras palavras, no concurso formal "há uma ação e vários resultados puníveis, uma ação que realiza dois ou mais tipos penais que não se excluem entre si, como acontece se alguém, com uma pedrada, rompe o vidro de uma vitrina e fere ou mata outrem que está por detrás dela, ou com

---

y superposiciones producidas por textos legales de distinta inspiracion, introducidos por la vía de reformas paraciales o de regímenes autónomos no siempre compatibles."

[16] Cf. Francisco Muñoz Conde, *Teoria General del Delito*, 2ª edição, Tirant lo Blanch, Valencia, 1991, p. 193.

um só tiro mata ou fere diferentes pessoas".[17] Será *próprio*, se a vontade do agente era dirigida apenas para um dos crimes. Quebrar a vitrine, por exemplo, e *impróprio* se haviam desígnios autônomos, vale dizer, se a agente, no exemplo em tela, queria quebrar a vitrine e ferir ou matar alguém, fatos que configuram crimes independentes, o de dano, e o de lesões corporais ou de homicídio.

Na hipótese do art. 1º da Lei nº 8.137/90, não se pode dizer que a supressão, ou redução, do ICMS, seja *um crime*, e a supressão, ou redução, do IPI seja *outro crime*. A supressão de um como do outro desses dois impostos só é crime quando realizada por meio de uma das ações descritas nos incisos daquele artigo. Não se pode desvincular o meio, vale dizer, no caso, a falsificação ou o uso de nota fiscal falsa, do resultado supressão ou redução do imposto. Não é correto, portanto, afirmar que da ação única resultaram dois crimes.

Repita-se que o *crime*, o *tipo penal*, no caso, não é *sonegação do ICMS*, nem *sonegação do IPI*, como afirma o julgado em exame. O crime é a supressão ou redução de tributo ou contribuição social mediante uma ou mais das condutas-meios descritas nos vários incisos do art. 1º da Lei nº 8.137/90.

A situação é em tudo idêntica à que ocorre no crime de *descaminho*, cujo tipo consiste em *iludir, no todo ou em parte, o pagamento de direito ou imposto devido pela entrada, pela saída ou pelo consumo de mercadoria*.[18] Ocorre que o fato da entrada de mercadorias no território nacional gera obrigação tributária no âmbito do imposto de importação, do imposto sobre produtos industrializados, dois impostos federais, e ainda no âmbito do ICMS, imposto estadual. Não obstante isso, jamais alguém cogitou da configuração, no caso, de dois crimes distintos. O descaminho é um crime só. É irrelevante se mais de um direito ou imposto é devido pela entrada, pela saída ou pelo consumo da mercadoria importada ou exportada irregularmente.

Da mesma forma, é irrelevante saber se de qualquer das condutas descritas em qualquer dos incisos do art. 1º da Lei nº 8.137/90 resulta a supressão, ou a redução, de um ou de mais de um tributo. Equivocado, portanto, com todo o respeito, o entendimento de que, com a conduta que leva ao pagamento a menor de dois ou mais tributos (*v.g.*, CSLL e IRPJ), haveria concurso. Como a pretender que, na subtração de uma cesta com cinco frutas, tenha havido cinco furtos. Essa visão equivocada, contudo, tem sido acolhida em alguns julgados mais recentes do Superior Tribunal de Justiça (*v.g.*, HC 340.877/PE).

---

[17] Aníbal Bruno, *Direito Penal*, Forense, Rio de Janeiro, 1959, p. 291.
[18] Código Penal, art. 334.

2 ELEMENTOS DO TIPO

2.1 Ações núcleo do tipo

Constituem o núcleo do tipo penal em questão as ações de *suprimir* ou de *reduzir* tributo, ou contribuição social e qualquer acessório mediante uma ou mais de uma das condutas legalmente descritas na definição do crime. Não basta a ocorrência de uma ou de mais de uma dessas condutas. Para a caracterização do crime, é necessária a *supressão*, ou a *redução* do tributo.

A referência à *contribuição social* é desnecessária, porque contribuição social é uma espécie de tributo. O legislador parece ter tido o propósito de evitar controvérsias a esse respeito, e somente assim se explica tal referência. Já a referência a *qualquer acessório* pode ser entendida como destinada a ampliar o tipo, nele incluindo a supressão ou redução de multas ou de juros eventualmente devidos. Ação com a qual o agente não suprime, nem reduz o tributo, mas suprime ou reduz a multa ou os juros.

O significado dos verbos *suprimir* e *reduzir*, no contexto do tipo penal em questão, ainda não foi bem explicado pela doutrina. Alguns sustentam que suprimir tributo é tarefa privativa do legislador. Outros afirmam que suprimir é deixar de pagar. Parece que uns e outros não perceberam com precisão o significado da expressão *suprimir ou reduzir tributo*, porque não levaram em consideração o sentido da palavra *tributo* nesse contexto.

Assim é que Juary Silva formulou

> "[...] reparo à equivocidade da figura descrita na lei, uma vez que não se cuida de "suprimir ou reduzir tributo", porém de não pagá-lo no quantum legalmente exigível, o que é coisa diversa; a supressão ou a redução de tributo compete ao Legislativo, não podendo efetuá-la o particular, por definição".[19]

No mesmo sentido manifestou-se José Alves Paulino, escrevendo:

> "O objeto do tipo previsto no *caput* do art. 1º, da Lei nº 8.137/90, ou os *atos* ou *fins* do agente ativo, é 'suprimir ou reduzir tributo ou contribuição social e qualquer acessório'. No entanto, o que está previsto na ordem tributária, no sistema tributário nacional – art. 150, § 6º da Constituição –, é que somente lei específica pode 'suprimir' ou

---

[19] Juary G. Silva, *Elementos de Direito Penal Tributário*, Saraiva, São Paulo, 1998, p. 90.

'reduzir' tributo, daí essa supressão ou redução ser um ato impossível de ser praticado pelo contribuinte – é o crime impossível."[20]

E ainda, invocando a opinião de Lindemberg da Mota Silveira:

> "Esse crime, na forma de sua descrição, é impossível de ser realizado, em virtude de sua impossibilidade jurídica, posto que é impossível qualquer contribuinte, seja pessoa física ou jurídica, 'suprimir' ou 'reduzir' tributo ou contribuição social. Suprimir tributo é acontecimento do mundo do direito que somente pode acontecer mediante norma legal, ou seja, norma jurídica extintiva ou modificativa de determinado tributo ou contribuição, aprovada pelo Legislativo e sancionada pelo Chefe de Estado – art. 97, inciso I, do CTN, o qual tem a natureza de lei complementar.
>
> Reduzir tributo é, também, ato juridicamente impossível de ocorrer, mesmo por meio da atividade legislativa, pois o que pode ocorrer é a redução da alíquota ou da base de cálculo, por intermédio do Legislativo ou do Poder Executivo naqueles casos em que a Constituição lhes dá essa competência – art. 150, § 6º, e art. 97, inciso II, do CTN."[21]

Há quem afirme que

> "suprimir tributo significa aqui deixar inteiramente de pagar o montante devido a tal título. Reduzir tributo quer dizer pagar importância menor do que a efetivamente devida".[22]

São manifestações apressadas de quem não meditou a respeito do nascimento do dever jurídico de pagar o tributo, pois é no contexto desse dever jurídico, vale dizer, da denominada obrigação tributária principal, que se coloca a questão do significado da expressão *suprimir* ou *reduzir tributo*. Suprimir o tributo na verdade é retirá-lo do mundo das realidades ordinariamente perceptíveis pelo fisco, e reduzir o tributo é fazer com que ele se faça perceptível com expressão econômica menor do que aquela que deve ter em face do fato efetivamente ocorrido e da lei que sobre o mesmo incidiu. Com a supressão deixa de aparecer *inteiramente*, enquanto com a redução deixa

---

[20] José Alves Paulino, *Crimes contra a Ordem Tributária*: Comentários à Lei nº 8.137/90, Brasília Jurídica, Brasília-DF, 1999, p. 17.

[21] José Alves Paulino, *Crimes contra a Ordem Tributária*: Comentários à Lei nº 8.137/90, Brasília Jurídica, Brasília-DF, 1999, p. 18.

[22] Pedro Roberto Decomain, *Crimes Contra a Ordem Tributária*, 2ª edição, Obra Jurídica, Florianópolis, 1995, p. 44.

de aparecer *parcialmente*, no mundo das relações jurídicas ordinariamente perceptíveis, uma relação tributária que nascera da incidência da lei.

É certo que o suprimir ou reduzir o tributo, geralmente, implica deixar de pagar ou pagar em valor menor o tributo, mas o *suprimir* não quer dizer *não pagar*, assim como o *reduzir* não quer dizer *pagar menos*. Quem simplesmente não paga não está suprimindo, se o tributo continua existindo, embora não pago. E quem paga menos não está reduzindo, se a diferença não paga continua sendo devida, em condições de ser cobrada pelo credor. O *não pagar* pode ser, mas nem sempre é uma consequência da *supressão*, como o pagar menos pode ser, mas nem sempre é uma consequência da redução. O *suprimir* e o *reduzir* são condutas que se identificam independentemente do *não pagar* ou do *pagar menos*. É perfeitamente possível ocorrer o *não pagar* e mesmo assim o tributo continuar existindo, e bem visível, porque não ocorreu sua *supressão*, assim como é possível ocorrer o *pagar menos* e o tributo continuar do seu tamanho correto porque não ocorreu a sua *redução*.

Para que possamos entender adequadamente o significado da expressão *suprimir* ou *reduzir tributo*, no contexto do tipo penal de que se cuida, vale dizer, na definição albergada pelo art. 1º da Lei nº 8.137/90, devemos investigar o sentido no qual ali está a palavra *tributo*. Como assevera Paulo de Barros Carvalho, em pelo menos seis sentidos essa palavra tem sido empregada pela doutrina do Direito Tributário. Assim, tributo pode significar: (1) quantia em dinheiro; (2) prestação correspondente ao dever jurídico do sujeito passivo; (3) direito subjetivo de que é titular o sujeito ativo; (4) relação jurídica tributária; (5) norma jurídica tributária; e, ainda, (6) norma, fato e relação jurídica.[23] Resta-nos, portanto, verificar em qual desses sentidos ela está empregada na definição do tipo penal em questão.

Quando se diz que somente a lei pode *criar* tributo, a palavra *tributo* está aí empregada com o significado de *norma jurídica tributária*. O tributo, nesse contexto, é apenas uma norma, é algo que ainda está apenas no plano normativo, ou plano da abstração jurídica. Se entendermos que a palavra *tributo*, no art. 1º da Lei nº 8.137/90, tem esse sentido, teremos de concordar com Juary Silva quando este afirma que "a supressão ou a redução de tributo compete ao Legislativo, não podendo efetuá-la o particular, por definição".[24]

Não nos parece razoável, porém, admitir que palavra *tributo*, na definição do tipo penal em questão, tenha o sentido de *norma tributária*. Não apenas porque a supressão ou a redução do tributo enquanto norma jurídica seja

---

[23] Paulo de Barros Carvalho, *Curso de Direito Tributário*, 15ª edição, Saraiva, São Paulo, p. 19.

[24] Juary G. Silva, *Elementos de Direito Penal Tributário*, Saraiva, São Paulo, 1998, p. 90.

conduta somente possível para o legislador, como porque enquanto conduta do legislador a supressão ou redução do tributo é conduta lícita, que por isto mesmo não poderia ser definida como crime. E também não nos parece que a palavra *tributo*, na definição do tipo penal de que se cuida, possa ter outro significado que não seja o de relação jurídica tributária, vale dizer, o resultado da incidência da norma tributária.

O tributo, nesse contexto, é uma realidade situada no plano da concreção jurídica. É resultado da *incidência* da lei. Resultado da ocorrência do fato gerador respectivo, da concretização da situação de fato descrita na *hipótese* normativa.

Na linguagem rebuscada que lhe é peculiar, assevera Barros Carvalho:

> "Com o relato em linguagem competente do evento descrito na hipótese de incidência da regra tributária, instala-se, por força da imputação deôntica, um liame de conteúdo patrimonial, pois seu objeto é expresso em termos econômicos. Assim, numerosas construções doutrinárias empregam 'tributo' para designar a relação jurídica que se instaura por virtude do acontecimento daquele fato previsto no antecedente da norma."[25]

A palavra *tributo*, portanto, na definição do crime de supressão ou redução de tributo, significa *a relação jurídica obrigacional que se instaura com a concretização da hipótese de incidência tributária*. Concretizada a hipótese normativa, vale dizer, ocorrido o fato gerador da obrigação tributária principal, a existência do tributo é constatada através de fatos de exteriorização, vale dizer, fatos indicados pela lei como aptos a demonstrar que nasceu o tributo, vale dizer, nasceu o dever jurídico de pagar o tributo. Assim, suprimir o tributo, como elemento normativo do tipo penal de que se cuida, quer dizer impedir que seja demonstrado o seu nascimento. Impedir a constatação do fato gerador da obrigação tributária. E reduzir o tributo significa, nesse mesmo contexto, fazer com que seja demonstrado o nascimento de um tributo com expressão econômica menor do que o decorrente dos fatos efetivamente ocorridos.

Reportando-se a lições de Geraldo Ataliba, que recorta e transcreve, Roberto dos Santos Ferreira justifica com razão que "somente haverá crime tributário se o sujeito passivo, após a ocorrência do fato gerador, dolosamente praticar qualquer das condutas descritas nos vários tipos da Lei nº 8.137/90, com o fim de reduzir tributo ou, mesmo, eximir-se da obrigação tributária".[26]

---

[25] Paulo de Barros Carvalho, *Curso de Direito Tributário*, 15ª edição, Saraiva, São Paulo, p. 22.

[26] Roberto dos Santos Ferreira, *Crimes Contra a Ordem Tributária*, Malheiros, São Paulo, 1996, p. 42-43.

Por outro lado, quem apenas deixa de pagar ou paga menos do que o devido, sem haver apagado da realidade conhecida a obrigação tributária, ou sem haver feito com que a sua expressão econômica se apresente menor, não suprime ou reduz tributo, tanto que este segue sendo devido e, por tratar-se de dívida cuja existência está documentada, pode ser cobrado pelo credor. Subsiste, portanto. Não foi suprimido. Nem reduzido.

Não há dúvida, portanto, de que *suprimir ou reduzir tributo*, no art. 1º da Lei nº 8.137/90, quer dizer ocultar, total ou parcialmente, fato gerador de obrigação tributária. Essa ocultação, todavia, para configurar o tipo penal em questão, há de dar-se mediante uma das condutas descritas nos incisos daquele artigo primeiro. Por isto, Costa Jr., reportando-se ao tipo penal descrito no citado dispositivo legal, diz que "suprimir significa eliminar, cancelar, extinguir, impedir que apareça".[27] Suprimir tributo, portanto, quer dizer impedir que o tributo, como objeto de uma relação jurídica concretizada, apareça para a autoridade da Administração Tributária, impedindo que esta tome conhecimento dos fatos tributáveis, pelos meios ordinários ou normais, e possa assim fazer o lançamento correspondente.

A correta definição da ação nuclear desse tipo penal tem enorme importância porque dessa definição vai depender a determinação do momento em que se considera consumado esse tipo penal. Como alguns autores têm afirmado que *suprimir* significa *não pagar*, chegam esses autores, coerentemente, à conclusão de que o tipo se consuma na data em que o pagamento deveria ser feito, e não o é por conta da supressão do tributo. Entretanto, na medida em que considerarmos que suprimir é algo diverso do não pagar, chegaremos a conclusão bem diversa no que diz respeito ao momento de consumação do delito, como veremos adiante.

Tanto na palavra *tributo*, como em algumas expressões utilizadas na descrição das condutas meio para o aperfeiçoamento desse tipo penal, estão albergados conceitos jurídicos. Esses conceitos constituem os denominados *elementos normativos* do tipo penal que adiante vamos examinar.

2.2 Ações-meio

2.2.1 Ações-meio como elementos do tipo

Insista-se em que nos incisos do art. 1º da Lei nº 8.137/90 não estão definidos tipos penais como pode parecer. O tipo, na verdade apenas um,

---
[27] Paulo José da Costa Jr., *Infrações Tributárias e Delitos Fiscais*, Saraiva, São Paulo, 1995, p. 104.

compreendido pelas ações de suprimir ou reduzir tributo, ditas ações nucleares do tipo, e uma ou mais de uma das ações ou omissões descritas nos incisos daquele dispositivo, ditas ações ou condutas meio.

Ao descrever as ações ou condutas-meio, mediante as quais o agente suprime ou reduz o tributo, a Lei nº 8.137/90 utiliza, em seu art. 1º, as expressões *omitir informação*, ou *prestar declaração falsa* (inciso I), inserindo *elementos inexatos*, ou omitindo *operação de qualquer natureza* (inciso II), *falsificar ou alterar* (inciso III), *documento falso* (inciso IV) e *em desacordo com a legislação* (inciso V). Por isto, diz-se que essas ações-meio são, tanto quanto as ações núcleo – *suprimir* ou *reduzir* tributo – elementos do tipo penal. É de decisiva importância, pois, na definição do tipo penal em tela, a determinação do sentido dessas expressões utilizadas na descrição de tais condutas ou ações-meio. E para esse fim é indispensável que se tenha sempre presente a conexão que existe entre a norma da cabeça do artigo e a norma do inciso em que está descrita a conduta-meio. São normas que se completam na definição do tipo penal em questão.

Cada um dos cinco incisos do art. 1º é um complemento do que se diz na cabeça do artigo. Nenhum deles, portanto, tem sentido isoladamente. A ocorrência de qualquer das condutas neles descritas, sem que aconteça o resultado supressão ou redução do tributo ou qualquer acessório deste, pode, em princípio, configurar outro crime, mas não configura o crime de supressão ou redução de tributo. E a supressão ou redução de tributo obtida por outro meio que não seja uma das condutas descritas nos incisos do art. 1º da Lei nº 8.137/90 também não configura o tipo penal em questão.

Examinemos, pois, essas condutas ou ações-meio, elementares do tipo penal.

2.2.2 Omitir informações ou prestar declaração falsa

No inciso I do art. 1º da Lei 8.137/90, tem-se a conduta de *omitir informação, ou prestar declaração falsa às autoridades fazendárias*.

Independentemente das divergências a respeito da relevância da distinção entre falsidade material e falsidade ideológica,[28] é possível entender que no contexto do art. 1º, inciso I, da Lei nº 8.137, a constatação do sentido da expressão *declaração falsa* prescinde totalmente daquela distinção. Informar e declarar, neste contexto, dizem respeito a fatos relevantes para a apuração de tributo. Assim, *omitir informações* e *prestar declaração falsa* são condutas,

---

[28] Cf. Magalhães Noronha, *Direito Penal*, 19ª edição, Saraiva, São Paulo, 1992, p. 158.

ambas, atinentes a fatos. Condutas que se caracterizam por terem como objetivo impedir o conhecimento, pelo fisco, da ocorrência de fato gerador de tributo, para dessa forma impedir a apuração ou ensejar a apuração de tributo menor do que o efetivamente devido.

Quem omite informação sobre fato relevante do ponto de vista tributário poderá estar prestando uma declaração falsa. Justifica-se, porém, no dispositivo legal, a presença das expressões *omitir informação*, e também *prestar declaração falsa*. Quem nada declara não presta *declaração falsa*, mas pode estar *omitindo informações*. A lei na verdade tinha de ser abrangente daquele que se omite no dever de prestar declarações ao fisco.

A expressão *omitir informações*, no contexto da lei, há de ser entendida em termos. Não se refere a quaisquer informações, mas somente àquelas informações cuja omissão seja capaz de ensejar a supressão, ou a redução do tributo. Neste sentido manifestam-se José Cassiano Borges e Maria Lúcia Américo dos Reis:

> "Ora, se o sujeito passivo deixa de prestar as informações a que está obrigado, ou se presta, intencionalmente, informações falsas, a autoridade fazendária não terá condições de constituir o crédito tributário e, em consequência, haverá prejuízo para a Fazenda Pública, ou por falta, ou por recolhimento insuficiente de tributo ou contribuição social."[29]

A omissão ou a falsidade, para que integrem o tipo penal em questão, devem ser aptas a impedir que a autoridade promova o lançamento do tributo pelos meios dos quais ordinariamente dispõe. Assim, o deixar de apresentar declaração de rendimento de uma empresa, em determinado exercício, por si só não configura a ação-meio necessário para a integração do tipo penal em questão. A ação de fiscalização, o exame de livros e documentos da empresa, que permanece inscrita no CNPJ e com endereço conhecido oficialmente pelo fisco, são meios ordinários de que este pode dispor para lançar, não se configurando, pois, uma omissão capaz de suprimir ou reduzir o tributo. A este propósito é interessante a lição de Jaime Aneiros Pereira, a propósito de dispositivo da Lei Geral Tributária da Espanha, e de dispositivo do correspondente regulamento, a propósito do que se deve entender por *ocultação*:

> "El art. 4 del RGRST se encarga de precisar que se entenderá que existe ocultación cuando la Administración tributaria pudiera conocer la realidad de las operaciones o los datos omitidos por declaraciones

---

[29] José Cassiano Borges e Maria Lúcia Américo dos Reis, *Crimes Contra a Ordem Tributária*: pareceres, Forense, Rio de Janeiro, 1998, p. 42.

de terceros, por requerimientos de información o por el examen de la contabilidad y demás documentación del sujeto infractor. Ello supone objetivizar esta circunstancia en unos términos distintos a los que expresa LGT, de modo que se sitúa a esta infracción en unos términos similares a la teoría de infracción del deber que hemos citado en las líneas anteriores. Se trata de una previsión que, de realizarse, debería figurar en la Ley y no en el Reglamento de desarrollo. Además, parece que será difícil entender que hay ocultación cuando el sujeto refleja fielmente en su propia contabilidad o registros todas las operaciones."[30]

Toda declaração pode ser verdadeira ou falsa. É verdadeira quando o seu conteúdo corresponde inteiramente ao *fato* declarado, e falsa quando o seu conteúdo diverge, no todo ou em parte, do *fato* declarado.

O fato aqui referido é aquele perceptível independentemente de seu significado jurídico-tributário, sendo a possível controvérsia em relação ao significado jurídico-tributário dos fatos incapaz de afastar a veracidade da declaração. Não configura declaração falsa, portanto, aquela que, envolvendo de alguma forma o significado jurídico-tributário de um fato, atribua a este fato um significado diverso daquele que lhe atribui a autoridade da administração tributária. Assim, não é falsa uma declaração na qual o contribuinte do Imposto de Renda coloca como *não tributável* um rendimento que a autoridade entende ser *tributável*, desde que identifique corretamente tal rendimento quanto a seus elementos fáticos. Ser tributável ou não tributável é questão que diz respeito ao significado jurídico tributário do fato rendimento, e a divergência em torno desse significado em nenhuma hipótese configura falsidade.

Assim, não presta declaração falsa aquele que, na condição de presentante de uma instituição de educação, afirma ser esta imune, nos termos do art. 150, inciso VI, alínea "c", da Constituição Federal. Será falsa, porém, a declaração, se afirmar que a instituição não distribui qualquer parcela de seu patrimônio ou de suas rendas a título de lucro ou participação no seu resultado,[31] quando tal distribuição efetivamente acontece. A falsidade, repita-se, diz respeito ao fato e não ao significado jurídico deste. Não haverá falsidade na declaração de que a instituição *é imune*, ainda quando a mesma na verdade o seja porque não preencha os requisitos legais para o gozo da imunidade, desde que não exista falsidade quanto aos fatos constitutivos dos requisitos, vale dizer, desde que tais fatos sejam informados como efetivamente acontecem.

---

[30] Jaime Aneiros Pereira, *Las sanciones tributarias*, Marcial Pons, Madrid/Barcelona, 2005, p. 65-66.
[31] Código Tributário Nacional, art. 14, inciso I.

A informação, assim como a declaração, objeto da omissão ou da falsidade, diz respeito sempre a fatos. Não ao significado jurídicos deles. A omissão, ou a falsidade, que pode ensejar a supressão ou a redução do tributo, é apenas a que diz respeito a fatos. O significado jurídico dos fatos, este, o fisco, conhecendo os fatos, poderá atribuir como entender que é correto.

A ação-meio como elemento do crime de supressão ou redução de tributo há de ser sempre enganosa e ter por objetivo produzir *erro de fato*. No dizer de Villegas,

> "a fraude ao fisco exige objetivamente a realização de determinados atos ou manobras enganosas, cuja finalidade é induzir em erro a administração tributária, para lograr a evasão, no todo ou em parte, do tributo devido.
> É fundamental que a ação seja enganosa e tenha por objetivo produzir erro, ou seja, que com o propósito de produzi-lo, se usem artifícios para simular a existência de fatos que não existem, ou para ocultar a realidade de fatos existentes".[32]

Este aspecto da configuração do crime de supressão ou redução de tributo é da maior importância sobretudo quando se examina a questão do planejamento tributário, quando se impõe a distinção essencial que existe entre o ilícito tributário e o ilícito penal. Pode haver o primeiro e não haver o segundo. O crime só se caracteriza se houver ocultação ou simulação dos fatos. Há de ser fruto da manipulação de fatos. Jamais pode decorrer de artifícios na interpretação da norma, por mais maliciosos que sejam.

2.2.3 Elementos inexatos

Nos termos do inciso II do art. 1º da Lei nº 8.137/90, a ação-meio para a supressão ou redução do tributo consiste em *fraudar a fiscalização tributária inserindo elementos inexatos ou omitindo operação de qualquer natureza em documento ou livro exigido pela lei fiscal.*

Qual seria o alcance da expressão *elementos inexatos*?

A inexatidão, sabemos todos, pode ser quanto ao *fato*, como pode ser quanto ao *significado jurídico* deste. Assim, uma interpretação na qual se leve em conta apenas o elemento literal ou linguístico não resolve a ques-

---

[32] Hector Villegas, *Direito Penal Tributário*, tradução de Elisabeth Nazar e outros, Resenha Tributária, São Paulo, 1984, p. 153.

tão do alcance da norma incriminadora em tela. Tanto poderia indicar um alcance restrito, tendo-se como consumado o crime apenas nos casos em que a inexatidão fosse pertinente ao fato, como poderia indicar um alcance amplo, tendo-se como consumado o crime sempre que a interpretação da lei tributária, adotada pelo contribuinte, implicando não pagamento, ou pagamento menor de tributo, fosse afinal considerada incorreta pela autoridade competente, vale dizer, pelo tribunal de última instância.

O elemento literal, não obstante seja indispensável, é absolutamente insuficiente, como se está a ver. Deve o intérprete, por isto mesmo, valer-se de elementos outros, entre os quais o sistêmico ou contextual, e o teleológico, ou finalístico. Além disto, deve levar em conta os direitos e garantias fundamentais, cujo elenco constante da Constituição, aliás, não é exaustivo, porque não exclui aqueles decorrentes do regime e dos princípios por ela adotados.[33]

Em face do elemento contextual, tem-se de considerar que o dispositivo em que se encarta a expressão *elementos inexatos* começa com o verbo *fraudar*, que indica deva ser aquela expressão tomada em sentido restrito, tendo-se como inexato o fraudulento, vale dizer, aquilo que não corresponde à verdade fática, ou material. Por outro lado, todo o sistema jurídico há de ser considerado. Não se pode pretender que uma norma tenha, na definição de um tipo penal, anulado as garantias albergadas por outras normas do sistema, inclusive pelas situadas no altiplano constitucional.

Com efeito, entre as garantias asseguradas pela vigente Constituição está aquela segundo a qual a lei não excluirá da apreciação do Poder Judiciário lesão ou ameaça a direito.[34] Consagra, outrossim, a Constituição vários princípios limitadores do poder de tributar, aos quais o legislador ordinário deve obediência. E em face do princípio da legalidade, a Administração Tributária tem sua atividade limitada aos estritos termos da lei. Tudo isto restará inútil se admitirmos que o contribuinte não tem o direito de questionar o significado e o alcance das normas segundo as quais está obrigado ao pagamento dos tributos. A autoridade da Administração Tributária poderá lançar e cobrar os tributos a seu modo, como bem entender, sem que o contribuinte possa questionar o seu modo de interpretar as leis.

Em face do elemento finalístico, tem-se de considerar que a lei, ao definir os crimes contra a ordem tributária, não pretendeu, nem pode ter pretendido substituir o sistema de cobrança de tributos pela ameaça de

---

[33] Constituição Federal, art. 5º, § 2º.
[34] Constituição Federal, art. 5º, inciso XXXV.

prisão. A finalidade da norma penal tributária, no caso, é proteger o direito do Estado aos elementos de que necessita para exercer a atividade tributária, vale dizer, as informações concernentes aos *fatos*. E assim, na verdade, definiu como crime a ocultação, total ou parcial, de fato relevante para efeitos tributários.

É fora de qualquer dúvida razoável, portanto, que o significado da expressão *elementos inexatos*, no art. 1º, inciso II da Lei nº 8.137/90, é restrito. Não abrange a inexatidão do significado jurídico, como pretendem o fisco e o Ministério Público do Estado de Santa Catarina, de sorte a colocar o contribuinte em situação de absoluta insegurança jurídica, deixando-o obrigado a adotar, sempre, a interpretação da qual resultasse maior ônus tributário, pois do contrário estaria em todos os casos sujeito à imputação de cometimento criminoso. A inexatidão a que se refere a lei é, evidentemente, aquela concernente ao fato, em sua pura faticidade considerado.

Desnecessário é dizer que os *elementos* aos quais diz respeito a inexatidão, neste contexto, são apenas aqueles relevantes na determinação do tributo.

Assim, quem escritura como despesa o valor de determinado pagamento que não é dedutível, nos termos da legislação tributária aplicável, mas indica com indiscutível clareza a natureza daquele pagamento, não pode ser acusado de ter inserido elemento inexato em seus livros, porque a inexatidão, neste caso, diz respeito ao significado jurídico tributário do fato, mas não ao fato em si mesmo.

Também não pode ser acusado de inserir em seus livros ou documentos elementos inexatos quem escritura incorretamente, ou inexatamente, elementos absolutamente irrelevantes na apuração de tributos. A *inexatidão* dos elementos, capaz de configurar a ação meio para a configuração do tipo penal em questão, é somente aquela que seja relevante na configuração do tributo, seja quanto à própria existência deste, seja quanto ao montante respectivo.

2.2.4 Falsificar ou alterar documento

No inciso III do art. 1º da Lei nº 8.137/90, estão definidas como integrativas do tipo *supressão ou redução de tributo* as condutas-meio de *falsificar ou alterar nota fiscal, fatura, duplicata, nota de venda, ou qualquer outro documento relativo a operação tributável*.

Falsificar um documento quer dizer produzi-lo falsamente. Produzir um documento falso, como tal entendido aquele que alberga uma falsidade, seja material, seja ideológica, embora a interpretação sistêmica esteja a indicar que no inciso III a referência é feita apenas à falsidade material, porque a falsidade ideológica está melhor compreendida no inciso II.[35]

Para a compreensão e delineamento do tipo penal em questão é absolutamente irrelevante a distinção entre falsidade material e ideológica, porque as descrições dos vários incisos do art. 1º são, insista-se neste ponto, de meras condutas-meio, que se integram com a conduta resultado prevista na cabeça daquele dispositivo legal, e se a falsidade ideológica não se comporta no inciso III, seguramente está contemplada no inciso II, de sorte que a disputa em torno da questão de saber se neste último se inclui a falsidade ideológica é desprovida de consequência prática.

Seja como for, vejamos a distinção doutrinária entre a falsidade material e a falsidade ideológica, especialmente relativas aos documentos. Em outras palavras, vejamos o que se deve entender por documento *materialmente* falso, e documento *ideologicamente* falso.

Para compreendermos mais facilmente essa distinção, tenhamos presente que um documento é o meio, ou instrumento, pelo qual se demonstra um fato.

Diz-se que um documento é materialmente falso, quando a falsidade reside nele próprio, em sua materialidade, posto que o documento não é o que parece ser. Não se questiona, neste ponto, a representação. Não se aponta uma possível diferença entre o objeto representado e a representação dele constante do documento. Questiona-se o documento, em sua materialidade.

Diz-se que um documento é ideologicamente falso, quando a falsidade reside apenas na representação, no mesmo contida, do fato. O documento, em sua materialidade, é perfeito, mas o fato que ele representa não existe, ou é diverso do representado.

Não obstante simples, como se vê, a distinção entre falsidade material e ideológica na prática nem sempre é fácil de ser estabelecida. No que diz respeito à configuração do tipo penal supressão ou redução de tributo, porém, repita-se, isto não tem importância, tanto porque a falsidade, em qualquer de suas modalidades, preenche o tipo, como porque o legislador teve o cuidado de usar também o verbo *alterar*, de sorte a afastar dúvidas que poderiam resultar da abrangência do verbo *falsificar*.

Alterar é modificar. Quem altera geralmente está falsificando. Ocorre que a alteração, sendo uma mudança da verdade, nem sempre consegue ser uma imitação da verdade. A falsidade somente se caracteriza quando

---

[35] Cf. Juary C Silva, *Elementos de Direito Penal Tributário*, Saraiva, São Paulo, 1998, p. 204.

ocorre mudança e imitação, pois "não há falsidade sem a possibilidade objetiva de enganar (isto é, sem a capacidade de, por si mesma, iludir o *homo medius*). Não basta a *immutatio veri*: é também necessária a *imitatio veri*. Sem esta (ou seja, sem a potencialidade de engano), inexiste, praticamente, a ofensa à fé pública ou a possibilidade de dano (elemento condicionante do crime)".[36]

A falsificação, ou alteração, capaz de configurar o crime de supressão ou redução de tributo, é apenas aquela concernente a documento relativo a operação tributável, vale dizer, concernente a fato relevante do ponto de vista tributário, porque, se o fato não é relevante, do ponto de vista tributário, a falsificação não conterá a possibilidade de supressão ou de redução do tributo.

A referência a documentos geralmente utilizados pelos sujeitos passivos de obrigações tributária é meramente exemplificativa, e inútil diante da abrangência da expressão *qualquer documento relativo a operação tributável*. Justifica-se apenas por seu efeito didático, posto que dirigida a pessoas que lidam com os documentos especialmente nominados, restando para estas de mais fácil compreensão.

2.2.5 Elaborar, distribuir, fornecer, emitir ou utilizar documento falso

No inciso IV do art. 1º da Lei nº 8.137/90, estão definidas como meio para a supressão ou redução do tributo as ações de *elaborar, distribuir, fornecer, emitir ou utilizar documento que saiba ou deva saber falso ou inexato*.

Com o emprego dos diversos verbos, o objetivo evitou deixar fora do tipo uma conduta relevante do ponto de vista da supressão, ou da redução do tributo, ainda que praticada por não contribuinte, que poderá ser então colocado como partícipe do crime. Assim é que, referindo-se a *elaborar*, incluiu no tipo a conduta daquele que não emite a nota fiscal, por exemplo, mas a confecciona, ou *elabora*. Referindo-se a *distribuir*, inclui no tipo a conduta daquele que adquire notas fiscais falsas de terceiros e as distribui a vários interessados em seu uso. Referindo-se a *fornecer*, inclui no tipo a conduta daquele que, sem ter elaborado a nota fiscal falsa, e sem havê-la distribuído a várias pessoas, ainda assim *forneceu* dito documento a um determinado interessado em seu uso. Referindo-se a emitir, inclui no tipo a conduta daquele que não elaborou, não distribuiu, não forneceu, mas *emitiu* uma nota fiscal

---

[36] Nelson Hungria, *Comentários ao Código Penal*, Forense, Rio de Janeiro, v. IX, p. 263.

falsa, e, finalmente, referindo-se a utilizar, inclui no tipo a conduta de quem não elaborou, não distribuiu, não forneceu, não emitiu, mas *utilizou*, fez uso, valeu-se de uma nota fiscal falsa.

Como documento entende-se o instrumento utilizado para comprovar determinados fatos. Se há relação de adequação entre os fatos e o que deles diz o documento, este é verdadeiro. Se não há, o documento é falso. É falso um documento, portanto, que diz existente um fato que não existe, ou inexistente um fato que existe. Ou diz que o fato é de determinado modo, quando ele é de outro. A falsidade caracteriza-se, em qualquer caso, pela inadequação, total ou parcial, entre o fato e o que dele diz o documento.

Insistimos que em qualquer caso o fato há de ser *relevante* do ponto de vista tributário, e há de ser considerado em sua pura *faticidade*, sendo inteiramente irrelevante o significado jurídico tributário do fato. Assim, uma nota fiscal na qual está dito que a operação de venda nela documentada é *isenta* do imposto, ou é *imune* ao ICMS, não é falsa, ainda que tal isenção ou imunidade não exista, porque a *isenção*, assim como a *imunidade*, não são fatos, mas qualificações jurídicas. Desde que a nota fiscal descreva com exatidão das mercadorias às quais corresponde, não estará tipificado o crime de que se cuida.

2.2.6 *Em desacordo com a legislação*

Define o art. 1º, inciso V, da Lei nº 8.137/90 como ação meio para o cometimento do crime de supressão ou redução do tributo, *negar ou deixar de fornecer, quando obrigatório, nota fiscal ou documento equivalente, relativa a venda de mercadoria ou prestação de serviço efetivamente realizada, ou fornecê-la em desacordo com a legislação.*

Negar ou deixar de fornecer. É claro que quem nega deixa de fornecer, mas nem sempre quem deixa de fornecer nega. A preocupação do legislador com o uso dos dois verbos tem uma explicação. Pode ocorrer que a outra parte na compra e venda, ou na prestação de serviços, não peça a nota fiscal, ou até mesmo pretenda sua não emissão, para se favorecer com a exclusão do imposto, pagando assim um preço menor. Neste caso, vale o verbo *deixar de fornecer*. O *negar* vale apenas para a hipótese em que, tendo havido solicitação, tenha sido esta recusada. É verbo menos abrangente, que na lei está seguido do mais abrangente, *deixar de fornecer*. O legislador penal, talvez com o intuito de evitar que o réu escape mediante interpretações literalistas, geralmente é superabundante no uso dos verbos descritores das ações incriminadas.

Cuidado maior do intérprete está a exigir a parte do dispositivo legal em tela que descreve a ação meio do tipo penal afirmativamente: ou *fornecê-la em desacordo com a legislação.* Pode parecer que, ao afirmar esse desacordo da nota fiscal, ou do documento equivalente, com a legislação, envolverá sempre apenas uma questão de direito. Não é assim, porém, e neste ponto o intérprete há de ter redobrada atenção para o elemento finalístico da norma que exige a emissão da nota fiscal ou documento equivalente.

Nota fiscal é o documento no qual é descrita a mercadoria vendida, ou simplesmente transferida, e que se presta para permitir o controle físico dos estoques, documentando as entradas e as saídas de mercadorias, e especialmente para acompanhar aquela mercadoria nela descrita, desde a saída do estabelecimento remetente até a entrada no estabelecimento destinatário. Não faz sentido, assim, a exigência de nota fiscal relativamente à prestação de serviço, albergada pela legislação de vários municípios, de forma absolutamente inconsequente. Exatamente porque não faz sentido falar-se de nota fiscal de prestação de serviços, refere-se a lei a *documento equivalente,* que pode ser um simples *recibo.*

Seja como for, o importante é que nas operações de circulação de mercadorias e nas prestações de serviços tributados deve haver sempre um documento em que o fato – a operação de circulação de mercadoria, ou a prestação do serviço – seja registrado. Esse documento deve atender exigências da legislação tributária, geralmente feitas com o intuito de que a operação, ou prestação, e as mercadorias, ou os serviços, bem como os que naquelas operações ou prestações sejam parte, restem afinal perfeitamente identificados.

Nesse contexto, a nota fiscal, ou documento equivalente, está *em desacordo com a legislação* apenas quando não contém os elementos necessários à perfeita identificação da mercadoria ou do serviço, bem como das partes envolvidas na operação de venda,[37] ou na prestação do serviço. Não se há de considerar em desacordo com a legislação a nota fiscal, ou documento equivalente, que indique, por exemplo, tratar-se de operação ou prestação imune ou isenta, quando não ocorram hipóteses de imunidade ou de isenção. O *desacordo* com a legislação, para configurar a ação-meio necessária à configuração do tipo, há de ser concernente a *fatos relevantes* do ponto de vista tributário. Não apenas concernente ao *significado jurídico* de tais fatos. O ser *imune,* ou *isento,* não é fato, mas significado jurídico-tributário de fato.

---

[37] Note-se que no inciso V do art. 1º da Lei nº 8.137/90 há referência apenas a venda. Não a outras operações das quais decorra a circulação de mercadorias. Isto, porém, não tem nenhuma importância, porque o *negar ou deixar de fornecer* uma nota fiscal, ou documento equivalente, numa operação que não seja de venda, mas seja relevante do ponto de vista tributário, estaria capitulado tranquilamente no inciso II, do mesmo dispositivo legal, na medida em que haveria omissão de operação em documento ou livro...

O *estar em desacordo com a legislação* somente configura a ação meio de que se cuida quando seja apto a provocar o resultado supressão ou redução do tributo. Assim, se uma nota fiscal referente à venda de livros, que são objeto de imunidade tributária, é emitida em desacordo com a legislação porque não indica a nome do destinatário da mercadoria, não estará configurado o crime se esse desacordo não viabiliza o não lançamento de receita correspondente a essa venda, que seria capaz de propiciar a supressão ou a redução de tributos.

2.3 Elementos normativos

2.3.1 Conceitos normativos

Recorde-se que na definição dos tipos penais o legislador utiliza, além dos conceitos ditos *naturais*, conceitos *normativos*. Denominamos conceitos naturais aqueles cuja definição não depende, ao menos diretamente, do conhecimento das normas jurídicas. São conceitos da linguagem comum. Assim, quando se fala em *suprimir* ou *reduzir* tributo, entende-se que suprimir e reduzir são conceitos naturais, pois qualquer pessoa sabe, sem ser jurista, o que significa *suprimir* e o que significa *reduzir*. Nem todos, porém, sabem exatamente o que significa tributo. Dizemos, então, que reduzir e suprimir são conceitos *naturais*, enquanto tributo é um conceito *normativo*.

Em síntese, portanto, conceitos normativos são aqueles cujo conhecimento depende do conhecimento especificamente jurídico. O conhecimento adequado dos conceitos naturais depende apenas do conhecimento geral, enquanto o conhecimento dos conceitos normativos depende, por assim dizer, do conhecimento especificamente jurídico.

A leitura dos artigos, incisos, alíneas e parágrafos de uma lei penal nos mostra que os diversos *tipos penais* albergam tanto conceitos naturais como conceitos normativos.

2.3.2 Tributo como um elemento normativo

Na definição do tipo penal conhecido como crime de supressão ou redução de tributo, o legislador utilizou, juntamente com outros elementos, o conceito tributo. Este, portanto, é um elemento normativo do tipo penal em questão.

É fácil, assim, compreender por que no estudo dos crimes contra a ordem tributária é importante que os operadores do Direito tenham atenção redobrada para os conceitos normativos utilizados na definição dos diversos tipos.

Geralmente os penalistas não dispõem de conhecimento seguro do Direito Tributário, daí por que geralmente precisam da colaboração dos tributaristas.

O mais importante dos conceitos normativos utilizados na definição dos crimes contra a ordem tributária é o conceito de *tributo*, que é um elemento *normativo* desses tipos penais. Para demonstrar essa importância, basta que se diga que a supressão ou redução de um *empréstimo compulsório*, por exemplo, ou de uma tarifa, não configura o tipo definido no art. 1º da Lei nº 8.137/90, exatamente porque empréstimo compulsório não é tributo, assim como tarifa ou preço público também não é tributo.

Muitos outros conceitos utilizados na legislação tributária também são de decisiva importância, como acontece, por exemplo, com o conceito de *imunidade tributária*. Quem sabe o que significa imunidade tributária certamente entende por que um ilícito qualquer praticado no âmbito de uma instituição que seja titular de imunidade tributária, mesmo sendo capaz de eliminar o direito à imunidade, não configura o tipo penal redução ou supressão de tributo.

A seguir, vamos examinar essas duas questões, vale dizer, a da não inclusão do empréstimo compulsório na definição de tributo e a da impossibilidade de ocorrência da supressão ou da redução de tributo no âmbito de uma entidade titular de imunidade tributária.

2.3.3   *Empréstimo compulsório*

Há quem sustente que o *empréstimo compulsório* está incluído no conceito de *tributo*, e assim o tipo penal de supressão ou redução de tributo alcança a conduta de quem pratique as condutas integrantes do crime de supressão ou redução de tributo.[38] Tal entendimento, porém, é insustentável.

Realmente o empréstimo compulsório não é tributo.

É certo que a Constituição Federal inclui os empréstimos compulsórios no capítulo do sistema tributário. Mas também é certo que estabelece para estes um regime jurídico diferente do regime jurídico dos tributos. Regime jurídico peculiar que os faz absolutamente distintos, especialmente em função da regra segundo a qual a aplicação dos recursos deles provenientes será vinculada

---

[38]   Cf. Pedro Roberto Decomain, *Crimes Contra a Ordem Tributária*, 2ª edição, Obra Jurídica, Florianópolis, 1995, p. 41-42.

à despesa que fundamentou a respectiva instituição,[39] posto que é vedada a vinculação da receita de impostos a órgão, fundo ou despesa.[40]

Por outro lado, o empréstimo compulsório não chega sequer a ser uma receita, no sentido próprio que a palavra tem no âmbito da Ciência das Finanças Públicas e no âmbito do direito positivo. A Lei nº 4.320, de 17 de março de 1964, distingue expressamente as receitas correntes, entre as quais classifica a receita tributária (art. 11, § 1º), das receitas de capital, entre as quais coloca as provenientes de realização de recursos financeiros oriundos de constituição de dívidas (art. 11, § 2º). Além disto, define tributo como *"a receita derivada, instituída pelas entidades de direito público, compreendendo os impostos, as taxas e contribuições, nos termos da Constituição e das leis vigentes em matéria financeira, destinando-se o seu produto ao custeio de atividades gerais ou específicas exercidas por essas entidades"* (art. 9º).

Não se venha a argumentar com a definição de tributo, albergada pelo art. 3º do Código Tributário Nacional, porque esta não é incompatível com a definição albergada pelo art. 9º da Lei nº 4.320/64. Essas duas definições legais são compatíveis e na verdade se completam. Assim, no plano rigorosamente jurídico, é verdadeira a afirmação segundo a qual o tributo é uma receita, no sentido econômico, e não apenas no sentido financeiro. Essas definições na verdade se completam.

O tributo é uma *receita pública*. E esta, segundo lapidar definição de Aliomar Baleeiro, "é a entrada que, integrando-se no patrimônio público sem quaisquer reservas, condições ou correspondência no passivo, vem acrescer o seu vulto, como elemento novo e positivo".[41] Destaque-se, com Aliomar Baleeiro, que "as quantias recebidas pelos cofres públicos são genericamente designadas como 'entradas' ou 'ingressos'. Nem todos esses ingressos, porém, constituem receitas públicas, pois alguns deles não passam de 'movimentos de fundo', sem qualquer incremento do patrimônio governamental, desde que estão condicionados à restituição posterior ou representam mera recuperação de valores emprestados ou cedidos ao governo".[42]

---

[39] Constituição Federal, art. 148, parágrafo único.

[40] Constituição Federal, art. 167, inciso IV.

[41] Aliomar Baleeiro. *Uma Introdução à Ciência das Finanças*. 13ª edição, Forense, Rio de Janeiro, 1981, p. 116.

[42] Aliomar Baleeiro. *Uma Introdução à Ciência das Finanças*. 13ª edição, Forense, Rio de Janeiro, 1981, p. 116.

Não apenas no Brasil tem-se tal compreensão do tributo. No sentido de que o tributo opera a transferência de recursos financeiros do contribuinte para o ente público é a lição de Tulio Rosembuj:

> "La prestación tributaria es un comportamiento positivo, dar sumas de dinero, que establece el simétrico empobrecimiento patrimonial del obligado y el enriquecimiento del ente público, y debido, en el sentido de la absoluta prevalencia de la ley sobre la autonomía de voluntad del sujeto obligado."[43]

Do ponto de vista da Ciência do Direito, importa o conceito que se possa formular em face do sistema jurídico, vale dizer, do direito positivo. E diante do sistema jurídico brasileiro, como visto, é inegável que o tributo é instrumento de transferência de elementos patrimoniais, devendo a expressão *prestação pecuniária compulsória* ser entendida como o objeto da obrigação jurídica, consistente em dinheiro coativamente transferido do patrimônio do sujeito passivo para o patrimônio do sujeito ativo da relação de tributação.

Não se argumente, porque não seria razoável, com o fato de que no Brasil os empréstimos compulsórios na verdade não são restituídos. E que assim seriam na verdade tributo, posto que a diferença, vale dizer, a restituição, não seria efetiva, mas simplesmente teórica. O fato da não restituição, embora geralmente ocorra, só se presta para demonstrar a forma imoral de atuação do governo, o que de certa forma até retira do Estado brasileiro o respaldo moral para criminalizar a conduta de quem se furta ao recolhimento de empréstimos compulsórios. Se o Estado não cumpre a lei que ele próprio edita, nada justifica que possa impor sanções penais àqueles que igualmente não a cumprem.

No plano jurídico, e muito especialmente no plano ético, é muito difícil admitir possa o Estado, que geralmente não devolve as quantias recebidas a título de empréstimo compulsório, impor pena criminal a quem se furta ao pagamento daquele empréstimo.

2.3.4 Supressão ou redução de tributo e entidade imune

Outro exemplo de falta da compreensão adequada de conceitos do Direito Tributário, no trato de questões relativas a crimes contra a ordem tributária, tem ocorrido com o oferecimento de denúncia por suposto crime de supressão ou redução de tributo praticado por dirigente de entidade titular de imunidade tributária.

---

[43] Tulio Rosembuj. *Elementos de Derecho Tributario*, Editorial Bleme, Barcelona, 1982, p. 114.

O Ministério Público Federal tem promovido ação penal contra diretores de instituições sem fins lucrativos que, em decorrência de certos fatos que no entender das autoridades da Administração Tributária constituiriam fundamento para a quebra da imunidade tributária de que gozam tais instituições. A questão que se coloca, então, é a de saber se o fato praticado pelos dirigentes de uma instituição que goza de imunidade relacionada ao tributo que em virtude dessa imunidade não chega a ser devido, pode configurar o crime contra a ordem tributária, legalmente definido como crime de supressão ou redução de tributo. Questão que os advogados Hugo de Brito Machado Segundo e Schubert de Farias Machado responderam negativamente, em debate que realizamos em reunião do Instituto Cearense de Estudos Tributários.

Trata-se de questão nova, ainda não tratada pela doutrina, mas não temos a menor dúvida de que a tese sustentada pelos referidos advogados, e acolhida já pelo Tribunal Regional Federal da 5ª Região, ao deferir o HC nº 1.650–CE, é de consistência indiscutível. É lamentável que o referido Tribunal não tenha desenvolvido adequadamente essa tese, que talvez a tenha acolhido apenas porque a denúncia não descreveu nenhum fato típico previsto no dispositivo legal que descreve o crime imputado ao paciente. Descreveu o fato apontado pela fiscalização como suficiente para provocar a perda da imunidade, mas esse fato não corresponde a nenhuma das condutas descritas na Lei nº 8.137/90 como integrantes dos tipos penais. Entretanto, não se pode excluir a possibilidade de uma conduta configuradora desses tipos penais ser também capaz de ensejar a perda da imunidade tributária. A tese que colocamos, então, terá maior relevo.

Sustentamos a impossibilidade de configuração de um crime de supressão ou redução de tributo em face de um fato que esteja sendo considerado como causa para a perda da imunidade tributária. Mesmo que esse fato consista em uma das condutas descritas no tipo definido como supressão ou redução de tributo.

O fato imputado aos dirigentes da instituição imune, se for verdadeira a imputação e se o fato realmente tiver o significado jurídico tributário pretendido pelo fisco, produzirá como consequência a perda da imunidade. Em outras palavras, se admitirmos que o fisco tem inteira razão na ação fiscal promovida contra a instituição imune, a consequência jurídica daquele fato terá sido a de tornar existente o tributo que não existiria, vale dizer, não seria devido, em razão da imunidade tributária. E se o fisco não tiver razão, seja porque o fato não ocorreu, seja porque tendo ocorrido não tenha o significado jurídico pretendido por seus agentes, a instituição continuará com direito à imunidade tributária.

Logo, o fato imputado aos dirigentes da instituição titular de imunidade tributária não pode ter implicado supressão ou redução de tributo devido. Sem a ocorrência daquele fato, subsistiria a imunidade. O tributo não seria devido. A ocorrência do fato, portanto, teve o efeito de tornar devido um tributo, e não o efeito de suprimir ou de reduzir um tributo.

Ressalte-se que não se está discutindo a imputação. Não se está pondo em dúvida a ocorrência do fato, nem o seu significado jurídico tributário. O que se está discutindo é simplesmente o seu significado jurídico penal. O crime de que se cuida consubstancia-se pela supressão ou pela redução de tributo devido. A conduta capaz de realizar o tipo penal, no caso, é aquela conduta que suprime, ou que reduz um tributo. Pressupõe a existência de um tributo devido, que teria de ser pago se não ocorresse o fato imputado ao acusado. E, no caso de dirigente de uma instituição imune, esse pressuposto não comparece. Do fato imputado não decorre nem a supressão, nem a redução de tributo, mas, muito pelo contrário, do fato imputado ao acusado resulta, se verdadeira a imputação, que um tributo se tornou devido.

Assim, as denúncias por crime contra a ordem tributária oferecidas contra dirigentes de instituição titular de imunidade tributária devem ser rejeitadas, nos termos do art. 395, inciso I, do Código de Processo Penal, e, se recebidas, os réus devem ser absolvidos, com fundamento em seu art. 386, inciso III.

2.4 Elemento subjetivo

O elemento subjetivo no crime de supressão ou redução de tributo, definido pelo art. 1º e seus incisos da Lei nº 8.137/90, é o dolo específico, vale dizer, a vontade do agente dirigida para o evento supressão ou redução do tributo.

A vontade do agente há de ser consciente. O dolo somente se configura se houver a denominada consciência da ilicitude. Assim, se o agente adota um determinado comportamento que poderia, em princípio, ser considerado uma conduta meio para a configuração do crime em questão, mas não tem a consciência de que está cometendo o crime, não estará configurado o tipo, à míngua do elemento subjetivo que é essencial. Da mesma forma, se o agente entende que não é devido o tributo em determinada situação que assume, embora esteja equivocado, se tem a convicção de não estar suprimindo tributo devido, o crime não se consuma à míngua do elemento subjetivo, vale dizer, por estar ausente o dolo.

A propósito do dolo como elemento subjetivo necessário à configuração do crime de supressão e redução de tributo, é importante a distinção que se há de estabelecer entre a redução ou supressão do tributo que se opera por meios lícitos, ou que o agente supõe serem lícitos, e aquela supressão ou redução de tributo que se opera por meios fraudulentos, em relação aos quais o dolo específico é demonstrado pela manipulação de elementos fáticos.

Em outras palavras, podemos afirmar que o erro na compreensão da lei tributária tem decisiva importância na tipificação do crime contra a ordem tributária. Sobre o tema já escrevemos, e com apoio no entendimento do Chefe do Ministério Público Federal, acolhido pela jurisprudência do Supremo Tribunal Federal já sustentamos que:

> "mesmo quando o contribuinte, ao interpretar a lei tributária, incorre em erro quanto a ser ou não ser devido o tributo, em determinado caso, ou quanto ao valor deste, porque se engana quanto à base de cálculo, ou à alíquota, o que se tem configurado, em qualquer destes casos, é o *erro de tipo*, que exclui o dolo, e assim a configuração do crime, que não existe na modalidade culposa".[44]

Embora sustente, a nosso ver sem razão, que a consciência da ilicitude não faz parte do elemento subjetivo do tipo, Andreas Eisele assevera:

> "Diversa é a situação, quando o sujeito omite (em sua contabilidade e nas informações prestadas ao Fisco) operação que caracteriza fato imponível tributário e, mediante este artifício, suprime o tributo correspondente, pensando que a hipótese não gerou a obrigação tributária respectiva, motivo pelo qual entendia que não tinha o dever de declarar a ocorrência do fato, assim como não havia tributo a recolher (art. 1º, I e II, da Lei nº 8.137/90).
>
> Nesse caso, devido à incorreta interpretação da legislação tributária, o sujeito entendeu estar ausente, em seu comportamento, a elementar do tipo 'tributo'.
>
> Portanto, agiu incidindo em erro de tipo, o que exclui o dolo de seu comportamento, devido à ausência da consciência da presença (na situação de fato) de uma das elementares do tipo (no caso, o tributo).
>
> Na hipótese (erro de tipo), o dolo é excluído do comportamento do agente, não obstante este tenha realizado intencionalmente a conduta (omissão de informações) e alcançado o resultado pretendido (não

---

[44] Hugo de Brito Machado, A Fraude como Elemento Essencial do Tipo nos Crimes contra a Ordem Tributária, em *Estudos de Direito Penal Tributário*, Atlas, São Paulo, 2002, p. 54.

pagamento do valor correspondente), porque o sujeito não possuía a consciência da situação fática no contexto da qual atuou."[45]

Pensamos que em todos os casos nos quais a conduta do contribuinte seja guiada pela consciência que tem de não estar violando a lei tributária, ainda que sua consciência resulte de erro na interpretação desta, haverá erro de proibição e, consequentemente, não se configurar o crime, contra a ordem tributária à míngua do elemento subjetivo.

E não poderia mesmo ser de outro modo. Se o erro na compreensão da lei tributária pudesse configurar crime, estaria inteiramente destruído todo o Direito Tributário. A rigor, na prática, o tributo não seria devido nos termos da lei, mas nos termos da compreensão oficial desta pelas autoridades da Fazenda. Toda e qualquer dúvida do contribuinte sobre o significado da lei tributária teria de ser submetida à autoridade e o entendimento desta teria de ser adotado, sem o que o contribuinte estaria correndo o risco de ser afinal condenado por Crime contra a Ordem Tributária.

Em definitivo, portanto, os crimes contra a ordem tributária somente se configuram com a presença do dolo. Em matéria de Direito Penal, a punição somente ocorre a título de dolo. Os crimes, em regra, são dolosos. O crime culposo é exceção. Por isto mesmo, só existe quando previsto em norma específica. Assim, assevera Decomain, com inteira razão:

> "Não havendo no texto da Lei nº 8.137/90 qualquer regra que preveja modalidade culposa de algum dos crimes contra a ordem tributária nela enumerados, tem-se que os mesmos apenas admitem a modalidade dolosa.
> É preciso, portanto, a consciência e vontade de realizar alguma das condutas previstas nos artigos 1º a 3º da lei, para que a ação típica seja punível."[46]

Realmente, nos crimes contra a ordem tributária o elemento subjetivo é sempre o dolo. Neste sentido, Eisele afirma, com inteira razão:

> "Como os crimes contra a ordem tributária apenas podem ser praticados na forma dolosa, a presença de situação configuradora de erro de tipo no comportamento do agente afasta a tipicidade da conduta."[47]

---

[45] Andreas Eisele, *Crimes Contra a Ordem Tributária*, 2ª edição, Dialética, São Paulo, 2002, p. 64.
[46] Pedro Roberto Decomain, *Crimes Contra a Ordem Tributária*, 2ª edição, Obra Jurídica, Florianópolis, 1995, p. 25.
[47] Andreas Eisele, *Crimes Contra a Ordem Tributária*, 2ª edição, Dialética, São Paulo, 2002, p. 65.

É a lição autorizada de Hector Villegas:

> "Do ponto de vista subjetivo, a fraude fiscal requer o propósito deliberado de ocasionar a evasão total ou parcial de tributo efetivamente devido. Diz Giuliani Fonrouge que nela subjaz a intenção de lesar, supondo a realização de um ato voluntário, ou a ocultação (omissão) de qualquer circunstância de relevância fiscal, com a finalidade deliberada de subtrair, total ou parcialmente, uma obrigação fiscal.
> [...]
> Vale dizer, o engano vinculado à evasão do gravame só se harmoniza à fraude tributária se o autor revela intenção de fraudar. Essa intenção pressupõe que conheça este, de maneira positiva, os fatos e as circunstância estruturais do ardil, e que a manobra empregada seja contrária à verdade. Em consequência, se o aparente expediente lesivo se deve, na realidade, a um erro de fato ou de direito, o dolo fica excluído e a conduta não é punível."[48]

2.5 Sujeitos do crime

Sujeito do crime de supressão ou redução de tributo pode ser qualquer pessoa física ou natural. Diz-se qualquer pessoa porque nenhuma qualificação se faz necessária. Nem mesmo a de sujeito passivo de relação tributária; embora quase sempre o agente seja contribuinte, essa qualificação não lhe é indispensável porque pode agir no interesse de outrem.

Esse parece ser o entendimento de Decomain, para quem o sujeito ativo do crime em questão

> "será, via de regra, o contribuinte que, empreendendo a fraude ou omitindo simplesmente a emissão de documento fiscal ou o fornecimento de informações ao fisco, obtém com isso supressão ou redução de tributo".[49]

Embora o agente do crime seja geralmente o sujeito passivo da obrigação tributária, tal condição não é essencial. O sujeito passivo da obrigação tributária pode ser uma pessoa jurídica e esta jamais é autora de crime. Autor

---

[48] Hector Villegas, *Direito Penal Tributário*, tradução de Elisabeth Nazar e outros, Resenha Tributária, São Paulo, 1984, p. 153-154.

[49] Pedro Roberto Decomain, *Crimes Contra a Ordem Tributária*, 2ª edição, Obra Jurídica, Florianópolis, 1995, p. 48.

do crime será a pessoa física ou natural que age em seu nome. Pode ocorrer também que uma pessoa natural seja o sujeito passivo de determinado tributo, mas o agente do crime que se consubstancia com a supressão deste seja outra pessoa natural.

Geralmente, são agentes desse tipo de crime as pessoas físicas ou naturais que, atuando em atividades empresariais, praticam as condutas descritas no respectivo tipo. Neste sentido, a Lei 8.137/90 estabelece:

> "Art. 11. Quem, de qualquer modo, inclusive por meio de pessoa jurídica, concorre para os crimes definidos nesta Lei, incide nas penas a estes cominadas, na medida de sua culpabilidade."

A culpabilidade, ou culpa em sentido amplo, designa o gênero. Estão abrangidos pela culpabilidade a culpa em sentido restrito e o dolo. No dispositivo legal transcrito, culpabilidade significa dolo. E o dolo só existe na conduta das pessoas físicas, ou naturais.

Assim, podemos dizer que, nos termos do dispositivo legal supratranscrito, a pessoa física ou natural que, de qualquer modo, inclusive por meio de pessoa jurídica, concorre para a supressão ou redução do tributo, praticando uma das condutas descritas em um dos incisos do art. 1º da Lei nº 8.137/90, incide nas penas nesse dispositivo cominadas, na medida do dolo com o qual tenha atuado. A participação no cometimento criminoso, no caso, há de ser dolosa. Aquele que concorre *culposamente* não pode ser sujeito passivo do crime contra a ordem tributária, que somente existe como crime doloso.

2.6 Possibilidade de configuração de organização criminosa

Pode ocorrer que o mesmo crime de supressão ou redução de tributo tenha como sujeito ativo duas ou mais pessoas. Seja nos casos de atuação no âmbito de pessoa jurídica, seja em outras situações de fato, duas ou mais pessoas podem agir com o objetivo comum de suprimir ou reduzir tributo devido por uma pessoa jurídica, ou por uma daquelas pessoas naturais.

Questão importante que se coloca nesse contexto é a de saber se, havendo sido o crime de supressão ou redução de tributo cometido por três ou mais pessoas, configura-se ou não o crime de organização criminosa, definido no art. 288 do Código Penal.

A resposta a essa questão depende do exame de cada caso concreto. O fato de haver o crime de supressão de tributo praticado por três ou mais pessoas no âmbito de uma pessoa jurídica não é suficiente para a configuração do tipo penal definido como organização criminosa. Note-se que a configuração desse tipo penal independe do cometimento de qualquer outro crime, mas depende de haver sido a associação formada com o fim específico de cometer crimes.

As pessoas que atuam no âmbito de uma pessoa jurídica regularmente constituída, que desenvolve atividade econômica normalmente, associam-se, em regra, para a prática dessa atividade econômica. O cometimento do crime de supressão ou redução de tributo pode ser um acidente naquela atividade. Quase sempre não constitui o fim para o qual se deu a associação. Não se pode, portanto, pelo simples fato de três ou mais pessoas haverem atuado no cometimento de crimes de supressão ou redução de tributos no âmbito de uma pessoa jurídica, concluir que se configurou o crime de associação criminosa.

O dolo específico cuja presença é exigida pela expressão *para o fim específico de cometer crimes*, albergada pelo art. 288 do Código Penal, há de ser demonstrado para que se possa afirmar consumado o crime de associação criminosa. Pode ocorrer que três ou mais pessoas se associem para o fim de cometerem o crime de supressão ou redução de tributo, e utilizem uma pessoa jurídica como instrumento para alcançarem seus objetivos. A atividade econômica objeto da pessoa jurídica será mero pretexto. Será absolutamente secundária ou até de fato inexistente. Na prática, são conhecidos casos de pessoas jurídicas constituídas com o fim de emitirem notas fiscais com as quais "fabricam" créditos de ICMS que são utilizados por seus "clientes" em razão do princípio da não cumulatividade desse imposto. Em tais casos, se três ou mais pessoas participam da associação, pode estar configurado o tipo do art. 288 do Código Penal. Não é isto, porém, o que geralmente acontece.

2.7 Os crimes meio absorvidos pelo crime-fim

Entre as condutas adotadas pelo agente para a realização do tipo supressão ou redução de tributo, podem ser encontradas condutas que, isoladamente consideradas, seriam aptas à configuração de tipos penais, tais como estelionato, falsificação de documento, uso de documento falso, entre muitos outros. Tais condutas, todavia, não devem ser consideradas isoladamente para fins penais. Devem ser consideradas como condutas meio, que integram o tipo penal previsto no art. 1º da Lei nº 8.137/90. Esse tipo absorve os demais que, assim, não devem ser tidos como tipos penais autônomos.

Neste sentido o Superior Tribunal de Justiça já decidiu que:

> "Cometida a conduta descrita no art. 299 do CP com a finalidade de suprimir ou reduzir tributo, fica absorvido o delito de falsidade

eventualmente perpetrado, pois praticado como meio para a consecução do crime-fim (sonegação fiscal)."[50]

Por isto mesmo temos sustentado que as ações descritas nos incisos do art. 1º, da Lei nº 8.137/90 são ações-meio, ou ações instrumentais, que compõem um só e único tipo penal, vale dizer, o tipo do crime de supressão ou redução de tributos.

3 CONSUMAÇÃO E TENTATIVA

3.1 Crime material ou de resultado

Sem prejuízo de outras classificações, os penalistas geralmente classificam os crimes em duas categorias, a saber: crimes formais, ou de mera conduta, e crimes materiais, ou de resultado.

São formais ou de mera conduta os crimes que se consumam independentemente do resultado que venha a ser, ou a não ser alcançado com a conduta típica. E são materiais, ou de resultado, aqueles crimes que somente se aperfeiçoam se e quando é alcançado determinado resultado visado com a conduta.

O crime definido no art. 1º e seus incisos da Lei nº 8.137/90 é crime *material*, ou *de resultado*, vale dizer, somente se configura se e quando é alcançado o resultado pretendido pelo agente, que é a supressão ou a redução do tributo. O núcleo do tipo penal em questão é definido pelos verbos *suprimir* e *reduzir* referidos ao tributo.

3.2 O resultado e o meio para alcançá-lo

Realmente, a supressão ou a redução do tributo constitui o resultado, que configura o tipo penal em tela desde que decorrente de uma ou de várias das ações ou omissões descritas nos diversos incisos do art. 1º da Lei nº 8.137/90.

As ações ou omissões descritas nos incisos I a V desse art. 1º são simplesmente meios necessários à realização do fim, com os quais se integra o tipo penal. Qualquer dessas ações ou omissões que não seja hábil para a

---

[50] STJ, 3ª Seção, Conflito de Competência nº 97.342-PR, rel. Ministro Jorge Mussi, julgado em 15.12.2008, *DJ* de 2.2.2009, e *Boletim Informativo Juruá*, nº 475, 1 a 15 de fevereiro de 2009, p. 15-16.

realização do fim, vale dizer, que não seja hábil para produzir a supressão ou a redução do tributo, poderá configurar um ilícito tributário, mas nenhuma delas configura por si só o tipo penal de que se cuida.

Indispensável é que sejam adequadas e tenham sido adotadas para esse fim de produzir a supressão ou a redução do tributo.

Confirmando essa ideia, Paulo José da Costa Jr. ensina:

> "Para que se configure o crime tributário não basta a mera omissão da informação, ou a realização do *falsum*. Indispensável ainda que a omissão ou a falsidade da informação visem à redução do pagamento do tributo, da contribuição social ou acessórias e a obtenham.
> [...]
> Além do dolo genérico, para que se aperfeiçoe o tipo penal em causa, necessária a presença do dolo específico. Consistirá este na vontade voltada à redução do tributo ou da contribuição social devidos, ou à eliminação completa do pagamento devido."[51]

Diríamos nós, *vontade voltada para a eliminação completa do dever jurídico de efetuar o pagamento devido*. Esse há de ser o objetivo visado pela conduta típica, para que o crime se aperfeiçoe.

Como se trata de um crime material, ou de resultado, podemos afirmar que, em princípio, no crime definido no art. 1º da Lei nº 8.137/90 é possível a tentativa. É importante, porém, que se examine essa possibilidade sem perder de vista outros dispositivos da mesma lei.

3.3 Tentativa e crime impossível

Nosso Código Penal define o crime como consumado quando nele se reúnem todos os elementos de sua definição legal.[52] E como crime tentado, quando, iniciada a execução, não se consuma por circunstâncias alheias à vontade do agente.[53] No dizer de Mirabete:

> "A tentativa é a realização incompleta do tipo penal, pois o agente pratica atos de execução, mas não ocorre a consumação por circunstâncias alheias à vontade do agente. Seus elementos são, portanto:

---

[51] Paulo José da Costa Jr., *Infrações Tributárias e Delitos Fiscais*, Saraiva, São Paulo, 1995, p. 110.
[52] Código Penal, art. 14, inciso I.
[53] Código Penal, art. 14, inciso II.

(a) ato de execução; (b) não consumação por circunstâncias alheias à vontade do agente; (c) dolo. Situa-se, assim, no *iter* criminoso, a partir da prática de um ato de execução, desde que não haja consumação por circunstâncias independentes da vontade do agente."[54]

Em princípio, portanto, seria possível a tentativa no crime de supressão ou redução do tributo, porque as denominadas condutas meio podem ser consideradas atos de execução, e o resultado eventualmente poderia não ser alcançado em virtude de uma intervenção do fisco, ou de terceiro, independente da vontade do agente.

Ocorre que algumas das condutas meio descritas nos incisos do art. 1º estão descritas no art. 2º da mesma Lei nº 8.137/90 como tipo autônomo. Assim, resolve-se o conflito aparente de normas com a aplicação do princípio da especialidade. Tem-se como consumado o crime descrito no art. 2º, em vez de se cogitar de tentativa do crime de supressão ou redução de tributo, tipificado no art. 1º da Lei nº 8.137/90.

Relevante, por outro lado, é a distinção que se há de ter presente entre a tentativa e o crime impossível. O Código Penal estabelece que "não se pune a tentativa quando, por ineficácia absoluta do meio ou por absoluta impropriedade do objeto, é impossível consumar-se o crime".

Na tentativa, o crime não se consuma *por circunstâncias alheias à vontade do agente*. Entre essas circunstâncias, todavia, não se deve admitir que estejam a *ineficácia absoluta do meio*, nem a *absoluta impropriedade do objeto*. Se a conduta meio é ineficaz para alcançar a supressão ou a redução do tributo porque a autoridade administrativa dispõe de instrumentos ordinários de ação que lhe fornecem o conhecimento do fato gerador do tributo, instrumentos que não são de nenhum modo afetados pela ação meio desenvolvida pelo agente, tem-se caracterizado o crime impossível.

É o caso, por exemplo, do servidor público que deixa de fazer sua declaração anual de Imposto de Renda, mas o lançamento do Imposto de Renda de pessoa física, mesmo assim, é plenamente viável porque a repartição correspondente informa à Fazenda os seus rendimentos. Ou, ainda, o caso da empresa que deixa de apresentar sua DCTF,[55] mas mantém todos os seus livros e documentos em condição de absoluta regularidade, à disposição do fisco. A omissão no cumprimento do dever de fazer a declaração anual pela

---

[54] Julio Fabbrini Mirabete, *Código Penal Interpretado*, Atlas, São Paulo, 2000, p. 145.

[55] DCTF. Sigla pela qual é conhecido o documento denominado *Declaração de Contribuições e Tributos Federais*.

pessoa física, ou de apresentar a DCTF pela empresa, são meios absolutamente ineficazes para alcançar o resultado indispensável à consumação do crime.

Também não haverá tentativa, e sim crime impossível, se o contribuinte pratica qualquer das ações descritas em um dos incisos do art. 1º da Lei nº 8.137/90, com o objetivo de suprimir ou reduzir uma tarifa ou preço público, ou um empréstimo compulsório, posto que em tais casos se estará diante de absoluta impropriedade do objeto. Não se terá um tributo a ser suprimido ou reduzido, mas uma receita pública de diversa natureza.

3.4 Distinção entre crime impossível e tentativa

É importante que se tenha bem clara a distinção essencial entre o crime impossível e a tentativa. No crime impossível, o resultado não é obtido em decorrência da ineficácia absoluta do meio utilizado pelo agente, ou da impropriedade absoluta do objeto. Não ocorre nenhuma interferência alheia. Já na tentativa, o resultado não se realiza em decorrência de intervenção alheia.

Assim, se o contribuinte efetua a venda de mercadorias e deixa de emitir a nota fiscal correspondente, mas a mercadoria é apreendida pela fiscalização, tem-se configurado caso típico de tentativa do crime de supressão ou redução de tributo. O resultado foi frustrado pela interferência alheia, vale dizer, a interferência da fiscalização. Entretanto, se o contribuinte, em vez de emitir nota fiscal do modelo adequado para o caso de venda a comerciante, emite nota fiscal a consumidor, ainda que assim tenha agido com a intenção de não pagar o ICMS, ter-se-á caso de crime impossível porque a nota fiscal de venda a consumidor presta-se igualmente como instrumento de controle na apuração do valor do ICMS devido no final do período.

O Tribunal de Alçada Criminal de São Paulo já decidiu:

> "No crime impossível, enquanto se desenrola a ação do agente, ela não sofre interferência alheia, ao passo que na tentativa quase sempre a ação é interrompida por injunção externa. Nesta, também, o resultado delituoso é sempre possível porque os meios empregados são, por sua natureza, idôneos, e o objeto contra o qual dirigiu sua conduta é um bem jurídico suscetível de sofrer lesão ou perigo de lesão, ao passo que, naquele, o emprego de meios ineficazes ou o ataque a objetos impróprios, isto é, a bens jurídicos que não comportam ofensa ou perigo de ofensa, inviabiliza o resultado delituoso."[56]

---

[56] Decisão citada e transcrita por Julio Fabbrini Mirabete, em *Código Penal Interpretado*, Atlas, São Paulo, 2000, p. 161.

3.5 Crime consumado

Não é fácil dizer quando o crime de supressão ou redução de tributo está na verdade consumado. Há quem sustente que a consumação ocorre no momento em que termina o prazo para o pagamento do tributo. É o entendimento de Eisele:

> "Como o crime material se consuma com a realização do resultado decorrente da conduta (materialização da hipótese fática indicada no verbo contido na descrição típica), no caso dos crimes contra a ordem tributária cujo resultado consiste em evasão tributária, o crime se consuma na data em que deve ser pago o valor correspondente ao tributo ou à contribuição social.
> Esse é o momento em que ocorre a lesão ao bem jurídico protegido, independentemente de eventual prática de atos fraudulentos anteriores, realizados com a finalidade de obtenção da evasão."[57]

Esse entendimento é coerente para os que afirmam que suprimir ou reduzir tributo significa não pagar, ou pagar menos do que o valor devido. Entretanto, se entendermos que suprimir ou reduzir tributo significa fazer desaparecer a relação jurídica obrigacional tributária que surgira com a ocorrência do respectivo fato gerador, aí já não podemos, sem incoerência, admitir que o tipo esteja consumado com o escoamento do prazo para o respectivo pagamento.

O não pagamento pode decorrer de simples omissão no cumprimento do dever de pagar, sem que tenha sido atingida a relação obrigacional. E mesmo em face de uma das condutas meio descritas nos incisos do art. 1º da Lei nº 8.137/90, e do não pagamento do tributo, pode subsistir incólume a relação obrigacional tributária. Pode ocorrer, por exemplo, que um funcionário público deixe de apresentar sua declaração anual de rendimentos de pessoa física e, em consequência de tal omissão, tenha deixado de recolher Imposto de Renda devido em face da denominada declaração anual de ajuste. Ainda assim, a relação tributária, o tributo no sentido em que esta palavra está empregada na definição do tipo penal em questão, subsiste inteiramente.

A nosso ver, no exemplo citado nem chega a se configurar o tipo penal, pois a omissão no cumprimento do dever de declarar rendimentos, no caso, é inteiramente inábil para ensejar a supressão do tributo e nesse estar-se-

---

[57] Andreas Eisele, *Crimes Contra a Ordem Tributária*, 2ª edição, Dialética, São Paulo, 2002, p. 70.

-ia diante, isto sim, do denominado crime impossível. Imaginemos, porém, situação na qual a conduta do contribuinte, descrita como ação meio para alcançar a supressão ou redução do tributo, seja hábil para excluir os meios pelos quais a autoridade lançadora toma conhecimento do fato gerador do tributo. Ainda assim, a falta de pagamento não suprime o tributo, vale dizer, não faz desaparecer a relação obrigacional tributária que pode, a qualquer momento, ser constatada pela autoridade da Administração Tributária no desempenho ordinário de suas atribuições.

A rigor, portanto, a consumação do crime em questão somente ocorre no momento em que o tributo já não pode mais ser lançado. No momento em que, pelo decurso do tempo, extinguiu-se o direito de lançar. Esse raciocínio, todavia, deixa a consumação do crime de que se cuida a depender da omissão da autoridade da Administração Tributária e por isto não nos parece razoável.

Talvez a melhor solução seja a de considerar-se consumado o crime de supressão ou redução do tributo no momento em que se aperfeiçoa o lançamento tributário no qual, como decorrência da conduta meio legalmente definida, deixa de ser incluído o valor do tributo, ou de parte dele. Em se tratando de lançamento por declaração, ou de lançamento de ofício, esse raciocínio parece razoável. Uma vez consumado o lançamento sem que no mesmo tenha sido considerada a relação obrigacional tributária que lhe emprestaria substância, que esteve escondida em razão da conduta meio realizada pelo agente, o crime estaria consumado. Entretanto, em se tratando de tributos lançados por homologação, o raciocínio somente seria válido para o caso de homologação expressa. E como na prática geralmente não ocorre homologação expressa, restaria o problema, pois a homologação tácita coincide com a decadência do direito de lançar.

Por outro lado, considerar-se consumado o crime de supressão ou redução de tributo no momento em que se perfaz o lançamento por declaração, ou de ofício, nos leva a resultado mais oneroso para o agente do que considerar-se consumado o crime na data do vencimento do tributo, como sustenta Eisele. É que o vencimento ocorre algum tempo depois do lançamento, e pode o agente desistir de seu intento, pagando o tributo integralmente. Se entendermos que o crime está consumado na data em que se perfaz o pagamento, o pagamento não excluiria o crime, mas simplesmente extinguiria sua punibilidade.

3.6 Limite entre tentativa e crime consumado

Como se vê, em se tratando do crime de supressão ou redução de tributo, é extremamente difícil estabelecer o limite entre a tentativa e o crime consumado. A primeira atitude que se há de adotar para superar essa dificuldade é a de reexaminar as definições de alguns conceitos envolvidos nessa questão, sejam conceitos de Direito Penal ou de Direito Tributário, que se tomados em seus limites por nós até agora adotados, aparentemente não nos permitem o adequado tratamento da questão. E a segunda e definitiva atitude que se há de adotar é a do reconhecimento, também aqui, da absoluta relatividade de tudo, inclusive e principalmente dos conceitos utilizados na linguagem jurídica, porque somente assim poderemos chegar a formulações razoáveis. Formulações que até poderão ser equivocadas, mas que, ao menos agora, neste estágio de nossa compreensão, poderão satisfazer nossas necessidades intelectuais.

Assim, devemos ter como consumado o crime de supressão ou redução de tributo quando concretizada a prática de condutas meios, legalmente descritas como integrantes desse tipo penal, quando tenham produzido o resultado que compõe uma das ações nucleares do tipo, a saber, a supressão ou a redução do valor objeto da relação obrigacional tributária. Em outras palavras, no momento em que essa relação tributária já não possa ser tomada pela autoridade administrativa como suporte para a constituição de crédito tributário contra o sujeito passivo correspondente.

Em regra, tal situação somente se concretiza quando esteja consumada a decadência do direito de a Fazenda Pública constituir o crédito tributário pelo lançamento. Todavia, em determinadas situações pode ocorrer que a conduta-meio praticada pelo agente seja de tal ordem que torne inteiramente impraticável o lançamento, e neste caso a consumação do tipo penal se dá independentemente do decurso do prazo decadencial.

Na verdade, não ocorre a supressão do tributo, nem a redução do valor deste, simplesmente porque o contribuinte deixou de entregar à autoridade competente uma informação, dando conta da ocorrência de fato gerador do tributo,[58] ou entregou a esta uma informação com valor inferior ao devido, especialmente se aquele contribuinte escriturou em seus livros contábeis e fiscais todos os fatos geradores dos tributos corretamente. Se o contribuinte tem estabelecimento regular, é inscrito no competente cadastro e tem escrituração regular de todos os fatos geradores de tributos dos quais é sujeito passivo, esses tributos existem e podem ser a qualquer momento conhecidos pela autoridade no exercício regular de seu dever de fiscalizar.

Em conclusão, tem-se que, se a conduta meio realizada pelo agente é capaz de subtrair do conhecimento da autoridade os fatos geradores de tri-

---

[58] Uma DCTF, por exemplo.

buto, ou de os fazer aparecer com valores reduzidos, o crime de supressão ou redução de tributo estará consumado na data em que se fizer o pagamento a menor, ou não se fizer o pagamento devido. Entretanto, se a conduta meio apenas subtrai do conhecimento da autoridade o fato gerador do tributo, ou leva ao conhecimento daquela autoridade fato gerador de tributo com valor inferior ao devido, mas não suprime desde logo a possibilidade desse conhecimento pelos meios regularmente postos à disposição daquela autoridade, o crime somente estará consumado quando se operar a decadência do direito de a Fazenda Pública constituir o crédito tributário.

4 UNICIDADE DO TIPO SUPRESSÃO OU REDUÇÃO DE TRIBUTO

4.1 Não atendimento de exigência da autoridade

O parágrafo único do art. 1º da Lei nº 8.137/90 estabelece que a falta de atendimento da exigência da autoridade, no prazo de 10 (dez) dias, que poderá ser convertido em horas em razão da maior ou menor complexidade da matéria ou da dificuldade quanto ao atendimento da exigência, caracteriza a infração prevista ao inciso V.

No inciso V, está descrita como ação meio para a supressão ou redução de tributo "negar ou deixar de fornecer, quando obrigatório, nota fiscal ou documento equivalente, relativa a venda de mercadoria ou prestação de serviço, efetivamente realizada, ou fornecê-la em desacordo com a legislação".

A questão que se coloca consiste em saber se no parágrafo único, aqui transcrito, está a definição de um tipo penal específico, ou se ali está apenas um preceito relativo ao tipo supressão ou redução de tributo.

4.2 Omissão como tipo específico

Há quem sustente que se trata de um tipo autônomo. Ítalo Farias Pontes, por exemplo, assevera:

> "Embora o parágrafo único do art. 1º, da Lei nº 8.137/90, faça referência ao inciso V do mesmo artigo, entendemos que ele define um tipo penal específico, que tem por finalidade não tutelar o patrimônio público, mas sim dar maior efetividade à atividade administrativa de fiscalização.
>
> Chegamos a essa conclusão por entendermos que o crime previsto no inciso V do art. 1º não se confunde com aquele previsto no parágrafo

único do referido artigo. Isso porque, enquanto o primeiro somente se consuma com a redução total ou parcial do tributo (crime de resultado), para o segundo isso é absolutamente irrelevante, já que se trata de crime meramente *formal*, que irá se concretizar, independentemente da existência de prejuízo ou não ao Erário, com o término do prazo legal para o atendimento da exigência formulada pela autoridade fazendária."[59]

Pedro Roberto Decomain, eminente membro do Ministério Público de Santa Catarina, manifesta-se também pela existência de um tipo penal específico no parágrafo único do art. 1º da Lei nº 8.137/90; entretanto, sem o dizer, oferece elemento seguro para contestação de sua tese. Depois de afirmar que o referido dispositivo legal define um crime formal, que se configura ainda que afinal se apure a inexistência de débito tributário, assevera:

> "Tal entendimento é uma decorrência natural do bem jurídico tutelado com as condutas omissivas retratadas no parágrafo. Aqui não se cuida diretamente de defesa do crédito tributário (que pode, inobstante, ser acautelado, e provavelmente o será, na maioria das hipóteses), mas sim de preservar a dignidade da administração pública e o respeito às ordens legais emanadas de seus agentes.
> Por todas essas razões, seria bem melhor que, em lugar de constar de um parágrafo, o crime em questão figurasse em artigo distinto da lei, mais claramente formulado e com raiz no crime de desobediência, de redação tão cristalina e sucinta."[60]

Como se vê, Decomain adota uma posição no plano da política, preconizando uma norma melhor formulada para configurar um crime específico de desobediência. Ocorre que o legislador assim não fez. E não se pode desprezar a norma que existe, fincando a interpretação desta em norma que se imagina como melhor solução para o caso.

Schubert de Farias Machado assevera, com inteira propriedade, que o dispositivo legal em questão:

> "não pode ser considerado em separado do inciso V, que, por sua vez, não pode ser separado do *caput* do art. 1º, da Lei nº 8.137/90. Na verdade, somente se configura o crime em tela

---

[59] Ítalo Farias Pontes, Sanções Penais Tributárias, em *Sanções Penais Tributárias*, livro de nossa coordenação, Dialética/ICET, São Paulo/Fortaleza, 2005, p. 455.

[60] Pedro Roberto Decomain, *Crimes Contra a Ordem Tributária*, 2ª edição, Obra Jurídica, Florianópolis, 1995, p. 79.

com a efetiva supressão ou redução de tributo devido. A negativa de fornecimento só pode ser considerada para efeitos jurídicos penais quando funcionar como instrumento suficiente e necessário para a prática do crime de redução ou supressão de tributo, e somente nessa medida".[61]

Juary G. Silva, embora sem se reportar especificamente ao parágrafo único, alude ao assunto em lição atinente às hipóteses de omissões e nos leva à mesma conclusão, afirmando:

"Nos casos do art. 1º da Lei nº 8.137/90 a omissão do tipo penal não comparece de per si, porém necessariamente conjugada ao inadimplemento da obrigação tributária, que a Lei chama, atecnicamente, de 'suprimir ou reduzir tributo ou contribuição social e qualquer acessório.' Faz mister, por conseguinte, que a omissão, a que se refere a fatispécie penal, seja relevante para conduzir ao inadimplemento da obrigação tributária, pois se esta é inadimplida em si própria, sem o recurso à omissão de informação, de operação ou de fornecimento de nota fiscal etc., permanece-se no domínio indiferente para o Direito Penal Tributário. Disso deflui que para a caracterização desses crimes faz-se necessário precisar, à luz do Direito Tributário, que espécie de informação, operação etc., terá sido omitida, a fim de aferir a sua conexão com o inadimplemento de obrigação tributária."[62]

Entendemos, também, que a norma do parágrafo único do art. 1º da Lei nº 8.137/90 não define um tipo penal específico. Sobre o assunto já escrevemos:

"Em face do disposto no art. 1º, inciso V, e parágrafo único, da Lei nº 8.137/90, tem-se que, realizada uma operação de venda, ou uma prestação de serviço, e não emitido o documento correspondente, pode a autoridade da administração tributária, ao tomar conhecimento do fato, intimar o responsável pela mesma para que emita ou forneça o documento no prazo indicado, ou no prazo de 10 dias se outro não for concedido.

É que a não emissão do documento em questão geralmente implica a ausência de registro da operação, ou da prestação, nos livros fiscais correspondentes. Assim, em vez de simplesmente questionar-se a ocorrência da supressão, ou redução do tributo, resultado que na

---

[61] Schubert de Farias Machado, Sanções Penais Tributárias, em *Sanções Penais Tributárias*, livro de nossa coordenação, Dialética/ICET, São Paulo/Fortaleza, 2005, p. 588.

[62] Juary C Silva, *Elementos de Direito Penal Tributário*, Saraiva, São Paulo, 1998, p. 118.

hipótese seria de difícil comprovação, a autoridade da administração tributária tem a faculdade de notificar o responsável pela omissão, e o não atendimento então poderá configurar o crime, independentemente daquele resultado final lesivo à Fazenda Pública.

Evidentemente poderá o notificado, em face da notificação, esclarecer que fez o registro, e fez constar o fato de seus registros fiscais para a competente apuração do imposto devido. Ou demonstrar que a operação, ou prestação, efetivamente não ocorreu. Ou prestar, enfim, informação que a desobrigue de emitir o questionado documento. Assim, se prestados esclarecimentos satisfatórios, no sentido de demonstrar que não ocorreu, nem vai ocorrer, o resultado supressão ou redução do tributo, a autoridade dará por encerrada a questão.

De todo modo, não se poderá ter como consumada a conduta descrita no inciso V, do art. 1º, sem uma prova inequívoca do descumprimento da obrigação tributária acessória de emitir nota fiscal ou documento equivalente. E o crime contra a ordem tributária, daí resultante, somente estará configurado se (a) comprovado o resultado supressão ou redução do tributo ou então (b) se feita a notificação do responsável, pela autoridade, não forem prestados esclarecimentos satisfatórios, no sentido de elidir a presunção, que então se estabelece, de ter havido aquela supressão ou redução do tributo."[63]

É possível também que, em face do estabelecido pelo parágrafo único do art. 1º da Lei nº 8.137/90, tenha-se como consumado o crime de supressão ou redução de tributo em cujo tipo esteja a conduta meio descrita no inciso V do citado artigo, no momento em que se esgota o prazo estabelecido pela autoridade para o atendimento da exigência consubstanciada naquele dispositivo, vale dizer, para o fornecimento da nota fiscal ou documento equivalente, relativa a venda de mercadorias ou prestação de serviços.

Realmente, em face da natureza e do alcance da omissão descrita no inciso V e da possibilidade de se ter, na prática, situação em que a omissão é apenas aparente porque na verdade a nota fiscal já fora emitida, o parágrafo único apenas estabelece providência sem a qual não se pode considerar consumada a conduta meio do tipo supressão ou redução de tributo. Se o agente, notificado pela autoridade a atender a exigência legal em tela, não o faz no prazo estipulado para esse fim, não superior a dez dias, restará então consumado o crime.

---

[63] Hugo de Brito Machado, Sanções Penais Tributárias, em *Sanções Penais Tributárias*, de nossa coordenação, Dialética/ICET, São Paulo/Fortaleza, 2005, p. 396.

É razoável entender que em tal caso deve-se considerar consumado o crime porque não haverá mais elemento material do qual se possa valer a autoridade para lançar o tributo correspondente à operação de venda de mercadorias ou de prestação de serviços. O fato tributável fica desde logo e em definitivo excluído do conhecimento da autoridade competente para lançar o tributo.

4.3 Objeto jurídico protegido

Como se vê da manifestação de Ítalo Farias Pontes, a consideração de tratar-se de um tipo penal específico repousa na ideia de que o objeto jurídico protegido nos crimes contra a ordem tributária seria o patrimônio público, ou, em outras palavras, o crédito tributário. Na verdade, porém, não é assim, como já procuramos demonstrar. O objeto jurídico protegido nesses crimes é a ordem tributária, o poder de tributar em sua conformação ampla e genérica e não cada uma das relações jurídicas obrigacionais que ensejam a constituição do crédito tributário relativo a cada um dos tributos isoladamente considerados.

O que há de específico na norma do parágrafo único do art. 1º da Lei nº 8.137/90 é tão somente a definição do momento no qual se tem como consumado o crime de supressão ou redução do tributo integrado pela conduta-meio descrita no inciso V do mesmo art. 1º. Na verdade, a não emissão da nota fiscal ou documento equivalente, relativa à venda de mercadorias ou prestação de serviços, pode ser a única forma de exteriorização do fato venda, ou prestação de serviços, vale dizer, do fato gerador da relação obrigacional tributária. Assim, a não emissão da nota fiscal (inciso V), omissão que é confirmada pelo não atendimento da exigência feita pela autoridade (parágrafo único), implica ocultação definitiva e irreversível desse elemento fático, sem o qual não se poderá afirmar a existência da relação obrigacional tributária. Em outras palavras, tal omissão somada à recusa de atendimento da exigência da autoridade administrativa torna inquestionável a supressão do tributo, e assim consumado o tipo penal de que se cuida.

5 AÇÃO PENAL E PENAS

5.1 Ação penal

A ação penal nos crimes contra a ordem tributária previstos na Lei nº 8.137/90 é pública incondicionada. Entretanto, isto não quer dizer que o

Ministério Público possa promovê-la antes de encerrado o processo administrativo de lançamento tributário.

Dizer que a ação penal é pública incondicionada quer dizer que o Ministério Público pode promover a ação desde que disponha de elementos capazes de ensejar o convencimento da ocorrência do crime, e de indícios da respectiva autoria. Mas na configuração do tipo penal em questão existem elementos normativos, entre os quais o elemento essencial, vale dizer, o objeto da supressão ou da redução, que é o tributo. E esse elemento normativo não se pode considerar presente sem que a autoridade administrativa competente para fazer o respectivo lançamento se tenha manifestado a esse respeito.[64]

Em outras palavras, a propositura da ação penal por crimes contra a ordem tributária depende do prévio exaurimento da via administrativa, conforme já afirmado pelo Supremo Tribunal Federal, em diversos julgados, entre eles o HC 77.002-8, do Rio de Janeiro, no qual o Ministro Sepúlveda Pertence proferiu voto-vista em que analisa com profundidade a questão da exigência de prévio esgotamento da via administrativa, que qualifica como uma condição objetiva de punibilidade, tese atualmente consagrada na Súmula Vinculante 24/STF.

Seja como for, certo é que constitui verdadeiro absurdo admitir a propositura de ação penal por crime contra a ordem tributária em que tenha sido encerrado o processo administrativo no qual esteja posta a questão de saber se ocorreu, ou não, a supressão ou a redução de tributo devido, posto que se trata de um elemento normativo do tipo penal sem o qual esse tipo não se pode aperfeiçoar. Essa é a tese que temos sustentado já faz algum tempo e que vamos examinar, em síntese, a seguir.

5.2 Prévio exaurimento da via administrativa

O papel fundamental da doutrina jurídica consiste em explicar o sentido e o alcance das normas, com o especial propósito de construir a harmonia, superando suas antinomias, e na formulação de qualquer proposição doutrinária tendente a superar antinomias, o jurista não pode esquecer a supremacia da Constituição, a dizer que as demais normas do sistema são inferiores.

---

[64] Por desatenção a esse elemento normativo do tipo, ou por desconhecer a distinção entre erro de tipo e erro de proibição, Agapito Machado, ilustre Juiz Federal no Ceará e Professor de Direito Penal na Universidade de Fortaleza, refuta essa tese e critica o Supremo Tribunal Federal por adotá-la. (Sonegação fiscal no Brasil, em *Diário do Nordeste*, Fortaleza, Ceará, 16 de janeiro de 2006, p. 2).

Dotadas, assim, de menor força normativa, que "se manifesta justamente na incapacidade de estabelecer uma regulamentação que esteja em oposição à regulamentação de uma norma hierarquicamente superior".[65]

O que temos procurado é uma formulação capaz de evitar incoerências e de fazer efetiva a supremacia constitucional. Formulação que afinal foi acolhida pelo Supremo Tribunal Federal, cuja jurisprudência firmou-se já no sentido de não ser admissível a ação penal por crime contra a ordem tributária sem o prévio exaurimento da via administrativa.

Na verdade não se trata de uma questão processual apenas, posto que envolve aspectos essenciais de Direito Penal relacionados à tipicidade e também de Direito Constitucional, relacionados à efetividade das garantias constitucionais.

Seja como for, desde logo fica esclarecido que a definição do *tributo devido*, como elemento normativo do tipo no crime de supressão ou redução de tributo, é tarefa da autoridade da Administração Tributária competente para o respectivo lançamento. Assim, se a autoridade administrativa competente afirma não ser devido o tributo cuja supressão ou redução é imputada ao agente, não se terá configurado o crime em questão. Este nosso ponto de vista tem sido acolhido pela doutrina, como se vê na afirmação de que "o tributo precisa ser devido para que seja possível haver o resultado prescrito pela lei penal tributária (tipo jurídico-fiscal influi no tipo jurídico penal). Não se fala em crime se a administração pública considerar inexistente a obrigação tributária".[66]

Neste sentido, aliás, manifestou-se já Supremo Tribunal Federal.[67]

Questão relevante é a de saber se a conclusão do processo administrativo fiscal convalida, ou não, ação penal que tenha sido oferecida anteriormente. O Supremo Tribunal Federal chegou a ter entendimento oscilante sobre o assunto. Havia decisões concedendo *habeas corpus* para trancamento de ação penal promovida antes da constituição definitiva do crédito tributá-

---

[65] Norberto Bobbio, *Teoria do Ordenamento Jurídico*, 4ª edição, Editora Universidade de Brasília, Brasília-DF, 1994, p. 93.

[66] Fernando Aurelio Zilveti, A Constituição do Crédito Tributário como Pressuposto da Ação nos Crimes contra a Ordem Tributária, em *Direito Tributário Atual*, coordenação de Alcides Jorge Costa, Luís Eduardo Schoueri e Paulo Celso Bergstrom Bonilha, Instituto Brasileiro de Direito Tributário/Dialética, São Paulo, 2003, p. 180.

[67] *Habeas Corpus* nº 81.611-8 – DF, rel. Ministro Sepúlveda Pertence, julgado em 10.12.2003, *DJU* I de 13.5.2005.

rio.[68] Entretanto, já decidiu também pela denegação do *habeas corpus*, em situação aparentemente idêntica.[69] Seu entendimento, contudo, terminou por consolidar-se no sentido da invalidade da ação penal iniciada antes do exaurimento da via administrativa de controle da legalidade do lançamento, a teor do que dispõe a Súmula Vinculante 24,[70] posteriormente reiterada quando do julgamento da ADI 4.980.

Pelo exame das decisões do Supremo Tribunal Federal, o que não se pode deixar de reconhecer é que a criminalização do ilícito tributário revelou-se inconveniente pela enorme quantidade de conflitos que tem acarretado sobrecarregando significativamente os órgãos do Poder Judiciário, inclusive o próprio Supremo Tribunal Federal. Um desses conflitos reside na questão da necessidade de prévio exaurimento da via administrativa, que a seguir vamos examinar.

5.3 Questão pré-judicial

Temos sustentado há muito tempo que não se pode admitir ação penal por crime de supressão ou redução de tributo antes do lançamento definitivo, vale dizer, antes da decisão definitiva da Administração Tributária a respeito da questão de saber se ocorreu, ou não, uma supressão de tributo devido. Mesmo que não se entenda tratar-se de uma questão prejudicial, é indiscutível que se trata de uma questão relativa à efetividade das garantias constitucionais, pois não é razoável admitir-se a imputação a alguém do crime de supressão de tributo sem que a autoridade competente tenha afirmado a existência de tributo devido. Com a edição da Súmula vinculante nº 24, o Supremo Tribunal Federal afirmou que:

> "Não se tipifica crime material contra a ordem tributária, previsto no art. 1º, incisos I a IV, da Lei nº 8.137/90, antes do lançamento definitivo do tributo."

Tal enunciado nos parece consolidar o entendimento segundo o qual a manifestação da autoridade administrativa lançadora é necessária para que se possa considerar presente o elemento normativo do tipo, vale dizer, o tributo ou a penalidade pecuniária.

---

[68] STF, 2ª Turma, HC 84.345-0, rel. Min. Joaquim Barbosa, julgado em 21.2.2006, *DJ* de 24.3.2006; 2ª Turma, HC 87.353-7 – ES, rel. Min. Gilmar Mendes, julgado em 7.11.2006, *DJ* de 19.12.2006.

[69] STF, 1ª Turma, HC 85.616-1 – AM, rel. Min. Ricardo Lewandowski, julgado em 24.10.2006.

[70] "Não se tipifica crime material contra a ordem tributária, previsto no art. 1º, incisos I a IV, da Lei nº 8.137/90, antes do lançamento definitivo do tributo."

Coloca-se, então, a questão de saber se pode ter curso a ação penal antes do julgamento da questão pelo juízo cível. Em outras palavras, coloca-se a questão de saber se, antes de decidida definitivamente se ocorreu ou não uma supressão ou redução de tributo como fato inerente à relação tributária, já é possível a ação penal na qual esse mesmo fato constitui o crime imputado ao réu, vale dizer, esse mesmo fato integra o tipo penal respectivo.

A nosso ver, a resposta há de ser negativa, não obstante a impropriedade das normas albergadas pela lei ordinária que trata do assunto. Preferimos a interpretação que respeita a unidade do sistema jurídico e a supremacia constitucional, diretrizes que nos conduzem ao entendimento segundo o qual a decisão, no juízo cível, da questão tributária é uma questão pré-judicial cujo deslinde é indispensável para que se possa saber se ocorreu, ou não, o fato típico. É possível, sim, a propositura da ação penal, mas o respectivo processo deve ser suspenso até que definitivamente julgada a questão posta no juízo cível.

5.4 Competência da Justiça e do Ministério Público

A jurisdição, como poder do Estado de aplicar a lei ao caso concreto, é una, mas em face de circunstâncias de ordem prática esse poder é repartido e não atribuídas a diversos órgãos do Estado parcelas desse poder. Diz-se então que a competência é a medida e o limite da jurisdição, dentro dos quais o órgão estatal a exerce.

A Constituição Federal de 1988 estabelece divisões da jurisdição, conhecidas como jurisdições especiais. E divide também a denominada jurisdição comum. Daí por que, depois de se reportar às jurisdições especiais, Fernando Capez esclarece:

> "Ao lado dessas jurisdições especiais (típicas ou não), a Constituição prevê a jurisdição comum estadual ou federal:
> a) à *justiça federal* (art. 109, IV) compete processar e julgar os crimes políticos e as infrações penais praticadas em detrimento de bens, serviços ou interesses da União ou de suas entidades autárquicas ou empresas públicas, excluídas as contravenções penais de qualquer natureza (que sempre serão da competência da justiça estadual, nos exatos termos da Súmula 38 do STJ: compete à Justiça Estadual Comum, na vigência da Constituição de 1988, o processo por contravenção penal, ainda que praticada em detrimento de bens, serviços ou interesses da União ou de suas entidades);

b) à *justiça comum estadual* compete tudo o que não for de competência das jurisdições especiais e federal (competência residual)."[71]

Em regra, o crime de supressão ou redução de tributo atinge ao mesmo tempo impostos federais e estaduais ou municipais. A não emissão de uma nota fiscal relativa a venda de mercadorias, por exemplo, pode implicar supressão de tributos federais e estadual.[72] A não emissão de uma nota fiscal relativa a uma prestação de serviços pode implicar supressão de tributos federais e municipal.[73] Assim, coloca-se desde logo a questão de saber se é competente para a respectiva ação penal a Justiça Federal ou a Justiça dos Estados. E se é competente para a propositura da ação o Ministério Público Federal ou o Ministério Público Estadual.

Compete à Justiça Federal o processo e o julgamento dos que praticam crimes em detrimento de bens, serviços ou interesses da União.[74] Se do fato em apreciação – falsificação ou uso de notas fiscais falsas, por exemplo – decorreu a supressão do ICMS, e também de tributos federais, induvidosa é a competência da Justiça Federal, como induvidosa é a absoluta incompetência da Justiça do Estado, para o respectivo processo e julgamento. E como a competência do Ministério Público é praticamente uma decorrência, tem-se que a competência para a propositura da ação nesses casos é do Ministério Público Federal.

O fato de ter havido também, em decorrência do mesmo fato, detrimento para o Estado, com a supressão ou redução de um imposto de sua competência, vale dizer, o ICMS, não faz competente a Justiça Estadual. Nem o Ministério Público Estadual. A presença do possível detrimento a interesses da União desloca, indiscutivelmente, para a Justiça Federal, a competência para o correspondente processo e julgamento. E para o Ministério Público Federal a competência para a propositura da ação penal correspondente. Assim tem entendido a jurisprudência.

---

[71] Fernando Capez, *Curso de Processo Penal*, 12ª edição, Saraiva, São Paulo, 2005, p. 189.

[72] A não emissão de uma nota fiscal relativa a venda de mercadorias geralmente implica o não registro dessa venda e consequentemente o não pagamento das contribuições PIS/PASEP e COFINS, do Imposto de Renda e da CSLL e em certos casos também do IPI (tributos federais) e do ICMS (imposto estadual).

[73] A não emissão de uma nota fiscal relativa a prestação de serviços geralmente implica o não registro dessa prestação e consequentemente o não pagamento das contribuições PIS/PASEP e COFINS, do Imposto de Renda e da CSLL (tributos federais) e do ISS (imposto municipal).

[74] Constituição Federal de 1988, art. 109, inciso IV.

Da competência da Justiça Estadual será tão-somente o processo e o julgamento de autor de crime previsto na Lei nº 8.137/90, se desse crime tiver decorrido a supressão, ou a redução, apenas de tributo estadual, ou municipal. Processo que há de ter início por ação promovida pelo Ministério Público Estadual.

Na prática, todavia, o critério que tem prevalecido é simplesmente o da constatação do fato pelo fisco federal ou pelo fisco estadual ou municipal. Se o fato é constatado pelo fisco federal, a notícia do crime enviada ao Ministério Público Federal e o processo penal é instaurado na Justiça Federal, não há problema, porque a competência é mesmo da Justiça Federal e do Ministério Público Federal, ainda quando tenha havido supressão ou redução também de impostos estadual ou municipal. Entretanto, quando o fato é constatado pelo fisco estadual e por isto a ação penal é promovida pelo Ministério Público Estadual, perante a Justiça Estadual, tem-se caso de incompetência que certamente vicia os atos processuais.

Realmente, na prática, a competência do Ministério Público e do Poder Judiciário tem sido definida por critério empírico indiscutivelmente insustentável.

Outra questão relacionada à competência para a propositura e julgamento da ação penal é a territorial. Como os órgãos com atribuição para o processo e julgamento da ação penal, tanto os federais como os estaduais, são organizados com divisões em razão do lugar, suscita-se a questão de saber qual é o órgão titular da competência para o processo e julgamento em se tratando do crime de supressão ou redução de tributo. É que pode ocorrer que a conduta-meio ocorra em uma localidade e o resultado, vale dizer, a supressão ou redução do tributo, reste consumada em outra.

Apreciando conflitos de competência que em geral surgiram em razão de haver sido a ação-meio praticada em um lugar e a supressão do tributo ocorrer em outro, firmou-se a jurisprudência do Superior Tribunal de Justiça no sentido de que em se tratando de crime material, a competência em razão do local, nos termos do art. 70 do Código de Processo Penal é do órgão jurisdicional do lugar em que se consuma o prejuízo para o fisco, vale dizer, no local em que se verificou o prejuízo provocado pelo crime (STJ, 3ª Seção, Conflito de Competência 97.342-PR, rel. Ministro Jorge Mussi, julgado em 15.12.2009, *DJ* de 2.2.2009 e Boletim IOB de Jurisprudência nº 475, 1º a 15.2.2009, p. 16).

O local onde se consuma o prejuízo para o fisco certamente é aquele onde o tributo que restou suprimido, ou reduzido, deveria ser pago. Aos órgãos com jurisdição nesse local compete, pois, o processo e julgamento da ação penal.

5.5 As penas

5.5.1 Cominação legal e individualização

Para o crime de supressão ou redução de tributos, previsto no art. 1º da Lei nº 8.137/90, essa lei comina pena de reclusão de 2 (dois) a 5 (cinco) anos e multa. Note-se que a cominação é cumulativa: reclusão e multa. Penas em cuja fixação deve ser observado o disposto no Código Penal, como assevera Costa Jr., que ensina:

> "Deverá o magistrado, ao fixar a pena, nortear-se pelos critérios ofertados pelo art. 59 do Código Penal: culpabilidade, antecedentes, conduta social e personalidade do agente, motivos, circunstâncias e consequências do crime. O valor da multa será atualizado, pelos índices de correção monetária, ao ser paga (art. 49, § 2º, do CP).
> Não sendo obtida pelo agente a vantagem desejada, consistente na redução ou na supressão do tributo ou da contribuição social, iniciada uma qualquer das trajetórias criminosas previstas nos cinco incisos, a pena será reduzida de um a dois terços (CP, art. 14, parágrafo único). Os crimes descritos no artigo sob comento são materiais, exigindo para sua realização o evento típico, representado pela supressão ou redução do encargo tributário a ser pago."[75]

A lei comina, como se vê, as penas de reclusão e multa, cumulativamente. Ao juiz cabe, em cada caso, a individualização da pena a ser aplicada ao réu. Tanto no que concerne à pena de reclusão, como no que concerne à pena de multa, dispõe o juiz de larga margem para a determinação da pena no caso concreto. Essa importante atividade do juiz não é simplesmente arbitrária. Ensina Ariel Dotti:

> "A tarefa judiciária da fixação da pena é regulada por princípios e regras de natureza constitucional (art. 5º, XLVI) e legal (CP, arts. 59 e s. e CPP, art. 387), que obrigam a individualização da medida concreta, devidamente fundamentada (CF, art. 93, IX). O art. 59 do CP estabelece um roteiro para a fixação da pena que tem um caráter de discricionariedade que não se confunde com a arbitrariedade. Enquanto a primeira é vinculada às determinações legais a segunda é expressão da vontade individual do autor do ato."[76]

---

[75] Paulo José da Costa Jr., *Infrações Tributárias e Delitos Fiscais*, Saraiva, São Paulo, 1995, p. 121.

[76] René Ariel Dotti, *Curso de Direito Penal*: parte geral, 2ª edição, Forense, Rio de Janeiro, 2004, p. 512.

A individualização da pena, todavia, não é inteiramente discricionária. Assim é que Ariel Dotti divide essa individualização em duas partes, a saber, a legal e a judicial. E doutrina, com propriedade:

> "A *individualização legal* é a estabelecida pela própria lei penal quando prevê as circunstâncias agravantes e atenuantes (CP arts. 61 a 66) e as causas especiais de aumento ou diminuição de pena. Estas últimas se situam ora na Parte Geral, ora na Parte Especial do CP."
> [...]
> O fato punível poderá indicar circunstâncias agravantes e atenuantes. Havendo esse tipo de concurso, a pena aplicável deverá se aproximar do limite indicado pelas circunstâncias preponderantes. Entendem-se como tais as que resultam dos motivos determinantes do crime, da personalidade do agente e da reincidência. Esta é a regra do art. 67 do CP.
> Entre uma circunstância subjetiva favorável ao acusado e a objetiva em sentido contrário, deve prevalecer a primeira (STF, HC nº 56.806, em *DJU* de 18.5.1979). A circunstância da menoridade prepondera sobre as demais (STF, HC nº 66.605, em *DJU* de 21.4.1989, p. 5.855; *RT* 642/348)."

Como se vê, a lei estabelece critérios que influem na individualização da pena, e estes são vinculantes para o magistrado, que não os pode desconsiderar. Por isto se pode dizer que nessa parte a atividade deste está mais próxima da atividade *vinculada* do que da atividade *discricionária*. Assim é porque a individualização feita pelo juiz poderá, sempre, ser revista pelo tribunal, o que seria inadmissível se se tratasse de atividade discricionária.

5.5.2 Circunstâncias agravantes especiais

Além das circunstâncias que nos termos da Parte Geral do Código Penal influem na individualização da pena, a Lei nº 8.137/90 estabelece agravantes específicos para os crimes nela previstos, entre os quais o de supressão ou redução de tributo:

> "I – ocasionar grave dano à coletividade;
> II – ser o crime cometido por servidor público no exercício de suas funções;
> III – ser o crime praticado em relação à prestação de serviços ou ao comércio de bens essenciais à vida ou à saúde".[77]

---

[77] Lei nº 8.137/90, art. 12.

Tais circunstâncias devem ser, portanto, consideradas em cada caso concreto, na individualização das penas aplicadas ao autor do crime de supressão ou redução de tributo.

5.5.3 Tentativa e crime consumado

A lei estabelece como regra que à tentativa aplica-se a pena cominada para o crime consumado, diminuída de um a dois terços.[78] Assim, se o agente pratica uma ou mais de uma das ações meio descritas nos incisos I a V, do art. 1º, da Lei nº 8.137/90, mas afinal não se consuma a supressão ou a redução do tributo, tem-se a tentativa e não o crime consumado.

Note-se que a mesma lei define como tipo penal autônomo ações que podem ser tidas como ações meio para a configuração do crime de supressão ou redução de tributo. Trata-se do crime de inadimplemento de obrigação tributária acessória, cujo tipo penal é definido no art. 2º, inciso I, da Lei nº 8.137/90, cujo estudo é objeto do capítulo II, desta terceira parte deste livro.

Se a conduta do agente configura o crime de inadimplemento de obrigação tributária acessória, não se poderá cogitar de tentativa do crime de supressão ou redução de tributo. Chega-se a esta conclusão diante do princípio da especialidade. Configurado um tipo penal, não se há de considerar a conduta como elemento de outro tipo que não se consumou. Assim, se alguém tem o dever de emitir nota fiscal em virtude de uma operação de venda e emite essa nota com fraude, registrando nela valor inferior ao preço efetivamente praticado, mas o fato é constatado pela fiscalização que lança e cobra a diferença dos tributos correspondentes, não se pode considerar que ocorreu o crime de supressão ou redução de tributo. Nem como crime consumado, nem como crime apenas tentado. Estará presente, isto sim, o crime de inadimplemento de obrigação acessória, previsto no art. 2º, inciso I, da Lei nº 8.137/90. À configuração deste, porém, é indispensável o dolo, vale dizer, a vontade consciente do agente de eximir-se, total ou parcialmente, do pagamento de tributo.

5.5.4 Tentativa e crime impossível

Diz a lei que "não se pune a tentativa quando, por ineficácia absoluta do meio ou por absoluta impropriedade do objeto, é impossível consumar-se o

---

[78] Código Penal, art. 14, parágrafo único.

crime".[79] Assim, para que o inadimplemento da obrigação tributária acessória seja punível é mister que seja um meio hábil para produzir a supressão ou a redução de tributo.

Nos casos em que a conduta não seja punível como tentativa por absoluta ineficácia do meio, ou por impropriedade absoluta do objeto, não será razoável considerá-la punível como crime de inadimplemento de obrigação tributária acessória, pois não se poderá afirmar presente o dolo. É a lição de Paulo José da Costa Jr., em comentário ao art. 2º, inciso I, da Lei nº 8.137/90:

> "Anote-se, entretanto: a falsidade ou a omissão só disporão de relevo penal quando forem feitas para que o contribuinte venha a eximir-se, total ou parcialmente, do pagamento do tributo.
>
> O elemento subjetivo do crime é o dolo genérico, consistente na intenção não coarctada e consciente de fazer uma declaração falsa, de omitir declaração sobre rendas, bens ou fatos, ou empregar qualquer outro meio fraudulento. Afora o dolo genérico, a norma exige a presença do dolo específico: a intenção transcendente de eximir-se, mercê da conduta fraudulenta, total ou parcialmente, do pagamento de tributo."[80]

5.5.5 Fixação da pena de multa

Ao cuidar do crime de supressão de tributo, a lei comina a pena de multa sem indicação do valor desta. É que na sistemática atualmente adotada pela lei penal o valor da multa não é indicado no dispositivo específico que a comina. Neste, basta a referência à multa, sem indicação de seu quantitativo.

Nos termos do art. 49 do Código Penal, a multa é estabelecida em dias-multa. É no mínimo de 10 (dez) e o máximo de 360 (trezentos e sessenta) dias-multa. O valor do dia-multa será fixado pelo juiz, não podendo ser inferior a um trigésimo do salário-mínimo mensal vigente ao tempo da prática do crime, nem superior a cinco vezes esse salário.[81]

Tanto na fixação do valor do dia-multa, como na fixação da quantidade de dias-multa, o juiz deve ter em vista as mesmas normas que dirigem sua atividade na fixação da pena privativa de liberdade. E mais, deve o juiz considerar as normas específicas albergadas pelo art. 60 e seu parágrafo primeiro,

---

[79] Código Penal, art. 17.

[80] Paulo José da Costa Jr., *Infrações Tributárias e Delitos Fiscais*, Saraiva, São Paulo, 1995, p. 124.

[81] Código Penal, art. 49, § 1º.

do Código Penal, que preconizam: (a) a especial consideração da condição econômica do réu, e (b) a possibilidade de ser aumentado o seu valor até o triplo, se o juiz entender que em face da condição econômica do réu é ineficaz, embora aplicada no valor máximo.

5.5.6 As penas substitutivas

Nossa lei penal admite a substituição das penas privativas de liberdade por outras formas de sanção penal, previstas em caráter geral e não especificamente para cada tipo de crime. São as penas alternativas, ou substitutivas, sobre as quais doutrina Mirabete:

> "Diante da falência da pena privativa de liberdade, que não atende aos anseios de ressocialização do condenado, a tendência moderna é procurar substitutivos penais para essa sanção, ao menos no que se relaciona com os crimes menos graves e aos criminosos cujo encarceramento não é aconselhável. No Brasil, vingaram tais ideias e a Lei nº 7.209/84 inseriu no Código Penal, ainda que timidamente, o sistema de penas alternativas, (ou substitutivas) da pena privativa de liberdade, denominadas penas restritivas de direitos, classificadas no art. 43 como prestação de serviços à comunidade, interdições temporárias de direitos e limitação de fim de semana. A Lei nº 9.714, de 25-11-98, porém, além de transformar a primeira em prestação de serviços à comunidade ou a entidades públicas, acrescentou a elas as penas de prestação pecuniária e de perda de bens e valores e aumentou extraordinariamente sua incidência (art. 44)."[82]

As condições para a substituição da pena privativa de liberdade estão fixadas no art. 44 do Código Penal, nestes termos:

> "Art. 44. As penas restritivas de direitos são autônomas e substituem as privativas de liberdade, quando:
> I – aplicada pena privativa de liberdade não superior a 4 (quatro) anos e o crime não for cometido com violência ou grave ameaça à pessoa ou, qualquer que seja a pena aplicada, se o crime for culposo;
> II – o réu não for reincidente em crime doloso;

---

[82] Julio Fabbrini Mirabete, *Código Penal Interpretado*, Atlas, São Paulo, 2000, p. 286.

III – a culpabilidade, os antecedentes, a conduta social e a personalidade do condenado, bem como os motivos e as circunstâncias indicarem que essa substituição seja suficiente.

§ 1º (Vetado)

§ 2º Na condenação igual ou inferior a 1 (um) ano, a substituição pode ser feita por multa ou por uma pena restritiva de direitos; se superior a 1 (um) ano, a pena privativa de liberdade pode ser substituída por uma pena restritiva de direitos e multa ou por duas restritivas de direitos.

§ 3º Se o condenado for reincidente, o juiz poderá aplicar a substituição, desde que, em face da condenação anterior, a medida seja socialmente recomendável e a reincidência não se tenha operado em virtude da prática do mesmo crime.

§ 4º A pena restritiva de direitos converte-se em privativa de liberdade quando ocorrer o descumprimento injustificado da restrição imposta. No cálculo da pena privativa de liberdade a executar será deduzido o tempo cumprido da pena restritiva de direitos, respeitado o saldo mínimo de 30 (trinta) dias de detenção ou reclusão.

§ 5º Sobrevindo condenação a pena privativa de liberdade, por outro crime, o juiz da execução penal decidirá sobre a conversão, podendo deixar de aplicá-la se for possível ao condenado cumprir a pena substitutiva anterior."

Ressalte-se que a substituição da pena privativa de liberdade por pena alternativa não é uma faculdade. "Reconhecendo o juiz estarem presentes os pressupostos objetivos e subjetivos é obrigatória a substituição."[83]

5.6 Extinção da punibilidade pelo pagamento

5.6.1 *Instabilidade legislativa*

A questão da extinção da punibilidade pelo pagamento, nos crimes contra a ordem tributária, é com certeza o ponto onde se tem revelado maior instabilidade em toda a temática do Direito Penal Tributário.

Essa instabilidade legislativa explica-se pela disputa entre duas correntes de pensamento jurídico penal em nosso País. Uma, a sustentar que a pena há de ter sempre um fundamento ético, e que admitir a extinção da punibilidade

---

[83] Julio Fabbrini Mirabete, *Código Penal Interpretado*, Atlas, São Paulo, 2000, p. 289.

pelo pagamento dos tributos devidos seria criar um inadmissível privilégio em favor dos abastados, os quais poderiam sempre escapar da punição e diante dessa possibilidade apostariam na hipótese de não serem apanhados. A outra, a sustentar o caráter utilitarista da pena, que teria por finalidade coagir o contribuinte ao pagamento.

Como resultado disso temos tido verdadeira instabilidade legislativa, com alterações que se sucedem, prevalecendo ora uma ora outra dessas duas correntes de pensamento.

A Lei nº 4.729, de 14 de julho de 1965, que instituiu o crime de sonegação fiscal, disse extinguir-se a punibilidade "quando o agente promover o recolhimento do tributo devido, antes de ter início, na esfera administrativa, a ação fiscal própria".[84]

O que na verdade extinguia a punibilidade, então, era a denúncia espontânea da infração, que extingue a responsabilidade pela infração, nos termos do art. 138 do Código Tributário Nacional. Havia perfeita coerência entre essas disposições legais. O art. 2º, da Lei nº 4.729/65, atribuía ao pagamento do tributo o efeito de extinguir a punibilidade, porque em se tratando de denúncia espontânea da infração não se podia cogitar de penalidades administrativas. O pagamento do qual se cogitava era do tributo, simplesmente.

Iniciada a ação fiscal, o pagamento do tributo já não era mais possível sem as penalidades administrativas, porque não extinguia a responsabilidade pela infração. Podia dar-se o pagamento do tributo acrescido de multa, podendo ocorrer a redução desta, em percentual maior se feito no prazo para a reclamação, ou menor, se feito no prazo para o recurso administrativo. Por outro lado, iniciada a ação fiscal, o pagamento já não extinguia a punibilidade, no âmbito criminal, embora pudesse ser considerado uma forma de arrependimento, da qual decorreria a redução da pena.

O Decreto-lei nº 157, de 10 de fevereiro de 1967, estabeleceu que o pagamento, mesmo depois de iniciada a ação fiscal, extinguia a punibilidade. Mas o pagamento do tributo acrescido das multas devidas.

Neste caso, desde que ainda não julgado o respectivo processo, nem seria necessário o pagamento. Bastava o depósito, desde que o débito fosse pago depois da decisão de primeira instância, e obviamente com renúncia ao recurso administrativo.

---

[84] Art. 2º Extingue-se a punibilidade dos crimes previstos nesta Lei quando o agente promover o recolhimento do tributo devido, antes de ter início, na esfera administrativa, a ação fiscal própria.

Além disso, o referido Decreto-lei estendeu para crimes não previstos na Lei nº 4.729, a causa extintiva da punibilidade.[85] Assim, o pagamento passou a extinguir a punibilidade também nos crimes de contrabando ou descaminho.

A Lei nº 6.910, 27 de maio de 1981, restringiu o alcance do pagamento como causa de extinção da punibilidade, que passou então a não abranger os crimes de contrabando ou descaminho.[86]

Em relação ao crime de contrabando tal providência restritiva tinha inteiro cabimento, pois, como se sabe, nesse crime não se cogita da sonegação do imposto, mas da violação de norma proibitiva de importação, ou de exportação.

A Lei nº 8.137, de 27 de dezembro de 1990, definiu os crimes contra a ordem tributária, em seus arts. 1º a 3º, e estabeleceu:

> " Art. 14. Extingue-se a punibilidade dos crimes definidos nos arts. 1º a 3º quando o agente promover o pagamento do tributo ou contribuição social, inclusive acessórios, antes do recebimento da denúncia".

Também aqui tinha-se a extinção da punibilidade mediante a reparação integral dos prejuízos decorrentes do cometimento delituoso, antes do recebimento da denúncia. Estava de certa forma preservado o direito do contribuinte ao acertamento administrativo da relação tributária.

---

[85] O Decreto-lei nº 157, de 10 de fevereiro de 1967, estabelece:

"Art. 18. Nos casos de que trata a Lei nº 4.729, de 14 de julho de 1965, também se extinguirá a punibilidade dos crimes nela previstos se, mesmo iniciada a ação fiscal, o agente promover o recolhimento dos tributos e multas devidos, de acordo com as disposições do Decreto-lei nº 62, de 21 de novembro de 1966, ou deste Decreto-lei, ou, não estando julgado o respectivo processo, depositar, nos prazos fixados, na repartição competente, em dinheiro ou em Obrigações Reajustáveis do Tesouro Nacional, as importâncias nele consideradas devidas, para liquidação do débito após o julgamento da autoridade de primeira instância.

§ 1º O contribuinte que requerer, até quinze de março de 1967, à repartição competente retificação de sua situação tributária, antes do início da ação fiscal, indicando as faltas cometidas, ficará isento de responsabilidade pelo crime de sonegação fiscal, em relação às faltas indicadas, sem prejuízo do pagamento dos tributos e multas que venham a ser considerados devidos.

§ 2º Extingue-se a punibilidade quando a imputação penal de natureza diversa da Lei nº 4.729, de 14 de julho de 1965, decorra de ter o agente elidido o pagamento de tributo, desde que ainda não tenha sido iniciada a ação penal, se o montante do tributo e multas for pago ou depositado na forma deste artigo."

[86] A Lei nº 6.910/81 estabeleceu:

"Art. 1º O disposto no art. 2º da Lei nº 4.729, de 14 de julho de 1965, e no art. 18, § 2º, do Decreto-lei nº 157, de 10 de fevereiro de 1967, não se aplica aos crimes de contrabando ou descaminho, em suas modalidades próprias ou equiparadas nos termos dos §§ 1º e 2º do art. 334 do Código Penal."

Esse dispositivo albergava razoável, se não a melhor solução legislativa, posto que evitava o constrangimento do sujeito passivo da relação tributária preservando o direito deste ao questionamento administrativo, e preservava também os interesses do fisco, garantindo o recebimento integral do crédito tributário que a Administração a final tivesse como efetivamente devido. Mesmo assim teve existência breve, vigorando apenas até o final de 1991.

Com efeito, a Lei nº 8.383, de 30 de dezembro de 1991, em seu art. 98, revogou expressamente o art. 2º, da Lei nº 4.729/65 e o art. 14, da Lei nº 8.137/90.

Era a implantação do denominado terrorismo fiscal.

Não demorou, porém, e voltou a prevalecer o bom-senso do legislador, que no art. 3º, da Lei nº 8.696, de 26.8.93, restabeleceu o pagamento do tributo como causa de extinção da punibilidade. O mesmo bom-senso, porém, não esteve presente no Executivo, que terminou vetando o dispositivo inovador.

Realmente, o art. 3º da Lei nº 8.696, de 26 de agosto de 1993, estabeleceu:

> "Extingue-se a punibilidade dos crimes previstos nos arts. 1º a 3º da Lei nº 8.137, de 27 de dezembro de 1990, quando o agente promover o pagamento do tributo ou contribuição social, com seus acessórios, antes do encerramento do procedimento administrativo."

Esse dispositivo, porém, foi vetado pelo Presidente da República, por razões assim expostas:

> "Razões do veto
> O dispositivo, tal como redigido, importará na extinção da punibilidade de agentes dolosos, cujo procedimento caracterizaria os crimes enumerados nos arts. 1º a 3º da Lei nº 8.137, de 27 de dezembro de 1990, uma vez que a ação fiscal e a representação criminal são simultâneas. Quer isto dizer que, no momento em que instaura o processo administrativo, o agente fiscal deve também, configurado o crime, promover a denúncia ao Ministério Público para instauração do processo criminal.
> Consequência da simultaneidade do início dos procedimentos é a possibilidade de o contribuinte, antes do término do processo administrativo – mas mesmo após a ocorrência de condenação criminal – efetuar o recolhimento dos tributos e encargos e alcançar a impunidade.
> É de ser relevado que, referindo-se o art. 3º da lei citada a crimes praticados por servidor público, a extinção da punibilidade, pelo pagamento do tributo, colocaria os ganhos ilícitos provenientes da corrupção funcional, a salvo de qualquer penalização.

A norma ora vetada alcança, na verdade, é o contribuinte cuja má-fé ficou caracterizada. E isto é evidentemente, contrário ao interesse público, por contravir diretamente o princípio da moralidade administrativa.

Ademais, observo que a Lei nº 8.137 admitia a extinção da punibilidade no caso de o agente promover a satisfação das obrigações tributárias antes do recebimento da denúncia criminal. Essa disposição (art. 14), foi revogada pela Lei nº 8.383, de 30 de dezembro de 1991.

A norma ora vetada, entretanto, permitiria a extinção da punibilidade mesmo após a aplicação da pena, desde que o processo tributário administrativo pode prolongar-se além do processo criminal, e o pagamento feito na instância administrativa teria efeito absolutório.

Não obstante, reconheço que, a par da natureza pedagógica das normas penais, principalmente no campo fiscal, razões ocorrem pelas quais devem ser procurados procedimentos que não desestimulem o arrependimento eficaz, mediante a satisfação espontânea na via administrativa, das obrigações tributárias. Já determinei, portanto, a realização de estudos que permitam ao Poder Executivo propor ao Congresso Nacional projeto de lei consubstanciado normas que acautelem o interesse e a moralidade da Administração e, ao mesmo tempo, contemplem adequadamente os interesses e a situação do contribuinte em falta.

Estas, Senhor Presidente, as razões que me levaram a vetar em parte o projeto em causa, as quais ora submete à elevada apreciação dos Senhores Membros do Congresso Nacional."[87]

Preconizava, como se vê, o Chefe do Poder Executivo, o terrorismo fiscal, com a utilização da ameaça de ação penal como forma de intimidação, que certamente acreditava capaz de resolver o problema da sonegação fiscal. A ação penal teria de ser promovida simultaneamente com a ação fiscal, e sendo assim não se poderia admitir a extinção da punibilidade depois de proposta a ação penal.

Pouco mais de dois anos depois, todavia, voltava a prevalecer o bom-senso, e mais uma vez colocava o legislador o pagamento do tributo como causa extintiva da punibilidade.

Com efeito, a Lei nº 9.249, de 26.12.95, em seu art. 34 restabelece a extinção da punibilidade pelo pagamento, assim:

---

[87] IOB Urgente, anexo ao Bol. 35/93 – Extra; *Revista de Direito Administrativo*, nº 193, jul./set. 1993, p. 418-419.

"Art. 34. Extingue-se a punibilidade dos crimes definidos na Lei nº 8.137, de 27 de dezembro de 1990, e na Lei nº 4.729, de 14 de julho de 1965, quando o agente promover o pagamento do tributo ou contribuição social, inclusive acessórios, antes do recebimento da denúncia."

O pagamento tornou-se, então, extintivo da punibilidade desde que efetuado antes do recebimento da denúncia. E como esta somente pode ser oferecida depois de encerrado o processo administrativo, tem-se que o dispositivo legal em referência é bem melhor, do ponto de vista de política legislativa, do que o anterior, que exigia fosse o pagamento efetuado antes do encerramento do processo administrativo.

Em maio de 2003 veio a lume a Lei nº 10.684, que estabelece:

"Art. 9º É suspensa a pretensão punitiva do Estado, referente aos crimes previstos nos arts. 1º e 2º da Lei nº 8.137, de 27.12.90, e nos arts. 168-A e 337-A do Dec.-lei nº 2.848, de 7.12.40 – Código Penal, durante o período em que a pessoa jurídica relacionada com o agente dos aludidos estiver incluída no regime de parcelamento.
§ 1º A prescrição criminal não corre durante o período de suspensão da pretensão punitiva.
§ 2º Extingue-se a punibilidade dos crimes referidos neste artigo quando a pessoa jurídica relacionada com o agente efetuar o pagamento integral dos débitos oriundos de tributos e contribuições sociais, inclusive acessórios".

Antes do advento desse dispositivo legal o Supremo Tribunal Federal já admitia que o pagamento, mesmo depois do recebimento da denúncia, operava a extinção da punibilidade. Não era pacífico o entendimento, mas ensejou o deferimento de *habeas corpus* para o trancamento de ação penal.[88]

Depois da Lei nº 10.684/03 o assunto pacificou-se. É digna de nota, porém, a manifestação do Ministro Sepúlveda Pertence, que antes ficara vencido e resolveu acompanhar o relator, assinalando, porém, que a nova lei tornou escancaradamente clara que a repressão penal nos "crimes contra a ordem tributária" é apenas uma forma reforçada de execução fiscal. Essa tese ficou bem evidente no entendimento de alguns magistrados que, em face da denúncia mandavam dar ciência desta ao acusado para, querendo, pagar e obter a extinção da punibilidade.

---

[88] STF, HC 81.929-0, Relator originário: Min. Sepúlveda Pertence. Relator para o acórdão: Ministro César Peluso, julgado em 16.9.2003. *DJU* de 27.2.2004, p. 27 e *RDDT* nº 103, abril de 2004, p. 227-228.

Quando se imaginava pacificado o assunto, a Lei nº 12.382, de 25 de fevereiro de 2011, veio com novos dispositivos que poderão suscitar controvérsias. Em seu art. 6º alterou a redação do art. 83, da Lei nº 9.430, de 27 de dezembro de 1996, inserindo no mesmo cinco parágrafos, com a renumeração do parágrafo único. O *caput* desse art. 83 já tivera sua redação alterada pela Lei nº 12.350, de 20 de dezembro de 2010. Temos, então, os dispositivos legais em referência estabelecendo:

"Art. 83. A representação fiscal para fins penais relativa aos crimes contra a ordem tributária previstos nos arts. 1º e 2º, da Lei nº 8.137, de 27 de dezembro de 1990, e aos crimes contra a Previdência Social, previstos nos arts. 168-A e 337-A do Decreto-lei nº 2.848, de 7 de dezembro de 1940 (Código Penal), será encaminhada ao Ministério Público depois de proferida a decisão final na esfera administrativa, sobre a exigência fiscal do crédito tributário correspondente.

§ 1º Na hipótese de concessão de parcelamento do crédito tributário, a representação fiscal para fins penais somente será encaminhada ao Ministério Público após a exclusão da pessoa física ou jurídica do parcelamento.

§ 2º É suspensa a pretensão punitiva do Estado referente aos crimes previstos no *caput*, durante o período em que a pessoa física ou a pessoa jurídica relacionada com o agente dos aludidos crimes estiver incluída no parcelamento, desde que o pedido de parcelamento tenha sido formalizado antes do recebimento da denúncia criminal.

§ 3º A prescrição criminal não corre durante o período de suspensão da pretensão punitiva.

§ 4º Extingue-se a punibilidade dos crimes referidos no *caput* quando a pessoa física ou a pessoa jurídica relacionada com o agente efetuar o pagamento integral dos débitos oriundos de tributos, inclusive acessórios, que tiverem sido objeto de concessão de parcelamento.

§ 5º O disposto nos §§ 1º a 4º não se aplica nas hipóteses de vedação legal de parcelamento.

§ 6º As disposições contidas no *caput* do art. 34 da Lei nº 9.249, de 26 de dezembro de 1995, aplicam-se aos processos administrativos e aos inquéritos e processos em curso, desde que não recebida a denúncia pelo juiz".

Considerando-se que a regra do § 6º, que antes da Lei nº 12.350/2010 estava no parágrafo único, já havia sido alterado no sentido de se admitir a extinção da punibilidade pelo pagamento feito a qualquer tempo, agora será suscitada a questão de saber se o fato de haver sido expressamente mantida deve ser entendido como uma reedição e, assim, voltaríamos à situação na qual o pagamento somente extinguiria a punibilidade se feito antes do recebimento da denúncia. Essa e outras questões certamente serão suscitadas. Vejamos qual será o entendimento jurisprudencial, especialmente do Supremo Tribunal Federal, que reiterou, julgando a ADI 4.980, a constitucionalidade do art. 83 da Lei nº 9.430/1996, ratificando a tese da necessidade do prévio exaurimento da via administrativa, sem, contudo, manifestar-se explicitamente sobre a questão do pagamento como forma de extinção da punibilidade, indicando estar mantida a compreensão anterior, decorrente da Lei nº 10.684/2003.

5.6.2 Pagamento como forma irrestrita de extinção da punibilidade

Alguns ainda supõem que o pagamento do tributo somente extingue a punibilidade se feito antes do recebimento da denúncia. Não é assim. O Supremo Tribunal Federal já fixou sua jurisprudência no sentido de que o efeito extintivo da punibilidade opera-se pelo pagamento, seja qual for o momento em que este seja efetuado. Mesmo depois da sentença penal condenatória.

A Lei 10.684, de 30 de maio de 2003, estabelece:

> "Art. 9º É suspensa a pretensão punitiva do Estado, referente aos crimes previstos nos arts. 1º e 2º da Lei nº 8.137, de 27 de dezembro de 1990, e nos arts. 168-A e 337-A do Decreto-lei 2.848, de 7 de dezembro de 1940 – Código Penal, durante o período em que a pessoa jurídica relacionada com o agente dos aludidos crimes estiver incluída no regime de parcelamento.
> § 1º A prescrição criminal não corre durante o período de suspensão da pretensão punitiva.
> § 2º Extingue-se a punibilidade dos crimes referidos neste artigo quando a pessoa jurídica relacionada com o agente efetuar o pagamento integral dos débitos oriundos de tributos e contribuições sociais, inclusive acessórios."

Houve quem sustentasse que esses dispositivos seriam aplicáveis somente nas situações específicas neles referidas. Não seriam aplicáveis aos pagamentos de tributo feitos sem o parcelamento de que trata a referida lei, nem a qualquer outro caso. O Supremo Tribunal Federal, todavia, já firmou o entendimento segundo o qual o disposto legal em questão tem aplicação ampla, inclusive em relação aos crimes contra a previdência social.[89]

---

[89] STF – HC 81.929-0/RJ, *DJU* I de 27.2.2004, p. 27 e *RDDT* nº 103, p. 227-228.

Há também quem sustente que o art. 9º da Lei nº 10.684/2003 reporta-se apenas às hipóteses nas quais "a pessoa jurídica relacionada com o agente efetuar o pagamento integral dos débitos". Assim, não seria tal dispositivo aplicável aos casos nos quais o agente do crime é um contribuinte pessoa física. Essa restrição, embora tenha fundamento no elemento literal, nos parece inteiramente absurda.

5.6.3 Conversão do depósito em renda

Nem seria necessário fazer referência à conversão de depósito em renda como forma de extinção da punibilidade nos crimes contra a ordem tributária. Mesmo assim, diante de tantas e tão absurdas propostas de interpretação fundadas exclusivamente no elemento literal, consideramos conveniente afirmar que a conversão de depósito em renda é, sim, uma forma de extinção da punibilidade, nos crimes contra a ordem tributária, porque é absolutamente equivalente ao pagamento, posto que tem o mesmo efeito extintivo da obrigação tributária.

Aliás, não poderia ser de outra forma. Quem depositou para garantia do juízo agiu de forma mais favorável à Fazenda Pública. Nada justificaria, portanto, fosse tratado de forma mais severa do que aquele que por qualquer razão, porque não havia depositado, pagou o tributo.

5.6.4 Outras causas de extinção do crédito tributário

Conforme já tivemos oportunidade de demonstrar,[90] não é apenas o pagamento que extingue a punibilidade nos crimes contra a ordem tributária, mas a extinção do crédito tributário ao qual se liga a conduta criminosa.

É que tanto a interpretação extensiva, como a integração analógica não podem ser utilizadas em matéria penal contra o acusado, mas podem ser utilizadas sim, a seu favor. E por outro lado, seria um absurdo admitir-se que a extinção da punibilidade se opera pelo pagamento e não se opera pela compensação, pela conversão do depósito em renda ou pela dação em pagamento, por exemplo.

---

[90] Hugo de Brito Machado, Extinção do Crédito e Extinção da Punibilidade nos Crimes contra a Ordem Tributária, em *Revista Dialética de Direito Tributário*, Dialética, São Paulo, fevereiro de 2007, p. 65-82.

5.6.5 Possível inconstitucionalidade da criminalização do ilícito tributário

Conforme demonstramos nos itens precedentes (5.6.2 a 5.6.4) a extinção do crédito tributário extingue a punibilidade do crime que tem como resultado o não pagamento do tributo. É certo que entre as formas de extinção do crédito tributário estão algumas que não consistem propriamente na satisfação desse crédito, como a decadência, por exemplo. Entretanto, excluídas as que estão ligadas à indevida omissão do Estado arrecadador, ou ao agir do Estado legislador, essas causas de extinção da punibilidade consubstanciam formas de satisfação do crédito tributário. Por isso podemos dizer que a criminalização das condutas tendentes à não satisfação do crédito têm por objetivo compelir o contribuinte à satisfação desse crédito.

Assim, se a criminalização do ilícito tributário pode ser considerada uma forma de compelir o contribuinte à satisfação do crédito, podemos dizer que ela termina sendo o que temos denominado sanção política, que significa um constrangimento imposto ao contribuinte para obrigá-lo a satisfazer o crédito tributário, quando o meio coercitivo para esse fim é a execução fiscal. E sendo assim, poder-se-ia afirmar a inconstitucionalidade da lei que estabelece essa criminalização.

Preferimos, todavia, considerar que o tipo penal só está configurado quando a conduta do infrator seja indiscutivelmente fraudulenta. Preferimos sustentar que a fraude é elemento do tipo penal de que se cuida. E assim sendo, concluímos que a criminalização não é inconstitucional, porque a fraude em questão pode eliminar os meios materiais de que necessita a Fazenda Pública para lançar e cobrar o tributo. Essa criminalização, portanto, não é simplesmente uma forma de compelir o contribuinte à satisfação do crédito tributário, que substituiria a execução fiscal. A criminalização inibe a conduta do contribuinte que, mediante fraude, retiraria da Administração Tributária as condições materiais de que necessita para constituir o crédito tributário.

2

INADIMPLEMENTO FRAUDULENTO DE OBRIGAÇÃO ACESSÓRIA

1 CONCEITO E OBJETO JURÍDICO

1.1 Conceito

O inadimplemento fraudulento de obrigação acessória é um crime contra a ordem tributária cujo conceito se extrai do art. 2º, inciso I, da Lei nº 8.137, de 27 de dezembro de 1990. Essa lei define em seu art. 1º o crime de supressão ou redução de tributos e em seguida estabelece:

> "Art. 2º Constitui crime da mesma natureza:
> I – fazer declaração falsa ou omitir declaração sobre rendas, bens ou fatos, ou empregar outra fraude, para eximir-se, total ou parcialmente, de pagamento de tributo."

O núcleo do tipo é composto por uma das três condutas descritas na definição legal do tipo, a saber: *fazer declaração falsa, omitir declaração* e *empregar outra fraude*. Essas condutas dizem respeito a fato relevante do ponto de vista tributário, vale dizer, fato que participa na formação da relação obrigacional tributária. Afasta-se, portanto, a possibilidade de configuração do tipo penal se na situação à qual dizem respeito as referidas condutas não existe tributo devido, posto que a elas é inerente a vontade de eximir-se, total ou parcialmente, de pagamento de tributo.

A doutrina não tem dado nome a esse crime. Há quem afirme tratar-se de *sonegação fiscal*, apontando identidade entre esse tipo, descrito no art. 2º, inciso I, da Lei nº 8.137/90, e o tipo descrito no art. 1º, da Lei nº 4.729/65, denominado *crime de sonegação fiscal*. Neste sentido é a lição de Eisele:

"O tipo veiculado pelo art. 2º, I, descreve hipótese fática que corresponde à anteriormente prevista no art. 1º da Lei nº 4.729/65 (ou seja, abrange o mesmo conteúdo material, embora possua estrutura formal diversa).

Porém, seu âmbito de incidência é mais abrangente, porque enquanto a lei anterior previa exaustivamente as hipóteses nas quais os atos fraudulentos que visassem à evasão tributária configuravam sonegação fiscal, o art. 2º, I, indica a mesma situação fática de modo genérico, abrangendo, dessa forma, outras situações não previstas na legislação anterior, pela inclusão de uma cláusula genérica (após a indicação exemplificativa das hipóteses similares) que permite a utilização do recurso denominado interpretação analógica para a conformação do conteúdo do tipo.

Como ocorreu mera redefinição formal do tipo (modificação da estrutura linguística da descrição da hipótese, sem alteração de seu conteúdo), a norma decorrente de seu substrato material não foi alterada.

Dessa forma, o conceito penal de sonegação fiscal (nos estritos moldes definidos pela Lei nº 4.729/65) deve ser aplicado ao crime tipificado no art. 2º, I, da Lei nº 8.137/90, cujo fato típico configura elementar do tipo descrito no art. 1º, *caput*, da mesma lei, porque o art. 2º, I, é um tipo subsidiário do art. 1º, *caput*, eis que este abrange aquele.

Logo, a sonegação fiscal é um meio pelo qual pode ser praticada a evasão tributária mediante fraude.

O tipo é subsidiário em relação ao previsto no art. 1º, *caput*, porque descreve de forma autônoma uma conduta que pode caracterizar fase de execução deste fato típico (o que configura sua forma tentada).

Portanto, se o sujeito realizar uma conduta que consista na tentativa da prática do fato tipificado no art. 1º, *caput*, a tipicidade será estabelecida em relação à descrição veiculada pelo art. 2º, II, solucionando-se o concurso aparente de leis pela aplicação do critério da subsidiariedade."[1]

O caráter subsidiário do tipo penal descrito no art. 2º, em relação ao tipo penal descrito no art. 1º, da Lei nº 8.137/90, tem sido reconhecido pelo jurisprudência. Neste sentido o Tribunal Regional Federal da 4ª Região já decidiu:

"Apelação criminal. Crimes contra a ordem tributária. Subsidiariedade do delito do art. 2º da Lei nº 8.137/90 em relação ao do art. 1º.

---

[1] Andreas Eisele, *Crimes Contra a Ordem Tributária*, 2ª edição, Dialética, São Paulo, 2002, p. 169.

A omissão de informação às autoridades fazendárias, com a finalidade de eximir, total ou parcialmente, o pagamento de tributo, pode caracterizar, em princípio, tanto o delito capitulado no art. 1º, da Lei nº 8.137/90, quanto a infração penal prevista no art. 2º, I, do mesmo diploma legal. A distinção far-se-á, unicamente, em razão da existência do resultado danoso ao erário."[2]

Podemos entender, portanto, que o tipo penal previsto no art. 2º distingue-se do tipo penal previsto no art. 1º, da Lei nº 8.137/90, apenas porque a sua configuração não exige a efetiva ocorrência do resultado desejado pelo agente, vale dizer, a supressão ou a redução do tributo, embora esse resultado tenha sido desejado. Assim, exatamente porque a ocorrência do resultado não é elemento do tipo, que se completa com a conduta meio apta para alcançar dito fim, preferimos a denominação *inadimplemento fraudulento de obrigação acessória*. Não obstante o tipo penal definido no art. 1º, da Lei nº 4.729/65, fosse um crime formal ou de mera conduta, a expressão *sonegação fiscal* nos parece envolver a ideia de resultado, vale dizer, a ideia de efetivo proveito do autor, em prejuízo do fisco.

A expressão *inadimplemento de obrigação acessória* ajusta-se a situações que não configuram o crime. É perfeitamente possível a ocorrência de situações nas quais esteja caracterizado o inadimplemento de uma obrigação tributária acessória e, não obstante, não esteja configurado o crime previsto no art. 2º, inciso I, da Lei nº 8.137/90. Por isto é que introduzimos o qualificativo *fraudulento*, para indicar que se trata de conduta guiada pelo dolo específico. O inadimplemento da obrigação acessória somente configura o crime de que se cuida quando qualificado pela intenção de suprimir ou reduzir tributo.

A possibilidade de lesão ao bem jurídico protegido é um elemento do tipo penal em questão. Assim, se o contribuinte mantém escrituração regular de todos os seus negócios, emite os documentos exigidos pela legislação tributária, mas deixa de apresentar uma declaração à Administração Tributária, estaremos diante de uma omissão que não tem a possibilidade de causar a supressão ou a redução do tributo, posto que pode o fisco a qualquer momento, pelos meios ordinários postos à sua disposição, lançar e cobrar o tributo respectivo. A possibilidade de lesão corresponde ao que os penalistas denominam perigo concreto. Sem essa possibilidade o tipo penal não se configura, como a seguir será demonstrado.

---

[2] TRF – 4ª Região, Apelação Criminal da qual foi relator o Des. Federal Paulo Afonso Brum Vaz, ementa publicada pela *Revista Fórum de Direito Tributário*, Editora Forum, Belo Horizonte, nº 16, jul./ago./2005, p. 248.

1.2 Bem jurídico protegido

O bem jurídico protegido é a ordem tributária. Por isto diz a lei que constitui crime da mesma natureza, reportando-se desta forma ao art. 1º, que define o crime de supressão ou redução de tributos. Dizer que constitui crime da mesma natureza quer dizer que constitui crime contra a ordem tributária.

Assim, o aperfeiçoamento do tipo penal em questão somente acontece quando a conduta descrita no art. 2º, inciso I, é capaz de produzir o resultado – supressão ou redução do tributo. Não se exige, certamente, a concretização desse resultado, mas é indispensável que a conduta do agente seja capaz de realizá-lo.

Segundo Eisele, "a conduta será típica mesmo que o ardil empregado na fraude seja grosseiro (como no caso de falsificação com qualidade insuficiente para iludir a vítima), eis que a ocorrência da evasão é irrelevante para configurar a tipicidade do fato".[3] E procurando demonstrar a consistência de sua tese, invoca a doutrina de Villegas:

> "A hipótese típica é denominada por Villegas como fraude tributária simples, a qual afirma ser 'essencialmente uma infração formal, no sentido de não necessitar de um resultado danoso para ter-se por consumada, e a simples execução de práticas dolosas, pelo infrator, com o propósito de prejudicar o Fisco, mesmo que não tenha alcançado o fim perseguido, já configura a infração'.
>
> Dessa forma, não é possível a ocorrência da figura da tentativa, pois o início da prática dos atos de execução acarreta a consumação.
>
> Como forma de exaurimento, se a conduta efetivamente viabilizar a supressão concreta de um tributo, o fato poderá corresponder à hipótese tipificada no art. 1º, *caput*."[4]

Tentativa, porém, não se confunde com crime impossível. Se a omissão é inteiramente incapaz de produzir o resultado danoso para a Fazenda Pública, não estará configurado o crime de que se cuida. O crime previsto no art. 2º, inciso I, da Lei nº 8.137/90, realmente não existe na forma tentada. É um crime formal. Isto, porém, não quer dizer que a ação inteiramente inábil para viabilizar o resultado pretendido seja capaz de tipificar o crime. Uma coisa é ser alcançado o resultado pretendido pelo agente. Outra, inteiramente diversa, é ser a ação deste um meio hábil para viabilizar aquele resultado. A tipificação realmente não exige o resultado, mas exige que a ação praticada seja hábil para viabilizá-lo.

---

[3] Andreas Eisele, *Crimes Contra a Ordem Tributária*, 2ª edição, Dialética, São Paulo, 2002, p. 173.

[4] Andreas Eisele, *Crimes Contra a Ordem Tributária*, 2ª edição, Dialética, São Paulo, 2002, p. 173.

Colhemos, aliás, na doutrina de Eisele, argumento para sustentar que as condutas descritas no art. 2º, inciso I, da Lei nº 8.137/90 somente configuram o tipo penal respectivo se forem capazes de viabilizar o resultado – supressão ou redução de tributo. Realmente, reportando-se ao tipo descrito nesse dispositivo legal, Eisele assevera que o mesmo "descreve de forma autônoma uma conduta que pode caracterizar fase de execução deste fato típico (o que configura sua forma tentada)." E esclarece que "se o sujeito realizar uma conduta que consiste na tentativa da prática do fato tipificado no art. 1º, *caput*, a tipicidade será estabelecida em relação à descrição veiculada pelo art. 2º, II, solucionando-se o concurso aparente de leis pela aplicação do critério da subsidiariedade". Não se pode, todavia, esquecer que "não se pune a tentativa quando, por ineficácia absoluta do meio ou por absoluta impropriedade do objeto, é impossível consumar-se o crime".[5] E não é razoável, pois, concluir-se que embora a conduta não seja punível como tentativa, possa ser punível como um crime consumado.

Assim, quem deixa de declarar um rendimento, ou deixa de informar o fato a um agente do fisco, embora o faça com o intuito de se eximir do Imposto de Renda correspondente, está praticando conduta que pode ser inteiramente inábil para produzir a supressão ou a redução do tributo. Em se tratando, por exemplo, de depósito bancário, se considerarmos a existência da possibilidade de informações prestadas pelo Banco, quando solicitado em face da quebra do sigilo bancário, teremos de considerar que a omissão ou a recusa de informações ao fiscal é inábil para produzir o resultado desejado, pois existem meios que a ordem jurídica coloca ordinariamente à disposição da autoridade lançadora do tributo e que a permitem superar de pronto as dificuldades criadas com a omissão ou a recusa do contribuinte.

1.3 Crime formal

É certo que alguns doutrinadores respeitáveis reportam-se ao crime *formal* e *de mera conduta* como se fossem sinônimos. Magalhães Noronha, por exemplo, doutrina:

> "*Crimes formais* ou de *simples atividade* são os que não exigem a produção de um resultado estranho ou externo à própria ação do delinquente. Dizem-se também crimes de *mera conduta* ou *sem resultado*. Sua característica é que a lesão ao bem jurídico (evento) se dá tão só

---

[5] Código Penal, art. 17.

com a *simples ação* ou *conduta*, ao passo que os outros só o conseguem com a consequência ou efeito da ação. São crimes formais a injúria, a difamação e a calúnia."[6]

Existe, porém, uma importante distinção entre essas duas categorias de crimes, e essa distinção é da maior importância para a compreensão adequada da tese que sustentamos, segundo a qual a tipificação do crime de *inadimplemento de obrigação acessória*, descrito no art. 2º, inciso I, da Lei nº 8.137/90, exige que a conduta descrita nesse dispositivo *seja apta* a produzir o resultado – supressão ou redução de tributo.

Melhor nos parece a doutrina dos penalistas que distingue o crime *formal* do crime *de mera conduta*:

> "Formal é o crime cujo tipo descreve uma conduta, menciona um resultado, mas não exige que este ocorra para sua consumação. São chamados de crimes de consumação antecipada ou de resultado cortado. O tipo do art. 158, de extorsão, é o mais perfeito exemplo de um crime formal:
>
> 'constranger alguém, mediante violência ou grave ameaça, e com o intuito de obter para si ou para outrem indevida vantagem econômica, a fazer, a tolerar que se faça ou deixar de fazer alguma coisa'.
>
> Como se vê, o tipo descreve uma conduta, e menciona a produção de um resultado: a obtenção de uma vantagem econômica indevida, mas, para a consumação desse crime, não é necessária a produção do resultado, não é necessário que o agente consiga obter a vantagem, bastando o constrangimento da vítima. Tal crime se consuma no momento em que a vítima faz, tolera que se faça ou deixe de fazer alguma coisa.
>
> De mera conduta ou de mera atividade são os crimes cujos tipos descrevem pura e simplesmente um comportamento, uma conduta, sem qualquer menção a qualquer consequência, qualquer resultado. Consumam-se tais crimes com o simples comportamento do sujeito, como na violação do domicílio (art. 150), no crime de desobediência (art. 330), no de infração de medida sanitária preventiva (art. 268), e na maior parte das contravenções penais."[7]

No mesmo sentido é a doutrina autorizada de Damásio:

> "Distinguimos os crimes formais dos de mera conduta. Estes são sem resultado; aqueles possuem resultado, mas o legislador antecipa

---

[6] E. Magalhães Noronha, *Direito Penal*, 29ª edição, Saraiva, São Paulo, 1991, v. 1, p. 107.

[7] Ney Moura Teles, *Direito Penal*: parte geral, Atlas, São Paulo, 2004, v. I, p. 230.

a consumação à sua produção. No *crime de mera conduta* o legislador só descreve o comportamento do agente. Exs.: violação do domicílio (art. 150), desobediência (art. 330) e reingresso de estrangeiro expulso (art. 338). No *crime formal* o tipo menciona o comportamento e o resultado, mas não exige a sua produção para a consumação. Exs.: crimes contra a honra, ameaça, divulgação de segredo, violação de segredo profissional etc."[8]

O tipo penal em questão consiste em fazer declaração falsa ou omitir declaração sobre rendas, bens ou fatos, ou empregar outra fraude, *para eximir-se, total ou parcialmente, de pagamento de tributo*. Há em sua descrição expressa e clara referência a um resultado pretendido pelo agente. Assim, embora não se exija a concretização desse resultado, exige-se que a ação desenvolvida pelo agente, ou a omissão deste, seja apta a produzi-lo.

Ressalte-se mais uma vez que não se pode desconsiderar os meios que a legislação vem colocando à disposição das autoridades lançadoras de tributo. Se a lei institui novos instrumentos dos quais se podem valer as autoridades lançadoras para colher os fatos geradores de tributos, se cria novos caminhos para ter acesso aos fatos geradores de obrigações tributárias e tornar, assim, impraticável a supressão ou a redução do tributo, está criando elementos que impossibilitam a concretização do crime, tanto daquele previsto no art. 1º, como daquele previsto no art. 2º, da Lei nº 8.137/90. Existe uma correlação inevitável, que não podemos ignorar, entre os meios dos quais se pode valer a autoridade lançadora e as ações meio para o cometimento dos crimes contra a ordem tributária.

2 ELEMENTOS DO TIPO

2.1 Ações núcleo do tipo

O núcleo do tipo consiste nas ações de *fazer declaração falsa* ou *omitir declaração* sobre rendas, bens ou fatos, ou empregar outra fraude para eximir-se, total ou parcialmente, de pagamento de tributo.

Qualquer dessas ações deve dizer respeito a fatos que sejam relevantes do ponto de vista tributário, vale dizer, deve dizer respeito a fatos cuja ocorrência, não ocorrência ou modo de ser sejam decisivos na instauração de relação jurídica tributária. E devem ser ações aptas a suprimir tais fatos do

---

[8] Damásio E. de Jesus, *Direito Penal*, 17ª edição, Saraiva, São Paulo, 1993, v. 1, p. 168.

mundo fenomênico, como tal entendido o mundo perceptível pelos meios normalmente utilizados para tal fim, em especial pelas autoridades lançadoras de tributos. Ou aptas a fazer com que tais fatos apareçam no mundo fenomênico com expressão econômica diferente, geralmente inferior à que efetivamente tenham, de sorte que o seu conhecimento pelas autoridades lançadoras de tributos leve essas autoridades a exigirem tributo menor do que o efetivamente devido.

Assim, por exemplo, se alguém deixa de incluir um bem em sua declaração de bens, que integra a declaração anual de rendimentos de pessoa física, mas declara corretamente os rendimentos obtidos durante o ano, o crime não se configura porque a omissão em referência é inteiramente inapta a produzir o resultado supressão ou redução do tributo.

Da mesma forma, se um contribuinte que aufere durante o ano exclusivamente rendimentos do trabalho assalariado, na condição de funcionário público ou de empregado de uma grande empresa, que ordinariamente informa ao fisco os rendimentos pagos a seus empregados, deixa de fazer sua declaração anual de rendimentos, o crime do art. 2º, inciso I, não estará configurado à míngua da aptidão daquela omissão para produzir o resultado *eximir-se do pagamento do tributo*. Pode ocorrer que o imposto retido na fonte seja em montante igual ou superior ao devido na declaração, e neste caso será absolutamente impossível o resultado supressão ou redução de tributo. Entretanto, mesmo que exista alguma diferença a ser paga pelo contribuinte, ainda assim o crime não se consuma em face da absoluta inaptidão daquela omissão para produzir o resultado supressão ou redução do tributo. A fonte pagadora tem o dever de informar ao fisco o rendimento pago. Assim o fisco, ordinariamente, tem os meios para lançar e cobrar o tributo, de sorte que o crime não estará consumado.

Pode estar configurada, é certo, a infração tributária punível com a sanção administrativa. Não, porém, o crime. É o que ensinam, com inteira propriedade, Bonfim e Capez:

> "O legislador deve abster-se de formular descrições incapazes de lesar ou, pelo menos, colocar em real perigo o interesse tutelado pela norma. Caso isso ocorra, o tipo deverá ser excluído do ordenamento jurídico por incompatibilidade vertical com o Texto Constitucional. Assim, toda norma penal em cujo teor não se vislumbrar ofensividade ou real risco de afetação do bem jurídico, não haja adequação na descrição abstrata contida na lei. À vista disso, somente restará justificada a intervenção do direito penal quando houver ataque capaz de colocar em concreto e efetivo perigo um bem jurídico. Delineando-se em termos

precisos, a noção de bem jurídico poderá exercer papel fundamental como mecanismo garantidor e limitador dos abusos repressivos do Poder Público. Sem afetar o bem jurídico, não existe infração penal."[9]

Assim, mesmo nos crimes ditos de mera conduta, ou de simples atividade, o tipo penal somente se aperfeiçoa quando a ação do agente pode ser considerada uma forma de colocar em perigo o bem jurídico protegido. E nos crimes formais esse perigo ao bem jurídico consiste precisamente na possibilidade de realização do resultado previsto no tipo. Possibilidade que se tem de entender, portanto, como integrante essencial do ilícito penal.

Qualquer das condutas descritas no art. 2º, inciso I, da Lei nº 8.137/90, portanto, que no caso concreto não seja apta a produzir o resultado lesivo à ordem tributária, vale dizer, a supressão ou a redução do tributo, poderá configurar ilícito tributário submetido à sanção administrativa. Não, porém, o ilícito penal definido naquele dispositivo legal, vale dizer, o *inadimplemento fraudulento de obrigação acessória*.

2.2 Elementos normativos

O tipo penal consiste em fazer declaração falsa ou omitir declaração sobre rendas, bens ou fatos, ou empregar outra fraude, para eximir-se, total ou parcialmente, de pagamento de tributo. São elementos normativos desse tipo penal, portanto, declaração falsa, declaração sobre rendas, bens ou fatos, que necessariamente decorrem de dispositivos da legislação tributária. Em outras palavras, a declaração falsa, a declaração sobre rendas, bens ou fatos, há de ser precisamente aquela prevista na legislação tributária como obrigação tributária acessória. Não se trata, portanto, de uma declaração qualquer, prestada eventualmente. O elemento normativo do tipo se compõe de obrigações tributárias acessórias e, assim, somente se consubstancia com o dever de declarar, estabelecido em dispositivo da legislação tributária.

É também elemento normativo do tipo penal de que se cuida o *tributo*. Sem que exista um tributo devido, de cujo pagamento se pretenda o autor eximir ao inadimplir a obrigação tributária acessória, não se aperfeiçoará o tipo penal em questão. Renda, bens ou fatos, na descrição do tipo penal de que se cuida, são sempre fatos relevantes para o nascimento ou para a quantificação das obrigações tributárias ditas principais. "Os fatos de que fala

---

[9] Edilson Mougenot Bonfim e Fernando Capez, *Direito Penal*: parte geral, Saraiva, São Paulo, 2004, p. 133.

o tipo são aqueles de relevo para o fisco, ou seja, para a ordem tributária, dentre os quais podem ser citados: circulação, saída, serviços, transferências, remessas, rendimentos etc."[10]

2.3 Elemento subjetivo

O elemento subjetivo do tipo penal em tela é o dolo específico, vale dizer, a vontade consciente do agente de eximir-se do pagamento de tributo.

Andreas Eisele, para quem o dolo genérico é suficiente para a configuração dos demais tipos de crimes contra a ordem tributária, em relação ao crime que denominamos de inadimplemento fraudulento de obrigação acessória reconhece a necessidade de dolo específico. Em suas palavras:

> "Dentre os tipos que descrevem crimes contra a ordem tributária, apenas o art. 2º, I, da Lei nº 8.137/90 prevê uma especial finalidade à qual o sujeito deve direcionar o comportamento.
>
> Nesse crime formal, o sujeito deve, além de realizar a conduta objetivamente descrita no enunciado (fazer declaração falsa ou omitir declaração sobre rendas, bens ou fatos, ou empregar outra fraude), fazê-lo com a finalidade de 'eximir-se, total ou parcialmente, de pagamento de tributo'."[11]

Realmente, é a própria descrição legal do tipo penal em tela que está a indicar expressamente uma finalidade específica à qual se dirige a ação delituosa. O agente há de desempenhar a conduta descrita no tipo penal *para eximir-se, total ou parcialmente, de pagamento de tributo*. "Trata-se de crime meramente formal, embora informado por dolo específico ou específico fim de agir."[12]

2.4 Sujeitos do crime

Sujeito do crime de inadimplemento fraudulento de obrigação tributária acessória só pode ser a pessoa natural que tenha o dever jurídico de prestar a conduta na qual esteja consubstancia tal obrigação tributária acessória. Em outras palavras, só pode ser autor desse crime o sujeito passivo da obrigação tributária.

---

[10] José Alves Paulino, *Crimes contra a Ordem Tributária*: comentários à Lei nº 8.137/90, Brasília Jurídica, Brasília-DF, 1999, p. 64.

[11] Andreas Eisele, *Crimes Contra a Ordem Tributária*, 2ª edição, Dialética, São Paulo, 2002, p. 66.

[12] Pedro Roberto Decomain, *Crimes contra a Ordem Tributária*, 2ª edição, Obra Jurídica, Florianópolis, 1994, p. 80.

Note-se que na descrição do tipo penal a lei coloca como finalidade da conduta típica o *eximir-se, total ou parcialmente, de pagamento de tributo*. Eximir-se a si próprio, com certeza. Não o eximir outra pessoa desse pagamento. Ocorre que segundo a Lei definidora dos crimes contra a ordem tributária, "quem, de qualquer modo, inclusive por meio de pessoa jurídica, concorre para os crimes definidos nesta Lei, incide nas penas a estes cominadas, na medida de sua culpabilidade".[13] Assim, quem concorre para que outra pessoa realize o tipo que é "fazer declaração falsa ou omitir declaração sobre rendas, bens ou fatos, ou empregar outra fraude, para eximir-se, total ou parcialmente, de pagamento de tributo", pode ser condenado como partícipe, pois, como ensina Fernando Capez,

> "partícipe é quem concorre para que o autor ou coautores realizem a conduta principal, ou seja, aquele que, sem praticar o verbo (núcleo) do tipo, concorre de algum modo para a produção do resultado".[14]

Nos termos da lei quem, de qualquer modo, concorre para os crimes contra a ordem tributária, incide nas penas a esses crimes cominadas, na medida de sua *culpabilidade*. Como *culpabilidade* é o gênero no qual se incluem o *dolo* e a *culpa*, pode parecer que é punível quem concorre para o crime, tanto agindo com dolo, como agindo apenas com culpa. Não é correta, porém, tal compreensão, porque não existe participação culposa em crime doloso, e os crimes contra a ordem tributária são crimes dolosos.

Não é partícipe nos crimes contra a ordem tributária, portanto, quem por culpa concorre para o cometimento do crime.

2.5 Tentativa e crime impossível

Ao estudarmos o crime de supressão ou redução do tributo, já deixamos claro que ocorrendo uma ou algumas das condutas descritas nos incisos do art. 1º, da Lei nº 8.137/90, mas não ocorrendo o resultado supressão ou redução do tributo, se as condutas estão descritas também no art. 2º estará configurado o crime de que estamos agora cogitando e assim não se cogitará de tentativa, mas de crime consumado. Não, obviamente, o crime de supressão ou redução de tributo, previsto no artigo primeiro, mas o crime de inadimplemento fraudulento de obrigação acessória, previsto no artigo segundo.

---

[13] Lei nº 8.137/90, art. 11.
[14] Fernando Capez, *Curso de Direito Penal*, 8ª edição, Saraiva, São Paulo, 2004, v. I, p. 327.

Cogitamos também da distinção que se há de ter presente entre a tentativa e o crime impossível. O Código Penal estabelece que "não se pune a tentativa quando, por ineficácia absoluta do meio ou por absoluta impropriedade do objeto, é impossível consumar-se o crime". Essa distinção é de grande relevância, também aqui, a propósito do crime previsto no art. 2º, vale dizer, do crime de inadimplemento fraudulento de obrigação acessória, especialmente porque a doutrina dos penalistas em geral não admite a tentativa em se tratando de crime formal, ou de mera conduta.

Na tentativa o crime não se consuma *por circunstâncias alheias à vontade do agente*. A conduta meio adotada é hábil para alcançar o resultado pretendido, mas circunstâncias de fato alheias à vontade do agente o impedem de prosseguir na ação criminosa até alcançar o resultado. Já o crime impossível caracteriza-se pela *ineficácia absoluta do meio*, ou pela *absoluta impropriedade do objeto*.

Assim, se a conduta, embora corresponda à descrição feita pelo art. 2º, inciso I, da Lei nº 8.137/90, é absolutamente ineficaz para colocar em perigo a ordem tributária porque, no caso concreto, não tem a menor possibilidade de realizar o fim pretendido pelo agente, tem-se configurado crime impossível. O mesmo ocorrerá se o agente, com a conduta supostamente configuradora do crime em questão, pretende eximir-se do pagamento de algo que não é tributo ou contribuição social.

Qualquer das condutas descritas no art. 2º, inciso I, da Lei nº 8.137/90, que no caso concreto não seja apta a produzir o resultado lesivo à ordem tributária, poderá configurar ilícito tributário submetido à sanção administrativa. Não, porém, o ilícito penal definido naquele dispositivo legal, vale dizer, o *inadimplemento fraudulento de obrigação acessória*.

É o que ocorre, por exemplo, quando um servidor público que não tem nenhum rendimento além dos que recebe da entidade à qual se vincula, nessa condição, deixa de fazer sua declaração anual de rendimento, mas o lançamento do Imposto de Renda de Pessoa Física, mesmo assim, é plenamente viável porque a repartição correspondente informa à Fazenda os seus rendimentos. Ou ainda, o caso da empresa que deixa de apresentar sua DCTF,[15] mas mantém todos os seus livros e documentos, em condição de absoluta regularidade, à disposição do fisco. A omissão no cumprimento do dever de fazer a declaração anual pela pessoa física, ou de apresentar a DCTF pela empresa, são meios absolutamente ineficazes para viabilizar o fim pretendido, vale dizer, o eximir-se total ou parcialmente do pagamento do tributo.

---

[15] DCTF. Sigla pela qual é conhecido o documento denominado *Declaração de Contribuições e Tributos Federais*.

Também haverá crime impossível se as ações descritas no inciso I, do art. 2º, dizem respeito a situação na qual não incide tributo, seja em virtude de imunidade ou de isenção, e por isto mesmo não se pode cogitar do fim definido na parte final desse dispositivo legal, a saber, *para eximir-se, total ou parcialmente, do pagamento de tributo*.

Também haverá crime impossível se o contribuinte pratica qualquer das ações descritas no inciso I, do art. 2º, da Lei nº 8.137/90, com o objetivo de suprimir ou reduzir uma tarifa ou preço público, ou um empréstimo compulsório, posto que em tais casos estar-se-á diante de absoluta impropriedade do objeto. Não se eximirá do pagamento de um tributo, mas de uma receita pública de diversa natureza.

3 AÇÃO PENAL E PENAS

3.1 Ação penal

A ação penal é pública incondicionada, mas o Ministério Público, tal como ocorre em relação ao crime previsto no art. 1º, não pode promovê-la antes de encerrado o processo administrativo de lançamento tributário. É que a conduta descrita no art. 2º, inciso II, configura também ilícito administrativo tributário que enseja a aplicação de penalidade pela autoridade administrativa, e tal ilícito há de ser apurado no processo administrativo de lançamento.

Aliás, como se trata de fatos que devem ter, para a configuração do tipo penal, relevância tributária, é indiscutível a necessidade de manifestação da autoridade da Administração Tributária, única competente para dizer dessa relevância. José Alves Paulino, comentando o tipo penal em questão, assevera:

> "Os elementos que integram o tipo devem estar bem comprovados e demonstrados para a sua configuração, porque todos eles compõem e fazem parte do *iter* para que o agente alcance o seu resultado: obter uma vantagem econômica não pagando, deixando de pagar ou pagando parcialmente o tributo devido."[16]

A nosso ver, a verificação da conduta que é, no caso, elemento do tipo penal, cabe à autoridade competente para fazer o lançamento tributário. Por isto mesmo, tal como acontece com a ação penal pelo crime previsto no art.

---

[16] José Alves Paulino, *Crimes contra a Ordem Tributária*: comentários à Lei nº 8.137/90, Brasília Jurídica, Brasília-DF, 1999, p. 64.

1º, da Lei nº 8.137/90, também neste caso a propositura da ação penal só é cabível depois do pronunciamento definitivo da autoridade administrativa.

Realmente, é elemento essencial do tipo penal em questão uma conduta que seja apta a produzir o resultado supressão ou redução do tributo. Embora a configuração do tipo ocorra independente do resultado supressão ou redução do tributo, a conduta típica deve ser apta a produzi-lo, sem o que se estará diante do denominado crime impossível, e quem vai dizer, em cada caso, se a conduta considerada típica realmente é apta, ou não, a produzir o resultado, é a autoridade administrativa lançadora que deve, se for o caso, aplicar a penalidade cabível nos termos da legislação tributária aplicável.

Por outro lado, considerando-se que a extinção do crédito tributário constituído com o lançamento que aplica a penalidade, extingue a punibilidade, fica reforçado o entendimento segundo o qual a ação penal só é possível depois do lançamento. A não ser assim estaremos admitindo um tratamento mais benigno para o acusado de um crime mais grave – o previsto no art. 1º (supressão ou redução do tributo) – em detrimento do acusado de um crime menos grave – o previsto no art. 2º, inciso I, (inadimplemento fraudulento de obrigação acessória).

A nosso ver, portanto, não foi feliz o Supremo Tribunal Federal, ao manifestar-se no sentido de que a decisão definitiva do processo administrativo é desnecessária para a configuração da justa causa imprescindível à persecução penal.[17] Esse entendimento foi superado, quando do julgamento da ADI 4.980, oportunidade na qual o Supremo Tribunal Federal parece ter adotado visão mais ampla que a subjacente à Súmula Vinculante 24, afirmando constitucional o art. 83 da Lei nº 9.430/96. Vale lembrar que o referido dispositivo determina que a representação fiscal para fins penais, a ser feita pela Receita Federal ao Ministério Público, somente pode ocorrer depois de finalizado o processo administrativo, no que tange tanto aos crimes do art. 1º como aos do art. 2.º da Lei nº 8.137/90.

3.2 Penas

3.2.1 Prisional e patrimonial como penas principais

Para o crime de inadimplemento fraudulento de obrigação acessória, previsto no art. 2º, inciso I, da Lei nº 8.137/90, a lei comina as penas de detenção de 6 (seis) meses a 2 (dois) anos e multa.

---

[17] STF, RHC nº 90.532, rel. Ministro Joaquim Barbosa, em *Boletim Informativo Juruá*, nº 491, 1º a 15 de outubro de 2009, p. 2.

Como se vê, a lei comina as penas de detenção e multa, cumulativamente. Essas penas devem ser individualizadas, em cada caso, pelos critérios estabelecidos no Código Penal, valendo o que a esse respeito escrevemos a propósito do crime de supressão ou redução do tributo.

3.2.2 Penas substitutivas

A pena privativa de liberdade, vale dizer, a pena de detenção, deve ser substituída por penas restritivas de direitos, previstas no art. 43 do Código Penal, sempre que estiverem presentes as seguintes condições:

o crime não tenha sido cometido mediante violência ou grave ameaça a pessoa;
o réu não for reincidente em crime doloso;
a culpabilidade, os antecedentes, a conduta social e a personalidade do condenado, bem como os motivos e as circunstâncias, indicar que a pena substitutiva é suficiente.

Aplicam-se à substituição, no que for cabível, as normas do art. 44 e seus parágrafos, do Código Penal.

3.3 Extinção da punibilidade pelo pagamento

O pagamento do crédito tributário, vale dizer, da multa imposta pela autoridade da Administração Tributária, extingue a punibilidade. Esta, aliás, é mais uma razão para que a ação penal somente seja promovida depois de constituído o crédito tributário pela autoridade administrativa competente, com a aplicação da multa cabível, como determina o art. 83 da Lei nº 9.430/96, relativamente aos tributos administrados pela Secretaria da Receita Federal, disposição que teve sua validade ratificada pelo Supremo Tribunal Federal (ADI 4.980).

3

NÃO PAGAMENTO DE TRIBUTO

1 CONCEITO E OBJETO JURÍDICO

1.1 Conceito

A Lei nº 8.137/90 define o crime de supressão ou redução de tributos e em seguida estabelece:

> "Art. 2º Constitui crime da mesma natureza:
> II – deixar de recolher, no prazo legal, valor de tributo ou de contribuição social, descontado ou cobrado, na qualidade de sujeito passivo de obrigação e que deveria recolher aos cofres públicos."

O núcleo do tipo é composto por uma omissão, simplesmente: deixar de recolher, no prazo legal, valor de tributo ou contribuição social, descontado ou cobrado, na qualidade de sujeito passivo de obrigação e que deveria recolher aos cofres públicos.

1.2 Questão da constitucionalidade da norma penal

A norma do art. 2º, inciso II, da Lei nº 8.137/90 suscita a questão de saber se pode a lei definir como crime uma situação que a rigor configura simplesmente uma dívida. Se respondermos a essa questão afirmativamente, teremos resolvido a questão da interpretação dessa norma. Poderemos, então, entender que ela se aplica aos casos de substituição tributária legalmente estabelecida e também aos casos de não pagamento de tributos que podem ser objeto de repercussão, ainda que simplesmente econômica, vale dizer, repercussão não expressamente autorizada pela lei.

Há quem justifique a prisão por dívida tributária com o argumento simplista segundo o qual o legislador definiu essa dívida como crime. Não se trata, portanto, de uma dívida civil, mas de um delito. Essa tese, desgraçadamente, foi acolhida pelo Supremo Tribunal Federal, como adiante se verá.

Há, todavia, quem sustente que o tipo penal em questão alberga mais do que uma simples dívida, pois corresponderia a uma apropriação indébita de tributo. Neste sentido é a doutrina de Decomain. Embora admita a possibilidade de o legislador considerar criminoso o não pagamento de uma dívida, desde que repute essa conduta suficientemente grave para se constituir em ilícito penal, o ilustre Promotor de Justiça de Santa Catarina sustenta:

> "O que a regra da Lei Maior proíbe é que se ameace com prisão o devedor civil, com o objetivo puro e simples de compeli-lo a pagar o que deve.
> Não foi, porém, o que fez o inciso II do art. 2º da Lei nº 8.137/90. Este em verdade considerou crime não repassar ao fisco aquilo que se cobrou de terceiro exatamente com o objetivo de destinar-se ao pagamento de um tributo.
> Desta sorte, o inciso em referência não padece de inconstitucionalidade, podendo ser aplicado a todo e qualquer tributo cujo ônus haja sido previamente repassado a terceiro, mas que não tenha sido recolhido aos cofres públicos pelo contribuinte ou responsável, que já havia recebido ou descontado de terceiro o seu valor."[1]

A rigor, a norma penal em exame refere-se ao não pagamento, no prazo legal, de tributo ou contribuição social, *descontado ou cobrado,* na qualidade de sujeito passivo da obrigação e que deveria recolher aos cofres públicos. A questão, portanto, está em se saber o que devemos entender por tributo *descontado* ou *cobrado.*

A nosso ver só se pode considerar como tributo descontado ou cobrado, na qualidade de sujeito passivo da obrigação, aquele cujo desconto ou cobrança decorre de disposição legal expressa. Não aquele que, por circunstâncias meramente econômicas, pode estar embutido no preço de bens ou serviços.

Seja como for, consideramos de grande importância o estudo da questão da possível configuração de apropriação indébita na relação de tributação,

---
[1] Pedro Roberto Decomain, *Crimes contra a Ordem Tributária,* 2ª edição, Obra Jurídica, Florianópolis, 1995, p. 95.

bem como a questão da prisão por dívida tributária, e por isto mesmo vamos a seguir estudar essas questões.

2 PRISÃO POR DÍVIDA E APROPRIAÇÃO INDÉBITA

2.1 Considerações fundamentais

Fica a cada dia mais fortalecido em nós o convencimento de que o Direito, em sua expressão meramente formal, é absolutamente insuficiente como instrumento de controle e de harmonia social, posto que as suas prescrições, vistas como simples manifestações formais, mostram-se vazias e quase inteiramente inúteis.

Por isto é que fazemos nossa a confissão de Marco Aurélio Greco:

> "Neste momento, faço uma penitência! Não me convence mais a visão puramente positivista do Direito. No início da década de 70, escrevi um dos primeiros textos de Direito Tributário nitidamente kelseniano e positivista mas, hoje, entendo que esta não é a melhor visão a ser adotada para compreender o fenômeno jurídico."[2]

Na interpretação de uma norma jurídica devemos ter sempre em consideração o elemento finalístico, e o mais adequado significado da norma há de ser sempre aquele que melhor realize os seus fins. O elemento literal, sem dúvida muito importante, é para tanto absolutamente insuficiente, pois sempre haverá um significado compatível com o elemento literal, mas inteiramente incompatível com a busca de realização daqueles fins.

Por outro lado, o respeito pela hierarquia das normas no sistema também exige do intérprete a consideração dos fins na busca da interpretação adequada. Por isto mesmo, na interpretação de normas de uma Constituição deve ser prestigiado o princípio da máxima efetividade, a respeito do qual ensina Canotilho:

> "Este princípio, também designado por princípio da eficiência ou princípio da interpretação efectiva, pode ser formulado da seguinte maneira: a uma norma constitucional deve ser atribuído o sentido que maior eficácia lhe dê. É um princípio operativo em relação a todas e quaisquer normas constitucionais, e embora a sua origem esteja ligada à tese da actualidade das normas programáticas (THOMA), é hoje

---

[2] Marco Aurélio Greco, *Contribuições (uma figura "sui generis")*, Dialética, São Paulo, 2000, p. 69.

sobretudo invocado no âmbito dos direitos fundamentais (no caso de dúvidas deve preferir-se a interpretação que reconheça maior eficácia aos direitos fundamentais)."[3]

É precisamente o princípio da máxima efetividade a orientar o intérprete das normas da Constituição, que garante a esta uma posição superior no ordenamento jurídico.

Por outro lado, dentro da própria Constituição pode-se ver uma certa hierarquia a orientar a interpretação de suas normas. Os valores da humanidade, e assim os princípios constitucionais em que se expressa a proteção daqueles, não estão na mesma posição hierárquica, ainda quando colocados na Constituição. Por isto mesmo ensina Dalla Via, com inteira propriedade:

> "De tal manera, al ser la Constitución la norma jurídica de base del sistema (o el vértice en la perámide de Kelsen) reconozcamos que en cuanto normas constitucionales tienen igual jerarquia; pero outra cosa mui distinta es decir que 'todos los derechos' reconocidos en las normas constucionales tienen igual jerarquia e importancia en cuanto derechos.
>
> Este problema es brilhantemente tratado por el profesor Germán J. Bidart Campos.
>
> Hay derechos que son más valiosos que otros, es decir, que los derechos (e no las normas donde se declaran dentro de una misma Constituición) no son todos iguales ni de idêntica jerarquia. El derecho a vida, por ejemplo, es más valioso y de mayor jerarquia que el de propiedad. El derecho a la libertad corporal y de locomoción es más valioso y de mayor jerarquia que el derecho de petición o de reunión; e asi sucesivamente, aunque a veces resulte dudoso, e muy opinabel y discutible, decidir entre dos derechos cualesquiera, cuál vale más que otro."[4]

Finalmente, da maior importância é ter-se em consideração a finalidade maior da própria Constituição, que outra não pode ser senão a proteção do indivíduo contra o exercício abusivo do poder institucional. Como assevera Quintana,

---

[3] J.J. Gomes Canotilho, *Direito Constitucional*, 6ª edição, Almedina, Coimbra, 1996, p. 227.

[4] Alberto R. Dalla Via, *La Conciencia y el Derecho*, Editorial de Belgrano, Buenos Aires (Argentina), 1998, p. 132.

La finalidad última de la Constitución es asegurar la libertad, la dignidad y el bienestar del hombre en la sociedad, mediante limitaciones a la acción del poder público.[5]

Entretanto, para que a Constituição seja realmente a Lei Suprema, é preciso que seja amada pelo povo, e para tanto deve merecer antes e sobretudo o respeito dos governantes, pois para que o povo a ame é necessário que a veja rodeada de prestígio e esplendor.[6]

2.2 Prisão civil e prisão penal

2.2.1 Manifestação do STF

O Supremo Tribunal Federal, em 3 de agosto de 1998, por ato de seu então Presidente, o Ministro José Celso de Mello Filho, negou medida liminar no HC 77.631-SC, afirmando, nesse juízo provisório, ser compatível com a Constituição Federal de 1988 a *prisão por dívida tributária*. Em outras palavras, a Corte Maior afirmou, ainda que monocrática e provisoriamente, a constitucionalidade do art. 2º, inciso II, da Lei nº 8.137/90, que define como crime *deixar de recolher, no prazo legal, valor de tributo ou contribuição social, descontado ou cobrado, na qualidade de sujeito passivo de obrigação e que deveria recolher aos cofres públicos*.

Pela importância do tema consideramos necessária a transcrição do despacho em referência, onde se lê:

"DECISÃO: Os ilustres impetrantes, sustentando que se reveste de dupla inconstitucionalidade 'a [...] prisão por mero inadimplemento de obrigação tributária (prisão por dívida), de que trata o art. 2º, II, da Lei 8.137/90' (fls. 44), argumentam que essa norma penal violaria a Carta da República nos pontos em que esta veda a prisão por dívida (CF, art. 5º, LXVII) e em que assegura a imediata aplicação de direitos e garantias individuais decorrentes de tratados ou convenções internacionais de que o Brasil faça parte (CF, art. 5º, §§ 1º e 2º).

---

[5] Segundo V. Linares Quintana, *Tratado de Interpretación Constitucional*, Abeledo-Perrot, Buenos Aires, 1998, p. 430.

[6] Cf. Segundo V. Linares Quintana, *Tratado de Interpretación Constitucional*, Abeledo-Perrot, Buenos Aires, 1998, p. 456.

Postulam a concessão do writ, com a consequente declaração de inconstitucionalidade da regra inscrita no art. 2º, II, da Lei nº 8.137/90.

Pleiteiam o deferimento de medida cautelar, em ordem a viabilizar – até final julgamento deste *habeas corpus* – a suspensão da execução provisória da pena imposta aos pacientes pelo Tribunal ora apontado como coator (fls. 45).

Passo a apreciar o pedido.

É certo que o ordenamento constitucional brasileiro, em preceito destinado especificamente ao legislador comum, proíbe a instituição de prisão civil por dívida, ressalvadas as hipóteses de infidelidade depositária e de inadimplemento de obrigação alimentar (CF, art. 5º, LXVII).

Observo, no entanto, que a prisão de que trata o art. 2º, II, da Lei nº 8.137/90, longe de reduzir-se ao perfil jurídico e à noção conceitual de prisão meramente civil, qualifica-se como sanção de caráter penal resultante, quanto à sua imponibilidade, da prática de comportamento juridicamente definido como ato delituoso.

A norma legal em questão encerra, na realidade, uma típica hipótese de prisão penal, cujos elementos essenciais permitem distingui-la, especialmente em função de sua finalidade e de sua natureza mesma, do instituto da prisão civil, circunstância esta que, ao menos em caráter delibatório, parece tornar impertinente a alegação de que o Estado, ao editar o art. 2º, II, da Lei nº 8.137/90 (que define pena criminal, em decorrência da prática de delito contra a ordem tributária), teria transgredido, segundo sustentam os impetrantes, a cláusula vedatória inscrita no art. 5º, LXVII, da Carta Política, que proíbe – ressalvadas as hipóteses previstas no preceito constitucional em referência – a prisão civil por dívida.

Não custa enfatizar que a prisão civil, embora medida privativa da liberdade de locomoção física do depositário infiel e do inadimplente de obrigação alimentar, não tem conotação penal, pois a sua única finalidade consiste em compelir o devedor a satisfazer obrigação que somente a ele compete executar. Trata-se, na realidade, como assevera Pontes de Miranda, 'de efeito de pretensão civil e não criminal'. Por isso mesmo, o Supremo Tribunal Federal, ao analisar a prisão civil, nela destacou o 'caráter constritivo' que lhe identifica – como elemento primordial que é – a sua própria configuração jurídica (RHC 66.627-SP, Rel. Min. OCTAVIO GALLOTTI).

Embora de utilização excepcional, o instituto da prisão civil qualifica-se – sempre despojado de qualquer conteúdo penal – como 'meio coercitivo para obter-se a restituição do depósito' (CLÓVIS BEVILÁQUA, 'Código Civil', v. V, comentários ao art. 1287) ou, na observação feita pelo eminente Ministro MOREIRA ALVES, em artigo de doutrina sobre a matéria, como instrumento 'de coerção processual destinado a compelir o devedor a cumprir a obrigação não satisfeita' ('A Ação de Depósito e o Pedido de Prisão', in 'Revista de Processo', v. 36/12).

A prisão civil – por revestir-se de finalidade jurídica específica – não ostenta o caráter de pena, eis que a sua imposição não pressupõe, necessariamente, a prática de ilícito penal (HC 71.038-MG, Rel. Min. CELSO DE MELLO). Foi por tal específica razão que o Supremo Tribunal Federal – ao ressaltar que pessoas sujeitas à prisão civil não podem ser recolhidas a celas comuns, em companhia de criminosos comuns – fundamentou esse reconhecimento na relevante circunstância de que esse instituto não se confunde 'com a custódia decorrente de condenação criminal' (Lex/Jurisprudência do STF, v. 181/312, Rel. Min. NÉRI DA SILVEIRA). Nesse sentido, inclusive, orienta-se a jurisprudência firmada por esta Suprema Corte: "[...] A prisão civil, prevista e ressalvada na própria Constituição Federal [...], por sua natureza e finalidade, não se confunde com prisão decorrente da condenação criminal.

Inaplicabilidade do regime de prisão albergue às prisões civis, sob pena de tirar-lhes o caráter constritivo que as justifica e lhes é próprio. HC indeferido' (RTJ 98/684, Rel. Min. CORDEIRO GUERRA – grifei).

Cabe enfatizar, de outro lado – e sempre na perspectiva dos fundamentos em que se apoia a presente impetração – que a ordem constitucional vigente no Brasil não pode sofrer interpretação que conduza ao reconhecimento de que o Estado brasileiro, mediante convenção internacional, ter-se-ia interditado a possibilidade de exercer, no plano interno, a competência institucional que lhe foi outorgada expressamente pela própria Constituição da República.

A circunstância de o Brasil haver aderido ao Pacto de São José da Costa Rica – cuja posição, no plano da hierarquia das fontes jurídicas, situa-se no mesmo nível de eficácia e autoridade das leis ordinárias internas – não impede que o Congresso Nacional, em tema de prisão civil por dívida, aprove legislação comum instituidora desse meio excepcional de coerção processual destinado a compelir o devedor a executar obrigação que lhe foi imposta pelo ordenamento positivo, nos casos expressamente autorizados pela própria Constituição da República.

Os tratados internacionais não podem transgredir a normatividade emergente da Constituição, pois, além de não disporem de autoridade para restringir a eficácia jurídica das cláusulas constitucionais, não possuem força para conter ou para delimitar a esfera de abrangência normativa dos preceitos inscritos no texto da Lei Fundamental.

Não me parece que o Estado brasileiro deva ter inibida a prerrogativa institucional de legislar sobre prisão (civil) por dívida, sob o fundamento de que o Pacto de São José da Costa Rica teria pré-excluído, em sede convencional, ao menos no que se refere à hipótese de infidelidade depositária, a possibilidade de disciplinação desse mesmo tema pelo Congresso Nacional. É que não se pode perder de perspectiva a relevantíssima circunstância de que existe expressa autorização inscrita no texto da Constituição brasileira, permitindo ao legislador comum a instituição da prisão civil por dívida, ainda que em hipóteses revestidas de absoluta excepcionalidade.

Diversa seria a situação se a Constituição do Brasil – à semelhança do que hoje estabelece a Constituição argentina de 1853, no texto emendado pela Reforma Constitucional de 1994 (art. 75, nº 22) – houvesse outorgado hierarquia constitucional aos tratados celebrados em matéria de direitos humanos.

Entendo, por isso mesmo, *de jure constituto*, que abordagem diversa do tema em questão vulnerará, de modo frontal, o sistema presentemente consagrado pela Lei Fundamental da República.

Parece-me irrecusável, no exame da questão concernente à primazia das normas de direito internacional público sobre a legislação interna ou doméstica do Estado brasileiro, que não cabe atribuir, por efeito do que prescreve o art. 5º, § 2º, da Carta Política, um inexistente grau hierárquico das convenções internacionais sobre o direito positivo interno vigente no Brasil, especialmente sobre as prescrições fundadas em texto constitucional, sob pena de essa interpretação inviabilizar, com manifesta ofensa à supremacia da Constituição – que expressamente autoriza a instituição da prisão civil por dívida em duas hipóteses extraordinárias (CF, art. 5º, LXVII) –, o próprio exercício, pelo Congresso Nacional, de sua típica atividade político-jurídica consistente no desempenho da função de legislar.

É preciso não perder de perspectiva que a vedação da prisão civil por dívida, no sistema jurídico brasileiro, possui extração constitucional. A Lei Fundamental, ao estabelecer as bases do regime que define a liberdade individual, consagra, em tema de prisão civil por dívida, uma tradição republicana que, iniciada pela Constituição de 1934 (art. 113, nº 30), tem sido observada, com a só exceção da Carta de 1937, pelos sucessivos documentos constitucionais brasileiros (CF/46, art. 141, § 32; CF/67, art. 150, § 17; CF/69, art. 153, § 17). A Constituição de 1988, perfilhando essa mesma orientação, dispõe, em seu art. 5º, LXVII, que 'Não haverá prisão civil por dívida, salvo a do responsável pelo inadimplemento voluntário e inescusável de obrigação alimentícia e a do depositário infiel' (grifei).

Vê-se, portanto, que a norma inscrita no art. 5º, LXVII, da Carta Política não impede que delitos contra a ordem tributária sejam punidos com a imposição de pena criminal.

Esse preceito da Carta Federal brasileira qualifica-se como típica norma revestida de eficácia contida ou restringível, eis que, em função de seu próprio conteúdo material, contempla a possibilidade de o legislador comum limitar o alcance da vedação constitucional pertinente à prisão civil (noção irredutível ao conceito de prisão penal), autorizando--o a excepcionar a cláusula proibitória em duas únicas hipóteses: (a) inadimplemento de obrigação alimentar e (b) infidelidade depositária.

Note-se, portanto, considerada a especial qualificação desse preceito constitucional, definido como norma de eficácia contida – consoante proclama o magistério da doutrina (JOSÉ AFONSO DA SILVA, 'Aplicabilidade das Normas Constitucionais', p. 97, 1968, RT; MARIA HELENA DINIZ, 'Norma Constitucional e seus Efeitos', p. 101, 1989, Saraiva, *v. g.*) – que a possibilidade jurídica de o Congresso Nacional instituir a prisão civil por dívida, sempre nos casos excepcionais previstos na Carta Política, encontra fundamento na própria Constituição, cuja autoridade normativa não pode, e nem deve, expor-se a mecanismos de limitação fixados em sede de tratados internacionais.

A indiscutível supremacia da ordem constitucional brasileira sobre os tratados internacionais, além de traduzir um imperativo que decorre de nossa própria Constituição (art. 102, III, *b*), reflete o sistema que, com algumas poucas exceções, tem prevalecido no plano do direito comparado, que considera inválida a convenção internacional que se oponha, ou que restrinja o conteúdo eficacial ou, ainda, que importe em alteração da Lei Fundamental (Constituição da Nicarágua de 1987, art. 182; Constituição da Colômbia de 1991, art. 241, nº 10; Constituição da República da Bulgária de 1991, art. 149, § 1º, nº 4, *v. g.*).

Como as exceções derrogatórias ao postulado fundamental que veda a prisão civil por dívida possuem inquestionável matriz constitucional (MANOEL GONÇALVES FERREIRA FILHO, 'Comentários à Constituição Brasileira de 1988', v. 1/74, 1990, Saraiva; CELSO RIBEIRO BASTOS, 'Comentários à Constituição do Brasil', v. 2/305-306, 1989, Saraiva), torna-se evidente que a legitimidade jurídica da prisão civil por dívida, nas duas hipóteses previstas em nossa Lei Básica, tem, na própria Constituição – e não em outros instrumentos normativos de inferior qualificação hierárquica –, o fundamento de sua autoridade e o suporte direto de sua validade e eficácia.

Desse modo, não há como fazer abstração da Constituição para, com evidente desprestígio da normatividade que dela emana, conferir, sem razão jurídica, precedência a uma convenção internacional.

Assim sendo, tendo presente a relevante circunstância de que a norma legal, cuja constitucionalidade está sendo questionada *incidenter tantum*, definiu hipótese de sanção penal (pena criminal), por delito contra a ordem tributária, e considerando que o art. 2º, II, da Lei nº 8.137/90, por isso mesmo, nenhuma prescrição veicula sobre o instituto da prisão civil por dívida, indefiro o pedido de medida liminar.

2. Requisitem-se informações ao E. Tribunal Regional Federal da 4ª Região, encaminhando-se-lhe cópia da presente decisão.

Publique-se.

Brasília, 3 de agosto de 1998.

Ministro CELSO DE MELLO

Presidente"

O despacho do Ministro Celso de Mello, acima transcrito, apoia-se em dois argumentos, colocados habilmente como premissas de sua conclusão, a saber:

a prisão por dívida, vedada pela Constituição, é a prisão *civil*, simples meio para compelir o devedor a pagar sua dívida, e não se confunde com a prisão *penal*, sanção pelo cometimento de um crime; e

o Pacto de São José da Costa Rica, como qualquer outro tratado internacional, não pode prevalecer sobre norma da Constituição Federal.

Essas premissas, porém, examinadas, como devem ser todas as proposições jurídicas, sem menosprezo ao elemento sistêmico e aos valores albergados pelo Direito positivo, seguramente não conduzem à conclusão de que o art. 2º, inciso II, da Lei nº 8.137/90, é compatível com a Constituição Federal, como se passa a demonstrar.

2.2.2 Crítica à manifestação do STF

a) Quanto ao primeiro fundamento

Realmente, a Constituição estabelece que *"não haverá prisão civil por dívida, salvo a do responsável pelo inadimplemento voluntário e inescusável de obrigação alimentícia e a do depositário infiel"*.[7] Como ensina Celso Ribeiro Bastos, nos tempos modernos já não se aceita mais prisão do devedor inadim-

---

[7] Art. 5º, inciso LXVII.

plente, sendo cabível em seu lugar a execução do patrimônio do responsável por dívida.[8]

Uma interpretação literal pode, é certo, levar a concluir-se que a vedação constitucional, porque se reporta apenas à prisão civil, não se opõe à lei ordinária que define como crime o inadimplemento de dívida, para reprimi-lo com pena prisional. Sabemos todos, porém, que o elemento literal é de tal pobreza que o hermeneuta não se pode a ele limitar. É indispensável ao jurista o recurso a outros elementos, entre os quais o sistêmico e o teleológico, e ainda o recurso aos valores albergados pela ordem jurídica, pois somente assim evitará inadmissíveis incongruências a que muita vez conduz a utilização simplista do elemento literal.

Admitir que a Constituição, ao vedar a prisão civil por dívida, não está proibindo também a definição da dívida como crime, é outorgar ao legislador ordinário ferramenta que lhe permite destruir completamente a supremacia constitucional. Na interpretação da norma jurídica, especialmente da norma da Constituição, tem-se de ir além do elemento meramente literal. É preciso buscar a realização dos objetivos que a norma tende a alcançar, os valores humanos que tende a realizar.

Toda norma jurídica alberga *valor*, cuja presença permite que se estabeleça a coerência do sistema normativo. Na proteção de cada bem jurídico, de cada bem da vida, tem-se de evitar a incongruência. Por isto, doutrina USERA, "*La sistematicidad en el ámbito constitucional alcanza su mayor relieve en la necessaria ponderación de bienes igualmente protegidos*".[9]

A norma da Constituição que proíbe a prisão por dívida protege o direito à liberdade, colocando-o em patamar superior ao direito de receber um crédito. Isto não quer dizer que o direito de receber um crédito restou sem proteção jurídica. Quer dizer que essa proteção não pode chegar ao ponto de sacrificar a liberdade corporal, a liberdade de ir e vir. Limita-se, pois, a proteção do direito de receber um crédito ao uso da ação destinada a privar o devedor de seus bens patrimoniais, que podem ser afinal desapropriados no processo de execução.

O sistema jurídico, considerados os valores que alberga, é necessariamente coerente. Suas eventuais antinomias devem ser eliminadas, e quando em conflito se encontram normas de diversa hierarquia a eliminação se faz

---

[8] Celso Ribeiro Bastos, *Comentários à Constituição do Brasil*, Saraiva, São Paulo, 1989, v. 2, p. 304.

[9] Raúl Canosa Usere, Interpretación Constitucional y Formula Politica, Centro de Estudios Constitucionales, Madrid, 1988, p. 215.

sem qualquer dificuldade, porque *"o juiz, quando se encontrar frente a um conflito entre uma norma superior e uma norma inferior, será levado a aplicar a norma superior"*.[10]

É certo que estamos falando de inadimplência de dívida, e não de práticas fraudulentas. *"O que o bom senso repele, é responder a liberdade individual pelo pagamento de dívidas, salvo em caso de fraude. A liberdade poderá responder pela fraude, e não pela dívida em si."*[11]

Se a liberdade individual não deve ser sacrificada com a prisão civil, com muito mais razão ela não deve ser sacrificada com a aplicação da pena criminal de prisão. Se é certo que a prisão civil distingue-se da penal, como afirmou o Ministro Celso de Mello, *pois a sua única finalidade consiste em compelir o devedor a satisfazer obrigação que somente a ele compete executar,* e por isto é menos severa, menos danosa, como se vê dos precedentes apontados pelo eminente Ministro para justificar a distinção, com muito mais razão se deve entender que não sendo possível a prisão civil, muito menos será admissível a prisão penal do devedor como instrumento de proteção do direito do credor, de haver o seu crédito.

E ninguém pode negar que a pena criminal, no caso do não pagamento de tributo, tem o exclusivo objetivo de compelir o contribuinte a fazer o recolhimento a que está obrigado. Ou, o que é pior, fazer o recolhimento do valor que a Administração Tributária entende devido, sem ter ao menos o direito de questionar a exigência perante o Judiciário.

Aliás, o Supremo Tribunal Federal tem adotado, há muito tempo, reiteradamente, o entendimento segundo o qual se o fisco não pode utilizar-se de sanções políticas, tais como a interdição do estabelecimento, ou a apreensão de mercadorias, como meio para compelir o contribuinte ao pagamento do tributo, não é razoável esperar-se que venha a entender válido o uso da sanção penal para o mesmo fim. A não ser que a Corte Maior se disponha a incorrer na desmedida incoerência de repelir a apreensão da mercadorias, mas admitir a prisão de seu proprietário, como meio de compelir o contribuinte ao pagamento do tributo.

Não se nega, repita-se, a distinção entre prisão civil e pena criminal. A distinção é evidente, como é evidente que a pena criminal é muito mais grave, mais detrimentosa para quem a suporta. Bem o demonstra o eminente

---

[10] Norberto Bobbio, *Teoria do Ordenamento Jurídico*, 4ª edição, Editora Universidade de Brasília, Brasília, 1994, p. 111.

[11] A. de Sampaio Dória, *Direito Constitucional*, Max Limonad, São Paulo, 1960, v. 4, p. 683.

Ministro Celso de Mello, em seu despacho acima transcrito, em que explica, com clareza e inteira propriedade, a distinção entre as duas espécies de prisão.

A distinção entre as duas espécies de prisão, sendo, como é, muito mais grave a prisão *penal*, suscita a questão de saber se quem *não* pode o menos, pode o mais. Se o legislador, para proteger o direito do credor, não pode prescrever a prisão civil do devedor, *o menos*, não é razoável admitir-se que possa, para o mesmo fim, cominar *pena* de prisão, que é sanção indiscutivelmente mais grave.

Ressalte-se, finalmente, que a prisão por dívida tributária, que não tem respaldo jurídico, no plano da moral constitui evidente absurdo, porque todos sabem que o Estado é um inadimplente contumaz.

A cominação de pena para os que não pagam tributo é na verdade uma atitude extrema de um Estado que não se faz aceitar, que já não consegue o cumprimento espontâneo da lei tributária porque não cumpre sequer o seu papel de garantir a segurança pública, o mínimo que se pode dele esperar, vendo-se que a violência domina e assusta a todos em todos os lugares, e já não poupa as próprias instituições policiais incumbidas da sua prevenção e repressão.

Não tem fundamento ético a aplicação da pena de prisão a quem não paga tributo, quando o Estado não tem o menor respeito para com os seus credores que, favorecidos por decisão judicial, ficam em intermináveis filas de espera para receber os precatórios correspondentes, que já chegaram a ser parcelados em até dez anos. Sobretudo porque ao Estado são assegurados os caminhos do processo civil para haver os tributos não pagos espontaneamente.

Definitivamente não tem fundamento jurídico, nem muito menos ético, a cobrança de tributo mediante ameaça de prisão. Ameaça que se faz mais necessária exatamente nos casos em que a cobrança, arbitrária e injusta, padece da mais absoluta falta de legitimidade. Como doutrina com inteira propriedade o próprio Ministro José Celso de Mello Filho, "o consentimento dos destinatários do poder constitui, em si mesmo, o próprio fundamento da legitimidade. Sem esta, o poder se reduz à força e à mera capacidade de impor e de executar decisões, mesmo à revelia ou contra a vontade presumível dos governados".[12]

A definição do não pagamento do tributo como crime é, sem dúvida, manifestação dessa *"capacidade de impor e de executar decisões, mesmo à revelia ou contra a vontade presumível dos governados"*.

---

[12] José Celso de Mello Filho, *Constituição Federal Anotada*, 2ª edição, Saraiva, São Paulo, 1986, p. 21.

b) Quanto ao segundo fundamento

Por outro lado, a tese da supremacia da Constituição sobre os tratados internacionais também não se presta como fundamento para considerar-se constitucional a norma incriminadora em questão.

Realmente, nossa Constituição não determina a criminalização do inadimplemento de dívida tributária, como faz, por exemplo, com a discriminação atentatória dos direitos e liberdades fundamentais e com a prática do racismo.[13] Em tais casos, o legislador ordinário recebe o comando constitucional no sentido de definir como crime aquelas condutas que o constituinte valorou como nocivas à sociedade, de sorte a justificar a criminalização. Assim, se um tratado internacional viesse a estabelecer o contrário, certamente não prevaleceria sobre a Constituição.

Em se tratando de dívida tributária, porém, nada existe na Constituição que se possa considerar contrariado pela norma do Pacto de São José da Costa Rica, que veda a prisão por dívida. Pelo contrário, a própria Constituição Federal de 1988 veda a prisão por dívida. E além disto prestigia expressamente os tratados internacionais, ao dizer que os direitos e garantias nela expressos *"não excluem outros decorrentes do regime e dos princípios por ela adotados, ou dos tratados internacionais em que a República Federativa do Brasil seja parte"*.[14]

Ressalte-se que essa norma, no dizer autorizado de José Celso de Mello Filho, comentando dispositivo idêntico da Constituição anterior, "configura norma de encerramento, que institui as liberdades residuais, inominadas, implícitas ou decorrentes, as quais, a despeito de não enunciadas ou especificadas na Carta Constitucional, resultam do regime e dos princípios que ela adota".[15] Norma cuja importância já foi ressaltada, com inteira propriedade, pelo eminente constitucionalista, a dizer que "o rol das liberdades públicas que se contém no art. 153 do texto constitucional, não é exaustivo, mas simplesmente exemplificativo. Não se admite, portanto, no plano das liberdades públicas, qualquer interpretação que suprima, restrinja ou neutralize outros direitos e garantias que, embora não especificados, são titularizados pelo povo. O objetivo dessa cláusula constitucional é inibir eventuais ações, atentados ou abusos do Estado contra as liberdades públicas".[16]

---

[13] Constituição Federal de 1988, art. 5º, incisos XLI e XLII.
[14] Constituição Federal de 1988, art. 5º, § 2º.
[15] José Celso de Mello Filho, *Constituição Federal Anotada*, 2ª edição, Saraiva, São Paulo, 1986, p. 490.
[16] José Celso de Mello Filho, *Constituição Federal Anotada*, 2ª edição, Saraiva, São Paulo, 1986, p. 490-491.

Definir como crime o não pagamento de uma dívida, e com isto contornar o obstáculo constitucional consubstanciado na norma que veda a prisão civil por dívida, constitui verdadeiro abuso contra as liberdades públicas, praticado pelo legislador, contra aquele que, no mais das vezes em razão de circunstâncias alheias a sua vontade, deixa de pagar impostos.

Outra, aliás, não é a razão pela qual não se admite a configuração do tipo penal, no crime contra a ordem tributária, sem a ocorrência de fraude. Se o que se protege é o patrimônio, essa proteção, enquanto proteção da propriedade que é, deve ser adjetivada, sem o que se terminará por consagrar a velha prisão por dívida.[17]

Não se venha argumentar com as atuais circunstâncias, com o crônico déficit público, em grande parte decorrente da ineficiência administrativa e dos desmandos de muitos dos que corporificam o Estado, porque ainda nas palavras do Ministro Celso de Mello, "a Constituição não pode submeter-se à vontade dos poderes constituídos e nem ao império dos fatos e das circunstâncias. A supremacia de que ela se reveste – enquanto for respeitada – constituirá a garantia mais efetiva de que os direitos e liberdades não serão jamais ofendidos. Ao STF incumbe a tarefa, magna e eminente, de velar por que essa realidade não seja desfigurada".[18]

Registre-se que a jurisprudência, no Supremo Tribunal Federal e no Superior Tribunal de Justiça, firmou-se no sentido do descabimento da prisão civil do depositário infiel.[19] Teria fundamento no Tratado de São José da Costa Rica. Pela mesma razão não se pode considerar constitucional o dispositivo de lei que define como crime o não pagamento de tributo, sem nenhuma fraude, simplesmente como forma de compelir o contribuinte ao pagamento de sua dívida tributária.

2.3 O fundamento da norma penal

2.3.1 Limite constitucional à definição do crime

Não é razoável admitir-se que o legislador pode definir como crime o que bem entender, mesmo que assim fazendo subverta os dispositivos da Cons-

---

[17] É assim também no Direito espanhol, onde a doutrina majoritária, e a jurisprudência, exigem a fraude como elemento indispensável à configuração do delito fiscal. Neste sentido, Ignacio Berdugo Gómez de La Torre e Juan Carlos Ferré Olivé, Todo sobre el Fraude Tributario, Praxis, Barcelona, 1994, p. 49-50.

[18] Da ementa do Ac. un. do STF Pleno – ADIn 293-7600/DF – medida liminar – julgada em 6.6.90, *DJU* de 16.4.93, p. 6429 e *Repertório IOB Jurisprudência* nº 10/93, p. 193, texto nº 1/6203.

[19] *Boletim Informativo Juruá*, nº 486, 16/31 de julho de 2009, p. 16.

tituição. Se esta afirma que não haverá prisão civil por dívida, certamente o legislador ordinário não pode, para contornar essa limitação, simplesmente definir a dívida como crime. Se pudesse, a Constituição certamente não seria suprema. A rigor, seria absolutamente inútil.

Ressalte-se que a tese adotada pelo julgado em análise não coloca nenhum limite à liberdade do legislador na definição dos crimes. Presta-se como fundamento para a definição de qualquer conduta humana como crime. O legislador poderia, nela fundamentado, definir como crime o não pagamento de qualquer dívida no prazo legal ou contratualmente estabelecido, e assim anular inteiramente a garantia constitucional.

Não se venha argumentar com a natureza da dívida tributária, que seria diversa das dívidas em geral e por isto poderia o seu inadimplemento justificar a pena prisional. O Estado, enquanto credor, não pode ser colocado em plano superior. Ele tem apenas os privilégios compatíveis com as relações creditórias em geral. Não pode ter o privilégio de punir com pena prisional o inadimplente. Isto seria um retorno inadmissível à pré-história.

A lei penal há de ter um fundamento sociológico. O bem jurídico atingido pela conduta que ela define como crime há de ser relevante ao ponto de merecer a tutela penal, e esta não pode ir além da tutela oferecida aos credores em geral, que não inclui a prisão do devedor, salvo as exceções expressamente admitidas pela Constituição.

Resta sabermos se poderia o legislador utilizar-se da figura da apropriação indébita para contornar o obstáculo constitucional.

2.3.2 Apropriação indébita

2.3.2.1 A denominação e a configuração substancial

Afaste-se desde logo a possibilidade de definir-se como apropriação indébita a situação de simples dívida. Por mais formalista que se pretenda ser, não se pode admitir que a simples denominação, em lei, de uma situação qualquer, como apropriação indébita, possa ter o efeito de validar uma norma que defina como crime de apropriação indébita a situação na qual se tem apenas um devedor e não um ilegítimo possuidor de coisa alheia.

Mesmo assim, justifica-se a preocupação que se há de ter com tal possibilidade, por mais absurda que ela seja, como realmente é, porque a história registra precedente deveras perigoso e de certa forma inacreditável, no qual consumou-se escancarado equívoco.

2.3.2.2 O equívoco da jurisprudência

Realmente a jurisprudência cometeu um equívoco muito grave quando admitiu que o não recolhimento de tributo pode configurar apropriação indébita, independentemente do dolo específico.

Realmente, o antigo Tribunal Federal de Recursos, por seu Plenário, rejeitou a arguição de inconstitucionalidade do dispositivo do Decreto-lei nº 326/67, que definiu como apropriação indébita o não recolhimento de tributo, ao argumento de que "*o caput da referida regra legal não criou novo tipo penal, limitando-se a proibir que o contribuinte empregue o produto do imposto em fim outro que não seja o recolhimento aos cofres da União e cujo descumprimento reúne em si os elementos do crime definido no art. 168 do estatuto*".[20]

Depois, todavia, chegou a afirmar, por sua 2ª Turma, que a configuração da apropriação indébita do IPI não exige o dolo específico porque, não obstante o art. 2º, do Decreto-lei 326/67 tenha utilizado a rubrica do art. 168 do Código Penal, "*criou um delito de formato próprio, com tipicidade determinada*".[21]

A evidência do equívoco dispensa comentários. Ou o Decreto-lei instituíra tipo novo e neste caso seria inconstitucional, ou então a configuração da apropriação indébita não poderia prescindir do dolo específico.

De todo modo, o equívoco consumou-se e terminou por legitimar outras disposições que vieram depois consolidar a definição do não pagamento de tributo como crime: o art. 2º, inciso II, da Lei nº 8.137/90, posto em dúvida perante o Supremo Tribunal Federal e que deu lugar ao julgamento aqui comentado; o art. 95, alíneas "d", "e" e "f" da Lei nº 8.212/91,[22] e por último o art. 168-A do Código Penal, decorrente da Lei nº 9.983, de 14 de julho de 2000.

A nosso ver, todas essas normas devem ser submetidas ao controle de constitucionalidade que se há de orientar pela consideração do conteúdo da norma, vale dizer, pelo exame da descrição do tipo penal. A esse respeito, aliás, já escrevemos:

> "Se as normas que dizem ser crime o não recolhimento de tributos nos prazos legais criam tipo novo, diverso da apropriação indébita, são inconstitucionais, porque afrontam a proibição de prisão por dívida.

---

[20] Rec. Crim. nº 544 – SC, Rel. Ministro Antonio Torreão Braz, julgado em 11.12.79, m.v., Tribunal Pleno, *RTRF* (Revista do Tribunal Federal de Recursos) nº 82, p. 1-14.

[21] Apelação Criminal nº 4.589 – PE, julgada em 8.6.82, Rel. Min. José Cândido, *RTFR* nº 93, p. 127.

[22] Disposições revogadas pela Lei nº 9.983/2000, mas seguem exemplos pertinentes de definições, pelo legislador, de crimes relacionados ao inadimplemento tributário.

Se apenas explicitam que esse não recolhimento configura o tipo do art. 168 do Código Penal, sua aplicação somente há de se dar quando presentes todos os elementos daquele tipo, entre os quais o dolo específico, a vontade consciente de fazer próprio o dinheiro do fisco."[23]

2.3.2.3 A vontade de apropriar-se como elemento essencial do tipo

Realmente, se não está presente a vontade de fazer próprio o dinheiro que pertence ao fisco, o que se tem é puro e simples inadimplemento de dívida. Tudo então se resumirá a uma questão de prova. Prova da presença ou da ausência desse elemento essencial do tipo penal. Por isto mesmo já asseveramos:

> "Em qualquer caso, se o contribuinte escritura, em sua contabilidade, os valores a serem pagos ao Tesouro, resta ausente o elemento subjetivo do tipo penal. O dolo é a 'vontade livre e consciente de o sujeito se apropriar de coisa alheia móvel de que tem a posse ou detenção'. E com essa vontade, que é elementar na apropriação indébita, é inteiramente incompatível a escrituração contábil, como débito do contribuinte, a crédito do Tesouro, das quantias correspondentes aos tributos a serem pagos."[24]

A escrituração contábil da dívida para com a Fazenda Pública *há de ser entendida como induvidosa e até eloquente manifestação, que é, do propósito de responder pela dívida. Propósito que, evidentemente, não se concilia com a vontade de apropriar-se.* Por outro lado, essa escrituração contábil constitui elemento importante de prova a favor da Fazenda Pública, que poderá utilizá-lo em processo de cobrança judicial da dívida.

2.3.3 A dívida como fato penalmente tipificado

É importante insistirmos em que a garantia do art. 5º, inciso LXVII, da Constituição Federal de 1988 não pode ser amesquinhada por uma visão formalista do Direito, que leva a admitir-se a possibilidade de definição, como tipo penal, da dívida de valor, aquela mesma dívida para cujo adimplemento não pode o devedor ser compelido pela prisão civil.

---

[23] Hugo de Brito Machado, *Curso de Direito Tributário*, 21ª edição, Malheiros, São Paulo, 2002, p. 429.

[24] Hugo de Brito Machado, *Curso de Direito Tributário*, 21ª edição, Malheiros, São Paulo, 2002, p. 429.

Se o legislador pudesse tipificar como crime o fato do inadimplemento da dívida, certamente a garantia constitucional seria nenhuma. E dúvida não pode haver de que o tipo penal do art. 2º, inciso II, da Lei nº 8.137/90, por exemplo, nada exige além do inadimplemento de uma dívida. Isto é afirmado, aliás, mesmo pelos defensores da constitucionalidade desse dispositivo, como é o caso de Andreas Eisele, para quem:

> "A criminalização da omissão de recolhimento de tributos indiretos, ou de contribuições sociais devidos por agentes de retenção, não fere a garantia prevista no art. 5º, LXVII, da Constituição Federal, pois prevê prisão penal e não civil, ainda que o fato penalmente tipificado se revista das características de dívida de valor específico."[25]

2.4 Interpretação conforme com a Constituição

A nosso ver, a norma do art. 2º, inciso II, da Lei nº 8.137/90 deve ser interpretada em conformidade com a Constituição. Seu alcance, assim, abrangerá somente aquelas situações nas quais o não pagamento do tributo envolva um artifício qualquer, que impossibilite a cobrança pelos meios ordinários, da quantia devida à Fazenda a título de tributo.

2.5 O entendimento firmado pelo STF no RHC 163.334

Divergindo do que foi explicado ao longo deste capítulo, o Supremo Tribunal Federal decidiu, em dezembro de 2019, que o art. 2º, II, da Lei nº 8.137/90 aplica-se aos casos de mero inadimplemento de ICMS, mesmo quando o contribuinte declara ao Fisco o valor do imposto devido.

Vale transcrever a ementa do julgado:

> "Direito penal. Recurso em *Habeas Corpus*. Não recolhimento do valor de ICMS cobrado do adquirente da mercadoria ou serviço. Tipicidade.
> 1. O contribuinte que deixa de recolher o valor do ICMS cobrado do adquirente da mercadoria ou serviço apropria-se de valor de tributo, realizando o tipo penal do art. 2º, II, da Lei nº 8.137/1990.

---

[25] Andreas Eisele, *Apropriação Indébita e Ilícito Penal Tributário*, Dialética, São Paulo, 2001, p. 165.

2. Em primeiro lugar, uma interpretação semântica e sistemática da regra penal indica a adequação típica da conduta, pois a lei não faz diferenciação entre as espécies de sujeitos passivos tributários, exigindo apenas a cobrança do valor do tributo seguida da falta de seu recolhimento aos cofres públicos.

3. Em segundo lugar, uma interpretação histórica, a partir dos trabalhos legislativos, demonstra a intenção do Congresso Nacional de tipificar a conduta. De igual modo, do ponto de vista do direito comparado, constata-se não se tratar de excentricidade brasileira, pois se encontram tipos penais assemelhados em países como Itália, Portugal e EUA.

4. Em terceiro lugar, uma interpretação teleológica voltada à proteção da ordem tributária e uma interpretação atenta às consequências da decisão conduzem ao reconhecimento da tipicidade da conduta. Por um lado, a apropriação indébita do ICMS, o tributo mais sonegado do País, gera graves danos ao erário e à livre concorrência. Por outro lado, é virtualmente impossível que alguém seja preso por esse delito.

5. Impõe-se, porém, uma interpretação restritiva do tipo, de modo que somente se considera criminosa a inadimplência sistemática, contumaz, verdadeiro modus operandi do empresário, seja para enriquecimento ilícito, para lesar a concorrência ou para financiar as próprias atividades.

6. A caracterização do crime depende da demonstração do dolo de apropriação, a ser apurado a partir de circunstâncias objetivas factuais, tais como o inadimplemento prolongado sem tentativa de regularização dos débitos, a venda de produtos abaixo do preço de custo, a criação de obstáculos à fiscalização, a utilização de 'laranjas' no quadro societário, a falta de tentativa de regularização dos débitos, o encerramento irregular das suas atividades, a existência de débitos inscritos em dívida ativa em valor superior ao capital social integralizado etc.

7. Recurso desprovido.

8. Fixação da seguinte tese: O contribuinte que deixa de recolher, de forma contumaz e com dolo de apropriação, o ICMS cobrado do adquirente da mercadoria ou serviço incide no tipo penal do art. 2º, II, da Lei nº 8.137/1990." (RHC 163.334, rel. Roberto Barroso, Tribunal Pleno, julgado em 18.12.2019, *DJe*-271, Divulg. 12.11.2020, Public. 13.11.2020).

Com todo o respeito, referida decisão incorre em diversos equívocos.

Conforme já explicado nos itens anteriores deste capítulo, o não recolhimento do ICMS devidamente declarado não é, nem pode ser, crime.

Primeiro, porque o contribuinte não cobra, ou desconta, do consumidor final qualquer quantia a título de imposto. Dele é cobrado o preço, que, economicamente, pode até ser influenciado, para mais ou para menos, pela carga tributária incidente sobre o vendedor, mas não se confunde com os tributos juridicamente devidos por este. Só isso já seria suficiente para afastar, por completo, a aplicação do art. 2º, II, da Lei nº 8.137/90 ao caso.

Segundo, porque, quando o tributo é devidamente declarado, e apenas inadimplido, desaparece o propósito de se apropriar, remanescendo, apenas, a dívida. Criminalizá-la, pelas razões já apontadas, é flagrantemente inconstitucional.

Terceiro, porque a lei não se reporta à contumácia, conceito indeterminado presente em verdadeiro tipo penal novo, criado jurisprudencialmente para tentar tornar menos agressiva a ideia de prender o mero inadimplente. A "contumácia", inexigida pela lei, teria sido acrescentada pelo Judiciário com o propósito de dar aparência de maior gravidade à conduta.

Finalmente, note-se que o acórdão incorre em evidentíssima contradição, a confirmar os equívocos anteriormente apontados. Ela ressalta, explícita, do contraste dos itens 1 e 4 da ementa. No primeiro deles, afirma-se que o não recolhimento do ICMS – supostamente "pago" pelo consumidor final, porquanto presumivelmente embutido no preço pago por este –, configuraria apropriação indébita. Em seguida, no item 4, afirma-se que referida conduta é grave, pois causa "danos à concorrência", representados pela prática de preços predatórios. Com a devida vênia, é óbvio que tais fundamentos se anulam, pois, se o preço é mais baixo, predatório, por não ter o tributo embutido, o contribuinte estaria a se apropriar do quê? De outra banda, se houve repasse do tributo no preço, de modo que se possa – muito impropriamente, reconheça-se – falar em apropriação, como seria então possível um preço predatório, porquanto desfalcado do tributo? A contradição, repita-se, é evidente, e só reforça os equívocos anteriormente apontados.

3 AÇÃO PENAL E PENAS

3.1 Ação penal

A ação penal no crime de que se cuida é pública incondicionada. Depende, porém, a sua propositura de haver sido apurado o fato em processo administrativo. Tal como no crime de supressão ou redução de tributo, previsto no art. 1º, da Lei nº 8.137/90, a conclusão do processo administrativo fiscal é condição objetiva de punibilidade, ou condição para o aperfeiçoamento do tipo penal.

Em princípio, tudo o que está dito quanto à ação penal no crime de supressão ou redução de tributo aplica-se à ação penal no crime de não pagamento do tributo.

Registre-se que o Supremo Tribunal Federal, por seu Plenário, já afirmou a necessidade de prévio exaurimento da via administrativa na denominada apropriação indébita previdenciária, em acórdão que porta expressiva ementa a dizer que:

> "Apropriação Indébita Previdenciária – Crime – Espécie. A apropriação indébita disciplinada no art. 168-A do Código Penal consubstancia crime omissivo material e não simplesmente formal.
> Inquérito – Sonegação Fiscal – Processo Administrativo. Estando em curso processo administrativo mediante o qual questionada a exigência do tributo, ficam afastadas a persecução criminal e – ante o princípio da não contradição, o princípio da razão suficiente – a manutenção do inquérito, ainda que sobrestado."[26]

3.2 Penas

3.2.1 Detenção e multa

A pena cominada para o crime de que se cuida é de detenção de 6 (seis) meses a 2 (dois) anos e multa.

A propósito da individualização dessas penas, veja-se o que escrevemos a propósito do crime de supressão ou redução de tributo.

3.2.2 Penas substitutivas

A pena privativa de liberdade, vale dizer, a detenção, deve ser substituída por penas restritivas de direitos, previstas no art. 43, e observadas as condições estabelecidas no art. 44 e seus parágrafos, do Código Penal.

3.3 Extinção da punibilidade

Extingue-se a punibilidade do crime de não pagamento do tributo pelo pagamento deste, a qualquer tempo. A nosso ver, mesmo depois de transitada em julgado a sentença penal condenatória. É o que se depreende da jurisprudência do Supremo Tribunal Federal.

---

[26] STF, Ag. Reg. No Inquérito 2.537-2, julgado em 10 de março de 2008, *DJ* de 12.6.2008, p. 23 e *RDDT* nº 155, agosto de 2008, p. 193-194.

4

Descaminho

1 DEFINIÇÃO NO CÓDIGO PENAL

O Código Penal definia o crime de contrabando ou descaminho, em seu art. 334, no capítulo onde trata dos crimes praticados por particular contra a administração em geral. No mesmo dispositivo eram definidos dois tipos penais distintos, a saber, o contrabando e o descaminho. Ocorre que a conduta que configura o contrabando é diferente da conduta que configura o descaminho. Atingem bens jurídicos diferentes. No contrabando a conduta típica viola a proibição de importar ou exportar determinado bem, enquanto no descaminho a conduta típica viola o dever de pagar o tributo correspondente à importação ou à exportação do bem.

Com o surgimento dos denominados crimes fiscais, ou tributários, travou-se forte disputa entre os utilitaristas, para os quais a criminalização do ilícito tributário tem o objetivo de forçar o contribuinte a pagar o tributo, e os que preconizam um direito penal ético, no qual a criminalização do ilícito penal teria a finalidade de punir o desvio de comportamento, que não seria corrigido pelo pagamento posterior. E em decorrência dessa disputa tivemos sucessivas alterações legislativas no que diz respeito à extinção da punibilidade pelo pagamento do tributo.[1]

Entre as várias leis sobre o assunto, tivemos a Lei nº 6.910, de 27 de maio de 1981, a dizer que a extinção da punibilidade pelo pagamento do tributo, prevista no art. 2º, da Lei nº 4.729, não se aplica aos crimes de contrabando ou descaminho, em suas modalidades próprias ou equiparadas. E assim, em-

---

[1] Sobre essa instabilidade legislativa veja-se nosso livro *Crimes Contra a Ordem Tributária*, 3ª edição, Atlas, São Paulo, 2011, p. 382-390.

bora a Lei nº 9.249, de 26 de dezembro de 1995, tenha restabelecido com notável ampliação a regra da extinção da punibilidade pelo pagamento do crédito tributário, alguns seguiram entendendo que essa forma de extinção da punibilidade não seria aplicável ao descaminho, até que em maio de 2011 o Supremo Tribunal Federal afirmou expressamente que "o crime de descaminho, mercê de tutelar o erário público e a atividade arrecadatória, tem nítida natureza tributária".[2]

Realmente, não existe razão para se excluir o crime de descaminho do alcance da regra que determina a extinção da punibilidade pelo pagamento do crédito tributário. Neste pequeno estudo vamos, então, demonstrar por que consideramos incensurável a decisão do Supremo Tribunal Federal, que afirma ser o pagamento do crédito tributário forma de extinção da punibilidade também no crime de descaminho. Começaremos explicando a distinção que existe entre contrabando e descaminho, que é importante para a adequada compreensão da tese em exame. Depois examinaremos a tese, adotada pelo Supremo Tribunal Federal, que afirma ser o descaminho um crime contra a ordem tributária. E finalmente vamos demonstrar que a tese adotada pela Corte Maior tem outra importante consequência, que é a da necessidade de prévio exaurimento da via administrativa para a propositura da ação penal.

2 DISTINÇÃO ENTRE CONTRABANDO E DESCAMINHO

Embora definidos o *contrabando* e o *descaminho* no mesmo dispositivo legal, a doutrina sempre foi pacífica ao afirmar a distinção entre esses dois tipos penais. No contrabando a mercadoria importada ou exportada é proibida, ou sujeita a uma autorização especial para importação ou exportação. Já no descaminho a mercadoria pode ser ordinariamente importada, ou exportada, mas o agente utiliza-se de meio fraudulento para fugir ao pagamento dos tributos devidos pela importação, pela exportação ou pelo consumo respectivo. É a lição de Damásio:

> "No sentido jurídico, a expressão contrabando quer dizer importação ou exportação de mercadorias ou gêneros cuja entrada ou saída do País é proibida, enquanto o termo descaminho significa fraude no pagamento de impostos e taxas devidos para o mesmo fim (entrada ou saída de mercadorias ou gêneros). A diferença entre contrabando e descaminho reside em que no primeiro a mercadoria é proibida; no

---

[2] STF, Primeira Turma, HC nº 85.942-SP, rel. Ministro Luiz Fux, julgado em 24.5.2011.

segundo, sua entrada ou saída é permitida, porém o sujeito frauda o pagamento do tributo devido."[3]

Vulgarmente, costuma-se denominar *contrabando* o que, na verdade, é *descaminho*, mas em linguagem jurídica a distinção se impõe. Quem conhece o Direito deve utilizar a terminologia correta. No contrabando, a mercadoria é de importação proibida. Ou dependente de autorização especial. A ação criminosa viola essa proibição. Já no descaminho a mercadoria é de importação permitida, e a ação criminosa viola o dever de pagar os tributos correspondentes, com a utilização de fraude tendente a ocultar o fato gerador dos tributos.

No contrabando o bem jurídico protegido pela regra jurídica definidora do crime é o poder da União de regrar o comércio internacional. Já no descaminho o bem jurídico protegido é o poder de tributar.

A Lei nº 13.008, de 26 de junho de 2014, separou o art. 334 do Código Penal em dois, a saber, o art. 334, que define o descaminho, e o art. 334-A, que define o contrabando, assim:

> "Descaminho
> Art. 334. Iludir, no todo ou em parte, o pagamento de direito ou imposto devido pela entrada, pela saída ou pelo consumo de mercadoria.
> Pena – reclusão de 1 (um) a 4 (quatro) anos.
> § 1º Incorre na mesma pena quem:
> I – pratica navegação de cabotagem, fora dos casos permitidos em lei;
> II – pratica fato assimilado, em lei especial, a descaminho;
> III – vende, expõe à venda, mantém em depósito ou, de qualquer forma, utiliza em proveito próprio ou alheio, no exercício de atividade comercial ou industrial, mercadoria de procedência estrangeira que introduziu clandestinamente no País ou importou fraudulentamente ou que sabe ser produto de introdução clandestina no território nacional ou de importação fraudulenta por parte de outrem.
> IV – adquire, recebe ou oculta, em proveito próprio ou alheio, no exercício de atividade comercial ou industrial, mercadoria de procedência estrangeira, desacompanhada de documento legal ou acompanhada de documentos que sabe serem falsos.
> § 2º Equipara-se às atividades comerciais, para os efeitos deste artigo, qualquer forma de comércio irregular ou clandestino de mercadorias estrangeiras, inclusive o exercido em residências.

---

[3] Damásio E. de Jesus, *Direito Penal*, 3ª edição, Saraiva, São Paulo, 1992, p. 203.

§ 3º A pena aplica-se em dobro se o crime de descaminho é praticado em transporte aéreo, marítimo ou fluvial.

Contrabando
Art. 334-A. Importar ou exportar mercadoria proibida:
Pena – reclusão, de 2 (dois) a 5 (cinco) anos.
§ 1º Incorre na mesma pena quem:
I – pratica fato assimilado, em lei especial, a contrabando;
II – importa ou exporta clandestinamente mercadoria que dependa de registro, análise ou autorização de órgão público competente;
III – reinsere no território nacional mercadoria brasileira destinada à exportação;
IV – vende, expõe à venda, mantém em depósito ou, de qualquer forma, utiliza em proveito próprio ou alheio, no exercício de atividade comercial ou industrial, mercadoria proibida pela lei brasileira;
V – adquire, recebe ou oculta, em proveito próprio ou alheio, no exercício de atividade comercial ou industrial, mercadoria proibida pela lei brasileira.
§ 2º Equipara-se às atividades comerciais, para os efeitos deste artigo, qualquer forma de comércio irregular ou clandestino de mercadorias estrangeiras, inclusive o exercido em residências.
§ 3º A pena aplica-se em dobro se o crime de contrabando é praticado em transporte aéreo, marítimo ou fluvial."

Como se pode ver, a distinção essencial entre descaminho e contrabando continua sendo o bem jurídico protegido pela regra jurídica definidora do crime. No descaminho esse bem jurídico é o poder de tributar, enquanto no contrabando esse bem jurídico protegido é o poder da União de regrar o comércio internacional, proibindo ou impondo restrições à importação.

3 DESCAMINHO COMO CRIME CONTRA A ORDEM TRIBUTÁRIA

Considerando-se que no descaminho o objeto jurídico protegido é o poder de tributar, temos de concluir que se trata de um crime contra a ordem tributária. Nesse sentido, aliás, manifestou-se já o Supremo Tribunal Federal, que deferiu um *habeas corpus* para trancar a ação penal contra o paciente, adotando o entendimento segundo o qual o pagamento dos tributos extingue, sim, a punibilidade no crime de descaminho.⁴ No item 7 da ementa do acórdão correspondente está afirmada, expressa e claramente, a natureza tributária do descaminho, e isso tem consequências relevantes em nosso ordenamento jurídico.

Realmente, tem-se como consequência da natureza de crime contra a ordem tributária a aplicação ao descaminho do entendimento já pacificado pela Súmula Vinculante 24 do Supremo Tribunal Federal, segundo o qual não se tipifica o crime contra a ordem tributária antes do lançamento definitivo do tributo, vale dizer, antes do julgamento final do processo administrativo em que a exigência tributária seja questionada.⁵ E, ainda, do entendimento segundo o qual o pagamento do tributo, a qualquer tempo, extingue a punibilidade.

Aliás, devemos ressaltar que a extinção da punibilidade ocorre com a extinção do crédito tributário, por qualquer das formas legalmente estabelecidas, e não apenas pelo pagamento. Sobre o tema já escrevemos artigo no qual afirmamos as seguintes conclusões:

> "1ª) A colocação do pagamento entre as causas de extinção da punibilidade nos crimes contra a ordem tributária foi uma elogiável opção de política jurídica do legislador, porque na verdade a criminalização do ilícito tributário deu-se com inegável objetivo utilitarista.
>
> 2ª) Por interpretação extensiva da norma penal é razoável entender-se, como entendemos, que a palavra pagamento tem o sentido de extinção do crédito tributário, de sorte que uma vez extinto o crédito tributário está extinta a punibilidade do crime contra a ordem tributária ligado a sua constituição.
>
> 3ª) Ainda que se negue a possibilidade de interpretação extensiva com o resultado afirmado na conclusão anterior, mesmo assim ter-se-á de admitir que a extinção da punibilidade nos crimes contra a ordem tributária dar-se-á, por integração analógica, como decorrência da extinção do crédito tributário, por qualquer das causas legalmente admitidas."⁶

---

[4] HC nº 85.942/SP, *DJe* de 1º.8.2011.

[5] Veja-se, a propósito, o acórdão proferido pelo Superior Tribunal de Justiça, 6ª Turma, no julgamento do HC nº 137628/RJ.

[6] Hugo de Brito Machado, Extinção do Crédito e Extinção da Punibilidade nos Crimes contra a Ordem Tributária, em *Revista Dialética de Direito Tributário*, Dialética, São Paulo, fevereiro de 2007, nº 137, p. 82.

No estudo em referência desenvolvemos longa argumentação no sentido de demonstrar que a extinção da punibilidade, nos denominados crimes tributários, decorre da extinção do crédito tributário e não apenas do pagamento. Se o objeto jurídico protegido é o crédito tributário, realmente não existe razão nenhuma que justifique entendimento diferente.

5

Organização Criminosa e Crimes Contra a Ordem Tributária

1 INTRODUÇÃO

Tem se tornado frequente a inclusão na denúncia, oferecida contra acusados de crime contra a ordem tributária, da imputação também do crime de associação criminosa, previsto no art. 288 do Código Penal. Especialmente depois que o Supremo Tribunal Federal definiu sua jurisprudência a respeito de questões particularmente concernentes aos crimes contra a ordem tributária, a saber, a da necessidade de prévio exaurimento da via administrativa e a de saber se o pagamento da dívida tributária extingue a punibilidade, mesmo quando feito depois do oferecimento da denúncia. É que a doutrina dos especialistas em Direito Penal tem afirmado que o crime de associação criminosa não é um crime meio, mas um tipo penal autônomo, e assim não se há de exigir, em relação a ele, o prévio exaurimento da via administrativa para que seja possível o oferecimento da denúncia. Nem a extinção da punibilidade quanto ao crime contra a ordem tributária a ele não se estenderia.

A maioria dos contribuintes de maior importância é composta de empresas, e a maioria destas é composta de mais de quatro pessoas, sócios ou não, que nelas trabalham e eventualmente podem ser acusados de crime contra a ordem tributária. Assim, três questões podem ser suscitadas. Questões que assumem enorme importância nos dias atuais, na medida em que cresce o número de ações penais por crimes contra a ordem tributária, com denúncias que imputam, também, aos acusados, o crime de associação criminosa. A primeira dessas questões é a de saber se a denúncia com imputação do crime de associação criminosa, em virtude de associação formada para a prática de crimes contra a ordem tributária, dependeria do prévio exaurimento da via administrativa. A segunda, a de saber se a extinção da punibilidade pelo pagamento da dívida tributária opera-se apenas em relação ao crime contra a ordem tributária ou se alcança também o crime de associação criminosa. A terceira, finalmente, é a que diz respeito à própria configuração do tipo penal previsto no art. 288 do Código Penal, na constituição de uma sociedade comercial com o objetivo de desenvolver uma atividade empresarial, considerando-se que no seu âmbito podem ser praticados crimes contra a ordem tributária.

Independentemente da posição que se venha a adotar em relação a essas três questões, certo é que a inclusão, na denúncia por crime contra a ordem tributária, da imputação do crime de associação criminosa, é a confirmação da tese que temos há muito tempo sustentado, segundo a qual o poder sempre encontra formas de contornar os limites que o Direito constrói para o controle do seu exercício. A exigência de prévio exaurimento da via administrativa e a extinção da punibilidade pelo pagamento do tributo são formas de limitação do poder de punir do Estado, destinadas especialmente a fazer com que ele utilize a definição do ilícito tributário como crime apenas para viabilizar a arrecadação dos tributos legalmente devidos, e não para os que exercem atividades econômicas, com a cobrança de tributos nem sempre devidos, sob a ameaça de penas privativas de liberdade.

Como o poder busca sempre meios de contornar os limites jurídicos, as autoridades envolvidas no combate aos crimes contra a ordem tributária, especialmente aquelas mais impregnadas do preconceito contra os empresários, fundado na ideia de que a propriedade é um roubo, e lucrar é algo imoral e odioso, cuidaram de descobrir um meio para aplicar penas privativas de liberdade aos acusados de crimes contra a ordem tributária, mesmo quando paguem suas dívidas tributárias. E passaram a imputar aos acusados desses crimes também o crime de formação de associação criminosa.

Existem manifestações jurisprudenciais a favor da tese autoritária. O Supremo Tribunal Federal já acatou a tese que preconiza a aplicação da pena prisional pelo crime de associação criminosa, anteriormente conhecido como "quadrilha ou bando", aos que, acusados de crime contra a ordem tributária, pagaram suas dívidas para com o fisco. Não nos parece, porém, que as questões acima apontadas estejam definitivamente resolvidas. Por isto vamos examiná-las, com o intuito de ofertar alguma contribuição, por mais modesta que seja, para a solução adequada das mesmas.

2 ASSOCIAÇÃO CRIMINOSA

2.1 Tipo penal autônomo

Quando se estuda o concurso de pessoas ou, mais precisamente, quando se estuda o cometimento de crime por uma pluralidade de agentes, surge imediatamente a ideia da associação criminosa. Entretanto, associação criminosa é um crime autônomo. Estabelece o Código Penal:

> "Art. 288. Associarem-se 3 (três) ou mais pessoas, para o fim específico de cometer crimes:
> Pena – reclusão, de 1 (um) a 3 (três) anos.
> Parágrafo único. A pena aumenta-se até a metade se a associação é armada ou se houver a participação de criança ou adolescente."

Como se vê, o próprio fato de se associarem três ou mais pessoas com o objetivo de cometer crimes constitui um tipo penal autônomo, cujo aperfeiçoamento independe do cometimento de outros crimes. Basta a finalidade da associação de três ou mais pessoas.

2.2 Elementos essenciais

São elementos essenciais para a configuração do crime de associação criminosa: (a) a quantidade de membros igual ou superior a três; (b) a finalidade da associação, vale dizer, a associação para o cometimento de crimes; e ainda, (c) a ideia de continuidade, pois não constitui associação criminosa a reunião de três ou mais pessoas com a finalidade de praticar um determinado crime.

Sobre o assunto doutrina Mirabete:

> "O núcleo do tipo penal é associação de no mínimo quatro pessoas para a prática de crimes, sendo irrelevante que tenham elas outras finalidades. Não basta que se reúnam essas pessoas para o cometimento de um crime determinado, existindo aí simples concurso de agentes se o ilícito for ao menos tentado. É necessário que haja um vínculo associativo permanente para fins criminosos, uma predisposição comum de meios para a prática de uma série de crimes. Exige-se, assim, uma estabilidade ou permanência com o fim de cometer crimes, uma organização de seus membros que refere acordo sobre a duradoura atuação em comum."[1]

Como se vê, Mirabete considera ser irrelevante que a associação tenha outras finalidades. Magalhães Noronha também assim entende, e vai além, doutrinando:

> "Desnecessário também que a reunião tenha, desde sua constituição, o fim de delinquir. Pode ela degenerar e transformar-se em

---
[1] Julio Fabbrini Mirabete, *Código Penal Interpretado*, Atlas, São Paulo, 2000, p. 1548.

criminosa, e pode, além do fim lícito que lhe deu origem, juntar-se o de cometer crimes: haverá o tipo em questão."[2]

A maioria dos autores limita-se a afirmar que a finalidade ilícita, vale dizer, o objetivo de cometer crimes, é elemento essencial do tipo.[3] Não enfrenta a questão de saber se esse objetivo há de ser o único, ou pelo menos o objetivo principal. E essa questão a nosso ver é da maior importância, especialmente quando nos ocupamos dos crimes contra a ordem tributária.

Vistas as características do crime de associação criminosa, estabelecido que se trata de um tipo penal autônomo, examinemos então as duas questões que se colocam quando esse crime é imputado ao acusado da prática de crime contra a ordem tributária, que são: a de saber se a extinção da punibilidade, pelo pagamento da dívida tributária, opera-se apenas em relação ao crime contra a ordem tributária ou se alcança também o crime de associação criminosa, e a que diz respeito à própria configuração do tipo penal previsto no art. 288 do Código Penal, na constituição de uma sociedade comercial em cujo âmbito são praticados crimes contra a ordem tributária.

3 PRÉVIO EXAURIMENTO DA VIA ADMINISTRATIVA

3.1 Por que é necessário

Consideramos inadequada a tese que coloca o prévio exaurimento da via administrativa como uma condição objetiva de punibilidade nos crimes contra a ordem tributária. A nosso ver, trata-se, isto sim, de saber se está ou não configurada a conduta tipicamente antijurídica e culpável. Colhemos a lição de Balestra:

"Al definir el delito como acción típicamente antijurídica y culpable, se está requiriendo *la adecuación del acto a todas las condiciones de la figura, subjetivas y objetivas*. Por eso, porque el tipo es la suma de los requisitos que definen la conducta punible, no consideramos

---

[2] E. Magalhães Noronha, Direito Penal, 19ª edição, Saraiva, São Paulo, 1992, p. 94.

[3] Assim, entre outros: Nelson Hungria, *Comentários ao Código Penal*, Forense, Rio de Janeiro, 1959, v. IX, p. 174-181; Damásio E. de Jesus, *Direito Penal*, Saraiva, São Paulo, 1993, v. 3, p. 393-397; Paulo José da Costa Jr., *Curso de Direito Penal*, 8ª edição, DPJ, São Paulo, 2005, p. 680-682; Ney Moura Teles, *Direito Penal*, Atlas, São Paulo, 2004, v. III, p. 292-295; Carlos Fontán Balestra, *Tratado de Derecho Penal*, 2ª edición, Abeledo-Perrot, Buenos Aires, 1994, t. VI, p. 473-474.

necesario incluir en la definición las condiciones objetivas de punibilidad, ni ningún otro agregado referido a la adecuación, que resulta ya de la calificación de típicamente antijurídica. Una acción no es típicamente antijurídica si no contiene todos los requisitos de una figura legal."[4]

Assim, considerando que no tipo penal está o elemento normativo tributo devido e que compete à autoridade administrativa dizer se existe tributo devido e qual o valor deste, ou se está configurado o descumprimento de uma obrigação tributária acessória e qual a penalidade aplicável, determinando o valor do crédito tributário respectivo, é evidente que somente depois da decisão final da autoridade administrativa, ou mais exatamente só depois da decisão de última instância da autoridade administrativa, é que se pode afirmar presente esse elemento do tipo.

3.2 A jurisprudência do Supremo Tribunal Federal

Essa questão ensejou muitas controvérsias, na doutrina e na jurisprudência, mas hoje está superada na jurisprudência do Supremo Tribunal Federal. Os fundamentos da tese que afinal prevaleceu na Corte Maior estão muito bem expostos no voto vista proferido pelo Ministro Sepúlveda Pertence no HC 77.002-8 do Rio de Janeiro, do qual foi relator o Ministro Nery da Silveira. E hoje está cristalizada na Súmula Vinculante 24.

Em seu mencionado voto vista, o Ministro Sepúlveda Pertence, embora dizendo não tomar de logo compromisso com a equiparação, sustenta, com inteira razão, que existe indiscutível semelhança entre a situação que se coloca no exame da necessidade do prévio exaurimento da via administrativa e aquelas que justificam a existência das questões prejudiciais em sentido estrito. E afinal esclarece:

> "Assim, no caso, trata-se na verdade é de não usurpar a competência privativa da Administração para o ato de constituição do crédito tributário (CTN, art. 142), sujeito ele mesmo, de resto, ao controle judicial de sua validade, quando se lha anteponha pretensão de direito subjetivo violado do contribuinte."

---

[4] Carlos Fontán Balestra, *Tratado de Derecho Penal*, 2ª edición, Abelledo Perrot, Buenos Aires, 1995, t. I, p. 369.

3.3 Quando e por que se estende ao crime de associação criminosa

Já não há dúvida quanto à necessidade do prévio exaurimento da via administrativa no que diz respeito à ação penal no crime contra a ordem tributária. A questão que se coloca então é a de saber se essa necessidade estende-se ao crime de associação criminosa.

Não se nega a autonomia do tipo penal de associação criminosa. Pode este configurar-se, mesmo que a sociedade constituída para praticar crimes nenhum crime tenha praticado. Mesmo assim, para a configuração do tipo penal em tela é sempre necessária a certeza de que a sociedade constituiu-se com o objetivo de praticar crimes. Assim, é importante a identificação de quais serão os crimes cujo cometimento constituiu o motivo para a constituição da sociedade.

Admitamos que a imputação do cometimento do crime de associação criminosa esteja sendo feita aos membros de uma sociedade ao argumento de que a mesma foi constituída tendo como objetivo o cometimento de crimes contra a ordem tributária. Não com o objetivo de praticar outros crimes. Somente crimes contra a ordem tributária. Neste caso leva problema saber se realmente a conduta dos acusados configura ou não crime contra a ordem tributária, vale dizer, tem-se presente a necessidade de prévio exaurimento da via administrativa, a menos que não se respeite a competência privativa da autoridade administrativa, prevista no art. 142 do Código Tributário Nacional.

Há de ser assim porque, se nem ao menos se tem certeza quanto à qualificação como crime das condutas apontadas como crime contra a ordem tributária, e se o propósito de cometer outros crimes não está indicado como objetivo da suposta associação criminosa, não é razoável admitir-se que esteja configurado esse tipo penal. Assim, não temos dúvida de que a exigência de prévio exaurimento da via administrativa estende-se para o crime de associação criminosa *sempre que a acusação sustente a configuração desse tipo penal apontando como objetivo criminoso de sua formação apenas o cometimento de crimes contra a ordem tributária*. Por quê? Exatamente porque a própria qualificação como crime, da conduta apontada como o objetivo para a formação da sociedade, depende da manifestação da autoridade administrativa competente.

Pode ocorrer que esteja atendida a exigência do prévio exaurimento da via administrativa, e tenha ocorrido o pagamento da dívida tributária. A questão que então se coloca é a de saber se tal pagamento, que extingue a punibilidade dos crimes contra a ordem tributária, extingue também a punibilidade em relação ao crime de associação criminosa. É o que vamos a seguir examinar.

4 A EXTINÇÃO DA PUNIBILIDADE PELO PAGAMENTO

4.1 O entendimento manifestado pelo Supremo Tribunal Federal

O Supremo Tribunal Federal, por sua Primeira Turma, ao denegar o HC 84.223, do qual foi relator o Min. Eros Grau, decidiu que o pagamento do débito tributário, assim como o seu parcelamento, não interferem na ação penal em que aos réus é imputado o crime de associação criminosa, posto ser este um crime autônomo.[5] Não há dúvida de que o crime de associação criminosa é um crime autônomo, e por isto a causa de suspensão da ação e a extinção da punibilidade de um crime que tenha sido praticado pela associação criminosa não afetam o crime que a associação, em si mesma, configura. Essa é a regra, quando se tem em vista o fato histórico da associação de criminosos que ensejou a definição do tipo penal albergada pelo art. 288 do Código Penal.

A definição legal desse tipo penal teve por fim, com certeza, desestimular a formação de associação de criminosos. Tanto que é elemento essencial do mesmo o dolo específico. Daí a autonomia do tipo penal destinado a desestimular a criação do ente – associação criminosa – que facilita os cometimentos criminosos.

Em relação aos crimes contra a ordem tributária certamente não é assim. A situação que se configura pela estreita relação, essencial e inevitável, entre a atividade econômica desenvolvida pelas sociedades empresariais e a vivência dos fatos envolvidos no cometimento desses crimes exige um tratamento diferente. Afasta aquela regra geral, como se passa a demonstrar.

4.2 Crimes contra a ordem tributária e sociedades empresariais

A estreita ligação existente entre os crimes contra a ordem tributária e a atividade desenvolvida pelas sociedades empresárias impõe uma compreensão especial da questão que foge à regra tradicionalmente adotada. As sociedades empresárias atuam sempre em ambiente propício para a prática de crimes contra a ordem tributária, pois elas criam, inevitavelmente, como decorrência de sua natural atuação, deveres cuja violação constitui o elemento essencial desses crimes. A situação é, como se pode ver, radicalmente diversa daquela que se estabelece em relação a uma associação criminosa que se organiza

---
[5] *Boletim Informativo Juruá*, nº 374, 1º a 15 de setembro de 2004, p. 1.

para assaltar bancos, para roubar cargas nas estradas, ou para a prática de um outro crime cujo tipo nada tem a ver com a associação criminosa, mas é por esta facilitada.

Por outro lado, não se pode deixar de considerar que o estabelecimento da extinção da punibilidade pelo pagamento da dívida tributária foi uma opção do legislador, motivada pela consideração de que ao fisco interessa mais o recebimento dos recursos financeiros do que aplicar penas prisionais a quem não cumpre suas obrigações tributárias. Opção difícil, sem dúvida, tanto que não foram poucas as vacilações no seu exercício, ora estabelecendo, ora excluindo, essa hipótese de extinção da punibilidade.

Certo é que o objetivo visado com a opção legislativa de que se cuida somente será alcançado se a extinção da punibilidade atingir, além do crime contra a ordem tributária, também o de associação criminosa, ao menos nos casos em que essa associação não tenha tido outro objetivo além do cometimento de crimes contra a ordem tributária. Se é que em tais casos se pode considerar configurado o crime de associação criminosa, o que não nos parece ocorrer, como adiante será demonstrado.

Assim, não obstante o respeito que merece o entendimento contrário, até porque já afirmado pelo Supremo Tribunal Federal, entendemos que a melhor interpretação da lei, especialmente em face do elemento teleológico, nos conduz à conclusão de que o pagamento da dívida tributária implica extinção da punibilidade do crime contra a ordem tributária e também do crime de associação criminosa. Ao menos naqueles casos em que os crimes contra a ordem tributária sejam os únicos cometidos por seus integrantes.

Por outro lado, pode ser que a questão essencial não seja esta, concernente à extinção da punibilidade pelo pagamento da dívida tributária, mas a que diz respeito à configuração do tipo penal de associação criminosa, quando os crimes cometidos sejam exclusivamente os crimes contra a ordem tributária. É o que vamos a seguir examinar.

5 O CRIME DE ASSOCIAÇÃO CRIMINOSA E A SOCIEDADE EMPRESÁRIA

5.1 A configuração do tipo

Note-se que o tipo definido pelo art. 288 do Código Penal não se configura com a constituição de uma sociedade empresária porque esta, até prova em contrário, tem objetivos lícitos. Sua finalidade é o desempenho de atividade econômica, que é a todos constitucionalmente assegurado.

A configuração do crime de associação criminosa, diversamente do que ocorre na constituição de uma sociedade empresária, depende do dolo específico, que consiste no propósito de cometer crimes. É a lição de Noronha:

> "Devem os agentes ter vontade livre e consciente de se associarem de modo estável ou permanente, com o desígnio de cometer crimes. Esse fim ou escopo constitui o dolo específico."[6]

No mesmo sentido é a doutrina de Capez, afirmando que o elemento subjetivo nesse tipo penal:

> "É o dolo, isto é, a vontade de o agente se associar a outras pessoas com a finalidade de cometer crimes (esse fim específico constitui o elemento subjetivo do tipo), sejam eles contra o patrimônio, contra os costumes, contra a liberdade individual etc."[7]

Não é razoável admitir-se que uma sociedade empresária seja constituída com o desígnio de cometer crimes, até porque o cometimento de crimes não demanda sociedade formalizada em termos legais. Por outro lado, esse desígnio de cometer crimes deve albergar pelo menos dois crimes. Neste sentido, Noronha é incisivo: "O art. 288 fala em crimes e, consequentemente, dois delitos bastam."[8]

O escopo da associação criminosa não é o desenvolvimento de uma atividade econômica na qual o crime possa ser um elemento não essencial. É, isto sim, a prática de crimes. E embora a obtenção do lucro não seja, em princípio, elemento essencial, ele é na verdade a motivação que ordinariamente leva as pessoas à prática da associação criminosa. Isto é da maior importância, como se passa a demonstrar.

5.2 O objetivo da sociedade empresária

Na sociedade empresária não se vislumbra, ao menos em princípio, o desígnio de cometer crimes. Seu objetivo essencial é o exercício de uma atividade econômica. Nesta é que os integrantes da sociedade buscam lucrar.

Mesmo quando existe naqueles que constituem uma sociedade empresária o intuito de praticar crime contra a ordem tributária, não se pode deixar

---

[6] E. Magalhães Noronha, *Direito Penal*, 19ª edição, Saraiva, São Paulo, 1992, v. 4, p. 95.

[7] Fernando Capez, *Curso de Direito Penal*, 2ª edição, Saraiva, São Paulo, v. 3, p. 262.

[8] E. Magalhães Noronha, *Direito Penal*, 19ª edição, Saraiva, São Paulo, 1992, v. 4, p. 94.

de admitir que essa prática seja sempre secundária. Não será possível como prática isolada da atividade econômica que constitui objetivo da sociedade: a indústria, o comércio, a agricultura ou a prestação de serviços. Nunca o cometimento de crimes. Aliás, ao menos em princípio a prática de crime contra a ordem tributária é absolutamente impossível sem a prática de uma atividade econômica.

Não apenas o objetivo da sociedade empresária, mas também as condutas capazes de configurar crime contra a ordem tributária, fazem com que não se possa, sem artificialismo, ver nesse tipo da sociedade configurado o tipo penal definido pelo art. 288 do Código Penal.

A nosso ver, quem constitui uma sociedade empresária, ainda que tenha a intenção de suprimir tributos, ou praticar outro crime contra a ordem tributária para tornar mais lucrativa a atividade empresarial, não comete o crime de associação criminosa. A configuração do tipo penal em questão pressupõe o fim ilícito como fim essencial, ou principal, se não o fim único da associação. E não é razoável admitir-se que alguém pratica uma atividade econômica apenas porque pretende suprimir ou reduzir tributo. Em outras palavras, não é razoável admitir-se que alguém vai desenvolver uma atividade econômica apenas porque pretende suprimir ou reduzir tributo.

5.3 Situações excepcionais

É possível que, excepcionalmente, ocorra a constituição de uma sociedade empresária com o fim principal, e até único, de suprimir ou reduzir tributos. O fim lícito será, em tal caso, mero disfarce. Ter-se-á, porém, situação absolutamente excepcional. O órgão acusador terá que demonstrar de forma convincente as circunstâncias que caracterizam tal situação excepcional, pois o que usualmente ocorre é a constituição de sociedades empresárias para fins lícitos.

Em face da malsinada não cumulatividade do ICMS, é possível que uma empresa seja constituída apenas para vender notas fiscais frias. Sem comercializar qualquer mercadoria, ou o fazendo apenas como forma de tentar mascarar a verdadeira razão de ser da empresa, sua atividade essencial é vender notas fiscais frias que ensejam aos adquirentes a utilização de créditos de ICMS, para reduzir o valor desse imposto a ser pago nas saídas de mercadorias. Nesse caso, sim, pode configurar-se o crime de associação criminosa, mas tal circunstância há de ficar bem demonstrada. E não se pode negar que a sua ocorrência será sempre rigorosamente excepcional.

6 CONCLUSÕES

Em face do exposto, podemos afirmar, entre outras, as seguintes conclusões:

1ª) A imputação, aos acusados de crimes contra a ordem tributária, do cometimento do crime de associação criminosa, definido no art. 288 do Código Penal, é um artifício inteligentemente urdido pelos que exercem o poder estatal, com o objetivo de contornar os limites jurídicos consubstanciados nas teses, pacificadas na jurisprudência, que preconizam: (a) o prévio exaurimento da via administrativa para que seja viável a ação penal por crimes contra a ordem tributária; e (b) a extinção da punibilidade nos crimes contra a ordem tributária pelo pagamento da dívida tributária respectiva.

2ª) Nos casos em que aos integrantes de uma sociedade empresária são imputados apenas crimes contra a ordem tributária, não é razoável admitir a ação penal que lhes imputa o crime de associação criminosa antes que a autoridade administrativa tenha decidido, definitivamente, a respeito da questão tributária, pois não é razoável admitir que se trata de uma associação para fins criminosos se o caráter criminoso da conduta a seus integrantes imputada ainda não está definido.

3ª) Tendo havido o pagamento da dívida tributária, que extingue a punibilidade em relação aos crimes contra a ordem tributária, se são esses crimes os únicos que ensejaram a denúncia, também por formação de associação criminosa, em relação a este também se opera, em princípio, a extinção da punibilidade.

4ª) A rigor, aliás, a própria configuração do crime de associação criminosa, como definido no art. 288 do Código Penal, ao menos em princípio não deve ser admitida, se apontado como finalidade para a associação somente o cometimento de crimes contra a ordem tributária, pois o cometimento desses crimes em regra não pode constituir atividade-fim de nenhuma associação, visto que pressupõem uma atividade econômica em cujo âmbito podem ser eventualmente praticados.

BIBLIOGRAFIA

a) Brasileira
a. 1) Livros

BORGES, José Cassiano; REIS, Maria Lúcia Américo dos. *Crimes contra a ordem tributária*: pareceres. Rio de Janeiro: Forense, 1998.

COÊLHO, Sacha Calmon Navarro. *Teoria e prática das multas tributárias*: infrações tributárias sanções tributárias. Rio de Janeiro: Forense, 1992.

CORRÊA, Antonio. Dos crimes contra a ordem tributária. São Paulo: Saraiva, 1994.

CORRÊA, Antonio. *Dos crimes contra a ordem tributária*. São Paulo: Saraiva, 1994.

COSTA JR., José Paulo da; DENARI, Zelmo. *Infrações tributárias e delitos fiscais*. São Paulo: Saraiva, 1995.

DECOMAIN, Pedro Roberto. *Crimes contra a ordem tributária*. Florianópolis: Obra Jurídica, 1995.

EISELE, Andreas. *Crimes contra a ordem tributária*. 2. ed. São Paulo: Dialética, 2002.

EISELE, Andreas. *Crimes contra a ordem tributária*. São Paulo: Dialética, 1998.

FERREIRA, Roberto dos Santos. *Crimes contra a ordem tributária*. São Paulo: Malheiros, 1996.

GOMES, Luiz Flávio. Responsabilidade penal objetiva e culpabilidade nos crimes contra a ordem tributária. *Repertório IOB de Jurisprudência*, nº 11-95, p. 183-180, texto nº 3/10912, 1ª quinzena de junho de 1995.

GRECO, Marco Aurélio. Notas à legislação sobre crimes fiscais. SIMPÓSIO NACIONAL IOB DE DIREITO TRIBUTÁRIO, 3. Valdir de Oliveira Rocha. Coord. São Paulo, 1994, p. 50-66.

LOPES, Milton Martins; AMORIM, Walter Gomes. *Sonegar é preciso?* São Paulo: Marco, 1994.

LOPES, Rodrigo Fernando de Freitas. *Crime de sonegação fiscal*: a crise do estado como causa de exclusão da culpabilidade. Curitiba: Juruá, 2005.

MARQUES, José Frederico. *Direito penal tributário*. São Paulo: Resenha Tributária, 1975.

MARTINS, Ives Gandra da Silva (Coord.) et al. Crimes contra a ordem tributária, *Revista dos Tribunais*. São Paulo, 1998.

MARTINS, Ives Gandra da Silva. *Crimes contra a ordem tributária*. 2. ed. São Paulo: Revista dos Tribunais, 1996.

MELO, Roque Gadelha. *Natureza e aplicação das multas fiscais*. Salvador: Progresso, s/d.

PACHECO, Angela Maria da Motta. *Sanções tributárias e sanções penais tributárias*. São Paulo: Max Limonad, 1997.

PIMENTEL, Manoel Pedro. *Direito penal econômico*. São Paulo: Revista dos Tribunais, 1973.

QUEIJO, Maria Elizabeth. *O direito de não produzir prova contra si mesmo*. São Paulo: Saraiva, 2003.

REBÊLO, José Henrique Guaracy. *Princípio da insignificância*: interpretação jurisprudencial. Belo Horizonte: Del Rey, 2000.

RIOS, Rodrigo Sánches. *O crime fiscal*. Porto Alegre: Sergio Antonio Fabris, 1998.

RIOS, Rodrigo Sánches. *Tutela penal da seguridade social*. São Paulo: Dialética, 2001.

RIOS, Rodrigo Sánches. *Das causas de extinção da punibilidade nos delitos econômicos*. São Paulo: Revista dos Tribunais, 2003.

ROTHENBURG, Walter Claudius. *A pessoa jurídica criminosa*. Curitiba: Juruá, 2005.

SCHOERPF, Patrícia. *Crimes contra a ordem tributária*. Curitiba: Juruá, 2005.

SILVA, Juary G. *Elementos de direito penal tributário*. São Paulo: Saraiva, 1998.

STRECK, Lenio Luiz; FELDENS, Luciano. *Crime e Constituição*: a legitimidade da função investigatória do Ministério Público. Rio de Janeiro: Forense, 2003.

SUZUKI, Eliseu Ioshito. *Apropriação indébita previdenciária e o princípio da legalidade*. Curitiba: Juruá, 2006.

YAROCHEWSKY. *Da inexigibilidade de conduta diversa*. Belo Horizonte: Del Rey, 2000.

a. 2) Artigos de doutrina

AMARAL, Leonardo Coelho do. Crimes fiscais e continuidade delitiva. *Síntese Jornal*, ano 3, nº 26, p. 6-7, abr. 1999.

BELLO FILHO, Ney de Barros. Anotações ao crime de não recolhimento de contribuições previdenciárias. *Revista Dialética de Direito Tributário*, nº 14, p. 31-53, nov. 1996.

BITTENCOURT, Cezar Roberto. Princípios garantistas e a delinqüência do colarinho branco. *Revista Brasileira de Ciências Criminais*. Revista dos Tribunais: IBCCRIM, São Paulo, ano 3, nº 11, p. 118-127, jul./set. 1995.

DEMO, Roberto Luis Luchi. Descaminho. Pagamento posterior do tributo. Extinção da punibilidade. Analogia *in bonam partem* de norma penal especial. *Revista do Instituto de Pesquisas e Estudos*: Divisão Jurídica, Instituição Toledo de Ensino, Bauru, nº 39, p. 273-285, jan./abr. 2004.

DIAS, Carlos Alberto da Costa. Apropriação indébita em matéria tributária. *Revista Brasileira de Ciências Criminais*, Revista dos Tribunais: IBCCRIM, São Paulo, ano 3, nº 11, p. 101-112, jul./set. 1995.

DOBROWOLSKI, Silvio. O crime de omissão de recolhimento de tributos e contribuições. *Revista de Estudos Tributários*, Síntese, Porto Alegre, nº 3, p. 46-64, set./out./1998.

DOBROWOLSKI, Silvio. Novas considerações sobre o crime de omissão de recolhimento de tributos e contribuições. *Revista do Instituto de Pesquisas e Estudos*, Instituição Toledo de Ensino, Bauru, p. 181-203, dez./1998 a mar./1999.

DOTTI, René Ariel. A incapacidade criminal da pessoa jurídica (uma perspectiva do direito brasileiro). *Revista Brasileira de Ciências Criminais*, Revista dos Tribunais: IBCCRIM, São Paulo, ano 3, nº 11, p. 184-207, jul./set. 1995.

FARIA JÚNIOR, Cézar de. Crime previdenciário. *Revista Brasileira de Ciências Criminais*, Revista dos Tribunais: IBCCRIM, São Paulo, Ano 3, nº 11, p. 113-117, jul./set. 1995.

FARIAS, Rui Barros Leal. A extinção da punibilidade nos crimes contra a ordem tributária e a função do direito penal. *Revista Dialética de Direito Tributário*, Dialética, São Paulo, p. 89-99, out. 2005.

FISCHER, Douglas. A violação do princípio da proporcionalidade por regras que extinguem a punibilidade em crimes econômico-tributários. *Interesse Público*, Notadez, Porto Alegre, ano 6, nº 28, p. 138-152, 2004.

GOMES, Luiz Flávio. Conceito de coautoria em direito penal. *BIJ – Boletim Informativo Juruá*, Juruá, 1º a 12 jun. 2007, p. 11.

HARADA, Kiyoshi. Crimes tributários, extinção da punibilidade. *BIJ – Atualidades Tributárias*, nº 76, p. 6-7, nov. 2004.

MACHADO, Agapito. Sonegação fiscal no Brasil. *Diário do Nordeste*, Fortaleza, jan. 2006, p. 2.

MALHEIROS FILHO, Arnaldo. Omissão de rendimentos presumidos. *Revista Brasileira de Ciências Criminais*, IBCCRIM: Revista dos Tribunais, São Paulo, nº 15, p. 216-230.

MARIZ DE OLIVEIRA, Antonio Claudio. Reflexões sobre os crimes econômicos. *Revista Brasileira de Ciências Criminais*, Revista dos Tribunais: IBCCRIM, São Paulo, ano 3, nº 11, p. 91-100, jul./set. 1995.

MARQUES, Leonardo Augusto Marinho. Imputação genérica e renúncia à prova nos crimes tributários. *Revista Dialética de Direito Tributário*, Dialética, São Paulo, nº 129, p. 90-97, jun. 2006.

PIERANGELI, José Henrique. A responsabilidade penal das pessoas jurídicas e a nova lei ambiental. *Revista do Instituto de Pesquisas e Estudos*: Divisão Jurídica, Instituição Toledo de Ensino, Bauru, nº 39, p. 429-446, jan. abr. 2004.

SALOMÃO, Heloísa Estellita. O direito humano de não cooperar na própria incriminação, a proteção ao domicílio e a fiscalização tributária. *Revista Brasileira de Ciências Criminais*, IBCRIM: Revista dos Tribunais, São Paulo, nº 26, 1999.

SANTOS, João Ricardo Ferreira dos. Anotações sobre a responsabilidade penal da pessoa jurídica no direito ambiental brasileiro. *Revista Jurídica*, Notadez, Porto Alegre, nº 335, p. 95-101, set. 2005.

SARTI, Amir José Finocchiaro. Breves considerações sobre a suspensão da pretensão punitiva e a extinção da punibilidade na Lei nº 10.684/2003 (Refis II). *Interesse Público*, Notadez, Porto Alegre, nº 20, p. 115-117, jul./ago. 2003.

SILVA, Jorge Vicente. Crimes fiscais, o REFIS e o PAES: nova interpretação do STF face à Lei 10.684/03. *BIJ – Boletim Informativo Juruá*, Juruá, Curitiba, p. 14-16, 17-31 de jul./2006.

VERGUEIRO, José Carlos Mota. Crimes contra a ordem tributária: extinção da punibilidade. *Repertório de Jurisprudência IOB*, nº 22, caderno 3, 2ª quinzena nov. 2002.

VELLOSO, Andrei Pitten. A pregiudiziale tributaria: análise da jurisprudência brasileira à luz das experiências italiana e espanhola. *Interesse Público*, Notadez, Porto Alegre, p. 187-206, jul./ago. 2006.

b) Estrangeira

ALBRECHT, Paulina G. *El derecho penal tributario según la jurisprudencia*. Buenos Aires: Ad-Hoc, 1995.

ANTÓN, Luis Miguel Abajo. *La empresa ante la inspección fiscal*. El Delito Fiscal. Fundacion Confemetal, Madrid, título V, p. 397-405, 1999.

AYALA, José Luis Pérez de. *Las ficciones en el derecho tributario*. Madrid: Editorial de Derecho Financiero, 1970.

BECCARIA, Cesare. *Dos delitos e das penas*. Tradução de Torrieri Guimarães. São Paulo: Hemus, 1983.

BELSUNCE, Horacio A. Garcia. *Derecho tributario penal*. Buenos Aires: Depalma, 1985.

BRICCHETTI, Renato; RUGGIERO, Luigi. *I reati tributari*. Milano: Pirola, 1995.

BRURON, Jacques. *Droit penal fiscal*. Paris: LGDJ, 1993.

CAMARGO, Pedro Pablo. *El control fiscal en los estados americanos y México*. UNA, México: Instituto de Investigaciones Jurídicas, 1969.

CANUTO, Enrique de Miguel. *La prescripción de las infracciones y sanciones tributarias*. Valencia: Tirant lo Branc, 2000.

CARACCIOLI, Ivo. *Tutela penale del diritto di imposizione fiscale*. Bologna: Il Mulino, 1992.

CARNELUTTI, Francesco. *As misérias do processo penal*. Tradução de José Antonio Cardinalli, São Paulo: Conan, 1995.

CONDE, Francisco Muñoz. *Introducción al derecho penal*. 2. ed. Montevideo: Buenos Aires: B de F, 2001.

CONDE, Francisco Muñoz. *Teoría general del delito*. 2. ed. Valência: Tirant lo blanch, 1991.

CONDE, Francisco Nuñoz. *Teoría general del delito*. 2. ed. Valencia: Tirant lo Blanch, 1991.

COSSON, Jean. *Los industriales del fraude fiscal*. Barcelona: Dopesa, 1971.

DALLA VIA, Alberto Ricardo; GUTMAN, Marcos Gabriel. *Régimen penal tributario*: Ley 24.769 comentada. Buenos Aires: Némesis, 1997.

DI MALTA, Pierre. *Droit penal fiscal*. Paris: Puf, 1992.

DOMÍNGUEZ, Miguel Ángel García. *Derecho fiscal-penal*: las infracciones y las multas fiscales. México: Porrúa, 1994.

ECHEGARAY, Miguel Federico; LEMOS, Jose Julio. *El delito de contrabando*. Elementos útiles para su estudio. Buenos Aires: Víctor P. de Zavalía, 1971.

EDWARDS, Carlos Enrique. *La pena de clausura tributaria*. Buenos Aires: Astrea, 1994.

ELLERO, Pietro. *De la certidumbre en los juicios criminales o tratado de la prueba en materia penal*. 7. ed. Madrid: REUS, 1980.

ENGISCH, Karl. *Introdução ao pensamento jurídico*. 3. ed. Lisboa: Fundação Calouste Gulbenkian, 1977.

EUSÉBIO, Domingos Martins. *Subsídios para uma teoria da infração fiscal*. Lisboa: Ministério das Finanças, 1963.

FERRAJOLI, Luigi. *Direito e Razão*: teoria do garantismo penal. Tradução de Ana Paula Zomer, Fauzi Hassan Houkr, Juarez Tavares e Luiz Flávio Gomes. São Paulo: Revista dos Tribunais, 2002.

FOLCO, Carlos María; ABRALDES, Sandro F.; BISCAYART, Javier López. *Ilícitos fiscales*: asociación ilícita en materia tributaria. Buenos Aires: Rubinzal – Culzoni, 2004.

FORTUNA, Ennio. *Manuale di diritto penale delléconomia*. Padova: CEDAM, 1994.

GARCÍA, Joaquín Delgado. *El delito fiscal*. Madrid: Colex, 1995.

GIORGETTI, Armando. *La evasión tributaria*. Buenos Aires: Depalma, 1967.

GOMES, Nuno Sá. *Reflexões sobre a natureza, legitimidade, constitucionalidade e eficácia das sanções extintivas, suspensivas e impeditivas dos desagravamentos fiscais em caso de condenação por infração tributária*. Lisboa: Ministério das Finanças: Centro de Estudos Fiscais, 1986.

GOMEZ, Alfonso Serrano. *Fraude tributario*: delito fiscal. Madrid: Editorial de Derecho Financiero, 1977.

HADDAD, Jorge Henrique. *Ley penal tributaria comentada*. Buenos Aires: Depalma, 1993.

JAKOBS, Günther. *La imputación objetiva en Derecho Penal*. Madrid: Cívitas, 1996.

LAFUENTE, Antonio Martinez. *La condonacion de las sanciones tributarias*. Madrid: Instituto de Estudios Fiscales, 1980.

LAGO, Miguel Ángel Martínez. Sobre principios de la potestad sancionadora en materia tributaria. *Cronica Tributaria*. Instituto de Estudios Fiscales, Madrid, nº 119, p. 89-110, 2006.

LEAL, Angeles Janeño. *La pena privativa de libertad por impago de multa*. Madrid: Civitas, 1994.

LEMME, Fabrizio. *La frode fiscale*. Napoli: Jovene Editore, 1993.

LÓPEZ, José Manuel Castillo. *El fraude fiscal en España*. Granada: Editorial Comares, 1994.

MALTA, Pierre di. *Droit fiscal pénal*. Paris: PUF, 1992.

MÉNDEZ, Antonio Morillo. *Las sanciones tributarias*: de la teoria penal a la práctica administrativa. Valencia: Tirant lo Branch, 1996.

MESTRES, Magin Pont. *El problema de la resistencia fiscal*. Barcelona: Bosch, 1972.

MODERNE, Franck. *Sanctions administatives et justice constitucionnelle*. Paris: Economica, 1993.

MONTE, Elio Lo. *Principios de derecho penal tributario*. Buenos Aires: Julio César Faira, 2006.

MONTESQUIEU, Charles de Secondat (Barão de). *O espírito das leis*. Tradução de Cristina Murachco. São Paulo: Martins Fontes, 1993.

MORAIS, Luís Domingos da Silva. *Incriminação de infrações fiscais não aduaneiras*. Lisboa: Cosmos, 1993.

MORGAN, Patricia T. *Tax procedure and tax fraud*. St. Paul: WEST, s/d.

MOURULLO, Rodríguez Gonzalo. *Presente y futuro del delito fiscal*. Madrid: Civitas, 1974.

MUSCO, Giovanni; ENZO, Fiandaca. *Diritto penale tributario*. Milano: Giuffrè, 1992.

NOCITI, Giovanni. *Patologie nel campo tributario*. Napoli: Casa Editrice Dott. Eugenio Jovene, 1968.

PEREZ, Carlos Martinez. *El delito fiscal*. Madrid: Montecorvo, 1982.

PÉREZ, José Aparicio. *La lucha contra el fraude fiscal en U.S.A.*: los agentes especiales. Madrid: IBIDEM Ediciones, 1993.

PÉREZ, José Aparicio et al. *Delitos e infracciones tributarias*: teoria y practica. Valladolid: Lex Nova, 1991.

PEREZ, Juan J. Zornoza. *El sistema de infraciones tributarias*: los principios constitucionales del derecho sancionador. Madrid: Civitas, 1992.

PÉREZ, Susana Aníbarro. *La interpretación razonable de la norma como eximente de la responsabilidad por infracción tributaria*. Valladolid: Lex Nova, 1999.

PUENTE, Elena D. Fernandez de la. *El ilicito tributario en la ley 11.683*. Buenos Aires: Albeledo-Perrot, 1980.

ROSSI, Jorge E. Vázquez. *La defensa penal*. 4. ed. Buenos Aires: Rubinzal – Culzoni, 2006.

SAMANIEGO, José Luis Manzanares. *La pena de multa*. Madrid: Plan Cultural, 1977.

SOLER, Osvaldo H. *Derecho tributario*. 2. ed. Buenos Aires: La Ley, 2005.

SOLER, Sebastián. *Derecho penal argentino*. Buenos Aires: Tea, 1995.

SPISSO, Rodolfo R. *Tutela judicial efectiva en materia tributaria*: protección del contridbuyente ante el estado de sitio fiscal. Buenos Aires: Depalma, 1996.

TADDEI, Bruno. *La fraude fiscale*. Paris: Librairies Techniques, 1974.

TIEDEMANN, Llaus. Responsabilidad penal de personas jurídicas y empresas en derecho comparado. *Revista Brasileira de Ciências Criminais*, Revista dos Tribunais, São Paulo, nº 11, p. 21, jul./set. 1995.

TORRE, Ignacio Berdugo de la; OLIVÉ, Juan Carlos Ferré. *Todo sobre el Fraude Tributario*. Baracelona: Praxis, 1994.

TRAVERSI, Alessandro. *Responsabilità penali d'impresa*. Milano: CEDAM, 1993.

VILLALBA, Francisco Javier de León. *Acumulación de sanciones penales y administrativas*: sentido e alcance del principio "ne bis in idem". Barcelona: Bosch, 1998.

VILLEGAS, Hector. *Derecho penal tributario*. Buenos Aires: Lerner, 1976.

VILLEGAS, Hector. *Direito penal tributário*. Tradução de Elizabeth Nazar e outros. São Paulo: Resenha Tributária, 1974.

VILLEGAS, Hector. *Régimen penal tributario argentino*. Buenos Aires: Depalma, 1993.

WENDY, Lelian Gurfinkel de; RUSSO, Eduardo Ángel. *Ilícitos tributarios en las leys 11.686 y 23.771*. Buenos Aires: Depalma, 1990.

ZAFFARONI, Eugenio Raúl. *Tratado de derecho penal, parte general*. Buenos Aires: Ediar, 1987.

REFERÊNCIAS
(OBRAS CITADAS NO TEXTO)

ACQUAVIVA, Marcus Cláudio. *Dicionário jurídico brasileiro Acquaviva*. São Paulo: Jurídica Brasileira, 2004.

ALVARENGA, Aristides Junqueira, em estudo publicado no livro de autoria coletiva *Crimes contra a ordem tributária* – pesquisas tributárias (Coord.). MARTINS, Ives Gandra da Silva. São Paulo: Revista os Tribunais: CEU/Editora. Nova Série-1, 1995.

AMARO, Luciano. *Direito tributário brasileiro*. 11. ed. São Paulo: Saraiva, 2005.

ANDRADE FILHO, Edmar Oliveira. *Direito penal tributário*. São Paulo: Atlas, 1995.

ANTÓN, Luis Miguel Abajo. *La empresa ante la inspección fiscal*. Madrid: Fundación Confemetal, 1999.

ASÚA, Luis Jiménez de. Principios de *derecho penal*: la ley el delito. Buenos Aires: Abeledo-Perrot, 1990.

BALEEIRO, Aliomar. *Direito tributário brasileiro*. 11. ed. Rio de Janeiro: Forense, 1999.

BALEEIRO, Aliomar. *Uma introdução à ciência das finanças*. 13. ed. Rio de Janeiro: Forense, 1981.

BALESTRA, Carlos Fontán. *Tratado de derecho penal*. 2. ed. Buenos Aires: Abelledo Perrot, 1995. t. I.

BASTOS, Celso Ribeiro; MARTINS, Ives Gandra da Silva. *Comentários à constituição do Brasil*. São Paulo: Saraiva, 1989. v. 2.

BITENCOURT, Cezar Roberto. *Erro de tipo e erro de proibição*. 2. ed. São Paulo: Saraiva, 2000.

BOBBIO, Norberto. *Teoria do ordenamento jurídico*. 4. ed. Brasília: Editora Universidade de Brasília, 1994.

BONFIM, Edilson Mougenot; CAPEZ, Fernando. *Direito penal*: parte geral. São Paulo: Saraiva, 2004.

BORGES, José Cassiano; REIS, Maria Lúcia Américo. *Crimes contra a ordem tributária* – pareceres. Rio de Janeiro: Forense, 1998.

BORGES, José Souto Maior. *Obrigação tributária*. São Paulo: Saraiva, 1984.

BRUNO, Aníbal. *Direito penal*. 2. ed. Rio de Janeiro: Forense, 1959. t. 2.

CAMPOS, Cândido Henrique de. *Planejamento tributário*. 2. ed. São Paulo: Atlas, 1985.

CANTO, Gilberto de Ulhôa. Elisão e evasão. *Elisão e evasão fiscal – cadernos de pesquisa tributária*, São Paulo: Resenha Tributária, nº 13, 1988.

CAPEZ, Fernando. *Curso de direito penal*. 2. ed. São Paulo: Saraiva, v. 3.

CAPEZ, Fernando. *Curso de direito penal*. 8. ed. São Paulo: Saraiva, 2004. v. I.

CAPEZ, Fernando. *Curso de processo penal*. 12. ed. São Paulo: Saraiva, 2005.

CARRAZZA, Roque Antonio. *Curso de direito constitucional tributário*. 11. ed. São Paulo: Malheiros, 1998.

CARVALHO, Paulo de Barros. *Curso de direito tributário*. 15. ed. São Paulo: Saraiva, 2003.

COELHO, Sacha Calmon Navarro. In: NASCIMENTO, Carlos Valder do (Coord.). *Comentários ao código tributário nacional*. 5. ed. Rio de Janeiro: Forense, 2000.

CONDE, Francisco Muñoz. *Introducción al derecho penal*. 2. ed. Montevideo: Buenos Aires: IB de F. 2001.

CONDE, Francisco Muñoz. *Teoria general del delito*. 2. ed. Valencia: Tirant lo Blanch, 1991.

COPELLO, Patricia Laurenzo. *El resultado en derecho penal*. Valencia: Tirant lo Blanch, 1992.

CORRÊA JÚNIOR, Alceu. *Confisco penal*. São Paulo: IBCCRIM, 2006.

CORTINA, Alfonso. *La obligación tributaria y su causa*. México: Porrúa, 1976.

COSTA JR., Paulo José da. *Curso de direito penal*. 2. ed. São Paulo: Saraiva, 1992. v. 1.

COSTA JR., Paulo José da. *Infrações tributárias e delitos fiscais*. São Paulo: Saraiva, 1995.

D'DURSO, Umberto Luiz Borges. Crime de extorsão e de extorsão mediante sequestro. *Panorama da Justiça*, ano 4, nº 24, p. 50, jun./jul. 2000.

DECOMAIN, Pedro Roberto. *Crimes contra a ordem tributária*. 2. ed. Florianópolis: Obra Jurídica, 1995.

DERZI, Misabel Abreu Machado. In: NASCIMENTO, Carlos Valder do (Coord.). *Comentários ao código tributário nacional*. 5. ed. Rio de Janeiro: Forense, 2000.

DINIZ, Maria Helena. *Dicionário jurídico*. São Paulo: Saraiva, 1998, v. 4.

DÓRIA, A. de Sampaio. *Direito constitucional*. Max Limonad, 1960. v. 4.

DOTTI, René Ariel. *Curso de direito penal*: parte geral. 2. ed. Rio de Janeiro: Forense, 2004.

EISELE, Andreas. *Apropriação indébita e ilícito penal tributário*. São Paulo: Dialética, 2001.

EISELE, Andreas. *Crimes contra a ordem tributária*. 2. ed. São Paulo: Dialética, 2002.

EMERENCIANO, Adelmo da Silva. *Procedimentos fiscalizatórios e a defesa do contribuinte*. São Paulo: Campinas: Copola, 1995.

ENGISCH, Karl. *Introdução ao pensamento jurídico*. Tradução de J. Batista Machado. 7. ed. Lisboa: Calouste Gulbenkian, 1996.

ESTELLITA, Heloísa. Sanções penais tributárias. In: MACHADO, Hugo de Brito (Coord.). *Sanções penais tributárias*. São Paulo: Dialética, 2005.

FARI, Bento. *Aplicação e retroatividade da lei*. Rio de Janeiro: A. Coelho Branco Filho, 1934.

FAVEIRO. Vítor. *O estatuto do contribuinte*. Coimbra: Coimbra Editora, 2002.

FERREIRA, Pinto. *Comentários à constituição brasileira*. São Paulo: Saraiva, 1989. v. 1.

FERREIRA, Roberto dos Santos. *Crimes contra a ordem tributária*. São Paulo: Malheiros, 1996.

FONROUGE, Giuliani. *Derecho financiero*. 2. ed. Buenos Aires: Depalma, 1970. v. 1.

GARCÍA, Antonio González-Cuéllar. Defraudaciones a la hacienda pública en el ámbito empresarial. *Empresa y derecho penal* (I). Madri: Consejo General del Poder Judicial, 1999.

GISSOLI FILHO, Francisco; WIGGERS, Gustavo. A inconstitucionalidade do encerramento do processo administrativo fiscal como condição de procedibilidade para o exercício da ação penal. *Boletim IBCCRIM*. São Paulo: Instituto Brasileiro de Ciências Criminais. nº 93, ago. 2000.

GODOI, Marciano S. *Fraude a la ley y conflicto en la aplicación de las leyes tributarias*. Madri: IEF, 2005.

GOMES, Luiz Flávio. Crimes tributários e quebra do sigilo bancário. In: SALOMÃO, Heloísa Estellita (Coord.). *Direito penal empresarial*. Salomão. São Paulo: Dialética, 2001.

GOMES, Luiz Flávio. *Direito penal*: parte geral. 2. ed. São Paulo: Revista dos Tribunais, 2004.

GOMES, Luiz Flávio. *Penas e medidas alternativas à prisão*. Apud CORRÊA JÚNIOR, Alceu. *Confisco penal*. São Paulo: IBCCRIM, 2006.

GOMES, Nuno de Sá. *Manual de direito fiscal*. Lisboa: Rei dos Livros, p. 63, mar. 1998.

GOMES, Nuno de Sá. *Introdução ao estudo do direito*. Lisboa: JVS, 2001.

GONZALO, Rodriguez Mourullo. *Presente y futuro del delito fiscal*. Madri: Civitas, 1974.

GORDILLO, Agustin. A. *Tratado de derecho administrativo*. Buenos Aires: Macchi, 1979, t. III.

GRECO, Marco Aurélio. *Contribuições (uma figura "sui generis")*. São Paulo: Dialética, 2000. A citação é da 1ª ed. da obra de Carrió, onde a lição sobre classificações está nas p. 72-73.

GRECO, Marco Aurélio. Perempção no lançamento tributário. *Estudos júrídicos em homenagem a Gilberto de Ulhoa Canto*. Rio de Janeiro: Forense, 1988.

GRECO, Marco Aurélio; LIBERTUCI, Elisabeth Levandowski. *Para uma norma geral antielisão*. São Paulo: *IOB*, p. 10. out. 1999.

GRINOVER, Ada Pellegrini, Apud BASTOS, Celso Ribeiro. *Comentários à Constituição do Brasil*. São Paulo: Saraiva, 1989, v. 2.

GUTIERREZ, Fernando S. J. *Vision histórica de la responsabilidad penal*. Caracas: Universidad Central de Venezuela, 1972.

HARADA, Kiyoshi. *Compêndio de direito financeiro*. São Paulo: Resenha Tributária, 1994.

HOBBES, Thomas. *Do cidadão*. Tradução de Renato Janine Ribeiro. São Paulo: Martins Fontes, 1998.

HUNGRIA, Nelson. *Comentários ao código penal*. 4. ed. Rio de Janeiro: Forense, 1958. t. II, v. I.

JANCZESKI, Célio Armando. Limitações à obrigatoriedade de prestar informações ao fisco. *Revista Tributária*, São Paulo: Revista dos Tribunais, nº 35, p. 102. nov./dez. 2000.

JARACH, Dino. *Finanzas públicas y derecho tributário*. 2. ed. Buenos Aires: Abeledo--Perrot, 1996.

JESUS, Damásio E. de. *Direito penal*. 17. ed. São Paulo: Saraiva, 1993. v.1.

JESUS, Damásio E. de. *Direito penal*. São Paulo: Saraiva, 1993. v. 3.

KELSEN, Hans. *Teoria pura do direito*. Tradução de João Baptista Machado. 3. ed. Coimbra: Arménio Amado, 1974.

LEAL, César Barros. *Prisão*: crepúsculo de uma era. Belo Horizonte: Del Rey, 1998.

MACHADO SEGUNDO, Hugo de Brito. Sanções tributárias. *Sanções administrativas tributárias*, Hugo de Brito Machado (Coord.). Dialética. São Paulo: Dialética; Fortaleza: ICET, 2004.

MACHADO, Celso Cordeiro. *Tratado de direito tributário*. Rio de Janeiro: Forense, 1984, v. VI.

MACHADO, Hugo de Brito. A fraude como elemento essencial do tipo no crime de supressão ou redução de tributo. *Estudos de direito penal tributário*. São Paulo: Atlas, 2002.

MACHADO, Hugo de Brito. *Comentários ao código tributário nacional*. São Paulo: Atlas, 2004. v. II.

MACHADO, Hugo de Brito. *Curso de direito tributário*. 27. ed. São Paulo: Malheiros, 2006.

MACHADO, Hugo de Brito. Direito de defesa no inquérito policial. *Revista Dialética de Direito Processual*, São Paulo: Dialética, nº 21, p. 77-78, dez. 2004.

MACHADO, Hugo de Brito. Efeitos do parcelamento e do pagamento do tributo no crime contra a ordem tributária: hipótese de aplicação da lei penal por analogia, *Revista Dialética de Direito Tributário*, São Paulo: Dialética, nº 121, p. 80-88, out. 2005.

MACHADO, Hugo de Brito. *Introdução ao estudo do direito*. 2. ed. São Paulo: Atlas, 2004.

MACHADO, Hugo de Brito. Introdução ao planejamento tributário. *Planejamento fiscal*: teoria e prática. São Paulo: Dialética, 1995.

MACHADO, Hugo de Brito. *O conceito de tributo no direito brasileiro*. Rio de Janeiro: Forense, 1987.

MACHADO, Hugo de Brito. Extinção do crédito e extinção da punibilidade dos crimes contra a ordem tributária, *Revista Dialética de Direito Tributário*. São Paulo: Dialética nº 137, p. 65-82, fev. 2007.

MACHADO, Hugo de Brito. Sanções penais tributárias. In: MACHADO, Hugo de Brito (Coord.). *Sanções penais tributárias*. São Paulo: Dialética; Fortaleza: ICET. 2005.

MACHADO, Hugo de Brito. *Curso de direito tributário*. 22. ed. São Paulo: Malheiros, 2003.

MACHADO, Hugo de Brito. *Curso de direito tributário*. 29. ed. São Paulo: Malheiros, 2008.

MACHADO, Hugo de Brito. *Responsabilidade pessoal do agente público por danos ao contribuinte*: uma arma contra o arbítrio do fisco. São Paulo: Malheiros, 2017.

MAIA FILHO, Napoleão Nunes. *Estudo sistemático da tutela antecipada*. O Curumim Sem Nome. Ceará: Fortaleza, 2003.

MALBERG R. Carré de. *Teoria general del estado*. Tradução de José Lión Depetre. México: Facultad de Derecho/UNAM/Fundo de Cultura Económica, 1998.

MARINS, James. *Direito processual tributário brasileiro*. 3. ed. São Paulo: Dialética, 2003.

MARQUES, José Frederico. *Tratado de direito penal*. 1. ed. atualizada. Bookseller: São Paulo: Campinas, 1997. v. II.

MARTINEZ, Soares. *Direito fiscal*. 7. ed. Coimbra: Almedina, 1995.

MARTINS FILHO, Luiz Dias. Infrações e sanções tributárias. In: MACHADO, Hugo de Brito (Coord.). *Sanções administrativas tributárias*. Dialética, São Paulo: Dialética; Fortaleza: ICET, 2004.

MARTINS, Ives Gandra da Silva. *Planejamento fiscal e interpretação da lei tributária*. São Paulo: Dialética, 1998.

MARTINS, Tiago do Carmo. Contrabando e descaminho e o princípio da insignificância. *Revista Dialética de Direito Tributário*, São Paulo: Dialética, nº 135, p. 51, dez. 2006.

MELLO FILHO, José Celso de. *Constituição federal anotada*. 2. ed. São Paulo: Saraiva, 1986.

MIRABETE, Julio Fabbrini. *Código de processo penal*: interpretado. 8. ed. São Paulo: Atlas, 2001.

MIRABETE, Julio Fabbrini. *Código penal interpretado*. São Paulo: Atlas, 2000.

MIRABETE, Julio Fabbrini. *Manual de direito penal*. 18. ed. São Paulo: Atlas, 2002. v. 1.

MONTERO, Francisco Guio. *El contribuynte ante la inspección de hacienda*. Valladolid, Espanha: Lex Nova, 1999.

MORAES, Alexandre de. *Constituição do Brasil interpretada e legislação constitucional*. 6. ed. São Paulo: Atlas, 2006.

MOURULLO, Gonzalo Rodriguez. *Presente y futuro del delito fiscal*. Madri: Civitas, 1974.

NABAIS, José Casalta. *O dever fundamental de pagar impostos*. Coimbra: Almedina, 1998.

NORONHA, E. Magalhães. *Direito penal*. 19. ed. São Paulo: Saraiva, 1992. v. 4.

OLIVEIRA, José Jayme de Macedo. *Código tributário nacional*. São Paulo: Saraiva, 1998.

OLIVEIRA, Ricardo Mariz de. Elisão e evasão fiscal. *Elisão e evasão fiscal – Cadernos de Pesquisas Tributárias*. São Paulo: Resenha Tributária, nº 13, p. 191, 1988.

PACHECO, Angela Maria da Mota. *Sanções tributárias e sanções penais tributárias*. São Paulo: Max Limonad, 1997.

PAULINO, José Alves. *Crimes contra a ordem tributária*: comentários à Lei nº 8.137/90. Brasília-DF: Brasília Jurídica, 1999.

PEREIRA, Jaime Aneiros. *Las sanciones tributarias*. Madrid/Barcelona: Marcial Pons, 2005.

PEREZ, Carlos Martinez. *El delito fiscal*. Madri: Montecorvo, 1982.

PONTES DE MIRANDA, Francisco Cavalcanti. *Tratado de direito privado*. 3. ed. Rio de Janeiro: Borsói, 1970. t. I.

PONTES DE MIRANDA, Francisco Cavalcanti. *Comentários à constituição de 1967*. 2. ed. São Paulo: Revista dos Tribunais, 1971.

PONTES, Ítalo Farias. Sanções penais tributárias. In: MACHADO, Hugo de Brito (Coord.). *Sanções penais tributárias*. São Paulo: Dialética; Fortaleza: ICET. Fortaleza, 2005.

QUEIJO, Maria Elizabeth. *O direito de não produzir prova contra si mesmo*. São Paulo: Saraiva, 2003.

QUINTANA, Linares. *Tratado de interpretación constitucional*. Buenos Aires: Abeledo-Perrot, 1998.

RIOS, Rodrigo Sánchez. *O crime fiscal*. Porto Alegre: Sérgio Antonio Fabris Editor, 1998.

ROCHA, Valdir de Oliveira. *Determinação do montante do tributo*. 2. ed. São Paulo: Dialética, 1995.

ROSEMBUJ, Tulio. *Elementos de derecho tributario*. Barcelona: Editorial Bleme, 1982.

SAMPAIO JÚNIOR, José Herval; CALDAS NETO, Pedro Rodrigues. *Manual de prisão e soltura*: sob a ótica constitucional. São Paulo: Método, 2007.

SANTI, Eurico Marcos Diniz. *Lançamento tributário*. 2. ed. São Paulo: Max Limonad, 2001.

SEIXAS FILHO, Aurélio Pitanga. In: NASCIMENTO, Carlos Valder (Coord.). *Comentários ao código tributário nacional*. Rio de Janeiro: Forense, 1977.

SILVA, De Plácido e. *Vocabulário jurídico*. Rio de Janeiro: Forense, 1987.

SILVA, De Plácido e. *Vocabulário jurídico*. Rio de Janeiro: Forense, 1987. v. IV.

SILVA, Juary C. *Elementos de direito penal tributário*. São Paulo: Saraiva, 1998.

SOLER, Osvaldo H. *Derecho tributario*. 2. ed. Buenos Aires: La Ley, 2005.

SOLER, Sebastian. *Derecho penal argentino*. 10. ed. Buenos Aires: Tea, 1992. t. I.

SOUZA, Maria Helena Raul de. In: FREITAS, Vladimir Passos (Coord.). *Código tributário nacional comentado*. São Paulo: Revista dos Tribunais, 1999.

TELES, Ney Moura. *Direito penal*: parte geral. São Paulo: Atlas, 2004. v. I.

TELES, Ney Moura. *Direito penal*. 1. ed. São Paulo: LED, 1996. Parte I.

TOLEDO, Francisco de Assis. *Princípios básicos de direito penal*. 5. ed. São Paulo: Saraiva, 1994.

USERE, Raúl Canosa. *Interpretación constitucional y formula politica*. Madrid: Centro de Estudios Constitucionales, 1988.

VASQUES, Sérgio. *Os impostos do pecado*: o álcool, o tabaco, o jogo e o fisco. Coimbra: Almedina, 1999.

VAZ, Carlos. *Evasão tributária*. Rio de Janeiro: Forense, 1987.

VELLOSO, Carlos Mario da Silva. *Temas de direito público*. Belo Horizonte: Del Rey, 1993.

VILLALBA, Francisco Javier de Leon. *Acumulación de sanciones penales y administrativas*: sentido y alcance del principio "ne bis in idem". Barcelona: Bosch, 1998.

VILLEGAS, Hector. *Direito penal tributário*. Tradução de Elisabeth Nazar et al. São Paulo: Resenha Tributária, 1984.

VOLKWEISS, Roque Joaquim. *Direito tributário nacional*. Porto Alegre: Livraria do Advogado, 2002.

WEDY, Gabriel de J. Tedesco. O princípio do contraditório como garantia constitucional. *Direito Federal – Revista da Associação dos Juízes Federais do Brasil*, Brasília: AJUF, nº 85, p. 151, jul./set. 2006.

WENDY, Lilian Gurfinkel de; RUSSO, Eduardo Angel. *Ilícitos tributários*. 3. ed. Buenos Aires: Depalma, 1993, p. 269.

ZILVETI, Fernando Aurelio. A Constituição do crédito tributário como pressuposto da ação nos crimes contra a ordem tributária. In: COSTA, Alcides Jorge; SCHOVERJ, Luís Eduardo; BONILHA, Paulo Celso Bergstrom (Coord.). *Direito tributário atual*. São Paulo: Dialética: Instituto Brasileiro de Direito Tributário, 2003.